BARRON'S

AP®

SPANISH

2008

6TH EDITION

Alice G. Springer, Ph.D.
Professor of Spanish
Montgomery Bell Academy
Nashville, Tennessee

BARRON'S

Acknowledgments

Special thanks are due to John, my students at MBA, Corey Metzman, Claudia Villavicencio, Dimitry Popow, and Cristina Tarazona Marín.

All inquiries should be addressed to:
Barron's Educational Series, Inc.
250 Wireless Boulevard
Hauppauge, New York 11788
www.barronseduc.com

ISBN-13 (book & audio CD package): 978-0-7641-9406-1
ISBN-10 (book & audio CD package): 0-7641-9406-2

ISBN-13 (book, audio CD, & CD-ROM Pkg): 978-0-7641-9405-4
ISBN-10 (book, audio CD, & CD-ROM Pkg): 0-7641-9405-4

Library of Congress Control No. 2007943596

Printed in the United States of America

9 8 7 6 5 4 3 2 1

Contents

PART ONE

INTRODUCTION

Preparing for the Advanced Placement Spanish Language Examination

GENERAL CONSIDERATIONS

The Advanced Placement Spanish program consists of two areas: (1) Spanish Language, and (2) Spanish Literature. Each area is substantially different in terms of the content and the format of the respective examinations. While the Advanced Placement Spanish Literature Exam tests reading comprehension, and has an analytical writing component dealing with reading selections and works from a specified reading list of Spanish authors, the Spanish Language Exam tests ability to communicate in Spanish in four skill areas: listening, reading, writing, and speaking. There is no prescribed curriculum of material to be considered before the student takes the Spanish Language Examination. However, the difficulty of the exam roughly corresponds to material appropriate for most third year college Spanish courses. A dedicated, well motivated high school student can earn the highest score on the exam by demonstrating strong ability in both receptive and productive language skill areas. The student should be able to understand spoken and written Spanish at a very sophisticated level. In the productive skill areas, the student must demonstrate the ability to communicate fluently and accurately in speaking and writing Spanish. In the oral portion of the exam students are required to record their responses and submit the samples for evaluation. In the final analysis, results of the Spanish Language Exam evaluations are expressed in terms of a five point scale: 5—Extremely well qualified, 4—Well qualified, 3—Qualified, 2—Possibly qualified, 1—No recommendation.

DESCRIPTION OF THE EXAM FORMAT BEGINNING IN 2007

The four skill areas tested in the Advanced Placement Spanish Language Exam are divided into two sections. Section I, which tests listening and reading comprehension, has multiple choice questions. Section II, which consists of a test of writing and speaking skills, comprises free-response tasks. Answers for the multiple choice questions of Section I are written on a standard multiple choice answer sheet. The free-response written part of Section II is provided in a test booklet. Speaking samples are recorded and submitted on a compact disc or on a cassette. College Board is moving as quickly as possible toward requiring compact discs for recordings of speech samples in response to the prompts on the exam.

Structure of the Exam

Section I: Multiple Choice Questions
    Part A—Listening Skills (20%)
        Short and Long Dialogues and Narratives
    Part B—Reading (30%)
        Reading Comprehension
Section II: Free Response
    Part A—Paragraph Completion (with root words) (2.5%)
        Paragraph Completion (without root words) (2.5%)
        Interpersonal Writing (5%)
        Formal Writing (integrated skills) (20%)
    Part B—Speaking
        Informal Speaking (simulated conversation) (10%)
        Formal Oral Presentation (integrated skills) (10%)

Section I: Listening and Reading

Listening comprehension has two parts; one is short dialogues and narratives, and the other consists of two longer selections. At the beginning of each listening selection there is a brief description of the context of the selection you will hear. For example, a narrator will say, "This is a conversation between two friends about homework." The whole listening comprehension part of the exam amounts to 20 percent of the total score, and comprises about 30 to 35 multiple choice questions. You are to select the best answer from among the four choices to questions asked in the audio selections. The questions are not printed in the test booklet and are played only once. The second part of listening comprehension consists of two longer selections. The questions are printed in the test booklet, and there is time to read the questions before listening to the audio selections. This section is the same as in past exams.

For short dialogues and narratives, you can get some ideas about the context, such as where the speakers are, who they are, what the purpose of their conversation is, and some other details that may be essential from the sound effects or the brief description at the beginning. The dialogues may have been obtained from any type of audio medium, such as radio, television, films, podcasts, or streaming video. They could be casual conversations, or formal interviews, dialogues taken from soap operas, or two friends discussing life. Questions generally go from general to specific, from getting the main idea to details about time and place, for example. Some questions may be a portion that is replayed, followed by a question asking for an interpretation of that specific portion. Or the question may ask for a literal interpretation of a phrase or word. Other questions may deal with an inferred meaning of specific utterances found in the audio selection. For example, there could be a conversation between two people who are discussing going to a movie and trying to decide on when to go. In such a scenario, pay attention to the numbers expressing the hour, to the name of a movie selected from a list of movie names (which is the one they go to see), or the location of the theater.

The two longer selections, each about 5 minutes long, could be interviews, broadcasts, instructions on how to do or use something, stories, or any other kind of spoken material. There will be space to take notes while listening in order to refer to specific information in answering the questions. In some cases there may be some sort of visual material to help put the conversation in context, or an image that will help visualization of what is heard when the audio selection is played. There are no changes to the format of the two long selections of the exam.

Reading selections comprise the remainder of the multiple choice questions. You will find the usual selections for reading comprehension. Because this part is worth approximately 30 percent of your score, it is very important. In addition to the questions that ask you to find information in the passage and to interpret what you read, you will be asked to think critically about the logic of the passage. This skill is tested by asking you to place a sentence or expression at some point in the selection. In the text you will see four places indicated by a letter in parentheses. In the question, you are asked to find the most logical place to put the sentences from among the four places indicated by the letters A through D.

Reading selections cover a wide variety of topics, including instructions, directions, informational material that you would find in pamphlets, tourism information, and opinion pieces, such as editorial and magazine articles, and literature. Literary selections are usually from short stories or novels.

Section II: Writing and Speaking

The exam is very interactive, because you read and listen to source materials before writing and speaking. For both reading and speaking you need to be able to summarize and synthesize print and audio information related to a general question. The responses to the questions require analysis and critical thinking.

Part A of Section II (free response) includes four parts: (1) paragraph completion (with root words), (2) paragraph completion (without root words), (3) interpersonal writing, and (4) formal writing. A root word is a prompt, such as an infinitive, a relative pronoun, an adjective, or a definite or indefinite article, whose form you may need to change to complete the meaning of the passage. The paragraph completions, with and without root words, are not much different from what has been on the exam in the past. These are the parts where a thorough knowledge of grammar is essential. Even though the paragraph completions only take 15 minutes and account for 5 percent of the score, they are important. The interpersonal writing part takes about 10 minutes and is worth 5 percent in the calculation of the score. The formal writing consists of one prompt, for which 55 minutes are allotted to write a response. Formal writing amounts to 20 percent of the raw score.

Paragraph completion with root words means that there are paragraphs with numbered blanks in one column. In another column to the side you will see correspondingly numbered blanks with a word beneath each line. The word could be any part of speech: adjective (including definite and indefinite articles), adverbs, verbal tenses (including past and present participles), or other items relating to syntax and grammar. Each root word may need to be changed to a correct form, or, if no change is necessary, the given root word is to be written in the blank. If more than one form is correct, credit is given for all the possible correct forms. There are 10 questions for the paragraph completions. Note that for each blank more than one word may be needed. The paragraph or paragraphs provide the context for the response to be written in the blank. Therefore, what is contained in the rest of the paragraph needs to be clearly understood, because it often contains clues about the gender and number of nouns. In this free-response part, there is no substitute for knowing correct forms, rules of agreement of adjectives, prepositions, and nouns, and many other points of grammar.

The interpersonal writing sample was new on the 2007 exam. In response to one prompt, you are to write a short piece, similar to what would be written in an e-mail, a postcard, a journal entry, a telephone message, or a thank-you note. Here you will encounter a wide variety of possible contexts requiring a recognition of cultural aspects of communication, such as whether to use second person *tú*, or third person *usted*. The focus of the interpersonal writing is the expression of personal attitudes or reactions. Instructions in the prompt are explicit about the topic. For example, if you are to write a postcard, there might be instructions to comment on a personal reaction to something seen or heard in the given place or situation, such as an impression of the food at a restaurant in Barcelona that you have visited. You need to write about 60 words for the interpersonal writing task.

The last task in Part A is formal writing. The format calls for integrating reading and listening skills into the writing task. Instead of simply writing an essay about a given topic, you need to gather information from something read and heard, and then you have to respond using an analytical or persuasive essay to communicate your reaction to that information. The process requires that you synthesize that information, and then interpret it. The topics can range from academic to cultural and social issues.

The formal writing prompt consists of print and audio material to be used in the response. About seven minutes are allotted to read a short piece about some topic. The audio information will provide a short narrative or dialogue lasting about three minutes. Taking notes while listening is strongly recommended in order to cite information accurately from the sources when the essay is written. Five minutes are alloted to plan your essay. After reading and listening to the sources, 40 minutes are allotted to write a response, making sure to make reference to all of the sources, but without simply summarizing what each one said. Your essay needs to be at least 200 words long.

Part B of Section II is the speaking skill area. Once again, there are significant changes in the format that require a different kind of practice in order to do well. There are two parts (1) informal speaking, which consists of a simulated conversation, and (2) a formal oral presentation, which requires integrating reading and listening into the speech response. Context is very important, as is an understanding of cultural topics, because the information provided in the reading and listening parts of the prompt are usually based on some aspect of life in the Spanish-speaking world.

Simulated conversations are structured with distinct parts, to give the impression that you are participating in an actual conversation. Within a given context and topic, a speech sample of what one person would say in the conversation is provided as a recorded prompt. After hearing each speech sample in the conversation, you are given 20 seconds to continue in a logical manner. For example, the conversation might feature two friends making plans to go to a movie together. There would be a recording providing directions and the context of the conversation. The speaker would greet you and propose going out. There would be a 20-second pause for your response. After 20 seconds the recorded prompt would elaborate on the idea. You would have another 20 seconds to react to the idea. The conversation would continue in that interactive manner for the duration of the five or six opportunities given to you to speak. The general outline of the script is supplied, with directions for you to greet someone, explain a situation, express an opinion, extend an invitation, say good-bye, and so on.

The formal oral presentation requires more integrated skills than the other parts of the examination. It comes at the end so that you will have had time to refresh your memory about vocabulary and grammar. You will also have had time to practice listening and reading, the other two skills that are required to produce the two-minute speech sample. There will be one printed source and one audio source. You are to take information or ideas from those sources and incorporate them into your presentation in response to a given question. Often the question will ask you to compare and contrast two things, such as types of music. Although cultural information is useful to know for this section, there are no specific questions about knowledge of a cultural nature. However, you will notice that one of the elements of the rubrics is the accuracy of information that is contained in your written essay or the two-minute presentation.

The reading prompt source may be articles from newspapers, magazines, brochures, or even contemporary literature. The speaking sources could be from any broadcast medium (radio, film, television, etc.). In the response to the information contained in the sources you have to find and report main points and important details in the information, so a personal interpretation, reaction, opinion, or analysis can be offered concerning what you have learned from the print and audio sources in the prompt. Two minutes are allotted to speak, using all the appropriate vocabulary and most correct grammar possible.

Scoring the Samples

Although the exam contains a certain amount of new material each year, such as the prompts on the free-response sections, the scoring standards (rubrics) remain constant from year to year. A substantial command of Spanish reflected in well-developed ideas, structural accuracy, syntactical control, and fluency is very important. Each sample is evaluated on the merits of the language you use as a whole. The scoring of each writing and speech sample is holistic; that is, the language is considered a single entity and its elements are not analyzed separately. Points are not deducted for errors. Individual samples are not compared with other samples, nor are the faculty consultants (the people who evaluate the speaking and writing samples) aware of scores on other parts of the exam. You do not have to be a native speaker of Spanish to receive a top score on the examination.

All of the free-response writing and speaking samples are scored on a scale from low to high, with intermediate levels in between. The rubrics (criteria for evaluating) for each sample apply to the level of language used in each kind of response. For all of the samples, you will be scored on three aspects of the sample: task completion, topic development, and language used. As you can see, there is more involved than simply using good grammar. Your score depends on your ability to think critically and articulate your thoughts clearly in Spanish. The tools you need for articulating your ideas are the vocabulary and grammar you know and your ability to read and listen to source materials in order to incorporate information from them into your essay or oral presentation.

The sequence of tasks is deliberate. Throughout Section I you have been refreshing your memory of vocabulary and grammar. In Section II you begin with interpersonal writing, of about 60 words, to help you get into the mode of writing Spanish. Your language can be more conversational, although you should still pay attention to using the correct register. The formal writing sample requires that you develop a longer sample with more planning and writing skill. Writing still gives you time to think about what you want to say. When you get to the speaking tasks, you have had time to begin to think in Spanish as much as possible. The conversation will go by quickly and requires a quick, informal response. It is good preparation for the two-minute oral presentation, which is at the end to give you as much time as possible to remember as much Spanish as possible.

Below are the general descriptions of the rubrics with the characteristics of samples that fall into each range. In all levels your score depends on the degree to which you respond to the question or the prompt. The more completely you respond to the instructions of the task, the higher your grade. For all of the samples, organization is key. For the formal writing and the oral presentation tasks, you should always begin with an introduction and end with a real conclusion. Remember that fluency does not refer to how fast you speak. It means that you speak smoothly, without long pauses that would indicate that you are translating from English to Spanish as you go along. Correct yourself if you realize that you have made a mistake. In this book, in the section for each task, there are suggestions for organizing your thoughts and practice exercises.

There are some samples with high, mid, or low rankings. The scores fall on a continuum with excellent critical thinking skills and superior mastery of language at the high end and an inability to understand and communicate in Spanish on the low end. In the middle, at a 3, students should be able to communicate their thoughts coherently, using a good vocabulary and range of structures, including dependent and subordinate clauses. If you compare what you write with the samples, you will get a general idea of how your sample would rate if it were scored.

High

Interpersonal writing: The writer responds to all aspects of the instructions for the task. The topic is thoroughly addressed in a well-organized response that includes the use of appropriate social or cultural references indicated in the task. The language used demonstrates a wide variety of vocabulary, expressions, and structures. The writer uses correct diacritical marks and organizes thoughts in paragraphs.

Formal writing: The writer addresses the topic and refers to all the sources completely. The discussion deals completely with the question in a coherent, well-organized essay. Synthesis of information outweighs summary of source material or phrases or sentences lifted from the text of the sources.

Simulated conversation: The speaker responds appropriately to almost all if not all of the conversational prompts. The responses follow the thread of the conversation, with demonstrated control of language in complex structures and appropriate vocabulary, such as idiomatic expressions. Pronunciation is excellent and speech is fluent, not halting.

Oral presentation: There is a complete discussion of the topic, and the speaker integrates references into the presentation. Reference is made to all of the source materials, and elements are incorporated in original language into the oral presentation.

Mid-High

Interpersonal writing: The writer responds appropriately to all or almost all of the task instructions, using social and cultural references that are generally accurate. There is evidence of good control of a variety of vocabulary and structures, although there may be some errors. The errors do not significantly detract from the overall coherence of the writing sample.

Formal writing: The writer refers to all sources and integrates elements appropriately into the written presentation. The treatment is well developed, using accurate information. Synthesis still outweighs summary, using a good variety of words, expressions, and structures. There may be some errors, but overall good to very good control of the conventions of writing is shown.

Simulated conversation: The speaker follows the thread of the conversation and responds appropriately on all or almost all occasions. Vocabulary and expressions and control of structures are very good, although there may be a few errors, as with pronunciation and fluency.

Oral presentation: The sample integrates references to both sources into the presentation. The comparison and contrast outweighs summary or quotations lifted from the sources. The response is well organized, and the information is generally accurate. There is very good control of language, with complex structures that may contain a few errors. There is very good fluency and vocabulary.

Mid

Interpersonal writing: The writer completes most if not all of the instructions in the task. The response is generally well organized, and there are appropriate social and cultural references.

Formal writing: The writer completes the task appropriately using good vocabulary, although the organization is only adequately cohesive. Summary or quotations from the sources may predominate in the sample. The language used contains some errors in a variety of structures. Vocabulary may show interference from other languages, and there may be errors in the conventions of written language, such as accents.

Simulated conversation: The speaker responds appropriately to most parts of the conversation, organizes responses adequately, and observes appropriate social and cultural references. There is good pronunciation, with some interference from another language. The speaker speaks with some hesitancy, but manages good self-correction.

Oral presentation: Summary may outweigh synthesis of ideas in the discussion of sources. The information is generally accurate. There is control of simple structures with few errors, but there is little control of complex structures. There is a good range of vocabulary, but other languages may intrude into the Spanish. There are pauses at times, but some successful self-correction.

Mid-Low

Interpersonal writing: The writer partially completes the task with some inappropriate responses to the instructions of the task and may have irrelevant responses at times or show inadequate organization with inaccurate social or cultural references.

Formal writing: The writer partially deals with the topic, with inadequate organization and limited reference to the source materials. There is little synthesis and frequent grammatical errors, dependency on words from other languages, and poor command of the conventions of written language, such as accents.

Simulated conversation: The speaker partially responds to the conversational prompts. Some responses may be irrelevant or incoherent. The speaker may include inaccurate social or cultural references.

Oral presentation: The speaker partially completes the task, referring to only one of the sources. The treatment may be irrelevant, with inaccuracies in the information. There may be little comparison or contrast in the topics that call for comparison or contrast. There is limited control of the language, with frequent pauses, difficulty completing a sentence, fair pronunciation, and limited vocabulary.

Low

Interpersonal writing: The writer does not complete the task or is off target. The sample contains irrelevant material, is disorganized, and contains inaccuracies in observance of social or cultural conventions.

Formal writing: The writer does not complete the task or refers to only one or two of the sources. The essay may be disorganized or incoherent, with limited or inaccurate information. There are numerous errors in all aspects of language, vocabulary, structures, and diacritical marks.

Simulated conversation: The speaker responds inappropriately in the conversation. The responses are disorganized. There are frequent errors in vocabulary and structures. There is constant interference from other languages, repetition, and little or no fluency, with poor pronunciation. The response may show little awareness of social register (using the correct form of "you").

Oral presentation: The task is not completed, with limited if any reference to the sources. The response is disorganized, and information is limited and mainly inaccurate. There may be no comparison or contrast. There are frequent errors in vocabulary and structures, many pauses, poor pronunciation, and great interference from another language.

THE ADVANCED PLACEMENT SPANISH LANGUAGE STUDENT

This book is intended for English-speaking students who are preparing for the Advanced Placement Spanish Language exam, although native speakers will benefit from the description of the exam structure and the discussions of how the evaluation scales are applied. For most Spanish-speaking students, the vocabulary is not a major consideration in preparation, but it is for English-speaking students learning Spanish. Also, most Spanish-speaking students will have no difficulty with the listening comprehension and speaking portions of the exam. The preparation for the reading and writing sections of the exam should be helpful to both English- and Spanish-speaking students, however.

Because there are so many regional differences among Spanish-speaking people, there are many ways of communicating in the Spanish language. In spite of the wide variation in expression in Spanish, however, there are some aspects that are more or less universal. The objective on this examination is for the student to express himself or herself as clearly, accurately, articulately, and fluently as possible in Spanish. The level of proficiency should be sophisticated enough for the student to carry on any nontechnical conversation. There is a basic grammar at the back of this book to help the student correct any persistent errors. Since the Advanced Placement course is intended to be college-level work taught at the high school level, both the vocabulary and grammatical aspects in this book are intended to represent an advanced level of communication. The course is designed to be a demanding and intensive program of language study. In order to succeed, the student must demonstrate a commitment to learning as much Spanish as possible. The successful student on this exam is also one who will take the initiative and responsibility for learning as much as possible.

The Advanced Placement course is designed to prepare a student to study Spanish in college at an intermediate to advanced level. The precise point at which a student would enter depends on the score that the student receives on the exam and the credit that will be given by the college or university. Up to date information about how much credit is given by colleges and universities is available from the College Board. *The College Handbook* is a publication listing over 3,000 two- and four-year institutions and the credit that each gives for AP scores. Information about credit given for the AP courses by various colleges and universities is provided by the College Board on their web site: *www.collegeboard.com.* (Basic information about the exam can be found at *www.apcentral.collegeboard.com.*)

Preparation for the Exam

The best preparation for taking the Spanish Language Examination is one that stresses oral skills, composition, and grammar study. Now that different skill areas are integrated into almost all of the tasks on the exam, it is more important than ever to practice all the skill areas. The reading and writing parts are 30 percent apiece (60 percent of the total score), and even these parts require understanding of spoken Spanish and the ability to read printed source material in the prompts. You should use Spanish as much as possible in all four skill areas: speaking, listening, writing, and reading. You will find that the language in this guide reflects the wide range of expression found among Spanish-speaking people, from peninsular Spanish to Latin American. Samples of formal and informal discourse are also presented.

OBJECTIVES IN THE FOUR SKILL AREAS

Listening Comprehension

You should be able to understand short conversations, narratives, interviews, or other material of a nontechnical nature. Listening to as much Spanish from as many different sources as possible, such as radio, television, taped songs, stories, and lectures is the best preparation for the listening comprehension section.

Reading Comprehension

You should be able to read any sort of nontechnical material that you might encounter in everyday situations—newspapers, recipes, instructions, any printed material that accompanies merchandise from or is intended for use by Spanish-speaking people, and short literary pieces. The more reading you do, the better prepared you will be.

Writing

You should have sufficient vocabulary and control of grammatical structures to permit you to express your thoughts clearly in writing. Practice in writing essays is especially important so that you can easily provide an informal writing sample, such as what you would write in an e-mail message, a memo, a postcard, a short personal note, or some other form of personal correspondence in the 10 minutes allotted. Familiarity with a wide range of words and expressions is also essential to the expository or persuasive essay that you will write based on the print and audio sources in the prompt. In the 40 minutes allowed for the essay there is not a lot of time to spare in thinking what words you should use. You should know enough vocabulary that you do not have to rely on repeating words seen or heard in the source material.

Speaking

You are asked in the speech samples to participate in a simulated conversation, and then to present a two-minute sample. Both tasks require that you understand audio and print source material to use as you speak in response to the prompts.

You will notice that vocabulary is not mentioned in any one skill area, but it is crucial in all of them. Your ability to express yourself and to understand others is defined by what words and expressions you know. You should learn as much vocabulary as you can.

Cultural material is not tested in a separate part of the exam, but is integral to all of it. The more you know about geography, customs, traditions, institutions, history, and people in Spanish-speaking countries, the more vocabulary you are likely to know. If you are familiar with cultural material, you will be comfortable with those parts of the exam because you are familiar with the topic.

You should try to learn as much as possible about cultural topics by reading, watching, and listening to programs about Spanish-speaking countries and by talking to Spanish-speaking people. You can find information of a cultural nature in practically any kind of audio or print material in Spanish. Another good source is the Internet. Topics you have heard or read about are today easily accessible using some of the sites listed on pages 14–15, or your favorite search engine.

USING THIS BOOK

In the absence of a formal Advanced Placement Spanish Language class, you can prepare for the examination by becoming familiar with the examination format and studying all the materials available. This guide to the Spanish Language Examination is designed to help you understand the structure of the exam and its grading. It also contains strategies for preparing for each of the skill areas, practice exercises in each of the skill areas, answer keys so that answers can be checked, and commentaries to help you understand why some answers are better than others. The practice exam and the answers will provide additional preparation for the actual exam.

The following pages are designed to help you prepare for the Spanish Language Examination by:

1. presenting material (vocabulary, grammatical structures, and conversation topics) that are likely to be covered on the exam,
2. providing exercises for you to practice and master language in the different skill areas, and
3. providing three complete practice exams.

This book is divided into the four skill areas addressed on the exam: listening, reading, writing, and speaking. Each chapter is devoted to only a single skill area, but also contains information that will be useful in other skill areas. The reading strategies are especially useful in all parts of the examination. The level of material is designed to provide material for even very good students to improve as well as to provide for students who may need extra practice and help.

Vocabulary for Listening

The listening comprehension vocabulary may seem difficult. But the commentaries should help you understand the taped material, and help you learn some useful vocabulary as well. The material does not contain slang, which tends to change rapidly and vary considerably from one region to another.

The vocabulary you use when listening is much larger than the vocabulary used when speaking, because in the former case you are able to recognize cognates of words that you may not recall without prompting. In many cases your ability to recognize cognates (words that sound alike in English and Spanish) really depends on your vocabulary in English. Even conversational Spanish contains many words that have almost dropped from conversational English, so Spanish may seem more difficult to understand because of the range of vocabulary. If you have a large English vocabulary, you will recognize many cognates. If your vocabulary in English is small, you will need to learn words in order to feel comfortable in Spanish.

Vocabulary for Reading

Reading requires the largest vocabulary, which is why people who read a lot usually know the words they need to say exactly what they want to say. In this section of this book most of the vocabulary focuses on verbs. Frequently you can guess the meaning of nouns, but the verbs often are not cognates. Also in this section the interpretation of structures as well as meanings of words becomes important. There is a section of multiple-choice vocabulary and grammatical structures to show you some strategies.

Beginning students often write using the same vocabulary and syntactical constructions that they use in speech. In both skill areas you have to use only those words you have stored in memory in your mind. You cannot use a dictionary to look up words as you write your essay. But, by the same token, since you have time to think about what you are going to say, your written language should be more articulate than spoken language. You should have a somewhat better vocabulary when you write. In the written exercises, you need to use words and expressions that you learned in other chapters. This book will focus on helping you develop ways of organizing your thoughts, expressing them accurately, and using the best vocabulary. Usually in writing, the sentence structures are more complex and your thoughts are more organized than when you speak.

Vocabulary for Speaking

Speaking vocabularies usually will not be as sophisticated as the vocabulary needed for reading or listening. When you are trying to remember the meaning of words, you do not have the advantage of seeing the word or expression on a page or screen to jog your memory; you have to recall the words without prompting. Because it is important to know a wide range of vocabulary, there is a section containing some words that may be useful to know for the exam. Speaking requires a vocabulary that includes a wide range of names of things, people, and places, as well as the adjectives to describe the named items. In conversation we tend to use more common irregular verbs. Make sure that the verb forms you use are correct, especially the common irregular verbs. You will find these verbs listed in the back of this book.

With each new skill area, more words are added so that you can learn as many as possible and add to the basic level. Some vocabulary that you remember from this book may make a great difference in your responses. Although all aspects of language are important, probably none is more important than vocabulary study. No matter how much grammar you know, if you do not know the words to communicate your thoughts, the grammar will not be useful.

STUDY STRATEGIES

Language comprehension and production is a complex process that uses a variety of skills simultaneously. There is usually a very strong correlation between different skill areas, such as speaking and writing abilities, and the reading and listening abilities on the exam. Improvement in any one area usually affects and enhances ability in other skill areas.

Suggestions for Studying for the Exam

1. Study at a regular time, with breaks when your mind begins to wander.
2. Do not attempt to learn too much at a time. You will not remember much if you are tired.
3. Review material from previous sessions.
4. Take at least one practice test all at once so you can mentally prepare for concentrating for about 3 hours on Spanish. You also need to practice the oral parts often so you will have a sense of how long 20 seconds is for the simulated conversation and 2 minutes for the oral formal presentation.
5. Practice recording your own voice so you will be comfortable doing this when you take the exam.
6. Listen to your voice on the recording so you are comfortable with the way you sound. You may notice some things you want to correct or improve, such as pronunciation or expressions you can use.
7. Read as much Spanish as possible to learn vocabulary and to practice reading comprehension. You can find things to read online, in magazines, in local community newspapers, and from Spanish-speaking friends. Read the Spanish instructions on things you buy or borrow Spanish-language books from your library. Some online sources where you can find reading material are listed below.

http://www.elpais.com (news from Spain)
http://www.consumer.es (general information and human interest stories)
http://news.bbc.co.uk/hi/spanish/news/ (general information)
http://www.semana.com/ (online magazine from Colombia)
http://www.mexicodesconocido.com.mx/interior/index (places in Mexico)
http://www.lanacion.com.ar/ (news from Buenos Aires, Argentina)

Most students consider the reading the hardest part of the Advanced Placement test, because many students do not read very much. The skill is crucial to a high score, however, because it is required not only for the Section I multiple choice section but also for understanding the printed sources for the 200-word essay and the two-minute oral formal presentation. In the chapter on reading there are examples of different kinds of material.

8. Practice listening to Spanish-speaking television programs, to radio programs (usually on AM stations), or online. Some very good online sites are listed below. You do not need to register to listen to them.

    http://www.un.org/radio/es/
    http://www.informarn.nl
    http://www.rtve.es/rne/audio/sr5r.htm (noticias, España)
    http://www.un.org/radio/es/story.asp?NewsID=5309
    http://www.bbc.co.uk/radio/ (You have to click on the language to get the BBC in Spanish.)
    http://www.grupofm.com/ (noticias, México)
    http://www.radio.udg.mx/inicio.htm (Universidad de Guadalajara, México)
    http://cnn.com (You have to click on the language to find the Spanish version.)

    Another excellent source is a program called Puerta del Sol, which requires a subscription. It contains audio of excellent interviews about current topics of interest, related both to news and to cultural topics. Puerta del Sol has a Spanish American edition, and you can also get a transcript so that you can learn to associate spoken Spanish with the printed language. It is an excellent source for learning new vocabulary. The speakers talk quickly, but with practice with the transcripts, you can learn to understand Spanish spoken at a more normal rate than the Spanish found on many textbook programs. You can find information about it online.

9. Practice speaking Spanish whenever possible with other students and with people you meet in your community who speak Spanish, such as salespeople or cashiers in stores. Even if you cannot find someone with whom to speak Spanish, you can practice conversations by yourself. Imagine talking to different kinds of people: other students, salespeople in stores, waiters in restaurants, professional people, doctors, lawyers, nurses, or receptionists. Another good place to find Spanish-speaking people is in tutoring programs run by organizations such as the YMCA or the Boys & Girls Clubs. Volunteering to tutor Spanish-speaking people in English often provides an opportunity for you to learn Spanish as they learn English.

10. Use circumlocutions. You want to communicate ideas in Spanish, not translate your thoughts literally from English to Spanish. If you learn to rephrase thoughts to avoid words you do not know, you will not get stuck with a long silence while you try to remember a word when speaking. Your speech will be much more fluent if you learn to rephrase.

11. Find a good dictionary, or go online to find vocabulary. One excellent resource is the Real Academia Española in Spain. The web site is http://www.rae.es. Although the definitions are in Spanish and it is not English to Spanish, learning the words using other Spanish words is an excellent way to rapidly increase your vocabulary. Another site with translations from English to Spanish is http://www.wordreference.com.

12. Learn as much as possible about notable traditions and places in the Spanish-speaking world. This book includes many cultural references in reading comprehension selections and exercises. If you do not know about them, such as the Reyes Magos, the Fallas in Valencia, Spain, the *Popol Vuh*, or places such as Chichén Itzá, look up more information about them by doing an Internet search for information in Spanish. The more you know about culture, the better prepared you will be to answer questions on all parts of the examination.

13. Incorporate as much grammar as you can in your writing and speech samples. Your grammar should include examples of the points listed below. If you are unsure about any of these very basic points of grammar, you should pay special attention to the section in the Appendix of this book, where you will find a brief grammar review that includes the following:

   - A variety of verb tenses, not just the simple present
   - Correct pronouns in the correct places
   - Adjectives in comparisons of equality or inequality
   - The subjunctive used in noun, adjective, or adverb clauses
   - Correct spelling and diacritical marks such as accents and inverted question marks
   - The correct use of the preterit and the imperfect
   - The correct sequence of tenses

Although grammar and vocabulary are not tested in separate parts of Section I in the multiple-choice parts, they are critical to getting a high score on the written and oral parts of the examination.

If you need to do a lot of review before the examination, you should begin with this book at least a few months before it is given at the beginning of May. If you do not need much review, you should probably begin to work your way through the exercises six weeks before the exam. Notice that even though there is no specific section for the grammar and vocabulary, there are some exercises to help you review that material. These are found near the grammar review in the Appendices.

These recommendations are intended to help you feel confident about taking the exam. The more confident and comfortable you are using the Spanish language, the better your chances are of doing well on the examination.

PART TWO

LISTENING COMPREHENSION

Introduction

GENERAL CONSIDERATIONS

The listening comprehension part of the Advanced Placement Spanish Language Examination consists of two parts. The first deals with short dialogues and narratives, and the second with two longer selections. The questions for the first part, which will not be printed in your test booklet, will be read only once. Some of the questions may ask for standard information, such as the general topic of the selection, or some information that you can infer about the selection, such as where does it take place, or what is going to happen later. Other questions may ask for an interpretation of a specific phrase, which will be replayed when you hear the questions after the selection. Other questions may ask for an interpretation of a specific idiomatic phrase, the meaning of which can be inferred from the context in which you hear it. You may also hear information about the source of the selection, which will help you put what you hear in context.

The questions for the longer selections are printed in the test booklet. There is also room for you to take notes on what you hear. You will have time to read the questions before listening to the longer selections, so you can focus on the information you need to extract from what you hear. The longer selections may be an interview taken from broadcast media, news reports, a lecture, or a dialogue from a film, or it may simulate an everyday conversation. The topics will be taken from any topic related to the Spanish-speaking world. The questions on the longer selections will ask you to identify and summarize main points, understand some detailed information, and draw conclusions about what you hear based on what you know about Spanish culture and customs.

The exercises in the following short dialogues and narratives should help you focus on learning to listen for the main idea and then for details that relate to time, place, and activity. If some parts are difficult to understand, the exercises will help you learn to work round unfamiliar phrases. On the exam it is not unusual to hear some words you do not recognize. In such cases you should not focus on what you do not know, but rather work with what you do know. Practicing with difficult passages helps you learn to listen carefully, and good concentration helps every time. The secret is not to get frustrated when you do not understand something. Focus on listening for phrases.

SHORT DIALOGUES

In listening to the dialogues, be sure to notice any nonverbal cues that communicate information such as where the dialogue takes place. If you hear a bell in the background, jet engines, train whistles, traffic sounds, or other such indicators, use the information to provide a context for the dialogue. You should also listen for the tone of voice to determine the attitude of the speakers. This information can help you understand what is being said; if you know the attitude, you can form an idea of what kind of vocabulary and information to listen for in the dialogue. Knowing what to expect to hear is very important since it helps you narrow the range of vocabulary.

You need to listen for information that tells where the dialogue takes place, who is speaking and what their relationship is, what the topic of conversation is, and why they are having that conversation. At other times you need to deduce information from the words and tone of voice of the speakers. Who the speakers are and their relationship to each other often is revealed simply by the gender of the speakers (whether one is male or female), their ages, whether they are good friends (whether they use *tú* or *usted*), and other such differences. When there is a noun you do not know, you can figure its meaning out by looking at what all the other nouns you understand have in common. For example, if the selection contains the words *tren, el metro, la estación, la oficina, pasajeros,* and *maletín,* then you may figure out that *andén* has something to do with trains, commuting, travel, or something related to travel to work. Listen especially for noun and verb selection to determine the topic of conversation. The most difficult part of understanding the dialogues is understanding why the two speakers are talking. This information is revealed by mood selection (listen for the subjunctive), and especially by adjectives and adverbs. In the following section, listen to the selections and try to answer the questions. Be sure to try to answer all of the questions. When you have finished, check your answers. Then go to the transcript of the conversation to look up the words that you did not understand. Listen to the selections again to make sure that you could recognize the words if you heard them again.

SHORT NARRATIVES

The short narratives you will hear can be about any topic. In this type of listening comprehension, you are listening for information of a different sort than in the dialogues. In these narratives, listen for words that indicate the topic or theme of the narrative. By knowing the main idea, you can once again narrow the range of vocabulary you can expect to hear. Most of the questions in the narrative section will deal with who, what, when, where, why kinds of information. Interpretation of narratives is different from dialogues in that you listen to one speaker who talks about a given topic.

LONGER SELECTIONS

The last portion of the listening comprehension part consists of two selections that will be either longer narratives, interviews, short lectures, instructions, or some other type of speech sample. These two selections will each be about five minutes long. You may take notes on this section if you wish. You should practice before taking the exam to see if you do better taking notes or if you do better simply trying to recall information from memory. The advantage of notes is that you have a cue to jog your memory about the content of the narrative. You may have trouble listening and writing at the same time, however, and find that taking notes distracts you so much that you do not hear what is being said while you write. Remember that there is a great deal of repetition in the selections and you should be able to retain almost everything you hear if you concentrate while you listen.

TEST-TAKING TIPS

Here are some suggestions to help improve your listening comprehension.

1. *Concentrate while you listen.* Block out other thoughts and make sure your mind does not wander as you listen. If you have difficulty listening without being able to focus, develop some strategies. Jotting down key words sometimes helps on the longer passages. Or make a doodle that represents some aspect of what you are hearing to help you visualize the selection.

2. *Try to visualize in your mind what you are hearing.* Picture the setting and objects or people. If the dialogue is between or about two young people standing on a street corner, visualize the images. In some cases a visual aid may be provided, such as a map or a picture of a person or place.

3. *Learn to organize and categorize information that you hear.* When you hear information, file it in your memory according to what kind of information it is. When you hear a speaker talk about classes at the university, file the information under location or setting of the conversation or purpose, since it may deal with future events. If you hear the speaker say that he or she is going to class, in addition to revealing future plans, the information also tells you what the speaker may be—a university student or teacher.

4. *Take notes if necessary.* Practice beforehand to discover if you do better taking notes or listening without taking notes.

5. *Listen to as much Spanish as you can.* Listen to tapes, radio programs, videos, movies, and other people speaking Spanish.

6. *Learn to make educated guesses.* You may hear words you do not recognize, so learn to depend on the context of words to give you a clue about their meanings.

7. *Learn not to translate every word of what you hear as you listen.* Translating as you listen slows down comprehension, because as you think about the literal meanings, your mind does not listen to the rest of what is being said.

8. *Learn to recognize as many cognates as possible.* Remember, cognates are words that sound alike in both languages. To recognize cognates, try to visualize what the word looks like on paper.

9. *Know the endings of different parts of speech.* You need to listen particularly for verbs and identify their subjects. Then fill in information provided in adjective or adverb phrases.

10. *Try to understand the ideas* you hear instead of precise translations, unless the question asks for the specific meaning of a phrase or word.

Chapter 1
ANSWER SHEET FOR SHORT DIALOGUES

Dialogue One

1 Ⓐ Ⓑ Ⓒ Ⓓ
2 Ⓐ Ⓑ Ⓒ Ⓓ
3 Ⓐ Ⓑ Ⓒ Ⓓ

Dialogue Two

1 Ⓐ Ⓑ Ⓒ Ⓓ
2 Ⓐ Ⓑ Ⓒ Ⓓ
3 Ⓐ Ⓑ Ⓒ Ⓓ

Dialogue Three

1 Ⓐ Ⓑ Ⓒ Ⓓ
2 Ⓐ Ⓑ Ⓒ Ⓓ
3 Ⓐ Ⓑ Ⓒ Ⓓ

Dialogue Four

1 Ⓐ Ⓑ Ⓒ Ⓓ
2 Ⓐ Ⓑ Ⓒ Ⓓ
3 Ⓐ Ⓑ Ⓒ Ⓓ

Dialogue Five

1 Ⓐ Ⓑ Ⓒ Ⓓ
2 Ⓐ Ⓑ Ⓒ Ⓓ
3 Ⓐ Ⓑ Ⓒ Ⓓ

Dialogue Six

1 Ⓐ Ⓑ Ⓒ Ⓓ
2 Ⓐ Ⓑ Ⓒ Ⓓ
3 Ⓐ Ⓑ Ⓒ Ⓓ

Dialogue Seven

1 Ⓐ Ⓑ Ⓒ Ⓓ
2 Ⓐ Ⓑ Ⓒ Ⓓ
3 Ⓐ Ⓑ Ⓒ Ⓓ
4 Ⓐ Ⓑ Ⓒ Ⓓ

Dialogue Eight

1 Ⓐ Ⓑ Ⓒ Ⓓ
2 Ⓐ Ⓑ Ⓒ Ⓓ
3 Ⓐ Ⓑ Ⓒ Ⓓ
4 Ⓐ Ⓑ Ⓒ Ⓓ

Dialogue Nine

1 Ⓐ Ⓑ Ⓒ Ⓓ
2 Ⓐ Ⓑ Ⓒ Ⓓ
3 Ⓐ Ⓑ Ⓒ Ⓓ

Dialogue Ten

1 Ⓐ Ⓑ Ⓒ Ⓓ
2 Ⓐ Ⓑ Ⓒ Ⓓ
3 Ⓐ Ⓑ Ⓒ Ⓓ

Dialogue Eleven

1 Ⓐ Ⓑ Ⓒ Ⓓ
2 Ⓐ Ⓑ Ⓒ Ⓓ
3 Ⓐ Ⓑ Ⓒ Ⓓ

Short Dialogues

(Section I, Part A)

The following part consists of a series of Short Dialogues. When you have finished listening to each dialogue, you will hear a series of questions about the selection you have just heard. Using the answers printed under the title "Chapter 1, Short Dialogues" in the book, select the best answer from among the four choices and indicate your answer on the answer sheet provided two pages earlier. You will have 12 seconds to answer every question.

CD1 TRACK 1

Dialogue Number One

CD1 TRACK 2

1. (A) Está en una estación de policía.
   (B) Está en una oficina en el centro.
   (C) Está en casa.
   (D) Está en la calle.

2. (A) La policía acompaña a un actor que está visitando a un vecino.
   (B) Hay una emergencia médica y ha venido una ambulancia.
   (C) Un vecino está llamando para apaciguar a un amigo enojado.
   (D) La policía viene con una persona famosa que ha venido a la casa vecina.

3. (A) Está alegre.
   (B) Parece enojado.
   (C) Está temeroso.
   (D) Parece celoso.

Dialogue Number Two

CD1 TRACK 3

1. (A) Cereal cuya mascota es Toni el Tigre.
   (B) Productos que no sean tan dulces como Toni el Tigre.
   (C) Un cupón para azúcar.
   (D) Un juguete nuevo para la niña.

2. (A) Es muy ameno.
   (B) Es muy terco.
   (C) Es muy quejoso.
   (D) Es muy avaro.

3. (A) Quiere que ella pague su cuenta.
   (B) Quiere que ella pruebe el cereal antes de comprarlo.
   (C) Quiere que ella compre azúcar.
   (D) Quiere que ella dé el cupón a la niña.

**CD1
TRACK 4**

Dialogue Number Three

1. (A) Una huelga.
   (B) Un carnaval.
   (C) Una fiesta.
   (D) Una feria.

2. (A) Los dos hombres piensan que no pueden mejorar su situación.
   (B) Ellos opinan que merecen más pago.
   (C) La empresa está por quebrar y no puede pagarles.
   (D) Los otros empleados no desean cooperar con su plan.

3. (A) Proponen que la compañía les permita trabajar la semana que viene.
   (B) Proponen que la compañía les reembolse por el tiempo perdido del trabajo.
   (C) Recomiendan que la compañía acepte el ascenso de cincuenta dólares al mes.
   (D) Sugieren que el árbitro les permita regresar al empleo sin contrato para que puedan mantener la producción.

**CD1
TRACK 5**

Dialogue Number Four

1. (A) Son hombres de negocios, discutiendo expansión industrial.
   (B) Son viejos amigos discutiendo un nuevo negocio.
   (C) Son políticos planeando la modernización de su país.
   (D) Son ingenieros de una compañía con una fábrica nueva en otro país.

2. (A) Necesita contratar al señor Martínez por servicios necesarios.
   (B) Necesita arreglar el permiso necesario para poder construir la fábrica.
   (C) Necesita negociar con el señor Martínez para arreglar todo.
   (D) Necesita ponerse en contacto con el señor Martínez.

3. (A) No reacciona de manera muy complaciente.
   (B) Parece tratar de postergar todos los planes.
   (C) Favorece la propuesta del señor Gómez.
   (D) Se niega a ayudarle a realizar el plan.

Dialogue Number Five

CD1 TRACK 6

1. (A) Tienen hambre y desean almorzar en el centro.
   (B) Van de compras para preparar para una fiesta.
   (C) Necesitan ir al banco en la Calle Central.
   (D) Necesitan comprar un regalo para el cumpleaños de una prima.

2. (A) Tienen sólo cinco minutos.
   (B) Tienen once minutos.
   (C) Tienen quince minutos.
   (D) Tienen mucho tiempo.

3. (A) Tiene que arreglarse el pelo.
   (B) Tiene que preparar el almuerzo.
   (C) Tiene que preparar una lista.
   (D) Tiene que hallar un vestido.

Dialogue Number Six

CD1 TRACK 7

1. (A) Está en primavera.
   (B) Está en verano.
   (C) Está en otoño.
   (D) Está en invierno.

2. (A) Él tiene familia en Miami a la cual quiere visitar.
   (B) Era marinero y visitaba muchos lugares fantásticos.
   (C) Él enseñaba el buceo cuando vivía allí.
   (D) Él pasaba mucho tiempo en el agua cuando vivía allí.

3. (A) Piensan ir a la playa para correr las olas.
   (B) Piensan hacer unas excursiones submarinas.
   (C) Piensan visitar un acuario.
   (D) Piensan visitar con familia.

Dialogue Number Seven

CD1 TRACK 8

1. (A) Hablan de una pareja que se ha divorciado.
   (B) Hablan de los amores de una amiga.
   (C) Hablan de una fiesta en un disco.
   (D) Hablan de sus preparativos para un fin de semana.

2. (A) Su novio acaba de abandonarla por otra.
   (B) Ella acaba de abandonar a su novio.
   (C) Sus amigas acaban de abandonarla.
   (D) Ella no recibió una invitación a un baile al disco.

3. (A) Ellas saben que Raquel y Enrique no eran buenos amigos.
   (B) Saben que Raquel sabía que su novio había salido con otra.
   (C) Saben que Enrique no era confiable.
   (D) Saben que hacía mucho tiempo que los dos eran amigos.

4. (A) Ellas van a llamar a María por teléfono para preguntarle del asunto.
   (B) Ellas lo averiguarán cuando vean a todos en el baile.
   (C) Ellas llamarán a Raquel para preguntarle.
   (D) Ellas van a hablar con Enrique y Ramón sobre esto.

**CD1
TRACK 9**

Dialogue Number Eight

1. (A) La noche anterior lanzaron muchos cohetes.
   (B) La noche anterior sufrieron un bombardeo.
   (C) La noche anterior hubo una plaga de insectos.
   (D) La noche anterior hizo muy mal tiempo.

2. (A) No tiene chicos en casa.
   (B) Sus hijos son nenes.
   (C) Los chicos son más crecidos.
   (D) Los chicos son pequeños, también.

3. (A) No tienen electricidad en la casa.
   (B) No tienen agua corriente en la casa.
   (C) No tienen plantas en el huerto.
   (D) No tienen ningunas gotas.

4. (A) Ella arreglará todo pronto, ese mismo día.
   (B) El ayuntamiento le ha prometido hacer reparaciones mañana.
   (C) Ella esperará hasta que brille el sol para colgar la ropa al aire.
   (D) No hay remedio, tendrá que esperar mucho tiempo.

**CD1
TRACK 10**

Dialogue Number Nine

1. (A) Hay un problema con el agua en la casa.
   (B) La chica no tiene bastante tiempo para bañarse.
   (C) Ella quiere que le diga a su hermano que espere.
   (D) Él es plomero y está reparando la tubería.

2. (A) Porque ella abrió el grifo.
   (B) Porque hay aire en la tubería.
   (C) Porque los obreros no saben dónde están las líneas.
   (D) Porque Enrique está bañándose al mismo tiempo.

3. (A) Porque cerrarán el servicio de agua a la casa mientras reparan las líneas.
   (B) Porque su papá quiere bañarse también.
   (C) Porque ella tiene miedo del ruido.
   (D) Porque su hermano tendrá que bañarse pronto.

Dialogue Number Ten

1. (A) Parece que sufre de un mero resfriado.
   (B) Parece que sufre principalmente de insomnio.
   (C) Parece que tiene neumonía.
   (D) Este paciente es adicto a drogas peligrosas.

2. (A) Le sugiere que no más guarde cama y descanse.
   (B) Le sugiere unas pastillas.
   (C) Le da un producto nuevo.
   (D) Le recomienda que tome dos pastillas y que lo llame por la mañana.

3. (A) El paciente estará mejor el próximo día.
   (B) Podrá respirar mejor el próximo día.
   (C) Espera que le ayude pero no sabrá por dos días.
   (D) Espera que se mejore, porque sabe que la medicina es buena.

Dialogue Number Eleven

1. (A) Hablan de un programa sobre la astronomía.
   (B) Hablan de programas documentarios en la televisión.
   (C) Hablan de un personaje en un libro que han leído.
   (D) Hablan de una actriz famosa que vieron la noche anterior.

2. (A) Están de acuerdo que los dos papeles eran muy diferentes.
   (B) Les gustó una de las representaciones, pero no la otra.
   (C) No les gustó ninguno de los programas.
   (D) Opinan que una representación era inválida.

3. (A) La primera era fácil para la actriz porque era un documentario.
   (B) La primera le presentó un papel muy natural a la actriz.
   (C) La última no parecía requerir muchos cambios de la actriz.
   (D) La última era menos emocionante.

SCRIPTS AND ANSWERS

DIALOGUE NUMBER ONE

(Easy listening music, then sirens)

NAR 1: Miguel, ¿qué pasará con todas las sirenas?

NAR 2: Pues, no estoy seguro. No vi nada por la ventana cuando me asomé por ella hace unos minutos. Parecía que había mucha luz en la calle para esta hora de la noche. ¿No te parece?

NAR 1: Sí, sí. Puede ser que haya un fuego. Y ya que me lo mencionaste, se huele humo por aquí.

NAR 2: Voy a llamar a nuestros vecinos para ver qué saben de esto.

(Sound of telephone dial.)

NAR 2:   Hola, señor Rodríguez. Oiga, ¿sabe Ud. qué pasará? ... ¿No oye usted todas las sirenas? Parece que vienen calle abajo pero van a pasar por aquí. ¿Hay un fuego? ... ¿Ud. no puede ver nada? ¿Ni oye nada? ... Pues gracias, siento mucho haberle molestado por nada. Sólo me preocupé de ... bueno ... sí, sí, ... sí, hasta luego.

NAR 1:   Acabo de ver por la ventana que hay videógrafos del Canal 6 con un coche y la policía que se han parado delante de la casa al otro lado de la calle. Parece que filman una visita de una actriz a la casa de nuestro vecino.

NAR 2:   Ya lo veo. Me imagino que si fuera un actor no vendrían todos los reporteros ni nada. ¡Qué molestia!

Número 1.

¿Dónde está la pareja que habla?

(A) Está en una estación de policía.
(B) Está en una oficina en el centro.
(C) Está en casa.
(D) Está en la calle.

Número 2.

¿Qué está pasando en esta escena?

(A) La policía acompaña a un actor que está visitando a un vecino.
(B) Hay una emergencia médica y ha venido una ambulancia.
(C) Un vecino está llamando para apaciguar a un amigo enojado.
(D) La policía viene con una persona famosa que ha venido a la casa vecina.

Número 3.

¿Cómo reacciona Miguel al saber qué pasa?

(A) Está alegre.
(B) Parece enojado.
(C) Está temeroso.
(D) Parece celoso.

COMMENTARY

1. The first question asks about the setting of the dialogue. You should be able to determine this information by the sound of the telephone, the reference to looking out the window, and the reference to the neighbors. The answers that mention the police station, the office downtown, and the street are suggested by the background sounds, but the content of the dialogue with the references mentioned indicate that the only logical answer is the house as the setting. The correct answer is **C**.

2. The second question asks what is happening. The sound of the sirens suggÍests emergency vehicles, ambulances, policemen or firemen, and the dialogue refers to all of these possibilities. The dialogue also mentions famous people, however, so answer B is not a logical answer. The dialogue ends with Miguel complain-

ing about the disturbance, but the telephone call does not indicate that somebody is being angry; it is only to find out what is happening. You need to distinguish between the gender of the person who is coming. Both actors and actresses are mentioned, but Miguel at the end is complaining about the difference of treatment actors and actresses get from the public. The correct answer is **D**.

3. How does Miguel react to the noise? That he is angry is indicated by his tone of voice with his last sarcastic remark about pretty actresses who get more attention than a man would get. The correct answer is **B**.

DIALOGUE NUMBER TWO

CD1
TRACK 3

(Sound of cash registers)

NAR 1: Mamá, mamá. Mira. Toni el Tigre. Mamá, mamá, cómprame este cartón de cereal....

NAR 2: Ya te dije que no voy a comprarte ese cereal. Mira. Aquí tienes éste que es mucho más sabroso.

(Sound of box opening)

Um-m-m. ¡Cuánto me gusta! Toma, prueba. ¿No te gusta también?

NAR 1: No, no, mamá. Me gusta Toni el Tigre, quiero comprar ése. Cómprame Toni.

NAR 3: Eh, señora, ¿qué hace abriendo el cereal aquí antes de pagarlo?

NAR 2: Oh, lo siento mucho, se me olvidó dónde estaba. Es que la niñita quiere comprar ese cereal que contiene tanto azúcar. Quiero que pruebe algo más saludable. ¡Qué difícil es convencer a los niños que se aprovechen más de comida sin tanto azúcar!

NAR 3: Ya lo entiendo. En casa mi chiquita también prefiere productos de ese tipo. Pero de veras debe usted de presentar un buen ejemplo y pagar la mercancía antes de abrirla. Si pudiera decirle a la cajera para que lo anote en la cuenta, y aquí tiene un cupón para un rebajo la próxima vez.

NAR 2: Muchísimas gracias. Usted es muy amable.

Número 1.

¿Qué quiere comprar la señora?

(A) Cereal cuya mascota es Toni el Tigre.
(B) Productos que no sean tan dulces como Toni el Tigre.
(C) Un cupón para azúcar.
(D) Un juguete nuevo para la niña.

Número 2.

¿Cómo es el comerciante?

(A) Es muy ameno.
(B) Es muy terco.
(C) Es muy quejoso.
(D) Es muy avaro.

Número 3.

¿Qué quiere el comerciante que haga la señora?

(A) Quiere que ella pague su cuenta.
(B) Quiere que ella pruebe el cereal antes de comprarlo.
(C) Quiere que ella compre azúcar.
(D) Quiere que ella dé el cupón a la niña.

COMMENTARY

1. The first question asks what cereal the woman is buying. All of the alternatives contain words that appear in the dialogue. The fact that she wants to buy a non-sweetened product is indicated by the entire conversation she has with her child and the storekeeper, especially when the two adults commiserate about how hard it is to get little children to eat nutritious cereal. The correct answer is **B**.

2. This question asks what the storekeeper is like. He seems very understanding since he relates to the mother's problem, tells her about his own family, and ultimately gives her a coupon to redeem later. Do not be misled by the simple repetition of words that appear in the dialogue. *Cupón* and *azúcar* are both mentioned, but the question asks what the shopkeeper wants the woman to buy. It does not refer to what he gives her. The correct answer is **A**.

3. What does the storekeeper want the shopper to do? He wants her to pay for the merchandise that she opened in the store. The correct answer is **A**.

**CD1
TRACK 4**

DIALOGUE NUMBER THREE

(Sound of a crowd of people talking)

NAR 1: Compadre. Escúcheme. Tenemos que organizar este grupo para ponernos en manifiesto contra esta administración.

NAR 2: Estoy de acuerdo. Hace seis meses que trabajamos sin contrato y no van a concedernos ningunos ascensos si no hacemos algo.

NAR 1: ¡Qué va! Siempre nos han tratado como si fuéramos esclavos. Mañana podremos mostrarles nuestra fuerza en un desfile por las calles del centro.

NAR 2: Pues, llamaré a todos los líderes del turno de la noche con quienes trabajo.

NAR 1: Y yo llamaré a los otros de mi turno. Podremos alcanzar cien hombres para una manifestación si llamamos a todos los que están con nosotros.

NAR 2: Con un poco de suerte podríamos negociar un contrato nuevo para el lunes si el árbitro tratara con nosotros de la manera que queremos. Pidamos un ascenso de cincuenta dólares al mes como mínimo, lo cual no es tanto como merecemos y veremos qué dicen.

NAR 1: Si nos lo otorgara, podríamos empezar de nuevo el martes por la mañana. Y de esta manera la empresa tendría la producción que desea sin perder mucho tiempo.

NAR 2: De acuerdo. Todo esto debería mostrarles que queremos que nos tomen en serio.

Número 1.

¿Qué están planeando estos hombres?

(A) Una huelga.
(B) Un carnaval.
(C) Una fiesta.
(D) Una feria.

Número 2.

¿Por qué están insatisfechos los dos?

(A) Los dos hombres piensan que no pueden mejorar su situación.
(B) Ellos opinan que merecen más pago.
(C) La empresa está por quebrar y no puede pagarles.
(D) Los otros empleados no desean cooperar con su plan.

Número 3.

¿Qué resolución proponen los dos?

(A) Proponen que la compañía les permita trabajar la semana que viene.
(B) Proponen que la compañía les reembolse por el tiempo perdido del trabajo.
(C) Recomiendan que la compañía acepte el ascenso de cincuenta dólares al mes.
(D) Sugieren que el árbitro les permita regresar al empleo sin contrato para que puedan mantener la producción.

COMMENTARY

1. The first question asks you to identify the main idea of the conversation. These two are obviously planning a strike or some kind of demonstration, indicated by the repetition of words like *manifiesto, reunir, negociar, contrato, empresa,* and *ascenso.* The only word in the alternatives that fits with this sequence of grouped vocabulary is *huelga,* which is the correct answer, **A.**

2. This question asks why the two are planning work action. The answer is revealed in the reference to *esclavos,* which implies someone who works for nothing, and in the discussion about a raise in wages. Answer **A** is not a possibility because the workers think that they can work with the company and change their situation. Answers **C** and **D** are not indicated by the information in the dialogue. The two think that the company can pay them more, and that the other workers will cooperate. Answer **B** is the correct answer.

3. What is the likely outcome? Answer **C** is the only totally correct answer. The other answers are partially correct: they want to go back to work the next Tuesday, if their offer is accepted. Nothing is said about working if the offer is not accepted.

CD1
TRACK 5

DIALOGUE NUMBER FOUR

NAR 1: Muy buenos días, señor Gómez. ¿Cómo está usted?

NAR 2: Muy bien, gracias, señor Martínez. ¿Y usted?

NAR 1: Bien. Y muy contento de poder hablar con usted debido al nuevo contrato que tenemos entre nuestros gobiernos.

NAR 2: El placer es mío. No ocurre todos los días que tengamos oportunidades como ésta. Nuestra empresa tiene muchos deseos de poder establecer una fábrica textil en su país este año.

NAR 1: Bueno, señor Gómez, nos interesa cualquier oportunidad que beneficie a todos.

NAR 2: Pues, como representante de mi compañía, me han dicho avisarles que proponemos poner la fábrica en las afueras de la ciudad con tal que podamos arreglar los servicios necesarios.

NAR 1: Esto, sí, sería muy interesante. Pero, ¿qué servicios en particular?

NAR 2: Específicamente necesitaríamos servicios de electricidad, agua, empleados, transporte ... todo lo normal, y buena fuerza de trabajadores, por supuesto.

NAR 1: Esto requeriría negociaciones extensivas para poder realizarse, pero tiene posibilidades. Puedo ponerle en contacto con algunos de los agentes que hacen estos tratos para que lo discuta con ellos.

NAR 2: Le agradezco mucho, señor Martínez. No más queremos la oportunidad de hablar con ustedes.

Número 1.

¿Quiénes son estos hombres?

(A) Son hombres de negocios, discutiendo expansión industrial.
(B) Son viejos amigos discutiendo un nuevo negocio.
(C) Son políticos planeando la modernización de su país.
(D) Son ingenieros de una compañía con una fábrica nueva en otro país.

Número 2.

¿Qué necesita el señor Gómez?

(A) Necesita contratar al señor Martínez por servicios necesarios.
(B) Necesita arreglar el permiso necesario para poder construir la fábrica.
(C) Necesita negociar con el señor Martínez para arreglar todo.
(D) Necesita ponerse en contacto con el señor Martínez.

Número 3.

¿Cómo reacciona el señor Martínez a la iniciativa del señor Gómez?

(A) No reacciona de manera muy complaciente.
(B) Parece tratar de postergar todos los planes.
(C) Favorece la propuesta del señor Gómez.
(D) Se niega a ayudarle a realizar el plan.

COMMENTARY

1. Who are these two speakers? That they are businessmen is indicated by the words, *contrato, representante, compañía, fábrica, servicios,* and *fuerza de trabajadores.* This is a new business, but these speakers are not old friends, a fact indicated by the form of address of the two, the formal *usted.* The correct answer is **A.**

2. The second question asks what the first gentleman needs in order to set up business in the new country. Mr. Gómez does not know very much about the country in which he is hoping to establish a factory, nor business procedures. He does not need Mr. Martínez's permission, but he does need contacts and information about what that town has to offer. The correct answer is **D.**

3. How does Mr. Martínez react to Mr. Gómez? While Mr. Martínez cannot give Mr. Gómez the permission he is seeking, he does refer him to people who have the information. By providing the right contacts he shows his approval of the initiative. Be sure to learn the vocabulary in the incorrect responses. You may see it in other places. The correct answer is **C.**

DIALOGUE NUMBER FIVE

**CD1
TRACK 6**

NAR 1: ¿Dónde quieres almorzar hoy, Estela?

NAR 2: No me importa. No tengo mucha hambre y todavía tendré que encontrar un vestido para el quinceañero de mi prima María.

NAR 1: Esto puede ser difícil. Oye, hay una tienda nueva, muy pequeña que está a cincuenta metros de la esquina de la Calle Central y Balboa, junto al banco. Puede ser que puedas encontrar algo allí, y podemos almorzar después de visitarla.

NAR 2: Ah, sí, la conozco. Bueno, visitémosla y almorzaremos después. Entonces tenemos que tomar el autobús de las once.

NAR 1: Y ya son las once menos cuarto. Apúrate, Estela, y lo cogemos.

NAR 2: Ya estoy lista. Sólo me falta peinarme y ponerme un suéter.

Número 1.

¿Qué piensan hacer estas chicas?

(A) Tienen hambre y desean almorzar en el centro.
(B) Van de compras para prepararse para una fiesta.
(C) Necesitan ir al banco en la Calle Central.
(D) Necesitan comprar un regalo para el cumpleaños de una prima.

Número 2.

¿Cuánto tiempo tienen antes de que venga el autobús?

(A) Tienen sólo cinco minutos.
(B) Tienen once minutos.
(C) Tienen quince minutos.
(D) Tienen mucho tiempo.

Número 3.

¿Qué tiene que hacer Estela antes de salir?

(A) Tiene que arreglarse el pelo.
(B) Tiene que preparar el almuerzo.
(C) Tiene que preparar una lista.
(D) Tiene que hallar un vestido.

COMMENTARY

1. What are the speakers planning? They are obviously going downtown, and will take a bus. Although the words refer to the places downtown, they do not refer to the purpose of the trip, which is indicated by the words *vestido* and *quinceañero*. The *quinceañero* is a formal type of celebration of the fifteenth birthday, which means that the speaker is looking for a new dress to wear to that party. The correct answer is **B**.

2. The second question asks about schedules and how much time they have to catch the bus to go downtown. There are several numbers mentioned in the passage, *a las once, y son las once menos cuarto*. The answer is indicated by the word *cuarto*, which indicates fifteen minutes. The correct answer is **C**.

3. What does Estela need to do to get ready to go? *Arreglarse el pelo* means "to arrange one's hair," which is what she needs to do. Other alternatives mention activities that are incorrect or do not appear in the dialogue. The reference to the *vestido* relates to the purpose of the shopping trip, but not preparations for going downtown. The correct answer is **A**.

**CD1
TRACK 7**

DIALOGUE NUMBER SIX

NAR 1:   Mario, este junio mi familia y yo vamos de vacaciones en la Florida. Mis padres me han dicho que puedo invitar a alguien para acompañarme. ¿Quieres venir con nosotros?

NAR 2:   ¡Hombre! ¡Qué hay de no querer! Vivía en Miami cuando era joven, antes de mudarnos aquí. Aunque actualmente no tengo ninguna familia allí, todavía conozco bien esa parte del estado. Puedo enseñarles algunos lugares fantásticos. Por supuesto, acepto.

NAR 1:   ¡Estupendo! Les diré a mis padres que puedes. Si conoces a algunos lugares divertidos, seguramente los visitaremos. También he oído decir que el buceo es fantástico.

NAR 2:   Ya lo creo. Cuando vivía allí íbamos todos los fines de semana a un arrecife cerca del parque nacional que hay allí. Es increíble la diversidad de la naturaleza submarina que se encuentra bajo las olas.

NAR 1:   Bueno. ¡Qué venga pronto el junio! Pero antes de ir tenemos que aguantar seis meses más de tedio aquí en clases.

Número 1.

¿En qué estación están los chicos al momento de hablar en este diálogo?

(A) Están en primavera.
(B) Están en verano.
(C) Están en otoño.
(D) Están en invierno.

Número 2.

¿Por qué le gustaría a Mario acompañar a su amigo?

(A) Él tiene familia en Miami a la cual quiere visitar.
(B) Era marinero y visitaba muchos lugares fantásticos.
(C) Él enseñaba el buceo cuando vivía allí.
(D) Él pasaba mucho tiempo en el agua cuando vivía allí.

Número 3.

¿Qué piensan hacer durante las vacaciones?

(A) Piensan ir a la playa para correr las olas.
(B) Piensan hacer unas excursiones submarinas.
(C) Piensan visitar un acuario.
(D) Piensan visitar con familia.

COMMENTARY

1. In which season does the conversation take place? Do not jump to the conclusion that the question asks what season they are talking about, which is the summer. In the dialogue at the end the speakers both lament having to wait another six months before going on vacation, *aguantar seis meses*, which means that it is still winter. The trip is planned for June. The correct answer is **D**, since six months before June is still winter.

2. Why would Mario particularly like to go with his friend? They talk about the fact that Mario lived in Miami before, and discuss his leisure activities there, but the speaker states that none of his family still lives there. The mention of the words *familia, lugares fantásticos,* and *buceo* can mislead you if you do not pay attention to the verbs that accompany them. The correct answer is **D**, which sums up all the things that Mario did while he lived in South Florida.

3. The third question asks what they plan to do while on vacation. From the references to the beach and the sea, indicated by the words *buceo, arrecife, olas,* and *naturaleza submarina,* the venue is obviously a beach. And Miami is located on the coast. However, in the alternatives given, the words *playa, olas,* and *familia* are misleading. The word *submarina,* although it is mentioned in the dialogue, qualifies where they are going. The diving, and the marine life of the reef are the activities of choice. The word *submarina* in this case serves to define the place they are going to visit. The correct answer is **B**.

DIALOGUE NUMBER SEVEN

NAR 1: Gloria, ¿oíste lo de Raquel? María me dijo que la vio en el disco con Ramón. Y Enrique estuvo con otra.

NAR 2: ¡No me digas! ¿Cuándo supiste esto? Acabo de hablar con María y ella no me dijo nada.

NAR 1: Pues cuando hablé con ella anoche me lo dijo. Quizá no fuera Ramón sino otro el que la acompañaba. No puedo creer que la dejara por otra porque llevaban tantos años juntos.

NAR 2: Sí, sería una lástima si se hubieran separado. Parecía la pareja perfecta. Pero nunca se sabe. Nunca se puede confiar en los chismes ni rumores, pero la semana pasada no más lo vi a Enrique paseándose con Elena Ramírez por la plaza después de las clases.

NAR 1: ¿De veras? Entonces Raquel hubiera tenido buena razón para despedirse de él. Ella no soportaría que saliera con otra y ella no se quejaría de él porque es muy buena.

NAR 2: Tienes razón. Pues, sabremos por cierto este fin de semana cuando vamos al baile a la escuela. Si ella viene con Ramón otra vez entonces sabremos que se acabó con Enrique.

Número 1.

¿De qué hablan las chicas?

(A) Hablan de una pareja que se ha divorciado.
(B) Hablan de los amores de una amiga.
(C) Hablan de una fiesta en un disco.
(D) Hablan de sus preparativos para un fin de semana.

Número 2.

¿Qué le pasó a Raquel?

(A) Su novio acaba de abandonarla por otra.
(B) Ella acaba de abandonar a su novio.
(C) Sus amigas acaban de abandonarla.
(D) Ella no recibió una invitación a un baile al disco.

Número 3.

¿Por qué les sorprendió a las chicas que Enrique haya salido con otra?

(A) Ellas saben que Raquel y Enrique no eran buenos amigos.
(B) Saben que Raquel sabía que su novio había salido con otra.
(C) Saben que Enrique no era confiable.
(D) Saben que hacía mucho tiempo que los dos eran amigos.

Número 4.

¿Cómo averiguarán la verdad de la relación amorosa de su amiga?

(A) Ellas van a llamar a María por teléfono para preguntarle del asunto.
(B) Ellas lo averiguarán cuando vean a todos en el baile.
(C) Ellas llamarán a Raquel para preguntarle.
(D) Ellas van a hablar con Enrique y Ramón sobre esto.

COMMENTARY

1. The first question asks what the topic of conversation is. The two friends are gossiping about another friend and her apparent breakup with a boyfriend. They have heard from a friend that Raquel's old boyfriend was at a party with another girl. They are trying to figure out what is going on with their friend Raquel. The correct answer is **B**. Although some of the choices are partially correct, partly correct information is not the best answer to the question. Throughout the whole conversation, the topic is who Raquel is dating, or who her old boyfriend is dating. **B** is the only answer that deals with the topic of the whole conversation, not just part of it.

2. The answer to the second question is **A**. What really happened with Raquel is only conjecture on the part of the two who are speaking. The use of the conditional in the choices of answers is a clue. Nowhere in the conversation do the two girls indicate that they really know what has happened with Raquel. The only thing that they know for certain is that Enrique and Raquel had been friends for a long time.

3. Relating to the third question, one of the speakers mentions at the beginning that Raquel and Enrique had dated for a long time. Later in the conversation one of the speakers speculates that Raquel would not put up with Enrique going out with someone else. That they spent the whole conversation talking about the topic also means that they do not know what to make of the situation. The correct answer is **D**.

4. The two finally decide that the only way to really know is to go to a party that weekend and see who comes with whom. Do not be mislead by the repetition of some parts of dialogue, such as *dance that weekend*, which can be combined with other erroneous information in incorrect responses. The correct answer is **B**; the two are going to go to the party to see if Enrique comes with another girl. Then they will know that their friend, Raquel, and Enrique are no longer seeing each other.

DIALOGUE NUMBER EIGHT

CD1
TRACK 9

NAR 1: Esa tormenta que pasó por aquí anoche fue la más espantosa que jamás he visto en la vida. Perdimos toda la electricidad y llovió a cántaros con un rato de granizos que destruyeron todo, todo lo que tuvimos en el huerto. ¿Sufrieron ustedes mucho daño?

NAR 2:   Era igual con nosotros. Y lo peor sucedió cuando tratamos de abrir los grifos en la cocina y no salió nada, ni una gota de agua. Pasamos una noche muy mala.

NAR: 1   ¡Ya lo creo! Y con todo el tronar y relampaguear los pobres niñitos se agarraron de mi esposo y de mí toda la noche por el susto que tuvieron.

NAR 2:   Gracias a Dios los míos tienen bastante edad para no temer tanto el ruido. De veras fue el mayor espectáculo pirotécnico que jamás hayamos visto. Y esta mañana ¡fíjate cuánto brilla el sol, como si no hubiera pasado ni una nube por el cielo!

NAR 1:   Sí, se siente la limpieza del aire esta mañana. ¿Y ahora? ¿Les han restablecido el agua?

NAR 2:   Llamamos al ayuntamiento para decirles de nuestro problema y nos prometieron volver a ponérnosla esta misma mañana. Sería en buena hora porque hoy tengo   que lavar mucha ropa sucia.

Número 1.

¿Qué acontecimiento comentan estas mujeres?

(A) La noche anterior lanzaron muchos cohetes.
(B) La noche anterior sufrieron un bombardeo.
(C) La noche anterior hubo una plaga de insectos.
(D) La noche anterior hizo muy mal tiempo.

Número 2.

¿De qué edad son los hijos de la segunda narradora?

(A) No tiene chicos en casa.
(B) Sus hijos son nenes.
(C) Los chicos son más crecidos.
(D) Los chicos son pequeños, también.

Número 3.

¿Qué molestia adicional ha sufrido la segunda narradora?

(A) No tienen electricidad en la casa.
(B) No tienen agua corriente en la casa.
(C) No tienen plantas en el huerto.
(D) No tienen ningunas gotas.

Número 4.

¿Qué remedio hay para el problema de la segunda narradora?

(A) Ella arreglará todo pronto, ese mismo día.
(B) El ayuntamiento le ha prometido hacer reparaciones mañana.
(C) Ella esperará hasta que brille el sol para colgar la ropa al aire.
(D) No hay remedio, tendrá que esperar mucho tiempo.

COMMENTARY

1. The first question essentially asks what happened the night before. From the comments that the two speakers make, it is apparent that there was a tremendous storm, with much damage from hail. The first speaker tells about what happened in her house with the small children. The thunder and lightning (*trueno* and *relámpago*), frightened the children because they are small. The second speaker remarks that it reminded her of a fireworks display. (*Pirotécnica* refers to fireworks.) The answers that contain references to happenings that make loud noises are misleading. The topic of the whole conversation is the storm. The correct answer is **D**.

2. What are the ages of the second speaker's children? Part of the contrast between the two speakers and how they react to the storm has to do with how their children react. As you listen, create in your mind a profile of each speaker. For the first one you would notice that she has younger children, and her experience was more stressful because the little children were so frightened that they clung to their parents all night. The second speaker has children who are older, so they were not so frightened, but she was similarly inconvenienced by the storm although for different reasons. She says her children were not frightened. In the possible answers, if you do not recognize the word *nene*, you can deduce that **C** is the right answer anyway, because none of the other answers is correct. Sometimes you need to use the process of elimination to arrive at a correct answer.

3. The third question asks for specific information about what happened to the second speaker. She answers this question at the beginning of the conversation, and at the end. The worst part of the storm was the loss of water in the house. She indicates that they still do not have water when she says that she has called the city and that she has washing to do. The correct answer is **B**.

4. When can the second speaker expect to have her service restored? The answer is in the expression, *esta misma mañana*. One choice contains the word, *misma*, and another contains the word *mañana*. The dialogue says *this very morning*, which means that choice **A** is correct. (One of the words to remember from this dialogue is *grifo*, which means *faucet*.)

DIALOGUE NUMBER NINE

CD1
TRACK 10

NAR 1: Papá, ¿qué pasa? Hace unos minutos cuando iba a ducharme, abrí el grifo y oí grandes ruidos de la tubería.

NAR 2: Parece que había aire en los tubos porque, cuando no hay buena presión en el sistema, entra el aire en los tubos y suena al abrirse el grifo.

NAR 1: ¿Entonces no hay problema y puedo ducharme?

NAR 2: Claro, niña. No te hace daño alguno. Y no te espantes del ruido. Sólo significa que están trabajando en las líneas del servicio por alguna parte.

NAR 1: Gracias, papá. Estaba segura de que sabrías algo. Ya voy a ducharme antes de que Enrique venga para usar el baño.

NAR 2: Pues ten prisa, chica, porque ya son las siete y tu hermano se levanta a esta hora.

Número 1.

¿Por qué habla la chica con su papá?

(A) Hay un problema con el agua en la casa.
(B) La chica no tiene bastante tiempo para bañarse.
(C) Ella quiere que le diga a su hermano que espere.
(D) Él es plomero y está reparando la tubería.

Número 2.

¿Por qué suenan los tubos?

(A) Porque ella abrió el grifo.
(B) Porque hay aire en la tubería.
(C) Porque los obreros no saben dónde están las líneas.
(D) Porque Enrique está bañándose al mismo tiempo.

Número 3.

¿Por qué tendrá ella que tener prisa?

(A) Porque cerrarán el servicio de agua a la casa mientras reparan las líneas.
(B) Porque su papá quiere bañarse también.
(C) Porque ella tiene miedo del ruido.
(D) Porque su hermano tendrá que bañarse pronto.

COMMENTARY

1. The first question asks the general topic, which is why there is so much noise in the pipes when the first speaker takes a shower. She does not know what to make of all the noise. Her father explains the reason and tells her not to worry. She will have to hurry, but that is not the main idea of the conversation. Choice **B** is not the correct answer. The other choices repeat words from the dialogue, but not in an answer to the question. Her father is not a plumber, nor is she asking her father to tell her brother to wait. The correct answer is **A**.

2. The second question asks for specific information about the problem. Her father explains the reason for all the noise that has frightened the girl. The correct answer is **B**. Other phrases are misleading in these choices, such as *tubería, grifo,* and *obreros.*

3. Why does she have to hurry? *Tener prisa* is a key expression here. Even if you do not know the expression, when she says that Enrique is getting up soon and will want to bathe, too, she is really saying that she will have to hurry. Her father reiterates the idea when he notices that it is time for Enrique to get up. The correct answer is **D**.

DIALOGUE NUMBER TEN

NAR 1: Estas pastillas que me recetó usted no aliviaron los síntomas. Pasé toda la noche con tos y dormí muy mal.

NAR 2: Ya veo que tiene temperatura elevada. A ver qué oigo en los pulmones mientras ausculto la respiración. Ahora, respire despacio, por favor.

(Sound of deep breathing)

Em-m-m. Parece que todavía tiene mucha congestión. Tratemos otro remedio. Hay una marca nueva de jarabe que quizá le ayude. Tome Ud. dos cucharadas antes de acostarse esta noche y mañana cuando se levante tome dos más.

NAR 2: Se lo agradecería si pudiera darme algo para que pudiera dormir esta noche. Estoy tan cansado por no dormir bien. Y la otra medicina produjo alucinaciones espantosas.

NAR 1: Probemos ésta, entonces, y veremos si usted se mejora mañana. Si no se mejora dentro de dos días, llámeme otra vez. Con el jarabe le recomiendo mucho descanso y muchos líquidos.

Número 1.

Dados los síntomas, ¿qué tendrá el paciente?

(A) Parece que sufre de un mero resfriado.
(B) Parece que sufre principalmente de insomnio.
(C) Parece que tiene neumonía.
(D) Este paciente es adicto a drogas peligrosas.

Número 2.

¿Qué le sugiere el médico que haga el paciente?

(A) Le sugiere que no más guarde cama y descanse.
(B) Le sugiere unas pastillas.
(C) Le da un producto nuevo.
(D) Le recomienda que tome dos pastillas y que lo llame por la mañana.

Número 3.

¿Qué resultado espera el médico de la nueva receta?

(A) El paciente estará mejor el próximo día.
(B) Podrá respirar mejor el próximo día.
(C) Espera que le ayude pero no sabrá por dos días.
(D) Espera que se mejore, porque sabe que la medicina es buena.

COMMENTARY

1. There are probably some unfamiliar words in this dialogue. But from the words that are familiar, you know that a doctor is talking to a patient who has returned because the doctor gave him something the first time that did not work. The man says that he is still sick, and the doctor listens to his lungs again. There are enough cognates in the dialogue, such as *pulmones, temperatura, respiración,* and *líquidos,* that you get the general idea. The doctor listens to his lungs, which can be deduced from the words *respirar* and the sound of the man breathing deeply. Remember to listen for clues that are nonverbal in the dialogues. They will help fill in gaps where there are words you may not know, such as *auscultar.* The correct answer is **C**.

2. The second question asks what the doctor's recommendation is. You need to listen carefully for the subjunctive in this dialogue. The doctor uses it when he tells the patient what to take for his illness. He uses it in the first person plural: *tratemos* and *probemos.* The doctor suggests a new cough syrup, then tells the man to rest and drink plenty of liquids. Phrases from the dialogue are combined with other phrases to give incorrect choices. The new product is a *jarabe.* The man is supposed to rest, but that is not all there is to the recommendation. The correct answer is **C**.

3. The answer to the third question is that the man should get some relief by the next day, but that if he is not much better after another two days, he is to call back. This is essentially what is stated in **C**, the correct answer. The other choices mention the next day, but the doctor uses the future to express a "wait and see" attitude.

CD1 TRACK 12

DIALOGUE NUMBER ELEVEN

NAR 1: ¿Qué tal te parece la nueva estrella del programa *La Vida Secreta de Pepita Jiménez,* Isabel?

NAR 2: ¿El que estrenó anoche? Me sorprendió que le dieran ese papel a ella. Antes la había visto en otro programa documental. Lo interpretó bien pero era otro tipo de personaje que el que hizo anoche.

NAR 1: Concurro por completo. Se esforzó mucho para lograr una representación válida. No obstante, dio una interpretación muy emocionante.

NAR 2: De acuerdo. Este papel era mucho más difícil que el otro por ser tan distinto de su tipo. Aun con todo el maquillaje y las pestañas postizas y todo, en mi opinión no logró el efecto deseado. También la producción carecía de redacción, con tantas escenas tan lentas.

Número 1.

¿De qué hablan estas jóvenes?

(A) Hablan de un programa sobre la astronomía.
(B) Hablan de programas documentarios en la televisión.
(C) Hablan de un personaje en un libro que han leído.
(D) Hablan de una actriz famosa que vieron la noche anterior.

Número 2.

¿Qué comparación hacen?

(A) Están de acuerdo que los dos papeles eran muy diferentes.
(B) Les gustó una de las representaciones, pero no la otra.
(C) No les gustó ninguno de los programas.
(D) Opinan que una representación era inválida.

Número 3.

¿Cómo se diferencia la última interpretación de la primera?

(A) La primera era fácil para la actriz porque era un documentario.
(B) La primera le presentó un papel muy natural a la actriz.
(C) La última no parecía requerir muchos cambios de la actriz.
(D) La última era menos emocionante.

COMMENTARY

1. The first question asks about the topic. There are references to documentaries, stars, shows, programs, productions, and scenes. There are several false cognates in the dialogue, also, such as *interpretación, papel, personaje, emocionante,* and *representación.* Nevertheless, the topic throughout is the acting ability of a certain actress. The correct answer is **D**.

2. The second question asks about the comparison that the speakers make between the two shows in which they have seen this actress. The first is a documentary and the second is a drama of some sort that has required a lot of makeup, even false eyelashes. They both agree that the first program, which was a documentary, was more convincing, but they agree that the second was very moving. They also agree that the roles were very different. Notice that *papel* in this context means *role,* or *part* in a play or film. From the choices that are given, **A** is the only correct one.

3. The third question asks for specific information about the last program and what characterized it and distinguished it from the first one. All the information at the end of the conversation indicates that the second program was more difficult probably because the actress had to make more changes in the way she looked. The correct answer is **B**. Be sure to notice the negatives and do not be misled by looking for the repetition of exact words.

Chapter 2
ANSWER SHEET FOR SHORT NARRATIVES

Group One, Narrative One

1 Ⓐ Ⓑ Ⓒ Ⓓ
2 Ⓐ Ⓑ Ⓒ Ⓓ
3 Ⓐ Ⓑ Ⓒ Ⓓ
4 Ⓐ Ⓑ Ⓒ Ⓓ

Group One, Narrative Two

1 Ⓐ Ⓑ Ⓒ Ⓓ
2 Ⓐ Ⓑ Ⓒ Ⓓ
3 Ⓐ Ⓑ Ⓒ Ⓓ
4 Ⓐ Ⓑ Ⓒ Ⓓ

Group Two, Narrative One

1 Ⓐ Ⓑ Ⓒ Ⓓ
2 Ⓐ Ⓑ Ⓒ Ⓓ
3 Ⓐ Ⓑ Ⓒ Ⓓ
4 Ⓐ Ⓑ Ⓒ Ⓓ

Group Two, Narrative Two

1 Ⓐ Ⓑ Ⓒ Ⓓ
2 Ⓐ Ⓑ Ⓒ Ⓓ
3 Ⓐ Ⓑ Ⓒ Ⓓ
4 Ⓐ Ⓑ Ⓒ Ⓓ

Group Three, Narrative One

1 Ⓐ Ⓑ Ⓒ Ⓓ
2 Ⓐ Ⓑ Ⓒ Ⓓ
3 Ⓐ Ⓑ Ⓒ Ⓓ
4 Ⓐ Ⓑ Ⓒ Ⓓ

Group Three, Narrative Two

1 Ⓐ Ⓑ Ⓒ Ⓓ
2 Ⓐ Ⓑ Ⓒ Ⓓ
3 Ⓐ Ⓑ Ⓒ Ⓓ
4 Ⓐ Ⓑ Ⓒ Ⓓ

Group Four, Narrative One

1 Ⓐ Ⓑ Ⓒ Ⓓ
2 Ⓐ Ⓑ Ⓒ Ⓓ
3 Ⓐ Ⓑ Ⓒ Ⓓ
4 Ⓐ Ⓑ Ⓒ Ⓓ

Group Four, Narrative Two

1 Ⓐ Ⓑ Ⓒ Ⓓ
2 Ⓐ Ⓑ Ⓒ Ⓓ
3 Ⓐ Ⓑ Ⓒ Ⓓ
4 Ⓐ Ⓑ Ⓒ Ⓓ

Group Five, Narrative One

1 Ⓐ Ⓑ Ⓒ Ⓓ
2 Ⓐ Ⓑ Ⓒ Ⓓ
3 Ⓐ Ⓑ Ⓒ Ⓓ
4 Ⓐ Ⓑ Ⓒ Ⓓ

Group Five, Narrative Two

1 Ⓐ Ⓑ Ⓒ Ⓓ
2 Ⓐ Ⓑ Ⓒ Ⓓ
3 Ⓐ Ⓑ Ⓒ Ⓓ
4 Ⓐ Ⓑ Ⓒ Ⓓ

Group Six, Narrative One

1 Ⓐ Ⓑ Ⓒ Ⓓ
2 Ⓐ Ⓑ Ⓒ Ⓓ
3 Ⓐ Ⓑ Ⓒ Ⓓ
4 Ⓐ Ⓑ Ⓒ Ⓓ

Group Six, Narrative Two

1 Ⓐ Ⓑ Ⓒ Ⓓ
2 Ⓐ Ⓑ Ⓒ Ⓓ
3 Ⓐ Ⓑ Ⓒ Ⓓ
4 Ⓐ Ⓑ Ⓒ Ⓓ

Group Seven, Narrative One

1 Ⓐ Ⓑ Ⓒ Ⓓ
2 Ⓐ Ⓑ Ⓒ Ⓓ
3 Ⓐ Ⓑ Ⓒ Ⓓ
4 Ⓐ Ⓑ Ⓒ Ⓓ

Group Seven, Narrative Two

1 Ⓐ Ⓑ Ⓒ Ⓓ
2 Ⓐ Ⓑ Ⓒ Ⓓ
3 Ⓐ Ⓑ Ⓒ Ⓓ
4 Ⓐ Ⓑ Ⓒ Ⓓ

Group Eight, Narrative One

1 Ⓐ Ⓑ Ⓒ Ⓓ
2 Ⓐ Ⓑ Ⓒ Ⓓ
3 Ⓐ Ⓑ Ⓒ Ⓓ
4 Ⓐ Ⓑ Ⓒ Ⓓ

Group Eight, Narrative Two

1 Ⓐ Ⓑ Ⓒ Ⓓ
2 Ⓐ Ⓑ Ⓒ Ⓓ
3 Ⓐ Ⓑ Ⓒ Ⓓ
4 Ⓐ Ⓑ Ⓒ Ⓓ

Group Nine, Narrative One

1 Ⓐ Ⓑ Ⓒ Ⓓ
2 Ⓐ Ⓑ Ⓒ Ⓓ
3 Ⓐ Ⓑ Ⓒ Ⓓ
4 Ⓐ Ⓑ Ⓒ Ⓓ

Group Nine, Narrative Two

1 Ⓐ Ⓑ Ⓒ Ⓓ
2 Ⓐ Ⓑ Ⓒ Ⓓ
3 Ⓐ Ⓑ Ⓒ Ⓓ
4 Ⓐ Ⓑ Ⓒ Ⓓ

Short Narratives

(Section I, Part A)

For practice on this part of listening comprehension, you will be asked to listen to two short narratives, lasting a few minutes. After each narrative there will be some questions about what you have just heard. The narratives will cover a wide range of topics, many of them about a cultural topic.

Some strategies for you to use on this section are:

1. Listen for words that indicate the topic in the first sentence. The word may be a noun or verb that indicates the name of the topic, or what is happening.
2. Once you have the topic in mind, listen for details about place, time, and characters. If you can sort and file this information as you hear it, you will remember it better. Listen for information that answers the questions: *who, what, when,* and *where.*
3. Listen for information about how something is done, reasons why something is happening, or what purpose is served. This information answers the questions *how, what for,* and *why.*
4. Draw conclusions based on the information you hear.

After each question, you will have about 12 seconds to select an answer from among the choices printed in your book.

Listen to the narrative and answer the questions. Then, if you have difficulty understanding the narrative because of vocabulary, check the commentary that accompanies each narrative to see what vocabulary you need to know. Check the short list of words before looking at the transcript for the passage. You should not translate the whole selection, but instead focus on the ideas that the words communicate. You need to learn how to work around words you do not know because there will inevitably be some on the exam. Use these short narratives for listening practice to learn more vocabulary. Many of these words may appear in other sections to give you more chances to learn them.

There are eighteen short narratives arranged in groups of two for practice in this part of the book.

The following part consists of a series of Short Narratives. When you have finished listening to each narrative, you will hear a series of questions about the selection you have just heard. Study the multiple choices provided on the second page of Chapter 2. Select the best answer from among the four choices and indicate your answer on the answer sheet provided two pages earlier.

CD1
TRACK 13

Group One, Narrative One

1. (A) Las visitas de viajeros a los Estados Unidos.
   (B) El sentido de humor de los estadounidenses.
   (C) Las noticias en los periódicos.
   (D) Las faltas de algunos diarios.

2. (A) Los redactores de los periódicos.
   (B) Viajeros que llegan de otros países.
   (C) Ciudadanos de Nueva York.
   (D) Los historiadores de periódicos.

3. (A) El hecho de que sólo tres de los mayores periódicos no la tiene.
   (B) El hecho de que los domingos hay una sección mucho más amplia.
   (C) El hecho de que una vez a la semana se imprimen en colores.
   (D) Todas estas razones.

4. (A) La fantasía tiene más atractivo que la realidad.
   (B) Los lectores sólo compran los diarios con historietas.
   (C) A los lectores les gusta leer páginas frívolas.
   (D) Los lectores de periódicos no tienen ningún interés en la historia.

**CD1
TRACK 14**

Group One, Narrative Two

1. (A) El papel de las mujeres en las corridas.
   (B) La historia de algunas "figuras" en las corridas.
   (C) La cuestión de qué país tiene los mejores toreros.
   (D) Por qué son tan populares las corridas.

2. (A) Las mujeres vinieron desde el principio.
   (B) Las mujeres podían venir con tal que se disfrazaran.
   (C) Las mujeres no asistieron a las corridas.
   (D) Si los hombres las llevaban, podían asistir.

3. (A) Hoy las mujeres tienen que disfrazarse.
   (B) Hoy las mujeres son algunas de las "figuras" más ilustres.
   (C) Hoy las mujeres participan plenamente en el espectáculo.
   (D) Hoy al público le da igual si el torero es hombre o mujer.

4. (A) A todos los aficionados les gusta que haya mujeres-toreros.
   (B) Muchos aficionados creen que una corrida con mujer-torero no es corrida.
   (C) A los del hemisferio occidental les gusta ver mujeres en la corrida.
   (D) Los aficionados se dan cuenta de que el cambio significa un avance.

Group Two, Narrative One

CD1
TRACK 15

1. (A) Era gran dibujante.
   (B) Era sociólogo muy importante.
   (C) Era periodista.
   (D) Era gran cómico.

2. (A) Retrató a todas las calaveras.
   (B) Pintó retratos de personas ricas.
   (C) Dibujó diseños de todas las clases étnicas y sociales.
   (D) Pintó a mexicanos extraordinarios.

3. (A) Los hombres y las mujeres que le rodeaban le pidieron que los pintase.
   (B) Vivía en un pueblo pequeño y no vio a otra gente.
   (C) Lo diario era lo que vio todos los días, lo que conocía mejor.
   (D) Publicó sus diseños en varios tipos de publicaciones.

4. (A) En las calaveras vio su propio destino, el cual lo alcanzaría si lo quisiera o no.
   (B) Representan una actitud dinámica hacia la vida y una resignación hacia la muerte.
   (C) Las figuras bailando menosprecian la muerte.
   (D) Los mexicanos no se preocupan por la muerte, sólo enfocan la vida.

Group Two, Narrative Two

CD1
TRACK 16

1. (A) Diseño de ropa.
   (B) Fabricación de ropa a mano.
   (C) Producción de diseños interesantes.
   (D) Tejeduría de diseños.

2. (A) Usaron materias vegetales principalmente.
   (B) Utilizaron cualquier materia que se encontraba en su región.
   (C) Emplearon material de animales en su mayoría.
   (D) Usaron lo que les trajeron los turistas.

3. (A) Mostraban el tipo de animal que había en la región.
   (B) Mostraban quién era el fabricante.
   (C) Mostraban de dónde era el que los produjo.
   (D) Mostraban la riqueza del fabricante.

4. (A) Los turistas pueden comprarlos muy barato.
   (B) La manera de producir los diseños es muy antigua.
   (C) Algo hecho a mano es de mejor calidad que algo hecho a máquina.
   (D) La elaboración de diseños revela la tradición indígena del artista.

CD1
TRACK 17

Group Three, Narrative One

1. (A) Se ve su nombre por todas partes: de la emisora de radio de La Habana al aeropuerto.
   (B) Llegó a ser presidente de Cuba.
   (C) Soñó con la libertad de Cuba de la dominación de los españoles.
   (D) Viajaba por muchos países para visitar a los cubanos en el extranjero.

2. (A) No se relacionaba bien con otras personas.
   (B) Era gran poeta.
   (C) La policía lo odiaba.
   (D) Los españoles lo acusaron de traición.

3. (A) Quería ver el país de sus antepasados.
   (B) Tenía que salir de Cuba porque los españoles lo temían.
   (C) Necesitaba terminar sus estudios en España.
   (D) Porque era poeta famoso, todos lo invitaron a visitar.

4. (A) Los españoles lo mataron en Cuba.
   (B) Martí mató a unos españoles.
   (C) Publicó poesía patriótica en Cuba.
   (D) Los españoles lo invitaron a volver a Cuba.

CD1
TRACK 18

Group Three, Narrative Two

1. (A) Es una zona del campo.
   (B) Es una república indígena.
   (C) Es un idioma indígena.
   (D) Es un tipo de poesía.

2. (A) Los españoles se veían sometidos lingüísticamente por los indios.
   (B) En este país todavía se usa el guaraní entre la gente.
   (C) Los españoles insistieron en que todos los indios aprendieran su lengua.
   (D) Los indios aprendieron a hablar el español principalmente.

3. (A) El guaraní es alto y colorado, y habla bien.
   (B) El guaraní es muy lírico y suena bien.
   (C) El guaraní es muy abstracto.
   (D) Se usa el guaraní para la actuación de leyes nacionales.

4. (A) Los indios no lo usan mucho corrientemente.
   (B) Los españoles no aprecian sus características buenas.
   (C) El español es más poético a causa del uso de vocablos guaraníes.
   (D) Se usa más y más el español por falta de palabras indígenas para expresar algunas cosas nuevas.

Group Four, Narrative One

CD1
TRACK 19

1. (A) Los últimos días del imperio incaico.
   (B) El descubrimiento de la ciudad perdida del último rey de los incas.
   (C) La vida diaria de los indios de Machu Picchu.
   (D) La misteriosa historia de una ciudad abandonada.

2. (A) Creía que había encontrado el refugio de Manco Capac.
   (B) Creía que había descubierto un emplazamiento fortificado de los incas.
   (C) Creía que había encontrado un centro de un gobernador.
   (D) Creía que había encontrado un centro agrícola muy grande.

3. (A) Había muchas noticias de visitas por los españoles.
   (B) No se sabía absolutamente nada de la ciudad antes de 1911.
   (C) Había mención del lugar unas pocas veces en archivos.
   (D) Hiram Bingham sabía por investigaciones suyas en los archivos.

4. (A) Fue una ciudad muy próspera en su época.
   (B) Fue una ciudad situada en un lugar peligroso, por eso fue abandonada.
   (C) Definitivamente fue una ciudad fortificada, el último refugio de Viracocha.
   (D) Fue un jardín puesto en la cumbre de una montaña.

Group Four, Narrative Two

CD1
TRACK 20

1. (A) Era creador de un movimiento literario.
   (B) Era embajador nicaragüense a muchos otros países.
   (C) Era periodista que viajaba para escribir de sus visitas a otros países.
   (D) Era sacerdote nicaragüense.

2. (A) Después de cambiar su nombre, salió de Metapa.
   (B) Cuando había escrito unos libros de poesías, salió.
   (C) Cuando ya era famoso empezó a viajar.
   (D) Cuando otros poetas lo invitaron a visitarlos, salió de Nicaragua.

3. (A) Era *Azul.*
   (B) Era un grupo de hombres que creían en el progreso.
   (C) Era una nueva manera de escribir literatura.
   (D) Era un libro de poemas que escribió Darío.

4. (A) Era el vehículo por el cual Darío se hizo famoso.
   (B) Era para estimular interés en la literatura otra vez.
   (C) Era para promover la industrialización de los países del hemisferio.
   (D) Era una manera de estrechar las relaciones entre países.

CD1
TRACK 21

Group Five, Narrative One

1. (A) Ciudad y campo.
   (B) Baile y vaquero.
   (C) Tango y gaucho.
   (D) Martín y Fierro.

2. (A) Estas imágenes tienen raíces en la época colonial.
   (B) Estas imágenes brotan de la cultura popular del país.
   (C) Estas imágenes vienen de la aristocracia.
   (D) Unos autores argentinos las crearon.

3. (A) Martín Fierro era tanguero famoso.
   (B) Martín Fierro era un gaucho ficticio.
   (C) Martín Fierro era una persona verdadera.
   (D) Martín era un símbolo de la vida civilizada de la ciudad.

4. (A) Actualmente los gauchos auténticos no existen.
   (B) Ahora las dos instituciones son estereotipos de lo que antes eran.
   (C) Hoy en día se encuentran muchos gauchos y clubs de tango.
   (D) El tango es tan popular como antes.

CD1
TRACK 22

Group Five, Narrative Two

1. (A) Los olmecas eran de Vera Cruz.
   (B) Los olmecas eran de La Venta.
   (C) No se sabe precisamente de dónde eran.
   (D) Se sabe que viajaban mucho en el sur de México.

2. (A) Dejaron unas esculturas enormes y enigmáticas.
   (B) En La Venta había un mercado.
   (C) Hay enormes cabezas labradas en jade.
   (D) Dejaron folletos con fotografías de sus monumentos.

3. (A) Las imágenes de las cabezas aparecen en muchas publicaciones.
   (B) En el mercado los mexicanos muestran sus esculturas.
   (C) Los restos de los olmecas se ven por muchas partes.
   (D) Los olmecas promovieron el turismo.

4. (A) Los llamamos por el nombre usado entre los indios antiguos.
   (B) Sin saber cómo se llamaban, los llamamos olmecas.
   (C) Los llamamos por el nombre de su lugar original históricamente.
   (D) Los llamamos olmecas porque se llamaban a sí mismos por este nombre.

Group Six Narrative One

CD1
TRACK 23

1. (A) Un grupo de mujeres con interés en política.
   (B) Un grupo de mujeres en el Congreso Nacional.
   (C) Un grupo de mujeres que quería conquistar una asamblea.
   (D) Un grupo de mujeres reunidas para promover cambios sociales.

2. (A) Por menos de medio siglo.
   (B) Por unos treinta años.
   (C) Por unos cuarenta años.
   (D) Por unos sesenta años.

3. (A) Que las mujeres tengan los derechos de cualquier ciudadano.
   (B) Sólo que las mujeres tengan el derecho de votar.
   (C) Que las mujeres tengan oportunidades económicas.
   (D) Que las mujeres puedan andar por cualquier camino.

4. (A) La Comisión ha realizado todos los sueños de las mujeres.
   (B) La Comisión ha eliminado la discriminación por todas partes.
   (C) Todas las mujeres del continente pueden participar en las elecciones.
   (D) Ahora las mujeres pueden trabajar dondequiera lo deseen.

Group Six, Narrative Two

CD1
TRACK 24

1. (A) Los españoles querían colonizar la Florida.
   (B) Los españoles necesitaban el territorio para protegerse.
   (C) Los españoles querían conquistar el territorio.
   (D) Los españoles esperaron encontrar riquezas.

2. (A) El poder se trasladaba de un lado a otro varias veces.
   (B) Las dos casi siempre han mantenido gran competencia.
   (C) Las dos nunca se llevaron bien.
   (D) Las dos esperan estrechar las relaciones más en el futuro.

3. (A) Los indios inmigraron a Cuba de la Florida.
   (B) Los españoles inmigraron a la Florida de Cuba.
   (C) Los españoles inmigraron de la Florida a Cuba.
   (D) Los ingleses inmigraron a Cuba de San Agustín.

4. (A) Como si fueran extranjeros en la Florida.
   (B) Como si fueran los nuevos conquistadores.
   (C) Como si fueran dueños de la propiedad.
   (D) Como si estuvieran volviendo a sus raíces.

CD1
TRACK 25

Group Seven, Narrative One

1. (A) Eran una gente indígena de Centroamérica.
   (B) Eran unos dioses guatemaltecos.
   (C) Eran un grupo de bailadores.
   (D) Eran figuras literarias del *Popol Vuh*.

2. (A) Se cuenta la literatura precolombina.
   (B) Se cuenta una narración de la creación de unos programas.
   (C) Se cuenta la geografía de las altiplanicies guatemaltecas.
   (D) Se cuenta el origen de la raza.

3. (A) Se ha creado un libro de extraordinaria popularidad.
   (B) Se han creado varias representaciones artísticas.
   (C) Se ha creado un cuerpo humano.
   (D) Se ha producido una serie de programas para la televisión.

4. (A) De tierra y alimentos.
   (B) De carne de animales.
   (C) De materia vegetal.
   (D) De barro y madera.

CD1
TRACK 26

Group Seven, Narrative Two

1. (A) La historia de una casa.
   (B) La historia de los amores de Bolívar.
   (C) La historia de un hotel.
   (D) La historia del héroe nacional de Colombia.

2. (A) Menos de cinco años.
   (B) Diez años.
   (C) Veinte años.
   (D) Toda su vida.

3. (A) Representaba un refugio de los que querían matarlo.
   (B) Representaba un lugar muy agradable para descansar.
   (C) Representaba la escena de gran felicidad doméstica.
   (D) Representaba un regalo para José Ignacio París.

4. (A) José Ignacio París la heredó por sus años de servicio a Bolívar.
   (B) Doña Matilde Baños recibió el título de Simón Bolívar.
   (C) Doña Manuela Sáenz la recibió por ser compañera de Bolívar tantos años.
   (D) Después de muchos años, pasó al uso público.

Group Eight, Narrative One

CD1
TRACK 27

1. (A) Gonzalo Fernández de Oviedo.
   (B) Vasco Núñez de Balboa.
   (C) Bernardino de Sahagún.
   (D) Un novelista que presenció la exploración.

2. (A) Fernández había exagerado la historia.
   (B) Vasco Núñez de Balboa no quería compartir el tesoro.
   (C) La naturaleza reveló lo que la historia había olvidado.
   (D) Balboa se interesó más de su descubrimiento del mar.

3. (A) Que los historiadores no mienten.
   (B) Que los españoles tenían buena imaginación.
   (C) Que los indios eran fantásticos.
   (D) Que no quedan tesoros escondidos en ese momento.

4. (A) Reveló que los ríos son importantes para ayudar a descubrir tesoros.
   (B) Reveló que los historiadores no decían todo lo que sabían.
   (C) Reveló que Balboa era muy avaro.
   (D) Reveló que los indios poseían una civilización avanzada.

Group Eight, Narrative Two

CD1
TRACK 28

1. (A) Descubrió un nuevo tipo de café.
   (B) Descubrió características beneficiosas al café.
   (C) Descubrió un polvo en su café.
   (D) Descubrió una taza de café desecado.

2. (A) Después de unos días todo el agua se había evaporado.
   (B) Puesto que lo dejó en el jardín, alguien se había bebido todo el café.
   (C) Alguien había derramado el café, dejando nada más que polvo en la taza.
   (D) Descubrió todo el líquido en la taza cubierto con una capa de polvo.

3. (A) Añadió el polvo a un residuo para reconstituirlo.
   (B) Puso los residuos en agua muy caliente.
   (C) Mezcló el polvo con otros residuos.
   (D) Mezcló agua con granos de café.

4. (A) El café al instante es tan popular como antes.
   (B) El café soluble todavía se hace de granos de café.
   (C) Se produce el café soluble en jardines, secándose al sol.
   (D) Todavía se hace mezclando agua y polvo.

END OF
CD1

Group Nine, Narrative One

1. (A) Pidió una audiencia con el rey.
   (B) Pidió que le dejara estudiar las ciencias sociales en América.
   (C) Pidió que le diera dinero para explorar las Américas.
   (D) Pidió que el rey le otorgara permiso para explorar en América.

2. (A) Exploró la topografía del continente.
   (B) Se especializó en el estudio de los sistemas fluviales.
   (C) Exploró todos los aspectos de la naturaleza americana.
   (D) Investigó cuántos tipos de plantas desconocidas había en América.

3. (A) La falta de mapas e información del territorio era un obstáculo.
   (B) Las selvas eran impenetrables.
   (C) Las autoridades americanas le impidieron que continuara.
   (D) Le costó mucho transportar tantas plantas.

4. (A) Encontró doce mil tipos de plantas en el territorio del Amazonas.
   (B) Pasó treinta años en viajes de exploración en las Américas.
   (C) Escribió de todos sus descubrimientos en cartas al rey Carlos IV.
   (D) Contribuyó más al conocimiento de la naturaleza que cualquier otro científico previo.

Group Nine, Narrative Two

1. (A) La construcción del *Metro* mexicano.
   (B) Los resultados de las excavaciones para el *Metro*.
   (C) La recuperación del pasado por la tecnología.
   (D) La muerte de aves y gente en los tiempos precolombinos.

2. (A) Solamente artefactos religiosos.
   (B) Piezas de todo tipo.
   (C) Estatuas extraordinarias.
   (D) Ejemplos de arquitectura azteca.

3. (A) El alto nivel y variedad de producción artística azteca.
   (B) La vida cotidiana que se veía representada artísticamente.
   (C) La variedad de especies de aves que representaban las ofrendas.
   (D) El aspecto puramente religioso de la vida azteca.

4. (A) Revelaron el carácter esencialmente religioso de la vida precolombina.
   (B) Revelaron la difusión de la práctica del sacrificio humano.
   (C) Revelaron aspectos antes desconocidos sobre la vida y religión aztecas.
   (D) Revelaron la dificultad de construcción en zonas metropolitanas.

SCRIPTS AND COMMENTARIES

GROUP ONE, NARRATIVE ONE

CD1
TRACK 13

En cuanto al fenómeno de las historietas cómicas, se llaman de este modo aunque a veces no son ni cómicas ni tienen nada que ver con historietas. Pero no hay visitante de los Estados Unidos que comprenda la mágica fascinación que ejercen las historietas cómicas, o tiras cómicas, sobre millones de personas. Con las excepciones del *New York Times, Wall Street Journal,* y *USA Today,* no hay diario neoyorquino que olvide sus correspondientes historietas. Los diarios presentan múltiples historietas por pequeñas entregas y dedican a ellas tres o cuatro páginas. Los domingos las historietas se imprimen en colores y ocupan las primeras páginas de los periódicos ya que, en fin de cuentas gracias a las historietas se venden las publicaciones. Lejos de ser páginas frívolas, para muchos estas páginas son las únicas que les interesan.

Número 1   ¿Qué comenta esta selección?
Número 2   ¿Quiénes han notado este fenómeno?
Número 3   ¿Cómo se mide la popularidad de esta sección?
Número 4   ¿Cómo se explica esta fascinación?

VOCABULARY

historietas cómicas = comics	*ejercer* = to hold over, to work upon
diario = newspaper	*entregas* = inserts
imprimir = to print	*fin de cuentas* = in the end
frívolas = frivolous	*neoyorquino* = New Yorker

COMMENTARY

Understanding this passage depends on recognizing negatives and the ironic tone set by the first sentence where the authors uses the negative, *no son ni ... ni.* The negative phrases are repeated throughout the passage: *no hay visitante que comprenda, no hay diario,* and *lejos de ser.* These negative phrases indicate a foreigner's point of view; the opposites represent the public's view. Listen to the narrative again to pick up on the structures. In the questions the vocabulary you need to know is:

    notar = to note   *medir* = to measure

   If you did not understand the questions, listen to them again now. Perhaps you could have guessed that *notar* was a cognate from the interrogative pronoun, *quién,* and the word *fenómeno.* In the next question, you perhaps could have guessed that *medir* means to measure by associating *popularity* with the answer choices.

GROUP ONE, NARRATIVE TWO

CD1
TRACK 14

En España, con su historia de siglos de toreo, ha habido épocas en que a las mujeres se les prohibía hasta asistir a las corridas; luego se convirtieron en las principales aficionadas. Hay casos rarísimos de mujeres intentando torear. Cuando en el siglo

XVIII, siglo de auge taurino, se veían mujeres en la plaza, enfrentándose a los toros, solía ser caso de hombres disfrazados. Eran estoqueadores vestidos de mujer, para risa y chacota de quienes se engañaban con aquella carnavalada. Pero hoy en día las mujeres han decidido, en el mundo entero, que no les quede vedada ninguna parcela de las actividades humanas, ni el toreo. En naciones taurófilas como Perú, Colombia, México, Venezuela, y hasta en España no faltan mujeres con grandes aficiones para convertirse en "figuras" al nivel de los maestros, aunque digan algunos españoles castizos que la mera presencia de la mujer-torero indudable e irevocablemente cambiará el espectáculo en su sentido fundamental.

Número 1   ¿Qué aspecto de la corrida comenta esta selección?
Número 2   ¿Cuál era antiguamente la actitud hacia las mujeres en la plaza de toros?
Número 3   ¿Cómo ha cambiado la corrida?
Número 4   ¿Cómo han reaccionado los aficionados?

VOCABULARY

torear = to fight bulls	*épocas* = eras
corridas = bullfights	*convertirse en* = to become
aficionados = fans	*auge* = peak, climax
taurino = taurine	*enfrentarse* = to confront
engañar = to deceive	*disfrazar* = to mask
risa = laugh	*castizos* = purists
vedar = to ban	

COMMENTARY

This passage talks about the ways in which the role of women at a bullfight has changed. There are three stages indicated by the words, *hombres dizfrazados, ni el toreo, no faltan mujeres, aunque digan, la presencia cambiará.* Now listen again to see if you can identify the context for theses phrases. The only word in the questions that may be a problem, even though it is a cognate is *reaccionar*, which means *to react to.* In the possible responses, some useful words to know are: *constar* = to constitute, *darse cuenta* = to realize, *darle igual* = to be all the same to one.

CD1 TRACK 15

GROUP TWO, NARRATIVE ONE

Tal vez ningún artista haya capturado mejor la esencia del mexicano que José Guadalupe Posada, el genial grabador de la vida mexicana, nacido en 1852 y muerto en 1913. Como artista popular, trataba la vida cotidiana del hombre y la sociedad que lo rodeaban con toda la agudeza del sociólogo. Lo que destaca en sus diseños era la expresión de los rostros, la variedad de composición, aunque es más conocido por las series de las calaveras, y la naturalidad de las actitudes. Posada trabajó en toda clase de publicaciones, especialmente las de jaez popular. Por eso era natural que en éste lo plebeyo ocupase el primer lugar, numéricamente hablando, en su producción. Las series de las calaveras especialmente llaman la atención porque parecen reflejar la extraordinaria fascinación de los mexicanos con la muerte. Pero la muerte, vista en caricatura, como si fuera el chiste más grande del mundo. La muerte danzante, la muerte que baila, que participa en el gran fandango para celebrar la vida vivida sin remedio, tal como la muerte experimentada sin remedio también.

Número 1   ¿Por qué es tan famoso José Guadalupe Posada?
Número 2   ¿A quiénes observó este hombre?
Número 3   ¿Por qué se enfocó más en lo cotidiano?
Número 4   ¿Qué importancia tiene el enfoque en las calaveras?

VOCABULARY

grabador = recorder   *cotidiana* = daily
rodear = to surround   *agudeza* = sharpness
destacar = to stand out   *diseños* = designs
calaveras = skeletons   *reflejar* = to reflect
chiste = joke   *experimentar* = to experience

COMMENTARY

The word *artista* should give you a hint about the theme of the passage. Artists paint or draw pictures about things that they see around them. Use this knowledge to anticipate what kind of information you will hear. *Calaveras* should be apparent from the phrase *fascinación con la muerte*. The sense of the artist's work is indicated in the phrases, *vida sin remedio ... muerte sin remedio*. In the questions the only vocabulary you may need to know is:

> *enfocar* = to focus

In the choices, the vocabulary is:

> *retratar* = to paint a portrait   *dibujar* = to draw

Now listen to the questions again to see if you understand them.

GROUP TWO, NARRATIVE TWO

CD1
TRACK 16

La arqueología ha descubierto indicios de un alto nivel de trabajos textiles por todas partes de Hispanoamérica, desde las ruinas incaicas más antiguas hasta más recientes escombros de templos mesoamericanos. La principal materia prima de la industria textil precolombina fue el fino algodón nativo. La sedosa lana de la llama, el guanaco, la alpaca y la vicuña, fue también utilizada en el Perú. Plumas de brillantes aves tropicales fueron hábilmente aplicadas a las telas, y las pieles de jaguar y otros animales salvajes se emplearon como elementos decorativos. Hoy la mujer guatemalteca todavía teje en el antiguo telar de banda o correa posterior dentro de una variedad de completas técnicas que se remontan a los tiempos precolombinos. Durante la década de 1930, el trabajo de las distintas regiones, algunas veces aun tratándose de pueblos vecinos, se caracterizaba por sus diferentes diseños, estilizaciones y tejidos. Hoy se intercambian los diseños que se consideran más atractivos para el comprador, que es el turista. Es que este arte popular, hecho a mano, contiene algo de que carece nuestro arte superintelectualizado: el encanto que nos subyuga y el latido vital de la mano humana.

Número 1   ¿De qué arte se trata en esta selección?
Número 2   ¿Qué materias emplearon los artesanos?
Número 3   ¿Qué significación tenían los diseños?
Número 4   ¿Por qué les gustan tanto a los turistas estos productos?

VOCABULARY

incaicas = Incan   *escombros* = ruins, debris
materia prima = raw material   *algodón* = cotton
sedosa = silky   *telas* = cloth
tejer = to weave   *remontar* = to date back to
encanto = enchantment   *analfabeto* = illiterate

COMMENTARY

You should be able to understand the cognate *textile,* which indicates the topic of the passage. The listing of animals and cotton all refer to sources of material for making fine cloths. The jump from the time indicated by the adjective *incaica* to the date, 1930, should indicate that this passage will be making comparisons between a centuries old tradition and modern times. The last part of the selection makes just such a comparison, which is indicated by the word *turista.* A vocabulary word that is useful in the questions is:

> *el artesano* = the artisan

**CD1
TRACK 17**

GROUP THREE, NARRATIVE ONE

José Martí llegó a ser el apóstol reconocido de la independencia de Cuba de España. Nacido en Cuba en 1853, hijo de españoles, Martí dedicó su vida por entero a su país. Ya a los quince años de edad publicaba el periódico escolar *La patria libre* en apoyo de los sublevados que habrían de luchar por diez años, sin éxito, por la independencia de Cuba. A los dieciséis fue arrestado por sospecha de deslealtad a España y, habiendo asumido la plena responsabilidad de sus actos en una muestra de oratoria patriótica durante su juicio, Martí fue condenado a trabajos forzados por desafiar a la autoridad del poder colonial. Pero, considerando su edad, las autoridades decidieron por desterrarlo a España en vez de encarcelarlo en Cuba. Así Martí cumplió su educación en la tierra de sus antepasados y llegó a ser poeta y artista bien conocido. Viajó por México y Estados Unidos, promoviendo la revolución entre los cubanos en exilio hasta que por fin, a los cuarenta y dos años de edad, volvió a Cuba. Los españoles lo mataron, sin que él jamás disparara un tiro contra los españoles. Presentó a todos los cubanos la inspiración para realizar su sueño de libertad.

Número 1   ¿Por qué es tan famoso el nombre de José Martí?
Número 2   ¿De joven, ¿qué problemas tuvo Martí?

Número 3   ¿Por qué viajó Martí por España y los Estados Unidos?
Número 4   ¿Qué le pasó cuando tenía cuarenta y dos años?

VOCABULARY

apóstol = apostle
sublevados = insurrectionists
luchar = to fight
sospechar = to suspect
desafiar = to defy
promover = to promote
realizar = to fulfill

apoyo = support
éxito = success
desleadtad = disloyalty
desterrar = to exile
disparar = to shoot
antepasados = ancestors

COMMENTARY

This passage deals with a national hero in Cuba, whose name, although he lived over a hundred years ago, still appears in numerous places. The words that indicate the topic are: *independencia, arrestado, oratoria patriótica, condenar, España, revolución, mataron,* and *inspiración.* From the words that are cognates, you should have some idea about what the passage discusses. Since this selection is mostly biographical, the questions deal with specifics about Martí's life and death.

Notice in the choices, in number 4, Choice C, the word is *publicó,* a verb, not *público,* which is a noun. The fact that this national hero was a revolutionary leader and a poet makes Martí an especially famous person in Cuban history and letters.

GROUP THREE, NARRATIVE TWO

CD1 TRACK 18

La lengua aborigen, el guaraní, es usada corrientemente en el Paraguay tanto como el español—y aún más en las zonas del campo. Esto convierte a este país en el único bilingüe entre las repúblicas americanas. La razón histórica de este hecho radica en la fusión armoniosa de los elementos étnicos que integran al hombre paraguayo: mezcla que por su regularidad equiparó a ambos idiomas sin menoscabar el valor de ninguno. El guaraní se convirtió en lengua corriente durante la colonia, reservándose exclusivamente el español para la actuación oficial. Así se dio el caso de un pueblo conquistador que lingüísticamente es conquistado. Este idioma indígena es maleable y colorido, muy metafórico por razón de su primitivismo, que lo obliga a emplear la figura para la obtención del concepto; por ello mismo es propicio para la poesía, mas no para el concepto abstracto. Pero fácilmente se ven las influencias de una lengua en la otra, o en los vocablos o la pronunciación. No obstante, el desarrollo de la sociedad hispana va a paso rápido e influye en su idioma, lo cual difiere del estado del guaraní.

Número 1   ¿Qué es el guaraní?
Número 2   ¿Cómo es único Paraguay entre los países hispanoamericanos?
Número 3   ¿Cuáles son algunas características del guaraní?
Número 4   ¿Al transcurrir el tiempo, ¿qué cambios se han visto en cuanto a los idiomas?

COMMENTARY

The word *lengua* tells you that the topic is languages. You should also know that *idioma* means the same thing. From there you should associate *guaraní* with language in Paraguay.

VOCABULARY

radicar = to be situated in *mezcla* = mixture
corriente = present *actuación* = enactment
propicia = favorable *vocablos* = words
transcurrir = to pass

Listen again to the passage. The topic is how *guaraní* fits into the linguistic scheme of the country and some of the subtleties of how the language is used. In the choices notice that *apreciar* means *to appreciate* and that *a causa de* means *because of.* You should also notice the difference between *conquistador* and *conquistado* and make the connection between who were the conquerors and who were the conquered. In Paraguay, because of the language, there was a strange twist to the relationship.

**CD1
TRACK 19**

GROUP FOUR, NARRATIVE ONE

Según la tradición, el primero de los gobernantes incas, Manco Capac, llegó al Cuzco proveniente de una legendaria tierra alrededor del año 1200 de la era cristiana. Algunos siglos después, Viracocha, octavo en la línea dinástica, perseguido por otros indios enemigos que le atacaban, huyó del Cuzco hacia un invulnerable baluarte en la cresta de una montaña. Durante la era incaica, las cumbres de muchas colinas y montañas sirvieron de emplazamientos a pueblos y ciudades fortificadas. Fue una de esas ciudades, ya desde tiempo atrás invadida por el monte y arruinada, la que pensó el profesor Hiram Bingham que había descubierto en 1911. Esa ciudadela, nombrada Machu Picchu por los indios, parece no haber sido nunca conocida ni visitada. Ciertas frases ocasionalmente halladas en viejos archivos españoles sugirieron la posibilidad de que acaso uno o dos anticipados europeos hubieran visitado Machu Picchu, pero nada cierto se sabía con anterioridad al descubrimiento de Bingham. Los pobladores de Machu Picchu, adaptados a la enrarecida atmósfera, cultivaron sus muchas terrazas, dotaron de regadío sus jardines y criaron rebaños de llamas. Fue difícil identificar como tales las viviendas, pero es obvio que fueron numerosas.

Número 1 ¿Cuál es el tema de esta selección?
Número 2 ¿Qué pensaba Hiram Bingham que había descubierto?
Número 3 ¿Qué se sabía de Machu Picchu antes de 1911?
Número 4 ¿Qué tipo de lugar fue Machu Picchu?

COMMENTARY

In passages like this one that contain several names, it is important to keep track of the names. When the names are in another language, there is a tendency sometimes not to differentiate between them by really remembering what they were, but what the first syllable sounded like. In this passage there is enough difference between *Manco Capac, Viracocha,* and *Machu Picchu* that you should not have any difficulty remembering the names, only which place is associated with which name. But you do need to be aware that when you listen to foreign names, there is a tendency to hear them and classify them all under the general heading of "foreign name" in your mind and not to distinguish one from the other. Practice noticing and associating names with specific information in passages such as this one where the differences are noticeable.

VOCABULARY

proveniente = coming from
baluarte = bastion
cumbres = peaks
dotar = to endow, to provide
archivos = archives, libraries
rebaños = flocks
criar = to raise

huir = to flee
incaica = Incan
hallar = to find
regadío = irrigation
con anterioridad = previously
viviendas = housing

Some words, such as *incaica,* may be words you do not recognize when you hear them, but that you would recognize if you were to see them on paper. With some words you may want to try to visualize them in writing to help you understand them. But remember that when you take the time to try to do this while taking the test, you may run the risk of missing some of the passage. You can also try to remember the sound, then when the passage is done, the meaning will probably become clear. Since you already knew from earlier in the passage that the topic was Incan ruins, you should have made the association between *inca* and *incaica.*

GROUP FOUR, NARRATIVE TWO

**CD1
TRACK 20**

El vasto movimiento literario llamado *modernismo,* alcanza su máxima trascendencia en la figura central del poeta nicaragüense, Rubén Darío, cuya obra marca el momento culminante y abre el capítulo más significativo de nuestra historia literaria. Félix Rubén García Sarmiento (que era el nombre completo de Rubén Darío) nació en Metapa, Nicaragua. Aun antes de los veinte años era poeta publicado y autor de varios otros libros inéditos. Cuando tuvo veinte años empezó sus viajes por el continente, primeramente visitando Chile, Argentina, los Estados Unidos, luego, Francia y España. Su periódico *Azul* llegó a ser palabra sagrada, o sea, la *Biblia,* de poetas que quisieron publicar sus poemas modernistas. El *modernismo,* según el criterio del periódico de Darío, se distingue por el aprecio de la idea de belleza clásica, la fugacidad del placer y de la vida, referencias a la naturaleza, colores y sonido suave entre otras características. Todo lo hacía con el propósito de renovar la literatura poética de su época.

Número 1   ¿Quién era Rubén Darío?
Número 2   ¿Cuándo empezó sus viajes?
Número 3   ¿Qué era el *modernismo?*
Número 4   ¿Cuál era el propósito del *modernismo?*

COMMENTARY

The vocabulary in this passage is fairly simple, but the way that it is put together may give you problems. The topic also is probably unfamiliar. *Modernismo* is a term used to designate a particular type of literature. It has certain characteristics that distinguish it from other types, and it has a particular author who was instrumental in its development. That is the topic of this passage. The author who was very important in the movement was Rubén Darío, a Nicaraguan.

VOCABULARY

inédito = unpublished
fugacidad = fugacity (the quality of being ephemeral or fleeting)
propósito = purpose
belleza = beauty

In the choices the words you may need to know are:

embajador = ambassador	*sacerdote* = priest
promover = to promote	*estrechar* = to bring together

**CD1
TRACK 21**

GROUP FIVE, NARRATIVE ONE

Gaucho y tango son, probablemente, las dos palabras alusivas a la Argentina de mayor resonancia en el extranjero. Más que auténticas realidades, han llegado a adquirir el carácter de instituciones tradicionales; sin embargo, ambas palabras siguen constituyendo las dos expresiones más representativas de ese país. El tango es la música de la ciudad: provocativa, sentimental, ingeniosa y sensual, que tiene raíces en los bares de los barrios pobres y luego se convirtió en baile elegante del salón. El gaucho es el hombre de la pampa. Él encarna el verdadero campo que envuelve la ciudad, pero que permanece alejado de ella. Era experto jinete y vaquero, profundamente enraizado en la tierra, de sencillez de vida y decir sentencioso. Y el gaucho arquetípico, héroe del popular canto épico convertido en el poema nacional argentino, es Martín Fierro. Pero actualmente, el gaucho parece ser más institución para el turista, mientras el tango sigue como baile popular entre toda la gente.

Número 1   ¿Cuáles son las dos expresiones más representativas de Argentina?
Número 2   ¿De dónde proceden estas imágenes?
Número 3   ¿Quién era Martín Fierro?
Número 4   ¿A qué han llegado estas imágenes?

COMMENTARY

The topic for this passage should be easily discernable: the *tango* and the *gaucho*. Both words have become recognizable in their Spanish form to most English-speaking people.

VOCABULARY

alusivas = alluding to	*en el extranjero* = abroad
ingeniosa = ingenious	*raíz* = root (plural: *las raíces*)
encarnar = to embody	*envolver* = to wrap around
alejado = distant	*jinete* = equestrian
vaquero = cowboy	*enraizado* = grounded
sencillez = simplicity	*sentencioso* = terse
actualmente = presently	*arquetípico* = primary and original model, prototype

---

There are other words that you may not recognize immediately without thinking about them, such as *héroe*, which is easily recognizable when you remember that the *h* is never pronounced in Spanish. You need to know that the *pampas* are a geographical region of Argentina noted for being wide, open, sparsely populated range land. The word *turista* should also catch your ear and help you make the connection between the archetypal *gaucho* and what a *gaucho* is today.

GROUP FIVE, NARRATIVE TWO

**CD1
TRACK 22**

Los arqueólogos de antigüedades mexicanas todavía disputan quiénes eran los olmecas, gente misteriosa cuyos monumentos en el sitio de La Venta primeramente dieron noticias de su existencia. Para la mayoría, los olmecas son conocidos por sus notables esculturas en piedras de las colosales cabezas pétreas, que varían en tamaño entre un metro y medio y tres metros. En muchos folletos de promoción turística a México han aparecido fotografías de estas cabezas enigmáticas. Pero hay otros artefactos, como altares, estelas, y tumbas con ricas ofrendas de jade para conservar los restos de personas importantes. Ignoramos qué nombre se daban a sí mismos los olmecas, ni de dónde provenían. La palabra olmeca significa *pueblo del caucho,* es decir, de la tierra donde éste se produce. Era el nombre de un grupo que vivía cerca de Vera Cruz en tiempos históricos. Actualmente se duda que los olmecas procedieran de esta región.

Número 1   ¿De dónde procedían los olmecas?
Número 2   ¿Qué señales dejaron de su presencia?
Número 3   ¿Cómo los conocen muchos visitantes a México?
Número 4   ¿Qué nombre les hemos dado?

COMMENTARY

From the cognate *arqueólogos* you should have an idea about the topic. If you have heard of the Olmec culture, you know that this passage is about an ancient Mexican-Indian culture. It is somewhat enigmatic to most archaeologists because the only evidence is mute stone.

> ### VOCABULARY
>
> *pétreas* = stone
> *estela* = stele (a carved stone pillar or slab)
> *ofrenda* = offering
> *ignorar* = to not know
>
> *folletos* = pamphlets
> *proceder* = to come from
>
> *restos* = remains (bones)
> *provenir* = to come from

The two false cognates in this passage that may mislead you are *ignorar*, which does not necessarily mean *to ignore*, but implies that one knows but chooses to not recognize, and *to not know*, which means that one does not recognize because one does not know. The other false cognate is *los restos*, which refers in this case to physical remains, or *bones*. In the choices for the questions, this distinction in meaning is particularly important because one does not see Olmec bones all over Mexico. In the passage, notice that the bones were in the *tumbas*, which is a cognate.

One other problem in this passage is that archaeologists do not agree on the geographic point of origin. For many years it was thought that the Olmec lived on the coast around the area of Vera Cruz. But newer investigations have placed their origin inland. If you have access to dated material, you may have contributed old information to your understanding of the passage. Listen to what the passage says, and do not necessarily rely totally on what you may already know.

CD1 TRACK 23

GROUP SIX, NARRATIVE ONE

La Comisión Interamericana de Mujeres fue creada hace más de medio siglo con el propósito de luchar por la conquista de los derechos femeninos. Cumplió su primera función cuando, en 1961, el último país de América que faltaba reconoció su derecho de voto. La labor constante y sin interrupción de la CIM a partir de 1928 presenta un balance positivo de resoluciones aprobadas en sus asambleas. Su contribución ha sido valiosa en la conquista de la igualdad de derechos para hombres y mujeres, la eliminación de la discriminación por razón de sexo, así como los artículos que aparecen en los códigos de trabajo, instrumentos jurídicos de enorme alcance para beneficio de la mujer. No se puede decir que todos estos acuerdos tengan vigencia y se apliquen en la práctica, pero la acción de la CIM se encaminó en el sentido de lograrlo. Las mujeres todavía están reclamando sus derechos ahora a fines del siglo.

Número 1 ¿De qué tipo de organización es la CIM?
Número 2 ¿Desde cuándo está trabajando este grupo?
Número 3 ¿Qué propósito elemental tiene esta organización?
Número 4 ¿Con qué razón se sentiría orgulloso este grupo?

COMMENTARY

The cognate *comisión* tells you that the group has an official function. A commission is a group that is organized to promote, enact, or study something and make a decision. You also can tell from the words you know and the cognates that this commission, the CIM, has an agenda that includes a number of things. The end of the passage gives the results of the work of the commission.

VOCABULARY

derechos = rights
balance = balance sheet
por razón = because of
jurídico = judicial
acuerdo = agreement
reclamar = to demand

cumplir = to fulfill
aprobar = to approve, pass
códigos = codes
el alcance = achievement
vigencia = in practice
a fines de = at the end of

In this passage there are several numbers that you will have to remember. You do not have to know exactly how many years passed between events, but you need a general idea. As you hear the numbers, mentally place them on a line by decades from past to present. Remember what to associate with each general time. Then when you need to remember time, refer to your visual image of when things happened. The rest of the information you can probably guess because the issues have not changed much over time, except for the right to vote.

GROUP SIX, NARRATIVE TWO

CD1 TRACK 24

Quizás ninguna otra región de los Estados Unidos está más ligada por más tiempo a Hispanoamérica que la extensa península que proyecta hacia el sur: la Florida. A pesar de habitantes y topografía hostiles, los españoles se empeñaban en sus exploraciones en el siglo XVI. A partir de entonces la suerte del imperio dependería de unas cuantas plazas militares que servirían de bastiones defensivos. Así Cuba y la Florida comenzaron una hermandad de relaciones históricas de recíproco interés, y entre ambas se establecieron una forma de interdependencia cuyo centro de gravitación vacilaba entre las dos. Contrariamente a lo que con el tiempo llegaría a ser lo normal en los años 60, el primero de los exilios en masa procedió de la Florida a Cuba y tuvo lugar en el siglo XVIII cuando los ingleses capturaron San Agustín. El éxodo más grande ocurrió cuando los Estados Unidos tomó posesión en 1819. Pero a partir de principios de los 60, los cubanos han regresado a la Florida para restablecerse. En muchas partes del estado predominan los cubanos, que se encuentran "en su casa" en la Florida.

Número 1   ¿Por qué se establecieron los españoles en la Florida?
Número 2   ¿Cómo seguían las relaciones entre Cuba y la Florida?
Número 3   ¿De dónde proceden los primeros exilios?
Número 4   Actualmente, ¿cómo se sienten los cubanos en la Florida?

COMMENTARY

Florida and Cuba have had a long and close relationship, ever since the Spaniards arrived to explore the peninsula. This topic of the migration of people between Florida and Cuba has a new twist in this passage. Although most of the words are cognates, some of the words you may need to know to understand it are:

VOCABULARY

ligar = to tie
hacia = toward
hermandad = kinship

empeñarse = to persist
a pesar de = in spite of

You should make sure that you distinguish *hacia* from *hacía*. The first word is an adverb, meaning *toward*. The second is a verb, the imperfect indicative of *hacer*. There are several phrases in this passage that are useful to recognize, including *a pesar de, a partir de, estrechar las relaciones,* and *en su casa.* The expression *en su casa* means that they feel at home. The other aspect of this passage to notice is that there are several examples of the conditional tense to describe what the Spaniards planned to do with the territory. It may be helpful to know that St. Augustine, originally a Spanish community, is the oldest continuously inhabited city in the state of Florida.

**CD1
TRACK 25**

GROUP SEVEN, NARRATIVE ONE

Los quichés, rama de los antiguos mayas, fueron la nación más poderosa de las altiplanicies de Guatemala en los tiempos precolombinos. Su libro sagrado, el *Popol Vuh,* ha sido caracterizado como el más distinguido ejemplo de literatura nativa americana que ha sobrevivido a través de los siglos. Contiene una extensa y refinada narración del mito maya de la creación. Los dioses antiguos crearon primero la tierra, luego los animales. Pero, viendo que éstos no podían hablar, se dieron a la obra de crear al hombre. Seres hechos de barro, y luego de madera, resultaron inaceptables y fueron destruidos. Y al fin los dioses hicieron la carne del cuerpo humano con alimentos vivos—mazorcas de maíz amarillo y blanco—y estos hombres fueron buenos. Esta visión cosmológica ha servido de inspiración recientemente a una gran variedad de programas, de un ballet de notable estilo y animación hasta un programa de dibujos animados para la pantalla televisora.

Número 1   ¿A qué o quiénes se refieren los quichés?
Número 2   ¿Qué se cuenta en el *Popol Vuh*?
Número 3   ¿Qué se ha hecho con el texto?
Número 4   Últimamente ¿de qué se hicieron los hombres?

COMMENTARY

The topic is about the *Popol Vuh*, an ancient story of the Quiché Indians, who are descendants of the Maya. If you know about this book, this passage will be fairly easy because you can guess what the answers are based on what you already know.

VOCABULARY

la altiplanicie = highland   *rama* = branch
sagrado = sacred   *sobrevivir* = to survive
dibujos animados = cartoons   *pantalla* = screen
darse a = to set about   *barro* = mud
madera = wood   *mazorca* = ear of corn

This passage focuses on the fact that even though this is an ancient text, the story remains enchanting because it is a creation story. There are many ways to tell a creation story, but they all show how a group of people sees itself in the grand scheme of life.

GROUP SEVEN, NARRATIVE TWO

CD1 TRACK 26

La Quinta de Simón Bolívar, como el Montecello de Jefferson y el Mount Vernon de Washington, es algo más que un monumento nacional; es el lugar donde la historia se ha detenido a través de los años. *La Quinta* se construyó originalmente en 1800. Bolívar vivió allí unos cuantos meses en 1826, después a fines de 1827 y de nuevo tras el atentado contra su vida en septiembre de 1828. Durante la mayor parte del tiempo que pasó Bolívar en la villa disfrutó de la compañía del más grande de sus amores, Doña Manuela Sáenz, la dama quiteña que había conocido en Perú. De tal modo, sus majestuosos aposentos, sus encantadores senderos de piedra y los viejos árboles que dan sombra a los jardines están inextricable e íntimamente ligados al gran romance que ha pasado a ser casi una leyenda. En 1830, unos pocos meses antes de su muerte, Bolívar cedió título de la estancia a su fiel amigo, Don José Ignacio París, el cual luego la transfirió a Doña Matilde Baños, para uso de educación pública, aunque tardaron muchos años antes de que ésta pudiera disfrutar de esta herencia.

Número 1   ¿Cuál es el tema de este trozo?
Número 2   ¿Cuánto tiempo vivió allí Bolívar?
Número 3   ¿Qué representaba esta residencia para Bolívar?
Número 4   ¿Qué disposición hicieron de la Quinta últimamente?

COMMENTARY

At first you may not realize that *La Quinta* refers to a house, but when you hear the references to dates when Bolívar was there, you should be able to figure out that the selection is about a house. There are some words in the passage that specifically refer to a house, but if you do not recognize them, words such as *se construyó* and *jardín* should provide clues. Also, where else would a person spend time at the end of his life except in a residence with his favorite people nearby?

VOCABULARY

detenerse = to stop	*atentado* = attempt
disfrutar = to enjoy	*quiteña* = from Quito
aposentos = rooms	*encantadores* = enchanting
senderos = paths	*ligados* = tied
ceder = to give over	*tardar en* = to take a long time

Another word that you might not recognize when you hear it, but would easily understand when you saw it, is the word *herencia*. Remember the silent *h* at the beginning of words when you are trying to think of cognates. Another word that has a variety of meanings is *estancia*. In some countries an *estancia* is a large country house, an estate. In other contexts the word means *a stay*. *La quinta* is also a word for a country dwelling. One common expression in this passage is *tardar en*, which is used in such a way that it is awkward to translate literally. *Aunque tardaron mucho años antes de que* ... would mean *many years went by before....* The expression *tardar en* is found whenever you would comment about how long it took for something to happen, such as the time it took a letter to arrive.

**CD1
TRACK 27**

GROUP EIGHT, NARRATIVE ONE

Se observa que los hechos históricos son a menudo más extraordinarios que las creaciones ficticias del novelista. Tal fue el caso de los tesoros de Coclé, cuya riqueza había narrado Gonzalo Fernández de Oviedo, el historiador real que describió lo que había descubierto Vasco Núñez de Balboa en sus campañas en Panamá. Toda la cultura parecía haber desaparecido de la tierra con sólo las referencias en los libros olvidados para marcar su existencia. El descubrimiento de Coclé fue un acontecimiento fortuito. El sitio habría permanecido escondido de vista si no se hubiera desviado el Río Grande, revelando el brillo del tesoro fabuloso. Una comparación entre la historia y la excavación arqueológica reveló que el fiel historiador no exageró ni el detalle más pequeño. Fácilmente se ven las técnicas descritas por un contemporáneo de Oviedo, el padre Bernardino de Sahagún, en la manera de labrar el oro. El conocimiento de la realidad de las historias y la esperanza de encontrar más tesoro enterrado todavía inspiran a muchos en una búsqueda fantástica.

Número 1   ¿Quién vio las riquezas de Coclé primero?
Número 2   ¿Por qué fue fortuito el descubrimiento del sitio?
Número 3   ¿Qué ha revelado el descubrimiento?
Número 4   ¿Qué importancia tiene el descubrimiento?

COMMENTARY

There are many names in this passage that you need to keep straight. You will not need to remember the full name of each one, so remember the last names, *Balboa, Oviedo,* and *Sahagún.* Then attach a label to each one to help you remember what he did. Remember that Balboa was the first European to see the Pacific Ocean; he was an explorer. Associate *historiador* to the name Oviedo. Then remember the word, *padre,* Sahagún. They all did different things. Now you should be able to answer the questions.

VOCABULARY

a menudo = often	*ficticias* = not true
tesoro = treasure	*campañas* = campaigns
acontecimiento = event	*detalle* = detail
labrar = to carve	*conocimiento* = knowledge
enterrado = buried	*escondido* = hidden

In the choices, the words *poseer* means *to possess, avaro* means *greedy,* and *presenciar* means *to witness.*

This passage essentially talks about a comparison of historical records and archeological records in the search for buried treasure. The conclusion is that although historical records may seem more incredible than fiction, treasures are often even more fantastic than recorded history indicates. You should be sure not to confuse the word *enterrado,* from the infinitive *enterrar,* with a similar verb, *enterar,* which means *to inform.*

GROUP EIGHT, NARRATIVE TWO

CD1 TRACK 28

Nada agrada como el aroma del grano recién secado, tostado, y remolido. Pero el café soluble ofrece la posibilidad de gozar de una taza sin que deba pasarse tanto tiempo preparando los granos. El café soluble fue descubierto por casualidad por cierto médico guatemalteco, Federico Lehnhoff Wyld. Cierto día le fue servida una taza de café. Debido a sus múltiples ocupaciones, dicha taza quedó olvidada intacta en el jardín de su residencia. Días más tarde, el buen doctor encontró en el mismo sitio aquella taza ya sin líquido y con residuos de fino polvo en el fondo. Su inclinación de investigador hizo que vertiera agua hirviendo sobre aquel residuo seco y al instante, ante sus asombrados ojos, obtuvo una nueva taza de café que conservaba su tinte y su sabor. La tecnología ha transformado el proceso de deshidratación, pero el efecto es igual. Todavía se añade agua hirviendo al polvo para gozar de una simple taza de café al instante, pero se ha mejorado el producto. Ahora tiene aun mejor sabor y tinte.

Numero 1   ¿Qué descubrió el médico?
Número 2   En efecto, ¿que había ocurrido a la taza de café?
Número 3   ¿Cómo podía el médico reconstituirlo?
Número 4   ¿Qué no ha cambiado en el proceso?

COMMENTARY

Obviously this piece is about instant coffee and its accidental discovery.

VOCABULARY

agradar = to please
por casualidad = accidentally
polvo = dust
hirviendo = boiling
deshidratar = to dry
mejorar = to improve

soluble = soluble
verter = to pour
seco = dry
añadir = to add
tinte = color

One other word that you may not recognize when you hear it, but probably can read, is *líquido*. Remember that the *qu* in Spanish sounds like *k* in English. Another word in the choices that you may need to know is *desecar*, which means *to dry out*. Another verb that means about the same thing is *deshidratar*, although the latter refers to a process in which the water is removed, instead of simply leaving the liquid to evaporate. As a point of grammar about this vocabulary, you will notice that *hirviendo* is a present participle and it describes a noun. It is one of only two present participles that can be used in this way in Spanish. The verb *mezclar* means *to mix*.

Since you now can deduce the process for making instant coffee from a liquid, you can probably figure out the words you do not know as you listen.

CD2 TRACK 1

GROUP NINE, NARRATIVE ONE

Pocas figuras de Europa pertenecen tanto al Nuevo Mundo como Alejandro von Humboldt, joven aristócrata, cuyos mejores treinta años fueron dedicados casi totalmente al estudio de las ciencias naturales y sociales en América. En marzo de 1799, el Rey Carlos IV, en una audiencia, le dio autorización para trabajar en el campo de las ciencias naturales en los reinos españoles de ultramar. Con buen afán de científico alemán de su época, emprendió su trabajo. Una vez en América, lo impresionó la exuberancia extraordinaria de la vegetación tropical, y muchas formaciones geológicas le recordaron sus estudios anteriores. En uno de sus viajes, hecho a pie, comprobó la unión entre el río Orinoco y el Amazonas. Este recorrido, casi todo por selvas vírgenes, fue una hazaña de incalculable valor para la ciencia por la fabulosa cifra de doce mil plantas que coleccionaron él y sus compañeros. De este número, 3.500 eran totalmente desconocidas. Por otra parte, el viaje fue de lo más penoso debido a los peligros y obstáculos. Ningún aspecto de la geografía escapó su atención en las exploraciones que le costaron no sólo toda su dedicación sino su fortuna también.

Número 1   ¿Qué pidió Humboldt al rey Carlos IV?
Número 2   ¿Qué hizo en estos viajes?
Número 3   ¿Por qué eran tan difíciles estos viajes?
Número 4   ¿Cual fue el valor de sus viajes?

COMMENTARY

Alexander Humboldt was truly one of the most remarkable naturalists to visit the Americas. His travels and monumental notes of his trips are invaluable sources of information about the land and people. His work is the topic of this passage. At the beginning the words *alemán, español,* and *Américas* should let you know that he has to travel to get to America. Later in the passage, the word *viajar* should confirm what you thought. There are a number of adjectives that you may not know, but are not necessary to understand the passage. There are many others that are cognates, such as *incalculable.* Other cognates should help you understand the topic, such as *ciencias naturales* and *estudios.*

VOCABULARY

emprender = to undertake
hazaña = feat
selva = jungle (in some places, a plain)

comprobar = to prove
cifra = number
peligro = danger

This passage contains a general introduction about who Humboldt was, where he went, and why. Included are a specific example of the type of trip he took and a conclusion about what it cost him. The example does not discuss every trip he took, only the ones in the jungles. The last sentences say that no aspect of geography escaped his notice, which can be taken to mean that he went other places, too.

In the choices, some words that you may want to know are: *otorgar,* which means *to grant, to authorize,* and *sistemas fluviales,* which means *river systems. Fluvial* is a fairly common word in areas where rivers are important for transportation.

GROUP NINE, NARRATIVE TWO

CD2
TRACK 2

La construcción del *Metro* en la Ciudad de México proporcionó al mundo un vistazo de la vida precolombina a medida que excavaron los túneles. La arquitectura religiosa, la más abundante, fue hallada casi toda ella en dos zonas: en el centro ceremonial Pino Suárez y en la zona próxima a la catedral metropolitana. Dentro de estas ruinas excavadas había una gran cantidad de ofrendas, especialmente de aves, en Pino Suárez, y de sacrificios humanos en el centro metropolitano. Entre las aves se contaban pericos, guajolotes, patos silvestres, una especie de grulla y muchos loros. Sobresalían las aves acuáticas. También se han recuperado muchas piezas excepcionales de escultura. Entre ellas se destaca la llamada Coatlicue que fue encontrada formando parte de los cimientos de un edificio colonial. Otra pieza era el llamado Ehecatl-Ozomatli, de un formidable movimiento barroco que la aleja completamente de la severidad y rigidez azteca. Todo lo encontrado en la construcción sirvió para aumentar con objetos tangibles los escasos conocimientos de la vida precolombina de Tenochtitlán y la región del Lago Texcoco.

Número 1   ¿De qué acontecimiento trata este trozo?
Número 2   ¿Qué tipos de artefactos encontraron?
Número 3   ¿Qué revelaron muchos de los artefactos de Pino Suárez?
Número 4   ¿Por qué son tan importantes estos artefactos?

COMMENTARY

The first and last sentences make clear that this passage deals with construction of a subway system. The artifacts mentioned were uncovered in the process of digging the tunnels. Many words are cognates, but there are also some Indian names, such as those of gods and place names, that you will need to remember. The words *escultura, centro ceremonial, ruinas excavadas,* and *sacrificios humanos* should indicate the theme of the passage.

VOCABULARY

proporcionar = to furnish, provide	*catedral* = cathedral
ofrenda = offering	*aves* = birds
destacarse = to stand out	*cimientos* = foundations
alejar = to distance	*lago* = lake

The Indian names are: *Coatlicue, Ehecatl Ozomatli, Tenochtitlán,* and *Texcoco.* The names of the various kinds of birds are: *pericos, guajolotes, patos silvestres, grullas,* and *loros,* meaning *parakeet, turkeys, wood ducks, cranes,* and *parrots.* All you really need to remember, however, is that most birds were aquatic. There were two kinds of artifacts mentioned in this passage, evidence of human sacrifices and statues in ruins of buildings that were excavated.

The passage mentions two principal places where excavations were carried out: in Pino Suárez and near the cathedral in the central part of the city.

Answer Key
SHORT NARRATIVES

Group One, Narrative One

1. B
2. B
3. D
4. A

Group One, Narrative Two

1. A
2. C
3. C
4. B

Group Two, Narrative One

1. A
2. C
3. D
4. B

Group Two, Narrative Two

1. D
2. B
3. C
4. D

Group Three, Narrative One

1. C
2. D
3. B
4. A

Group Three, Narrative Two

1. C
2. A
3. B
4. D

Group Four, Narrative One

1. D
2. B
3. C
4. A

Group Four, Narrative Two

1. A
2. B
3. C
4. B

Group Five, Narrative One

1. C
2. B
3. B
4. B

Group Five, Narrative Two

1. C
2. A
3. A
4. B

Group Six, Narrative One

1. D
2. D
3. A
4. C

Group Six, Narrative Two

1. B
2. A
3. C
4. D

Group Seven, Narrative One

1. A
2. D
3. B
4. C

Group Seven, Narrative Two

1. A
2. A
3. C
4. D

Group Eight, Narrative One

1. B
2. C
3. A
4. D

Group Eight, Narrative Two

1. D
2. A
3. B
4. D

Group Nine, Narrative One

1. D
2. C
3. A
4. D

Group Nine, Narrative Two

1. B
2. B
3. C
4. C

Narrativa Número Uno

1 Ⓐ Ⓑ Ⓒ Ⓓ
2 Ⓐ Ⓑ Ⓒ Ⓓ
3 Ⓐ Ⓑ Ⓒ Ⓓ
4 Ⓐ Ⓑ Ⓒ Ⓓ
5 Ⓐ Ⓑ Ⓒ Ⓓ
6 Ⓐ Ⓑ Ⓒ Ⓓ
7 Ⓐ Ⓑ Ⓒ Ⓓ

Narrativa Número Dos

1 Ⓐ Ⓑ Ⓒ Ⓓ
2 Ⓐ Ⓑ Ⓒ Ⓓ
3 Ⓐ Ⓑ Ⓒ Ⓓ
4 Ⓐ Ⓑ Ⓒ Ⓓ
5 Ⓐ Ⓑ Ⓒ Ⓓ
6 Ⓐ Ⓑ Ⓒ Ⓓ
7 Ⓐ Ⓑ Ⓒ Ⓓ
8 Ⓐ Ⓑ Ⓒ Ⓓ

Narrativa Número Tres

1 Ⓐ Ⓑ Ⓒ Ⓓ
2 Ⓐ Ⓑ Ⓒ Ⓓ
3 Ⓐ Ⓑ Ⓒ Ⓓ
4 Ⓐ Ⓑ Ⓒ Ⓓ
5 Ⓐ Ⓑ Ⓒ Ⓓ
6 Ⓐ Ⓑ Ⓒ Ⓓ
7 Ⓐ Ⓑ Ⓒ Ⓓ
8 Ⓐ Ⓑ Ⓒ Ⓓ

Narrativa Número Cuatro

1 Ⓐ Ⓑ Ⓒ Ⓓ
2 Ⓐ Ⓑ Ⓒ Ⓓ
3 Ⓐ Ⓑ Ⓒ Ⓓ
4 Ⓐ Ⓑ Ⓒ Ⓓ
5 Ⓐ Ⓑ Ⓒ Ⓓ
6 Ⓐ Ⓑ Ⓒ Ⓓ
7 Ⓐ Ⓑ Ⓒ Ⓓ
8 Ⓐ Ⓑ Ⓒ Ⓓ
9 Ⓐ Ⓑ Ⓒ Ⓓ
10 Ⓐ Ⓑ Ⓒ Ⓓ

Narrativa Número Cinco

1 Ⓐ Ⓑ Ⓒ Ⓓ
2 Ⓐ Ⓑ Ⓒ Ⓓ
3 Ⓐ Ⓑ Ⓒ Ⓓ
4 Ⓐ Ⓑ Ⓒ Ⓓ
5 Ⓐ Ⓑ Ⓒ Ⓓ
6 Ⓐ Ⓑ Ⓒ Ⓓ
7 Ⓐ Ⓑ Ⓒ Ⓓ
8 Ⓐ Ⓑ Ⓒ Ⓓ
9 Ⓐ Ⓑ Ⓒ Ⓓ

Entrevista Número Uno

1 Ⓐ Ⓑ Ⓒ Ⓓ
2 Ⓐ Ⓑ Ⓒ Ⓓ
3 Ⓐ Ⓑ Ⓒ Ⓓ
4 Ⓐ Ⓑ Ⓒ Ⓓ
5 Ⓐ Ⓑ Ⓒ Ⓓ
6 Ⓐ Ⓑ Ⓒ Ⓓ
7 Ⓐ Ⓑ Ⓒ Ⓓ
8 Ⓐ Ⓑ Ⓒ Ⓓ

Entrevista Número Dos

1 Ⓐ Ⓑ Ⓒ Ⓓ
2 Ⓐ Ⓑ Ⓒ Ⓓ
3 Ⓐ Ⓑ Ⓒ Ⓓ
4 Ⓐ Ⓑ Ⓒ Ⓓ
5 Ⓐ Ⓑ Ⓒ Ⓓ
6 Ⓐ Ⓑ Ⓒ Ⓓ
7 Ⓐ Ⓑ Ⓒ Ⓓ
8 Ⓐ Ⓑ Ⓒ Ⓓ
9 Ⓐ Ⓑ Ⓒ Ⓓ
10 Ⓐ Ⓑ Ⓒ Ⓓ

Entrevista Número Tres

1 Ⓐ Ⓑ Ⓒ Ⓓ
2 Ⓐ Ⓑ Ⓒ Ⓓ
3 Ⓐ Ⓑ Ⓒ Ⓓ
4 Ⓐ Ⓑ Ⓒ Ⓓ
5 Ⓐ Ⓑ Ⓒ Ⓓ
6 Ⓐ Ⓑ Ⓒ Ⓓ
7 Ⓐ Ⓑ Ⓒ Ⓓ
8 Ⓐ Ⓑ Ⓒ Ⓓ
9 Ⓐ Ⓑ Ⓒ Ⓓ
10 Ⓐ Ⓑ Ⓒ Ⓓ

Entrevista Número Cuatro

1 Ⓐ Ⓑ Ⓒ Ⓓ
2 Ⓐ Ⓑ Ⓒ Ⓓ
3 Ⓐ Ⓑ Ⓒ Ⓓ
4 Ⓐ Ⓑ Ⓒ Ⓓ
5 Ⓐ Ⓑ Ⓒ Ⓓ
6 Ⓐ Ⓑ Ⓒ Ⓓ
7 Ⓐ Ⓑ Ⓒ Ⓓ
8 Ⓐ Ⓑ Ⓒ Ⓓ
9 Ⓐ Ⓑ Ⓒ Ⓓ
10 Ⓐ Ⓑ Ⓒ Ⓓ

Entrevista Número Cinco

1 Ⓐ Ⓑ Ⓒ Ⓓ
2 Ⓐ Ⓑ Ⓒ Ⓓ
3 Ⓐ Ⓑ Ⓒ Ⓓ
4 Ⓐ Ⓑ Ⓒ Ⓓ
5 Ⓐ Ⓑ Ⓒ Ⓓ
6 Ⓐ Ⓑ Ⓒ Ⓓ
7 Ⓐ Ⓑ Ⓒ Ⓓ
8 Ⓐ Ⓑ Ⓒ Ⓓ
9 Ⓐ Ⓑ Ⓒ Ⓓ

Entrevista Número Seis

1 Ⓐ Ⓑ Ⓒ Ⓓ
2 Ⓐ Ⓑ Ⓒ Ⓓ
3 Ⓐ Ⓑ Ⓒ Ⓓ
4 Ⓐ Ⓑ Ⓒ Ⓓ
5 Ⓐ Ⓑ Ⓒ Ⓓ
6 Ⓐ Ⓑ Ⓒ Ⓓ
7 Ⓐ Ⓑ Ⓒ Ⓓ
8 Ⓐ Ⓑ Ⓒ Ⓓ
9 Ⓐ Ⓑ Ⓒ Ⓓ

Entrevista Número Siete

1 Ⓐ Ⓑ Ⓒ Ⓓ
2 Ⓐ Ⓑ Ⓒ Ⓓ
3 Ⓐ Ⓑ Ⓒ Ⓓ
4 Ⓐ Ⓑ Ⓒ Ⓓ
5 Ⓐ Ⓑ Ⓒ Ⓓ
6 Ⓐ Ⓑ Ⓒ Ⓓ
7 Ⓐ Ⓑ Ⓒ Ⓓ
8 Ⓐ Ⓑ Ⓒ Ⓓ
9 Ⓐ Ⓑ Ⓒ Ⓓ

Longer Listening Selections

(Section I, Part A)

In this part of the exam, you will hear two selections consisting of either a narrative, an interview, or a broadcast. Each piece will be about five minutes long. If you know something about the topic, you will be able to understand more than if the subject matter is completely new to you. These topics will be about a wide variety of aspects of Spanish culture, including music, art, history, food, customs (such as the *posadas*, or bullfighting), traveling in Spanish American countries, daily routines, business, shopping, entertainment, television, ethnic differences, the roles of men and women in society, schooling for children, higher education, finding jobs, family traditions, family relationships, national institutions (such as ONCE in Spain, which runs the national lottery), dating customs etc. The more you can find out about these and other topics from sources such as magazines, television programs, radio programs, Spanish-speaking people, or literature, the better prepared you will be.

Some strategies for you to use to do well on this section are:

1. *Listen for repeated words.* These may tell you what the main topic will be. If you do not know the vocabulary used for the main topic, listen for other clues, such as descriptions of places, people, or things. These descriptions could also indicate what the topic is.

2. In an interview the *host will ask questions* usually and the *person being interviewed will answer.* The format of questions and answers has repetition built in. Sometimes the person being interviewed will repeat the question, or the essential information, but at other times, the person will simply give the response. The information is spaced out between the two speakers, though, which will give you more time to assimilate what is being said.

3. *Listen for direction* in the conversation or in the narrative. Usually the topic will be presented with some generality, then go in a specific direction or directions.

4. *Listen for cognates.* You will recognize more words if you have a good vocabulary in your native language. Use that knowledge to help you figure out the words. It also helps to have a good understanding of Spanish phonetics. Then remember that there are some rules about pronunciation that will help. Spanish uses the letter *e* before consonant groupings such as *str-, spr-, sch-,* making words like *estructura* or *especial.* The English sounds of *k* and *ch* in Spanish are *qu-,* as in the word *parque.* In Spanish the English *th-* does

not exist, so if you visualize words you hear, you may need to remember to use a *t* for the *th*, as in words like *teatro* for *theater*, or *tema* for *theme*.

5. *Learn numbers well.* If you hear numbers in the selection, try to visualize the numerals instead of the words. Practice words for tens and hundreds so that you do not have to waste time translating words as you listen.

6. Once you know what people are talking about in the conversation, *anticipate where the conversation will go.* Being able to anticipate what will be said will help you understand what you hear. As you listen, think ahead. Then you can check what you *expect* to hear with what you *actually* hear, which will increase your comprehension. Pay attention to details once you have gotten the main idea and constantly compare what you hear with what you know about the topic.

7. As you listen, *make mental notes.* Under the general heading of the main idea, make categories for subtopics that are discussed. If you have some way of mentally sorting the information you hear, you will remember it better.

8. If you do not know much about the topic, *imagine what it would be like.* A good imagination can help you anticipate what to expect to hear.

9. If possible *visualize the selection* as you hear it. If the piece is an interview, think about where it is taking place. One of the problems with visualization is the difficulty of imagining or visualizing places, people, and things you have never seen. In such cases think about the characteristics of other similar places, people, or things that you may know.

10. You can remember a lot of information for a short time if you know how to *concentrate well as you listen.* Practice listening to develop your ability to concentrate. You can do this in any language, not just Spanish. Practice on anything that is about five minutes in length so you develop a good idea of how long you will have to really focus on this part of the exam.

11. Make sure you *read the questions well.* You need especially to know the interrogative pronouns. If the question asks, *¿de quién?* you should answer *about whom?* and not just *who?*

12. *Jot down notes if needed,* but do not wait until you take the actual exam to find out if you do better taking notes or not.

13. *It is not necessary to read the questions before listening* to the selection. In fact, you may lose a portion of the selection by thinking about the questions instead of thinking about what you are hearing. On longer selections it is probably better to focus on remembering what you hear instead of trying to listen for specific information that you want to get out of the selection.

You will find the answers on page 113. When you have finished listening to each selection and answering the questions, check your responses. If you have missed some questions, listen to the selection again. If you have listened to the selection twice and still do not understand some parts of it, check the transcript at the end of this section. Remember that you will hear each longer selection only once on the AP exam.

The multiple choices are printed on the following pages. The scripts start on page 98.

Now get ready to listen to the disc.

The following part consists of a series of Longer Narratives and Interviews. When you have finished listening to each selection, pause the CD player, read the multiple-choice answers beginning on the third page of Chapter 3, and indicate your answer on the answer sheet provided earlier. Then press the play button again and listen to the following narrative or interview. Allow 3 minutes to answer each selection.

CD2 TRACK 3

LONGER NARRATIVES

Narrativa Número Uno

1. ¿Cuándo se inauguró el servicio?
   (A) En el año 1913.
   (B) En el año 1917.
   (C) En el año 1919.
   (D) En el año 1970.

2. ¿Qué servía de transporte de materiales para la construcción?
   (A) El Metro.
   (B) Animales.
   (C) Carros.
   (D) Los hombres los llevaron.

3. ¿Dónde tuvo lugar la primera celebración?
   (A) En la estación Rufino Blanco.
   (B) En la estación Alfonso XIII.
   (C) En la estación Cuatro Caminos.
   (D) En la estación el Metro de Madrid.

4. ¿Cuánto tiempo transcurrió en el primer recorrido del Metro?
   (A) Siete minutos y pico.
   (B) Trece minutos.
   (C) Quince.
   (D) Sesenta minutos.

5. ¿Cómo ha cambiado el Metro?
   (A) Ahora más personas desesperadas lo usan.
   (B) Ahora hay músicos que entretienen a los pasajeros en los carros.
   (C) Actualmente es demasiado peligroso para usar.
   (D) Actualmente es usado por una gran variedad de personas.

6. ¿Qué suelen oír los que usan el Metro?
   (A) Un anuncio advirtiéndoles tener prisa.
   (B) Anuncios con sugerencias para la cortesía.
   (C) Anuncios para ayudar a los desesperados que lo usan.
   (D) Anuncios recomendando mayor seguridad y eficiencia.

7. Hoy en día ¿cuántos coches hay en el sistema?
   (A) 155.
   (B) 555.
   (C) 984.
   (D) 6.434.

CD2
TRACK 4

Narrativa Número Dos

1. ¿Qué tipo de servicio ofrece RENFE?
   (A) RENFE parece ofrecer servicio ferrocarrilero.
   (B) RENFE es una agencia de turismo.
   (C) RENFE ofrece giras por autobús.
   (D) RENFE es una cadena de hoteles.

2. ¿Con qué propósito se está hablando de ciertas líneas en esta selección?
   (A) RENFE quiere volver al pasado recreando viajes del pasado.
   (B) RENFE quiere que más pasajeros viajen en tren.
   (C) RENFE quiere que todos estén más confortables en sus habitaciones.
   (D) RENFE quiere que más personas sepan la historia de España.

3. ¿En qué parte de España se ofrece este servicio principalmente?
   (A) Se está ofreciendo en el sur.
   (B) Las líneas circulan principalmente en el suroeste.
   (C) Las líneas circulan por casi todas las partes de España.
   (D) Se está ofreciendo servicio al oeste de España.

4. ¿Qué hay de nuevo en este servicio?
   (A) Hay más atracciones en las ciudades.
   (B) Los servicios son más lujosos y modernos.
   (C) Rodan películas de vaqueros en estos viajes.
   (D) Los trenes van a nuevos lugares.

5. ¿Cómo es el nuevo servicio del Al-Ándalus?
   (A) En este tren imitan fielmente los grandes trenes del pasado.
   (B) Este tren es moderno pero no muy cómodo.
   (C) Este tren está encantado.
   (D) Este tren es una buena mezcla del presente y el pasado.

6. ¿Por qué se han hecho estos cambios?
   (A) RENFE quiere atraer la industria cinematográfica norteamericana a España.
   (B) Las ciudades quieren disponer de vagones viejos.
   (C) RENFE quiere que todos se diviertan en sus viajes.
   (D) RENFE quiere aumentar la competencia por turistas entre ciudades.

7. ¿Por qué necesitaría un pasajero valor para montarse en el tren que va a las Cuevas de Guadix?
   (A) Ese tren pasa por paisaje muy peligroso.
   (B) Fácilmente puede perderse en las cuevas.
   (C) En esa ruta hay peligro de ataques por bandidos.
   (D) En ese viaje hay una reproducción de un asalto como en el Viejo Oeste estadounidense.

8. ¿Qué tipo de selección parece ser ésta?
   (A) Parece un reportaje para un periódico.
   (B) Parece un anuncio para la radio.
   (C) Parece ser un reportaje para la televisión.
   (D) Parece ser un anuncio de servicio público por RENFE.

Narrativa Número Tres

CD2
TRACK 5

1. ¿Cuál es el tema de esta selección?
   (A) Noticias de interés nacional.
   (B) El papel de un periódico.
   (C) Un discurso sobre política nacional.
   (D) Una crítica de la prensa.

2. ¿Qué importancia lleva este acontecimiento?
   (A) Revela que los españoles están leyendo más ahora que antes.
   (B) Revela que la prensa ha alcanzado un nuevo nivel de profesionalismo.
   (C) Revela que la monarquía está ligada firmemente con la prensa.
   (D) Revela que este periódico tiene en su poder cambiar la vida nacional española.

3. ¿Cómo se ha transformado España en los últimos treinta años?
   (A) Menos españoles son analfabetos ahora que antes.
   (B) Los españoles aprecian al rey más ahora que antes.
   (C) El gobierno actual permite más libertad de expresión que antes.
   (D) La sociedad española goza de más opciones políticas, sociales, y económicas.

4. ¿Cuál es la misión de *El País*?
   (A) *El País* tiene por misión informar al público de su historia.
   (B) Este periódico sirve los propósitos del rey.
   (C) El diario se esfuerza para estar al tanto de las noticias.
   (D) El periódico necesita servir los intereses de todo el público.

5. ¿Por qué comentó el Rey Juan Carlos las aportaciones del periódico?
   (A) Él sabe que sin la prensa libre no hay una sociedad libre.
   (B) *El País* promovió el fin de la época de Francisco Franco.
   (C) El rey sabe que el apoyo de la prensa es indispensable para su reino.
   (D) Juan Carlos reconoce que la imparcialidad de este diario es notable.

6. ¿A qué coincidencia histórica se refiere en la selección?
   (A) Empezó a publicarse cuando estalló la guerra en el Golfo Pérsico.
   (B) Empezó a publicarse dentro de unos meses de la muerte de Franco.
   (C) Empezó a publicarse cuando el rey empezó su reino.
   (D) Empezó a publicarse hace cinco años.

7. ¿Cómo notó *El País* la ocasión de la venta de cinco mil números?
   (A) El diario publicó una carta de felicitaciones de Franco.
   (B) El diario no publicó ningún número ese día.
   (C) El diario incluyó una sección adicional.
   (D) El diario publicó un extra ese día.

8. ¿A qué asunto se dirige *El País* actualmente?
   (A) Se dedica al repaso del pasado.
   (B) Se decide a presentar nuevas direcciones.
   (C) Se esfuerza por presentar a España en el mundo moderno.
   (D) Presenta las posibilidades del futuro basadas en los hechos históricos.

**CD2
TRACK 6**

Narrativa Número Cuatro

1. ¿En qué estación están?
   (A) Están en el último mes del año.
   (B) Están preparando para las Pascuas.
   (C) Están en el año 1847.
   (D) Están en el verano.

2. ¿Qué es *El Indio*?
   (A) *El Indio* es el nombre del propietario de una tienda.
   (B) *El Indio* es apodo del hombre con quien habla el interlocutor.
   (C) *El Indio* es un pequeño taller que elabora cierto tipo de dulce.
   (D) *El Indio* es la marca de un producto que fabrican en la tienda.

3. ¿Quién es el dueño de la tienda donde hablan estas personas?
   (A) La familia de José María.
   (B) José María Pinaqui.
   (C) Francisco Pinaqui.
   (D) La familia Ruiz de Diego.

4. Principalmente, ¿con qué está encargado José María?
   (A) Está encargado de ser guía por la fábrica para mostrársela al público.
   (B) Está encargado de la producción de chocolate en forma artesanal.
   (C) Está encargado de probar el producto al fin del proceso de elaboración.
   (D) Está encargado de vender el producto al público.

5. ¿Cómo empieza y termina el proceso de elaboración en *El Indio*?
   (A) Empiezan con un polvo, el cual luego se calienta para poder trabajarlo.
   (B) Empiezan con el cacao crudo y terminan con el dulce en moldes.
   (C) Empiezan con la masa de chocolate, la cual luego se reparte entre moldes.
   (D) Empiezan con polvo de cacao y terminan con tabletas.

6. ¿Por qué es tan notable este lugar en Madrid?
   (A) Tienen una nueva manera de elaborar el chocolate que es mejor que la vieja.
   (B) Venden tres tipos de chocolate en el mismo lugar donde lo producen.
   (C) Venden chocolate de un pueblo en las montañas donde lo producen a mano.
   (D) Conservan todo el proceso antiguo para producir y vender chocolate.

7. ¿Para qué es una refinadora?
   (A) La refinadora muele y pulveriza la pasta de cacao.
   (B) La refinadora muele el azúcar para poner en la masa.
   (C) Ponen la masa en la refinadora para mantenerla a cierta temperatura.
   (D) Se muele el azúcar en ella para hacerlo más fino para poner en el chocolate.

8. ¿Qué opina José María Pinaqui de lo que hace?
   (A) No le gusta tener que probar el chocolate.
   (B) Se pone melancólico porque ya está muy viejo.
   (C) Se está engordando demasiado porque prueba tanto chocolate.
   (D) Está triste que no haya más personas que quieren aprender el proceso.

9. ¿Qué señal le da al interlocutor de lo que piensa de su trabajo?
   (A) Dice que lo cambiaría si pudiera pero tiene demasiado años para cambiar ahora.
   (B) Dice que no comería tanto chocolate si no le gustara tanto el producto.
   (C) Dice que le gustaría trabajar en otra fábrica si le pagara más.
   (D) Dice que no cambiaría porque por muchos años le ha gustado mucho.

10. ¿Qué pronóstico tiene el interlocutor de esta tradición?
    (A) Parece que esta tradición está para desaparecer por falta de artesanos.
    (B) Se conservará mientras haya una aldea en las montañas.
    (C) Se conservará cincuenta años más en lugares como éste.
    (D) Mientras quiera el público esta confección, habrá chocolaterías como ésta.

Narrativa Número Cinco

CD2
TRACK 7

1. ¿Por qué es tan famoso Montserrat?
   (A) Hay allí una bella estatua de la Virgen.
   (B) Hay una iglesia allí.
   (C) Hay una ermita allí.
   (D) Napoleón visitó a Montserrat.

2. Históricamente ¿cuándo establecieron el monasterio allí?
   (A) Los primeros monjes establecieron el monasterio a fines del siglo XII.
   (B) Napoleón mandó que lo establecieran en el siglo XIV.
   (C) Los monjes de Ropill vinieron en el siglo XI.
   (D) Después del saqueo por Napoleón construyeron un nuevo monasterio.

3. ¿Por qué establecieron el monasterio allí?
   (A) A Napoleón le gustó el sitio.
   (B) A los monjes de Ropill les gustó el sitio.
   (C) A todos los peregrinos que vinieron les gustó.
   (D) Les gustó el sitio a los que vinieron del centro de Europa.

4. ¿De dónde eran procedentes los peregrinos que vinieron durante los siglos XII a XIV?
   (A) Vinieron de Cataluña.
   (B) Vinieron de Santiago de Compostela.
   (C) Vinieron de Europa.
   (D) Vinieron de Montserrat.

5. ¿Cómo se explica el color de la Virgen?
   (A) Se dice que el escultor la hizo así, porque dice la Biblia que la Virgen era negra.
   (B) Se dice que a causa de una reacción química ella es negra.
   (C) Se dice que el humo de velas por tantos siglos cambió el color.
   (D) Todas las razones indicadas arriba son correctas.

6. Además del monasterio, ¿qué otras funciones realizan los monjes de Montserrat?
   (A) Tienen que explicarles a los visitantes por qué no pueden usar el santuario.
   (B) Tienen que atender a los turistas que vienen para visitar las tiendas.
   (C) Tienen que hacer peregrinaciones recíprocas a otras ermitas.
   (D) Tienen que preocuparse de todo, hasta de los trabajos diarios del lugar.

7. ¿Cuál es el trabajo del grupo encargado del monasterio?
   (A) Mantiene todas las actividades del santuario y el monasterio.
   (B) Pasa mucho tiempo estudiando en el monasterio y dando clases.
   (C) Vende cerámica a los turistas al monasterio, entre otras mercancías.
   (D) Publica música del monasterio para vender a los turistas.

8. ¿Quiénes vienen a Montserrat ahora?
   (A) Principalmente peregrinos en camino a Santiago de Compostela.
   (B) Turistas de todo el mundo, de todas las religiones.
   (C) Monjes de muchos otros monasterios.
   (D) Principalmente peregrinos del centro de Europa.

9. ¿A qué actividad se dedican algunos monjes?
   (A) Algunos se dedican a estudios religiosos.
   (B) Algunos enseñan clases de música en la Escolanía.
   (C) Algunos se dedican a la construcción de nuevos monasterios.
   (D) Algunos están escribiendo historias del lugar.

INTERVIEWS

Entrevista Número Uno

CD2
TRACK 8

1. ¿Qué ha hecho Ana Belén que están comentando en esta entrevista?
   (A) Ha escrito un libro en el que fue basada una nueva película.
   (B) Acaba de estrenarse como estrella de una nueva película.
   (C) Acaba de dirigir el rodaje de una película de un libro muy popular.
   (D) Acaba de entrevistar a la autora Carmen Rico-Godoy.

2. ¿Qué calificaciones tiene Ana Belén para esta película?
   (A) Ana Belén ha gozado de mucho éxito como actriz y cantante.
   (B) Ana Belén es una crítica de los hombres en el seno de la familia.
   (C) Ana Belén conoce bien a Carmen Rico-Godoy.
   (D) Ana Belén está dispuesta a seguir aprendiendo en su vida.

3. ¿Cuál es el tema de la película?
   (A) Los hombres no saben llevarse bien con las mujeres.
   (B) En las relaciones, ni los hombres ni las mujeres juegan limpio.
   (C) La mujer determinada siempre triunfará.
   (D) Los hombres no se portan bien ni con la esposa ni con la familia.

4. ¿Cómo reaccionaron los actores a los papeles que interpretaron?
   (A) Todos tenían mucha simpatía para con sus personajes.
   (B) Asemejan mucho a los papeles en sus propias vidas.
   (C) Los actores se sentían muy diferentes de los personajes.
   (D) Creían que todos los hombres son estereotipos.

5. ¿Qué nuevas habilidades ha demostrado Ana Belén en esta obra?
   (A) Que es buen intérprete de la escena contemporánea.
   (B) Que es buena actriz.
   (C) Que tiene buen sentido de humor.
   (D) Que puede mandar sin ofender.

6. ¿Qué observaciones de su estilo le han notado sus colegas?
   (A) Dicen que les gusta porque tiene buen sentido de humor.
   (B) Dicen que Ana Belén no sabe mucho de rodar una película.
   (C) Dicen que les trató como si fueran sus hijos.
   (D) Dicen que tenía un combate constante entre todos.

7. ¿Qué comparación hacen los actores en cuanto a lo que hace?
   (A) Dicen que ella sabe menos que otros y no hizo bien.
   (B) Dicen que ella mantiene una actitud abierta hacia el trabajo.
   (C) Dicen que ella era la mejor en cuanto a la técnica de rodar.
   (D) Dicen que es la más honesta de todos con quienes han trabajado.

8. ¿Qué actitud hacia la vida muestra esta señora en esta entrevista?
   (A) Ella está divirtiéndose muchísimo en todo lo que hace.
   (B) Ella parece no poder tomar nada en serio.
   (C) Ella parece no tener mucha confianza en sus habilidades.
   (D) Ella reconoce sus limitaciones técnicas, y no se preocupa de eso.

CD2 TRACK 9

Entrevista Número Dos

1. ¿Qué teoría, ahora casi certeza, proclama Juanjo Benítez?
   (A) En el futuro los seres humanos viajarán a otros planetas.
   (B) Hay extraterrestres disfrazados como seres humanos que habitan en España.
   (C) La Guardia Civil está controlada por unos humanoides de más allá de las estrellas.
   (D) Hay un ejército de marcianos que planea una invasión de la Tierra.

2. ¿Por qué cree este autor que puede declarar con tanta seguridad esta teoría?
   (A) Ha escrito un libro proclamando la verdad.
   (B) Este autor ha visto los extraterrestres visitando el planeta.
   (C) Ahora tiene testigos que pueden corroborar lo que dice.
   (D) El gobierno ahora reconoce que hay visitantes al planeta.

3. ¿Qué es un OVNI?
   (A) Es un coche de tipo turismo.
   (B) Es un tipo de nave espacial.
   (C) Es un extraterrestre.
   (D) Es un grupo de turistas.

4. ¿Qué tiene la *Guardia* Civil que hacer con este tema?
   (A) Algunos de la *Guardia* detuvieron a un grupo de extraterrestres.
   (B) Algunos de la *Guardia* hablaron con unos españoles que vieron a los tripulantes.
   (C) La *Guardia* tiene un coche que unos visitantes habían usado.
   (D) La *Guardia* alega que los seres de un OVNI capturaron a algunos de la *Guardia*.

5. ¿Dónde tuvo lugar uno de estos descubrimientos?
   (A) Tuvo lugar en varios pueblos alemanes.
   (B) Aparecen solamente en el sur de España.
   (C) En Jerez donde unos de ellos viven.
   (D) Los han visto en caminos y carreteras españoles.

6. En el citado incidente, ¿qué pasó?
   (A) Una nave aérea volaba a altura baja encima de la ciudad de Jerez.
   (B) Un grupo de turistas vieron un plato volador encima de la carretera.
   (C) La Guardia Civil persiguió una nave espacial, la cual se transformó en coche.
   (D) La Guardia Civil vio a un grupo de seres volando por la carretera.

7. ¿Por qué no capturaron ninguna prueba en el citado incidente?
   (A) Estos visitantes tienen poderes extraordinarios para transformarse.
   (B) Los seres se convierten en coches cuando se encuentran con seres humanos.
   (C) Los seres se inscriben en hoteles cuando piensan que alguien está persiguiéndolos.
   (D) La Guardia Civil tiene miedo de estos seres humanoides.

8. Según la historia ¿cómo acabó el episodio?
   (A) El grupo desapareció y no los vio nadie.
   (B) Los del OVNI transformaron a la Guardia Civil en humanoides.
   (C) Los seres embarcaron y salieron inmediatamente.
   (D) Los extraterrestres se mutaron por completo para disimular.

9. ¿Cuál parece ser la actitud del interlocutor hacia el autor?
   (A) Lo toma muy en serio.
   (B) Parece creer todo lo que le dice el experto, Juanjo Benítez.
   (C) Se ríe por lo bajo para no ofenderlo.
   (D) Piensa que sería una posibilidad muy sorprendente.

10. ¿Parece ser Juanjo Benítez una persona muy cuerda?
    (A) Habla como si supiera que muchos no le creyeran.
    (B) Habla como si hubiera sido transformado en humanoide.
    (C) Habla como si hubiera visto con sus propios ojos todo esto.
    (D) Habla como si llevara muchos años creyendo estas historias.

Entrevista Número Tres

CD2
TRACK 10

1. ¿Qué pasó con los extraterrestres en el primer episodio?
   (A) Se transformaron en dos parejas.
   (B) Se mutaron en otros seres extraterrestres.
   (C) Salieron en un OVNI que volaba cerca de Jerez.
   (D) Se transformaron en un gran coche turismo.

2. ¿Qué pidieron a los extraterrestres?
   (A) Ni hablaron con ellos para pedirles nada.
   (B) Les pidieron la matrícula.
   (C) Les pidieron que les acompañaran a la estación.
   (D) Les pidieron identificación.

3. ¿Por qué hubiera sido buena idea pedirles la identidad?
   (A) Necesitan datos sobre estos señores para poder localizar sus domicilios.
   (B) Necesitan hablar con el banquero con quien viven.
   (C) Para convencer al público sería ideal entrevistarlos.
   (D) Necesitan saber su dirección en Madrid.

4. ¿De qué principio habla el buen autor?
   (A) Se sabe que los extraterrestres habitan con un banquero en Madrid.
   (B) Se sabe que no viven entre seres normales.
   (C) Se sabe que sólo Dios sabe con qué intención están entre nosotros.
   (D) No se sabe por qué están, pero nada tiene que ver esto con ningún banquero.

5. Según este señor, ¿para qué sirve el Ejército?
   (A) El Ejército es para defender al país de las invasiones extraterrestres.
   (B) Defendería la patria pero no puede revelar los planes.
   (C) Sirve para guardar todos los datos en secreto.
   (D) No sirve para nada porque rehusa reconocer los testimonios.

6. ¿Cuál es la actitud de los gobiernos?
   (A) Los gobiernos quieren saber todo sobre estos fenómenos.
   (B) Quieren descubrir la verdad de estos episodios.
   (C) Quieren ocultar estas actividades porque no quieren confesar su impotencia al público.
   (D) Saben que estas noticias aterrorizarán al público y quieren protegerlo.

7. ¿Qué otro ejemplo tiene el autor de la existencia de los extraterrestres?
   (A) Dice que un grupo de extraterrestres apareció en el pueblo de Burgos.
   (B) Dice que un grupo apareció en una viña en Briones.
   (C) Dice que un grupo de extraterrestres habló con los habitantes de un pueblo remoto.
   (D) Dice que otro grupo de extraterrestres se apareció a unos terroristas.

8. ¿Dónde tuvo lugar este episodio?
   (A) En un castillo abandonado en la provincia de León.
   (B) En una viña en Briones.
   (C) En un castillo en el pueblo de San Vicente de la Sonsierra.
   (D) En un proceso de Burgos.

9. ¿Por qué no podría este autor identificar a los ex miembros de ETA?
   (A) Porque otros testigos querrán matarlos.
   (B) Ahora los extraterrestres los buscan para asesinarlos.
   (C) Entre los terroristas es peligroso ser ex miembro del grupo.
   (D) Las autoridades los buscan para encarcelarlos.

10. ¿Qué significa cuando el interlocutor se corrige para decir "historias" en vez de "datos"?
    (A) Indica que cree que todo es pura historia, y así es pura verdad.
    (B) Significa que no cree ni una palabra porque no hay testigos.
    (C) Significa que una historia no corresponde a la verdad necesariamente.
    (D) Quiere decir que todo esto todavía es rumor sin testigo irrefutable.

Entrevista Número Cuatro

1. ¿Cuál es la profesión del hombre con quien habla el interlocutor?
   (A) Pedro Almodóvar es estrella de cine.
   (B) Pedro Almodóvar es crítico de cine.
   (C) Pedro Almodóvar es director de cine.
   (D) Pedro Almodóvar es novelista.

2. ¿Qué reacción inspiró la película?
   (A) Les gustó mucho a los toreros en la Maestranza.
   (B) El público la recibió bien, pero a los críticos no les gustó.
   (C) A los críticos les gustó tanto como al público.
   (D) Al crítico de *El País* le gustó más.

3. ¿A quién prefiere Pedro Almodóvar satisfacer más?
   (A) A los críticos.
   (B) Al público.
   (C) A los dos igualmente.
   (D) A sí mismo solamente.

4. ¿Qué opina Almodóvar de los críticos?
   (A) Cree que desempeñan un papel muy importante en la industria cinematográfica.
   (B) Con tal que les guste la película, cree que son buenos.
   (C) No cree que merezca la reacción que muchas veces recibe de ellos.
   (D) Con tal que pueda comprenderlos, le gustan.

5. ¿Por qué era diferente la crítica de *El País*?
   (A) A este crítico no le gustó la película.
   (B) El elogio de este crítico era más grande que los otros.
   (C) Esta crítica no apareció al mismo momento que las otras.
   (D) Esta crítica contrastaba con las demás críticas.

6. ¿Cómo reaccionó Almodóvar a esa crítica?
   (A) No le importaba.
   (B) Se enfadó.
   (C) No la leyó.
   (D) Quedó confundido.

7. ¿Cómo define Almodóvar a un buen crítico?
   (A) Debe informar al público sobre todo.
   (B) Debe poder revelar algo que ve, tanto bueno como malo.
   (C) Debe siempre tener razón en lo que dice.
   (D) Debe indicar a la gente qué debe ésta ver.

8. ¿Cómo sabe Almodóvar si ha hecho bien esta película?
   (A) Si la gente sale toreando de las corridas, habrá hecho bien.
   (B) Si la gente sale hablando de la película, la ha hecho bien.
   (C) Si la gente se atreve a hablar de la verdad de las relaciones, fue un éxito.
   (D) Si la gente sale hablando de la guerra, fue un éxito.

9. ¿Qué le interesa más a Almodóvar?
   (A) Ser reconocido por toda la gente.
   (B) El proceso de crear una obra de arte.
   (C) Ser amado de toda la gente.
   (D) Gozar de toda la atención en el momento del estreno.

10. ¿Qué característica de gran hombre le distingue a este señor?
    (A) Tiene más interés en el trabajo que la ganancia del trabajo.
    (B) Le gusta el reconocimiento que le da el público.
    (C) Es un hombre solitario.
    (D) Todavía está abierto a lo que le lleve el momento u ocasión inesperado.

**CD2
TRACK 12**

Entrevista Número Cinco

1. ¿Cuál es el propósito del programa "Viajes para las personas mayores"?
   (A) Es para que puedan ir de vacaciones las personas que viven en el centro de España.
   (B) Es para que tengan unas vacaciones personas viejas que nunca han viajado.
   (C) Es para que los que viven en ciudades históricas puedan visitar las costas españolas.
   (D) Es para mejorar la economía de regiones costeñas de España.

2. ¿Qué oportunidad les proporciona este programa a los mayores de edad?
   (A) Ellos pueden saber que su pueblo es el mejor lugar.
   (B) Ellos sabrán que hay otros mundos fuera de sus propios pueblos.
   (C) Ellos tendrán la oportunidad de conocer a otras personas.
   (D) Ellos podrán escapar de su esclavitud económica.

3. ¿Cómo será diferente la vida para estas personas?
   (A) Ellas estarán insatisfechas con la vida rural después de viajar.
   (B) Ellas se sentirán defraudadas por haber pasado la vida en su pueblo.
   (C) Ellas tendrán otro punto de vista después de visitar otros lugares.
   (D) Ellas querrán mudarse a nuevos lugares y explorar nuevos horizontes.

4. ¿Qué calificación se necesita para poder aprovecharse de la oportunidad?
   (A) No hay ningunos requisitos.
   (B) Hay que tener pasaporte.
   (C) Sólo hay que presentarse para hacer reservas.
   (D) Hay que presentar identificación.

5. ¿Adónde van estos mayores?
   (A) Van donde no hace mucho calor.
   (B) Van a lugares donde pueden encontrar muchas ventas especiales.
   (C) Van a lugares donde haya clima cálido.
   (D) Van al campo para descansar.

6. ¿Por cuánto tiempo durará el viaje?
   (A) Durará veinte días
   (B) Durará medio mes.
   (C) Durará dieciséis días.
   (D) Durará diecisiete días.

7. ¿Cuánto costará?
   (A) No costará mucho.
   (B) Costará diecisiete mil pesetas.
   (C) Costara dieciséis mil pesetas.
   (D) Costará quince mil pesetas.

8. ¿Por cuál casualidad hay una póliza de seguro?
   (A) En caso de emergencia médica.
   (B) En caso que se ponga enfermo.
   (C) En caso que alguien muera.
   (D) En caso que se decida volver a casa.

9. ¿Qué tal le parece este programa al interlocutor?
   (A) Le parece increíble que fuera tan caro.
   (B) Le parece que entusiasmará mucho a los televidentes.
   (C) Le parece milagroso que sea tan económico.
   (D) Está seguro de que les gusta a las personas de la tercera edad.

Entrevista Número Seis

CD2 TRACK 13

1. ¿Qué hace Marcos en Nueva York?
   (A) Es farmacéutico.
   (B) Es policía.
   (C) Es psiquiatra.
   (D) Es narcotraficante.

2. Para Marcos, ¿cómo se comparan las dos ciudades?
   (A) Marcos cree que los neoyorquinos son más locos que los sevillanos.
   (B) Le gustan mucho los sevillanos porque le invitan a sus casas.
   (C) Las dos ciudades tienen sus problemas y no son tan diferentes.
   (D) La manera de mostrarse la locura en las dos poblaciones es diferente.

3. ¿Por qué está Marcos en Sevilla?
   (A) Está para asistir a una reunión de psiquiatras.
   (B) Asiste a una competencia de bicicletismo.
   (C) Asiste a una conferencia sobre el abuso de sustancias tóxicas.
   (D) Habla en una conferencia sobre el tema de la salud mental en Nueva York.

4. ¿Cuál es la diferencia entre el problema de las drogas en las dos ciudades?
   (A) Cree que el problema de las drogas en Nueva York es peor que el de Sevilla.
   (B) Cree que el problema en Nueva York está aumentando más que en Sevilla.
   (C) Cree que en Sevilla actualmente se ve un aumento del problema más que en Nueva York.
   (D) Cree que hay tanto problema en Sevilla que en Nueva York.

5. ¿Qué diferencia hay entre el uso de drogas actualmente en Estados Unidos y el de hace veinte años?
   (A) Antes el uso de drogas se asoció con grandes movimientos de población.
   (B) Actualmente el uso no parece estar relacionado con la presión emocional de la vida moderna que existió hace veinte años.
   (C) Antes el uso de drogas se basó en los motivos filosóficos y sociales de esa generación.
   (D) Antes los tipos de drogas eran más nefastos.

6. ¿Qué optativas tienen en Nueva York para resolver el problema?
   (A) Una es el establecimiento de clínicas.
   (B) Una optativa es la encarcelación del adicto.
   (C) Están considerando la despenalización de algunas drogas.
   (D) Están investigando maneras de aliviar la tensión de la vida para los adictos.

7. ¿Por qué no le gusta a Marcos la idea de legalización?
   (A) Opina que los adictos no buscarán la ayuda que necesitan.
   (B) Cree que habrá demasiada demanda para poder satisfacer a todos.
   (C) Teme una epidemia de varias enfermedades asociadas con el uso.
   (D) Si fuera legal, no sabrían cuántos adictos habría.

8. ¿Qué propone Marcos para los profesionales que tratan con los adictos?
   (A) Sugiere que los profesionales cambien la manera de considerar el problema.
   (B) Recomienda que la gente se relaje un poco para mantener buena salud mental.
   (C) Propone que los profesionales consideren a los adictos como los enfermos que son.
   (D) Será preciso cambiar la sociedad tan hipercompetitiva a una más tolerante.

9. ¿Cómo debiera ser el tratamiento, según Marcos?
   (A) Cuidadosamente controlado pues de lo contrario el tratamiento matará más de lo que curará.
   (B) Es necesario que el tratamiento se ajuste a las necesidades del drogadicto.
   (C) La generalización del problema es útil para describir casos individuales de drogadicción.
   (D) Hay que adaptar a los drogadictos al tratamiento en vez de lo contrario.

Entrevista Número Siete

CD2
TRACK 14

1. ¿Dónde están estas personas que hablan?
   (A) Están en North Carolina.
   (B) Están en la Argentina.
   (C) Están en Barcelona.
   (D) Están en Italia.

2. ¿Qué hace la mujer que están entrevistando?
   (A) Ella es campesina.
   (B) Ella es dependiente de una tienda.
   (C) Ella vende flores.
   (D) Ella vende frutas de su huerto.

3. ¿Cuánto tiempo hace que está en este lugar?
   (A) Ella está en su puesto hace cien años.
   (B) Su puesto está en el mismo lugar hace ciento cincuenta años.
   (C) Ella lleva cincuenta años allí.
   (D) Hace treinta años que está allí.

4. ¿Por qué le gusta a Carolina lo que hace?
   (A) Todos los días ella puede hablar con reyes, príncipes y gente muy importante.
   (B) Le encanta a ella la diversidad de personas con quienes se encuentra.
   (C) Le gustan los varios tipos de flores.
   (D) A ella le gusta la tradición de ser dependiente en una tienda.

5. ¿Quiénes compran?
   (A) Por la mayor parte son jóvenes.
   (B) Generalmente son personas que llevan muchos años visitándola.
   (C) Personas que no quieren compran los productos en otras tiendas.
   (D) Señoras que pasan en la calle en camino a casa del mercado.

6. ¿Cómo son diferentes los clientes que tiene?
   (A) Los jóvenes no gastan tanto como los viejos.
   (B) La vieja clientela gasta menos que los jóvenes.
   (C) Los enamorados gastan más que nadie.
   (D) Las personas de la tercera edad gastan tanto como los jóvenes.

7. ¿Qué tipo de consejos le da esta señora a su clientela?
   (A) Aconseja violetas en invierno y rosas en verano.
   (B) Lo que sugiere depende de la estación.
   (C) Cuando quieren algo inapropiado, se lo dice.
   (D) No da consejos a la gente que viene con idea fija.

8. ¿Qué es un ramo de señora?
   (A) Consiste en violetas en el invierno.
   (B) Consiste en rosas en verano.
   (C) Consiste en una mezcla de varios tipos de flores.
   (D) Consiste en un ramo de flores grande.

9. ¿Cuánto tiempo se dedica a este trabajo?
   (A) Todos los días menos los días de fiesta.
   (B) Todo el tiempo menos los días feriados.
   (C) Solamente se descansa el domingo por la tarde.
   (D) Desde antes de la madrugada hasta el anochecer.

SCRIPTS

NARRATIVA NÚMERO UNO

Vemos el presente e intentamos incluso asomarnos un poco al futuro, pero lo que ahora les proponemos es un viaje al pasado, o un regreso al tiempo en que todo era diferente, aunque estemos sin embargo sobre el mismo escenario. El Metro de Madrid tiene setenta años, y estos datos curiosos nos permiten reconstruir el primer día del Metro de Madrid: diecisiete de octubre de 1919, hace setenta años. A las tres y media de la tarde, en la estación de Cuatro Caminos, el rey Alfonso XIII inauguraba la línea 1 del Metro de Madrid. Fue el acontecimiento del día, naturalmente. Acudieron todos aquellos que eran alguien en el Madrid de entonces. Siete minutos y cincuenta y seis segundos tardó el rey en recorrer todo el trayecto, según el cronómetro del periodista y escritor Rufino Blanco. Han pasado muchos otoños ya de aquella efemérides. Atrás quedó la carreta de bueyes que transportó una noche de julio de 1917 los primeros materiales de construcción para la Compañía Metropolitana de Alfonso XIII. Los madrileños de 1919 pagaron por el primer viaje por los túneles del Metro quince céntimos. Ha pasado mucho tiempo, han pasado setenta años, y el Metro de Madrid, que es el décimo del mundo, por orden de antigüedad, ha dejado de ser un simple medio de transporte. Ahora, como ocurre en todos los metros de las grandes capitales del mundo, se ha convertido en refugio de mendigos, mural de grafistas, escenario musical, centro comercial, alternativa a los atascos, final de desesperados. Los túneles de las diez líneas que actualmente existen son todo un mundo por el que diariamente transita un millón de personas que se conocen de memoria eso de *Antes de entrar, dejen salir* o *Cuidado para no introducir el pie entre coche y andén.* Ciento cincuenta y cinco estaciones repartidas por la ciudad por las que circulan novecientas ochenta y cuatro unidades, o vehículos, en las que trabajan seis mil cuatrocientas treinta y cuatro personas son los datos del Metro de hoy. Setenta años hace ya de la inauguración, del día 17 de octubre de 1919.

NARRATIVA NÚMERO DOS

RENFE: La compañía del ferrocarril español, organiza una serie de servicios turísticos que ayudan a conocer mejor las tierras de nuestro país y que además resultan muy, pero que muy divertidos. Os hablamos del tren Al-Ándalus, del Sureste Exprés, del Tren de la Fresa y de muchas otras líneas con las que se puede visitar el Monasterio de Piedra, la Ciudad Encantada de Cuenca, Toledo, las Murallas de Ávila, y Sigüenza. La oferta de RENFE no finaliza aquí. También hay trenes con los que podemos recorrer al noroeste el Camino de Santiago, el Camino de Soria, o acercarnos hasta la Ciudad Monumental de Cáceres. De todos estos servicios, claramente turísticos, hay que destacar los trenes Al-Ándalus y Sureste Exprés. El recorrido del Al-Ándalus comienza en Sevilla para recorrer después Córdoba, Granada,

Málaga y Jerez. Al embrujo de Andalucía, zona que visitamos con el Al-Ándalus, hay que sumar el encanto de este tren, decorado y ambientado como aquellos antiguos ferrocarriles refinados de principios de siglo. Este retroceso en el tiempo no impide el confort: aire acondicionado, sala de juegos, piano bar, videoteca, duchas en los compartimientos, restaurantes con exquisitas comidas. No será difícil imaginar y vivir mil y una historias durante los días en los que dure el trayecto. El Sureste Exprés reproduce un viaje del año 1911, entre Almería y Guadix, en el que no falta, naturalmente, la máquina de vapor. Concursos y música amenizan este viaje que depara a los viajeros otra sorpresa: un asalto al tren por un grupo de cuatreros dignos del Oeste americano (no olvidemos que en Almería se ruedan muchas de las películas de vaqueros). Los datos sobre estos servicios de RENFE se pueden obtener en cualquier oficina de información al viajero de las estaciones. Allí pueden concretaros horarios, precios y dónde comprar los billetes. Una última recomendación: si sois suficientemente valientes para montaros en este tren, visitad las cuevas de Guadix.

NARRATIVA NÚMERO TRES

**CD2
TRACK 5**

Y decíamos que un periódico extraordinariamente importante en España, *El País*, había llegado al número cinco mil. El diario *El País* había nacido el día 4 de mayo del año 1976, y el día 28 de diciembre cumplió sus primeros cinco mil números. Un acontecimiento más que periodístico y más que editorial: político y social, diríamos, dado el papel que *El País* ha jugado en estos años en la España que se transformaba a gran velocidad. En el número que recordaba el cumpleaños, el "cinco mil números de libertad", decía el diario *El País: Este periódico reitera lo que ya escribía en su primer número, el 4 de mayo del 76. Este periódico ha sido posible porque hay cientos de miles de españoles que piensan que no son de derechas ni de izquierdas o, mejor dicho, que son de derechas y de izquierdas, pero que no optan por expender patentes de patriotismo, ni piensan que la mejor manera de convivir sea la que, desgraciadamente, se nos ha querido enseñar en el pasado: la supresión del adversario.* Esto es lo que decía *El País* el día que nacía y reiteraba el día que cumplía cinco mil números. Ese día, en ese número, el periódico publicaba una carta de felicitación remitida por el Jefe del Estado, el Rey Don Juan Carlos. *No sería justo pasar por alto*—decía el Rey—*el papel desempeñado por la prensa española en la transición política y en la consolidación de la normalidad constitucional. Siempre he estado seguro de que, como Rey, podría contar con* El País, *en cada ocasión en que la historia reciente lo requería: es decir, cotidianamente, en los momentos más graves y en los más livianos. Por cumplirse aquel aniversario de* El País, *saludo y felicito al director, a la redacción y a sus lectores, como saludo también en él a toda la prensa española.* Palabras del Rey en el aniversario de *El País* que, como decimos, nació el 4 de mayo del 76, unos meses después de que falleciera el anterior Jefe del Estado, el general Franco, y se inaugurara un tiempo histórico nuevo en España. Con motivo del número cinco mil, el diario *El País* ofrecía a sus lectores un "Extra" de 64 páginas con un repaso pormenorizado de todos los sectores de la vida española y al mismo tiempo se preguntaba: *¿Qué nos traerá el fin del siglo? Se puede atisbar que una Europa unida, en la que España pondrá fin a siglos de aislamiento exterior y de tenebrismo, está naciendo. Pero, ¿qué ocurrirá en el nuevo milenio?* El diario *El País* se preguntaba esto menos de un mes antes de que estallara el conflicto del Golfo Pérsico.

NARRATIVA NÚMERO CUATRO

En Madrid cuando se está en Navidad hay un lugar particular en donde un aroma extraordinario le espera al cliente. El Indio es probablemente uno de los pocos establecimientos que quedan en España especializados en realizar el chocolate de forma artesanal. Fundado en 1847, los sucesores de aquellos primeros Ruiz de Diego han mantenido a lo largo del tiempo las recetas de sus abuelos. No han sido las recetas lo único que ha perdurado: los utensilios, el mostrador de nogal, los estantes de caoba, las viejas cajas de hojalata donde se guardaba el café y el té llegado de las Américas, incluso el papel con el que se envuelven las tabletas de chocolate—todo ha soportado el paso de los años. Pero si algo ha sobrevivido para dar personalidad y calor a esta tienda cercana a la Gran Vía madrileña, ha sido el molino. Fundido en bronce, y rodeado de cuatro columnas salomónicas de caoba, aún muele el chocolate del que luego saldrán los bombones, las tabletas, o la variedad en polvo para cocinar. José María es el único obrero que tienen en la actualidad Francisco, Asunción, Josefa y María Ruiz de Diego, dueños de la tienda. En esos días tan cercanos a las fiestas de Navidad vale visitar la tienda para saborear un poquito los aromas que envuelven a José María Pinaqui justo en el momento en que va preparando una receta de la casa.

El chocolate se elabora en el establecimiento de la forma siguiente. Primeramente, se tuesta el cacao, que viene crudo. El cacao asemeja una almendra que viene de África o las Américas. Luego, una vez que está tostado, se limpian las semillas, y entonces hay que quitarles las cascarillas. Una vez que está eso limpio y está triturado, el cacao pasa de ahí al molino, que es el que lo muele. Entonces se mezcla con el azúcar, cereal o harina, en fin, la fórmula que lleve uno, y se hace una pasta, o sea, una masa.

Una vez que está hecha la masa hay que meterla a cierta temperatura en unos moldes. Esos moldes pasan luego después a un frigorífico, una cámara, y una vez que se enfrían, se envuelven, y se venden o se despachan.

En El Indio hay tres tipos o clases de chocolate producidos de esa manera tradicional. Uno que se hace polvo y dos que se cuecen para hacerlos, pero hay que espesarlos. En estos dos últimos hay uno que se espesa un poco y hay otro que se espesa menos. Cualquiera de éstos últimos dos se puede comer hecho o crudo.

Lo único de este establecimiento tan venerado en Madrid es que es el último en hacer chocolate de manera artesanal. En algunas aldeas de España hay otros lugares en que se dedican a hacer el chocolate artesanal para sus ciudadanos. No lo hacen para vender ni nada de eso, sino realmente es para las familias o para los mismos del pueblo que se lo reparten.

La maquinaria del establecimiento llama la atención por ser tan vieja. Para hacer el chocolate de la antigua manera se usan máquinas como la refinadora, las cuales en muchos casos son originales. La refinadora es para refinar. El cacao sale tan grueso al hacerse la pasta en el molino que se puede masticar. Para que sea más fino, se usa la refinadora para hacerlo polvo.

José María Pinaqui, como el establecimiento, lleva muchos años preparando el chocolate que tanto les gusta a los madrileños. Nunca ha pensado José María trabajar en otro sitio ni en otro tipo de fábrica de chocolate porque hay tantas ventajas del empleo. La más atractiva para él es que él prueba el chocolate todos los días. Por eso le ha gustado tanto seguir trabajando en ese lugar. Pero se pone melancólico al reflexionar que algún día va a desaparecer la antigua tradición del chocolate de elaboración casera.

NARRATIVA NÚMERO CINCO

El monasterio de Montserrat, cerca de Barcelona, es reconocido por todo el mundo por contener la Virgen Negra, "La Moreneta". La historia del monasterio posado en las alturas de las montañas es muy interesante. De hecho, el monasterio tuvo origen en el siglo XI, época en que se construyeron muchos otros monasterios que estaban también en lugares y sitios bonitos. En el caso del monasterio de Montserrat se escogió un sitio realmente fascinante. En realidad, no es que fuese escogido, sino que en el siglo XI, tres o cuatro monjes de un monasterio muy famoso en Cataluña, llamado Ropill, vinieron a Montserrat porque aquí había unas ermitas pequeñas que estaban en un terreno que dependía de ellos. Entonces empezó el monasterio allí en el siglo XI.

En seguida la comunidad fue creciendo. En el monasterio, a fines del XII, les monjes construyeron una nueva iglesia que duraría unos cuatro siglos. Para decir algún hito importante, a partir del siglo XII hasta XIV, empezaron bastantes peregrinaciones, muchas del centro de Europa, camino de Santiago. Otro hito importante pero triste fue que se destruyó prácticamente por completo el monasterio a principios del siglo XIV, con la guerra de Napoleón. Todo quedó muy saqueado.

Mucha de la fama del lugar se debe a la imagen de la Virgen tan venerada en Cataluña y todo el mundo. La leyenda cuenta que fue encontrada en una cueva a unos veinte minutos o veinticinco minutos del monasterio. Es una imagen románica de fines del siglo XII, o principios del XIII, que siempre ha estado venerándose en el santuario de Montserrat. Algunos visitantes preguntan a veces por qué es negra, porque popularmente se la llama "Moreneta," "Morenita," o "Morena." No se sabe exactamente la razón. Una de las explicaciones es por el humo a lo largo de los siglos, o a veces dicen que también fue por una reacción química de los barnices que ponían. Esto es posible. Hay algunos que creen que quizás el escultor que la realizó quizás la hizo negra, o un poco oscura, pensando en un texto bíblico del *Cantar de los Cantares*. En ese texto la protagonista, una mujer, dice que ella es morena pero hermosa. Este texto se ha aplicado a veces a la Virgen. Entonces, hay otros que dicen quizás algún autor o algún escultor hizo ya negra esta imagen pensando en este texto bíblico.

El trabajo de la comunidad es muy variado. Un trabajo muy principal es estar al servicio del santuario. Montserrat es, como se ha dicho, por un lado un monasterio, pero por otro también un santuario. Es decir que es un sitio adonde va mucha gente, no solamente del país, sino también de fuera. Y hay que atenderles, no solamente para las cuestiones de culto, sino también charlas, retiros, sacramentos, o bodas, por ejemplo. Entonces los monjes han reunido esos trabajos. Otro trabajo sería manual: cerámica o imprenta. También hay un trabajo más cultural, que es la editorial de publicaciones que tienen. Consiste en la impresión de revistas o libros que van editando los monjes. También hay algunos monjes que se dedican más al estudio ya a un nivel más alto: estudios bíblicos o teológicos o de historia, por ejemplo. No se puede olvidar también el trabajo al servicio de la Escolanía, como por ejemplo, las clases de música. Y también los trabajos cotidianos de la casa que también les ocupan a los padres cierto tiempo.

El monasterio de Montserrat es una parte fundamental en la historia de Cataluña. No solamente por la historia que encarna, sino por el descanso espiritual que imparte a los viajeros que pasan por sus puertas. La contemplación de la imagen de la Morenita, el coro de monjes en la misa y la belleza del lugar consuelan al viajero en busca de un momento de paz. Bien vale visitar Montserrat cuando uno esté cerca.

ENTREVISTA NÚMERO UNO

NAR 1: Hablamos ahora de una película que se convierte en noticia porque su directora es la mujer más famosa de España—pero no como directora, sino como actriz y como cantante. Ana Belén acaba de rodar para la pantalla del cine un libro de Carmen Rico-Godoy, titulado *Cómo ser mujer y no morir en el intento*, que constituye una crítica mordaz a los comportamientos de los hombres en el seno de la pareja y en el seno de la familia. Carmen Rico-Godoy se preguntaba: *¿Cómo ser mujer y no morir en el intento?* No parece demasiado fácil la respuesta. ¿La ha adivinado Ana Belén? ¿Sabe cómo ser mujer y no morir en el intento?

NAR 2: Pues, no lo sé muy bien, pero me parece que la vida diaria, por lo menos hace que aprendamos a serlo, ¿eh?

NAR 1: Sí. ¿Va a haber que ver la película como una especie de lectura panorámica del comportamiento de *los* hombres y del comportamiento de *las* mujeres? ¿O no? ¿O una historia de unos hombres y unas mujeres, sin más?

NAR 2: Yo creo que es una historia de—y además está contada en primera persona—de una determinada mujer. Es decir, de una mujer con una vida determinada, con un trabajo determinado y con una vida en pareja muy determinada. Lo que sí ocurre es que esta mujer nos cuenta unas situaciones por las que, de alguna manera, todos hemos pasado, en mayor o menor medida, porque incluso cuando Carmen y Antonio Resines y yo estábamos trabajando en el guión, el guión y tal, las primeras secuencias y tal, y un poco aclarando, ¿no? los personajes. Y fue muy gracioso, porque de repente dice Carmen: *¡Ay, no tiene nada que ver conmigo esta mujer!* Y yo le dije; *Conmigo, tampoco.* Y decía Resines: *Pues, anda, que el hombre conmigo, nada. Porque yo soy como todo lo contrario y ta, ta, ta.* Y sin embargo, muchas de las situaciones que retrataba, pues, nos eran conocidísimas.

NAR 1: Por un lado la película y la inevitable lectura desde la perspectiva hombre-mujer, una especie de combate perpetuo, pero por otro lado el debut de usted como directora de cine. ¿Cómo te has encontrado? Leemos esta mañana en una revista que acaba de salir a los quioscos, lo que dice Carmen de ti. Dice que está encantada contigo, que no te pareces a otros directores con los que ha trabajado, que le has dado muchas sorpresas. Por ejemplo, una capacidad de mando clarísima, mucha seguridad. Te has tomado las cosas con un enorme sentido del humor, se ha dicho. Y que las posibles carencias de conocimiento técnico te las tomabas con mucho humor. Cuando necesitabas ayuda la pedías, en vez de disimular, y dice: *Tampoco sabía yo...*—dice Carmen en el artículo, —*que Ana era tan tierna y tan cariñosa.* Bonito, ¿no?

NAR 2: Precioso. Sí, sí. Y además me gusta mucho que lo diga Carmen.

NAR 1: Claro.

NAR 2: Sí.

NAR 1: La mejor actriz de Europa, dicen.

NAR 2: Sí, y además, eh, sí, me gusta mucho, porque, hombre, siempre son como hijos. Ah, tengo un poco la sensación como de que todos han sido mis hijos y los he querido muchísimo durante el rodaje, muchísimo. Sé que ha habido una parte, como la parte buena que todos tenemos, que se ha potenciado mucho con el rodaje y ha ido en ese sentido estupendamente todo.

NAR 1: ¿Y cómo te has encontrado tú como directora de cine, Ana, después de estar tanto tiempo al otro lado de las cámaras, viéndote así...?

NAR 2: Pues, hombre, lo que dice Carmen es verdad. Yo, como no he intentado engañarme a la hora de hacer y de afrontar este trabajo, nunca dije: *Pues sí, lo podría hacer.* Dije: *Igual puedo hacerlo.* Hice, con miles de dudas, ¿no? lo afronté, y desde luego, sabiendo que carecía de unos conocimientos de los que todavía sigo careciendo y que si sigo trabajando en esta parte del cine, pues no sé, pues iré paliándolos, iré aprendiendo, y tal, porque—y además, creo que no se acaba nunca de aprender esto, ¿no?

ENTREVISTA NÚMERO DOS

CD2
TRACK 9

NAR 1: Juanjo Benítez es el autor de los más importantes *best-sellers* de España y va a lograrlo también en esta ocasión, con su nuevo libro *La quinta columna.* Asegura Juanjo Benítez que en nuestro planeta conviven con nosotros personajes que han llegado de más allá de las estrellas, que se han disfrazado de humanos y que, confundidos con nosotros, viven entre nosotros. Inquietante tesis, ¿verdad? ¿Existen habitantes de otros planetas, y además viven entre nosotros?

NAR 2: Pues, ése es el "descubrimiento", entre comillas, que hemos hecho en los tres, cuatro, cinco últimos años. Que lo teníamos un poco como teoría, pero que ahora casi es una certeza. Tienen algunas civilizaciones, por lo que observan los testigos—por ejemplo, lo que ocurrió el año pasado a finales, en Conil, en Cádiz—la capacidad técnica, suponemos, de mutar o de transformar su aspecto original, que generalmente no es exactamente humano, en seres completamente normales e infiltrarse en la sociedad, pero tan tranquilos. Nosotros pudimos seguir el rastro de una pareja que se inscribió en un hotel, incluso con un nombre alemán, un hombre y una mujer alemanes.

NAR 1: ¿Podrías contarnos alguna de estas historias que, mejor que cualquier teoría, nos van a permitir entender lo que nos aguarda en este libro?

NAR 2: Bueno, hay otros casos anteriores, incluso protagonizados por la Guardia Civil, en que no solamente las personas, o los tripulantes o los humanoides, se mutan o se transforman en cuestión de segundos, casi instantáneamente, sino las propias naves. Es decir, hay un caso de un ovni posado en la carretera que es perseguido por la Guardia Civil, e instantáneamente se transforma, ante la visión de estos señores, en un coche tipo turismo, gran turismo, con tres personas dentro, absolutamente normales.

NAR 1: ¿Eso lo ha visto la Guardia Civil? ¿Figura en los informes de la Guardia Civil?

NAR 2: Sí, sí, sí. Exactamente.

NAR 1: ¿Habéis tenido vosotros los informes de la Guardia Civil que hablaban de este hecho?

NAR 2: Claro. Naturalmente. Y los testimonios directos de los propios testigos, de los propios guardias.

NAR 1:   ¿Donde ha ocurrido esto?

NAR 2:   Esto, en Jerez.

NAR 1:   ¿Hace mucho?

NAR 2:   No, hace escasamente cuatro o cinco años.

NAR 1:   Entonces, ¿qué ocurrió? ¿La Guardia Civil localizó un objeto?

NAR 2:   Un objeto que estaba volando en las proximidades de Jerez, a baja altura. Empezaron a perseguirlo porque evidentemente vieron que era una cosa muy extraña, en silencio, como casi todos los ovnis. Y de repente se posó en la carretera, en una carretera comarcal. La Guardia Civil se quedó a muy corta distancia, mirando, asombrada. Y de repente desapareció el objeto, y en su lugar, exactamente, apareció un gran coche. Se aproximó la Guardia Civil, y entonces, encontraron a dos hombres y una mujer bellísima; y los dos señores de una edad mediana, perfectamente trajeados, pulcramente vestidos. Y estos hombres, en castellano total, con acento de ningún tipo, les preguntaron a la Guardia Civil por dónde se iba a la Carretera Nacional IV. Bueno, la experiencia es bastante más larga, pero....

NAR 1:   Pues, gracias por estas noticias tan asombrosas.

CD2 TRACK 10

ENTREVISTA NÚMERO TRES

NAR 1:   Estamos hablando con el autor renombrado como experto en todo tipo de experiencias con los ovnis. Nos ha contado una experiencia de la Guardia Civil en la que un ovni que volaba cerca de Jerez se transformó en gran coche turismo y los extraterrestres en dos hombres y una mujer bellísima. Señor, ¿Se quedó la Guardia Civil con los nombres y los apellidos de los turistas? ¿Les pidió la documentación, por ejemplo?

NAR 2:   No, no, no, no.

NAR 1:   ¿No?

NAR 2:   La matrícula.

NAR 1:   Por lo tanto, fue un fallo, porque si hubiera pedido la identidad, a lo mejor podríamos ahora averiguar dónde están esos señores, si habitan entre nosotros o no.

NAR 2:   Por supuesto. Lo que pasa es que la Guardia Civil estaba sencillamente aterrorizada.

NAR 1:   Aterrorizada. Y se quedó con la matrícula. ¿La matrícula se investigó? Correspondía....

NAR 2:   Sí.

NAR 1:   ¿a qué correspondía?

NAR 2:   Sí, correspondía a un banquero de Madrid, que no tiene nada que ver con el asunto.

NAR 1:   Absolutamente nada que ver.

NAR 2:   En, en principio.

NAR 1:   Ya. "En principio." Ese "en principio," ¿qué quiere decir, señor?

NAR 2:   Pues, que uno ya no sabe qué pensar. Porque si realmente estos casos son reales, y pensamos que lo son, significaría que desde Dios sabe cuándo se pueden estar infiltrando en la sociedad humana, en todos los testamentos, esta serie de civilizaciones no humanas, con objetivos que, la verdad, desconocemos.

NAR 1: Varias veces nos hemos aproximado a este tema y siempre nos ha sorprendido ese extremo. Cuando hablamos de estas cosas como de algo fantasioso, absurdo, ¿por qué se juega con tanto secreto con estos documentos oficiales, que nos consta que los tiene el Ejército, etcétera? ¿Por qué no se difunden abiertamente?

NAR 2: Probablemente porque afecta la defensa nacional de todos los países y porque llevan muchos años ocultando este asunto y porque no tienen argumentos para responderle al contribuyente para qué sirven los sistemas de defensa de cualquier país ante treinta, veinte o cincuenta violaciones anuales del espacio aéreo.

NAR 1: Historias, desde luego, impresionantes. Decías, entonces, que estos habitantes de otros planetas están aquí, habitan entre nosotros. Y además, aunque no tienen nuestra forma, se transmutan, se convierten en algo parecido a lo que somos nosotros. Cuéntanos algún, algún otro hecho, de los veinte que se recogen en tu libro, que nos acerque a otro aspecto de este asunto.

NAR 2: Bueno, hay uno sorprendente que a mí me dejó pasmado. Y es que yo nunca pude imaginar que los terroristas pudieran cambiar el salto y el giro de sus ideales después de haber visto tripulantes de ovnis. Esto es lo que ha ocurrido con dos comandos de ETA-militar, o con, digamos, una serie de miembros de esta banda terrorista.

NAR 1: ¿Qué pasó?

NAR 2: Eh, el primer caso, en la Rioja, en un pueblecito que se llama San Vicente de la Sonsierra. Un ex miembro de ETA, que había participado en el proceso de Burgos y toda aquella época histórica, tuvo un encuentro en el castillo de este maravilloso pueblo, a las dos de la madrugada, con tres seres enormes que estaban a unos ocho o diez metros, que no le hablaron, que no le dijeron absolutamente nada. Pero este hombre decía que ese silencio y los tres pares de ojos grandes y rojos como semáforos, que parpadeaban simultáneamente—cosa increíble—le provocaron tal pánico que salió corriendo del lugar. Perdió incluso la dirección, se fue hacia Briones. Se refugió hasta el amanecer en una viña. Y a partir de ese momento, cambió completamente el rumbo de sus ideas, porque se dio cuenta de que había alguna cosa más de lo que realmente llevaban entre manos. Y el segundo caso, en las montañas de León. Ya un grupo más numeroso también vio a un ser que empezó a formarse por la cabeza y que, de acuerdo con la disposición, me decían, mental, que teníamos entre nosotros de aceptación o no, iba terminando de formarse.

NAR 1: Y estos datos, quiero decir, estas historias, nos las cuentas en el libro, con la aportación de los testimonios, los datos, los nombres y los apellidos de los ciudadanos que las vivieron.

NAR 2: Sí, salvo en los casos de los ex miembros de ETA, que, por razones obvias no he podido dar los nombres, sí.

NAR 1: Muchísimas gracias.

ENTREVISTA NÚMERO CUATRO

NAR 1: A veces nos preguntamos qué pensará un director como Pedro Almodóvar, al estrenar una película. Y aquí estamos entrevistándolo. ¿Cómo estás, Pedro?

NAR 2: Pues, bien.

NAR 1: Bien, estás bien.

NAR 2: Sí, sí, muy contento.

NAR 1: Estás contento.

NAR 2: Sí.

NAR 1: ¿Has leído todas las críticas de la película *Átame*?

NAR 2: No, no todas, no creo que las haya leído todas, porque salen en todos los sitios, continuamente. Pero vamos, he leído bastantes, y sobre todo también, bueno, en estos tres días la película en Madrid sólo ha hecho ya cuatro millones, lo cual significa que están aforrando los cines, y eso es muy interesante.

NAR 1: Eso es muy importante. ¿Te importa más que la crítica? Aunque me imagino que te impresionará mucho, también, como creador, saber cómo está siendo visto tu trabajo, ¿no?

NAR 2: Sabes, impresiona mucho la letra impresa, yo le tengo mucho respeto a la letra impresa. Pero yo trato de pensar en el crítico como un individuo que escribe y también trato de pensar en el espectador como un individuo que va a ver la película y que también se manifiesta de otros modos. Entonces, no le doy más importancia a uno que a otro. La verdad es que, una vez estrenada la película, me interesa muchísimo más la respuesta del público, pero, sin embargo, un crítico puede herirte y muchísimo más que diez mil personas en un patio de butacas.

NAR 1: Comentábamos a la mañana siguiente del estreno que—salieron las críticas además a gran velocidad, a veces suelen hacerse esperar, pero éstas salieron todas juntas—que había habido una cierta reserva en el elogio por parte de un crítico de *El País*, y después un elogio enorme por parte de todos los demás.

NAR 2: Sí, no, yo creo que, yo leí cinco al día siguiente y cuatro eran excelentes y la de *El País* era muy mala, no era, no era una, jm, una crítica....

NAR 1: Muy mala, muy mala te pareció.

NAR 2: Sí, muy mala, pero bueno....

NAR 1: Sí, sí.

NAR 2: A mí me parece muy mala, no sólo porque dijera que era muy mala la película, sino porque yo no acababa de entenderla. Quiero decir, a mí las críticas malas siempre me informan de muchas cosas que están dentro también de la película, aunque el crítico pueda o no tener razón, pero sí que te dan una gran información sobre cómo se puede ver tu película ... y la de ese crítico....

NAR 1: No entendiste la de él.

NAR 2: No. No. No, no. No sé qué película vio él.

NAR 1:   Hay una cosa bastante clara. Dicen que de las grandes corridas en la Maestranza salía la gente toreando con el abrigo y de las películas de Pedro Almodóvar sale la gente, salimos, hablando de cosas que nunca solemos comentar los aficionados de infantería; determinados planos, determinadas escenas, determinadas iluminaciones.

NAR 2:   Y también sale la gente hablando de sí misma, de cosas que no se atreven a hablar en otros momentos.

NAR 1:   Eso también es verdad.

NAR 2:   Sí, porque el día del estreno, incluso, que es un día básicamente muy vano, pero a mí lo que más me emocionó en la fiesta, y en todo lo demás, es que la gente se reconocía esa necesidad de ser amado y en esa gran aventura que significa el conocimiento de otra persona y, lo doloroso que a veces resulta conseguir de que otra persona te conozca. Y son cosas que yo creo que nos afectan a todos, y que normalmente no hablamos de ellas, no hablamos de ellas.

NAR 1:   ¿No te cansas de discutir el proceso? Hay que andar explicando lo que emocionó hace mucho, ¿no?

NAR 2:   Sí, la parte más importante, la parte en la que me va la vida es el momento del rodaje, básicamente. Aunque la escritura del guión también es esencial, y ésa, lo que pasa es que ésa es una aventura solitaria, mucho menos agradecida que, más abstracta que el rodaje, porque el rodaje todo es objetivo, todo está lleno de vida, todo explota ante tus ojos, incluso explota en una dirección que a lo mejor no es la que tú preveías, pero es una gran, gran aventura. Es como adentrarte en una selva y que no sabes lo que va a ocurrir al final. Entonces, para mí, la principal emoción la recibo en mi contacto con el equipo, que es cuando empiezas a ver que todo aquello que tú has soñado empieza a tener vida y empieza a crecer delante de tus ojos.

ENTREVISTA NÚMERO CINCO

**CD2
TRACK 12**

NAR 1:   Seguramente las personas mayores en España, por circunstancias históricas y las debilidades económicas de este país no han podido desplazarse mucho, ni siquiera por España. Durante generaciones ha sido mucho más frecuente que alguien naciera, creciera y muriera en su propio terruño o poco más. La iniciativa "Viajes para las personas mayores"—viajes para la tercera edad—adquiría en España un verdadero carácter sociológico, ¿verdad?

NAR 2:   Claro, ésa es una de las virtualidades. El programa tiene muchas cosas interesantes, muchas cosas bonitas, pero una de ellas es ésa que usted dice, que hay personas, en un buen número, que es la primera vez, por ejemplo, que ven el mar, es la primera vez que conocen otras regiones. Se abre su horizonte, se abre su mente. Ellos creían que el centro del mundo era su pueblo, la esclavitud de su trabajo diario, nunca haber disfrutado de unas vacaciones. Y con este programa tienen esa oportunidad.

NAR 1:   Otra cosa. Conocer gente. Porque no cabe duda que uno de los problemas de las personas mayores puede ser el de encerrarse mucho en su propio mundo, ¿verdad? En los viajes me imagino que se harán muchos amigos, ¿no?

NAR 2: Sí, efectivamente. Por eso yo creo que se podría sintetizar la riqueza del programa en relación con las personas que participan en él, en una frase siguiente: les da calidad de vida. Y eso es muy amplio. Les da calidad de vida porque su cultura se agranda, conocen otras personas, observan otros comportamientos, otros enfoques, otras actitudes ante la vida. Y seguro que, aparte de haber disfrutado, como cualquier ser normal, de lo que es ver parajes nuevos, ciudades nuevas, edificios nuevos, el mar, que algunos no lo han visto nunca, cuando vuelven a su pueblo de estas vacaciones— no digo todo el mundo, pero un porcentaje importante de la población que disfruta de estas vacaciones—vuelven renovados, vuelven viendo el mundo de otra manera, y vuelven con unas ideas distintas de, tal vez, aquéllas que tenían cuando se fueron de viaje.

NAR 1: Sí, vamos con los detalles. ¿Quiénes pueden ir?

NAR 2: Sí, los requisitos son sencillísimos: ser persona mayor de sesenta y cinco años, o ser pensionista, o ser una persona que esté unida a uno de esas dos características, la esposa o la compañera de esa persona. No hay más requisitos. Y presentarse en la agencia que está comercializando el viaje, que están repartidas por todo el país—un montón, treinta o cuarenta agencias—pero con puntos de venta del orden de los cuatrocientos o cuatrocientos y pico. Y no se exige ningún papel. Es sencillamente presentarse allí, hacer la reserva para su viaje. Allí le explican y le cuentan: Pues mire usted, puede ir a estos sitios, que los sitios están en toda la costa de la Península, desde Cataluña hasta Huelva—porque es la zona más habitual de clima bueno, de clima cálido, que para las personas mayores eso es más agradable que no enfrentarse a zonas más duras, de temperaturas más bajas—o Mallorca, Baleares, Mallorca e Ibiza. Este año como experiencia primera. Y sencillamente eso, hacer el abono de su reserva de plaza, que es el veinte por ciento del costo, que el costo es diecisiete mil quinientas pesetas para cualquier persona de todo el ámbito del estado que quiera ir a la costa peninsular.

NAR 1: ¿Cuántos días?

NAR 2: Diecisiete mil, quince días.

NAR 1: Quince días.

NAR 2: Con todo incluido. Pensión, el viaje de ida y vuelta, a veces en avión, a veces en tren, a veces en autobús, todas esas cosas con los requisitos que decía.

NAR 1: Es muy barato eso.

NAR 2: Claro, muy barato.

NAR 1: Un precio muy económico.

NAR 2: Todo eso, le digo, que con los requisitos que desde el Ministerio de Asuntos Sociales exigimos para que haya garantía de que las cosas se hagan, se hagan bien y que ellos vayan confortablemente.

NAR 1: Ese precio que ha dicho usted, diecisiete mil pesetas, los quince días, ¿qué incluye exactamente?

NAR 2: Pues, incluye el transporte de ida y vuelta, como le decía, y estancia allí en régimen de pensión completa, es decir, alojamiento. En todos los hoteles hay un servicio médico, póliza de seguro contra determinadas contingencias que pueden ocurrir, como es el caso de fallecimiento o cualquier otro percance que pueda ocurrir. La póliza de seguro afronta después los gastos que se deriven de eso para la persona que, familiar, que tuviese que ir, porque se haya producido eso, que ojalá que no se produzca, pero que ocurre, ¿no?

NAR 1: Buen programa para los mayores de edad. Diecisiete mil quinientas pesetas, quince días. Gracias.

NAR 2: Ha sido un placer.

ENTREVISTA NÚMERO SEIS

CD2
TRACK 13

NAR 1: Nos vamos a Sevilla, donde nos espera un psiquiatra eminente, que lleva un cargo de mucha responsabilidad en la ciudad de Nueva York y que viene a Sevilla para participar en este ciclo "Sevilla y la droga," del cual están saliendo algunos asuntos bien importantes en las últimas semanas, un ciclo organizado por el Pardio Andalucista. Doctor Marcos, muy buenos días.

NAR 2: Muy buenos días.

NAR 1: Me imagino que contento en casa, ¿no?

NAR 2: Pues sí, la realidad es que estoy muy contento en esta Sevilla tan maravillosa.

NAR 1: ¿Se adapta usted un poco o aún tiene la mente llena de Nueva York?

NAR 2: Bueno, realmente yo sólo llegué de ayer, luego todavía sigo con la mente llena de Nueva York.

NAR 1: Deben ser dos concepciones de la vida tan radicalmente diferentes que seguramente un loco neoyorquino es difícilmente imaginable para un loco sevillano, ¿no?

NAR 2: Pues sí, realmente son locuras diferentes, las dos interesantes.

NAR 1: Hablamos de la droga. ¿Usted cree que va a más, está detenido, formó parte de la moda de un tiempo atrás, o ya ha quedado instalado en nuestra sociedad para siempre el consumo de las drogas?

NAR 2: Bueno, yo creo que la droga siempre ha estado con nosotros y siempre estará porque básicamente el ser humano tiende a huir del dolor y le apetece el placer. La situación de la droga en Nueva York, por ejemplo, parece ser que desde hace aproximadamente un año se está manteniendo al nivel en que estaba, no parece que esté aumentando. Por lo que a mí me han dicho en España y, concretamente en Sevilla, parece ser que el problema de la droga es un problema en evolución.

NAR 1: Aumentando. Decíamos que hace algún tiempo, hace veinte años, por ejemplo, lo del consumo de las drogas se asoció torpemente a determinadas banderas de modernidad, diciéndose que está relacionado con el *Rock and Roll*, los movimientos de libertad sexual, etcétera, ¿no? Un prendido verdaderamente nefasto, ¿no?

NAR 2: Sí. Así es, así es. Hace veinte años, pues sí, sobre todo la marihuana, las anfetaminas, se asociaban a esos movimientos antibélicos o movimientos pacifistas, sobre todo en los Estados Unidos. Pero hoy hemos visto que sobre todo las drogas puras como la heroína, la cocaína, en la forma del *crack*, por ejemplo, son drogas que realmente no están relacionadas con ningún movimiento filosófico o político.

NAR 1: Sino tal vez con mecanismos de defensa en una sociedad muy difícil, para huir de la realidad.

NAR 2: Exactamente. Son mecanismos de fácil acceso para huir de una realidad que es básicamente dolorosa.

NAR 1: Aquí hay bastante tensión en puntos de vista discrepantes en relación con, por ejemplo, despenalización de la droga blanda, permiso o no de consumo o persecución del propio consumo, libertad de venta de la droga en las farmacias. De todo se ha dicho, incluso en ese ciclo. ¿Qué opinión tiene usted sobre estas cosas?

NAR 2: Mi opinión, que es opinión personal pero también es la opinión, en este momento de Sanidad Pública en la ciudad de Nueva York y en los Estados Unidos en general, es que la despenalización de la droga es un error. Básicamente por dos razones: una, es que el consumo de la droga se dispararía en el caso en que la droga no fuera ilegal. La droga sería mucho más barata y mejor. Segundo, es que las consecuencias para la sanidad pública serían devastadoras. Hoy día, como sabes, los problemas como el SIDA, que están tan unidos a la droga, forman ya una epidemia de un costo no solamente económico, sino de un costo al sufrimiento humano.

NAR 1: ¿Cómo se cura a un drogadicto? ¿Están resultando eficaces las acciones que ustedes tienen en marcha, ahora mismo, para curar a los drogadictos? ¿O es imposible mientras la sociedad sea tan hipercompetitiva, tan hostil para la vida de muchos hombres?

NAR 2: Bueno, yo creo que para empezar, hay que considerar el problema de la droga como una enfermedad crónica. La idea de que un mes en un sanatorio, o tres meses en una granja van a solucionar el problema—esa idea no es ni realista ni es posible. Una vez que consideramos la drogadicción como una enfermedad crónica, digamos, como la esquizofrenia, como la diabetes—enfermedades que duran prácticamente toda la vida o por lo menos muchos años—entonces, ya nuestras expectativas empiezan a ser más razonables. En segundo lugar, es importante no adaptar el enfermo al tratamiento, no decir bueno, todos los drogadictos van a ir a una granja o todos van a recibir metedona. No, hay que adaptar el tratamiento al drogadicto. Los drogadictos, los que sufren de adicción a las drogas, son diferentes, no se puede generalizar de que todos tienen el mismo problema. Entonces, es fundamental analizar cada caso individualmente y adaptar un plan de tratamiento a cada caso.

**CD2
TRACK 14**

ENTREVISTA NÚMERO SIETE

NAR 1: Hoy estamos en la Rambla barcelonesa y vamos a hablar con una florista de siempre, de toda la vida, aquí, en estos perennes puestos que hacen que la Rambla tome su nombre y se convierta en Rambla de las Flores. Sitio típico.

NAR 1: Hola, buenos días, Carolina.

NAR 2: Hola, buenos días.

NAR 1: A ver, ¿qué fue primero? ¿La Rambla o los puestos de flores?

NAR 2: Bueno, la Rambla antes era una ría, hace más de ciento cincuenta años. Hace ciento cincuenta y siete que hay puestos de flores. Antiguamente se dedicaban a vender los campesinos que venían a traer las flores que cultivaban en su campo, en su huerto y tal. Después fueron poniendo una especie como de paradas, primero de hierro, después de madera, y así han ido evolucionando.

NAR 1: ¿Es cierto que por aquí han pasado reyes, príncipes, gente muy importante a comprar sus flores?

NAR 2: Pues, sí, señor. Yo he tenido el gusto de servir a Fleming, por ejemplo, por decirle alguien. Y mi abuela servía a Alfonso XIII.

NAR 1: Mm. Interesante.

NAR 2: Y, bueno, podríamos estar enumerando así a un montón de personas.

NAR 1: ¿Cuándo se vendía más, antes o ahora?

NAR 2: Antes, indiscutiblemente.

NAR 1: ¿La gente era más romántica quizás, o...?

NAR 2: Bueno, yo creo que es que antiguamente, lo que pasaba es que no había tiendas de flores. Entonces, la gente, por fuerza, tenía que bajar a la Rambla. Y al tener que bajar a la Rambla, pues claro, todo se concentraba aquí.

NAR 1: ¿Desde cuándo se dedica usted?

NAR 2: Hace treinta años que me dedico a ello.

NAR 1: Hace treinta años, ¡madre mía! ¿Ha sido por algo especial, fue por algo especial, tradición, o algo así?

NAR 2: Sí, bueno, toda mi familia se ha dedicado siempre al mismo ramo y yo he seguido la tradición, y lo siguen mis hijos.

NAR 1: Una cosa, ahora, ¿qué tipo de público le compra a usted sus flores?

NAR 2: Bueno, yo, la verdad es que el público que a mí me compra es una clientela fija por la cantidad de años que llevo aquí.

NAR 1: Una cosa, ¿los enamorados vienen con una idea fija a comprar sus flores o es usted quien les aconseja un poco?

NAR 2: Normalmente vienen con una idea fija.

NAR 1: Vienen con una idea fija, ¡vaya! ¿Pero no les dice usted, por ejemplo, pues, esto va mejor con esto o con lo otro, o quizás, no?

NAR 2: Sí, lo hago. Ah, normalmente los enamorados suelen comprar en invierno. Los enamorados jovencitos, me refiero, y de poco dinero....

NAR 1: Sí, sí....

NAR 2: ...en invierno violetas, y en verano las rosas.

NAR 1: Así que los señores mayores, quizá, es ... eh....

NAR 2: Ya es distinto, entonces, ya es un ramo combinado, como decimos, un ramo de señora.

NAR 1: Ah, eso está muy bien. Es decir, que hay ramos para jovencitos y ramos para...

NAR 2: Exacto, y ramos para señoras, ¿eh?

NAR 1: Una pregunta, ¿se ha de tener una sensibilidad especial para dedicarse tanto tiempo a esto?

NAR 2: Yo creo que sí y muchísima fuerza de voluntad por la cantidad de horas que hacemos diariamente, y que no tenemos ni un día de fiesta a la semana.

NAR 1: ¿Ningún día de fiesta?

NAR 2: Ningún día, nada más que el domingo por la tarde.

NAR 1: Y hay que darle dedicación a esto, ¿eh?

NAR 2: Sí, nos levantamos a las tres y media de la mañana cada día para ir a comprar a Mercabarna el género y estamos aquí hasta las ocho y media de la noche, de un tirón.

NAR 1: Hasta las ocho y media de la noche, ¡madre mía! Bueno, eh, muchas gracias.

Answer Key
LONGER NARRATIVES AND INTERVIEWS

Narrativa Número Uno

1. C
2. B
3. C
4. A
5. D
6. D
7. C

Narrativa Número Dos

1. A
2. B
3. C
4. B
5. D
6. C
7. D
8. D

Narrativa Número Tres

1. B
2. B
3. C
4. C
5. D
6. B
7. D
8. D

Narrativa Número Cuatro

1. A
2. C
3. D
4. B
5. B
6. D
7. A
8. D
9. D
10. A

Narrativa Número Cinco

1. A
2. C
3. B
4. C
5. D
6. D
7. B
8. B
9. B

Entrevista Número Uno

1. C
2. A
3. D
4. C
5. D
6. A
7. D
8. D

Entrevista Número Dos

1. B
2. C
3. B
4. A
5. D
6. C
7. A
8. D
9. D
10. D

Entrevista Número Tres

1. A
2. B
3. A
4. C
5. B
6. C
7. D
8. C
9. C
10. C

Entrevista Número Cuatro

1. C
2. C
3. B
4. D
5. D
6. D
7. B
8. C
9. B
10. D

Entrevista Número Cinco

1. B
2. B
3. C
4. C
5. C
6. B
7. B
8. C
9. C

Entrevista Número Seis

1. C
2. D
3. C
4. C
5. C
6. C
7. C
8. C
9. B

Entrevista Número Siete

1. C
2. C
3. D
4. B
5. B
6. A
7. C
8. C
9. C

PART THREE

READING COMPREHENSION

GENERAL CONSIDERATIONS

Section I, Part B consists of multiple choice questions about a selection of passages to read for comprehension. While this part of the examination is the only one in which you are tested on your comprehension, you will also be required to read several prompts for the free response parts in Section II, the second half of the examination. In Section I, you will need to read in order to answer questions. In Section II, you will need to read the sources in order to find some ideas to incorporate into your own writing and speaking samples. Because in Section II you may choose the information you wish from the passages, it is not quite as critical that you understand every word or phrase the way you would when answering questions about the whole passage. Below are some samples to show how to take a few ideas from the sources and incorporate them into an essay or an oral presentation.

You will also find that there are different types of reading passages. Passages can come from literature, web pages, magazines articles, pamphlets, promotional material, or instructions on how to use or do something. The kinds of writing that you will most likely see are narratives, telling stories, informational pieces, such as newspaper or magazine articles, and expository writing, such as essays. Below are some examples of types of sources.

Probably the easiest type to recognize are instructions for using something or doing something. In these passages you will find command forms. Also, look for specialized vocabulary. For recipes, words deal with food and the actions necessary to prepare it. For instructions on how to operate an electronic device, look for a different kind of vocabulary, but also with commands. At times, you will see infinitives instead of command forms in instructions.

INGREDIENTES (para 4 personas)

1 ½ litro de leche.
75 gramos de arroz.
2 sobres de café soluble (o descafeinado soluble).
50 gramos de azúcar.
La piel de medio limón.
1 palo de canela.
Canela en polvo.

En una cazuela mezclamos un litro de leche, la piel de limón, el palo de canela y el arroz. Removemos todo con una espátula de madera y lo cocemos a fuego suave durante 45 minutos.

A media cocción, añadimos poco a poco el resto de la leche con el café soluble y el azúcar disueltos, y dejamos que siga cociendo hasta que quede cremosa la mezcla. Lo servimos en boles individuales espolvoreado con canela en polvo.

El arroz con leche es un postre muy popular y fácil de elaborar. La leche aporta al postre proteínas y diferentes minerales como el calcio, mientras que el arroz es buen fuente de hidratos de carbono complejos. En esta receta se presenta una variante de este postre, ya que se añade un poco de café soluble, que va a dar al plato un toque de color y sabor diferente.

You will notice lots of verbs, command forms in the third person, the *usted* form, and nouns that deal with things you would find in a kitchen. Questions on this kind of a passage might deal with what kind of dish the cook is making. Is this a vegetable, a casserole, a beverage, or a main course or dessert? You might be asked about how long it would take to make this dish or when you would serve it, as a snack (*merienda*), as a main course, or as a breakfast dish. Questions could deal with what other ingredients are necessary aside from rice or what form the *canela* would have. You would have to know that *canela* is cinnamon and that it is at times purchased in stick form, not the ground form that we usually find in grocery stores in the United States. You would need to know the words *pasas* and *coco*. If you did not know *pasas* you could take a cue from the verb *adorne* and deduce that *pasas* are a garnish. (*Pasas* are raisins.)

Another simple kind of reading passage would be something from a commercial. Many times in Spanish-speaking countries, there is more text in ads than is often found in English ads. Look at the example below to see the difference in language between the recipe above and the ad.

> Cada año, 4.500 personas empiezan su vida de nuevo. Todos los años miles de personas pierden total o parcialmente la vista. A ellos la ONCE les presta una atención especial con cursos individualizados de autonomía personal. Y nuestro apoyo y recursos para enseñarles a volver a hacer una vida normal. Nos queda mucho por hacer.
>
> *El semanal* 07/04/2001

If you knew that ONCE is an organization for blind people in Spain, you would have no difficulty understanding the subject, purpose, and importance of this ad. If you read closely you will recognize *pierden la vista* as another way to say that someone is blind. *Total* is used as an adverb, but it does not end in *-mente* because it is followed by a second adverb. Without knowing the grammar you might not connect *perder* with *la vista* because of the adverbs in between the two parts of the phrase. Another cultural aspect of the ad is that to express numbers higher than 1,000 in Spanish, a decimal point is used instead of a comma. Also, notice the use of *por*, meaning that work is to be done.

Another ad promoting a product would also contain clues in the nouns that are used. Below is another sample ad.

> Todo lo que se te pase por la cabeza. Compra tu coche. Fináncialo. Asegúralo. Cambia de coche con la más amplia oferta de vehículos, la mejor financiación del mercado y un seguro a la medida de tus necesidades. Todo lo que se te pase por la cabeza, además con la mejor asistencia mecánica desde el Km. 0. RACE. Lo hacemos por ti.
>
> *El semanal* 07/04/2001

There are several words that suggest businesses, *compra, fináncialo, aségúralo, coche, vehículo, mercado, necesidades,* and *asistencia mecánica,* that might indicate a car dealership or a company that sells insurance, automotive repair, or road assistance. With the whole list of verbs, the point of the ad is to offer complete service for getting a car. The second person subject of the verbs indicates that the company wants to be your friend.

Essays or opinion passages are identifiable by the use of the first person point of view. There will be a logical progression of thought in the writer's attempt to persuade the reader to understand his or her point of view.

> Según datos de Asimelec, sólo el 20,8% de los CD y el 26,5% de DVD vírgenes en España se destinan a copiar música y películas. Por eso la SGAE y sus secuaces ya no se conforman con la compensación por la copia privada, según marca la ley. Buscan una compensación por la piratería, cubrir las pérdidas de la industria discográfica y cinematográfica, cuyos modelos de negocio han caducado. Y quieren que la paguemos entre todos. Para ellos, todos somos piratas. Adiós a la presunción de inocencia.
>
> Darío Pescador, periodista y consultor de medios
>
> "El canon nos hará más pobres"
>
> www.comsumer.es

Notice that the writer begins by stating a fact. The second sentence begins with *por eso,* indicating that the writer is following a particular strain of logic. The third sentence begins with Buscan, indicating an explanation of the relationship between copying CDs and DVDs and the law. This third sentence gives the heart of the problem for the writer. Copying music without paying is considered piracy under the law. Even if you do not understand the words *canon* or *caducar,* you get the idea that the writer is writing about companies that produce music and the consumers who listen to it and that the companies think that they do not earn enough on it. The third person plural verb *quieren* is significant because it identifies the other side; and *paguemos,* in the subjunctive, indicates the side the writer takes in opposition to the music companies. The passage ends with the writer proclaiming his side using the first person plural subject for the verbs. The writer wants the reader to see the injustice and side with his point of view. He does not want to pay more to copy or download music.

Another type of source is the informational kind found in pamphlets, such as tourist brochures. These are mostly descriptive, pointing out people, places, and things of interest in a particular place. The sentence structures tend to follow the subject verb object pattern, with few dependent or subordinate clauses, except for adjective clauses. The focus is primarily on the factual information presented in the passage. The following would be such a passage.

> Ubicada en una de las más bellas bahías del mundo, se encuentra Trujillo: una ciudad especial, con el encanto que sólo en este lugar puede encontrar. Trujillo es una ciudad de gran trascendencia histórica, descubierta por Colón en 1502, fue el primer centro poblacional fundado en la América continental y el primer punto en tierra firme donde se celebró misa en el territorio nacional.
>
> Trujillo está rodeada de un inigualable ambiente natural. La ciudad puede ser un centro de operaciones para realizar excursiones a varios sitios como Las Cavernas de Cuyamel, donde se han encontrado vestigios de culturas precolombinas. Si le interesa la cría de lagartos puede visitar una de las granjas, obteniendo el permiso en el Bahía Bar, ubicado en el aeropuerto.

This passage gives a brief history of the city of Trujillo but also mentions that it has an airport. It mentions things of interest to a tourist, such as excursions to a variety of places from caverns to an iguana farm. The passage exudes civic pride in history and attractions. There is no complex grammar, however, such as the subjunctive in dependent or subordinate clauses, nor are there any *if-then* statements. The intended reader is someone who perhaps does not have more than a fair to good understanding of Spanish, such as a tourist.

Literary pieces are usually narratives that tell stories. They are usually the most difficult to understand because the action is more compressed. It is easier to miss information when you do not know a particular word. Literary pieces tend to have more complex sentence structures, which may result in a passage that takes a little more time to understand. Below is an example of a narrative in which you will see more complex grammar. Often there will be dialogue, which may also be difficult to understand because often you have to interpolate and infer meanings.

> Pepe conocía mi afición, desde joven, por ciertas formas del arte indígena mexicano. Yo colecciono estatuillas, ídolos, cacharros. Mis fines de semana los paso en Tlaxcala, o en Teotihuacán. Quizás por esto le guste relacionar todas las teorías que elabora para mi consumo con estos temas. Por cierto que busco una réplica razonable del Chac Mool desde hace tiempo, y hoy Pepe me informa de una lugar en la Lagunilla donde venden uno de piedra y parece que barato. Voy a ir el domingo.
>
> Hoy, domingo, pude ir a la Lagunilla. Encontré el Chac Mool en una tienda que me señaló Pepe. Es una pieza preciosa, de tamaño natural, y aunque el vendedor asegura su originalidad, lo dudo. No veo ninguna elegancia de la postura o lo macizo de la piedra. El desleal vendedor le ha puesto salsa de tomate en la barriga para convencer a los turistas de la autenticidad sangrienta de la estatua.
>
> "Chac Mool" por Carlos Fuentes

Notice that there are many more clauses that begin with *por eso*, *para*, *por cierto*, *quizás*, *donde*, and *aunque*. There is a time construction with *hace* + an expression of time, *desde hace tiempo*. There are numerous adjective clauses, including more descriptions. In addition, if you do not know the reference to Chac Mool and

Teotihuacán, or Tlaxcala, the passage is more difficult to understand. The meaning of the tomato sauce on the platter on the figure's stomach does not make much sense, unless you know that the platter served as a receptacle for sacrifices. The descriptive phrases in this passage make it a little more complicated to read.

The following passage is also from a narrative, although there is dialogue in it.

> Acostado sobre la estiba de arroz veía a José, el Tuerto, comer pan y salchichón echándole los pellejitos al perro sarnoso que los atrapaba en el aire con un ruido seco de dientes. En la mesita del lado tallaban con una baraja sucia Nolasco Rivera, Perico Lugo, Chus Maruosa y un colorado que yo no conocía. En un tablero colocado sobre un barril se jugaba dominó. Un grupo de curiosos seguía de cerca las jugadas. Todos bebían ron.
>
> Fue el colorado el de la provocación. Se acercó adonde papá, alargándole la botella de la que ya todos habían bebido.
>
> —Dése un palo, don....
> —Muchas gracias, pero yo no puedo tomar.
> —Ah, ¿conque me desprecia porque soy un pelao?
> —No es eso, amigo. Es que no puedo tomar. Déselo usted en mi nombre.
> —Este palo se lo da usted o ca ... se lo echo por la cabeza.
> —Lo intentó, pero no pudo.
>
> "Mi padre" por Manuel del Toro

In place of descriptive clauses, this passage describes a scene in a tavern. It tells where everybody was sitting and what they were doing. The dialogue that follows is written to reflect the way people would actually speak. If you do not recognize that *tomar* means to drink or that *dése* means that the *colorado* is offering the father a drink, it will be hard to follow what happens. You have to infer that the narrator is a child accompanying his father to a tavern. The father declines to drink with the other men in the tavern, and the obviously drunk man is offended, indicated by the word *desprecia*. You also need to recognize that the preterit, *pudo*, indicates that the drunkard was not really any threat to the father.

For each reading passage in Part B, there are from five to eleven questions. Each question will have four choices for answering the question or completing the sentence. Random guessing is penalized by deducting one point for every three incorrect answers. If you can eliminate one or two of the four choices, then you should make an educated guess from the remaining alternatives.

There are several things to keep in mind about the construction of multiple choice tests. First, the cues for the correct answers are given in the passage or in the sentence, whether they appear in the vocabulary, grammar, or reading comprehension questions. Second, the distractors, or incorrect choices, are sometimes based on words that are false cognates, or words that are based on common misconceptions or errors that teachers know students make. The distractors are not the complete opposite of the correct answer, nor are they nonsensical or ungrammatical. They may be only partly incorrect or correct, and they all are plausible. By the same token, the correct answer does not stand out because it is different in length, complexity, or vocabulary, or has any other distinguishing feature.

With regard to reading comprehension questions specifically, there are some additional points to consider. The question clearly states whether it is about what is stated in the text, indicated by phrases like *Según el autor,* or *Según el pasaje,* or whether you are being asked to make some inference. Inferences are indicated by phrases such as *Se puede decir* or *El autor implica que...,* meaning that you should make a determination about what you think the passage says. Remember that the correct answer, as well as the distractor, paraphrase what the text says. Any time that a line seems to be copied directly from the text, be careful, because it is almost always a wrong choice. Choices are arranged in a logical order, so use logic when you sort through them. If there is a pair of choices that are direct opposites, the correct answer is usually not one of the pair. Correct answers are not revealed in subsequent questions or choices.

In terms of the content of the questions, usually there is a question about the general idea of the passage. One question will deal with secondary information, or some detail. One question may well ask about when and where the event takes place in the passage. Sometimes an expression, a line, or a sentence is selected as the basis of the question. Finally, a question may be asked about some aspect that requires analysis of the text. The questions may deal with your impressions about the tone of the passage, the style, or perhaps the author's intent as you understand it from the cues given in the text. On the following pages you will practice reading for the kinds of information you will be asked on the exam.

There is another type of question in which you are to place a phrase or short sentence in the most logical spot in the passage. In the passage you will see the letters A, B, C, and D in parentheses at various spots. The question will ask you to pick the best placement according to the logic of the passage. There could be one or two questions of this type.

PREPARATION FOR READING COMPREHENSION

In this book, the reading part is divided into three chapters:

1. *Vocabulary.* Although there is no specific vocabulary list of words you need to know for this examination, it is important to learn vocabulary appropriate to the level of a fifth or sixth semester college program. It is important to learn how to figure out words you do not recognize. There is a glossary at the back of this book, but you should have your own dictionary. The more often you have to look up any particular word, the more likely you are to remember it.
2. *How to read.* This section has suggestions for reading more effectively. Included are some ideas about how to get the most out of what you read by learning to sort information contained in the passages. Also included are samples with detailed explanations of why some answers are considered correct, while others are deemed wrong. Then there are some reading comprehension passages that let you practice what you have learned.

VOCABULARY STUDY

Studying long lists of vocabulary probably will not greatly enhance your performance on this part of the examination, but an ample vocabulary will be essential to answer the few questions that are specifically devoted to vocabulary. As much as a test of how much vocabulary you already know, the examination tests your ability to deduce the meaning of words from the context in which they appear. The best way to prepare for the vocabulary questions is to read as much as you can. Look up words you think are vital to understanding the reading. Increasing your vocabulary will help you on all parts of the examination, not just on the reading.

If you do not recognize a word, try to think of another part of speech that may have the same root and see if it can be changed to be meaningful in the new context. Frequently you can tell what part of speech a word is by the ending it has. For example, many adjectives are past participles of verbs, ending in *-ado* or *-ido*, such as in *sentado*, from *sentar*, meaning *seated*. By the same token, some infinitives contain adjectives embedded in them, such as *engordarse* (*to get fat*), from *gordo* (*fat*). Nouns and verbs also frequently have the same stem, such as *conocimiento* (*understanding*), from *conocer* (*to know*). The following closer look at some specific examples can give you a good idea about how to sort words out according to their parts of speech and function, while at the same time looking for the root that they have in common.

Study the following commonly used endings to learn to recognize how some words function in a sentence.

1. Many nouns have endings in Spanish that correspond to certain endings in English. The following endings always have indicated English endings: *-ción* (*-tión* and *-cion*), *-dad* (*-ty*), *-ería* (*-ery*), *-ancia* (*-ance*), and *-umbre* frequently correspond to *-ness*. Other common noun endings are *-miento*, *-aje*, and *-ío*. When you have to guess the meanings of these words, you can try adding the English ending to the stem to see if it makes sense. Also remember that the endings *-ista* and *-dor* indicate a person who does a particular job.

2. Words that end with *-oso* usually are adjectives whose English ending is *-ous*. Other adjective endings are: *-dizo, -ado, -ido, -ante,* and *-iente*. Adjectives describe characteristics of a noun. Sometimes there are prefixes, such as *em-* or *en-*, that are used in making verbs out of adjectives. An example is *empobrecerse*, meaning *to get poor*, or *enriquecerse*, meaning *to get rich*. Look for adjectives like *pobre* and *rico* in the middle of a verb if you do not immediately recognize it.

3. Words that end with *-mente* are adverbs whose English ending is *-ly*. These words are adverbs and will describe the manner in which an action happens.

4. Infinitives end with *-ar, -er,* or *-ir*.

If you know a word in one form, such as in the infinitive (*correr*, for example), you can guess about other forms of the word if you can recognize what the endings mean. *Correr*, meaning *to run*, can appear in an adjective form, *corredizo*, meaning *running* or *sliding*. In its adjective form it is used to describe a kind of car door, or sliding glass door. In another adjective form, *corriente*, it means *running*, as in *running* water. In the adverbial form, *corrientemente*, the word would mean *usually* or *fluently*, which shows ongoing action. In the noun form, *corrimiento*, the word can commonly mean *landslide* or *slippage*.

Study the following groups of words and look for particular endings. Notice which endings indicate which part of speech, and how it is expressed in English. Use these examples as a guideline to help categorize words.

CONGREGAR	TO CONGREGATE, TO GATHER (infinitive)
congreso	congress, a gathering (noun)
congregado	congregated, gathered (adjective)
congregación	a congregation (noun)
congresista	a delegate to a congress (noun)
congregante	a member of a congregation (noun)

PESAR	TO WEIGH (infinitive)
pesado	weighty, heavy (adjective)
pesante	weighty, sad (adjective)
pesadamente	heavily, slowly, tiringly (adverb)
el pesador	weigher (noun)
el pesaje	weighing in (noun)
la pesadumbre	heaviness, sorrow (noun)
la pesa	weight (noun)
la pesadez	heaviness, weight (noun)
el pesacartas	letter-weighing scale (noun)
el pésame	condolences, literally, *it saddens me* (noun)

LA PERSONA	PERSON (noun)
personalizar	to personalize (infinitive)
personal	personal (adjective)
personalmente	personally (adverb)
la personalidad	personality (noun)
el personalismo	personalism (noun)
personarse	to appear in person (infinitive)
la personalización	personalization (noun)
el personaje	personage, character in a play (noun)

LA PLUMA	FEATHER, FOUNTAIN PEN (from times when quills were pens) (noun)
el plumero	feather duster (noun)
el plumaje	plumage (noun)
la plumada	stroke of a pen (noun)
plumear	to write (American) (infinitive)
la plumilla	little feather, nib of a pen (noun)
desplumar	to pluck (infinitive)
la desplumadura	the plucking (noun)
desplumado	plucked (adjective)

In the last example, *desplumar*, notice that the prefix *des-* makes a word negative. *Desplumado* means *not feathered*. Another example is *pegar*, which means *to stick to* or *to strike*. *Despegar*, however, means *to take off, to remove from*. With some imagination, you can guess that *despegar* also refers to an airplane taking off from the ground. Likewise, *desesperar* means the opposite of *esperar*. The opposite of *to hope* is *to despair*, or *to not hope*.

Here is a brief exercise to help you think through how to form different parts of speech from one word. Study the endings of the words in the examples above. Try to figure out what word would be appropriate for the following words.

	Infinitive	Noun	Adjective	Adverb
1.	estar	_____	_____	- - - -
2.	_____	_____	claro	_____
3.	_____	locura	_____	_____
4.	enriquecer	_____	_____	_____
5.	_____	_____	_____	profundamente
6.	_____	tranquilidad	_____	_____
7.	_____	_____	laborioso	_____
8.	_____	_____	_____	copiosamente
9.	poder	_____	_____	_____
10.	_____	_____	igual	_____
11.	_____	_____	especial	_____

Answers
1. estar, estancia, estado
2. aclarar, claridad, claro, claramente
3. enloquecer, locura, loco, locamente
4. enriquecer, riqueza, rico, ricamente
5. profundizar, profundidad, profundo, profundamente
6. tranquilizar, tranquilidad, tranquilo, tranquilamente
7. laborar, labor, laborioso, laboriosamente
8. copiar, copia, copioso, copiosamente
9. poder, poder (poderío, potencia), poderoso, poderosamente
10. igualar, igualdad, igual, igualmente
11. especializar, especialización, especial, especialmente

Determining Meaning from Prefixes

Other common prefixes *a-, ad-, ante-, con-, de-, dis-, em-, en-, entre-, ex-, in-, im-, ob-, pre-, pos-, re-, sobre-, super-, sus-, trans-,* and *tras-.* Some examples with explanations of meanings are listed below.

acercarse a = to go closer (*Cerca* means *near.* The prefix indicates movement toward something nearby. *Alejarse* and *alargarse* have the opposite meaning, *to go away.*)

adjuntar = to enclose (to attach something, such as an e-mail attachment)

agotar = to exhaust (*Gota* means *drop.* Adding the prefix *a-* means to wring out all the drops.)

anteponer = to place before (*Ante-* means *before,* so whatever the verb is, the prefix changes the meaning to something before the action of the verb. Another example is *antever,* meaning *to foresee.*)

contener = to contain (*Tener* means *to have. Con-* has the meaning of *with,* so having something within is *to contain.*)

disponer = to dispose, to direct, to arrange (*Poner* is *to place* or *to put. Dis-* indicates some change in placement, as in *dispose* or *disarrange.*)

deformar = to deform (*Formar* means *to form. De-* means to change the form.)

empobrecer = to make poorer, *empobrecerse* = to become poor (*Em-* is often used with adjectives to make them into verbs. Other examples are *embravecer, embrutecer, empequeñecer, emblanquecer, emborrachar, embellecer,* and *embotellar.*)

enmudecer = to silence (*Mudo* means *mute.* The prefix changes the meaning to *to make mute.* Other words like this are *ennoblecer, enloquecer,* and *enriquecer.* With the verb *envolver* it means *to wrap up,* as in turning something around and around inside something else. *Encerrar* and *encubrir* are other examples.)

entremeter = to meddle (*Meter* means to *put in,* so *entremeter* means to put in between two people or things. *Entrevistar,* meaning *to interview,* is another example. The prefix *entre-* is often used with nouns, such as *entrecejas* referring to the space between the eyebrows on a face.)

extraer = to extract (*Traer* means *to bring. Ex-* has the meaning of *out of*; thus, *extraer* is to bring or take something out of something else.)

imponer = to impose (*Poner* means *to put* or *to place. Im-* changes the meaning to something put onto something else. It would then have the additional meanings of *to attach, to arrange,* or *to direct to do something.* Other examples are *importar, impedir, imperdible,* and *improbable.*)

incomodar = to inconvenience (*Cómodo* means *handy, convenient,* or *comfortable,* so the prefix changes the meaning to the opposite.)

obtener = to get, to obtain (*Tener* means *to have.* The prefix indicates the way one has something.)

prever = to foresee (*Ver* means *to see. Pre-* means *before,* so seeing something before it appears is foreseeing it.)

posponer = to postpone (*Poner* means *to put* or *to place. Pos-* means *after,* so putting something in place afterward is postponing it.)

revolver = to revolve, to spin around (*Volver* is to turn. *Re-* means *again,* so turning again and again is revolving. A synonym for *to revolve* is *to scramble* as in scrambled eggs. Other examples are *reemplazar, remojar, reponer, retumbar, recoger,* and *retirar* among many others.)

sobrevivir = to outlive, to survive (*Vivir* means *to live. Sobre-* indicates *above and beyond,* thus living above and beyond what is expected is surviving. There are many other examples such as *sobresaltar, sobresalir,* and *sobrecargar.*)

substraer = to subtract (*Subs-* and *sus-* have similar meanings, *to take away* or *below. Traer* means *to bring.* The prefix changes the meaning to indicate something below or, in the case of mathematics, *to subtract.* Other examples are *suscitar,* meaning *to provoke* or *to cause,* and *subsistir.*)

superponer = to superimpose (*Super-* has much the same meaning as *sobre-,* indicating something placed on top of something else.)

transbordar = to ferry across a river, to cross from one side to another (*Bordar* means *to embroider,* but *borde* means the side of a road or river. The prefix in this case makes the verb mean something else entirely. You should be able to figure out that it has something to do with moving from one time or place to another, however, from other examples of the prefix with words such as *transcontinental.* Other examples are *transformar, transmitir,* and *transcurrir.*)

trasladar = to move from one place to another (*Lado* means *side,* so the prefix indicates movement from one time or place to another. Other examples are *trastornar, trasferir,* and *trascurrir.* This prefix is essentially the same as *trans-.*)

Of course, the better your English vocabulary, the more words you will recognize as cognates. (Cognates are words that sound alike in Spanish and English.) Sometimes you need to think of synonyms in English to help you arrive at the meaning of a word. For example, when you *know* something, you *understand* it. *Knowing* and *understanding* are similar in meaning. When you are trying to make sense out of how a word would work in a sentence, think of synonyms.

Sometimes a word will look familiar, but is slightly different. Remember that frequently in Spanish, a *y* in English will be an *i* in Spanish. For example, the word *sinónimo* is the word for *synonym.* Other examples of words in which the *h* has been dropped in Spanish are *tema, teoría, antítesis, sintética, sintetizar, prótesis, autor, matemáticas, ético, etéreo, etanol,* and *católico.* Other rules of phonics to remember are that in Spanish there are no *th* combinations. This should help you recognize *atletas,* or *teatro.* Also, in Spanish, any beginning consonant combination of *spr-, str-, scr-,* or *sch-*, will have an *e* as the first letter. An example is *especial*, meaning *special*. Words like *especial* are *español, escuela, estatua, estimular, estéril, estéreo, estoico, estudio, escéptico, esencia, esclavo*, and *espacio*.

You can figure out other words if you think about the English cognates. For example, the word *incorporarse* means *to gather oneself together* or *to collect oneself to get up*. The word is like the word *incorporate* in English, but the meaning is one you may not have recognized. In English you see the word after the names of companies or after the names of towns on road signs. The word in those English contexts means that the communities or the businesses have organized themselves; they have pulled together. Another example is the word *funcionar*. The literal translation is *to function*. But when you hear it in the sentence, *Mi coche no funciona*, it does not sound like something English-speaking people would say. A synonym would be *is not working*. To function and to work are similar activities.

With practice, you can learn many new words by learning one of their forms as a part of speech.

Reading Strategies

The following section contains suggestions for how to read quickly and efficiently. The material is divided into different areas of comprehension. The reading passages on the exam can be very difficult if you do not read very much. The difficulties you may encounter are discussed in the following order:

1. Understanding unfamiliar vocabulary.
2. Getting the main idea.
3. Reading for details
   a) setting; b) time; c) characters or things; d) plot.
4. Interpretation
   a) comparisons and contrasts; b) analyzing parallel structures;
   c) tone or attitude; d) intended reader.

These discussions contain sample passages and describe how to approach the task. After each sample there is a discussion of which answers are correct or incorrect. The logic of the answer is also explained. Pay close attention to the logic so you can understand where your errors were in thinking if you chose incorrectly. After the sample selections and questions and answers, there are five sets of selections. In the reading comprehension part of the exam some questions deal with the general theme of the selection and with information about what happens in it. Then there are questions about meanings that can be inferred or deduced by understanding some of the nuances of meaning of phrases, expressions, grammar, or cultural material contained in the selection. Other questions ask what specific phrases, structures, or words mean, where a sentence or phrase could be added to the text, or how to make a prediction based on what is stated in the text. In all, there are about 35 to 40 questions. Remember that this part of Section I accounts for 30 percent of the final score.

Suggestions for Reading

You can learn to read with greater comprehension by keeping the following strategies in mind:

1. Scan the whole passage to get a general idea about the content and style.
2. Reread the passage to focus on details.
3. Identify the main focus or idea of the passage. Look for the repetition of subjects or objects of verbs. Or look for words that are topically related.
4. Identify possible sources of the passage, whether it came from fiction, instructions for how to use something, a newspaper or magazine report, or some other source.
5. Note translations of words if there is any vocabulary footnoted.
6. Identify the characters in the selection.

7. Identify the time frame of the selection, when it takes place, how long the action lasts, and when it ends.
8. Identify what action takes place.
9. Identify why the action takes place.
10. Identify similes, metaphors, analogies, symbols, and/or allusions.
11. Note word selection of nouns, adjectives, and adverbs as well as syntax to determine the tone and mood of the selection.
12. Make inferences about what the selection communicates based on an understanding of the logic of the selection.
13. Visualize the passage while reading if it deals with description, a narration of action, or any instructional type of information.

Dealing with Vocabulary in Reading Comprehension

The meaning of unfamiliar vocabulary can frequently be determined from the context. In selecting answers with words you do not know, be wary of answers containing words that appear similar or are repeated exactly from the text. Use a process of elimination to select correct answers. At times questions may deal with lexical aspects of the passage, a word that may be uncommon or a *modismo* that is somewhat unusual. In these cases, if the word or expression is unknown, there are strategies for determining meaning. The most important clue can usually be found in information communicated in surrounding words, or, in other words, the context of the item. If the word is a noun modified by an adjective, base your interpretation on the meaning of the adjective if it is known. If the word is an adjective, consider the meaning of the noun and the context of the noun. If the word is a verb, find the subject of that verb and then the subject and/or object of the preceding and succeeding verbs, then make an educated guess about the meaning. Also consider the tense and mood of the conjugated verbs. There should be some logical continuity in the action accomplished or described.

In the following passages:

1. Read the selection.
2. Study the questions.
3. Refer back to the passage.
4. Answer the questions.

READING SELECTIONS AND EXPLANATIONS

Dealing with Unfamiliar Vocabulary

SELECTION ONE

El dibujante Mingote ha presentado docenas de veces el tipo humano del oficinista público, que no siente ninguna afinidad o relación de simpatía con quien aguarda minuto tras minuto. Como en muchos sitios no hay servicio de información ocurre que, tras una cola de media hora, al que espera se le dice que le falta tal o cual sello en su instancia, sello que tiene que ir a buscar y perder el turno a no ser que el ordenanza—véase Intermediarios—se lo facilite mediante una propina. Estoy seguro de que si se les propusiera a muchas oficinas del Estado....

Línea
(5)

1. En la línea 5, ¿a qué tipo de sello se refiere?

   (A) Una estampilla para poner en un sobre.
   (B) Una señal impresa para un documento oficial.
   (C) Una especie de anillo para marcar cera.
   (D) Un mueble para sentarse.

The correct answer is **B** since people may have to go to various places to obtain the proper one, "...*sello que tiene que ir a buscar y perder el turno a no ser que el ordenanza ... se lo facilite....*" While there are also lines to purchase stamps at the post office, usually there is no need to go anywhere else to obtain what is needed to mail a letter. The type of *sello* mentioned in the above passage refers to an authorization or a permit bestowed by an official (*oficinista público* and *el ordenanza*), someone amenable to receiving a tip for a favor done. Obviously, *sello* is not to be confused with *silla* (a type of *mueble para sentarse*), even though the two words share common consonants.

SELECTION TWO

Desperté, cubierto de sudor. Del piso de ladrillos rojos, recién regado, subía un vapor caliente. Una mariposa de alas grisáceas revoloteaba encandilada alrededor del foco amarillento. Salté de la hamaca y descalzo atravesé el

Línea cuarto, cuidando de no pisar algún alacrán salido de su escondrijo a tomar el

(5) fresco. Me acerqué al ventanillo y aspiré el aire del campo. Se oía la respiración de la noche, enorme, femenina. Regresé al centro de la habitación, vacié el agua de la jarra en la palangana de peltre y humedecí la toalla. Me froté el torso y las piernas con el trapo empapado, me sequé un poco y, tras de cerciorarme que ningún bicho estaba escondido entre los pliegues de mi

(10) ropa, me vestí y calcé. Bajé saltando la escalera pintada de verde. En la puerta del mesón tropecé con el dueño, sujeto tuerto y reticente. Sentado en una sillita de tule, fumaba con el ojo entrecerrado.

—¿Onde va, señor?

—A dar una vuelta. Hace mucho calor.

(15) —Hum, todo está ya cerrado. Y no hay alumbrado aquí. Más le valiera quedarse.

Alcé los hombros, musité "ahora vuelvo" y me metí en lo oscuro. Al principio no veía nada. Caminé a tientas por la calle empedrada. Encendí un cigarrillo. De pronto salió la luna de una nube negra, iluminando un muro

(20) blanco, desmoronado a trechos.

1. La expresión "Caminé a tientas..." en la línea 18 significa que el narrador

   (A) irá de compras.
   (B) intenta andar por las calles.
   (C) se pierde.
   (D) anda cuidadosamente.

The correct answer is **D** because in the sentence immediately before, the narrator states that he cannot see anything, "*Al principio no veía nada.*" The darkness makes it difficult to see until the moon comes out to light up the scene. The word *tienda,* implied in **A** is a distractor; it makes no sense in the context of the passage; it is nighttime and no stores would be open. Choice **B** is also incorrect because the narrator does not simply attempt to take a walk; he in fact does so, albeit carefully. *Intentar* is a false cognate; it does not necessarily mean *to intend.* Rather, it means *to attempt.* Be careful not to translate words literally. Choice **C** is incorrect; nowhere in the surrounding context is there any suggestions that he gets lost.

SELECTION THREE

Ahora, por fin, se había apaciguado. Estaba allí arrinconado al pie del horcón. Había venido su hijo Justino y su hijo Justino se había ido y había vuelto y ahora otra vez venía.

Línea Lo echó encima del burro. Lo apretó bien apretado al aparejo para que
(5) no se fuese a caer por el camino. Le metió su cabeza dentro de un costal para que no diera mala impresión. Y luego le hizo pelos al burro y se fueron, arrebatados, de prisa, para llegar a Palo de Venado todavía con tiempo para arreglar el velorio del difunto.

　　　—Tu nuera y los nietos te extrañarán—iba diciéndole. Te mirarán a la
(10) cara y creerán que no eres tú. Se les afigurará que te ha comido el coyote, cuando te vean con esa cara tan llena de boquetes por tanto tiro de gracia como te dieron.

1. En la línea 6, ca qué se refiere "...para que no diera mala impresión" en el contexto del pasaje?

   (A) Significa que cuántos lo vieran se asustarían.
   (B) Indica que el hijo se avergüenza de su papá.
   (C) Quiere decir que tiene algo de malo.
   (D) Significa que el papá no había sido hombre muy culto.

The correct answer is **A** because the narrative has just stated that the man's head was covered by a sack. The words *creerían que no eres tú* and *esa cara tan llena ... por tanto tiro de gracia como te dieron* indicate that the face was very disfigured. The other alternatives are incorrect because of various distractors: in **B** the "*mala impresión*" does not mean that his son is ashamed of the way his father looks; in **C** "*mala impresión*" does not mean that the man is ill; and in **D** the level of education does not create the "*mala impresión.*" The use of *para que* denotes that he does indeed look very bad, and that the purpose of the sack over his head is to conceal his face from everyone.

SELECTION FOUR

El magistrado Miguel Angel del Arco, del juzgado de instrucción número
6 de Granada decretó el viernes la prisión incondicional del médico
granadino Juan Valdés y la libertad provisional bajo fianza de doscientas
Línea cincuenta mil pesetas para el escritor José Heredia Maya, por su presunta
(5) implicación en relación con un robo de objetos de arte ocurrido entre el
uno y el tres de mayo pasado, en el Carmen de los Mínimos de Granada,
de propiedad municipal.

Este robo ha dado pie ya a varias decisiones políticas—en cuanto eviden-
cia negligencia en la custodia de bienes públicos—, entre ellas la per-
(10) sonación del PP en el sumario y la petición de dimisión de tres concejales
socialistas pedida por el grupo municipal del Partido Popular cuyas investigaciones han permitido demostrar que se han detectado hasta ahora cuatro
intentos de robo y tres advertencias del jefe de patrimonio municipal al
concejal de cultura advirtiendo sobre la necesidad de trasladar los objetos
(15) del Carmen o dotar al mismo de vigilancia.

1. La línea 15, "...o dotar al mismo de vigilancia." tiene que ver con

   (A) los planes de los concejales municipales.
   (B) regalos para aumentar la colección de objetos de arte.
   (C) ofertas de auxilio financiero para cuidar el patrimonio municipal.
   (D) consejos del jefe que se subvencione la colección para protegerla.

The correct answer is **D**. This alternative paraphrases the words of the text; *sub-
vencionar* means *to underwrite* and *dotar* means *to provide funds*. If you do not recognize *subvención* or *dotar*, the meaning can be deduced from the previous clause:
la necesidad de trasladar ... o. Look for *lado* in *trasladar* and the prefix *tras-* to arrive
at the meaning of *to move*. Then, if the objects are not going to be moved, *or* indicates that they will stay where they are and need to be guarded. *Vigilar* sounds like
vigil, implying watching over something. The *jefe* only offers advice, not funds for
protecting the collection, which makes choice **C** incorrect. Choice **A** is incorrect
because although the councilmen are worried about the thefts, the text does not
mention that they are actually concerned about taking steps to provide protection.
Choice **B** is incorrect because the advice is to improve protection, not increase the
size of the collection. The keys word to recognize in the surrounding text are *advertir* and the noun, *advertencia*.

Identifying the Theme or Main Idea

1. The theme sometimes is not mentioned at the beginning of the passage.
2. Look for the relationship between words, nouns, and verbs especially, to
   indicate the theme of a passage.
3. Do not be misled by isolated nouns or names.
4. Do not be misled by false cognates.

When you scan a passage, you should make a mental note of those words that you recognize and begin to think about what they all have in common. Pay particular attention to nouns and verbs. Do not worry about words that you do not recognize. Later you can determine which of the words are really important from among those that you do not know. In the following four short selections, read them for the general idea. The question that follows each one would be a possible multiple choice question concerning identification of the main idea or theme of the passage. The selection will be presented again with the pertinent vocabulary underlined so that you can more easily identify the underlying connection between the words.

Questions About Theme or Main Idea

SELECTION ONE

El dibujante Mingote ha presentado docenas de veces el tipo humano del oficinista público, que no siente ninguna afinidad o relación de simpatía con quien aguarda minuto tras minuto. Como en muchos sitios no hay servicio de información ocurre que, tras una cola de media hora,
Línea al que espera se le dice que le falta tal o cual sello en su instancia, sello que tiene que ir a buscar
(5) y perder el turno a no ser que el ordenanza—véase Intermediarios—se lo facilite mediante una propina. Estoy seguro de que si se les propusiera a muchas oficinas del Estado...

1. El tema de esta selección es

   (A) oficinas en lugares públicas.
   (B) comprando estampillas al correo.
   (C) discusión de dibujos de Mingote.
   (D) maneras de tratar con una burocracia.

The correct answer is **D**, because none of the other alternatives apply to the passage as a whole even though they include words that might indicate a topic dealing with a drawing, a line, a turn, and a stamp. Look again at the passage with key words underlined, then look to see where there is a word that stands out in the group of related words. Notice where the key word occurs in the paragraph.

El <u>dibujante</u> Mingote ha presentado docenas de veces <u>el tipo humano</u> del <u>oficinista</u> pública, que no siente <u>ninguna afinidad</u> o <u>relación de simpatía</u> con quien aguarda minuto tras minuto. Como en muchos sitios no hay <u>servicio de información</u> ocurre que, tras <u>una cola</u> de media hora,
Línea al que espera se le dice que le falta tal o cual <u>sello</u> en su <u>instancia</u>, <u>sello</u> que tiene que ir a buscar
(5) y perder <u>el turno</u> a no ser que el <u>ordenanza</u>—véase Intermediarios—se lo facilite mediante <u>una propina</u>. Estoy seguro de que si se les propusiera a <u>muchas oficinas del Estado</u>...

From the words, *tipo humano, servicio, cola, sello,* and *turno,* the theme of some kind of public office is apparent. But none of the alternatives other than **D** deal with the meanings implied by *propina*. Dealing with a bureaucracy with a *propina*, however, can include meanings of all the other underlined nouns. Simply because the noun *sello* is repeated does not mean that it is the main topic.

SELECTION TWO

Desperté, cubierto de sudor. Del piso de ladrillos rojos, recién regado, subía un vapor caliente. Una mariposa de alas grisáceas revoloteaba encandilada alrededor del foco amarillento. Salté de la hamaca y descalzo atrav-
Línea esé el cuarto, cuidando de no pisar algún alacrán salido de su escondrijo a
(5) tomar el fresco. Me acerqué al ventanillo y aspiré el aire del campo. Se oía la respiración de la noche, enorme, femenina. Regresé al centro de la habitación, vacié el agua de la jarra en la palangana de peltre y humedecí la toalla. Me froté el torso y las piernas con el trapo empapado, me sequé un poco y, tras de cerciorarme que ningún bicho estaba escondido entre los
(10) pliegues de mi ropa, me vestí y calcé. Bajé saltando la escalera pintada de verde. En la puerta del mesón tropecé con el dueño, sujeto tuerto y reticente. Sentado en una sillita de tule, fumaba con el ojo entrecerrado.

—¿Onde va, señor?

—A dar una vuelta. Hace mucho calor.

(15) —Hum, todo está ya cerrado. Y no hay alumbrado aquí. Más le valiera quedarse.

Alcé los hombros, musité "ahora vuelvo" y me metí en lo oscuro. Al principio no veía nada. Caminé a tientas por la calle empedrada. Encendí un cigarrillo. De pronto salió la luna de una nube negra, iluminando un muro
(20) blanco, desmoronado a trechos.

1. Esta selección trata de

   (A) la vida nocturna de un campesino.
   (B) la incomodidad de una noche calurosa a un viajero.
   (C) actividades nocturnas de los insectos.
   (D) preparaciones matutinas de un forastero.

The correct answer is **B**. Although the scene takes place in a rural setting, the lodging lacks many modern amenities (such as running water), and there are many references to insects, none of these answers takes into account the fact that the narrator of the selection is a traveler, except for choice **B**. The fact that the narrator is a traveler is never explicitly stated. Also, do not be misled by the word *mariposa* and the list of activities of getting up, washing up, and dressing, all of which are usually associated with daylight activity. A focused first reading and attention to certain words that denote certain kinds of activity will reveal the narrator's point of view in the list of activities.

Desperté, cubierto de sudor. Del piso de ladrillos rojos, recién regado, subía un vapor caliente. Una mariposa de alas grisáceas revoloteaba encandilada alrededor del foco amarillento. Salté de la hamaca y descalzo atrave-

Línea sé el cuarto, cuidando de no pisar algún alacrán salido de su escondrijo a

(5) tomar el fresco. Me acerqué al ventanillo y aspiré el aire del campo. Se oía la respiración de la noche, enorme, femenina. Regresé al centro de la habitación, vacié el agua de la jarra en la palangana de peltre y humedecí la toalla. Me froté el torso y las piernas con el trapo empapado, me sequé un poco y, tras de cerciorarme que ningún bicho estaba escondido entre los

(10) pliegues de mi ropa, me vestí y calcé. Bajé saltando la escalera pintada de verde. En la puerta del mesón tropecé con el dueño, sujeto tuerto y reticente. Sentado en una sillita de tule, fumaba con el ojo entrecerrado. Con voz ronca me preguntó:

—¿Onde va, señor?

(15) —A dar una vuelta. Hace mucho calor.

—Hum, todo ya está cerrado. Y no hay alumbrado aquí. Más le valiera quedarse.

Alcé los hombros, musité "ahora vuelvo" y me metí en lo oscuro. Al principio no veía nada. Caminé a tientas por la calle empedrada. Encendí un

(20) cigarrillo. De pronto salió la luna de una nube negra, iluminando un muro blanco, desmoronado a trechos.

The question that the *dueño* asks indicates that the two characters are not acquainted, and the advice that the *dueño* gives the narrator indicates that the former is local and the latter is a stranger to the location. Although choice **D** mentions a *forastero*, the activities listed would normally occur in the morning so the words referring to nighttime, darkness, and the light bulb preclude **D** as an answer. All of the actions taken by the narrator do, however, pertain to what a person would do to cool off on a hot night: going to the window, washing up at a washbasin, going outside.

SELECTION THREE

Ahora, por fin, se había apaciguado. Estaba allí arrinconado al pie del horcón. Había venido su hijo Justino y su hijo Justino se había ido y había vuelto y ahora otra vez venía.

Línea Lo echó encima del burro. Lo apretó bien apretado al aparejo para que

(5) no se fuese a caer por el camino. Le metió su cabeza dentro de un costal para que no diera mala impresión. Y luego le hizo pelos al burro y se fueron, arrebatados, de prisa, para llegar a Palo de Venado todavía con tiempo para arreglar el velorio del difunto.

—Tu nuera y los nietos te extrañarán—iba diciéndole. Te mirarán a la

(10) cara y creerán que no eres tú. Se les afigurará que te ha comido el coyote, cuando te vean con esa cara tan llena de boquetes por tanto tiro de gracia como te dieron.

1. El acontecimiento en que enfoca este trozo es

   (A) la visita de un pariente.
   (B) un viaje fúnebre.
   (C) la bienvenida para un visitante.
   (D) una plática entre padre e hijo.

The correct answer is **B** because the whole passage deals with the death of Justino's father. The word *fúnebre* is closely associated with the meanings of the words *velorio* and *difunto* since they all relate to death. Also, although many types of relatives are mentioned, Justino talks about how the dead man will be received, and the burro is mentioned many times, the common denominator is the fact that the man was executed and Justino is taking his body home for a proper burial. Look again at the passage with some of the key words underlined to see how the association is made between all of them to indicate the main idea of the passage.

> Ahora, por fin, se había apaciguado. Estaba allí arrinconado al pie del horcón. Había venido su hijo Justino y su hijo Justino se había ido y había vuelto y ahora otra vez venía.
>
> *Línea* Lo echó encima del burro. Lo apretó bien apretado al aparejo para que
> (5) no se fuese a caer por el camino. Le metió su cabeza dentro de un costal para que no diera mala impresión. Y luego le hizo pelos al burro y se fueron, arrebatados, de prisa, para llegar a Palo de Venado todavía con tiempo para arreglar el velorio del difunto.
>
> —Tu nuera y los nietos te extrañarán—iba diciéndole. Te mirarán a la
> (10) cara y creerán que no eres tú. Se les afigurará que te ha comido el coyote, cuando te vean con esa cara tan llena de boquetes por tanto tiro de gracia como te dieron.

In the first paragraph, *apaciguado, arinconado,* and *al pie del horcón* all indicate a body at the foot of a stake. In the second paragraph, the underlined words all describe what Justino does with the body and ends with the key words, *velorio del difunto.* The last paragraph describes what his family will think has happened to him, and ends with words that refer back to the first paragraph and the images of the execution: "*esa cara tan llena de boquetes*" and "*tiro de gracia.*" Do not be misled by the direct discourse; Justino speaks to his dead father. Remember that it is not necessary to know the precise meaning of every word; among these underlined words the common denominator is the fact that Justino's father was executed, brutally.

SELECTION FOUR

> El magistrado Miguel Angel del Arco, del juzgado de instrucción número 6 de Granada decretó el viernes la prisión incondicional del médico granadino Juan Valdés y la libertad provisional bajo fianza de doscientas
> *Línea* cincuenta mil pesetas para el escritor José Heredia Maya, por su presunta
> (5) implicación en relación con un robo de objetos de arte ocurrido entre el uno y el tres de mayo pasado, en el Carmen de los Mínimos de Granada, de propiedad municipal.

Este robo ha dado pie ya a varias decisiones políticas—en cuanto eviden-
cia negligencia en la custodia de bienes públicos—entre ellas la personación
(10)   del PP en el sumario y la petición de dimisión de tres concejales socialistas
pedida por el grupo municipal del Partido Popular cuyas investigaciones
han permitido demostrar que se han detectado hasta ahora cuatro intentos
de robo y tres advertencias del jefe de patrimonio municipal al concejal de
cultura advirtiendo sobre la necesidad de trasladar los objetos del Carmen
(15)   o dotar al mismo de vigilancia.

1. ¿Cuál es el tema de este pasaje?

    (A) el latrocinio de bienes públicos.
    (B) la mala fortuna de un médico.
    (C) la política del gobierno municipal.
    (D) el sistema de investigación policíaca.

The correct answer is **A** because *latrocinio* is a synonym for *robo*, which is the
focus of the selection. Notice the word *ladrón* embedded in *latrocinio*, with the letter *d* changed to a *t*. Although the case of Juan Valdés and José Heredia Maya is the
subject of the first paragraph, they are examples of a larger problem that is addressed
in the second paragraph, thereby obviating choice **B**. Political parties are mentioned
in the second paragraph, as are investigations. But these two answers are not comprehensive enough to include the topic of robberies and protection of an art collection. Look again at the passage with underlined words to see the association and
relationships between ideas.

El magistrado Miguel Angel del Arco, del juzgado de instrucción número
6 de Granada decretó el viernes la prisión incondicional del médico granadino Juan Valdés y la libertad provisional bajo fianza de doscientos cin-
Línea   cuenta mil pesetas para el escritor José Heredia Maya, por su presunta
(5)   implicación en relación con un robo de objetos de arte ocurrido entre el
uno y el tres de mayo pasado, en el Carmen de los Mínimos de Granada,
de propiedad municipal.

Este robo ha dado pie ya a varias decisiones políticas—en cuanto eviden-
cia negligencia en la custodia de bienes públicos—entre ellas la personación
(10)   del PP en el sumario y la petición de dimisión de tres concejales socialistas
pedida por el grupo municipal del Partido Popular cuyas investigaciones
han permitido demostrar que se han detectado hasta ahora cuatro intentos
de robo y tres advertencias del jefe de patrimonio municipal al concejal de
cultura advirtiendo sobre la necesidad de trasladar los objetos del Carmen
(15)   o dotar al mismo de vigilancia.

The underlined words show that even though the paragraph names the persons
involved in the theft, the topic that is being discussed is the fate of municipal property, as indicated by the last two words in the first paragraph. The following paragraph picks up the topic and generalizes from the specific case and shows how that
case is indicative of a larger problem that involves some council members of the
Partido Popular. Beyond the political repercussions of the thefts, is the whole problem of how to protect the municipal patrimony from further theft, like the kind
mentioned in the first paragraph. In this example, the repetition of the words *robo*,

bienes públicos, intentos de robo, and *trasladar los objetos* ties all the other aspects of the passage together thematically.

Reading for Details

After the main idea or theme of the passage has been identified, there are a variety of questions that are asked about specific information contained in the texts. These details can relate to questions of setting or origin (where), time (when), character, definition or identification (who or what), purpose and reason (why), or manner (how). Many times these questions can be easily recognized by focusing on a particular word or phrase, but the answer will most often be a rephrasing of a word or string of words in the text. In the following passages, read the passage and answer the question, then look at the subsequent discussion that shows how to find the information asked.

Questions About Setting and/or Origin

SELECTION ONE

Nada podía andar peor, pero al menos ya no estábamos en la maldita lancha, entre vómitos y golpes de mar y pedazos de galleta mojada, entre ametralladoras y babas, hechos un asco, consolándonos cuando podíamos con
Línea el poco tabaco que se conservaba seco porque Luis (que no se llamaba Luis,
(5) pero habíamos jurado no acordarnos de nuestros nombres hasta que llegara el día) había tenido la buena idea de meterlo en una caja de lata que abríamos con más cuidado que si estuviera llena de escorpiones. Pero qué tabaco ni tragos de ron en esa condenada lancha, bamboleándose cinco días como una tortuga borracha, haciéndole frente a un norte que la cacheteaba
(10) sin lástima, y ola va y ola viene, los baldes despellejándonos las manos, yo con un asma del demonio y medio mundo enfermo, doblándose para vomitar como si se fueran a partir por la mitad. Hasta Luis, la segunda noche, una bilis verde que le sacó las ganas de reírse, entre eso y el norte que no nos dejaba ver el faro de Cabo Cruz, un desastre que nadie se había imagi-
(15) nado.

1. El narrador de este episodio cuenta la ocasión en que se encontró con un grupo

   (A) pasando mal rato en un crucero.
   (B) perdido en alta mar.
   (C) de marineros en una batalla naval.
   (D) de pescadores mareados en una excursión.

The correct answer is **B**. All these alternatives refer to people at sea, as indicated by *lancha, golpes de mar, bamboleándose, un norte que la cacheteaba, ola va y ola viene,* and *faro de Cabo Cruz*. The references to being seasick, indicated by the words *entre vómitos,* y *doblándose para vomitar como si se fueran a partir por la mitad,* would apply to part of the answers of **A** and **D**, but not all of the information in those alternatives is correct. The *lancha* is not the kind of vessel in which one takes a *crucero,* a cruise. Also there is no mention of *pescadores*. These characters are not well provisioned for going fishing; their equipment is *tabaco, galletas, ron,* and *ametra-*

lladoras. Fishermen might take the first three items, but not the last. The weapons, *ametralladoras,* might indicate alternative **C**, but there is no mention of any other boats, so this is not the best answer. The fact that the group is lost at sea is implicit in *ya no estábamos en la maldita lancha,* the fact that they had few provisions, and finally, *el norte no nos dejaba ver el faro de Cabo Cruz, un desastre que nadie se había imaginado.* The fact that they inadvertently drift out to sea indicates that they are not engaged in battle, and that they are lost.

SELECTION TWO

Rafael Frühbeck de Burgos fue nombrado ayer director general de Música de la *Deutscheoper* de Berlín. El director español, que también es el titular de la Orquesta Sinfónica de Viena, reúne así dos puestos musicales de gran
Línea relevancia en Europa. Frühbeck permanecerá cinco años al frente de la
(5) ópera de Berlín y estrenará su cargo al próximo 28 de agosto con *La Bohème.* En el otoño dirigirá *Don Carlos, Los Maestros Cantores de Nuremberg,* y *Carmen.*

1. Según este párrafo, Rafael Frühbeck tiene origen

   (A) austríaco.
   (B) alemán.
   (C) burgalés.
   (D) berlinés.

The correct answer is **C**. Looking back in the passage there are a number of proper nouns and adjectives of nationality that provide information. The text states that Rafael Frühbeck is a director, and the next sentence states that the director is Spanish. The word *burgalés* is the only adjective that pertains to Spain. Questions of this sort at times require some knowledge of geography, especially knowing in which countries certain cities are found, as well as in which part of a country a particular city can be found. Burgos is a well known city in Spain, but recognition of the adjective that designates origin may be required. Be careful to understand what information is needed to complete the question or sentence correctly. In this case, the question asks, "What is Rafael's origin?"

SELECTION THREE

Se me durmió la pierna derecha y la froté con el tobillo izquierdo. La abuela me pasó el misal y me miró con dureza. Incliné la cabeza sobre el libro y cerré los ojos. Tenía hambre. Con las prisas no tuve tiempo de des-
Línea ayunar. Me dije que, cuando creciera, haría como tía Emilia, que fumaba
(5) lentamente, sentada en la cama, hasta las doce del mediodía, mirando las fotografías y los titulares de los periódicos. Todas las voces se levantaron. El sol reverberaba en los cristales de las vidrieras. Sobre el paladar negro de la nave estaba el sol, y nosotros, pensé, como Jonás, dentro de la ballena, con sus enormes costillas. Imaginé la quemazón verde de la cúpula, como un
(10) gran *puzzle* de oro y arco iris:

—...Te Marty-rum candi-da-tus Laudat ex-er-ci-tus....

1. Esta escena tiene lugar en

   (A) una alcoba.
   (B) un barco.
   (C) una iglesia.
   (D) en una biblioteca.

The correct answer is **C**. The Biblical reference to Jonah, taken in conjunction with some other words, all indicate a church instead of the other places. The word *nave* in this case refers to an architectural feature of the sanctuary instead of a ship, which means that choice **B** is incorrect. There are various references to activities that take place in a house, but it is never actually stated that the characters are in a house.

Questions About Time

One of the more difficult aspects of reading is determining the temporal aspect of the passage. There are various aspects of time in a written text: actual time (the moment in which a situation or action takes place in the text), elapsed time (how much time passes between the beginning until the end of some situation or action), historical time (when something happened in the past from the perspective of the actual time in the passage), or time as an abstraction or dimension of reality. In addition to deciding how time is viewed in the passage, be aware that frequently numerical quantities will be expressed in various ways, such as expressing the quantity of "half a dozen" as "six." For practice, read the following passages and identify the aspects of time represented in the selection.

PASSAGE ONE

Según un artículo en *ABC* del 31 de mayo de 1992, la vida, en todas sus formas, ha estado desarrollándose en la tierra durante cuatro mil millones de años de evolución y hace sólo unos cuarenta y cinco millones de años
Línea comenzaron a asentarse casi todas las especies de la actualidad. Hoy la acti-
(5) vidad humana está acelerando mil veces el ritmo natural de extinción de la diversidad biológica, ya que las especies no pueden asimilar el cambio producido en el ecosistema. Unas 40.000 especies, en general, desaparecen cada año. Con ello se disminuye nuestra capacidad de supervivencia en el planeta, a pesar de que el homo sapiens sólo exista desde hace alrededor de
(10) medio millón de años. Impedir que la biodiversidad crezca es el precio de mantener un sistema productivo.

De seguir el ritmo actual, una de cada cuatro especies, tanto de flora como de fauna, sobre todo continentales, corre peligro de extinción en los próximos veinte años. Cerca de 5.000 especies animales y 20.000 plantas
(15) conocidas podrían extinguirse en los próximos años y un millón, en total, para el próximo siglo (entre el 15 y 20 por 100 de todas las especies vivientes para el año 2000). Ninguna zona de la tierra está a salvo. Ya en el siglo XVII se extinguía un mamífero cada cinco años. En los últimos cuatrocientos años desaparecieron unas 400 especies. Durante la última parte de este
(20) siglo se ha extinguido una especie cada dos años.

1. Según este trozo, ¿cuántos años habría el ser humano habitado en la tierra?

   (A) unos cuatro mil millones de años.
   (B) unos cuarenta y cinco millones de años.
   (C) unos quinientos mil años.
   (D) un millón de años.

2. Según este trozo, es posible que desaparezca del 15 hasta el 20 por ciento de las especies dentro de

   (A) los próximos 100 años.
   (B) la próxima década.
   (C) los próximos cinco años.
   (D) los próximos dos años.

3. Según este pasaje

   (A) tenemos bastante tiempo para resolver los problemas de la extinción de las especies.
   (B) el tiempo pasa más rápido ahora que antes en cuanto al desarrollo y evolución de las especies.
   (C) las formas de vida de flora y fauna se desarrollan a un ritmo desigual al del ser humano.
   (D) el ritmo natural de extinción actual está acelerándose más rápido que nunca.

The correct answer for Question 1 is **C**. The question asks essentially when *homo sapiens* first appeared and how much time has elapsed since then. Since the precise date for the appearance of *homo sapiens* is unknown, the temporal point of reference is the present and time is measured from the present back into the past. In the article the figure of half a million years appears, hence five hundred thousand is the correct answer. The number of years is expressed in a different way in the answer than in the passage (five hundred thousand instead of half a million). Make sure that the subject is understood even when it is rephrased ("*ser humano*" instead of "*homo sapiens*").

The correct answer for Question 2 is **B**. This question asks about elapsed time—how much time will pass from the time that the article is written until the end of this century. Since the article is dated 1992, the elapsed time will amount to less than a decade. To answer the question look back in the passage for the statement that address this specific topic, then figure how much time has elapsed, or will go by from the date of publication until the year 2000.

The correct answer for Question 3 is **D** because the rate of extinction is the purpose of mentioning all the facts and figures given in the second paragraph. Choice **A** is incorrect because the article states that the human species is adversely impacting other forms of life on earth. Choice **B** is incorrect because time in and of itself does not move slowly or quickly. This question really deals with the rate at which events transpire, rates that are relative in that the rate of evolution or extinction is not the same for all forms of life. Choice **C** is incorrect because it refers only to the rate of development, which is not the focus of the article.

Questions About Character, Object Definition, or Identification

One of the problems to be encountered in short passages for reading comprehension is identifying who is speaking, or about whom or what the narrator is speaking, or to whom or what something is done. This information is usually found in the placement of nouns and in gender and/or number of pronouns in indirect discourse. However, frequently in direct discourse (dialogue), often the speaker of a line of dialogue is not explicitly stated. In the following selection identify who the speakers are and what they are.

PASSAGE ONE

Cuando vio el carro perdiéndose por la carretera bajó a la cocina. El viejo dormitaba junto al fuego. Le contempló, y se dijo: "Si tuviera valor le mataría." Allí estaban las tenazas de hierro, a su alcance. Pero no lo haría.
Línea Sabía que no podía hacerlo. "Soy cobarde. Soy una gran cobarde y tengo
(5) amor a la vida." Esto la perdía: "este amor a la vida...."

—Viejo—exclamó. Aunque habló en voz queda, el vagabundo abrió uno de sus ojillos maliciosos. "No dormía. Es un viejo zorro."

—Ven conmigo—le dijo. Te he de hablar.

El viejo la siguió hasta el pozo. Allí Mariana se volvió a mirarle.

—Puedes hacer lo que quieras, perro. Puedes decirlo todo a mi marido,
(10) si quieres. Pero tú te marchas. Te vas de esta casa, en seguida....

El viejo calló unos segundos. Luego, sonrió.

—¿Cuándo vuelve el señor posadero?

1. En esta selección, Mariana es

   (A) una gran cobarde.
   (B) la esposa del posadero.
   (C) buena amiga del vagabundo.
   (D) la cocinera de la posada.

2. La persona con quien habla Mariana es

   (A) un huésped mal acogido.
   (B) un viejo zorro.
   (C) un forastero perezoso.
   (D) el señor posadero.

The correct answer for Question 1 is **B**. In the selection, Mariana says the old man can tell her husband. The old man asks when her husband will return. "*El viejo calló unos segundos*" indicates that he says the subsequent line. From the sequence the correlation between *marido* and *el señor posadero* can be made. Choice **A** is incorrect because Mariana is not really a coward; she does work up the nerve to tell the old man to leave. Although she does state, *Soy una gran cobarde...,* the question refers to the whole passage. Taken in its entirety, Choice **A** is incorrect. That she does not kill him does not make her a coward. She is not his friend if she is requiring him to leave, and she is not the cook, making Choices **B** and **D** incorrect, also.

The correct answer to Question 2 is **A**. Although she calls him a *zorro*, it is a figure of speech. He is a stranger, but there is no evidence in this selection that he is lazy. He is not the innkeeper because he is asking when the innkeeper is going to return. In the last two lines of dialogue, the speaker is indicated by placement of nouns, *el viejo* and Mariana, immediately before the spoken lines. The old man is a stranger, and he does sit around the house, but this is not the best answer because the characteristic that makes him an unwelcome guest is not his sloth, but his malevolence. She thinks that he knows something about her that she does not want her husband to know. Neither is he the husband of Mariana, indicating that the last alternative is incorrect.

PASSAGE TWO

Sin apenas tiempo para disfrutar de su viaje de novios, Carlos Sainz ha vuelto a tomar el volante de su Toyota Celica GT4 para afrontar una nueva prueba del Campeonato del Mundo de Rallys.

Línea   En efecto, en la mañana del 12 de mayo Sainz y su mujer empezaron su
  (5)   viaje a las islas Bermudas, que duró muy poco. Después de una semana de descanso, ya estaba el piloto madrileño en Grecia junto con su copiloto Luis Moya, realizando el recorrido de entrenamiento de la 34 edición del Acrópolis, una carrera que se destaca entre las más duras del campeonato, pero que para Carlos Sainz tiene un significado muy especial, ya que allí consi-
  (10)   guió su primera victoria en una prueba del Mundial, concretamente hace ahora dos años.

1. Quién dirigirá el equipo en la competencia en Grecia será

    (A) la señora Sainz.
    (B) Luis Moya.
    (C) Carlos Sainz.
    (D) un entrenador griego.

2. La competencia a la cual se refiere en el pasaje es

    (A) una carrera de caballos en Grecia.
    (B) una carrera aérea entre pilotos de aviones.
    (C) un partido de campeonato de la Copa Mundial.
    (D) una carrera de coches deportivos.

The correct answer for Question 1 is **C**. Carlos, as the subject of the phrase, "*ha vuelto a tomar el volante*," is identified as the driver, or *piloto madrileño*, about which the passage speaks. Luis Moya and la señora Sainz are secondary figures in the passage; one is the co-driver and the other Carlos' wife, making Choices **A** and **B** incorrect. There is no Greek trainer, meaning that Choice **D** is incorrect also.

The correct answer for Question 2 is **D**. *Toyota Celica GT4* and *Rallys* both refer to car racing, to which Sainz has returned. Choices **A**, **B**, and **C** are based on distracting factors. *Piloto* is the subject of the verb in "*estaba el piloto madrileño en Grecia*," but nowhere in the passage is any association made with anything other than cars. The word *Mundial* is also a distractor in Choice **D** since there is possible confusion between the world championship race and the World Cup in soccer competition. However, the word *Copa* never appears, nor are there any references to soccer.

Questions About Purpose and Reason

Determining motivation (why something happens, or why someone does a particular thing, or for what reasons things will happen) requires careful reading to understand the initial situation and the development of action or thought throughout the passage. By understanding the sequence of events and changes in the nature of events, the logic of the passage can be seen. In passages that narrate an event, pay close attention to the actions and their results. The questions about purpose or reason will require the reader to determine which actions or events in the series reveal the appropriate response to the question. For example: *The man worked hard all day. He went home, ate dinner, he relaxed after dinner, then went to bed early.* Question: *Why did the man go to bed early?* Answer: *He went to bed early because he was tired.* The answer explains why (the reason). In Spanish this information answers the question asked by the interrogative pronoun *¿por qué?* If, in English, the question asks *Why did the man go to bed early?* an answer could be *He went to bed early (in order) to get some rest for the next day.* This answer tells for what purpose the man went to bed early. In Spanish this is the answer to a question using the interrogative pronoun *¿para qué?* At times purpose is indicated by the use of the subjunctive after adverbial conjunctions of purpose or concession (such as *para que, a fin de que, con tal (de) que, a no ser que, a menos que, en caso (de) que,* for example). In the following passages look for the logic of the passages that reveals reason or purpose. A change in direction of events means there is a reason and purpose for the change.

PASSAGE ONE

Pero Marini siguió pensando en la isla, mirándola cuando se acordaba o había una ventanilla cerca, casi siempre encogiéndose de hombros al final. Nada de eso tenía sentido, volar tres veces por semana a mediodía sobre *Línea* Xiros era tan irreal como soñar tres veces por semana que volaba a medio-
(5) día sobre Xiros. Todo estaba falseado en la visión inútil y recurrente; salvo, quizá, el deseo de repetirla, la consulta al reloj pulsera antes de mediodía, el breve, punzante contacto con la deslumbradora franja blanca al borde de un azul casi negro, y las casas donde los pescadores alzarían apenas los ojos para seguir el paso de esa otra irrealidad.

(10) Ocho o nueve semanas después, cuando le propusieron la línea de Nueva York con todas sus ventajas, Marini se dijo que era la oportunidad de acabar con esa manía inocente y fastidiosa. Tenía en el bolsillo el libro donde un vago geógrafo de nombre levantino daba sobre Xiros más detalles que los habituales en las guías. Contestó negativamente, oyéndose como desde
(15) lejos, y después de sortear la sorpresa escandalizada de un jefe y dos secretarias se fue a comer a la cantina de la compañía donde lo esperaba Carla.

1. ¿Por qué no quiso Marini aceptar la oferta de la compañía para cambiar su ruta aérea?

    (A) Quería sorprender a su jefe.
    (B) Le gustaban tanto los pasajeros en su ruta oriental.
    (C) Le fascinaba tanto la geografía de su línea acostumbrada.
    (D) Se sentía incapaz de separarse de su sueño.

The correct answer is **D** because none of the other answers are inclusive enough. The passage refers to his *manía*, but it has a dual aspect: 1) the sight of the island, and, 2) the routine of looking at his watch to see that they fly over Xiros at noon. He calls his habit "innocent and tiresome," but all of the preceding paragraph indicates that his *manía* is more like an obsession that is neither "innocent" nor "tiresome" to him. At the end of the passage Marini is given the option of changing routes, and considers it, but decides not to, even to his own surprise. The sequence of events in the beginning all reveal his anticipation and fascination with the sight of the island at the same time every flight, even to the extent that he carries a book about it in his pocket.

PASSAGE TWO

        Hace poco tiempo, Filiberto murió ahogado en Acapulco. Sucedió en Semana Santa. Aunque despedido de su empleo en la Secretaría, Filiberto no pudo resistir la tentación burocrática de ir, como todos los años, a la
Línea pensión alemana, comer el *choucrout* endulzado por el sudor de la cocina
 (5) tropical, bailar el sábado de gloria en La Quebrada, y sentirse "gente conocida" en el obscuro anonimato vespertino de la playa de Hornos. Claro, sabíamos que en su juventud había nadado bien, pero ahora, a los cuarenta, y tan desmejorado como se le veía, ¡intentar salvar, y a medianoche, un trecho tan largo! Frau Müller no permitió que se velara—cliente tan anti-
(10) guo—en la pensión; por el contrario, esa noche organizó un baile en la terracita sofocada, mientras Filiberto esperaba, muy pálido en su caja, a que saliera el camión matutino de la terminal, y pasó acompañado de huacales y fardos la primera noche de su nueva vida. Cuando llegué, temprano, a vigilar el embarque del féretro, Filiberto estaba bajo un túmulo de cocos; el
(15) chófer dijo que lo acomodáramos rápidamente en el toldo y lo cubriéramos de lonas, para que no se espantaran los pasajeros, y a ver si no le habíamos echado la sal al viaje.

1. ¿Cuál era el propósito del baile en la terracita de la pensión de Frau Müller?

    (A) Lo organizó para que todos felicitaran a Filiberto por su nuevo empleo.
    (B) No quería que supieran sus otros clientes que Filiberto había muerto.
    (C) Lo organizó para que Filiberto se sintiera mejor.
    (D) Frau Müller lo hizo a fin de que los clientes de la pensión lo velaran.

The correct answer is **B** because Filiberto is dead, awaiting transport in his *caja*. His *nueva vida* is a euphemism for his next life (after death), and *pálido* refers to the appearance of his body. The passage also states that Frau Müller prohibited the wake and Filiberto was removed from the "*pensión*" as soon as possible, to be packed off on a truck beneath other freight so that no one would see him. At the beginning of the passage is a description of Filiberto's visit to the *pensión* before his death, all of which is narrated in the indicative. The phrase "*...Filiberto esperaba, muy pálido en su caja, a que saliera el camión matutino de la terminal...*" indicates that the purpose for Filiberto's wait was to be transported in a box back to his former residence. Other verbs in the subjunctive at the end of the passage also indicate that people would be frightened upon seeing a body riding along with them ("*...cubriéramos de lonas, para que no se espantaran los pasajeros...*"), indicating that he is dead.

Questions of Interpretation

There are several facets to the process of making inferences in order to interpret the meaning of a passage and to draw conclusions about it. Some of the strategies are comparing and contrasting events or ideas expressed in the selection, identifying the tone of the passage as well as what type of prose it is (parody, allegory, satire, humorous writing, expository prose, etc.), determining the intended reader of the passage and what purpose the piece serves (essay to persuade, instructional material, narrative to entertain the reader, or inform the reader). This stage of the process of reading usually comes after questions about specific information in the passage have been answered. How the reader responds to the selection is always relevant to the process of interpretation. One should be careful not to read too much into what a passage says, but how the reader responds to or what he thinks about what the author has said is relevant.

Comparing and Contrasting Ideas

Meanings can be communicated through comparisons and contrasts, both of which can be stated in two ways: explicitly, or implicitly (figuratively). Explicit language means that the object or action named by a word or words has no meaning other than the stated one. The words "mean" precisely what they say. In some types of passages this type of language predominates, such as in instructions for how to use equipment. Figurative language, on the other hand, conveys meaning on a number of levels, depending on the number of figurative meanings that can be attributed to the object or action named. Figurative meanings are based on associations or analogies. In interpretation of figurative language, a common knowledge about the named objects or actions is essential. In terms of interpretation of reading selections for the AP Spanish Language Exam, a broad knowledge about Spanish culture is indispensable. Read the following passages to see if the difference between explicit and figurative language is apparent.

PASSAGE ONE

El Servicio de Patrullaje—otro de los deberes que son de competencia de la Prefectura—tiene por finalidad guardar las costas argentinas en ejercicio de su soberanía. La institución lo ejercita con naves adaptadas a los reque-
Línea rimientos del medio en que debe actuar, y cumpliendo las siguientes fun-
(5) ciones: intervenir en el ejercicio de la Policía de Seguridad de la Navegación; constatar el cumplimiento de los convenios internacionales de la navegación en aguas jurisdiccionales; prestar auxilio en los casos de inundaciones, incendios u otros siniestros, producidos en aguas jurisdiccionales; intervenir en la vigilancia para el cumplimiento de las leyes y reglamentos

(10) nacionales referentes a caza y pesca marítima; prestar asistencia y salvamento a las vidas y bienes, en aguas nacionales o mar libre; además de lo específicamente determinado y de otras funciones que se le puedan asignar circunstancialmente—campañas hidrográficas, escoltas a regatas fluviales y oceánicas, participación en actividades náutico-deportivas, etcétera, funcion-
(15) es que contribuyen a la capacitación del personal superior, subalterno y del cuerpo de cadetes, en las actividades marineras.

1. Todas las palabras referentes al agua en este pasaje

   (A) representan todas las esferas de la vida humana tanto como las regiones del mar.
   (B) muestran una correspondencia entre las responsabilidades del Servicio de Patrullaje y diferentes etapas de la vida de la nación.
   (C) describen todas las responsabilidades del Servicio de Patrullaje.
   (D) indican las aguas incluidas en la jurisdicción del Servicio de Patrullaje.

The correct answer is **D**, because although the passage deals with the responsibilities of the Coast Guard, the question asks about the meaning of the word *waters*. No other figurative meaning of *mar* is apparent in the context of this passage. This is a listing of what the duties are and where the Coast Guard has authority.

PASSAGE TWO

Dos veranos más tarde volví a las montañas. Un día, pasando por el cementerio—era ya tarde y se anunciaba la noche en el cielo: el sol, como una bola roja, caía a lo lejos, hacia la carrera terrible y sosegada de la lla-
Línea nura—vi algo extraño. De la tierra grasienta y pedregosa, entre las cruces
(5) caídas, nacía un árbol grande y hermoso, con las hojas anchas de oro: encendido y brillante todo él, cegador. Algo me vino a la memoria, como un sueño, y pensé: "Es un árbol de oro." Busqué al pie del árbol, y no tardé en dar con una crucecilla de hierro negro, mohosa por la lluvia. Mientras la enderezaba, leí: IVO MÁRQUEZ, DIEZ AÑOS DE EDAD.

(10) Y no daba tristeza alguna, sino, tal vez, una extraña y muy grande alegría.

1. ¿Qué significa el árbol de oro?

   (A) Lo bueno que es la muerte.
   (B) La tristeza de la muerte.
   (C) La hermosura de la naturaleza.
   (D) Lo precioso que es la vida.

The correct answer is **D**. This narrator has stumbled across a graveyard where she sees a tree, illuminated by a setting sun so that it appears to be golden. The tree stands in sharp contrast with the colorless surrounding countryside. When she reads the headstone beneath the tree she discovers the name of someone she used to know. The sight causes her to reflect on the nature of life. The "golden" tree brings into focus for her a renewed appreciation for life and she feels satisfied and comforted by the chance encounter with a memory from the past.

Parallel Structures

Explicit meanings are evident in statements in passages that use parallel structures to compare or contrast things, events, or concepts. Parallel statements repeat information in identical words or in rephrased expressions. Contrasts are stated using antithetical statements (one in which one statement is the opposite of the other). Antithetical statements are sometimes preceded by conjunctions such as *pero, sino, sino que, al otro lado, sin embargo, no obstante, mas,* or *en cambio.* But when meanings are stated figuratively, they can be communicated through the use of figures of speech such as simile, metaphor, metonymy, paradox, personification, synecdoche, oxymoron, or hyperbole. Figurative meanings derive from analogous or associative meanings that sometimes presuppose a common cultural knowledge, and thus can be difficult to interpret without some knowledge of the cultural context of the language. Studying the figures of speech is a primary means of interpretation, however. In the following passages look for comparisons and contrasts in parallel structures.

PASSAGE ONE

Abrigo la profunda creencia de que si todos dijésemos siempre y en cada caso la verdad, la desnuda verdad, al principio amenazaría hacerse inhabitable la Tierra, pero acabaríamos pronto por entendernos como hoy no nos
Línea entendemos. Si todos, pudiendo asomarnos al brocal de las conciencias aje-
(5) nas, nos viéramos desnudas las almas, nuestras rencillas y reconcomios todos fundiríanse en una inmensa piedad mutua. Veríamos las negruras del que tenemos por santo, pero también las blancuras de aquel a quien estimamos un malvado.

1. Decir la verdad es

   (A) revelar todos nuestros secretos.
   (B) reconocer todas las faltas de nuestros enemigos.
   (C) sentirse más piadoso.
   (D) pensar que todos nuestros vecinos son santos.

2. La frase, "acabaríamos pronto por entendernos como hoy no nos entendemos" significa que

   (A) todos reconocerán a sus enemigos o amigos.
   (B) no hablamos ni escuchamos a nuestros prójimos.
   (C) la Tierra es un infierno.
   (D) la Tierra será un paraíso.

The correct answer to Question 1 is **C**. From studying the structures of the sentences in the passage, parallel structures are apparent: "*dijésemos siempre ... la verdad*" and "*nos viéramos desnudas las almas...*" Since this is an *if-then* statement, all the verb forms in the conditional tense depend on the existence or truth of the *if* portion of the statement. Further, since the verbs "*dijésemos*" and "*nos viéramos*" are the only two verbs in the past subjunctive of an *if-then* structure, the concepts they state are analogous in the context of this passage. This correlation of grammatical structure is a primary indicator of the correct answer, given also the fact that the whole passage focuses on what would happen if the truth were always told. All of the other alternative answers are *then* portions of the *if-then* structure and present hypothetical results or consequences of the hypothetical action proposed in the *if* portion of the statement. The rest of the answer depends upon understanding the figurative meaning of the expression "*desnudas las almas.*" The phrase, "*fundiríanse en una inmensa piedad mutua*" does correlate in meaning and structure to the compound portion of the *then* statement: "*amenazaría hacerse inhabitable la Tierra pero acabaríamos pronto por entendernos....*"

The correct answer for Question 2 is **B**. There are two parts that are antithetical in this phrase in question: "*entendernos*" and "*no nos entendemos.*" Choice **B** is the only combination of contrasting ideas. The conditional in *acabaría* indicates the hypothetical nature of understanding. Not speaking or talking are actual realities that lead to a lack of understanding, making the understanding hypothetical. The last two choices generalize too much about what the writer says. Always be carefully to study alternatives that include words like *siempre* or *todo el tiempo* because many times they are too general to be true. They only offer a metaphorical interpretation of a single portion of the *then* portions of the *if-then* statements in the passage.

PASSAGE TWO

—¡Díles que no me maten, Justino! Anda, vete a decirles eso. Que por caridad. Así díles. Díles que lo hagan por caridad.

—No puedo. Hay allí un sargento que no quiere oír hablar nada de ti.

Línea   —Haz que te oiga. Date tus mañas y díle que para sustos ya ha estado
(5)   bueno. Díle que lo haga por caridad de Dios.

—No se trata de sustos. Parece que te van a matar de a de veras. Y yo ya no quiero volver allá.

—Anda otra vez. Solamente otra vez, a ver qué consigues.

—No. No tengo ganas de ir. Según eso, yo soy tu hijo. Y, si voy mucho
(10) con ellos, acabarán por saber quién soy y les dará por afusilarme a mí también. Es mejor dejar las cosas de este tamaño.

1. ¿Cuál era la actitud del padre de Justino?

    (A) resignado
    (B) impávido
    (C) desesperado
    (D) asustado

2. ¿Cómo caracterizaría el tipo de hijo que parece ser Justino?

    (A) egoísta
    (B) cruel
    (C) cariñoso
    (D) temeroso

The answer for Question 1 is **C**. The lines by these two speakers, Justino and his father, alternate between commands and refusals. Justino's father's every line is a command for his son to go ask, tell, or beg for his life. Justino's every line communicates his desire to not become involved. Through the repetition of the command,

"*Díles*," the father communicates his desperation, not resignation, fear, or intrepid behavior. The repetitious structure in this case shows the degree or intensity of the man's feeling for life. His son's repeated denial to grant his father's wish shows an equal fear of dying, or at least as strong a desire to remain among the living.

The correct answer for Question 2 is **D**. Justino's fear for his own life overwhelms any familial love that he may have felt for his father. His constant denial and proffered "reasons" are not convincing; they sound like excuses, except that there is a grain of truth to the gravity of the situation as he sees it. The sergeant is intransigent: "*no quiere oír hablar nada de ti.*" Finally at the end he confesses that he does not want to press too much because the sergeant apparently does not realize yet that Justino is the man's son, and Justino does not want the sergeant to know. Although Justino may also be self-centered and cruel, his primary reaction is fear, which is indicated by the constant repetition of his denial and after each denial an explanation of his position in the matter.

Determining Tone and Attitude

One of the more difficult aspects of reading is determining the tone of the passage. The tone or attitude of the passage refers to the author's relationship to his material or to his reader, or both. By changing voice or manner a writer can create a particular tone in a work. Sometimes the attitude of the writer is revealed in figures of speech, such as hyperbole (exaggeration), various types of images (simile, metaphor, or metonym), humor (puns), or other devices such as personification. In the following passages, notice the choice of words and how they are used in order to create a particular tone. This tone or attitude at times can indicate what type of writing the passage presents.

PASSAGE ONE

El primordial objeto de la vida, para muchos millones de norteamericanos, está en "divertirse" o "troncharse de risa." "Divertirse" no es ningún asunto complicado. El cine constituye la mayor de las diversiones. Bailar,
Línea jugar a los naipes, patinar o besar y abrazar en un coche a un muchacha en
(5) cualquier momento es divertirse. Mirar los grabados en una revista y beber jugo de naranja es también una gran diversión. A los norteamericanos les satisface todo y gozan de todo. Encontrarse en la calle a Peter Lorre es un gran entretenimiento; platicar con una hórrida jamona en un fonducho de mala muerte es magnífico; presenciar un buen accidente automovilístico en
(10) la calle es demasiado maravilloso para describirlo con palabras.

1. Ante el espectáculo de los norteamericanos tratando de divertirse en todo momento, este narrador se muestra

   (A) aburrido.
   (B) entretenido.
   (C) no afectado.
   (D) escéptico.

The correct answer is **B**. This narrator shows a certain detached amusement for the phenomenon he is describing, as is shown in the words he chooses to name his topic: "*El primordial objeto de la vida....*" Among the basic human drives, entertainment does not usually rank along with self-preservation. The overstatement (hyperbole) indicates immediately that this narrator is somewhat detached; he is not commenting on what entertainment means to him, but what it means to the people he is observing. He then enumerates things that North Americans find entertaining, a list that culminates with the sight of an automobile accident. Any spectacle is entertaining. His expression, "*una hórrida jamona en un fonducho de mala muerte*," also communicates his detachment and amusement through word selection and overstatement. Choice **C** is a possible answer, but not the best answer. One does not get the impression from this passage that the writer is entirely indifferent to the subject matter; if he found it entertaining enough to write about, he is not totally indifferent.

PASSAGE TWO

Todas las personas interesadas en que el camello pase por el ojo de la aguja, deben inscribir su nombre en la lista de patrocinadores del experimento Niklaus.

Línea
(5)
Desprendido de un grupo de sabios mortíferos, de esos que manipulan el uranio, el cobalto y el hidrógeno, Arpad Niklaus deriva sus investigaciones actuales a un fin caritativo y radicalmente humanitario: la salvación del alma de los ricos.

Propone un plan científico para desintegrar un camello y hacerlo que pase en chorro de electrones por el ojo de una aguja. Un aparato receptor (muy
(10) semejante en principio a la pantalla de televisión) organizará los electrones en átomos, los átomos en moléculas y las moléculas en células, reconstruyendo inmediatamente el camello según su esquema primitivo. Niklaus ya logró cambiar de sitio, sin tocarla, una gota de agua pesada. También ha podido evaluar, hasta donde lo permite la discreción de la materia, la
(15) energía cuántica que dispara una pezuña de camello. Nos parece inútil abrumar aquí al lector con esa cifra astronómica.

1. ¿Por qué parece que este escritor no toma en serio el experimento del científico Arpad Niklaus?

   (A) Porque cita la manera exacta de proceder con el experimento.
   (B) (Líneas 1–2) Porque usa el subjuntivo en la frase, "en que el camello pase por el ojo de la aguja,..."
   (C) (Líneas 6–7) Porque se burla del propósito del experimento, "la salvación del alma de los ricos."
   (D) (Líneas 15–16) Por el comentario editorial al final, "Nos parece inútil abrumar aquí al lector con cifras..."

The correct answer is **D** because all the other responses are encompassed by the word, *abrumar*. Choice **A** is incorrect because all of the details of the experiment serve mostly to illustrate the incredulity of the writer. In Choices **B** and **C**, the responses refer to specific places in the text where the writer shows his disbelief, but tone or attitude is revealed in the passage as a whole. Both alternatives also state the same concept. In the Biblical reference, the camel passing through the eye of the needle and the salvation of the rich man's soul are synonymous events. *Cifra astronómica* reflects incredulity because of the number of atoms involved and the amount of energy required to transport the camel. The Spanish words make no comment about metaphorical meaning. The Biblical reference is a point of departure for the idea of the selection.

Determining the Intended Reader

The reading passages that appear on the AP Spanish Language Exam represent a wide variety of sources. Most often the intended reader can be determined by the content of the passage. Many passages are narratives told in the third person, and the intended reader is anyone who is interested enough to pick up the literature to read it. In other cases, the writer addresses the reader directly, and from the context provided within the passage, the reader can identify himself. In other cases, the passage may be an essay that tries to convince a specific kind of reader to take a certain position. In the following passage, the content and the language show that this piece is directed toward a certain type of reader.

PASSAGE ONE

Quien desee comer una manzana y tenga ante si un manzano de su propiedad, cargado de manzanas maduras al alcance de la mano, no tiene problema alguno para hacerse con ellas. Coge una manzana y, con ello, ha
Línea conseguido lo que pretendía. Los problemas comienzan cuando las man-
(5) zanas cuelgan tan altas que resulta difícil alcanzarlas. El objetivo, cogerlas, no cabe lograrlo sin dificultades. Se tropieza con un óbice en el logro de nuestro objetivo. ¿Cómo se podrá comportar uno ante esta nueva situación?

Se puede renunciar a las manzanas, si la necesidad de comerlas no es muy acuciante o si se sabe por experiencia que no se halla preparado para tal
(10) situación, es decir, si no se siente uno con fuerzas suficientes para coger una manzana de un árbol elevado.

Pero también cabe la posibilidad de que comience uno a intentar conseguir su objetivo, o dicho de otro modo, de que trate de buscar, sin plan previo alguno, los medios y métodos apropiados para lograrlo. Intenta uno
(15) sacudir violentamente al árbol de un lado para otro y se da cuenta de que su tronco resulta demasiado grueso para poderlo mover. Arroja piedras a las manzanas y comprueba que para esto le falta la práctica requerida. Echa mano de un palo y trata de alcanzar con él las manzanas, pero el palo resulta demasiado corto.

(20) Muchos intentos, muchos fracasos. Tal vez—tras largo esfuerzo—un éxito fortuito.

Pero también se puede proceder de la siguiente manera: se sienta uno y reflexiona sobre la situación.

1. ¿A quién parece estar dirigido este pasaje?

   (A) un campesino hambriento
   (B) un chico pequeño
   (C) una persona perezosa
   (D) una persona pragmática

The correct answer is **D** because the object of this passage is to interest the reader in learning how to solve everyday problems. This writer appeals to the reader's reason by presenting a concrete example of a problem, then offering a variety of solutions, none of which is the most efficient manner of solving the problem. This writer is addressing a reader who wants to learn how to think logically when confronted by problems, not act impulsively. A pragmatic person is one who will analyze the situation, then take the most appropriate action, which in this case is to sit and contemplate the situation.

Chapter 4
ANSWER SHEETS FOR PRACTICE READING COMPREHENSION PASSAGES

Primer Grupo, Selección Uno

1 Ⓐ Ⓑ Ⓒ Ⓓ
2 Ⓐ Ⓑ Ⓒ Ⓓ
3 Ⓐ Ⓑ Ⓒ Ⓓ
4 Ⓐ Ⓑ Ⓒ Ⓓ
5 Ⓐ Ⓑ Ⓒ Ⓓ
6 Ⓐ Ⓑ Ⓒ Ⓓ
7 Ⓐ Ⓑ Ⓒ Ⓓ

Primer Grupo, Selección Dos

1 Ⓐ Ⓑ Ⓒ Ⓓ
2 Ⓐ Ⓑ Ⓒ Ⓓ
3 Ⓐ Ⓑ Ⓒ Ⓓ
4 Ⓐ Ⓑ Ⓒ Ⓓ
5 Ⓐ Ⓑ Ⓒ Ⓓ
6 Ⓐ Ⓑ Ⓒ Ⓓ
7 Ⓐ Ⓑ Ⓒ Ⓓ
8 Ⓐ Ⓑ Ⓒ Ⓓ

Primer Grupo, Selección Tres

1 Ⓐ Ⓑ Ⓒ Ⓓ
2 Ⓐ Ⓑ Ⓒ Ⓓ
3 Ⓐ Ⓑ Ⓒ Ⓓ
4 Ⓐ Ⓑ Ⓒ Ⓓ
5 Ⓐ Ⓑ Ⓒ Ⓓ
6 Ⓐ Ⓑ Ⓒ Ⓓ
7 Ⓐ Ⓑ Ⓒ Ⓓ

Primer Grupo, Selección Cuatro

1 Ⓐ Ⓑ Ⓒ Ⓓ
2 Ⓐ Ⓑ Ⓒ Ⓓ
3 Ⓐ Ⓑ Ⓒ Ⓓ
4 Ⓐ Ⓑ Ⓒ Ⓓ
5 Ⓐ Ⓑ Ⓒ Ⓓ
6 Ⓐ Ⓑ Ⓒ Ⓓ

Segundo Grupo, Selección Uno

1 Ⓐ Ⓑ Ⓒ Ⓓ
2 Ⓐ Ⓑ Ⓒ Ⓓ
3 Ⓐ Ⓑ Ⓒ Ⓓ
4 Ⓐ Ⓑ Ⓒ Ⓓ
5 Ⓐ Ⓑ Ⓒ Ⓓ
6 Ⓐ Ⓑ Ⓒ Ⓓ
7 Ⓐ Ⓑ Ⓒ Ⓓ
8 Ⓐ Ⓑ Ⓒ Ⓓ

Segundo Grupo, Selección Dos

1 Ⓐ Ⓑ Ⓒ Ⓓ
2 Ⓐ Ⓑ Ⓒ Ⓓ
3 Ⓐ Ⓑ Ⓒ Ⓓ
4 Ⓐ Ⓑ Ⓒ Ⓓ
5 Ⓐ Ⓑ Ⓒ Ⓓ
6 Ⓐ Ⓑ Ⓒ Ⓓ
7 Ⓐ Ⓑ Ⓒ Ⓓ
8 Ⓐ Ⓑ Ⓒ Ⓓ

Segundo Grupo, Selección Tres

1 Ⓐ Ⓑ Ⓒ Ⓓ
2 Ⓐ Ⓑ Ⓒ Ⓓ
3 Ⓐ Ⓑ Ⓒ Ⓓ
4 Ⓐ Ⓑ Ⓒ Ⓓ
5 Ⓐ Ⓑ Ⓒ Ⓓ
6 Ⓐ Ⓑ Ⓒ Ⓓ
7 Ⓐ Ⓑ Ⓒ Ⓓ
8 Ⓐ Ⓑ Ⓒ Ⓓ

Segundo Grupo, Selección Cuatro

1 Ⓐ Ⓑ Ⓒ Ⓓ
2 Ⓐ Ⓑ Ⓒ Ⓓ
3 Ⓐ Ⓑ Ⓒ Ⓓ
4 Ⓐ Ⓑ Ⓒ Ⓓ
5 Ⓐ Ⓑ Ⓒ Ⓓ
6 Ⓐ Ⓑ Ⓒ Ⓓ
7 Ⓐ Ⓑ Ⓒ Ⓓ

Tercer Grupo, Selección Uno

1 Ⓐ Ⓑ Ⓒ Ⓓ
2 Ⓐ Ⓑ Ⓒ Ⓓ
3 Ⓐ Ⓑ Ⓒ Ⓓ
4 Ⓐ Ⓑ Ⓒ Ⓓ
5 Ⓐ Ⓑ Ⓒ Ⓓ
6 Ⓐ Ⓑ Ⓒ Ⓓ
7 Ⓐ Ⓑ Ⓒ Ⓓ
8 Ⓐ Ⓑ Ⓒ Ⓓ

Tercer Grupo, Selección Dos

1 Ⓐ Ⓑ Ⓒ Ⓓ
2 Ⓐ Ⓑ Ⓒ Ⓓ
3 Ⓐ Ⓑ Ⓒ Ⓓ
4 Ⓐ Ⓑ Ⓒ Ⓓ
5 Ⓐ Ⓑ Ⓒ Ⓓ

Tercer Grupo, Selección Tres

1 Ⓐ Ⓑ Ⓒ Ⓓ
2 Ⓐ Ⓑ Ⓒ Ⓓ
3 Ⓐ Ⓑ Ⓒ Ⓓ
4 Ⓐ Ⓑ Ⓒ Ⓓ

Tercer Grupo, Selección Cuatro

1 Ⓐ Ⓑ Ⓒ Ⓓ
2 Ⓐ Ⓑ Ⓒ Ⓓ
3 Ⓐ Ⓑ Ⓒ Ⓓ
4 Ⓐ Ⓑ Ⓒ Ⓓ
5 Ⓐ Ⓑ Ⓒ Ⓓ
6 Ⓐ Ⓑ Ⓒ Ⓓ
7 Ⓐ Ⓑ Ⓒ Ⓓ

Cuarto Grupo, Selección Uno

1 Ⓐ Ⓑ Ⓒ Ⓓ
2 Ⓐ Ⓑ Ⓒ Ⓓ
3 Ⓐ Ⓑ Ⓒ Ⓓ
4 Ⓐ Ⓑ Ⓒ Ⓓ
5 Ⓐ Ⓑ Ⓒ Ⓓ
6 Ⓐ Ⓑ Ⓒ Ⓓ
7 Ⓐ Ⓑ Ⓒ Ⓓ

Cuarto Grupo, Selección Dos

1 Ⓐ Ⓑ Ⓒ Ⓓ
2 Ⓐ Ⓑ Ⓒ Ⓓ
3 Ⓐ Ⓑ Ⓒ Ⓓ
4 Ⓐ Ⓑ Ⓒ Ⓓ
5 Ⓐ Ⓑ Ⓒ Ⓓ
6 Ⓐ Ⓑ Ⓒ Ⓓ

Cuarto Grupo, Selección Tres

1 Ⓐ Ⓑ Ⓒ Ⓓ
2 Ⓐ Ⓑ Ⓒ Ⓓ
3 Ⓐ Ⓑ Ⓒ Ⓓ
4 Ⓐ Ⓑ Ⓒ Ⓓ
5 Ⓐ Ⓑ Ⓒ Ⓓ
6 Ⓐ Ⓑ Ⓒ Ⓓ
7 Ⓐ Ⓑ Ⓒ Ⓓ
8 Ⓐ Ⓑ Ⓒ Ⓓ

Cuarto Grupo, Selección Cuatro

1 Ⓐ Ⓑ Ⓒ Ⓓ
2 Ⓐ Ⓑ Ⓒ Ⓓ
3 Ⓐ Ⓑ Ⓒ Ⓓ
4 Ⓐ Ⓑ Ⓒ Ⓓ
5 Ⓐ Ⓑ Ⓒ Ⓓ
6 Ⓐ Ⓑ Ⓒ Ⓓ
7 Ⓐ Ⓑ Ⓒ Ⓓ
8 Ⓐ Ⓑ Ⓒ Ⓓ

Quinto Grupo, Selección Uno

1 Ⓐ Ⓑ Ⓒ Ⓓ
2 Ⓐ Ⓑ Ⓒ Ⓓ
3 Ⓐ Ⓑ Ⓒ Ⓓ
4 Ⓐ Ⓑ Ⓒ Ⓓ
5 Ⓐ Ⓑ Ⓒ Ⓓ
6 Ⓐ Ⓑ Ⓒ Ⓓ

Quinto Grupo, Selección Dos

1 Ⓐ Ⓑ Ⓒ Ⓓ
2 Ⓐ Ⓑ Ⓒ Ⓓ
3 Ⓐ Ⓑ Ⓒ Ⓓ
4 Ⓐ Ⓑ Ⓒ Ⓓ
5 Ⓐ Ⓑ Ⓒ Ⓓ
6 Ⓐ Ⓑ Ⓒ Ⓓ
7 Ⓐ Ⓑ Ⓒ Ⓓ
8 Ⓐ Ⓑ Ⓒ Ⓓ

Quinto Grupo, Selección Tres

1 Ⓐ Ⓑ Ⓒ Ⓓ
2 Ⓐ Ⓑ Ⓒ Ⓓ
3 Ⓐ Ⓑ Ⓒ Ⓓ
4 Ⓐ Ⓑ Ⓒ Ⓓ
5 Ⓐ Ⓑ Ⓒ Ⓓ
6 Ⓐ Ⓑ Ⓒ Ⓓ

Quinto Grupo, Selección Cuatro

1 Ⓐ Ⓑ Ⓒ Ⓓ
2 Ⓐ Ⓑ Ⓒ Ⓓ
3 Ⓐ Ⓑ Ⓒ Ⓓ
4 Ⓐ Ⓑ Ⓒ Ⓓ
5 Ⓐ Ⓑ Ⓒ Ⓓ
6 Ⓐ Ⓑ Ⓒ Ⓓ

PRACTICE READING COMPREHENSION PASSAGES
(Section I, Part B)

To briefly review the steps for reading:

1. Scan the passage to get the general idea.
2. Reread more carefully to:
   a) identify key vocabulary words,
   b) identify the characters,
   c) identify the setting,
   d) understand what has happened.
3. Evaluate the information you have gotten from the passage to:
   a) determine the tone and mood of the piece,
   b) determine the intended reader,
   c) draw conclusions about the message of the piece.
4. Read the multiple-choice alternatives and select the best one.

If you are unsure of the answer after reading the choices, ask yourself what kind of information the questions ask. Review the passage, then try the question again.

Remember that if you do not recognize a word, you should still be able to figure out what is going on in the passage. Reading does not mean translating, so do not try to translate every word to answer the questions.

The answer sheets are on pages 155 and 156, and the answers are given on pages 189–190.

PRIMER GRUPO, SELECCIÓN UNO

A las cuatro merendamos juntos, pan y pasas, sentados en el sofá, y cuando nos levantamos, no sé por qué, mi padre no quiso que limpiara el espaldar que el albañilito había manchado de blanco con su chaqueta; me
Línea detuvo la mano y lo limpió después sin que lo viéramos. Jugando, al albañil-
(5) ito se le cayó un botón de la cazadora, y mi madre se le cosió; él se puso encarnado, y la veía coser; muy admirado y confuso, no atreviéndose ni a respirar. Después le enseñé el álbum de caricaturas, y él, sin darse cuenta, imitaba los gestos de aquellas caras, tan bien, que hasta mi padre se reía. Estaba tan contento cuando se fue, que se olvidó de ponerse al andrajoso
(10) sombrero, y al llegar a la puerta de la escalera, para manifestarme su gratitud, me hacía otra vez la gracia de poner el *hocico de liebre.*

—¿Sabes, hijo mío, por qué no quise que limpiara el sofá? Porque limpiarle mientras tu compañero lo veía era casi hacerle una reconvención por haberlo ensuciado. Y esto no estaba bien: en primer lugar, porque no lo
(15) había hecho de intento, y en segundo lugar, porque le había manchado con ropa de su padre, que se la había enyesado trabajando; y lo que se mancha trabajando no ensucia; es polvo, cal, barniz, todo lo que quieras, pero no suciedad. El trabajo no ensucia. No digas nunca de un obrero que sale de su trabajo: "Va sucio." Debes decir: "Tiene en su ropa las señales, las hue-
(20) llas del trabajo." Recuérdalo. Quiero mucho al albañilito: primero, porque es compañero tuyo, y además, porque es hijo de un obrero. —*Tu padre.*

1. ¿De qué trata esta selección?

   (A) De la conducta apropiada de un anfitrión.
   (B) De los modos de mantenerse limpio en casa.
   (C) De la conducta apropiada de un huésped.
   (D) De los modos de disciplinar a un hijo.

2. Al levantarse del sofá, ¿qué le molestaba al hijo?

   (A) Que la ropa del visitante estaba sucia.
   (B) Que se vieron algunas huellas del trabajo en el sofá.
   (C) Que en la chaqueta del albañilito faltaba un botón.
   (D) Que la chaqueta mostraba señales del trabajo.

3. ¿Cómo se sentía el albañilito cuando observó a la mamá reparando la ropa?

   (A) Estaba muy triste.
   (B) Se avergonzó.
   (C) Se enojó.
   (D) Se arrepintió.

4. ¿En las líneas 16–17, qué quiere decir, *lo que se mancha trabajando no ensucia*?

   (A) Indica que no puede ensuciarse trabajando.
   (B) Significa que el padre no vio que la chaqueta estaba sucia.
   (C) Significa que trabajar no es una desgracia.
   (D) Quiere decir que el padre se sentía superior a los obreros.

5. ¿Por qué no quería el papá que su hijo limpiara el sofá de inmediato?

   (A) No quería que el albañilito viera a su hijo trabajando.
   (B) Quería que la madre lo hiciera.
   (C) Quería que el albañilito viera lo que había hecho.
   (D) No quería parecer descortés al invitado.

6. ¿Qué determina la diferencia entre el hijo y el albañilito?

   (A) Los aspectos socio-económicos de los dos.
   (B) El nivel de formación educativa de los dos.
   (C) Las características personales de los dos.
   (D) La edad de los dos.

7. ¿Cómo es la relación entre el papá y el hijo?

   (A) Parece que el padre es muy exigente.
   (B) Parece que los dos gozan de relaciones muy estrechas.
   (C) Parece que el chico no le hace mucho caso al padre.
   (D) El chico parece ser muy mimado por su padre.

PRIMER GRUPO, SELECCIÓN DOS

Borja se quedó quieto, con los hombros un poco encogidos. Retrocedió tanto que salió fuera del porche, y la lluvia le caía por la frente y la mejillas, de forma que éste nunca podría comprender. (Yo sí, pobre amigo mío, yo
Línea sí te entendía y sentía piedad.) Intentó sonreír, pero sus labios temblaban,
(5) y se cobijó de nuevo en el porche, humillado como jamás le viera nadie. Juan Antonio y los del administrador parecía que nos miraban, a Manuel y a mí, con envidia. Y me dije: "¿Cómo es posible que todos estemos enamorados de él?" Y odié la guitarra de Sanamo, que nos envenenó. Cada vez que Manuel y yo queríamos separar nuestras manos, Jorge ponía la suya encima
(10) y lo impedía.

Borja se sentó, con los codos sobre las rodillas y la cara entre las manos. No sabíamos si lloraba o reía, o simplemente si le dolía la cabeza de tanto como bebió.

Se oía la música de la guitarra de Sanamo, y la lluvia, acabándose. Todo
(15) brillaba muy pálidamente en temblorosas gotas: los racimos verdes, azul y oro, las hojas del magnolio, los cerezos, las rosas de octubre.

Entonces Jorge dijo:

—¿Sabéis, muchachos? No creáis que al morir recordaréis hazañas, ni sucesos importantes que os hayan ocurrido. No creáis que recordaréis
(20) grandes aventuras, ni siquiera momentos felices que aún podáis vivir. Sólo cosas como ésta: una tarde así, unas copas de vino, esas rosas cubiertas de agua. ¿No lo crees, Matia?

Yo no le dije nada.

1. ¿Qué tiempo hace?

    (A) Es octubre.
    (B) Es la temporada lluviosa.
    (C) Está despejado.
    (D) Es de verano.

2. ¿Dónde estarán los chicos?

    (A) Estarán en un restaurante elegante.
    (B) Estarán en un parque en al campo.
    (C) Estarán en la casa de un viejo amigo.
    (D) Estarán en una pensión para viejos.

3. ¿Por qué están los chicos allí?

    (A) Manuel y la narradora buscan la bendición de Jorge.
    (B) Quieren que Sanamo les entretenga con su música.
    (C) Ellos parecen haber buscado refugio de la lluvia.
    (D) Todos los chicos buscan la amistad de Jorge.

4. ¿Por qué está tan triste Borja?

(A) Cree que Jorge le ha rechazado.
(B) A los otros chicos no les gusta.
(C) No le gusta la música de Sanamo.
(D) Está triste porque bebió demasiado vino.

5. En líneas 7–8, qué significa la pregunta *¿Cómo es posible que todos estemos enamorados de él?*

(A) Quiere decir que la narradora admira mucho a Jorge.
(B) La narradora no sabe qué pensar de este hombre.
(C) Parece que ella preferiría estar en otro lugar.
(D) Le molesta un poco toda la atención que recibió Borja.

6. ¿Qué revela del carácter de Jorge lo que éste dice al fin de la selección?

(A) Es muy orgulloso.
(B) Es sentimental.
(C) Es muy tacaño.
(D) Es muy travieso.

7. ¿Cómo se describirían las relaciones entre Manuel y los otros chicos?

(A) Manuel es distinto entre todos los chicos.
(B) Le tienen celos porque es el favorito de Jorge.
(C) Lo admiran por ser buen amigo de Borja.
(D) A todos los chicos les gusta.

8. ¿Quién narra estos recuerdos?

(A) Borja.
(B) Manuel.
(C) Jorge.
(D) Matia.

PRIMER GRUPO, SELECCIÓN TRES

En verano se ven menos horas de televisión, según los estudios de audiencia. Los días son más largos. Los espectadores encuentran elementos sustituidores de ocio fuera de su hogar habitual. La publicidad floja y dis-
Línea minuye la presión competitiva. Este año, sin embargo, y a excepción de
(5) Atena 3, que apenas modificará su programación, la lucha por ganar más cuota de pantalla no baja la guardia. La más agresiva es Tele 5, que prepara las maletas para situarse en las playas. En la de Marbella ya ha contratado a su alcalde para que haga de presentador.

Para los jóvenes, Tele 5 ha preparado una versión reducida de *La quinta*
(10) *marcha*, que se emitirá al mediodía desde distintos emplazamientos turísticos y playeros. En esta misma línea de seguimiento a la audiencia consumidora de discos y refrescos, se mueve *Hablando se entiende la basca,* una versión del programa de Coll que se realizará en el mismo escenario de *Hablando se entiende la gente,* el teatro de la ONCE de Madrid. Chavales
(15) entre 10 y 17 años ofrecerán diariamente su espectáculo conducido por unos de los presentadores de *La quinta marcha.*

1. ¿Qué tendencias se han notado entre los televidentes españoles?

   (A) Durante el invierno miran menos porque están tan ocupados.
   (B) Durante el verano miran menos porque prefieren disfrutar del tiempo fuera de casa.
   (C) No hay diferencia entre el número de horas que miran en verano e invierno.
   (D) Depende más de la edad del televidente cuánto miran en el verano.

2. ¿Cómo han respondido los productores de programación a la situación?

   (A) Hay gran cooperación entre todos los canales para atraer más televidentes.
   (B) Todos los canales recurren a medidas muy agresivas para atraer al televidente.
   (C) Los programas se han hecho más al tanto para todos los televidentes.
   (D) Todas las estaciones menos Tele 5 están esforzándose para atraer televidentes.

3. ¿Qué actitud reflejan las estaciones?

   (A) Reflejan cierta desesperación para aumentar el número de espectadores.
   (B) Reflejan una nueva actitud agresiva para promover los negocios.
   (C) Reflejan cierta resignación a las vacilaciones de cada estación y temporada.
   (D) Reflejan indiferencia para las modalidades de los jóvenes modernos.

4. ¿A qué tipo de televidente está dirigido el programa *La quinta marcha*?

   (A) Es para los turistas en Madrid.
   (B) Es para turistas en las playas.
   (C) Es de más interés para los jóvenes.
   (D) Está dirigido a gente profesional.

5. ¿Cómo se propone atraer más televidentes entre el público?

   (A) Un canal va a contratar a más jóvenes.
   (B) Un canal va a contratar a unos turistas en Marbella.
   (C) Unos van a olvidarse de todas las viejas estrellas de la televisión.
   (D) Unos van a ofrecer programas de viajes a Marbella.

6. ¿Qué tipo de programa es *Hablando se entiende la gente*?

   (A) Es teatro en la pantalla pequeña.
   (B) Es un programa de viajes para turistas.
   (C) Es un programa con algo para los jóvenes.
   (D) Es un programa para ciegos en la televisión.

7. ¿De dónde procede este trozo?

   (A) Es un folleto del Consejo de Turismo sobre la televisión.
   (B) Es un guión para los televidentes.
   (C) Es de una revista que trata las novedades en la televisión.
   (D) Es de una obra literaria tratando la vida moderna.

PRIMER GRUPO, SELECCIÓN CUATRO

Para los que todavía se quedaban fuera se han multiplicado los artículos de los espontáneos, las "Cartas al Director" y, sobre todo, siguen vigentes las "pintadas". Esas pintadas que permitían el anonimato y que eran lógi-
Línea cas, en cierto modo, cuando sus autores no tenían otro medio de hacer oír
(5) su voz desde la clandestinidad a que el Régimen los tenía condenados, siguen ahora cuando la voz y la letra son libres, porque siempre queda gente que tiene que estrujar y luego manipular las opiniones de otros para impulsar sus propias ideas sobre el aborto o del precio del pan, de Gibraltar o del País Vasco.

(10)   Y las manifestaciones callejeras se suceden. Pueden hacerse para la defensa del medio ambiente o contra un alcalde superviviente de la dictadura, a favor de los obreros panaderos o del Polisario, pero a juzgar por las fotografías o televidiarios, lo más importante para los participantes es estar allí, ser vistos y oídos. Cada vez que una cámara de cine o fotografía les
(15) enfoca miran fijos, sonríen, levantan los brazos; en las fotos de periódicos, los de delante aparecen satisfechos y orgullosos; los de detrás, se asoman por entre las cabezas entre los afortunados para "estar" a su vez común en esas fotografías de grupos infantiles.

1. ¿Qué aspecto de la vida comenta este trozo?

   (A) Unas libertades civiles que permiten manifestaciones.
   (B) Nuevas libertades para expresión pública.
   (C) Los cambios entre la gente en la vida pública.
   (D) Los abusos de la libertad de expresión pública.

2. ¿Qué son *Cartas al Director*?

   (A) Manifestaciones para funcionarios.
   (B) Artículos de espectadores a directores del cine.
   (C) Declaraciones de gente en contra del Régimen.
   (D) Comunicaciones dirigidas a la redacción de un periódico.

3. En las línea 6, ¿a quiénes se refieren las palabras *desde la clandestinidad a que el Régimen los tenía condenados*?

   (A) Se refieren a personas que pintaron en vez de escribir para expresar sus ideas.
   (B) Se refieren a gente que antes tenía que pagar al diario para que publicara sus opiniones.
   (C) Se refieren a personas que querían efectuar cambios sociales fuera del sistema.
   (D) Se refieren a personas prohibidas por el estado de hacer cualquier tipo de declaración antigubernamental.

4. ¿Por qué se suceden las manifestaciones callejeras, según este autor?

   (A) A esa gente sólo le interesa ser vista.
   (B) Esa gente celebra sus nuevas libertades.
   (C) Protestan la censura del gobierno.
   (D) Quieren efectuar grandes cambios sociales.

5. ¿Cómo reaccionan esas personas al ver una cámara?

   (A) Tratan de ocultar los rostros.
   (B) Se enorgullecen de su supuesta importancia.
   (C) Tienen miedo de ser reconocidos por el Régimen.
   (D) Se enfadan porque sacan fotografías de ellas.

6. ¿Cuál es la actitud de ese autor?

   (A) Le tiene mucha simpatía a esa gente.
   (B) Comprende bien sus sentimientos y sus frustraciones.
   (C) Muestra una actitud de admiración a esa gente.
   (D) Menosprecia a esa gente.

SEGUNDO GRUPO, SELECCIÓN UNO

Por eso Scherer dice que "la patria y un sentido elemental y primitivo de la hombría llegaron a ser para el joven Siqueiros dos conceptos difíciles de disociar," y alude que la patria era, para el pintor, "el sol y el machismo."

Línea   Una anécdota del Siqueiros adolescente puede ilustrar este punto. Hacia
(5) el año 1911, cuando se hablaba en México de la reforma agraria, un día en que estaban reunidos con el padre del futuro pintor, en casa de éste, varios hacendados de Morelos y de Guanajuato, llegó el joven. Uno de los reunidos, don Jesús Covarrubias, le dijo: "¿Con qué tú, David, eres de los que dicen que lo tuyo es mío y lo mío es mío?" El joven—tenía apenas
(10) catorce años—sólo replicó con una especie de gruñido y miró a su padre, quien dirigióle una mirada de reprobación. Después—cuenta el pintor— que los circunstantes empezaron a hacerle insinuaciones vagas, bromas y preguntas que ellos mismos contestaban como si las respuestas fueran del interpelado. Este, pasado un rato, dijo con energía: "Yo lo único que sé es
(15) que todos los hacendados son una bola de ladrones." Su padre, como es natural, le echó del comedor, donde se hallaban. El salió lentamente, "en deliberada actitud de desafío." Miró con insolencia a uno por uno de los reunidos y se detuvo frente a su padre. "No creo—declaró muchos años después—haberlo visto con odio, pero sentí como si en la hondura verde de
(20) mis ojos se formara algo así como una mancha turbia." Por fin, salió del comedor, y destrozó muebles y objetos de tres habitaciones. En seguida abandonó la casa paterna, a la que ya no volvió nunca.

David Siqueiros y Diego Rivera sentían la necesidad de "expresarse con voces genuinas." Los dos se preguntaban cómo podría ser el futuro pro-
(25) grama de revolución pictórica de México. Sus ideas partían de la base de la falta de mercado para la pintura en su país. De ahí el que pensaran que el género primordial de actividad tendría que ser el muralismo.

1. ¿Quién fue David Siqueiros?

   (A) Fue crítico de arte mexicano.
   (B) Fue hacendado rico.
   (C) Fue líder para la reforma agraria.
   (D) Fue muralista.

2. ¿En qué sentido era la patria *sol y el machismo* para Siqueiros?

   (A) La patria encarnaba toda la fuerza vital del mexicano.
   (B) La belleza natural del paisaje mexicano inspiraba tanto al artista como al campesino.
   (C) El trabajo de los mexicanos era seguir la lucha para la reforma agraria contra los ricos.
   (D) La patria pertenecía a los hombres mexicanos.

3. ¿Quiénes visitaban en casa de su padre un día?

   (A) Los amigos del joven David Siqueiros.
   (B) Unos ricos.
   (C) Unos pintores famosos.
   (D) Unos campesinos.

4. ¿Qué insinuó José Covarrubias en lo que le dijo a David Siqueiros?

   (A) Que sabía que David pertenecía a un grupo promoviendo un nuevo estilo de arte.
   (B) Que sabía que David quería que los ricos repartieran sus terrenos a los pobres.
   (C) Que sabía que los jóvenes siempre se rebelaban contra la autoridad.
   (D) Que David Siqueiros era ambicioso y avaro porque quería el dinero que tenía.

5. ¿Por qué se enojó su padre con el joven?

   (A) El joven acusó a uno de sus amigos de haberle robado algo.
   (B) El joven había pintado mal las casas de los hacendados ricos.
   (C) La injuria de su hijo le dio vergüenza.
   (D) El hijo desafió a su padre en la presencia de los invitados.

6. ¿De qué se dio cuenta el joven durante esa cena?

   (A) Su padre tenía buen sentido de humor.
   (B) Supo que los ricos eran sarcásticos.
   (C) Supo que su padre no lo quería.
   (D) Los valores de su padre no eran los suyos.

7. ¿Con quién compartió el joven pintor sus ideas?

   (A) Con Diego Rivera.
   (B) Con sus padres.
   (C) Con los hacendados.
   (D) Con Jesús Covarrubias.

8. ¿Cómo se relacionan el movimiento artístico del muralismo y el de la reforma agraria?

    (A) Los dos se basan en un mercado libre.

    (B) Los dos se basan en el concepto de que la voz popular sólo se expresaba por el arte.

    (C) Los dos se basan en una rebelión contra una aristocracia que oprimió a los pobres.

    (D) Los dos expresan la creencia de que la única actividad auténtica es la pintura.

SEGUNDO GRUPO, SELECCIÓN DOS

La tradicional rosca de Reyes es el centro de atención de la fiesta de cada 6 de enero por ser una de las tradiciones más antiguas de la iglesia católica que permite la convivencia familiar y recuerda la llegada de los Tres Reyes Magos.

Línea   Esta tradición llegó a México proveniente de España en los primeros años
(5)   del Virreinato y formó parte de las festividades de año nuevo para recordar la llegada a Jerusalén de los tres Reyes Magos que desde Oriente llevaron regalos al niño Jesús.

Desde entonces, cada 6 de enero las familias mexicanas se reúnen para partir la tradicional rosca de Reyes—un bizcocho fino—de forma alveolar
(10)   que contiene en promedio tres figuras de plástico en forma de niño y que simbolizan al hijo de Dios.

Según la religión católica, quien encuentre la figura deberá vestir y presentar al niño Dios en la iglesia durante la fiesta del Día de la Candelaria el 2 de febrero para celebrar los 40 días de su nacimiento.

(15)   Desde la Edad Media las familias españolas acostumbraban servir una merienda en la cual se partía la rosca de Reyes. Algunas fuentes históricas aseguran que se trata de una costumbre romana que tomó la iglesia católica y la unió a la Navidad.

Antiguamente la rosca y el chocolate—con el que se suele acompañar—
(20)   se preparaban en casa, pero en la actualidad se pueden conseguir en cualquier panadería o tienda comercial para celebrar el 6 de enero en compañía de familiares y amigos.

La rosca es un bizcocho muy fino elaborado cuidadosamente con harina, azúcar, mantequilla y huevos, pasta finamente preparada la cual se agrega a
(25)   un molde y se adorna con trozos de fruta seca y azúcar glacé, distribuida al gusto.

La festividad continúa hasta el Día de la Candelaria, cuando nuevamente se reúne la familia para celebrar la presentación del niño Dios en la iglesia y comer los tradicionales tamales verdes, rojos y de dulce acompañados con
(30)   atole de maíz.

La celebración ha perdurado durante generaciones gracias a la tradición familiar y a los comerciantes, que aprovechan la ocasión para incrementar sus ganancias mediante la venta de roscas de todos tamaños y precios, que varían entre cinco y quince dólares cada una.

1. ¿Qué es una rosca de Reyes?

   (A) Es una estatua pequeña del niño Jesús que se presenta a la iglesia el 6 de enero.
   (B) Es un tipo de torta con pequeñas figuras escondidas adentro.
   (C) Es un tipo de regalo traído por los Reyes Magos.
   (D) Es una fiesta que tiene la familia durante el mes de enero.

2. ¿Cuándo se celebra esta antigua tradición navideña?

   (A) El veinticinco de diciembre.
   (B) El seis de enero.
   (C) El dos de febrero.
   (D) Cuarenta días después del dos de febrero.

3. ¿En qué consiste la costumbre?

   (A) Los miembros de la familia se visten en trajes romanos para ir a la iglesia.
   (B) Todos compran regalos para presentar al niño Jesús el Día de la Candelaria.
   (C) Todos van a una panadería para comprar una rosca para la fiesta en casa.
   (D) Se celebra el Día de los Reyes Magos visitando a la iglesia y con comida especial.

4. ¿Qué tiene que hacer el que encuentra la figura del niño?

   (A) Tiene que vestirse en traje romano para ir a la iglesia.
   (B) Tiene que preparar la fiesta para el Día de la Candelaria.
   (C) Tiene que llevarla a Jerusalén.
   (D) Tiene que presentarse en la iglesia con la figura.

5. ¿De dónde procede la tradición mexicana de la rosca?

   (A) Tiene raíces durante la época colonial de México.
   (B) Empezó con el Nacimiento.
   (C) Tiene raíces en las costumbres de la iglesia católica medieval.
   (D) Los romanos empezaron la costumbre con una fiesta pagana.

6. ¿Qué quieren los comerciantes?

   (A) Quieren que todos pasen mucho tiempo en las iglesias.
   (B) Quieren que todos regalen muchos juguetes a los niños.
   (C) Quieren que todos aprovechen de la oportunidad de descansar en casa.
   (D) Quieren que todos coman mucho y compren mucho.

7. ¿Qué cambio se ha notado en la celebración de la rosca de Reyes?

   (A) Ahora es más difícil reunir a toda la familia.
   (B) Antes siempre se preparaba la rosca en casa.
   (C) Ahora se celebra el 2 de febrero en vez del 6 de enero.
   (D) Antes los comerciantes vendieron roscas más finas.

8. ¿Qué permite esta costumbre?

   (A) Permite que toda la familia se reúna para ayudar a los comerciantes.
   (B) Permite que los comerciantes disfruten de un descanso de sus negocios.
   (C) Permite que la iglesia estreche las relaciones con la comunidad comercial.
   (D) Permite que los niños se sientan parte de la comunidad religiosa.

SEGUNDO GRUPO, SELECCIÓN TRES

Entonces comenzaron entre ellas una de esas conversaciones en que a mí, aunque esté presente, no me dan intervención, porque van a decir cosas que saben que yo no he de admitirles.

Línea   —Y no parece que tenga veintiséis años.

  (5)   —Desde luego que no. Por lo menos tiene veintiocho.

—No ha hablado en ningún momento.

—¡Nos miraba, y en qué forma!

—Parecía asustada.

—No, asustada no. Sorprendida, estupefacta.

 (10)   —Y mucha desenvoltura no aparenta tener.

—Les digo que es una santita que nunca salió de su casa. Por eso ahora anda así.

—Y se vino vestida bien modestamente.

—Tenía una media corrida.

 (15)   —Y los zapatos llenos de polvo.

—Oigan, ¿no será sorda? ¿No será que no oye lo que se le dice y por eso nos miraba así?

—Pero no, si cuando yo le pregunté....

—Pues algo raro hay en ella. Todavía no sé lo que es, pero ya lo sabré.
 (20) Déjenme estudiarla.

Y yo me acordé de aquellas manchas rojas en el antebrazo de Rosaura ¡y sentí una indignación!

—¡Vean qué tres serpientes he traído yo al mundo!—exclamé, mirándolas con furia. La señorita Eufrasia, al lado de ustedes, es Santa Eufrasia. No
 (25) quería decirles nada, pero veo que es necesario. La pelea de Rosaura con el padre fue como para llamar a la policía. Tiene los brazos llenos de cardenales.

Me miraron, horrorizadas.

1. ¿Quién narra lo que pasa en este trozo?

   (A) La señorita Eufrasia.
   (B) Una de las chicas.
   (C) La mamá de las chicas.
   (D) Una chica huérfana.

2. ¿De qué hablan?

(A) Hablan de una joven que está visitando a la familia.
(B) Hablan de una chica que es compañera de clase en la escuela.
(C) Hablan de una santa que visitaba la casa.
(D) Hablan de una joven pobre que visitaron en su casa.

3. ¿Por qué no quiere intervenir la narradora?

(A) Tiene miedo de que revelara algo inoportuno.
(B) Le da vergüenza que las chicas sean tan crueles.
(C) Le ha prometido a la chica no decirles nada.
(D) No quiere intervenir en asuntos ajenos.

4. ¿Con qué intenciones hablan las tres chicas?

(A) Hablan para conocer mejor a la chica.
(B) Hablan para adivinar la identidad de la chica.
(C) Están chismeando.
(D) Les interesa ayudarle.

5. ¿En las línea 24, qué quiere decir la frase *La señorita Eufrasia, al lado de ustedes, es Santa Eufrasia*?

(A) Indica que las chicas son tan buenas como si fueran santas.
(B) Quiere decir que a la narradora le parece que las tres chicas son muy crueles.
(C) Significa que la narradora cree que una persona cualquiera puede ser santa.
(D) Indica que la narradora no cree que la señorita Eufrasia sea santa.

6. ¿Qué quiere la narradora que hagan las tres chicas?

(A) Quiere que ellas se callen.
(B) Quiere que ellas sean más piadosas
(C) Quiere que las chicas la conozcan mejor.
(D) Quiere que las tres le muestren más respeto.

7. ¿Por qué se quedan horrorizadas las tres chicas?

(A) No pueden creer que les hable la narradora con tanta franqueza.
(B) Les ofende que haya intervenido la narradora en sus conversaciones.
(C) Dudan que la narradora les haya dicho la verdad.
(D) Les escandalizan los hechos del caso que acaba de decirles la narradora.

8. ¿Qué puede ser el pensamiento central de este trozo?

(A) A las mujeres les gusta chismear todo el tiempo.
(B) Los pobres no tienen ningunos derechos.
(C) No se debe juzgar sin saber todos los datos del caso.
(D) La intolerancia tiene raíces en la falta de comunicación.

SEGUNDO GRUPO, SELECCIÓN CUATRO

La Oficina de Tierras del Estado está conduciendo un programa en la parte baja de la Laguna Madre para determinar si proyectos privados y estructuras localizadas en los terrenos costeros estatales, están adecuadamente permitidos.

Línea
(5) "Hemos concedido un período de gracia para permitir que toda persona que esté usando los terrenos costeros públicos para cualquier propósito particular, tal como desembarcadero, puedan obtener un permiso sin tener que pagar multa," señaló el Delegado de Tierras.

El programa de condescendencia exige la inspección de propiedades en
(10) Laguna Alta, Laguna Vista y La Gran Isla, para verificar que los propietarios acaten las respectivas leyes. Las propiedades del estado no pueden ser utilizadas para ningún propósito sin el debido permiso escrito por parte de la Oficina y el pago correspondiente.

Cada propietario de terreno comercial o residencial, debe recibir una
(15) carta de notificación sobre la inspección a realizarse. Después de la inspección, los propietarios recibirán una carta de la Oficina de Tierras del Estado informando sobre el estado de su propiedad, notificándole que todo está en orden, o que es necesario algún cambio.

Las personas que están utilizando propiedades del estado sin la debida
(20) autorización, tendrán hasta el 1° de junio para solicitar un plazo sin tener que pagar multas, o bien para notificar a la oficina de tierras la fecha en que se corregirá dicha situación.

1. ¿De dónde procederá este trozo?

   (A) Manual para burócratas.
   (B) Un anuncio público distribuido por el gobierno.
   (C) Artículo de una revista.
   (D) Un texto de leyes sobre propiedades públicas.

2. ¿De qué ubicación geográfica será?

   (A) De una localidad urbana.
   (B) De una localidad agraria.
   (C) De una localidad del litoral.
   (D) De una localidad montañosa.

3. ¿A quiénes está dirigido?

   (A) Está dirigido a comerciantes de terrenos costeros.
   (B) Está dirigido a los que usan los embarcaderos estatales.
   (C) Está dirigido a todas las personas que viven cerca de las Lagunas.
   (D) Está dirigido a la Oficina de Tierras del Estado.

4. ¿A qué ley se refiere este trozo?

    (A) La que otorga permiso para utilizar los terrenos públicos.

    (B) La que reglamenta la industria pesquera.

    (C) La que permite la investigación de utilización de terrenos públicos.

    (D) La que trata el establecimiento de viviendas en terrenos públicos.

5. ¿Qué problema revela?

    (A) Unas personas usan terrenos públicos ilegalmente.

    (B) Unas personas no están pagando los debidos impuestos en sus terrenos.

    (C) Unas personas no tienen autorización de usar los embarcaderos públicos.

    (D) Unas personas ignoran las leyes.

6. A causa del problema, ¿qué hará el Estado?

    (A) El Estado encarcelará a los que no cooperan.

    (B) El Estado perdonará a todos los que no se conforman.

    (C) El Estado prohibirá a los que no tienen permiso que utilicen los terrenos públicos.

    (D) El Estado instituirá un programa de condescendencia.

7. Quién use propiedad del Estados, deberá

    (A) recibir una carta de notificación y luego ser informado del estado de la propiedad.

    (B) pedir un plazo sin multa alguna o proveer una solución.

    (C) pagar la multa y efectuar la solución de inmediato.

    (D) esperar hasta el 1º de junio y luego solicitar la autorización.

TERCER GRUPO, SELECCIÓN UNO

    Patrocinado por el Instituto de Cultura e invitado por el Instituto Guatemalteco, vengo a pasar un mes en Guatemala. A mi regreso, todos, amigos, parientes, colegas y hasta simples conocidos, me han asediado con
Línea su curiosidad por este país, del que por desgracia tan poco se conoce en
(5) Europa. Un mes, por modo cierto, es muy poco tiempo para llegar al conocimiento de cualquier cosa importante y desde luego mucho menos para captar las esencias tan complejas y los matices tan variopintos de un país como Guatemala.

    En todos los medios sociales en los que me he desenvuelto, la cortesía natu-
(10) ral y algo más importante y sincero, como es la cordialidad, son la regla. En cada momento de mi vida allí, he tenido la sensación entrañable de encontrarme en mi propio país y también de que "el solo hecho de ser español" ya era algo importante en Guatemala. Esto no implica, ni mucho menos, en el nativo o residente, servilismo ni ausencia de un lógico y acer-
(15) tado orgullo nacional, sino que si los "peninsulares" nos colocamos en la natural posición de hermanos, ellos como hermanos nos acogen.

    Lo que no aceptan, y hacen muy bien, es la actitud más o menos velada-mente "paternalista" y protectora, que el desconocimiento de la realidad hace adoptar a muchos de los que intentan "españolear" en América. Creo

(20) sinceramente que la única razón de los alientos que los guatemaltecos han prodigado a mis modestas actuaciones públicas se ha debido a mi sentir, sinceramente expresado, de que tanto más tenía yo que aprender de ellos, como ellos de mí.

El intelectual guatemalteco es curioso de todos los saberes, hábil conver-
(25) sador, que sabe escuchar y decir—cada cosa a su tiempo—y de una cultura extensa e intensa, sin el mal de la pedantería. Como uno de los más gratos recuerdos de esta mi entrañable Guatemala, tengo el del "redescubrimiento" del apacible coloquio—hoy casi olvidado entre nosotros—con el designio más de aprender que de enseñar, el sentido de la mutua comprensión y la
(30) tolerancia liberal que preside toda mente selecta.

1. ¿Quién es el autor de este trozo?

   (A) Es guatemalteco que actualmente vive en España.
   (B) Es turista casual en Guatemala.
   (C) Es embajador cultural español en Guatemala.
   (D) Es un peninsular invitado por una organización guatemalteca.

2. Al pasar un mes en Guatemala este señor

   (A) ha intentado "españolizar" a los indígenas.
   (B) ha investigado las actitudes de los guatemaltecos hacia los españoles.
   (C) ha dictado algunas conferencias de cuando en cuando.
   (D) ha visitado con los intelectuales entre los guatemaltecos.

3. ¿Qué actitud mostraba este autor?

   (A) Se sentía muy superior por ser español entre guatemaltecos.
   (B) Se sentía bien acogido.
   (C) Se sentía muy humillado porque los guatemaltecos eran tan inteligentes.
   (D) Se sentía muy dispuesto a regresar a su país cuanto antes.

4. ¿Qué característica de los guatemaltecos le impresionó más?

   (A) La envidia que le tenían porque era europeo.
   (B) Lo pedante que eran los guatemaltecos intelectuales.
   (C) Su gran curiosidad intelectual en cuanto a todo el mundo.
   (D) Su soberbia que no les permitió admitir la superioridad española.

5. ¿Qué crítica implícita hay en lo que dice este autor?

   (A) Critica a sus propios compatriotas.
   (B) Critica a los europeos con negocios en Guatemala.
   (C) Critica a los guatemaltecos por ser tan serviles.
   (D) Critica la pereza guatemalteca.

6. ¿Qué revela la actitud de los guatemaltecos en cuanto a las relaciones con los españoles?

    (A) Los guatemaltecos siempre han entendido mejor a los españoles que al revés.

    (B) Los guatemaltecos siempre han entendido peor a los españoles que al revés.

    (C) Las dos nacionalidades siempre se han tratado como iguales.

    (D) Nunca se han entendido bien.

7. ¿Qué sugiere que se aprenda de los guatemaltecos?

    (A) Sugiere que se aprenda a apreciar el arte de no hacer nada.

    (B) Sugiere que todo el mundo imite la sinceridad de los guatemaltecos.

    (C) Sugiere que todos viajen a Guatemala para experimentar esta cultura.

    (D) Sugiere que todos los intelectuales sean más pedantes, tal como los guatemaltecos.

8. ¿Cómo sería posible caracterizar a este escritor?

    (A) Es un hombre muy sincero pero ingenuo.

    (B) Es un hombre muy intelectual.

    (C) Es un hombre intenso.

    (D) Es un hombre discreto.

TERCER GRUPO, SELECCIÓN DOS

Emitido por: AERONAVES NACIONALES:

Boleto de pasaje y del talón de equipaje
Aviso sobre limitaciones de responsabilidades sobre equipajes:

Línea   Las limitaciones de responsabilidad del transportista sobre el equipaje fac-
(5)   turado, serán de aproximadamente (U.S.) $9.07 por libra y sobre el equipaje no facturado serán de (U.S.) $400.00 por pasajero.

Noticia importante
BIENVENIDOS A BORDO

Estimado Pasajero:

(10)   Para mayor comodidad y seguridad, si Ud. interrumpe su viaje por más de 48 horas le solicitamos que reconfirme su intención de usar la continuidad o el retorno de su viaje. Para tal efecto le rogamos que informe a nuestras oficinas en el lugar donde Ud. intenta reanudar su viaje con 48 horas de anticipación a la hora de salida de su vuelo. La noreconfirmación
(15)   de su salida podría traer como consecuencia la cancelación de su reserva. Esperamos su colaboración para seguir brindándole nuestro tradicional servicio.

CUPÓN DE REEMBOLSO

El reembolso solo se hará al pasajero, a menos que se indique otra per-
(20)   sona en la parte inferior de esta casilla, caso en el cual, solo podrá hacerse a la persona designada y no al pasajero, siempre y cuando entregue este

cupón, los cupones que no hayan sido usados y el talón de exceso de equipaje. El presente reembolso está sujeto a las tarifas, normas y regulaciones del transportador, así como a las leyes y demás disposiciones gubernamentales.

(25)

1. Este trozo parece ser

    (A) De un folleto de una línea aérea.
    (B) De un contrato entre un pasajero y una línea aérea.
    (C) El documento de embarque que se le entrega para poder embarcar.
    (D) De un anuncio para Aeronaves Nacionales.

2. Si Ud. tiene reservas para un vuelo de vuelta el doce de diciembre, a las catorce horas ¿para cuándo tendrá Ud. que reconfirmar su vuelo?

    (A) El 9 de diciembre, a las siete de la mañana.
    (B) El 10 de diciembre, a las dos de la tarde.
    (C) El 11 de diciembre, a las cuatro de la tarde.
    (D) El 12 de diciembre, a la una de la tarde.

3. Se necesita un *talón de equipaje* para

    (A) Probar responsibilidad financiera de la línea aérea.
    (B) Poder llevar el equipaje de mano en la cabina.
    (C) Declarar el valor y peso del equipaje.
    (D) Reclamar el equipage al aduanero.

4. ¿Qué propósito tiene el cupón de reembolso?

    (A) Para que otra persona pueda usar el boleto que no se ha usado.
    (B) Para que la línea aérea pague al pasajero por usar los servicios de ésta.
    (C) Para que el gobierno le pague la parte que no se ha usado.
    (D) Para que la línea aérea pague la parte que no se ha usado.

5. Las palabras *nuestro tradicional servicio* indica

    (A) Que la línea esta muy orgullosa de su servicio.
    (B) Que es una vieja línea tradicional.
    (C) Que es una línea establecida y reconocida.
    (D) Que su servicio es igual al de cualquier otra línea.

TERCER GRUPO, SELECCIÓN TRES

Muy señor nuestro:

En relación a su carta enviada el 2 de febrero donde se expresa su interés en recibir información de la Región de Castilla y León les comunico que el *Línea* Gobierno de la Región presta su total apoyo y colaboración para que se *(5)* efectúen inversiones en la Comunidad Autónoma de Castilla y León.

Para que puedan llegar a tener un primer conocimiento de nuestra región les envió un folleto informativo en inglés, así como indicaciones sobre las posibles líneas de ayuda de las que se puedan beneficiar.

Al margen de estas medidas de apoyo, le informo que se dan en nuestra
(10) Región circunstancias muy favorables para la adquisición de suelo industrial, disponible en Polígonos Industriales ya equipados. La mayoría de
éstos se pueden obtener con ventajas adicionales en función de la demanda
de la empresa. Por otro lado, hemos de informarle del hecho de que muchos
ayuntamientos ceden parte de sus terrenos industriales a título gratuito o
(15) por un precio simbólico para la instalación de nuevas industrias en los mismos.

También estimamos de gran interés para los posibles inversores en la
Región de Castilla y León (España-Europa) la existencia de una amplia
gama de incentivos que premian la creación de empleo, así como la existen-
(20) cia de una sociedad de capital-riesgo (INCRIS, S.A.) cuyo objeto es la promoción o fomento de sociedades no financieras mediante la participación
temporal en su capital y la prestación a las sociedades participadas de servicios de asesoramiento, asistencia técnica y otros complementarios, teniendo
como recursos propios iniciales, 1.000 millones de pesetas.

(25) Estamos a su entera disposición para cualquier ampliación de información que aquí se cita, así como sería un placer para nosotros, que se
desplazaran a conocer personalmente esta Región y sus instituciones.

Atentamente,

El Director General de Economía

1. ¿De quién es esta carta?

   (A) Del contador de una empresa grande.
   (B) De un representante gubernamental.
   (C) De un agente de bienes raíces.
   (D) De un banco que está solicitando clientes.

2. ¿Cuál es el propósito de la carta?

   (A) Solicitar préstamos y dinero para el desarrollo regional.
   (B) Atraer industrias a la región.
   (C) Ofrecer ayuda financiera para los naturales de la región.
   (D) Crear sociedades en la región para apoyar el desarrollo económico.

3. ¿Qué se ofrece hacer en la carta?

   (A) Se ofrece negociar con los ayuntamientos locales.
   (B) Se ofrece invertir el dinero de los extranjeros que vienen a la región.
   (C) Se ofrece enviar solicitudes a los posibles clientes de empresas en la
       región.
   (D) Se ofrece establecer sociedades para ayudar y apoyar las industrias.

4. Parece que esta región

   (A) Goza de muchas condiciones favorables para la industria.
   (B) Tiene mucho territorio subdesarrollado.
   (C) Tiene mucha experiencia en invertir dinero.
   (D) Se encuentra bien desarrollada económicamente.

TERCER GRUPO, SELECCIÓN CUATRO

Verdad es que el llamado realismo, cosa puramente externa, aparencial, cortical y anecdótica, se refiere al arte literario y no al poético o creativo. En una creación la realidad es una realidad íntima, creativa y de voluntad. Un *Línea* poeta no saca sus criaturas por los modos del llamado realismo. Las figuras *(5)* de los realistas suelen ser maniquíes vestidos.

¿Cuál es la realidad íntima, la realidad real, la realidad eterna, la realidad poética o creativa de un hombre? Sea hombre de carne y hueso o sea de los que llamamos ficción, que es igual. Porque Don Quijote es tan real como Cervantes; Hamlet o Macbeth tanto como Shakespeare. ¿Qué es lo *(10)* más íntimo, lo más creativo, lo más real de un hombre? Nos dice Oliver Wendell Holmes que cuando conversan dos, Juan y Tomás, hay seis en conversación. Los tres Juanes son: (1) El Juan real; conocido sólo para su Hacedor, (2) El Juan ideal de Juan; nunca el real, y a menudo muy desemejante de él, y (3) El Juan ideal de Tomás; nunca el Juan real ni el Juan de *(15)* Juan, sino a menudo muy desemejante de ambos. Es igual para Tomás. Los tres Tomases son: (1) El Tomás real, (2) El Tomás ideal de Tomás, y (3) El Tomás ideal de Juan.

Es decir, el que uno es, el que se cree ser y el que le cree otro. Y Oliver Wendell Holmes pasa a disertar sobre el valor de cada uno de ellos.

(20) Pero yo tengo que tomarlo por otro camino que el intelectualista yanqui Wendell Holmes. Y digo que, además del que uno es para Dios—si para Dios es uno alguien—y del que es para los otros y del que se cree ser, hay el que quisiera ser. Y que éste, el que uno quiere ser, es en él, en su seno, el creador, y es el real de verdad.

1. ¿En qué se interesa más este autor?

   (A) Una definición de la realidad.
   (B) Lo que piensan los intelectuales ingleses.
   (C) La multiplicidad de facetas de una personalidad.
   (D) Una definición de una obra de arte.

2. ¿Cómo puede Don Quijote ser tan real como Cervantes?

   (A) Si ni hubiera vivido el autor, no hubiera sido personaje ficticio.
   (B) Si el autor no hubiera pensado en su creación, no hubiera sido famoso.
   (C) Los dos nunca existieron de veras porque no hay prueba tangible de sus vidas.
   (D) Los dos trascienden la vida corporal del autor.

3. Según el autor de la selección, ¿cuántas personalidades hay en una conversación entre dos?

   (A) Hay tres.
   (B) Hay cuatro.
   (C) Hay seis.
   (D) Hay ocho.

4. En la línea 5, cuando el autor afirma que *las figuras de los realistas suelen ser maniquíes vestidos,* lo dice porque

(A) Los maniquíes vestidos generalmente se ven muy realistas.
(B) Sólo los idealistas son capaces de comprender la realidad.
(C) Estas figuras son verdaderas sólo en su aspecto externo.
(D) La realidad es limitada, igual que un maniquí vestido de persona.

5. ¿Qué quiere añadir este escritor a la teoría del escritor yanqui?

(A) Además de estas personalidades diferentes, hay dos más en cada persona.
(B) Cree que lo que una persona quiere ser tiene tanta realidad como las otras.
(C) Propone una personalidad divina más allá de la que uno quiere ser.
(D) Advierte que nunca se sabe con quién habla una persona.

6. ¿En qué consiste la realidad de un hombre para este escritor?

(A) Opina que la realidad, a menos que sea creativa, es superficial.
(B) Dice que la realidad existe sólo cuando tiene forma palpable.
(C) Piensa que la llamada realidad es pura inspiración creativa.
(D) Dice que hay muchas realidades externas, no solamente una.

7. ¿Cómo se caracteriza este autor?

(A) Es un autor muy inseguro de quién es.
(B) Es un autor que sabe bien quién es.
(C) Es un autor que quiere argüir con sus lectores.
(D) Es un autor que conoce bien al ser humano.

CUARTO GRUPO, SELECCIÓN UNO

Entre los jóvenes de clase media, y a veces de clase obrera que con grandes sacrificios llegan a los estudios superiores, tiene lugar, por otra parte, la transformación cultural más interesante de la década. Quizás la historia cul-
Línea tural del México independiente pueda dividirse en tres etapas. La primera,
(5) hasta finales de la dictadura de Díaz, muestra una marcada tendencia—que las grandes excepciones, de Fernández de Lizardi a Posadas, no alcanzan a suprimir—a los que Antonio Caso llamó "la imitación extralógica": una cultura importada, como las mansardas que en las casas de la Colonia Juárez esperaban inútilmente la ventisca invernal. Pero a fines del Porfiriato, las
(10) novelas de Rabasa y Frías, la poesía de Othón, los grabados de Posada anunciaban un descubrimiento: el de México por sí mismo. La Revolución, en esencia un paso del no ser, o del ser enajenado, al ser para sí, fue el acto mismo de ese descubrimiento—los actos coinciden con las palabras y la apariencia con el rostro: la máscara cae y todos los colores, voces y cuerpos
(15) de México brillan con su existencia real. Un país dividido en compartimientos estancos entra en contacto con sí mismo. Las formidables cabalgatas de la División del Norte y del Cuerpo del Noroeste por todo el territorio de la república son un abrazo y un reconocimiento: los mexicanos saben por primera vez cómo hablan, cómo cantan, cómo ríen, cómo aman, cómo
(20) beben, cómo comen, cómo injurian y cómo mueren los mexicanos.

Del choque revolucionario surgió una doble tendencia cultural, positiva en cuanto permitió a los mexicanos descubrirse a sí mismos, y negativa en cuanto llegó a un extremo chauvinista, tipificado popularmente en la frase "Como México no hay dos" que sólo acentúa nuestra forzosa relación bilate-

(25) ral con los Estados Unidos. Curiosa y suicida coincidencia de cierta izquierda y de la derecha cierta: la xenofobia, la afirmación de la singular- idad mexicana, la invención estimágtica de "ideas exóticas" para denigrar, sencillamente, las ideas que no se comprenden o se juzgan peligrosas para la ortodoxia de los unos o las ganancias de los otros.

1. ¿Cómo se diferencian los jóvenes modernos de los de la época del Porfiriato?

   (A) Creen que saben más.
   (B) No tienen identidad auténtica.
   (C) Son más artísticos.
   (D) Disfrutan de más oportunidades.

2. ¿Qué pasó en la primera etapa de la gran transformación mexicana?

   (A) Estalló la rebelión contra la dictadura de Porfirio Díaz.
   (B) Los mexicanos imitaron a las modas ajenas.
   (C) El pueblo se escondió tras máscaras regionales.
   (D) El país se dividió en varios departamentos.

3. ¿Cómo empezaron algunos a mostrar su independencia?

   (A) Unos artistas iniciaron unas nuevas tendencias artísticas.
   (B) La División del Norte se encontró con el Cuerpo del Noroeste.
   (C) Mexicanos de todas partes se juntaron en contra de Porfirio Díaz.
   (D) Unos mexicanos empezaron a pensar de una manera no muy lógica.

4. ¿Qué es lo que se veía al caer la máscara?

   (A) Se veía muchos colores brillantes.
   (B) Descubrieron que eran xenofóbicos.
   (C) Reconocieron sus diferencias regionales.
   (D) Se enteraron de cómo eran sus compatriotas.

5. ¿Qué aspecto positivo tiene la doble tendencia cultural mexicana?

   (A) Los mexicanos reconocieron sus semejanzas.
   (B) Supieron que tenían que juntarse para luchar contra los Estados Unidos.
   (C) Descubrieron el valor de la cultura autóctona.
   (D) Descubrieron que a todos les gustaron los colores vivos.

6. ¿En la línea 23, qué quiere decir la frase *Como México no hay dos*?

   (A) Hay sólo una raza mexicana.
   (B) No se puede permitir influencias extranjeras en México.
   (C) No hay diferencias políticas entre los mexicanos.
   (D) Todas las regiones de México gozan de oportunidades iguales.

7. Últimamente ¿en qué consiste la transformación discutida en esta selección?

(A) El fomento de revolución artística.
(B) La creación de regiones únicas.
(C) Un proceso de autoidentificación mexicana.
(D) El reconocimiento de la superioridad cultural mexicana.

CUARTO GRUPO, SELECCIÓN DOS

Comunicarse en este país es un laberinto. Cada organismo tiene su propia red de transmisión, sin control alguno, dentro de un espectro donde las interferencias, escuchas y *pinchazos* están a la orden del día. El gobierno
Línea quiere poner orden en todo este caos y prepara un ley de ordenación de las
(5) comunicaciones, que se remitirá a las Cortes el próximo verano. Ahora policía, ambulancias, bomberos, radioaficionados, teléfonos sin hilos, etcétera, forman toda una tela de araña donde unos atrapan las conversaciones de los otros, y viceversa. Todo un galimatías. La futura ley de las comunicaciones promoverá una *autopista* donde cada servicio público ten-
(10) drá su carril para circular sin peligro de choque (interferencias) con el que camina al lado. Los servicios privados se podrán enganchar a esa autopista (red digital de servicios integrados). Todos pagarán el peaje (utilización de la red) a Telefónica.

La creación de la red digital de servicios integrados de banda ancha—la
(15) autopista—se contempla en el horizonte de aquí a veinticinco años. Para entonces, todos los servicios públicos que hoy tienen su propia red de transmisión pasarán por esa red única, evitándose así la duplicidad de costos y el caos circulatorio de las ondas en el espacio.

La red integrada hará que los actuales servicios domésticos de telecomu-
(20) nicaciones (teléfono, TV, radio y transmisión de datos) vayan por un solo conducto. En un futuro próximo se integrarán los llamados nuevos servicios telemáticos, como el videotex, teletex, facsímil, datáfono, telealarmas, videoconferencia, videocompra y correo electrónico, además de la televisión por cable y/o satélite y las redes públicas de transmisión de datos. Es decir,
(25) voz, imagen y datos.

Para unificar todo este galimatías en una sola red se invertirán, a precios actuales, más de cuatro *billones* de pesetas en los próximos veinte años. La fibra óptica—la tecnología del futuro en materia de telecomunicaciones—será el soporte por el que se transmita todo ese conjunto de informaciones.

Vocabulario:
galimatías = gibberish, nonsense

1. ¿Cuál es el tema de esta selección?

(A) Las novedades en la telecomunicación.
(B) Los problemas insolubles de la comunicación.
(C) Las aportaciones de la nueva tecnología a la telecomunicación.
(D) Mejoramientos en servicios públicos de telecomunicaciones.

2. La *autopista* se refiere en este caso

(A) a los caminos por donde circulan carros con teléfonos portátiles.
(B) a las ondas en el espacio.
(C) a los carriles para las ondas en el espacio.
(D) a un solo conducto para todo tipo de telecomunicación.

3. ¿Cuál problema hay actualmente con la telecomunicación?

(A) Las llamadas se pierden.
(B) No se puede transmitir datos.
(C) La variedad de modos de transmisión es problemática.
(D) Nadie quiere pagar el peaje a la Telefónica.

4. ¿Quién pagará para desarrollar todas las posibilidades de la fibra óptica?

(A) La Telefónica tendrá que invertir para realizar todas las posibilidades.
(B) El gobierno tiene toda la responsabilidad de desarrollarlas.
(C) Los negocios que utilizan la tecnología tendrán que pagarla.
(D) Los conductores de carros en la *autopista* tendrán que pagar el peaje.

5. Este escritor anticipa

(A) Que toda la tecnología futura aumentará los problemas.
(B) Que la tecnología que ha creado el problema también facilitará la resolución.
(C) Que habrá más y más choques en la *autopista*.
(D) Que habrá muchas redes en el futuro.

6. ¿Qué se evitaría si se pudiera inaugurar una red integrada?

(A) De realizarse esa solución, no se tendría que pagar doble por los servicios.
(B) Si hubiera una red integrada, todos los servicios públicos tendrían su propia onda.
(C) Se evitaría tantos hilos por todas partes.
(D) Si se realizara esta *autopista*, el gobierno no tendría que controlarla.

CUARTO GRUPO, SELECCIÓN TRES

Desde el 27 de mayo se hicieron a la mar, desde Guayaquil, las tres balsas que forman la nueva expedición del valeroso santanderino Vital Alsar.

En 1966 intentó Alsar este mismo recorrido Guayaquil-Australia, pero lo
Línea hizo con menor preparación, y a los 143 días de navegación se le hundió la
(5) balsa. Lejos de desanimarse, lo que hizo inmediatamente fue comenzar a preparar otra expedición, esta vez más cuidada, y acompañándose de un grupo de marinos tan arriesgados como él.

Vital Alsar tiene en la actualidad cuarenta años. Su vida se la cambió la lectura del libro de Thor Heyerdhal sobre la *Kon Tiki*. Ha pasado años tra-
(10) bajando y ahorrando para esa gran aventura, que deberá llevarlo, en unas balsas construidas con material vegetal, desde Guayaquil hasta Mooloolaba, junto a Brisbane, en Australia. Las tres balsas que forman la expedición que se encuentra en estos momentos rumbo a Australia, llevan los nombres del

punto de partida, del de llegada, y de Aztlan, que es el sitio mexicano donde
(15) se reunieron los expedicionarios para dirigirse a Guayaquil.

Dadas las nacionalidades de los componentes, Vital Alsar no ha querido
que ninguna de las balsas lleve bandera de un país determinado, sino que
las ha adornado con banderas blancas como símbolo de fraternidad internacional.

(20)   La expedición está calculada para una duración de cinco a seis meses. Se
confía mucho en que esta vez las balsas resistirán, porque se ha seguido al
pie de la letra la tradición de los indios ecuatorianos según la cual la madera
tiene que ser de árbol hembra y cortada durante luna llena. La explicación
científica de este hecho que los indios efectuaban empíricamente es que
(25) durante la luna llena el árbol acumula mayor cantidad de savia, y ésta
impide luego la saturación por agua. Los troncos de estas balsas fueron cor-
tados y arrojados al río que los llevó, por más de ochenta millas, hasta
Guayaquil donde se comenzó la construcción.

1. ¿Qué tipo de aventura planeaba Vital Alsar?

    (A) Pensaba emprender un viaje imposible.
    (B) Pensaba recrear la trayectoria de un viaje épico.
    (C) Pensaba navegar desde Australia hasta Ecuador.
    (D) Pensaba explorar las selvas en busca de balsas.

2. ¿Qué es la balsa?

    (A) Es una especie de árbol cuya madera resiste bien el agua.
    (B) Es un tipo de nave para cruzar el océano.
    (C) Es un tipo de planta de cuyas hojas se construyen barcos.
    (D) Es un tipo de expedición.

3. ¿Por qué fracasó la primera expedición?

    (A) Las primeras balsas no pudieron resistir el agua.
    (B) Alsar no leyó con cuidado el libro de Thor Heyerdhal.
    (C) La primera tripulación consistiá en marineros cobardes.
    (D) Alsar ignoró la tradición de los indios ecuatorianos.

4. ¿Cómo se llaman las tres balsas?

    (A) Guayaquil, Mooloolaba, y Aztlan.
    (B) Guayaquil, Brisbane, y Mooloolaba.
    (C) Mooloolaba, Brisbane, y Aztlan.
    (D) Mooloolaba, Australia, y Guayaquil.

5. ¿Por qué no llevará la expedición una bandera?

    (A) La tripulación no pudo ponerse de acuerdo de cuál usar.
    (B) Alsar no quiere agraviar a nadie.
    (C) Así se celebran las diferencias.
    (D) No hay una bandera internacional.

6. Según la sabiduría popular, ¿qué tipo de madera es necesario usar?

   (A) Es necesario que se corte un árbol de una región fluvial.
   (B) Es preciso que sea un árbol empapado de agua.
   (C) Sólo los árboles que hayan acumulado mucha savia sirven.
   (D) Es mejor que sea madera seleccionada por una expedición científica.

7. ¿Con qué cuenta Alsar para realizar esta expedición?

   (A) La sabiduría popular de los indígenas.
   (B) La precisión científica para construir bien las balsas.
   (C) Buen tiempo y una luna llena.
   (D) Tradición y preparación cautelosas.

8. ¿Cómo es Vital Alsar?

   (A) Es necio.
   (B) Es ingenuo.
   (C) Es atrevido.
   (D) Es introvertido.

CUARTO GRUPO, SELECCIÓN CUATRO

Ir a matar al príncipe de Orange. Ir a matar y cobrar luego los veinticinco mil escudos que ofreció Felipe II por su cabeza. Ir a pie, solo, sin recursos, sin pistola, sin cuchillo, creando el género de los asesinos que piden a su víc-
Línea tima el dinero que hace falta para comprar el arma del crimen, tal fue la
(5) hazaña de Baltasar Gérard, un joven carpintero de Dole.

A través de una penosa persecución por los Países Bajos, muerto de hambre y de fatiga, padeciendo incontables demoras entre los ejércitos españoles y flamencos, logró abrirse paso hasta su víctima. En dudas, rodeos y retrocesos invirtió tres años y tuvo que soportar la vejación de que Gaspar
(10) Añastro le tomara la delantera.

El portugués Garpar Añastro, comerciante en paños, no carecía de imaginación, sobre todo ante un señuelo de veinticinco mil escudos. Hombre precavido, eligió cuidadosamente el procedimiento y la fecha del crimen. Pero a última hora decidió poner un intermediario entre su cerebro y el
(15) arma: Juan Jáuregui la empuñaría por él.

Juan Jáuregui jovenzuelo de veinte años, era tímido de por sí. Pero Añastro logró templar su alma hasta el heroísmo, mediante un sistema de sutiles coacciones cuya secreta clave se nos escapa. Tal vez lo abrumó con lecturas heroicas; tal vez lo proveyó de talismanes; tal vez lo llevó metódica-
(20) mente hacia un consciente suicidio.

Lo único que sabemos con certeza es que el día señalado por su patrón (18 de marzo de 1582), y durante los festivales celebrados en Amberes para honrar al duque de Anjou en su cumpleaños, Jáuregui salió al paso de la comitiva y disparó sobre Guillermo de Orange a quemarropa. Pero el muy imbécil
(25) había cargado el cañón de la pistola hasta la punta. El arma estalló en su mano como una granada. Una esquirla de metal traspasó la mejilla del príncipe. Jáuregui cayó al suelo, entre el séquito, acribillado por violentas espadas.

1. ¿Dónde tiene lugar esta narrativa?

    (A) En Portugal.
    (B) En el sur de España.
    (C) En el norte de Europa.
    (D) En Granada.

2. El primer asesino en acercarse a la víctima fue

    (A) Guillermo de Orange.
    (B) Baltasar Gérard.
    (C) Gaspar Añastro.
    (D) Juan Jáuregui.

3. Garpar Añastro quería que

    (A) Baltasar Gérard matara a Guillermo de Orange.
    (B) Juan Jáuregui matara a Galtasar Gérard.
    (C) Juan Jáuregui matara a Guillermo de Orange.
    (D) Baltasar Gérard matara a Juan Jáuregui.

4. ¿Por qué querían los asesinos matar a su víctima?

    (A) Los portugueses odiaban a los flamencos.
    (B) Baltasar Gérard necesitaba dinero para comprar madera.
    (C) Querían ganar una recompensa.
    (D) Juan Jáurigui era imbécil.

5. ¿Cómo ayudó Gaspar Añastro a Juan Jáuregui a superar su timidez?

    (A) Le ofreció veinticinco mil escudos.
    (B) Le entrenó con mitos y leyendas de guerra.
    (C) Le convenció de la verdad de la tarea.
    (D) Le prometió festejarlo al realizar el proyecto.

6. ¿Quién murió a fin de cuentas?

    (A) El duque de Anjou.
    (B) Guillermo de Orange.
    (C) Gaspar Añastro.
    (D) Juan Jáuregui.

7. ¿Cómo murió?

    (A) Lo acuchillaron.
    (B) Lo fusilaron.
    (C) Murió de hambre.
    (D) Se suicidó.

8. ¿Cómo era Juan Jáuregui?

    (A) Era heroico.
    (B) Era intrépido.
    (C) Era inteligente.
    (D) Era necio.

QUINTO GRUPO, SELECCIÓN UNO

En el trayecto que se me había encomendado recorrer, hay un puente, en el que a intervalo de un minuto, debían circular por una vía única dos trenes: el que yo manejaba y un tren de mercancías. Sabiendo el peligro de *Línea* estos cruces, se me habían hecho mil recomendaciones, inútiles, por otra (5) parte, pues es de suponer la atención que pondría yo en las señales luminosas.

Al acercarnos al puente en cuestión, divisé claramente la luz verde, que me daba libre paso, y respirando aliviado, aumenté un poco la velocidad de nuestra marcha, no mucho sin embargo, dado que había que cruzar un (10) puente y podría resultar peligroso.

Segundos después se sintió una sacudida intensísima y se oyó un ruido horrible: los dos trenes chocaron, se incendiaron y se desmenuzaron. Hubo cientos de muertos y miles de heridos. Por una rara casualidad yo quedé ileso. ¡Ojalá hubiera muerto!

(15) Nunca podré olvidar un espectáculo tan espantoso. Como siempre sucede en las catástrofes, la sensación de espanto no es simultánea con el choque; sólo al cabo de algunos minutos, cuando vi las llamas de los coches que ardían, cuando distinguí las dos locomotoras semi-erguidas como dos hombres que luchan por derribarse, cuando oí los lamentos de los heridos (20) y vi las ambulancias que acudían a levantar las víctimas, sólo entonces me di cuenta de lo que acababa de suceder.

1. ¿Qué se narra en este trozo?

    (A) Un encuentro entre amigos.
    (B) Un desastre natural.
    (C) Una colisión.
    (D) La circulación de trenes.

2. ¿Qué es el narrador?

    (A) Un bombero.
    (B) Un pasajero.
    (C) Un espectador.
    (D) Un conductor.

3. Según lo que dice, este narrador

    (A) No llevaba mucho tiempo en su empleo.
    (B) Es aficionado a los trenes.
    (C) Tenía mucha experiencia manejando trenes.
    (D) No conocía bien el territorio que atravesaba.

4. ¿Cuál fue la causa del acontecimiento?

    (A) El narrador se durmió mientras trabajaba.
    (B) El narrador no hizo caso de un semáforo.
    (C) El otro conductor se equivocó.
    (D) El narrador iba en exceso de la velocidad.

5. ¿Qué significan las palabras *¡Ojalá hubiera muerto!* en la línea 14?

   (A) El narrador estaba mal herido.
   (B) El narrador se sentía responsable.
   (C) No sintió que tantos inocentes murieran.
   (D) Se sentía culpable por escapar daño.

6. ¿Cómo reaccionó el narrador a lo que pasó?

   (A) Se quedó atónito.
   (B) Fue traumatizado.
   (C) Estaba asustado.
   (D) Estaba tranquilo.

QUINTO GRUPO, SELECCIÓN DOS

Cuando vi a Dora por tercera vez en brazos de un amigo diferente no esperé más. Y tomé una decisión: no la volvería a ver en mi vida.

Dicen que el mejor remedio para estas cosas es viajar; hasta tal punto debe
Línea ser cierto que tuve una vez una novia que, después de haberme hecho sufrir
(5) como inocente en el infierno me recomendó ella misma el cambio de lugar.
Cosa que me inspiró el doble temor de que esa mujer me estaba tomando
por imbécil y tenía comisión por envío de clientes a un balneario.

Como estábamos en pleno febrero bien podía elegir Mar del Plata, "la
aristocrática playa." La vida agitada y tonta del balneario me haría olvidar.

(10) Reuní unos pesos, unas camisas y saqué un boleto "fin de semana." Subí
al vagón, no sin pensar un poco, involuntariamente, en la posible aventura
de viaje.

Es realmente asombroso, pero es el caso que los "magazines" ilustrados y
las escritoras americanas tienen una pasión morbosa por ese tema:
(15) Irremediablemente, sube al tren "momentos antes de la salida" (¡qué gracia!
bueno fuera "momentos después de la salida"), el joven escritor, elegante,
atlético y famoso. La casualidad quiere que la bella y misteriosa viajera lea
en ese mismo instante su última novela. (Un detalle siempre es "su última
novela"; podría suceder, tratándose de un escritor prolífico y famoso, que la
(20) hermosa joven leyese la penúltima o la antepenúltima. Pero según parece
hay un consorcio de escritores de esta categoría y nadie puede introducir
innovaciones al estilo de la sociedad que es intangible). Una conversación
se entabla pronto, sobre todo cuando los dos interlocutores son jóvenes.

1. ¿Qué le aconsejó una vez una mujer a este narrador?

   (A) Que se fuera de vacaciones.
   (B) Que hablara con un escritor de "magazines."
   (C) Que llevara a unos clientes a un balneario.
   (D) Que tuviera una aventura.

2. ¿Por qué decidió visitar Mar del Plata?

   (A) Porque todos los aristócratas iban allí en el invierno.
   (B) Porque habría mucha actividad vacía para pasar el tiempo.
   (C) Porque todos los escritores estarían allí.
   (D) Porque podría leer muchos libros.

3. ¿Qué desea olvidar este narrador?

   (A) Una novela que leyó.
   (B) Un negocio fracasado.
   (C) Una relación amorosa.
   (D) Una joven que leyó su novela.

4. ¿En qué tema tienen las escritoras americanas *una pasión morbosa*?

   (A) Los amores fracasados.
   (B) La posibilidad de aventuras inesperadas.
   (C) Conversaciones casuales en trenes.
   (D) Viajes ferrocarrileros con autores famosos.

5. ¿Qué hizo al subir al vagón?

   (A) Entabló una conversación con un escritor.
   (B) Observó el encuentro de dos otros pasajeros.
   (C) Empezó a leer una novela a una joven.
   (D) Imaginó una aventura entre dos personas.

6. ¿Qué parece opinar el narrador del joven escritor?

   (A) Admira su atleticismo.
   (B) Envidia su popularidad.
   (C) Se enoja que tenga tanto éxito.
   (D) Lo odia porque es famoso.

7. En la líneas 19–20, ¿cuál es el tono de las palabras *que la hermosa joven leyese la penúltima o antepenúltima*?

   (A) Sarcástico.
   (B) Irónico.
   (C) Trágico.
   (D) Chismoso.

8. ¿Cuál es la actitud del narrador en este trozo?

   (A) Está deprimido.
   (B) Parece muy desilusionado.
   (C) Está muy enamorado.
   (D) Tiene buen sentido de humor.

QUINTO GRUPO, SELECCIÓN TRES

Complemento indispensable del estudio de las enfermedades simuladas es el de la *simulación de la salud,* por sujetos verdaderamente enfermos, o sea la disimulación de la enfermedad. Su objetivo se comprende fácilmente:

Línea cuando el estar enfermo determina una situación de inferioridad en la lucha
(5) por la vida, el sujeto recurre a la simulación de la salud.

En la vida ordinaria es frecuentísimo. Las reglas de la más simple urbanidad la imponen en el trato de gentes; pocas personas habrá que nunca hayan disimulado una dolencia de poca monta, para recibir con la sonrisa en los labios a un amigo o amiga estimada. Se asiste a tertulias disimulando
(10) una cefalalgia, a un banquete disimulando una dispepsia o una colitis, a una cita amorosa disimulando una cistitis. Muchos lectores habrán disimulado en su juventud alguna enfermedad que reputaban vergonzosa, hasta que la intensidad de los síntomas los obligó a denunciarse al médico y a su propia familia.

(15) Disimulan sus enfermedades cuantos están obligados a probar que gozan de perfecta salud para ser admitidos en un establecimiento o corporación, o para aspirar a ciertos empleos; nunca faltarán médicos complacientes que se hagan cómplices activos de estas disimulaciones, expidiendo certificados falsos. Entre esas disimulaciones de la salud existe un grupo especial que
(20) recientemente ha alcanzado extraordinaria importancia en medicina forense. El desarrollo de las instituciones de seguros sobre la vida ha producido formas especiales de simulación para explotarla fraudulentamente. Sujetos poco escrupulosos aseguran en su favor la vida de parientes enfermos; rara manifestación de la lucha por la existencia, cuyo estudio agregaría
(25) un capítulo interesante a la psicopatología de los parásitos sociales.

1. ¿Cuál es el tema de esta selección?

   (A) Maneras de disimular.
   (B) Razonamientos para fingir.
   (C) Un análisis psicológico de los embusteros.
   (D) Consecuencias de la urbanización.

2. ¿Con qué motivo disimulan enfermedades algunas personas?

   (A) Quieren provocar la simpatía de sus amigos.
   (B) Quieren revelar la negligencia de los médicos.
   (C) Son mentirosas patológicas.
   (D) Creen que la cortesía requiere que finjan sus enfermedades.

3. ¿Cómo juzgaría este autor la disimulación de enfermedades?

   (A) Cree que es de poca consecuencia.
   (B) Cree que es imperdonable.
   (C) Cree que depende de la situación y edad de la persona.
   (D) Cree que la disimulación consta una decepción criminal.

4. En cambio, la disimulación de salud a veces

   (A) Se debe a complejos de martirio.
   (B) Se exige para superar las contrariedades de la vida.
   (C) Se debe a la avaricia de algunos médicos.
   (D) Se debe a la necesidad de mantener las apariencias.

5. ¿Cuál ha sido el resultado del establecimiento de instituciones de seguros?

   (A) Ahora no se recurre a la disimulación para conseguir lo que quieren.
   (B) Se ha prolongado la vida a causa de mejor atención a la salud.
   (C) Hay más enfermos ahora que antes.
   (D) Se ha aumentado el fraude.

6. Un ejemplo de *los parásitos sociales* (línea 25) sería

   (A) Médicos poco escrupulosos.
   (B) Personas que se enferman para allegar fondos propios.
   (C) Las instituciones de seguros.
   (D) Parientes de enfermos que suscriben pólizas a su propio beneficio.

QUINTO GRUPO, SELECCIÓN CUATRO

No conozco otro deporte que nos pueda librar tan completamente de la pesadilla de la vida. ¡Cuánta renovación espiritual debo a las montañas! Hay que levantarse de vez en cuando también corporalmente por encima de las *Línea* masas humanas y de sus ciudades estrechas. El deporte alpinista somete
(5) todas las fuerzas del cuerpo a un solo fin. La subida requiere una adaptación constante de todas las fibras orgánicas a las dificultades de la subida. Los pulmones se extienden, la sangre se renueva y la vida celular de todo el organismo se hace más intensa. A medida que alcanzamos mayor altura nuestro esfuerzo crece y pronto estamos ansiosos de llegar a nuestro fin. La
(10) vista se expande libremente y nuevos paisajes jamás contemplados aparecen poco a poco. En fin, llegamos a la cima, y un panorama sublime se extiende a nuestros pies. No se puede imaginar una vida más libre, más concentrada, más sana y más feliz que una caminata de dos o tres semanas por los cerros nevados de los Alpes de un refugio al otro, llevando consigo en la mochila
(15) todo lo poco que el hombre precisa. Significa una renovación completa de todo el organismo. Mi mejor deseo es poder continuar esta clase de deportes hasta la edad más avanzada que pueda alcanzar. Me causa una satisfacción singular encontrar aquí a los bordes del Nahuel Huapi, el primer refugio en tierra argentina. Ojalá que sea el principio de un movimiento
(20) deportivo andino para toda la juventud de hoy, para que aprenda a conocer todas las bellezas de su gran país. En estas bellezas íntimamente sentidas radica el amor intenso por la tierra natal. No se puede imaginar a algún artista nacional que no esté penetrado en todo su ser por las bellezas propias de las diferentes provincias del suelo de la patria. El gran valor educativo del
(25) deporte andino está en el hecho de que requiere un esfuerzo concentrado de toda la personalidad. Sólo un esfuerzo máximo nos llena con el sentimiento de la superioridad ganada y nos revela la belleza sublime de la montaña alta.

1. ¿Por qué alaba tanto al alpinismo este narrador?

   (A) Tiene atractivos casi místicos.
   (B) Se pierde cuidado.
   (C) Se puede sentirse superior a las masas.
   (D) Se puede dormir mejor después de practicarlo.

2. Este deporte requiere que

   (A) una persona viaje a Europa para subir montañas.
   (B) una persona dedique la vida al deporte.
   (C) una persona enfoque en el momento presente.
   (D) una persona ame su país.

3. ¿Qué recomienda este narrador a los jóvenes?

   (A) Que estudien la biología antes de participar.
   (B) Que experimenten las inconveniencias de la vida sencilla.
   (C) Que aprendan a apreciar la naturaleza.
   (D) Que se hagan artistas para sentir más intensamente la belleza.

4. ¿Cuál ha sido la experiencia personal del narrador?

   (A) El deporte le ha proporcionado nuevas vistas hermosas.
   (B) A causa del deporte se siente más joven que nunca.
   (C) Debido al esfuerzo físico ha gozado de una renovación total.
   (D) Ha aprendido a apreciar las montañas andinas más que las europeas.

5. Sobre todo, ¿qué aprenderá la juventud al participar en este deporte?

   (A) Aprenderán a subir montañas.
   (B) Extrañarán las montañas mientras vivan entre las masas.
   (C) Entrañarán toda la belleza natural del país.
   (D) Aprenderán que son superiores a otros seres humanos.

6. ¿Cuál parece ser la ocasión de esta declaración?

   (A) La dedicación de una reserva andina.
   (B) La dedicación de una estación veraniega.
   (C) La dedicación de un negocio alpinista.
   (D) La dedicación de una montaña andina.

Answer Key
READING COMPREHENSION

Primer Grupo, Selección Uno

1. A
2. B
3. B
4. C
5. D
6. A
7. B

Primer Grupo, Selección Dos

1. B
2. C
3. A
4. A
5. B
6. B
7. A
8. D

Primer Grupo, Selección Tres

1. B
2. C
3. B
4. B
5. A
6. C
7. C

Primer Grupo, Selección Cuatro

1. D
2. D
3. D
4. A
5. B
6. D

Segundo Grupo, Selección Uno

1. D
2. A
3. B
4. B
5. C
6. D
7. A
8. C

Segundo Grupo, Selección Dos

1. B
2. B
3. D
4. D
5. C
6. D
7. B
8. D

Segundo Grupo, Selección Tres

1. C
2. A
3. A
4. C
5. B
6. B
7. D
8. C

Segundo Grupo, Selección Cuatro

1. B
2. C
3. C
4. A
5. A
6. D
7. B

Tercer Grupo, Selección Uno

1. D
2. C
3. B
4. C
5. A
6. A
7. B
8. D

Tercer Grupo, Selección Dos

1. B
2. B
3. A
4. D
5. A

Tercer Grupo, Selección Tres

1. B
2. B
3. D
4. A

Tercer Grupo, Selección Cuatro

1. C
2. D
3. D
4. C
5. C
6. A
7. D

Cuarto Grupo, Selección Uno

1. D
2. A
3. A
4. D
5. C
6. B
7. C

Cuarto Grupo, Selección Dos

1. C
2. D
3. C
4. C
5. B
6. A

Cuarto Grupo, Selección Tres

1. B
2. A
3. A
4. A
5. D
6. C
7. D
8. C

Cuarto Grupo, Selección Cuatro

1. C
2. D
3. C
4. C
5. B
6. D
7. A
8. D

Quinto Grupo, Selección Uno

1. C
2. D
3. A
4. C
5. C
6. B

Quinto Grupo, Selección Dos

1. A
2. B
3. C
4. B
5. D
6. B
7. A
8. B

Quinto Grupo, Selección Tres

1. B
2. A
3. C
4. B
5. D
6. D

Quinto Grupo, Selección Cuatro

1. A
2. C
3. C
4. C
5. C
6. A

Reading for Ideas Only

CHAPTER 5

READING PASSAGES FOR SECTION II FREE RESPONSE WRITING AND SPEAKING

You will find a greater variety of types of readings among those that are nonliterary. Many are taken from the Internet. In those cases you will find that topics vary widely. You should read for ideas from the source material to incorporate into your essay or your oral presentation. For those passages, you do not need to worry too much about specific information. Below are some strategies for dealing with printed material for the Section II free response essay and two-minute oral presentation.

- Look for ideas to use or phrases to paraphrase.

- Do not lift whole sentences from the sources; the vocabulary and grammar you pick out will not count as your own language.

- Look for a topic sentence or sentences. They are usually found at the beginning or end of a paragraph.

- Avoid vocabulary you do not understand, and look for ideas that you do understand.

- Relate the ideas or information in the source to your own ideas.

- Questions will be very general, so you may take your sample in any direction that is best for you.

- If you are uncertain about how to begin, start with a definition of terms.

- Always cite the sources appropriately. You may cite the reference by saying, *Según el autor,* or *En la fuente número,* or, better yet, by the name of the author or source.

- Do not devote one paragraph to each source in your essay.

Below are three examples of the kinds of information you will need to read for the free response essay and oral presentation. Many times these sources will deal with cultural topics. The more you know about the topic, the better able you will be to incorporate the material into your essay or presentation. At the end of this section there are some suggestions for topics for you to think about. You can use them as a guide for material to research on your own and for reading Spanish online in digital magazine articles.

The main ideas that are useful to pick out to use are in italics. The only difference between reading for writing an essay or for an oral presentation is the number of sources you will need to read. There are two for writing, and there is one for speaking. Even when preparing an oral presentation, you need to make an outline of the development of ideas so there is logic to what you say. The suggestions talk in terms of paragraphs, because each unit of your outline is the equivalent of a paragraph.

Some questions may deal with concrete topics, such as a comparison of types of music. These should be fairly easy to deal with if you focus on the characteristics of each kind in the samples. Other types may be about general topics, such as the environment. Some may be more philosophical, such as a question about the importance of a sense of humor. Any type of question you can formulate that relates to the topic is a possibility for a question on either the writing or speaking free response section. There is a format you should follow if you have little experience writing essays or making formal presentations.

SAMPLE FORMAT

I. Introduction

Begin with your interpretation of what the question asks.

II. Idea Development

In one or two paragraphs, either written or spoken, discuss an idea or ideas from the sources, being sure to cite each reference correctly by author or source. Use concrete examples to illustrate your ideas. Include examples from your own experience if it is appropriate.

III. Conclusion

In your conclusion, offer your own opinion on the topic. Do not simply restate or repeat the ideas from your introduction.

Sample Question 1

¿Hay tal cosa como una familia típica? Comenta tu idea de una familia típica y compárala con la presentada en las fuentes a continuación.

SOURCES ABOUT FAMILIES

Fuente núm. 1

El 40% de los padres asegura sentirse desbordado por los problemas de sus hijos e hijas. Les resulta difícil educarles y, en algunos casos, el miedo a repetir el modelo autoritario en el que ellos fueron criados deriva en un exceso de permisividad. Como consecuencia, durante la adolescencia son frecuentes los problemas de disciplina, pero no es fácil comenzar a imponer reglas a esta edad tan difícil. *Los niños deben tener unos límites o pautas que les marquen el camino que deben seguir,* sin ahogarles en un mundo de imposiciones, tal como aseguran los psicólogos y educadores. Para ello, los padres y madres deben establecer estas normas de manera razonada, adaptarlas a cada edad y ser firmes en sus decisiones. Si no se tiene un proyecto claro, es más fácil claudicar.

"Padres permisivos ¿dónde está el límite?" por Azucena García 09/02/2007
http://www.consumer.es/web/es/educacion/infantil/2007

Taking Ideas from the Text

You may define family any way you wish. Although this selection does not directly deal with a definition of what constitutes a typical family, there are plenty of ideas that you may want to pick out because they relate or do not relate to your situation. You may consider your family fairly typical, because your parents are either permissive or not. In such a case you can say that like the source (according to Azucena García), your parents are or are not permissive. You can include your parents in the percentage given.

Another idea that could be useful is that typical parents set limits. This idea is repeated in different ways in the source, so it would be a logical thought to incorporate into your essay or presentation. You could also pick up on the idea that it is difficult for parents to begin setting limits when their children are adolescents. You should again cite the source, Azucena García.

Fuente núm. 2

Aunque hay diversas formas de familia en los diferentes sistemas sociales, culturales, jurídicos y políticos, la familia es la unidad básica de la sociedad y, por consiguiente, tiene derecho a recibir protección y apoyo amplios. *El proceso de rápido cambio* demográfico y socioeconómico que se ha producido en todo el mundo *ha influido en las modalidades de formación de las familias* y en la vida familiar, *provocando importantes cambios* en la composición y la estructura de las familias. *Las ideas tradicionales de división por sexos funciones* de los progenitores y las funciones domésticas y de participación en la fuerza de trabajo remunerada *no reflejan las realidades y aspiraciones actuales,* pues son cada vez más las mujeres que, en todo el mundo, ocupan empleos remunerados fuera de su casa. Al mismo tiempo, la migración generalizada, los traslados forzados de población provocados por conflictos violentos y guerras, la urbanización, la pobreza, los desastres naturales y *otras causas de desplazamiento han provocado mayores tensiones en la familia* porque a menudo *ya no se dispone de la asistencia de la red de apoyo* que *era la familia ampliada.* A menudo, *los padres tienen que depender más que antes de la asistencia de terceros para poder cumplir sus obligaciones laborales y familiares,* sobre todo cuando en las políticas y los programas que afectan a la familia no se tienen en cuenta los diversos tipos de familia existentes o no se presta la debida atención a las necesidades y a los derechos de las mujeres y los niños.

"La Familia, sus funciones, derechos, composición y estructura"

Fondo de Población de las Naciones Unidas
http://www.unfpa.org.pe/cipd/programa/familia.htm

Taking Ideas from the Text

This source also deals with a definition of a family. But this passage puts it in a much larger context. Families are different in different places for various reasons that the Fondo de Población de las Naciones Unidas (FPNU) enumerates. This source also describes a "traditional" family in which the father and mother have well-defined roles in the family. You may point out that traditional families are the so-called typical ones mentioned in the first selection. It also mentions that those roles are changing. This passage also talks about how nontraditional families often depend on others to help care for their children.

Developing an Essay or Oral Presentation About the Family

You could begin with an introductory paragraph that defines a family, citing Azucena García, then add a detail from the second source, the Fondo de Población de las Naciones Unidas, to explain how your family fits or does not fit the new model of a family. In the second paragraph, you could cite the second source for a specific example of how your family is different or the same. With the example you present from your own experience, you can elaborate on how it is especially difficult to set limits when parents are very busy, tired, absent, or otherwise occupied.

In the last paragraph you could talk about the consequences of the lack of limits that a traditional, typical family would set or present a new idea about how young people can learn responsibility when parents do not set limits. You will return to a definition of a family, but you will have added a new dimension to the definition because you will have defined it according to your own experience.

In the process of developing the essay along these lines, you will demonstrate that you can use the future tense in talking about what people will be like when they grow up in stable families. You will use the subjunctive when you talk about hypothetical scenarios of what kids would be like without parents who care for them. Any discussion of your own past experiences will require the use of the preterite and imperfect.

Sample Question 2

¿Cuáles serían los beneficios de reciclar?

Fuente núm. 1

¿Es tan contaminate la industria papelera?

El sector asegura que se trata de una de las industrias más respetuosas con el medio ambiente, aunque los ecologistas no lo creen así. *Los representantes de la industria papelera* consideran que se ha mitificado su imagen de sector muy contaminante, y *aseguran que en la actualidad constituyen una de las industrias más avanzadas medioambientalmente.* Sin embargo, los ecologistas explican que estas instalaciones siguen siendo un peligro para el entorno natural, especialmente en países donde los estándares de calidad no son tan estrictos. Un ejemplo es la polémica surgida entre Uruguay y Argentina por la construcción de una planta de origen español. En cualquier caso, *los consumidores son fundamentales a la hora de reducir el impacto ambiental de este sector, colaborando por ejemplo en el reciclaje del papel.*

Carlos Reinoso, Director General de Aspapel, la asociación representante del sector español de la celulosa y el papel, defiende que "cualquier actividad humana tiene un impacto sobre el medio ambiente; pero *el sector papelero es hoy uno de los más avanzados medioambientalmente,* y un buen ejemplo de desarrollo sostenible, con productos que son naturales y reciclables."

Gracias a la producción papelera, se mantienen 400.000 hectáreas de arbolado de pino y eucalipto que *absorben y fijan al año 7,5 millones de toneladas de CO_2.* Su materia prima, *la madera, es renovable.* Se planta y se cultiva en plantaciones específicamente para este fin, contribuyendo a aumentar los bosques y a la lucha contra el cambio climático, ya que devoran el CO_2. El sector *está activamente implicado tanto en la gestión forestal sostenible* y en su certificación, como en la investigación y aplicación de las mejores tecnologías, con especial atención al medio ambiente *(uso de combustibles limpios y renovables, ahorro de agua y energía, y reducción de emisiones y vertidos).*

Alex Fernández Muerza Mayo de 2007
Fundación Eroski
www.consumer.es

The main idea found in the italicized portions of the source shows that the paper industry thinks that it is doing a good job in preserving the environment. This source will provide examples of some of the benefits of recycling, because you can point out that the paper industry is using a renewable resource, it is replanting forests to reduce the quantity of CO_2, and it is reducing the amount of paper in the waste stream in Spain. (You know it is Spain from the .es in the URL of the article.) You also know that paper constitutes a large part of the waste material in landfills.

Fuente núm. 2

Mi amigo Jorge me recomendó este artículo de opinión de BBC news acerca del reciclaje que me ha parecido francamente muy interesante. Para el que no quiera leérselo, voy a resumirlo de forma muy esquemática. El *artículo viene a decir que el reciclaje se está utilizando más como una herramienta de limpiar conciencias* potenciadora del consumismo que como un sistema de ahorro de recursos. La idea es simple: como reciclas, ¡no te preocupes!, *¡sigue consumiendo cuanto quieras!*

No es la primera vez que encuentro opiniones muy críticas acerca del reciclaje. Recuerdo en *Stupid White Men* de Michael Moore, como éste se plantea la inutilidad del reciclaje, ¡por inexistente!, *tras indagar y comprobar como los desperdicios previamente separados por los ciudadanos acababan reuniéndose con la basura tradicional* en diversos puntos de EEUU, simplemente por el escaso interés estatal por el reciclaje. Dicho interés se centraría exclusivamente en la limpieza de conciencia ciudadana, que, satisfecha, se dedica a separar su basura y depositarla en bonitos contenedores de colores, dispuesta a seguir consumiendo sin parar.

Dicho esto, y recapitulando, opino que el manejo de esta serie de ideas me parece un tanto demagógico y peligroso. *Si bien es cierto que el reciclaje no es LA solución, no deja por ello de ser una acción completamente imprescindible y necesaria.* Igualmente es cierto que la existencia del reciclaje, o del presunto reciclaje, puede causar un efecto anestésico sobre las mentes concienciadas, pero en tal caso, *lo que hay que hacer es despertar esas mentes y continuar luchando porque las cosas se hagan mejor.* Creo que *la crítica ha de dirigirse en todo caso hacia el sistema de consumo desmedido*, pero ésta no debe ni tan siquiera rozar a lo que supone el acto en si de reciclar ¡Por mucho que el enfoque que se esté haciendo del mismo tenga connotaciones perversas! Hacer esto me parece completamente irresponsable.

www.realidadaparte.es

Blog de
El reciclaje
Mayo 11th, 2007

This article is a personal opinion. The opinions expressed are contrary to those expressed in the previous source, so you can use the two sides in your argument. Even though the question asks about the benefits, you do not have to limit your sample to a discussion of the benefits. The most important idea is at the end. The writer has stated that recycling is not always what it seems. In opinion pieces you will find the ideas either at the beginning or at the end. In this one, the main idea is at the end. This writer thinks that although recycling programs do not always provide what they intend, that does not mean that they are not worth pursuing. An improvement would be better education to get consumers to reduce the amount of waste they purchase: If people continue to buy products with wasteful packaging, then nothing will change for the environment.

Developing an Essay or a Presentation About Recycling

The idea is for you to provide a sample of how you can use appropriate Spanish to express your ideas. In order to incorporate these seemingly disparate sources into an essay, you need to put the whole topic in context. You could state that recycling is done to improve the quality of the environment. From that frame of reference, in your introduction, you can say that recycling has many benefits provided that it is done properly. For grammar in this portion, you could use *como si* with the imperfect subjunctive, for example, to describe hypothetical situations.

Then in subsequent paragraphs you can use the sources, the paper industry, and the ultimate consumer of paper as examples of how recycling does or does not work. You can take examples from your own life to further support your agreement or disagreement that recycling has benefits. In comparing your opinion with that of Josep in the blog, you can use past tenses to describe or narrate things you have done and, in the process, demonstrate that you know how to use correct past tense verb forms.

In the conclusion, you can point out the consequences of failing to derive any benefits from good recycling programs. In describing consequences, you will use adverbial clauses with the subjunctive after adverbial conjunctions such as *para que, de modo que,* and *a menor que.* Or you could offer your own ideas about Josep's opinion that better education of consumers is necessary. Just remember that in a conclusion, you do not want to offer a new idea that is not related to what is said in the preceding paragraphs. Your idea should be a logical end to a train of thought you have developed previously.

Sample Question 3

Compara un viaje en tren en España con uno realizado en Chile, apuntando las diferencias que revela entre los dos países.

Fuente núm. 1

Renfe AVE, tren de alta velocidad

Los *trenes AVE han conjugado los últimos avances técnicos y diseño* con una amplia oferta de servicios para dar respuesta a todas y cada una de las necesidades de los clientes. Todo ello unido al compromiso de puntualidad, variedad de horarios y precios, hacen del AVE la mejor opción a la hora de desplazarse a cualquier destino principal de España.

Entre los servicios actuales, Renfe apunta la nueva vía que reducirá a dos horas y media el trayecto entre Madrid y Barcelona (son 880 kilómetros), en comparación a las seis horas y media que dura en la actualidad. A la vez que puede comprar los billetes directamente en la estación, puede también acudir a agencias de viaje que exhiban el logotipo azul y amarillo de RENFE. Los trenes AVE son trenes de alta velocidad, o sea unos 250 km por hora.

Los *servicios corresponden a las tres clases,* Turista, Preferente, y Club. Para todos son los del entretenimiento, con video y cuatro canales de música. Además de los básicos, para los pasajeros de clase Club y Preferente hay prensa diaria y Revista, acceso a las Salas de Club AVE, la venta de artículos a bordo, y servicios de bar en el asiento en algunas rutas. Para todas las clases los minusválidos pueden contar con facilidades.

Las *vías de la alta velocidad se ha ramificado* para cubrir destinos distintos de los cuatro puntos cardinales de la rosa náutica. *Destaca Renfe el confort de su equipo, la rapidez de los viajes, y la puntualidad que observa,* ratificada por una indemnización por el retraso. En caso de producirse un retraso imputable a Renfe AVE, le reintegrarán al pasajero el porcentaje correspondiente al precio del billete en función de 50 por ciento si tarda entre 16 y 30 minutos, y un reemplazo de cien por cien si demora más de 30 minutos.

Adaptado de http://www.renfe.es/ave/

This article is informational; It is designed to point out the advantages of rapid transit: comfort, modern equipment, convenience, and confidence in the service. It would be useful to know that Renfe is the national railway company of Spain, so that you can comment on the commitment of the Spanish government to facilitate travel between the various parts of Spain. Renfe maintains many trains of various types to service the country, from the Cercanía, or local trains, to the long distance, high velocity trains like the AVE.

You will need to deduce why all of the mentioned qualities of the Renfe AVE would be important to a traveler. The AVE will get you from one place to another quickly, meaning that there is nothing between the terminal points that you would want to investigate. This traveler would not be a casual tourist wanting to stop at random places to absorb the atmosphere. A train moving at 200 kilometers an hour does not give the passenger much time to savor what goes past the window. You could also make some assumptions about the type of traveler. Someone on business or with an urgent family situation would want to make a quick trip. Rapid train transportation is designed to facilitate travel from one part of Spain to another without the necessity of a car.

Fuente núm. 2

EFE: Empresa Ferrocarriles del Estado

Ferrocarriles del Estado es uno de los medios de transporte más tradicionales de nuestro país. Este *opera desde la ciudad de Santiago hasta Temuco con modernos trenes, el cual se ha mantenido operativo a través del tiempo.*

Se admitirá el transporte de bicicletas en los Servicios de Trenes de Largo Recorrido, en aquellos coches que dispongan de espacios suficientes para su ubicación. Como norma general sólo se admitirá una bicicleta por pasajero. Las bicicletas deberán estar previamente embaladas en bolsas para bicicletas diseñadas al efecto, con los pedales desmontados y el manubrio girado 90º. La carga, custodia y descarga de las bicicletas serán efectuadas por sus portadores.

Queda estrictamente prohibido transportar animales domésticos, salvo expresa autorización del Conductor o Jefe de Estación. En este caso, los animales (pequeñas mascotas) deberán viajar dopados y en jaulas de propiedad del pasajero diseñadas especialmente para su transporte y en el sector del tren que determine el Conductor. *Las mascotas en sus jaulas, serán toleradas para su transporte si no se oponen los pasajeros o se producen molestias a los mismos.* El dueño se hará responsable de las molestias y daños que éstas puedan ocasionar.

Los equipos utilizados en los servicios diurnos Santiago-Chillán, TerraSur, *cuentan con asientos con mecanismo de reclinación,* dispuestos en filas (2+2), con pasillo central y enfrentados en su centro (clase salón) de manera que el 50% de *los asientos están orientados en sentido contrario a la marcha del tren; además, los equipos cuentan con baños al vacío, sector de cafetería, persianas, aire acondicionado con indicador para el público y reloj.*

Nuestra comida criolla se caracteriza por sus viejas recetas, las cuales son heredadas a través del tiempo de generación en generación. *Dentro de nuestras especialidades puede degustar los mejores mariscos y pescados, acompañados de los mejores vinos* de la zona central del país. Algunas de las variedades culinarias se han transmitido a lo largo del tiempo, eso sí que han variado a través del tiempo, pero *lo más importante es que su sabor se ha mantenido en forma intacta.*

http://www.efe.cl/html/interactivo/preguntas_frecuentes

There are obvious differences between this informational passage and the one from Renfe. The fact that the company advertises that people can take bicycles on the train indicates a local passenger. Although animals are prohibited, the company says that small animals are permitted, provided that other passengers do not object, an option not even mentioned by Renfe. Another important aspect of train equipment in Chile is that half of the seats on the coaches face the front and half face the back of the car. There is air conditioning (something Renfe does not mention, because it is not even conceivable that they would not have it), curtains, and a clock. Finally, the information about the food indicates that EFE takes great pride in the food that is served onboard the train.

Developing an Essay or a Presentation Comparing Train Travel in Spain and Chile

In the introduction you will want to begin with a context for your comparison. You can talk about the importance of a good system of transportation and the purpose it serves, which, in turn, will lead you to identify the types of traveler who would use the system. Who uses the train depends on why they would need to use it, thereby setting up some differences between the two countries that a description of their system of transportation provides.

You could compare the geography of the two countries. Spain is shaped almost like a square, with Madrid in the center. The train routes link Madrid with all the other parts of the country; it is the hub of the system. Chile, on the other hand, is a long narrow country with a long mountain range, making train track construction very costly and difficult. Spain is located in Europe, where there is lots of travel between different countries, meaning that there are tourists who travel from country to country. Chile is on the western coast of South America; tourists who visit there generally are not trying to see as many countries as they can in a short amount of time. Knowledge about the geography provides a context for making the comparison.

In the body of the essay or presentation, you can mention that for tourists, getting from place to place quickly is important, because most of what they want to see is in cities. In Chile, tourists will want to see the countryside as much as the cities, so slower trains are not a bad thing. If the train is slower in Chile, there are other benefits that passengers have, and you can mention them. In comparing the services offered in each place, you can refer to specific examples from the two sources. In the development of your comparison, you can also interject your own opinion and preferences. You could relate experiences you have had or would like to have on a train.

In conclusion, you can summarize the differences. You will want to say that there are advantages and disadvantages to both systems of transportation but that each one is suited to the type of country in which it operates. You will have referred to the sources, offered your own opinions, and answered the question.

In reading the sources, you should take note of ideas that appeal to you. If you formulate a frame of reference for the sources, then you will be able to develop the writing or speaking sample in any way that you wish. If you use text from the sources, it is best to rephrase it. Whatever you simply lift from the sources does not reveal what you know on your own, so it will not count in your favor in the evaluation of your writing or speaking sample. But in the process of referring to the sources, you will have used pronouns correctly, used adjective structures of comparisons of equality and inequality, shown that you know correct verb forms for the future and past tenses and the subjunctive, even in *if-then* statements, and shown that you can organize your thoughts logically.

PART FOUR

WRITING SKILLS

GENERAL CONSIDERATIONS
(Section II, Part A)

Description of the Exam

This section consists of four free response tasks in which you will demonstrate your ability to use the written language. The four tasks are (1) paragraph completion with root words, (2) paragraph completion without root words, (3) interpersonal writing, and (4) formal writing. Paragraph completion with root words takes 7 minutes and counts for 2.5 percent of the total score. Paragraph completion without root words takes 8 minutes and counts for another 2.5 percent. Informal writing takes 10 minutes and counts for 5 percent. Formal writing takes 55 minutes and counts for 20 percent. The combined writing part counts for 30 percent of the final score. While the paragraph completion parts, with and without root words, test specific points of grammar, the interpersonal and formal writing tasks are completely free response. You are asked to use the grammar and vocabulary you know best to respond to the prompt and question. There are test-taking strategies below for doing well on the paragraph completion tasks. On the examination, there will be only a written prompt for the interpersonal task, but for the formal essay, you will need to read two printed sources and listen to one audio file for information to incorporate ideas taken from the sources in your essay. This task requires you to integrate different skills (reading and listening) in formulating your response in writing.

Knowing the way the tasks are organized can help you organize the writing of the essay. There is a general progression in the nature of the tasks. At the beginning (paragraph completion with root words), all the cues are presented to you. Next (paragraph completion without root words), the task is similar, except that there are no words provided to indicate what is needed to complete the meaning of the passage. For interpersonal writing you have only a short writing sample of about 60 words, such as a memo blog or an e-mail, which you must develop. Finally, there is formal writing, where you show how well you can write an essay of 200 words.

There are two aspects of language that you show in your writing. The first is your vocabulary—words, phrases, and expressions—as well as grammar and syntax. The other aspect is the content of your writing. In the exam there are source materials that are provided with the prompts that define the topic. The essay can be expository, expressing an opinion, or it can be a more informational composition, showing your critical thinking skills in developing a topic that draws a conclusion from information presented in the sources. You are to refer to information contained in the source materials and incorporate it into your response to a question related to the source materials.

Scoring

The first two tasks of the free response exercises are graded as correct or incorrect. For the interpersonal and formal writing tasks, the grading is holistic: No points are deducted for incorrect grammar or words that do not mean what you think they mean. The grader forms an overall impression of your ability based on how the sample measures up against the rubrics for writing. Both language and content are important in your response. Your language should be clear, free of grammatical errors that would confuse your reader, and free of words that do not say exactly what you want them to say. Content includes not only your own ideas and thoughts, but also how well you have incorporated pertinent information from the print and audio sources provided. The information you have taken from the sources should be accurate.

Using This Book

There are five sets of exercises in this chapter that are designed to help you focus on the most common grammatical problems: (1) paragraph completion with root words with one-word answers, (2) paragraph completion with root words with two-word answers, (3) paragraph completion without root words, (4) interpersonal writing, and (5) formal writing. In this chapter you are to produce correct words and grammar without seeing any suggestions like those found in multiple choice questions. You will see that there is a difference between recognizing a correctly conjugated verb, for example, and knowing how to conjugate it without seeing any model. This chapter provides lots of practice in this respect.

Before you begin the exercises, it would be a good idea to familiarize yourself with the vocabulary and expressions as well as the grammar that are covered in the paragraph completion exercises. Reviewing the grammar will also familiarize you with the terminology used to explain why some answers are correct and others incorrect. All explanations are given in terms of a basic grammar.

It is better to study the words and expressions first, then do the exercise to fix them in your memory. If you simply look up the words and expressions as you fill in the blanks, you only learn to flip pages. You will not remember what you looked up unless you study the lists first. At first you may think that it takes longer to study first then do the exercises, but in reality, it will not take you as long because you will not lose as much time turning pages. You will not test yourself when you do the exercises so that you know what to study. When you make mistakes on the exercises, you can see a pattern of material you may need to study more, such as conjugated irregular verb forms.

The paragraph completion with root words has been divided into two parts, one with one-word answers and another with two-word answers, to help you familiarize yourself with the kind of sentence structures in which you would use two-word answers. For the interpersonal and formal writing sections, the writing practice in this book closely resembles the format and topics you may see on the exam. In practicing with these exercises for the interpersonal writing task, you are encouraged to pre-think the writing tasks. That way, during the actual exam you will be better prepared to answer without spending too much time searching for the right words or organizational strategy. Pay particular attention to register (use of second-person *tú* or *vosotros* and third-person *usted* or *ustedes*).

The formal writing task practice in this chapter offers you some samples based on printed and audio sources. You are to incorporate specific details from both in your response. There will be suggestions on how to organize your thoughts for the formal essay. Remember that all writers have personal styles and that you should develop your own. For a quick check of your knowledge of grammar, you should study the grammar review in the Appendix of this book and do some of the exercises to see that you can apply the rules of good grammar. There should be a difference between the kind of language you use in conversation and the kind you use to write. Although what is considered good grammar differs from country to country, there are some generally accepted grammatical rules you should observe. It is important to show that you can use standard grammar. You should use these two free response parts of the examination to help you remember what grammar to use in your writing and speaking samples. You will find some suggestions to help you develop certain aspects of writing, such as description, narrative, analysis, and opinion. Vocabulary is provided to help you organize your thoughts in a logical manner, so that your essay is richer and clearer.

Preparing for the Exam

For paragraph completion with root words, there are 33 selections with groups of about 10 items in each selection. For paragraph completion without root words, there are 20 samples, along with answers and explanations to help you figure out how to do the task. All these exercises focus on the kind of grammatical structures you need to include in your writing samples on the two writing tasks of the exam. Instead of focusing only on getting the right answer, concentrate on the grammatical rule that the item reviews. Try to correct any misconceptions about how to say something coherently and intelligibly in Spanish, so that when the moment comes to write your last two responses, you will show excellent command of grammar and vocabulary.

The topics that are listed in the book are not necessarily the topics that will appear on the exam, but they are designed to help you think about broad issues and formulate some opinions. The process that you develop for discussing the topics will be useful to you in writing an essay on the exam because you will not have to waste time trying to decide how to say what you want to say.

Free-Response Tasks
(Section II, Part A)

CHAPTER **6**

TASK 1: PARAGRAPH COMPLETION WITH ROOT WORDS—LONG PASSAGES

In paragraph completion exercises, root words are prompts telling you which words you must use to complete the selection in a logical and grammatical way. The word is written under the blank lines to the right of the paragraph. The root words are different parts of speech, such as infinitives, adjectives, or pronouns, to test a variety of grammar points that include verb conjugation, adjective noun agreement, definite and indefinite articles, adjective constructions of equality or inequality, and superlative constructions. For example, if you see an infinitive for the root word, you must determine in what conjugated form of this infinitive needs to go in the blank.

If you have to conjugate the verb, then you need to determine the subject, the mood (indicative or subjunctive), and the correct tense (present, preterit, imperfect, and so on). No credit is given if you omit accent marks (á, é, í, ó, ú) or other diacritical marks, such as the tilde (ñ) or the dieresis (ü). If an accent is written where it does not belong, the whole word is also incorrect. You may need to use more than one word (in compound tenses, for example). Even if there is no change, you need to write the word on the line in the blank provided. At times there may be more than one correct answer. If so, you will receive credit for any of the possibilities.

On the following pages are exercises to give you practice for this part of the exam. Here is how to do this section:

1. Scan the whole passage.
2. If the word is a verb, find the subject and notice the tenses of other verbs in the paragraph.
3. If the word is an adjective, locate the noun to which it refers and decide the gender and number of that noun.
4. If the construction is a comparison, make sure to use the correct form of *tan, tanto, tantos, tanta,* or *tantas,* according to the part of speech it precedes.
5. Review other points of grammar in the back of this book if you are unsure about any other structures.

Directions: On the numbered line corresponding to a numbered blank in the selection, write the correct form of the word needed to complete the passage logically and grammatically. All spelling and all diacritical marks must be correct. You may use more than one word. You must write the answer on the line after the number, even if you do not change the root word in any way. You have seven minutes to read and write your responses.

EXERCISES AND ANSWERS

GROUP ONE

El caso es que la princesa, bella, brillante y sonriente no es feliz. En verdad, tiene que esforzarse para parecer tan sonriente. Y ahora tiene que soportar que ____(1)____ sus tristezas ____(2)____ que la ____(3)____ a desear la paz. Es mucha carga ____(4)____ responsabilidad, y los discursos de bienvenida, y toda la agenda que le deja poco tiempo para vivir. Pero siempre se comporta como si no ____(5)____ nada. A veces, viéndola tratar de aparecer elegante y ____(6)____, se pregunta si tendría ____(7)____ rasgo de acidez ____(8)____. Hay que preguntarse si, por toda la riqueza que ____(9)____ como princesa, de veras ____(10)____ la pena.

1. _____ (publicar)
2. _____ (profundo)
3. _____ (llevar)
4. _____ (tanto)
5. _____ (pasar)
6. _____ (sencillo)
7. _____ (alguno)
8. _____ (disimulado)
9. _____ (tener)
10. _____ (valer)

ANSWERS AND ANSWER EXPLANATIONS FOR GROUP ONE

1. *publiquen*   *Publicar* is an orthographic verb. The subjunctive is used because this is a dependent noun clause after a verb of volition.
2. *profundas*   This adjective modifies *tristezas*, a feminine plural noun.
3. *llevan*   The subject is *tristezas*. This verb occurs in an adjective clause with a known antecedent, so the indicative is correct.
4. *tanta*   This comparative structure requires that the adjective agree in gender and number with the noun, *responsabilidad*. All words that end in *-dad* are feminine.
5. *pasara*   The past subjunctive must always be used after *como si*. The subject of *pasara* is *ella*, the same subject as for *se comporta*.
6. *sencilla*   The adjective agrees with *ella*. The referent is given in the direct object pronoun at the end of the verb form: *viéndola*.
7. *algún*   This adjective is apocopated, and an accent is written over the *u* in the last syllable. No credit is given if the accent is not written on the vowel.
8. *disimulado*   This adjective modifies *rasgo*, not *acidez*, so the masculine singular form is used.
9. *tenga*   The subjunctive is used because this is a dependent adjective clause and the antecedent, *riqueza,* is indefinite. In the adjective clauses look for the construction *por* + (adjective) + *que* ... to indicate to you to use the subjunctive.
10. *vale*   The present indicative is used because the present subjunctive is not frequently used after *si*.

GROUP TWO

Me estuve muy quieta, _____(1)_____ en la cama, mirando recelosa alrededor, asombrada del retorcido mechón de mi propio cabello que resaltaba oscuramente contra mi hombro. Habituándome a la penumbra, _____(2)_____ , uno a uno, los desconchados de la pared, las grandes enzarzadas de la cama, como serpientes, dragones o misteriosas figuras que apenas me atrevía a mirar. Incliné el cuerpo cuanto _____(3)_____ hacia la mesilla, para coger el vaso de agua _____(4)_____ , y entonces, en el vértice de la pared, descubrí una hilera de hormigas que _____(5)_____ por el muro. Solté el vaso que se _____(6)_____ al caer, y me _____(7)_____ de nuevo entre las sábanas, tapándome la cabeza. No me decidía a sacar ni _____(8)_____ mano, y así estuve mucho rato, _____(9)_____ los labios. Hice recorrer mi imaginación como por _____(10)_____ bosque y jardín desconocidos hasta tranquilizarme.

1. _____
   (sentado)
2. _____
   (localizar)
3. _____
   (poder)
4. _____
   (tibio)
5. _____
   (trepar)
6. _____
   (romper)
7. _____
   (hundir)
8. _____
   (uno)
9. _____
   (morderse)
10. _____
   (alguno)

ANSWERS AND ANSWER EXPLANATIONS FOR GROUP TWO

1. *sentada* This past participle functions as an adjective and the antecedent is feminine, indicated by the ending of the previous adjective: *quieta.*
2. *localicé* *Localizar* is an orthographic verb. The preterit indicative is used because the action occurred in a defined point of time in the past. If no accent is used, no credit is given, since the verb without the accent would be a present subjunctive form.
3. *pude* The preterit indicative is used here because the action takes place in a defined point in time in the past. The meaning of the preterit of *poder* is *managed,* or *was able to.*
4. *tibia* This adjective modifies *agua,* which is a feminine noun, even though in the singular form a masculine article, *el,* is used.
5. *trepaban* The imperfect indicative is used here to describe an action. The narrator is telling what the ants *were doing,* in which case the imperfect is indicated.
6. *rompió* The preterit indicative is used because the action occurred at a specific point of time in the past. The action is narrated, not described.
7. *hundí* The preterit indicative is used because the action takes place at a specific point in time in the past. The action is narrated.
8. *una* *Mano* is a feminine noun, requiring the feminine form of the indefinite article, *una.*
9. *mordiéndome* The present participle is used as an adverb, showing the attitude or how the narrator was huddled under the sheets on the bed.

Remember to use the first person singular reflexive pronoun to agree with the subject of the verb *estuve*.

10. *algún*   The indefinite adjective *alguno* is shortened before masculine singular nouns, such as *bosque*. Notice that there is an accent written on the final syllable. *Algunos* is correct if the adjective refers to *jardines* and *bosques*.

GROUP THREE

Su agradable y delicado perfume, _____(1)_____ a una eficacia indiscutible _____(2)_____ inigualable, han sido, sin lugar a dudas, las claves del éxito de este producto y el motivo de que millones de personas _____(3)_____ tanto tiempo _____(4)_____ en este producto, que lejos de ser una moda o un *invento* es EL DESODORANTE. Toda una línea de higiene personal ha sido _____(5)_____ al amparo de la imagen de marca más fuerte en el mundo. La _____(6)_____ fidelidad de marca de que goza este producto, lo ha situado en un privilegiado _____(7)_____ puesto que siempre ha intentado_____(8)_____ alcanzado por las restantes marcas de la competencia. Desde su creación, hace ya más de 50 años, este producto _____(9)_____ liderando el mercado nacional. _____(10)_____ Ud. en nuestro producto.

1. _____
   (unido)
2. _____
   (y)
3. _____
   (llevar)
4. _____
   (confiar)
5. _____
   (crear)
6. _____
   (grande)
7. _____
   (primero)
8. _____
   (ser)
9. _____
   (venir)
10. _____
   (Confiar)

ANSWERS AND ANSWER EXPLANATIONS FOR GROUP THREE

1. *unido*   The adjective agrees with the noun *perfume,* not with the noun's adjectives: *agradable* and *delicado.* The following sentence makes clear that the qualities of the perfume, combined with the effectiveness of the product are the keys to the success of the product.

2. *e*   The conjunction *y* changes because the initial letter of the following word is *i, inigualable.*

3. *lleven*   The present subjunctive is used because in the adverbial clause motivation, or purpose, is expressed.

4. *confiando*   The present participle is used as an adverb to describe how people are using so much time.

5. *creada*   The feminine form of the past participle is used because it is the object of *ser.* It agrees with the subject of *ha sido,* which is *línea.*

6. *gran*   The adjective, *grande,* is apocopated before singular nouns, such as *fidelidad.* Use the apocopated (shortened) form with both masculine and feminine singular nouns.

7. *primer*   The adjective, *primero,* is apocopated before masculine singular nouns, such as *puesto.*

   8. *ser*   The infinitive is used beca it is the object of the verb: *ha intentado.*
   9. *viene*   The present indicative is used because the verb occurs in the main clause with an expression of time.
   10. *Confíe*   The command form is indicated by the placement of *Ud.* after the verb. Notice the accent written on the *i.*

GROUP FOUR

Al sol, ya se sabe, hay que ____(1)____ con las espaldas bien ____(2)____. ____(3)____ imprudencia nos está ____(4)____, pues este astro, que ____(5)____ una memoria de elefante, puede ____(6)____ factura cuando menos nos lo esperamos. Sirve que nosotros lo ____(7)____ en cuenta al comprar un bronceador. Vale que ____(8)____ uno que nos ____(9)____ seguridad total de los efectos de los rayos ultravioleta. Ahora ____(10)____ del sol veranal traspasa cuestiones estéticas.

1. _____ (acercarse)
2. _____ (cubierto)
3. _____ (Ninguno)
4. _____ (permitido)
5. _____ (poseer)
6. _____ (pasarse)
7. _____ (tener)
8. _____ (buscar)
9. _____ (ofrecer)
10. _____ (protegerse)

ANSWERS AND ANSWER EXPLANATIONS FOR GROUP FOUR

   1. *acercarse*   Although the verb is preceded by *que*, in this case it forms part of the expression *hay que*, which requires the infinitive.
   2. *cubiertas*   The past participle is used as an adjective and refers to the noun, *espaldas.*
   3. *Ninguna*   The negative indefinite adjective refers to a feminine noun, *imprudencia.* The feminine form of this adjective is never shortened.
   4. *permitida*   The past participle is used as an adjective and refers to the subject of the verb *está*, which is *imprudencia.*
   5. *posee*   The present indicative is used because it occurs in an adjective clause referring to a definite antecedent, *astro*, which in turn is another name for *el sol.*
   6. *pasarnos*   The infinitive is used because it is the object of the verb *puede.* The first person plural indirect object pronoun is used because the first person plural subject is indicated in the following verb: *esperamos.*
   7. *tengamos*   The present subjunctive is used because it occurs in a dependent noun clause after an impersonal expression: *sirve que.*
   8. *busquemos*   The present subjunctive is used because it occurs in a dependent noun clause after an impersonal expression: *Vale que.* Notice that not

all impersonal expressions begin with the verb *ser*. If you can determine that the subject of the verb is *it* and it has no specific antecedent, you can always recognize when to use the subjunctive after an impersonal expression.

9. *ofrezca*   The present subjunctive is used because it occurs in a dependent adjective clause in which the antecedent is indefinite, *uno*, which in turn refers to *un bronceador*.

10. *protegernos*   The infinitive is used because it is the subject of the verb *traspasa*. The first person plural object pronoun is used because *our* reactions to the power of the sun's rays has been the topic of the passage.

GROUP FIVE

Estas Olimpiadas prepárate a ganar. _____(1)_____ dos códigos de barras de _____(2)_____ producto que tú _____(3)_____ a Marca X al Apartado 999, 38565 Madrid, y un fantástico Lulu de Oro puede ser tuyo. O bien _____(4)_____ millón de pesetas. Los sorteos se _____(5)_____ ante notario el treinta de junio, el treinta de julio y el _____(6)_____ de septiembre del año próximo. ¡Anímate! Tienes mucho que ganar. Y _____(7)_____ que _____(8)_____ más cartas _____(9)_____, más fácil será ganar. No _____(10)_____ escapar tu Lulu. Es una ocasión de oro.

1. _____
   (Enviar)
2. _____
   (cualquiera)
3. _____
   (querer)
4. _____
   (uno)
5. _____
   (celebrar)
6. _____
   (primero)
7. _____
   (recordar)
8. _____
   (cuánto)
9. _____
   (mandar)
10. _____
   (dejar)

ANSWERS AND ANSWER EXPLANATIONS FOR GROUP FIVE

1. *Envía*   The affirmative familiar singular command form of the verb is indicated by the use of the second person singular command in the first sentence, *prepárate*. Do not be confused because the object in the sentence comes first. This stylistic device, inverting the word order of the sentence, simply emphasizes the noun, *Olimpíadas*.

2. *cualquier*   This indefinite adjective is apocopated before nouns of both genders.

3. *quieras*   The present subjunctive is used because the verb occurs in a dependent adjective clause after an indefinite antecedent: *un producto*.

4. *un*   The apocopated form of *uno* is required before the number *millón*. Notice that *millón* takes the preposition *de* when it is followed by a noun.

5. *celebrarán*   This verb is the *se* substitute for the passive voice. *Los sorteos* is plural, so the verb is in the third person plural.

6. *primero*   The ordinal number for the first day of the month is not apocopated.

7. *recuerda*   The affirmative familiar singular command form is required because the context of the verb in the selection and the meaning of the word indicate an instruction to the reader.

8. *cuántas*   The interrogative form agrees with *cartas*.

9. *mandes*   The present subjunctive is used because it occurs in an adjective clause referring to *cuántas cartas*, an indefinite antecedent.

10. *dejes*   The verb is a negative familiar singular command, which is indicated by the context of the verb.

GROUP SIX

El Real Decreto dice: *El producto cosmético indicará la fórmula cualitativa y cuantitativa de las substancias* ____(1)____ *presencia* ____(2)____ *en la denominación del producto o en su publicidad.* ____(3)____ quiere decir que todos los productos en cuya confección ____(4)____ materias activas naturales provenientes de plantas deben especificar claramente el porcentaje de materia activa en sus etiquetas, estuches y publicidad. Consecuente con esto, y con ____(5)____ más de 75 años ____(6)____ con extractos naturales de plantas, le informamos que nuestros productos tienen un porcentaje exacto porque en nuestra opinión, ____(7)____ porcentajes son los necesarios para que ____(8)____ materias activas ____(9)____ el beneficio natural esperado de la planta. ____(10)____ la forma de averiguar la materia activa que cada producto contiene, usted debe decidir lo que más le conviene.

1. _____
   (cuyo)

2. _____
   (anunciarse)

3. _____
   (Este)

4. _____
   (intervenir)

5. _____
   (nuestro)

6. _____
   (trabajar)

7. _____
   (ese)

8. _____
   (dicho)

9. _____
   (realizar)

10. _____
   (Conocer)

ANSWERS AND ANSWER EXPLANATIONS FOR GROUP SIX

1. *cuya*   This possessive agrees with *presencia*, not *sustancias*.

2. *se anuncie*   The present subjunctive is used because it occurs in an adjective clause referring to the indefinite antecedent *presencia*.

3. *Esto*   The neuter demonstrative pronoun is used here because *This* refers to the whole idea expressed in the previous sentence.

4. *intervengan*   The present subjunctive is used because the verb occurs in a dependent adjective clause with an indefinite antecedent *confección*. The subject is *materias*.

5. *nuestros*   This possessive modifies *años* so it is masculine plural.

6. *trabajando*   This present participle tells how an action was done.

7. *esos*   The masculine plural form of the demonstrative adjective is used because it modifies *porcentajes*.
8. *dichas*   The feminine form of the past participle is used because it functions as an adjective modifying the word *materias*.
9. *realicen*   The present subjunctive is used because it occurs in a dependent adverbial clause after *para que*.
10. *Conociendo*   The present participle functions as an absolute. An absolute construction means that the present participle refers to the whole sentence that follows it.

GROUP SEVEN

La Ley Civil ____(1)____ ayuda en ____(2)____ modo a que las parejas ____(3)____ se lo ____(4)____ un poco más antes de presentar la demanda de divorcio: el matrimonio entra de nuevo en vigor si los separados vuelven a convivir. Si a pesar de todo el divorcio se presenta como la opción más ____(5)____, hay que ____(6)____ que ____(7)____ un año desde que se firmó la solicitud de separación. No es necesario que se haya ____(8)____ sentencia. También se puede acceder al divorcio sin una separación previa, aunque ____(9)____ transcurrir dos años y ____(10)____ las causas debidamente.

1. _____ (español)
2. _____ (cierto)
3. _____ (separado)
4. _____ (pensar)
5. _____ (aconsejable)
6. _____ (esperar)
7. _____ (transcurrir)
8. _____ (dictado)
9. _____ (deber)
10. _____ (acreditar)

ANSWERS AND ANSWER EXPLANATIONS FOR GROUP SEVEN

1. *española*   This adjective modifies *ley*, which is a feminine singular noun. The form, *español*, is the masculine singular form of the adjective of nationality, and thus does not change, but the feminine form adds an *a*.
2. *cierto*   This adjective modifies *modo*, which is a masculine singular noun; therefore, there is no change in the form.
3. *separadas*   This adjective modifies *parejas*, which is feminine plural. The adjective must also be feminine plural.
4. *piensen*   This verb occurs in an adverbial clause introduced by the conjunction, *a que*, which indicates purpose or cause. The subjunctive is always used after this adverbial conjunction.
5. *aconsejable*   Adjectives that end in *-ble* do not change the ending to make them agree in gender. But if the noun had been plural, the ending on this adjective would have been made plural by adding *-s*.

6. *esperar* Even though this verb comes after *que*, in this case it is part of a modismo. *Hay que* is always followed by the infinitive form of the verb and expresses impersonal obligation.

7. *transcurra* The present subjunctive is used because *hay que esperar* is considered an impersonal expression. *Transcurra* occurs in a dependent noun clause, introduced by *que* after an impersonal expression in the main clause.

8. *dictado* The past participle in this case functions verbally. The invariable form of the past participle is always used after *haber*; therefore, the ending is *-o*.

9. *deben* The conjunction *aunque* can take either the indicative or the subjunctive, depending on the degree of uncertainty about the veracity of the statement. In this case the context makes it rather plain that according to the spirit of the law governing divorce, couples ought to wait two years before filing. When no uncertainty is implied, the indicative is used.

10. *acreditar* The infinitive is used because the verb functions as the object of another verb. *Deben* in this case functions as a modal verb, which means that another verb is needed to complete the meaning of *deber*. The verb *transcurrir* is also used as an object of the modal verb, and the conjunction *y* indicates that the two verbs form a compound object.

GROUP EIGHT

Por fin, a ___(1)___ dos días de navegación, el buque ___(2)___ en la enseñada de Labadee, ___(3)___ isla arrendada por los armadores para diversión de su clientela que, ___(4)___ de una moneda especialmente ___(5)___ para el crucero, podía comprar caracolas marinas y corales ___(6)___ de Taiwan, sin ___(7)___ las botellas de *Coca-cola*. Un grupo de tambores y bidones musicales recibía en fila a ___(8)___ turistas. Luego de una sesión intensa de sol, la misma charanga caribeña les ___(9)___ después de horas en idéntica formación, aunque ___(10)___ la voluntad.

1. _____ (el)
2. _____ (fondear)
3. _____ (diminuto)
4. _____ (provisto)
5. _____ (acuñado)
6. _____ (traído)
7. _____ (olvidar)
8. _____ (el)
9. _____ (despedir)
10. _____ (pedir)

ANSWERS AND ANSWER EXPLANATIONS FOR GROUP EIGHT

1. *los* This definite article modifies *días*, which is a masculine plural noun. Even though *día* ends in *a*, it is masculine.

2. *fondeó* The preterit indicative is used because the action is completed in the past. It is the beginning of the narrative on what happened when the cruise ship arrived at the port of call. Even if you do not know what the verb means, the use of the preterit is obvious from the words *por fin* and *dos días*.

3. *diminuta* This adjective modifies *isla*, which is feminine singular; therefore *diminuta* is used in the feminine singular form.

4. *provista* · This adjective refers back to *clientela*, which is a feminine singular noun.

5. *acuñada* This adjective modifies *moneda*, which is feminine singular. Even if the meaning of *acuñada* is unknown, knowing that *moneda* is feminine singular provides enough information to arrive at the correct answer.

6. *traídos* This past participle used as an adjective refers to both *caracolas* and to *corales*. Since one of the nouns is feminine and the other masculine, the masculine plural form of the adjective is used.

7. *olvidar* This verb occurs after a preposition, in which case the infinitive form of the verb is always used.

8. *los* The noun *turistas* is one of those nouns that ends with an invariable form, *-ista, -istas*. The rule for mixed gender groups means that the masculine plural article should be used with *turistas*.

9. *despedía* This verb is frequently a reflexive verb. In this case, however, the subject is *charanga*, a third person singular subject, and the object pronoun, *les*, is a third person plural pronoun. The imperfect is used because the action is described and there is no reference to the beginning and/or the end of the action stated in the passage.

10. *pidiendo* The present participle occurs as an adverb describing manner in an explanatory clause, introduced by *aunque*. The conjunction *aunque* can also be followed by a conjugated verb. In this sentence, the present participle is used to avoid repetition of sentence structure. The implied meaning of the present participle in this case is *pedía*.

GROUP NINE

Se había producido una estampida entre los burlangas, y cada _____(1)_____ de ellos encontró refugio en los rincones más insospechados mientras los _____(2)_____ iban _____(3)_____ el garrito patas arriba con su furor _____(4)_____ de manifestarse ante Luisito, el Nabo, que estaba _____(5)_____ detrás de una cortina. Parecía que lo _____(6)_____ reconocido por el olfato, y hacia él se _____(7)_____ ambas fieras a un tiempo, pero el joven atracador vestido de esmoquin tuvo los reflejos a punto para sacar la recortada del armario, y sin pensarlo nada _____(8)_____

1. _____
   (uno)

2. _____
   (jabalí)

3. _____
   (poner)

4. _____
   (tratar)

5. _____
   (esconder)

6. _____
   (haber)

7. _____
   (abatir)

8. _____
   (soltar)

un par de disparos que fueron suficientes. En medio de un

charco de sangre quedaron _____(9)_____ dos hombres descono-

cidos que habían _____(10)_____ los icarios transformados en cer-

dos por la dama Georgina.

9. _____
(tumbado)

10. _____
(ser)

ANSWERS AND ANSWER EXPLANATIONS FOR GROUP NINE

1. *uno* The noun *burlangas* is masculine, as is indicated by the definite article, *los. Uno* refers to *burlanga.* The verb *encontró* is singular, which indicates that *uno* must be third person singular.

2. *jabalíes* The plural of words that end with a stressed -í is formed by
adding -es. The written accent is retained.

3. *poniendo* The present participle (*gerundio* in Spanish) is used as an
adverb in order to describe how they went. After verbs of motion and perception the present participle is frequently used adverbially.

4. *tratando* The present participle is used here to describe further how they
went, even though no conjunction is used to indicate that the structure is
compound.

5. *escondido* The past participle is used as an adjective, that is masculine
singular in this case because it refers to Luisito, el Nabo.

6. *habían* The subject of this verb is *los jabalíes*, who are pursuing Luisito,
el Nabo. The imperfect form of the verb is used (the pluperfect is indicated
by the past participle *reconocido*) because the action is described, not narrated.

7. *abatieron* The verb is used in the preterit in this case because it narrates,
or retells, the action when the wild boars finally located their quarry.

8. *soltó* The subject of the verb is the young hunter, *el joven atracador*, who
had the presence of mind, *tuvo los reflejos*, to shoot at the *jabalíes*. The
preterit is used because the action is begun and completed at a definite
moment in time in the past.

9. *tumbados* The past participle in this case refers back to the *jabalíes*, as is
indicated by the use of the third person plural of the verb *quedaron.* The past
participle is masculine because *jabalíes* is a masculine plural noun.

10. *sido* The pluperfect is used because the time frame indicated is prior to a
point of time in the past, when they had been shot by the young hunter.
Sido is the past participle that must follow the helping verb *haber.*

GROUP TEN

Del mismo modo, hoy nos _____(1)_____ por el abandono de las relaciones _____(2)_____. El tocadiscos, la radio, la televisión y el vídeo han ido _____(3)_____ a las gentes en sus casas y _____(4)_____ el ocio en onanismo. Las computadoras y el fax pueden lograr que las personas ni siquiera se _____(5)_____ que juntar para el trabajo. Cada vez se vive más en la soledad, en la unidad aislada, en el individuo. Hoy todo _____(6)_____ nos parece terrible, pero quizás dentro de un par de siglos los humanos _____(7)_____ hacia atrás y se pregunten: "Y esos bárbaros del siglo XX, ¿cómo _____(8)_____ vivir así de _____(9)_____, así de mezclados? ¿Cómo podían necesitar el contacto sucio y ancestral de los amigos? ¿Cómo se las arreglaban para trabajar en _____(10)_____ caos invasor de una oficina?"

1. _____
   (doler)
2. _____
   (interpersonal)
3. _____
   (encerrar)
4. _____
   (convertir)
5. _____
   (tener)
6. _____
   (este)
7. _____
   (mirar)
8. _____
   (poder)
9. _____
   (promiscuo)
10. _____
   (el)

ANSWERS AND ANSWER EXPLANATIONS FOR GROUP TEN

1. *dolemos* The verb is used in the first person plural in this case because it is reflexive. Frequently the indirect object pronoun is used with *doler* and the subject of the verb is whatever it is that causes the hurt. But in this instance the reflexive is indicated because *doler* is followed by the prepositional phrase, *por el abandono*. Farther down in the passage, the subject, *we*, is indicated again in the phrase, *Todo esto nos parece....* This is an example of a passage that needs to be read in its entirety before the fill-ins are begun; otherwise, subtleties such as the subject, or the narrative voice in this passage, would be missed.

2. *interpersonales* The adjectives that end with *-l* can only agree in number with the nouns they modify, not gender. The adjective modifies *relaciones,* not *abandono.*

3. *encerrando* The present participle is used to describe the action of the verb, which is a verb of motion, *han ido.*

4. *convirtiendo* This present participle, like *encerrando,* describes the action of the verb, which is indicated by the conjunction *y. Convertir* is a Class II stem changing verb, which accounts for the change of the *e* to *i* in the stem of the present participle.

5. *tengan* The expression *pueden lograr* indicated volition (request, will, permission) in the main clause, so the subjunctive is needed in the dependent clause.

6. *esto*   The neuter form of the demonstrative pronoun is used because it refers to the preceding concept, not to any noun in particular. In the last portion of the passage, the speaker tries to put the current perception of isolation in perspective by asking rhetorically if what we consider modern will not appear as strange to people of the next century.

7. *miren*   The present subjunctive is used after *quizás* to express conjecture. *Quizás* indicates the uncertainty of the speaker. Also, *pregunten* is in the subjunctive, indicating probability.

8. *podrían*   The conditional is used to express probability or conjecture in the past. From the perspective of the future, the people who ask the question could not know how or why present-day people do and think the way they do, a perspective communicated by the conditional tense.

9. *promiscuos*   The adjective is plural because it refers to *esos bárbaros*.

10. *el*   *Caos* is a masculine singular noun.

GROUP ELEVEN

Por descuido o porque uno se pone a hacer otra cosa cuando se está trabajando con el ordenador, a veces la pantalla se queda ___(1)___ durante mucho tiempo con un texto o ___(2)___ imagen visible. No se estropea la unidad central del ordenador ni se pierden datos, pero el monitor tal vez ___(3)___ daños por el efecto ___(4)___ *pantalla quemada*, que además puede producir problemas en la vista. Para evitarlo existen programas de protección que eliminan la imagen del monitor al cabo de unos minutos de permanecer ___(5)___. Después para regresar a la tarea interrumpida, basta con ___(6)___ una tecla. En el interior de la pantalla hay partículas de fósforo que brillan cuando son ___(7)___ por un haz de electrones, pero después de un bombardeo prolongado en el mismo punto el fósforo se desgasta y queda un brillo fantasma. Este efecto hace que se ___(8)___, por ejemplo, líneas de texto ___(9)___ cuando el monitor está ___(10)___.

1. _____ (encendido)
2. _____ (uno)
3. _____ (sufrir)
4. _____ (denominado)
5. _____ (inalterado)
6. _____ (pulsar)
7. _____ (activado)
8. _____ (ver)
9. _____ (fijo)
10. _____ (apagado)

ANSWERS AND ANSWER EXPLANATIONS FOR GROUP ELEVEN

1. *encendida*   The past participle refers to *pantalla*, which is feminine singular. The verb *quedar* is used to mean *to be* in this instance, making the past participle function as an adjective.

2. *una*   The noun *imagen* is feminine.

3. *sufra*   The present subjunctive is used in this instance after *tal vez* to indicate conjecture or the probability that the computer screen could suffer from a problem called *burned screen*.

4. *denominado*   The adjective refers to *efecto* not *pantalla*, so it is masculine singular.

5. *inalterada*   The adjective refers to *la imagen*, and thus is feminine singular form.

6. *pulsar*   The infinitive is used because it follows a preposition.

7. *activadas*   The feminine plural form is used because it refers to *partículas*. When the noun is followed by a prepositional phrase that describes the noun, such as *de fósforos*, be sure to correctly identify the referent of the adjective.

8. *vean*   The present subjunctive is used because it occurs in a dependent noun clause, following the verb *hace*, which indicates volition. The plural is used because the *se* substitute for the passive voice is used and the subject is *líneas*.

9. *fijas*   The adjective refers to *líneas*, not to *texto*, which is contained in a prepositional phrase describing *líneas*. The noun is a feminine plural form.

10. *apagado*   The noun that this adjective modifies is *monitor*, which means that this past participle used as an adjective must be a masculine singular form.

GROUP TWELVE

El azar me había _____(1)_____ en cierto banquete junto a un hombre amable y jovial, con patillas, ojos astutos, nariz _____(2)_____ y una corbata que _____(3)_____ tres vueltas alrededor de su largo cuello antes de anudarse.

—¡Mozo! ¡_____(4)_____ aquí, amigo! Va usted a traerme _____(5)_____ una cerveza, y que no _____(6)_____ de la casa Bornoil, ¿eh? No se había servido todavía la sopa y _____(7)_____ caballero _____(8)_____ ya _____(9)_____ ruido como si se _____(10)_____ en el postre.

1. _____ (poner)
2. _____ (puntiagudo)
3. _____ (dar)
4. _____ (Venir)
5. _____ (correr)
6. _____ (ser)
7. _____ (este)
8. _____ (hacer)
9. _____ (tanto)
10. _____ (estar)

ANSWERS AND ANSWER EXPLANATIONS FOR GROUP TWELVE

1. *puesto*   This word is the irregular past participle of *poner*, which is required because it follows the auxiliary verb *haber*.

2. *puntiaguda*   The noun that this adjective modifies, *nariz*, is feminine singular; thus the correct form ends in *-a*.

3. *daba*   The third person singular is required because the subject of the verb is *corbata*. The imperfect is used because the sentence describes the man's attire.

4. *Venga*   The polite second person singular pronoun, *Ud.*, is required in this instance. The direct address of *Mozo* indicates that the relationship between the two is formal, even though the speaker also uses the word *amigo*. In addition, in the following sentence, *usted* is used to indicate the third person singular.

5. *corriendo*   The present participle is used to show in what manner the *mozo* is to bring the beer, indicating an adverb.

6. *sea*   The present subjunctive is required because the beer has not been brought yet. The verb occurs in a dependent noun clause. The main clause is omitted, but *que* before the verb means that the following clause is dependent. *Quiero* or some other verb of wishing or wanting is understood in this kind of a sentence.

7. *este*   The demonstrative adjective modifies *caballero*, a masculine singular noun. The correct masculine singular form is *este*.

8. *hacía*   The imperfect is used because the period of time to which the speaker refers is indefinite.

9. *tanto*   The noun *ruido* is masculine singular, which requires that *tanto* agree in gender and number with the noun. Only when *tanto* is followed by an adjective or adverb is it shortened.

10. *estuviese, estuviera*   Either form of the past subjunctive is always required after *como si*.

GROUP THIRTEEN

Había ____(1)____ decir, por ejemplo, que una de las habitaciones principales de la casa de don Carlos había sido ____(2)____ por él en ____(3)____ especie de museo en el que se conservaban, ____(4)____, siempre escrupulosamente cuidadas y limpias, las pertenencias de Estela. Pues bien, su sucesora sería la más celosa guardiana de la veneración que a ese, no, museo no, altar, se le debía. Hasta que el mismo Carlos le ____(5)____ que no ____(6)____ y ella, por obediencia, fuera ____(7)____ que crecieran las telarañas y se extendiera el moho y se ____(8)____ los hongos. Pues nadie volvería a acordarse de aquel cuarto cerrado ____(9)____ tantos otros abiertos y que ____(10)____ atención y cuidado.

1. _____
   (oír)

2. _____
   (convertido)

3. _____
   (uno)

4. _____
   (intacto)

5. _____
   (rogar)

6. _____
   (exagerar)

7. _____
   (dejar)

8. _____
   (multiplicar)

9. _____
   (haber)

10. _____
    (requerir)

ANSWERS AND ANSWER EXPLANATIONS FOR GROUP THIRTEEN

1. *oído* The past participle is required after the verb *haber*. The important thing to remember about verbs like *oír* is that there is an accent written on the past participle. Other past participles like *oído* are *leído*, *creído*, and *traído*.

2. *convertida* This past participle functions as an adjective and refers back to *una* of the *habitaciones* earlier in the sentence. This sentence is a good example of the true passive voice in Spanish. You can identify it by the verb *ser*, *había sido*, the past participle, *convertida*, the preposition indicating the agent, *por*, and the agent *él*.

3. *una* The noun *especie* is feminine singular, which requires the feminine singular indefinite article, *una*.

4. *intactas* This adjective refers to *las habitaciones*. The fact that it is plural is indicated by the *se* substitute for the passive voice that immediately precedes the adjective, *se conservaban*. In addition, all the other adjectives in the series are feminine plural.

5. *rogara, rogase* The past subjunctive is indicated by *hasta que*. Even though this passage is told in the past tense, from the perspective in time of the speaker, Carlos has not said anything yet; therefore, that event is considered future (an unaccomplished happening), and is rendered in the subjunctive. Additionally, in a parallel structure the following portion of the compound clause shows the past subjunctive -*y ella, por obediencia, fuera ... que crecieran las telerañas*.

6. *exagerase, exagerara* The imperfect subjunctive is used in a dependent noun clause after a verb of volition. Don Carlos begs Estela not to exaggerate. Additional cues are found in the parallel structures in which the past subjunctive, *crecieran telerañas*, is also used in a dependent noun clause.

7. *dejando* The present participle is used after the verb *ir*. It describes the action of the verb by showing the manner in which the action is accomplished. Do not confuse the verbs *ir* and *ser* in this kind of question. *Por* in this sentence does not indicate the passive voice. Nor would a past participle for *dejar*, modifying *ella* make sense in this context, either.

8. *multiplicaran, multiplicasen* This verb is part of a series of verbs in the past subjunctive: *crecieran* and *extendiera*. They all occur as dependent clauses following a verb of volition, *dejar*. This verb is plural because this is the *se* substitute for the passive voice. The verb must be either singular or plural depending on the number of the noun that is the subject. *Hongos* is the plural subject; therefore, *multiplicaran* must also be plural.

9. *habiendo* The present participle is used because the function of the verb in this clause is to describe the action of the verb: *volvería a acordarse*. *Habiendo* means *there being*....

10. *requerían* The imperfect is used in this instance because the action of the verb is not carried out at a specific moment in time in the past. The plural form of the verb is used because the subject of the verb is the nominalized adjective *otros*, which refers to *cuartos*.

GROUP FOURTEEN

No puedo explicarte la alegría que _____(1)_____ al _____(2)_____ tu cariñosa carta. La noticia que me das de tu próximo matrimonio con Juan Alonzo conmocionó a _____(3)_____ la familia. Todos me encargan que los _____(4)_____ muy sinceramente. Yo _____(5)_____ que vengas pronto por la capital para hacer las compras de tu ajuar. Además, por supuesto te _____(6)_____ el mes entrante cuando _____(7)_____, aunque bien yo _____(8)_____ que en esta materia no necesitas ayuda _____(9)_____ pues tienes un gusto y elegancia _____(10)_____.

1. _____
   (experimentar)
2. _____
   (recibir)
3. _____
   (todo)
4. _____
   (felicitar)
5. _____
   (confiar)
6. _____
   (acompañar)
7. _____
   (venir)
8. _____
   (saber)
9. _____
   (alguno)
10. _____
   (exquisito)

ANSWERS AND ANSWER EXPLANATIONS FOR GROUP FOURTEEN

1. *experimenté*   The first person preterit is used because the time to which the speaker refers is a specific moment in the past, the moment when the speaker opened the letter. The first person is indicated by the subject of the first verb, *puedo*.
2. *recibir*   The infinitive is used in this instance as a noun, even though in English the translation would call for a present participle used as a noun. *Al* is always followed by an infinitive verb form.
3. *toda*   The adjective modifies *la familia*, a feminine singular noun. Family is a collective noun; even though it refers to a group of people, the singular is required because the noun itself is singular.
4. *felicite*   The present subjunctive is used in this instance because it occurs in a dependent noun clause, after the verb *encargar*, which indicates volition. The subject of *felicite*, *yo*, is indicated by *me*, the object pronoun in front of *encargan*. The direct object pronoun *los* refers to the persons to whom the narrator is talking, *tú*, and her fiance. Remember that in Spanish America the third person plural is used in place of the second person plural forms. But in Spain, the second person plural, *vosotros*, is commonly used.
5. *confío*   This verb in the present tense carries a written accent on the stem of the verb in those persons and number where the stress should fall on the stem, in the first, second, third singular, and third persons plural.
6. *acompañaré*   The future indicative is used because the action has not yet taken place (indicated by the words *el mes entrante*), and the verb occurs in the main clause.

7. *vengas*   *Cuando* is an adverbial conjunction of time. The present subjunctive is used since the action has not happened.

8. *sé*   The first person singular of *saber* is irregular. Be sure to write the accent on the verb form to distinguish it from a pronoun.

9. *alguna*   This indefinite adjective, which usually precedes the noun, is feminine singular because it refers to *ayuda*. Where it is placed in regard to the noun does not change the rule for making adjectives agree in gender and number with the nouns they modify, except for apocopated masculine forms. Notice that *alguna* comes after the noun and that the verb is negated. This is an idiomatic use of *alguna*, instead of using *ninguna* before the noun. The word order is important.

10. *exquisitos*   The plural form of the adjective is used because it refers to both *gusto* and *elegancia*. In cases where one noun is masculine and one is feminine, the masculine plural form of the adjective is used.

GROUP FIFTEEN

En respuesta a ____(1)____ crisis, recomiendo que ____(2)____ nosotros un programa masivo de construcciones de prisiones. Un ____(3)____ paso importante sería convertir ____(4)____ de las cárceles de mínima y mediana seguridad ____(5)____ , en prisiones de ____(6)____ seguridad para acomodar a criminales ____(7)____. Creo firmemente que el único impedimento al crimen es el castigo garantizado. No veremos una reducción en el crimen hasta que ____(8)____ a implementar ____(9)____ sistema de castigo que ____(10)____ ambos adecuado y cierto.

1. _____
   (este)

2. _____
   (comenzar)

3. _____
   (primero)

4. _____
   (alguno)

5. _____
   (existente)

6. _____
   (máximo)

7. _____
   (violento)

8. _____
   (empezar)

9. _____
   (uno)

10. _____
    (ser)

ANSWERS AND ANSWER EXPLANATIONS FOR GROUP FIFTEEN

1. *esta*   The noun that this demonstrative adjective modifies, *crisis*, is feminine singular.

2. *comencemos*   The present subjunctive is used because the verb occurs in a dependent noun clause after a verb of volition: *recomendar*. That the first person plural is the subject is indicated by the subject pronoun that follows the verb. Usually the subject pronoun precedes the verb, but not always.

3. *primer*   The adjective is apocopated (the *-o* is dropped before masculine singular nouns) because the noun it modifies is *paso*.

4. *algunas*   The feminine plural form of the indefinite adjective is used here as a pronoun, *some of the prisons*, because the referent is *cárceles*, a feminine plural noun. Grammatically, a singular indefinite pronoun is possible, but it is not logical in this case since the speaker is talking about some of the prisons, not just one.

5. *existentes*   The adjective is plural because it refers to *cárceles*, not to *seguridad*.

6. *máxima*   This adjective modifies *seguridad*, which, like all nouns that end with *-dad*, is feminine.

7. *violentos*   This adjective modifies a masculine plural noun, *criminales*, so it must end with *-os*.

8. *empecemos*   This verb follows an adverbial conjunction of time, *hasta*. Since the verb in the main clause is in the future tense, *veremos*, the action in the dependent clause has not happened yet, and is expressed using the present subjunctive. The subject, the first person plural, is the same as the other verb meaning *to begin*, *comencemos*, at the beginning of the passage.

9. *un*   The noun that this indefinite adjective modifies is masculine singular, even though it ends with *-a*. *Uno* is always apocopated before masculine singular nouns.

10. *sea*   The present subjunctive is used in this instance because it occurs in a dependent adjective clause that refers to an indefinite, or nonexistent antecedent, *sistema*.

GROUP SIXTEEN

Hoy en día hay ____(1)____ temas en los Estados Unidos que ____(2)____ más pasiones irracionales que el bilingüismo. En los últimos seis años, 17 estados ____(3)____ pasado resoluciones ____(4)____ del inglés la lengua oficial. Los partidarios del movimiento ____(5)____ *Lengua pura*, alegan que éste está ____(6)____. ____(7)____ por una organización ____(8)____ en Washington que ha reclamado en varias ocasiones entre 250.000 y 3.000.000 miembros que pagan cuotas, este movimiento tiene una filosofía muy simple: el inglés es, y debe permanecer para siempre, la única lengua de los Estados Unidos. En tal clima tan ____(9)____ es útil hacer una distinción entre la educación bilingüe y el bilingüismo. Esta distinción no es ____(10)____ con frecuencia por los partidarios del *Lengua pura*.

1. _____
   (poco)

2. _____
   (provocar)

3. _____
   (haber)

4. _____
   (hacer)

5. _____
   (llamado)

6. _____
   (crecer)

7. _____
   (Dirigido)

8. _____
   (basado)

9. _____
   (caldeado)

10. _____
    (hecho)

ANSWERS AND ANSWER EXPLANATIONS FOR GROUP SIXTEEN

1. *pocos*   The noun that this adjective modifies, *temas*, is a masculine plural form. Review nouns that end in *-a* if you missed this item.

2. *provoquen*   This verb occurs in a dependent adjective clause. It describes *pocos temas*, which is an indefinite antecedent. The subjunctive is used in such a case, and the present tense is used because other verbs in the passage are present tense.

3. *han*   The present perfect tense is used here because the time frame that is indicated is the immediate past. The selection of present perfect indicates continual action up to the present.

4. *haciendo*   The present participle is used here adverbially; it describes the action of the verb, *han pasado*.

5. *llamado*   The past participle functions as an adjective that modifies *movimiento*, not *partidarios*, since it is the movement that is called *Lengua pura*.

6. *creciendo*   The present participle functions as a verbal after the verb *estar*, indicating the present progressive form of the verb.

7. *Dirigido*   The past participle functions as an adjective, describing *movimiento*.

8. *basada*   This adjective describes *organización*, a feminine noun. All nouns that end with *-ción* are feminine.

9. *caldeado*   This adjective modifies *clima*, a masculine singular noun. *Caldo* means *stew* or *soup*, therefore as an adjective it would mean *soupy*, implying that the climate for bilingual education in the United States is heated and muddled.

10. *hecha*   The past participle of *hacer* here refers to the *distinción*. This is an example of the true passive voice in Spanish with the construction of *to be + past participle + by + agent*.

GROUP SEVENTEEN

El momento actual es el más importante y más crucial que jamás ha ___(1)___ la humanidad. De la sabiduría colectiva que nosotros ___(2)___ durante los próximos ___(3)___ años depende el que la humanidad sea ___(4)___ a un desastre sin paralelo o que ___(5)___ un ___(6)___ nivel de dicha, seguridad, bienestar e inteligencia. No sé qué es lo que

1. _____
   (enfrentar)

2. _____
   (demostrar)

3. _____
   (veinte)

4. _____
   (lanzado)

5. _____
   (alcanzar)

6. _____
   (nuevo)

_____(7)_____ la humanidad. Hay graves motivos para temer,

pero _____(8)_____ bastantes posibilidades de una buena solu-

ción, que hacen que las esperanzas no _____(9)_____ irracionales.

Y debemos actuar sobre _____(10)_____ esperanzas.

7. _____
(escoger)

8. _____
(existir)

9. _____
(resultar)

10. _____
(tal)

ANSWERS AND ANSWER EXPLANATIONS FOR GROUP SEVENTEEN

1. *enfrentado*   This is the past participle of the verb needed in the perfect tense. The present perfect is used to indicate the immediate past. The present moment is the most crucial that the world *has* ever *seen,* with the idea of continuous time up to the present being underscored by the use of the word *jamás.*

2. *demostremos*   Since the existence of collective wisdom is questionable from the perspective of the speaker in this passage, the present subjunctive is used. The rest of the passage indicates that the speaker views the present moment as a turning point with equal chance for great progress or total annihilation of the human race.

3. *veinte*   Cardinal numbers such as *veinte* do not agree in gender or number with the nouns they modify, except for *uno* when it modifies a noun.

4. *lanzada*   This past participle, used as an adjective, describes *la humanidad.* Following the verb *ser* the past participles agree in gender and number with the nouns to which they refer.

5. *alcance*   The present subjunctive is used because it occurs in a dependent noun clause after the verb *depender.* This verb parallels *sea* in the previous clause, indicated by the conjunction *o. La humanidad* is the subject.

6. *nuevo*   This adjective modifies *nivel,* which is masculine singular.

7. *escogerá*   The future indicative is indicated by the context of the sentence and the passage. Unlike *no creer, no saber* does not indicate the subjunctive. *Lo que* is the subject of the verb.

8. *existen*   The present indicative is used because it occurs in a main clause. Even though the verb *temer* occurs in the previous clause, the clause containing *existir* is introduced by *pero,* meaning that it is an independent clause.

9. *resulten*   The present subjunctive is used in a dependent noun clause after a verb of volition: *hacen.*

10. *tales*   This word is an adjective that occurs in many idiomatic expressions. When used to modify a noun, it can only agree in number, since it ends with a consonant.

GROUP EIGHTEEN

_____(1)_____ en términos abstractos no es, por supuesto, la única forma de alcanzar la generalidad ética; también se la puede lograr, y quizás mejor, si se _____(2)_____ emociones generalizadas. Pero para la mayoría de la gente _____(3)_____ es difícil. Si se siente hambre, se _____(4)_____ grandes esfuerzos, en caso necesario, para conseguir alimentos; si los que tienen hambre son los hijos _____(5)_____, puede que se _____(6)_____ una urgencia aun mayor. Si un amigo está _____(7)_____ de hambre, con seguridad se esforzará uno para aliviar su desgracia. Pero si se entera uno que millones de personas en todo el mundo se _____(8)_____ en peligro de muerte por desnutrición, el problema es tan _____(9)_____ y tan distante que, a menos que se _____(10)_____ alguna responsabilidad oficial, se olvidará muy pronto del problema.

1. _____
   (Pensar)
2. _____
   (sentir)
3. _____
   (éste)
4. _____
   (hacer)
5. _____
   (suyo)
6. _____
   (sentir)
7. _____
   (morirse)
8. _____
   (encontrar)
9. _____
   (vasto)
10. _____
   (tener)

ANSWERS AND ANSWER EXPLANATIONS FOR GROUP EIGHTEEN

1. *Pensar*   The verb functions as the subject of the verb *es*, in which case the infinitive must be used. Contrast this with the English, where the gerund is normally used.

2. *siente*   After the conjunction *si*, the indicative is normally used in the present tense. Although the subjunctive is used to express uncertainty, in Spanish the present subjunctive is usually not used after *si*. Notice all the other constructions in the passage where the present indicative is used, also.

3. *esto*   The antecedent for this demonstrative pronoun is the whole preceding thought, in which case the neuter pronoun is appropriate.

4. *harán*   The future indicative is used in the *se* substitute for the passive voice. The use of the present indicative in the *si* clause means that either the present or the future tenses will be used in the next clause. The future is more appropriate here because the speaker is talking about hypothetical situations, not something that is about to happen in the near future.

5. *suyos*   This possessive adjective agrees with the noun it modifies, *hijos*, not with the possessor, the parents of the children.

6. *sienta*   The present subjunctive is used in a dependent noun clause after an impersonal expression: *puede ser*.

7. *muriéndose*   The present participle is used as a verbal after the verb *estar* to form the present progressive. The pronoun is added to the end of present participles, and an accent is written over the first syllable of the participial ending because the pronoun adds a syllable to the word. Notice the stem change from an *-o* to a *-u*, because this verb is a Class II stem changing verb.

8. *encuentran*   The present indicative is used here because the verb occurs in an adjective clause. In the context of the passage the present is appropriate here instead of the future because the speaker is talking about present-day conditions, not hypothetical situations.

9. *vasto*   The adjective modifies *problema*, which is masculine singular. The gender of the noun is given in the article that precedes the noun. If the noun is unfamiliar, learn to look for other indicators of the gender and do not simply look to see if the ending is an *-o* or an *-a*. See the Appendix for a listing of common nouns that are of the opposite gender than that indicated by the ending.

10. *tenga*   The present subjunctive is used here because the verb occurs in a dependent adverbial clause, following the conjunction *a menos que*, which indicates concession or condition.

GROUP NINETEEN

Sigue ____(1)____. Ha sucedido un accidente desagradable, esta mañana al salir de la escuela. Un tropel de muchachos, apenas ____(2)____ a la plaza, se pusieron a hacer bolas con ____(3)____ nieve que hace las bolas pesadas como piedras. Mucha gente ____(4)____ por la acera. Un señor gritó: —¡Alto, chicos!— Y precisamente en aquel momento se ____(5)____ un grito agudo en la otra parte de la calle, se vio un viejo que ____(6)____ perdido su sombrero y andaba vacilando, ____(7)____ la cara con las manos, y a su lado un niño que ____(8)____ —¡Socorro, socorro!— En seguida ____(9)____ gente de todas partes. Le habían dado una bola en un ojo. Todos los muchachos corrieron a la desbandada, ____(10)____ como saetas.

1. _____
   (nevar)

2. _____
   (llegar)

3. _____
   (aquel)

4. _____
   (pasar)

5. _____
   (oír)

6. _____
   (haber)

7. _____
   (cubrirse)

8. _____
   (gritar)

9. _____
   (acudir)

10. _____
    (huir)

ANSWERS AND ANSWER EXPLANATIONS FOR GROUP NINETEEN

1. *nevando*   After the verb *seguir* the present participle is commonly used to elaborate on the action of the verb, to tell what kept on happening.

2. *llegaron*   The adverb, *apenas*, meaning *scarcely*, indicates a specific moment when the action took place. Thus the preterit is appropriately used to narrate the event. The use of the preterit in the next clause, *se pusieron*, also indicates narration.

3. *aquella*   The noun that the demonstrative adjective modifies, *nieve*, is feminine singular.

4. *pasaba*   The imperfect is used to describe background action. While the boys made snowballs, people *were going by*. When no beginning or ending to the action is indicated, then the imperfect is used. Notice that *gente* takes the singular ending.

5. *oyó*   The preterit is used in this *se* substitute for the passive voice, because the action, a pained shout, occurred at a specific moment in time in the past, indicated by *aquel momento*.

6. *había*   The pluperfect is the appropriate tense because the action took place prior to the event in the past to which the speaker refers. Before the man began walking about erratically, he had lost his hat, but the moment at which it happened is not the actual time frame of the narrative.

7. *cubriéndose*   The present participle describes the action of the old man, indicated in the verb *andaba vacilando*. The present participle *vacilando* functions as an adverb, because verbs of motion or perception are often followed by the present participle functioning as an adverb. Remember that when a pronoun is added to the end of the present participle, an accent is written on the first syllable of the participial ending.

8. *gritaba*   The imperfect tense is used here because the action is described, not narrated. The child did not shout—*Socorro*—once and stop; he *was shouting*. The period of time that he continued to shout is indefinite.

9. *acudió*   The preterit is used to indicate that at a specific moment in the past the action occurred. *En seguida* frequently indicates the use of the preterit, because a specific moment in time is mentioned. *Gente*, the subject, follows the verb.

10. *huyendo*   The present participle is used to describe the action of the boys who ran away from the scene. Notice the *i* of the ending changes to *y* between two vowels. If you missed this spelling change you may need to review conjugation of verbs ending in -*uir*. (But do not confuse -*uir* endings with -*guir* endings.)

GROUP TWENTY

Ayer tarde _____(1)_____ a la escuela de niñas que está al lado de

la _____(2)_____ para darle el cuento del muchacho paduano a

la maestra Silvia, que lo _____(3)_____ leer. ¡_____(4)_____

muchachas hay allí! Cuando llegué, _____(5)_____ a salir,

_____(6)_____ muy contentas por las vacaciones de Todos Santos

y Difuntos, y ¡qué cosa tan _____(7)_____ presencié allí! Frente a

la puerta de la escuela en la otra acera, estaba con un codo

apoyado en la pared y con la frente _____(8)_____ en la mano,

un deshollinador muy pequeño, de cara completamente

negra, con su saco y su raspador, que lloraba por _____(9)_____

perdido por un agujero en el bolsillo roto los seis reales que

había ganado _____(10)_____ chimeneas.

1. _____
   (ir)
2. _____
   (nuestro)
3. _____
   (querer)
4. _____
   (Setecientos)
5. _____
   (empezar)
6. _____
   (todo)
7. _____
   (conmovedor)
8. _____
   (apoyado)
9. _____
   (haber)
10. _____
    (limpiar)

ANSWERS AND ANSWER EXPLANATIONS FOR GROUP TWENTY

1. *fui* The preterit indicative is used because the point in time is specific, *ayer*. The first person is indicated later in the passage in the verb *llegué* and *presencié*.

2. *nuestra* The feminine singular possessive pronoun is used because the referent is *escuela*.

3. *quería* The imperfect is used to mean *wanted*. Remember that the meaning of the verb *querer* is different in the preterit.

4. *Setecientas* The number *cientos* agrees with the noun that it precedes.

5. *empezaban* In the past tense *empezar* usually is used in the preterit. Since it refers to a specific moment when something happened, the action has a definite beginning. In the context of this passage, however, the speaker is describing a scene and the students *were beginning* to leave. The imperfect is the appropriate past tense. *Contentas* indicates a plural subject.

6. *todas* The referent for this nominalized adjective is *muchachas*, so the form of the adjective needs to be feminine plural.

7. *conmovedora* This adjective modifies *cosa*, which is feminine singular.

8. *apoyada* The adjective modifies *frente*, whose gender is indicated by the article in front of the noun. Do not be misled because the word appears earlier modifying a masculine singular noun, *codo*.

9. *haber* The perfect tense is indicated because the action took place at a time prior to the moment when the speaker saw the boy. The infinitive form of *haber* is indicated by the preposition *por*.

10. *limpiando* The present participle further describes how the boy earns his living. It is used as an adverb.

TASK 2: PARAGRAPH COMPLETION WITHOUT ROOT WORDS

In the paragraph completion without root words, there is only one word needed to complete the meaning of the passage. It is important to know the vocabulary in order to complete this part. You are to insert the one word that makes logical and grammatical sense in the context of the selection. Now review the grammar in the Appendix and review common reflexive verbs, prepositions, common transitional phrases, and infinitives that require specific prepositions.

These lists are not comprehensive. They provide only some of the more common words and phrases.

Common Transitional Phrases

no obstante = *nevertheless*

como si = *as if + imperfect subjunctive*

sino que = *but rather*

ni siquiera = *not even*

en cambio = *on the other hand*

sin embargo = *on the other hand*

al contrario = *otherwise*

por lo contrario = *otherwise*

a causa de = *because of*

además de = *besides, in addition to*

a favor de = *in favor of*

a lo mejor = *maybe*

a pesar de = *in spite of*

con respecto a = *with respect to*

de acuerdo = *in agreement*

en contra de = *against*

en cuanto a = *with respect to*

en lugar de = *in place of*

en vez de = *instead of*

tal vez = *perhaps*

quizás = *perhaps*

Prepositional Phrases

a ciegas = *blindly*

a eso de = *at about (time)*

a fuerza de = *through (great effort)*

a fondo = *in depth*

a la vez = *at the same time*

al menos = *at least*

a mano = *by hand*

a propósito = *on purpose*

a tiempo = *on time*

de vez en cuando = *from time to time*

de ... en ... = *from ... to ...*

de esta manera = *in this way*

de este modo = *in this way*

de nuevo = *again*

de veras = *really*

por (si) acaso = *by chance*

por casualidad = *by chance*

por consiguiente = *therefore*

por desgracia = *unfortunately*

por Dios = *for heaven's sake*

por encima de = *hastily, over the top*

por entero = *completely, entirely*

por escrito = *in writing*

por eso = *therefore, for that reason*

por lo general = *generally, as a rule*

por lo menos = *at least*

por lo tanto = *consequently*

por lo visto = *apparently*

por otra parte = *on the other hand*

por suerte = *luckily*

por supuesto = *of course*

por primera vez = *in the first place*

acabar por = *to end up by*

brindar por = *to drink to, to toast somebody*

esforzarse por = *to strive to, for*

interesarse por = *to be interested in*

luchar por = *to fight for*

morirse por = *to be dying to*

preguntar por = *to inquire about, to ask for somebody*

preocuparse por = *to worry about*

trepar por = *to climb up*

Verbs That Require Specific Prepositions

acostumbrarse a = *to get used to*

apresurarse a = *to hurry*

arriesgar a = *to risk*

asistir a = *to attend*

atreverse a = *to dare*

ayudar a = *to help*

condenar a = *to condemn to*

dar a = *to face (toward) to look out on*

jugar a = *to play*

negarse a = *to refuse to*

oler a = *to smell of, like*

ponerse a = *to begin*

saber a = *to taste of, like*

volver a = *(to do something) again*

acabar de = *to have just*

acordarse de = *to remember*

alegrarse de = *to be glad*

arrepentirse de = *to regret*

avergonzarse de = *to be ashamed*

burlarse de = *to make fun of*

cambiar de = *to change*

carecer de = *to lack*

cesar de = *to cease to*

dejar de = *to cease to, to stop (doing)*

constar de = *to consist of*

darse cuenta de = *to realize*

depender de = *to depend on*

despedirse de = *to say goodbye*

disfrutar de = *to enjoy*

enamorarse de = *to fall in love with*

encargarse de = *to take charge, care of*

enterarse de = *to hear about, find out about*

jactarse de = *to boast about*

llenar de = *to fill with*

no dejar de = *to not fail to*

olvidarse de = *to forget*

quejarse de = *to complain*

servir de = *to serve as*

sospechar de = *to suspect*

tratar de = *to try*

vestirse de = *to dress as, to be dressed as, in*

confiar en = *to trust, to confide in*

consentir en = *to consent to*

convertirse en = *to turn into*

empeñarse en = *to insist on*

insistir en = *to insist on*

entrar en = *to enter*

fijarse en = *to notice*

influir en = *to influence*

ingresar en = *to join (an association, university)*

molestarse en = *to take the trouble to, bother to*

pensar en = *to think about, to meditate*

quedar en = *to agree to, to decide on*

tardar + *time* + en = *to take (somebody or something) (however much time) to*

vacilar en = *to hesitate to*

casarse con = *to get married to*

encontrarse con = *to meet*

enojarse con = *to get mad at*

meterse con = *to get involved with, to get mixed up with*

soñar con = *to dream about*

Strategies for Doing This Part of the Examination

- Scan the whole passage.
- Pay attention to sentence structures. Look for parallel structures in particular.
- Notice the subject, tense, and mood of verbs. The use of the subjunctive, for example, could indicate a particular preposition, such as *para* in *para que*....
- Notice the conjunctions such as *y* or *o*, because they will indicate parallel structures, using specific conjunctions, *y, e, o,* or *u.*
- Look at the information contained in the sentences to see if one part of a sentence contains contrary information.
- Look for the passive voice structure, which will require the use of *por* to indicate the agent and *ser* as the verb for "to be."
- At times there may be more than one correct answer. You only need to use something that makes sense linguistically in the selection.
- Remember that usually this part does not test verbs, adjectives, or nouns because they have to agree in some way with something else in the selection. There would be too many correct answers to be practical to test in this kind of format.
- This part tests knowledge of correct use of pronouns, prepositions, definite or indefinite articles, or (only at times) a single verb or adjective.
- First study the lists of verbs that take particular prepositions and the list of common expressions and transitional phrases.

Directions: First read through the selection. Then write a word on the numbered line that corresponds to the numbered blank in the text. Write only ONE word that completes the meaning of the selection. No credit will be given for words that are not spelled correctly or words that lack correct accent marks. You have eight minutes to complete this part of the exam.

EXERCISES AND ANSWERS

GROUP 1

Que se queja del tiempo

Recientemente llegó a España una ola de frío, causando _____(1)_____ todos los que estaban hartos _____(2)_____ calor una oportunidad de recoger los esquís y dirigirse a las montañas más cercanas. _____(3)_____ cambio, para los acostumbrados _____(4)_____ clima tropical, _____(5)_____ molestaba la necesidad de arriesgar sus vidas en las carreteras cubiertas de nieve y bloqueadas con los choques que siempre resultaban.

1. _____
2. _____
3. _____
4. _____
5. _____

GROUP 2

El consumo electrónico en la Feria en Las Vegas

Lo que vale para Estados Unidos vale para el resto de los países desarrollados. Parece que _____(1)_____ una necesidad imperiosa por cambiarse de teléfono móvil, _____(2)_____ de tener varias consolas electrónicas en la habitación. _____(3)_____ la Organización, la saturación del mercado es _____(4)_____ que no se contempla en ambientes _____(5)_____ eufóricos como la gran Feria Anual del Consumo Electrónico de Las Vegas, donde acudieron empresas o visitantes de 110 países.

1. _____
2. _____
3. _____
4. _____
5. _____

GROUP 3

La salsa es dinámica. Una entrevista.
(*Richie Ray y Bobby Cruz hablan con* Semana, *1/15/06*)

La vieja reguetona no es _____(1)_____ tema de reguetón _____(2)_____ una fusión. De hecho es bueno recordar que la salsa _____(3)_____ llama así porque es una mezcla de estilos que de por sí no _____(4)_____ gustaba a los puristas de los años 60. La salsa es eso. Mezclas, cruce de influencias, experimentación, riesgo, es algo dinámico. No se puede estancar _____(5)_____ limitar.

1. _____
2. _____
3. _____
4. _____
5. _____

GROUP 4

Una obra de arte natural: la yema de huevo
(*CocinaonTerra.com*)

Hay quien opina que el huevo, sobre todo el de gallina, se divide en tres partes: ____(1)____ protectoras, la cáscara y la clara, y una deliciosa, la yema; ____(2)____ hecho, el genio de todos los cocineros que en el mundo ____(3)____ sido no ha bastado ____(4)____ conseguir una "salsa" ____(5)____ la yema de huevo.

1. _____
2. _____
3. _____
4. _____
5. _____

GROUP 5

Inmigrantes han comenzado a dar a Texas una nueva identidad
(*Terra.com*)

"Vamos rumbo a un nuevo Texas," aseguró el ex secretario ____(1)____ vivienda de Estados Unidos, Henry Cisneros, ____(2)____ hablar sobre el cambio demográfico ____(3)____ experimenta la entidad ____(4)____ una reciente entrevista. Las consecuencias de este cambio ____(5)____ observarán en el terreno social, político y económico.

1. _____
2. _____
3. _____
4. _____
5. _____

GROUP 6

Detrás de la taza de café
(© Copyright Terra Networks, S. A.)

Al alzar una taza de café colombiano y llevárselo ____(1)____ la boca, usted cumplirá ____(2)____ la última etapa, y la definitiva, de un proceso que pudo ____(3)____ empezado cuatro años ____(4)____ cuando una semilla fue sembrada en las montañas cafeteras de Colombia. La historia se inicia en el vivero, donde cerca de 1 millón ____(5)____ personas siembran café.

1. _____
2. _____
3. _____
4. _____
5. _____

GROUP 7

Con sabor a Cuba...

(*Terra.com*)

Descubre las recetas de un menú cubano. Empieza _____(1)_____ un mojito como aperitivo y continúa con uno de los ocho platos fuertes que escogimos. Luego, _____(2)_____ quieres preparar una cena realmente típica, deberás seguir con el postre. Tenemos flan, arroz con leche _____(3)_____ vasos de guayaba con queso. Suaves y exquisitos, estos postres se repiten en _____(4)_____ toda América Latina, pero de país _____(5)_____ país el sabor cambia y se convierte en único.

1. _____
2. _____
3. _____
4. _____
5. _____

GROUP 8

El Callejón del Beso

Dice la leyenda que las parejas que pasen _____(1)_____ el Callejón y no se den un beso en el tercer escalón, tendrán siete años de mala suerte; y _____(2)_____ el contrario, si se besan con amor disfrutarán de 15 años de buena fortuna. Pero _____(3)_____ es una leyenda. _____(4)_____ todos modos los poblanos gozarán de buena suerte si vienen muchos turistas _____(5)_____ haber oído de la leyenda.

1. _____
2. _____
3. _____
4. _____
5. _____

GROUP 9

El juego de pelota en el mundo hispano

La historia del juego de pelota en el mundo hispano se remonta a la época precolombina, sin los aspectos casi religiosos que _____(1)_____ caracterizan actualmente. En el *Popol Vuh* se cuenta el conflicto _____(2)_____ los dioses del infierno y del cielo, en _____(3)_____ cual triunfaron los dioses benévolos. _____(4)_____ no se lo asocia actualmente con ritos religiosos, ha llegado a ser casi una religión por el gran entusiasmo que muestran los aficionados en el estadio _____(5)_____ días de partido.

1. _____
2. _____
3. _____
4. _____
5. _____

GROUP 10

Ciudad de México
(*Terra.com*)

Pocas ciudades en el mundo tienen ____(1)____ atractivos culturales como Ciudad de México. Su historia comenzó a escribirse en tiempos del siglo XIV, cuando los aztecas ____(2)____ fundaron en el lugar donde apareció un águila parada ____(3)____ un nopal devorando una serpiente. Allí, edificaron una ciudad grandiosa, con templos y palacios, que deslumbró a los españoles que la conquistaron. Años después, es ____(4)____ de los primeros destinos turísticos y la ciudad más poblada ____(5)____ mundo.

1. _____
2. _____
3. _____
4. _____
5. _____

GROUP 11

Secretos del mar
Por Tito Rodríguez, Director del Instituto
Argentino de Buceo

____(1)____ menudo se comete el error de creer que el instinto y el aprendizaje se oponen entre ____(2)____ . Mientras que el instinto es el conocimiento heredado, el aprendizaje se adquiere ____(3)____ del nacimiento. Una ventaja del aprendizaje ____(4)____ el instinto es que el comportamiento ____(5)____ puede modificar rápidamente, dando respuesta inmediata a situaciones cambiantes.

1. _____
2. _____
3. _____
4. _____
5. _____

GROUP 12

El mejor oficio del mundo
Por Gabriel García Márquez
(*Etcétera*, enero 2006)

La grabadora oye ____(1)____ no escucha, repite—como un loro digital—pero no piensa, es fiel pero no tiene corazón, y a fin ____(2)____ cuentas su versión literal no será tan confiable como ____(3)____ de quien ____(4)____ atención a las palabras vivas del interlocutor, ____(5)____ valora con su inteligencia y las califica con su moral.

1. _____
2. _____
3. _____
4. _____
5. _____

GROUP 13

La Florida busca fuentes de energía alternativas
Por David Royse
(*AP*, 12 de enero 2006)

Pero en varias ocasiones recientemente, ha hablado de una

forma ____(1)____ más inusual de producir energía: la quema

de bagazo, la parte que queda de la caña de azúcar ____(2)____

se le ha extraído el azúcar. En varios lugares alrededor

____(3)____ mundo, el bagazo se quema para alimentar las

mismas plantas de procesamiento. No ____(4)____, en algunos

casos, no hay suficiente bagazo como para vender a una com-

pañía ____(5)____ su uso público.

1. _____
2. _____
3. _____
4. _____
5. _____

GROUP 14

En familia, ¿cómo le podemos enseñar a los niños a ahorrar?
(*Terra.com*, 15 de enero 2006)

____(1)____ planeta se mueve a base de bienes materiales,

siendo ____(2)____ de los más importantes y codiciados el

dinero. Todos necesitamos y deseamos cosas que tienen un

precio en metálico. Los niños no están exentos de esto y

____(3)____ lo tanto parece ser una buena idea ____(4)____ de

enseñar el valor del dinero y del ahorro ____(5)____ que son

pequeños.

1. _____
2. _____
3. _____
4. _____
5. _____

GROUP 15

Viaje desde Ecuador a las prodigiosas islas Galápagos
Por Andrés Fernández Rubio
(*Terra.com*)

Las dos hembras de lobo marino asoman ____(1)____ repente

dentro ____(2)____ agua, sin hacerse notar, demostrando sus

dotes de nadadoras consumadas. Aman el juego, giran y

____(3)____ vueltas en alegres contorsiones. Una de ellas se

lanza de frente ____(4)____ un torpedo y se detiene a unos

centímetros del cristal de las gafas del buceador, mira al

intruso con curiosidad y en una pirueta se desvía y pasa a su

lado ____(5)____ rozarlo.

1. _____
2. _____
3. _____
4. _____
5. _____

GROUP 16

La Fundación Santa Teresa

La Fundación Santa Teresa, localizada en el Departamento de
Guanajuato, ____(1)____ misión es otorgar becas y créditos
educativos a ____(2)____ que ____(3)____ necesiten, contribuye en ____(4)____ medida a la formación de líderes capa-
citados a desarrollar económica y socialmente en la vida
comunitaria del Estado. Con tal que el solicitante merezca la
oportunidad, nada ____(5)____ faltará para realizar el sueño
educativo.

1. _____
2. _____
3. _____
4. _____
5. _____

GROUP 17

Coordinación del Programa de desarrollo humano: oportunidades
(Dirección General Adjunta de Comunicación y Difusión, México, D. F.
Gob.mx, 15 de enero 2006)

El Índice de Desarrollo Humano es un instrumento universal
desarrollado ____(1)____ la Organización de las Naciones
Unidas ____(2)____ la medición del nivel de bienestar,
situación de vida y salud, y el acceso a la educación de la
población. El IDH ____(3)____ compuesto de tres variables: la
esperanza de vida al nacer; el logro educativo, medido
____(4)____ la alfabetización de adultos y la tasa combinada de
matriculación ____(5)____ los diversos niveles escolares, y el
Producto Interno Bruto real per capita.

1. _____
2. _____
3. _____
4. _____
5. _____

GROUP 18

¿Mi trabajo o mi bebé? Cómo conciliar la vida familiar con el trabajo
(Organización para la Cooperación y Desarrollo Económicos,
Fondo de Cultura Económico. *Gob.mx*, 15 de enero 2006)

En ____(1)____ obra se abordan los desafíos que enfrentan las
parejas   jóvenes para equilibrar las carencias de trabajo
____(2)____ las necesidades familiares, y las implicaciones que
sobre ____(3)____ tienen las tendencias sociales y el mercado

1. _____
2. _____
3. _____

laboral. Cada uno de los países que aquí se analizan enfrenta retos demográficos, sociales y culturales diversos y es ____(4)____ como se destacan las posibilidades con que cuenta toda sociedad para resolver ____(5)____ problemas.

4. _____

5. _____

GROUP 19

Bienvenido a la UMED
Por Ing. J. Fausto Gutiérrez Aragón
(*UMEX.edu.mx*, 15 de enero 2006)

Reciba un cordial saludo y sea bienvenido a nuestra sociedad de aprendizaje, la Universidad Mexicana de Educación a Distancia, la cual me honra ____(1)____ ser su Rector. El esfuerzo ____(2)____ interés de la UMED son atender las necesidades educativas de todo estudiante, articulando los elementos necesarios ____(3)____ facilitarle el acceso a la información indispensable ____(4)____ que con su propio empeño y actitud positiva enfrente el reto de estudiar mediante ____(5)____ sistema que le consumiría más tiempo y mayor esfuerzo como estudiante independiente.

1. _____

2. _____

3. _____

4. _____

5. _____

GROUP 20

Semáforo de alerta volcánica ¿Qué hacer cuando el semáforo está en rojo, si la instrucción es evacuar?
(*Gob.mx*)

Conserva la calma, reúne ____(1)____ tu familia, pónles una identificación, cuida que puertas y ventanas queden cerradas y coloca una sábana o tela blanca ____(2)____ la calle para comprobar que se trata de un domicilio evacuado. ____(3)____ inmediatamente a los centros de reunión. Lleva sólo ____(4)____ indispensable. Al llegar al refugio temporal regístrate y ubícate en el sitio que se ____(5)____ indique.

1. _____

2. _____

3. _____

4. _____

5. _____

ANSWERS FOR GROUP 1

1. *a*   After the word *causado, por* is used to express the reason why something is done. However, in this sentence, *todos* refers to people and functions as the object of the verb *causando*. When a person or something is personified, use the personal *a*.

2. *del*   After the expression *estar harto*, the preposition *de* is used. Remember that *de* is always combined with the masculine article *el*, making the contraction *del*.

3. *En*   *En* is part of the expression *en cambio*. Many such expressions must simply be memorized. If you missed this item, begin a list of the expressions you need to learn.

4. *al*   The correct preposition to use after *acostumbrar* is *a*. Just as the article *el* is combined with the preposition *de*, *a* is combined with *el* to make *al*. Remember that many words that end with *ama, ema, ima, oma* end with the letter *a*, but the nouns are really masculine.

5. *les*   The only word that makes logical sense in the context is a pronoun. To find the correct number and person, you need to refer to the subject of the expession *están hartos de*, and determine that it is third person plural. The verb *molestar*, like *gustar* and many others, requires the indirect object pronoun. The subject of the verb *molestar* is *necesidad*.

ANSWERS FOR GROUP 2

1. *hay*   If you look at this sentence, you will see that there is no verb in the main clause. In some such cases a verb will be needed to complete the sentence. The only verb that makes sense is one meaning "there is."

2. *o, y*   The selection talks about the necessity of changing cell phones or having electronic equipment at home. Either conjunction would work in either case.

3. *Según*   The word that logically completes the sentence here is the word meaning "according to," which is *según*. Although *dice* would make sense, syntactically it does not make sense when the phrase begins the sentence because in declarative sentences, especially in formal writing, the subject comes before the verb.

4. *algo, la*   An indefinite pronoun meaning "something" works best in this sentence. The relative pronoun *la (que)* could also be used, meaning "that which."

5. *tan*   In the adjective structure of *tanto ... como, tan* is shortened to *tan* before adverbs and adjectives. It remains *tanto* in front of nouns.

ANSWERS FOR GROUP 3

1. *un, el*   The correct gender of *tema* is masculine. Use either a definite or indefinite article.

2. *sino*   Even if you do not know the word *reguetón*, notice that it describes *tema*. The selection goes on to talk about how *salsa* is different because it is a mixture, *mezcla*, of styles. The information in that next sentence should tell you to use the conjunction *sino* to indicate something contrary to the

noun that precedes it. Make sure you scan the whole selection to look for the whole context. You do not use *que* after *sino* because no verb follows the conjunction.

3. *se*   The reflexive pronoun *se* represents the noun *salsa*. Thus, *se llama así* becomes "(it) calls itself this way."

4. *les*   The only pronoun possible is *les* because it refers to *los puristas*. Remember that the subject of the verb *gustar* is the object in English. "It is pleasing to the purists" is the literal translation of the structure in English.

5. *ni*   Use the negative conjunction here to mean "or." When the verb is negated with "no" or a negative adjective, pronoun, or adverb, use a negative after the verb. *Ni* is the negative of *o*.

ANSWERS FOR GROUP 4

1. *dos*   You need a number here to complete the meaning. The number "three" is mentioned. Although there are three nouns that follow, the word *protectoras* describes *la cáscara y la clara* and the adjective *deliciosa* describes *la yema*.

2. *de*   This is an expression that is worth remembering. *De hecho* means "in fact."

3. *han*   The subject of the verb is *cocineros*, not *mundo*. Do not be mislead by whether nouns right before or after the blank are singular or plural. Always look for the subject of the verb.

4. *para*   The preposition *para* expresses purpose, which is the meaning in this context. It means "in order to." Remember that the infinitive follows a preposition. The pronouns are always attached to the ends of infinitives and never come before it, so you can easily eliminate that option.

5. *como*   This is difficult, because you have to understand the rest of the sentence. Implicit is the meaning that nothing has served like an egg to make a sauce. The key words are the basic sentence, *el genio ... no ha bastado ... como la yema*.

ANSWERS FOR GROUP 5

1. *de*   The preposition *de* connects the nouns *ex secretario* and *vivienda*. Remember that a noun cannot modify another noun in Spanish, so they are connected with the preposition *de*. *Vivienda* may resemble the present participle *viviendo*, but the last letter *a* tells you that the word is a noun.

2. *al*   The only word that makes sense here is one that means "upon"—in Spanish, *al*. Before the infinitive, you could also use the article *el* to make the infinitive function as a noun, but *hablar* in this case is not the subject of the verb in the main clause.

3. *que*   The most common way to connect clauses is *que*, which is the only word that would connect the two clauses in the sentence.

4. *en*   The preposition *en* indicates the occasion when Mr. Cisneros talked about the new Texas.

5. *se*   This is the *se* substitute for the passive voice. No agent is stated. The direct object pronoun is not used here unless there is *se* already in front of the blank.

ANSWERS FOR GROUP 6

1. *a*   The preposition *a* indicates movement in some direction, toward some place, in this case the mouth. Use the preposition *a* after verbs of motion or to indicate direction.

2. *con*   The preposition that follows *cumplir* is *con*. When you learn the infinitive, learn the preposition that commonly follows it and you will not have any problems with this type of question.

3. *haber*   The word can be a verb form, either conjugated, or a participle, or infinitive. In this case, the infinitive follows *poder*, and the verb *haber* comes before past participles, like *empezado*. Relying on the Spanish rules for which parts of speech to use with *poder* and past participles is more reliable for getting a right answer than spending time translating the phrase.

4. *atrás*   Make sure you know all the adverbs for location, not just the most common ones. *Atrás* means "back" in the sense of "past" or "in the past." The context compares the final product of the coffee plant, the cup of coffee, with the seeds that were planted.

5. *de*   After the number *millón*, the preposition *de* is used to mean "a million people."

ANSWERS FOR GROUP 7

1. *con*   The verb *empezar* is followed by the preposition *a* when it is followed by another infinitive. In this sentence, it is followed by a noun, so use *con*, meaning "begin with."

2. *si*   Look at the whole sentence to see what goes in the blank. The sentence is an *if-then* sentence, and the clue is in *Luego, ... deberás seguir con*. The personal pronoun *tú* does not really make sense in this sentence when the second clause is added.

3. *o, y*   Either conjunction will work in this case, although it makes more sense to use *o* because the whole selection talks about making selections from the menu, instead of simply listing them. You are being given directions to make a selection.

4. *casi*   The word *toda* eliminates all other options. Nothing else will work between *el* and *toda* except *casi*, meaning "almost."

5. *en*   The phrases "from ... to" in Spanish is *de ... en*. The word *cambia* implies a series of countries. Do not try to translate literally or the phrase will not make sense.

ANSWERS FOR GROUP 8

1. *por*   The preposition *por* in this sentence means "along" or "through," which is a common use with *pasar*, followed by the noun for some kind of way or road.

2. *por*   The preposition *por* in this sentence is used in an expression that is a way of saying "on the other hand." If you do not know this phrase, put it on your list of phrases to learn and use.

3. *sólo*   Although the other phrase that would work is *no más,* the directions call for one word. Make sure to learn synonyms. There are always multiple ways of saying something.

4. *de*   The preposition *de* is part of the idiom *de todos modos.* Here you have no other choice but to memorize it.

5. *por*   In this case *por* expresses manner or means. Tourists "having heard" about the story is the meaning.

ANSWERS FOR GROUP 9

1. *lo*   The pronoun refers to the *juego de pelota* in the first sentence. It is a direct object pronoun. The pronoun does not refer to *aspectos casi peligrosos.* Remember that *actualmente* means "presently." It is a false cognate.

2. *entre*   The context talks about a conflict, then mentions two types of gods, good and evil. The only word that works in this case is *entre,* meaning "between."

3. *el*   The word *el* goes with *cual* making a relative pronoun that refers to *conflicto.* The article that goes with *cual* has to be the same gender and number as the noun to which it refers.

4. *Aunque*   You need to understand the whole sentence in order to see that the word here is "although." The two clauses are contradictory, with the clause *no se lo asocia,* followed by the clause *ha llegado a ser.* The only word that makes sense is *aunque.* There are other phrases that would fit, but none would consist of one word.

5. *los*   Remember that *día* is a masculine noun. With days of the week, *los* means "on."

ANSWERS FOR GROUP 10

1. *tantos*   Although *atractivos* has the ending of some adjectives, in this sentence it is a noun. The word *como* later on in the sentence means that the only word that fits in this sentence is *tantos.*

2. *la*   The direct object pronoun refers to *Ciudad de México,* which is the name of the city (*la ciudad*), so it is the word that grammatically and logically fits the sentence. When you see a blank in front of a conjugated verb, you should always think of pronouns and negatives as possible answers.

3. *sobre*   If you know the ancient story of the eagle that landed atop a nopal to indicate the chosen land for the last tribe to migrate to the Central Valley of Mexico, then this answer is easy. *Sobre* means "on top of" and is the best answer here. The preposition *en* could also be used.

4. *uno*   The preposition *de (los primeros)* after the blank reduces the possible answers to one, *uno.* It is not shortened to *un* because it does not come immediately in front of a masculine singular noun.

5. *del*   This is a superlative construction. Remember that if you translate literally, you will use the wrong preposition in Spanish. To express superlatives in Spanish use *de,* and *de* followed by *el* is always *del,* meaning "in the world."

ANSWERS FOR GROUP 11

1. *A*   This is part of an expression meaning "often." There are others that also mean the same thing, such as *muchas veces* and *frecuentemente*, which is a cognate. It is always helpful to learn expressions that are not cognates.

2. *sí*   Although *entre* is often followed by a pronoun, in the context of this paragraph the correct word is *sí*, meaning "between the two of them," or "themselves."

3. *después*   The learning that the article discusses happens after birth, so *después* is the only word that works.

4. *sobre*   A common meaning for *sobre* is "about," which is what it means in this sentence. The preposition *de* does not work, because the article *el* would be combined with the preposition to form *del*.

5. *se*   This is another example of the *se* substitute for the passive voice. It often comes before the verb *poder*, especially when the expression means "it can be said...."

ANSWERS FOR GROUP 12

1. *pero*   The conjunction *pero* is used to introduce other clauses in this group, and makes sense in this case. The verb *oye* communicates a different activity than *escucha*.

2. *de*   *A fin de cuentas* is an expression meaning "in the end," or "in the final analysis."

3. *la*   This word relates to *su versión*, referring to the tape recorder's version that is compared with "that of," *la de*, the person who pays attention to live words.

4. *pone*   *Poner atención* is an expression for "to pay attention." Make sure not to try to translate literally. The verb tense is the present indicative because there is no structure that would indicate the subjunctive.

5. *las*   This word is the direct object of *valora* and refers to *palabras*. You can find a parallel structure in the following clause, *las califica con su moral*.

ANSWERS FOR GROUP 13

1. *todavía*   The only word that makes sense here is "yet," or "still." The word *aún* can also be used, but if it is, it should have a written accent. Without the accent, *aun* has the meaning of "until" or "even," as in "even though."

2. *cuando*   This adverb is indicated by the verb *queda* and *extraído*.

3. *del*   The word *alrededor* is followed by *de*, and in this case is combined with *el* to make *del*.

4. *obstante*   This is an expression that must be memorized. It means the same thing as *sin embargo*, which means "nevertheless."

5. *para*   "For the benefit of" is the meaning of *para* in this case. It indicates purpose.

ANSWERS FOR GROUP 14

1. *Nuestro*   Remember that *planeta* is masculine, in spite of ending with the letter *a*. Other correct answers are *Un*, or *El*, or *Este*.
2. *uno*   This word refers to *bienes*, which is a masculine plural noun. You can tell gender by the article *los*, which follows in the comparison stated.
3. *por*   *Por lo tanto* is an expression using *por* that has to be memorized. It means "therefore."
4. *la*   *La* is here an article substituting for the noun *idea*.
5. *desde*   In the context of the selection, "since" childhood is the meaning of the phrase. Remember that there is more than one meaning for most words. *Desde* also means "from."

ANSWERS FOR GROUP 15

1. *de*   *De repente* is an expression meaning "suddenly." *De* is the only word that makes the expression complete.
2. *del*   *De* most often follows *dentro*. Although *agua* is a feminine noun, in the singular form it begins with a stressed *a*, so it takes a masculine singular article. The article is used here to designate the water in a particular place. Thus, the preposition *de* is combined with the article *el* and we get the contraction *del*.
3. *dan*   *Dar vueltas* is another expression for "turning around," and it is a good expression to remember. Use the same verbal tense as the preceding verb, *giran*.
4. *como*   Here *como* is used to indicate a simile, "like a torpedo," to describe the actions of the animals.
5. *sin, para*   "Without" or "in order to" are the two words that would make sense in this context. A preposition is necessary before the infinitive.

ANSWERS FOR GROUP 16

1. *cuya*   "Whose" is the word that makes the most sense logically and grammatically. Remember that *cuya* is feminine here, because it always has the same gender and number (singular or plural) as the noun it precedes. The definite article *la* would not make sense in the whole sentence.
2. *los*   This word is part of a relative pronoun that is the subject of *necesiten*. There is no antecedent to indicate gender, so use the masculine form. Another correct word could be *cuántos*.
3. *los*   The word is a direct object here, referring to *becas y créditos*. No other single pronoun by itself would make sense.
4. *gran*   The expression *en gran medida* is common. Remember that *grande* is shortened before singular nouns of either gender.
5. *le*   Before verbs like *faltar, gustar, importar, molestar,* and others, use an indirect object pronoun.

ANSWERS FOR GROUP 17

1. *por*   The passive voice is used in this sentence, with *ser* followed by a past participle, followed by *por* and then the agent of the action.
2. *para*   *Para* indicates purpose in the sentence "in order to" make a measurement of standard of living.
3. *está*   The verb *estar* is required in the sentence because of the past participle *compuesto*, which is used as an adjective. The verb describes the condition or state of being of the *Índice de Desarrollo Humano*.
4. *por*   The sentence requires *por* because the measurement is made "by means of" adult literacy.
5. *en*   The meaning here is the combined rate of enrollment "in" diverse school levels or grades, not "by." Therefore, *de* is not a good choice. In the context of the selection, the focus is on the population "in" school and adult literacy, not the process of enrolling students in school.

ANSWERS FOR GROUP 18

1. *esta*   *Esta* is the best word, although *la* would also be grammatically and logically correct.
2. *con*   The word *equilibrar las carencias de trabajo* followed by *necesidades familiares* makes *con* the most logical word to put in the blank. A preposition is the only word that makes grammatical sense.
3. *ellas*   The pronoun refers to *las parejas jóvenes* and must agree in gender and number.
4. *así*   This word functions as the object of *es*, and makes sense in the sentence because it talks about the analysis of the working situations that will reveal possibilities for resolving problems.
5. *sus, los*   Either word would serve to make sense of the sentence. Remember that *problema* is masculine.

ANSWERS FOR GROUP 19

1. *por*   *Por* in the sentence indicates manner, mode, or means, and means "by means of." The speaker is honored "by" being the Director of the University.
2. *e*   The only word that works in the sentence is "and." For the University, both effort and interest are involved in attending to the students' needs. When the conjunction *y* comes before a word beginning with the letter *i*, the *y* changes to *e*.
3. *para*   The meaning is "in order to" facilitate the access to necessary information. *Para* expresses purpose.
4. *para*   The only option that works in the sentence is *para* because you will find the subjunctive later on in the sentence (the verb *enfrente*). Unless you recognize the word *enfrente* as a verb, you will probably fail to find the right word. After *que,* however, you need a verb. *El reto* is the object of a verb and will make no sense in the sentence if it does not function as such.
5. *un*   Remember that *sistema* is masculine. The indefinite article *un* is the best word, although *el* would not be incorrect. It would not make much sense logically, however. The difference is "the challenge of studying by means of a system that will consume..." and "the challenge of studying by means of the system that...."

ANSWERS FOR GROUP 20

1. *a*   The personal *a* is necessary in this blank because the object of the verb is the family.

2. *hacia*   The word "toward" is the most logical in the sentence. The instructions call for putting a white cloth or sheet facing the street, so that authorities will know that the house has been evacuated. The word *en* does not work, because it makes no sense to put a sign in the street.

3. *Ve*   Your should have noticed that all the commands are familiar (*tú* commands). The logical choice of a word is the command for "go." Other verbs of motion could be used, such as *sal, corre,* or *huye,* but *ve* is the most logical because it indicates an ordered evacuation. The preposition *a* after *inmediatamente* tells you that a verb of motion is needed.

4. *lo*   The neuter article is the only choice for this blank. It means "the indispensable things."

5. *te*   The indirect object pronoun is used here with the *se* substitute for the passive in the phrase "the site that may be indicated to you." Because all of the verbs are directed to you, *tú,* there is no other choice.

TASK 3: INTERPERSONAL WRITING

Description

Interpersonal writing consists of writing a brief message, of about 60 words, of a casual exchange of information, ideas, directions, reflections, opinions, or any other informal type of communication. At the beginning there will be a prompt with information about a topic. Your response could take the form of an e-mail, a telephone message, a short letter, a request for information, a thank you note, or some other communication.

You must use a dark blue or black ink pen for the writing samples. Be sure to write as clearly as you can so that what you say can be read easily. You will have 25 minutes for completing the cloze questions (fill in the blanks) and the interpersonal writing. Pay attention to the time, and pace yourself. You should leave about 10 minutes for writing the message. You will see a written prompt then suggestions for information to include in your interpersonal writing sample.

Suggestions

Make sure you distinguish between using the appropriate form of address. Use *tú* or *vosotros* for anyone you would call by his or her first name, usually family members or close friends. Use *Usted* or *Ustedes* for anyone you would address by a title, such as *Mr. (señor), Mrs. (señora), Miss (señorita), don,* or *doña.*

Use the appropriate expressions for greetings and for closing. Some expressions that would be normal to use in an informal message would be *¡Cuánto me alegro de ... +* the subjunctive, *Me emociona que +* the subjunctive, or *Siento mucho que +* the subjunctive. Use a natural conversational style in the body of your message. Such expressions will be appropriate to express a reaction, a feeling, or a response to a particular situation and show that you can use good grammar. Try not to simply repeat the phrases from the prompt. Words that are used in the prompt will not count as your own language. Use synonyms, such as *agradecer* for *dar las gracias* or *echar de menos* instead of *extrañar.*

Other verbs that you could use in the following practice situations would be *me alegro de que ..., tengo miedo que ..., temo que ..., dudo que ..., me molesta que ..., me sorprende que ..., espero que ..., quiero que ..., deseo que ..., me hace* (adjective*) que ..., me arrepiento que ...,* or *me da lástima que....* These expressions require the use of the subjunctive when there is a change of subject. Another way to open would be with an exclamation, such as *¡Qué lástima que ...!, ¡Qué felicidad que ...!,* or *¡Felicitaciones por haber ...!* which would communicate personal feelings that are appropriate in an informal, interpersonal writing sample.

After the opening sentences you would go on to explain something. Elaborate as much as possible by referring to personal experience or by imagining what you would do in any given situation. You can easily work in a sample of a compound tense, the preterit and imperfect, correct use of *ser* and *estar*, or correct forms for the future or conditional tenses. You could also easily use an *if-then* statement, with the imperfect subjunctive in the *if* clause and the conditional in the *then* clause. Imagine any situation in your own life in which you have felt happy, sad, confused, sorry, surprised, afraid, or doubtful in order to save time trying to invent something appropriate for the situation.

Use an appropriate closing, such as, *nos vemos pronto, hasta que te (lo, la) vea,* or *le agradezco por haberme ...* whatever reason for giving thanks. If the message is not to a close friend, or contains directions to someone, you can close with an expression such as *Espero que esto le ayude* or *Que le vaya bien ...* whatever it is that the person is going to be doing.

You can also use some of the situations described in the oral practice section of this book by making them written instead of oral. For example, you can imagine any situation in your family, school, community, or country, in which you have felt happy, sad, surprised, afraid, or doubtful. You can try to remember any time when you had to write a message of some sort, and imagine other situations similar to the ones in the practice exercises.

Samples of Interpersonal Writing

The samples that follow should give you some idea of what is expected on this part of the free-response informal writing part. Remember that when the directions say to comment on *sus reacciones* or *sus esperanzas,* you can use a variety of phrases, not just the words *alegrarse, esperar,* or *desear.*

After each sample there is a commentary about the errors found in the sample. The errors are indicated in boldface type so that you will know that the language is incorrect. For a complete description of the rubrics for scoring the samples see page 8.

> **Directions:** Below you will see instructions for a writing sample that responds to the topic described. Be sure to include the information mentioned in your response. You will have 10 minutes to write your message on a separate sheet of paper.

Habrá un estudiante de intercambio que vendrá a pasar un semestre contigo en tu casa y escuela. Al recibir las noticias, escríbele una carta para presentártele y darle la bienvenida. Incluya Ud. los siguientes puntos:

- saludos apropiados y presentación
- tu reacción a las noticias de su visita
- tus esperanzas para el semestre
- avísale que le escribirás más tarde

SAMPLE ONE

Hola, Miguel,

   Yo llamo Paco y **yo gusto** ver **a Ud.** cuando **viene** para **atender** a **nos** escuela. **Yo gusto** también que **voy** a vivir en mi casa. Mi casa es tu casa. Mi familia es **simpático.** Espero que **Ud.** gusta **ser** en mi casa. Nosotros vamos a **tener un buen tiempo.** Escribo **a Ud.** más tarde. Digo **a Ud. que** necesita llevar pasar el semestre aquí. La vida es muy **differente** aquí.

Su amigo,
Paco

RATING: LOW
COMMENTARY

This sample rates a very low score because it contains numerous conspicuous examples of bad grammar and shows very little sensitivity. If the student is the same age, *tú* should have been used. The sample contains literal translations from English to Spanish, such as the frequent use of *a Ud.* instead of the correct indirect pronoun *le*, *tener un buen tiempo* instead of *disfrutar del tiempo juntos, divertirse,* or *pasar un buen rato.* The writer also uses *atender* instead of *asistir a.* The verb *gustar* is consistently misused. The writer should have written *me gusta* or *me gustará* in the first usage, and *me gusta* in the second. The subjunctive should have been used in the third example of the verb *gustar* in the structure *espero que le guste a Ud.* There are never any double letter *f*s in Spanish. The possessive adjective for "our" is *nuestra* to agree with *escuela.* Also, *ser* should have been *estar. Simpático* needs to be *simpática* to agree with *familia.* There are other errors also, such as omitted prepositions and accents. Overall, this sample shows that the writer has a limited capability to communicate in writing in Spanish.

SAMPLE TWO

Miguel,

Soy Paco y será un placer tenerte en casa con nosotros el año que viene. Sé que te gustará estar aquí con nosotros. Estoy seguro que estarás confortable en nuestra casa porque es muy grande. Nuestra escuela es muy grande pero estoy seguro de que no habrá problema para ti porque todos los muchachos son muy simpáticos y los profesores, aunque son duros, son muy buenos. Espero que puedas disfrutar del tiempo con nosotros el semestre que viene. Te escribiré más tarde con sugerencias para lo que necesites llevar. Estoy seguro que será divertido.

Paco

RATING: MEDIUM
COMMENTARY

This sample includes neither an appropriate greeting nor a closing, indicating that the writer is not familiar with how one should begin or end a personal letter. The informal address, *tú*, is used correctly. The sample does contain correct grammar and a variety of verb tenses, but mostly relies on the prompts for what to say. The vocabulary does seem somewhat limited. *Confortable*, for example, is an Anglicism, and *cómodo* would be a better word to use. *Duro* is also a literal translation and can mean that the teachers assign hard work. However, it would be much better to know words like *exigentes*, *aplicados*, or *compasivos* to be a little more descriptive of what the teachers are like. The writer has correctly used the subjunctive and correctly conjugated irregular verbs in the future. Overall, this sample shows that the writer can coherently express himself in Spanish, but it is not an outstanding sample of writing.

SAMPLE THREE

Hola, Miguel,

Me llamo Paco y ¡cuánto me alegra oír que vengas para estudiar en nuestro colegio el semestre que viene! Tu visita nos ofrecerá una gran oportunidad de compartir nuestras culturas, para ti, para enseñarme un poco de cómo es la vida en tu país. Y para mí, será una oportunidad de probarme como un hermano, porque soy el único hijo de mis padres.

Puedo vernos ahora cuando vayamos a los partidos de fútbol. Será muy diferente aquí, porque el fútbol es del estilo americano en vez del latino. Ya verás, de todos modos, que los aficionados son locos, no importa cuál sea el estilo. Cuando vengas podremos ir a muchas fiestas, conocer a muchas chicas, y hablar de mi asunto favorito, la música. Espero que te guste la música popular también.

Ya tengo tarea para mañana, pues, no puedo escribirte muy detalladamente en este momento. Te escribiré más tarde para avisarte qué traer. Te sugeriré que lleves muchos pantalones cortos, por ejemplo, porque no somos nada de formales aquí. Te veo pronto.

Tu amigo,
Paco

RATING: HIGH
COMMENTARY

This sample demonstrates that the writer is aware of the appropriate greetings and closings, as well as register. He is also aware of some cultural differences that might strike the exchange student as different, but he puts a positive spin on the difference. Fans are fans, according to the writer. The letter has a nice flow that communicates the writer's pleasure and some of the things he anticipates doing with the visitor. The grammar, including verbs and structures, is correct for the most part, and the vocabulary is appropriate.

When you practice on the following exercises, keep in mind:

- Your message should have a natural flow to it.
- Show a range of verb tenses, preterit, imperfect, future, or conditional.
- Make good use of the subjunctive.
- Use good vocabulary, with a variety of words.
- Do not repeat yourself.
- Avoid overuse of common adjectives such as *bueno, malo, interesante, impresionante,* or others like them.
- Use appropriate greetings and closings when necessary.
- Use the appropriate register, tú or Ud.

Make sure words are in the correct order. Subjects usually come before verbs, while pronouns come before conjugated verbs and negative commands but on the ends of positive commands, infinitives, and present participles. Remember to write on accent marks where appropriate. Adjectives that describe nouns come after the nouns. Adjectives that refer to quantity or limit the size numerically (*mucho, poco, primera, segunda,* and others) come before the nouns.

- Avoid Anglicisms.
- Do not insert any English into the writing sample.

EXERCISES

For practice, write your own responses to the following prompts. Make sure that you write about 60 words. Time yourself to see how long it takes you to write the message. If it takes you longer than 10 minutes, keep practicing because the more you practice, the faster you will be able to come up with an appropriate sample in the 10 minutes.

> **Directions:** Below you will see instructions for a writing sample that responds to the topic described. Be sure to include the information mentioned in your response. You will have 10 minutes to write your message on a separate sheet of paper.

1. Para tu cumpleaños recibiste un regalo de tus abuelos. Escríbeles una carta agradeciéndoles por el regalo. En la carta, menciona
   - lo que recibiste
   - cuánto te gustó
   - tus planes para usar el regalo
   - tus esperanzas de verlos pronto
2. Como secretario o secretaria de tu club de español, tienes que colaborar con una amiga para arreglar una fiesta. Has recibido un correo electrónico, pidiéndote información y ayuda. Responde a tu amiga y
   - comunica tu reacción a los planes para la fiesta
   - propone un tema para la fiesta
   - indica lo que puedes contribuir a la fiesta
   - concluye con tus deseos para los invitados
3. Acabas de entrar en un ciber-café en España donde estás de vacaciones. En un correo electrónico a tu mejor amigo o amiga dile
   - dónde estás
   - algo que te ha pasado o que has visto
   - tu reacción a lo que has visto
   - tu deseo de mostrarle fotos de tu viaje
4. Para tus próximas vacaciones tus padres te han dicho que puedes invitar a tu mejor amigo para acompañarle. En un mensaje escrito,
   - invítalo a acompañarle en el viaje
   - dile adónde van y qué harán
   - sugiere actividades que pueden hacer durante el viaje
   - indícale qué puede llevar
5. Tú estás encargado de arreglar un proyecto para recoger materiales para una escuela en Guatemala. Tienes que coordinar los planes con otras clases de español en tu ciudad. Comunícate con la profesora de español de otra escuela para invitarla a participar en tu proyecto.
   - Descríbele el proyecto
   - Pídele anunciar el proyecto a sus clases de español
   - Dale algunas fechas para reunirse
   - Agradécele su ayuda

6. Un estudiante de intercambio que regresó a su país de origen te ha escrito, invitándote a visitarlo durante el descanso de primavera. Desafortunadamente, no te será posible hacerlo. Escríbele una carta que incluya
   - darle las gracias
   - explicarle por qué no puedes venir
   - comunicarle tus deseos de mantenerte en contacto

7. Tu hermana mayor acaba de ingresar en la universidad y quieres saber cómo le andan las cosas.
   - Dile cuánto la extrañas
   - Pregúntale cómo está
   - Pregúntale cómo son las clases y las actividades de la universidad
   - Dile qué haces tú

8. Tú acabas de solicitar empleo con una compañía para el verano que viene. Tienes que escribir una carta al gerente concertando una entrevista. Mándale información de tus experiencias, incluyendo
   - tus deseos de ser empleado por esta compañía
   - tus motivos para buscar empleo
   - una solicitud de entrevista
   - tus esperanzas respecto al trabajo

9. Después de una entrevista con el gerente de una compañía en la que solicitaste un puesto temporal durante el verano, escríbele una carta dándole las gracias por la entrevista. Incluye
   - las gracias por la entrevista
   - tu impresión de su compañía
   - tus esperanzas para el futuro

10. Fuiste a un parque de atracciones con un grupo de amigos. Pero dejaste algo de valor en un restaurante. Al llegar a casa te das cuenta de la pérdida. Escribe un mensaje a tu amigo y explícale lo que pasó, incluyendo
   - qué dejaste y dónde
   - tu reacción
   - tu sugetencia para recuperar lo perdido
   - tus esperanzas para el resto del viaje

11. Tienes un amigo que desempeñó un papel importante en un drama en la escuela el fin de la semana pasada. Mándale un correo electrónico en el cual describes tu reacción al drama, incluyendo
   - tu entusiasmo por su actuación
   - el punto culminante de la obra para ti
   - la reacción del resto del público sentado cerca de ti
   - tus recomendaciones para el futuro de tu amigo actor

12. Diste una fiesta de despedida para un amigo o amiga que se muda a otra ciudad, pero otro compañero no pudo venir. Escríbele una carta en la que le cuentas algo de la fiesta, incluyendo
   - qué pasó
   - la reacción que el amigo o la amiga había tenido
   - la reacción de los que vinieron
   - tus sentimientos al ver que el amigo o la amiga se iba

13. Un primo o una prima acaba de recibir un premio por haber ganado una competencia de debate. Escríbele un mensaje electrónico felicitándolo por su éxito y haciendo comentarios sobre
    - la competencia
    - tu reacción a las noticias
    - el significado del premio
    - tu predicción sobre el futuro de tu amigo

14. Acabas de participar en un proyecto para renovar la casa de una familia humilde. Después de terminar el proyecto, escribe una carta a un pariente favorito diciéndole
    - una descripción breve del proyecto
    - tu contribución al proyecto
    - tus sentimientos
    - indicando tus esperanzas para la familia

15. Escribes algo en tu diario personal todas las noches. Después de un día en el que recibiste algunas noticias estupendas, escribe lo que dirías en cuanto a ese día, incluso
    - qué aconteció
    - tus sentimientos
    - el significado del suceso

TASK 4: FORMAL WRITING
Suggestions

This part of the exam requires that you understand written and spoken Spanish in order to gather information to include in your formal essay. The essay is to be expository or persuasive. That means that you will be asked to explain something or to try to persuade a reader to accept your opinion about something. The main focus in the essay should be topic development, organization of ideas, and language use, with equal importance given to each aspect.

For the formal writing task you will have one to four different sources of information that you are to incorporate into your essay. Some sources will be printed, and you will have seven minutes to read that material. You will also hear audio sources, and you should take notes while you listen so that you can incorporate that information into your essay as well. You must refer to all of the sources in your essay, not just the one you understood the best. In the process you must be able to understand, analyze, critique, and synthesize the source materials in order to incorporate them successfully into your essay.

A knowledge of historical and cultural aspects of life in the Spanish-speaking world is very important in this section. The more you know about the topics, the easier it will be for you to compare and contrast the information in the source material.

Preparing Yourself

- Make sure you can understand spoken Spanish of the sort you would hear on broadcast interviews or in film dialogue.
- Practice taking notes on audio sources before the exam, so you can take good notes on exam day.

- Practice writing well-organized essays.
- Review grammar and vocabulary you may find in the source materials.

Writing the Essay

- Make sure you refer to all the source material.
- Organize your ideas before you begin writing.
- Avoid simply listing what was communicated in each source and relating it to the question in separate paragraphs.
- In the introduction to your essay, state what you are going to explain or indicate your position regarding the question.
- In the paragraphs in which you develop your ideas, have one topic sentence for each paragraph.
- In each paragraph support your ideas with information from the sources.
- In your conclusion, do not simply repeat your introduction. Instead, combine your arguments in a coherent paragraph.
- Do not bother erasing or using correction fluid to delete words you want to change. Simply cross them out.
- List the grammatical structures you want to incorporate into your essay. For example, before beginning to organize your essay, make a note that you want to use a compound sentence with a dependent noun clause (*Vale que ..., Basta que ...*), an adverbial clause (*con tal que, a menos que*), or an *if-then* statement with the conditional and the imperfect subjunctive. Or note that you want to use an adjective comparison of inequality (*es más grande que, hay tantos ... como*) or equality (*tanto como*). Your writing sample should be free of glaring grammatical or syntactic mistakes.
- Remember that accents and spelling count.
- If you have time, proofread your essay.

How to Do the Samples

In the following pages you will find three sample questions of the type you will see on the exam. For the expository essay, you will explain something in answer to the question in the prompt. For example, if you are to write about the importance of music as an expression of national identity, you could use the following outline:

- Introduction—state the topic, music as an expression of national identity, and narrow the topic to a specific range of thoughts, especially those suggested in the source information.
- First paragraph—music as an expression of cultural differences.
- Second paragraph—music as an expression of cultural similarities.
- Third paragraph—ways that music transcends national boundaries.
- Conclusion—the importance of music as a universal language.

In the persuasive essay you must persuade the reader to accept your point of view. Below is a suggested format for a persuasive essay.

- Introduction—state the topic you are going to discuss and give some idea of the direction of your argument.

- First paragraph—analyze one aspect of the topic.
- Second paragraph—analyze another aspect of the topic.
- Conclusion—based on what you have said in the essay, give your opinion in answer to the original question.

Each paragraph in the body of your essay should have one main idea. The topic sentence can come anywhere in the paragraph; it may be the first sentence in the paragraph, or it could be the last one. Each paragraph should contain at least three sentences. There is no correct or magical number of paragraphs, so you may have three or more. You should avoid writing only one long paragraph because usually the ideas will be poorly developed and poorly organized. Two-paragraph essays also lack a middle in which you can develop your ideas. Three paragraphs should be a minimum.

Scoring the Samples

See the complete description of scoring criteria on page 8. Keep these rubrics in mind as you practice the sample essays in this book.

Useful Vocabulary

By using a few words and expressions from the following glossary of terms, your essay should have a clearer organization and sound more complete. Select a few words or transitional phrases from the following list. You can use them to talk about any topic and you should practice using them so you will remember them easily on the exam.

Expressions for Introductions

al principio	at the beginning
ya	already
todavía	still
a partir de	from the time that ...
conviene	it is fitting, suitable, convenient
es necesario, preciso,	it is necessary, interesting, etc.
interesante, etc.	(or use another tense of *ser*)
con respecto a	with respect to
en cuanto a	with regard to
en lo tocante a	with regard to
tratar con	to deal with, to have to do with
tiene que ver con	to have to do with
a continuación	below, following

Defining Concepts

ejemplificar	to serve as an example
consistir en	to consist of (notice the difference in prepositions)
constar de	to consist of, to be composed of
caracterizarse por	to be characterized by

significar	to signify
querer decir	to mean
servir para	to serve to
sugerir (ie, i)	to suggest

Developing and Relating Ideas

de hecho	in fact
del punto de vista ...	from the point of view of ...
de la perspectiva de ...	from the perspective of ...
de verdad, de veras	really
en conexión	in connection
en realidad	really
a lo mejor	perhaps, maybe
mejor dicho	more exactly, rather

Making Comparisons

no obstante	nevertheless
sin embargo	nevertheless
en cambio	on the other hand
al contrario	on the contrary
tanto mejor	so much the better
por la mayor parte	for the most part, mostly
según	according to

Showing Logic or Reasoning

a cause de	because of
por consiguiente	therefore
por eso	for that reason
bien pensado	well thought-out
como consecuencia	as a consequence
por lo tanto	for that reason, therefore

Drawing Conclusions

en breve	in short
al fin y al cabo	in the final analysis
al final	finally
por fin	finally
por último	lastly
después de todo	after all
de lo anterior ... se ve que ...	from the above ... one sees that ...
en todo	all in all
en conclusión	in conclusion
en resumen	in conclusion

The Practice Exercises

There are four topics for practice on the following pages. For additional topics, keep in mind that they will probably deal with anything related to cultural topics such as music or literature, current events such as immigration, social trends such as the growing diversity of the population in the United States, famous Spanish-speaking people, the positive contributions of Latinos to United States culture, the influence of Latinos in United States history, tourism, or anything about the natural world such as the environment in Spanish-speaking countries. Keep in mind the striking similarities in different countries of issues like immigration. You can easily find material to read on the Internet. Also, you can find audio sources from radio stations on the web, as well as streaming television programming. Movies either in Spanish or dubbed are also good sources for practice in listening.

Keep the following strategies in mind:

- Do not spend time trying to translate every word in the print material.
- Do not worry if you cannot understand every word of the audio source.
- Each source will provide a unique perspective or point of view.
- Try to get the main idea about each source.
- In your essay compare and contrast the ideas you find in the sources.
- If you have any personal knowledge or experience about the topic, include it.
- In your introduction and conclusion it is good to include your own thoughts.
- Be sure to write a good introduction and a strong conclusion.

For the first sample, do not worry about how much time it takes you to write the essay. Each time you do an essay, try to take less time. For the final practice essay, time yourself to make sure you do not take too much time in going over sources and organizing ideas.

EXERCISES

QUESTION ONE

Directions: You will now read a question that is based on information contained in Fuentes 1–3. The sources are both print and audio. First, read the print material. Next, you will hear the audio material. You should take notes on a separate piece of paper while you listen. Spend about 7 minutes reading and 3 listening. Take about 5 minutes to plan. Then you will have 40 minutes to write your essay.

In your essay you should make reference to specific information from all of the source materials. Do not simply summarize what is contained in them. Incorporate them into your essay. Use appropriate grammar and vocabulary.

¿Cree Ud. que el ecoturismo realmente ofrece la mejor oportunidad para el desarrollo sustentable?

Fuente núm. 1

Principios, ventajas y potencialidades del ecoturismo

(*www.ciberamerica.org/Ciberamerica/Castellano/Areas/turismo/ecoturismo*)

En este momento la aportación económica del ecoturismo es de suma importancia, sobre todo por parte de las autoridades, y en algunos países ya es parte de un turismo que ha llegado a ser el principal proveedor de divisas derivadas del uso de la tierra. Dos ejemplos de buenas prácticas a la hora de distribuir los ingresos de esta actividad son los de Costa Rica y Belice, lo que indujo a numerosos gobiernos o entidades privadas a enviar misiones a estos países, con el propósito de aprovechar la experiencia acumulada.

En este sentido, lo más apropiado es un turismo cuidadosamente regulado, practicado por personas genuinamente interesadas en la naturaleza, dispuestas a causar el menor disturbio posible y respetuosas de las costumbres locales. Una técnica para reducir tal impacto es la "zonificación" de áreas protegidas, delimitando las áreas más frágiles con acceso restringido mientras que en otras áreas se permita sólo la visita manteniéndose en el sendero todo el tiempo.

Las áreas protegidas tienen una importante función. En efecto, el uso por parte de ecoturistas supone la generación de beneficios, tanto tangibles (empleos locales, por ejemplo) como otros (biodiversidad, protección de aguas y suelos). El ecoturismo en muchas instancias ha favorecido la conservación de la naturaleza. Tales argumentos se aplican también a la conservación de los parques marinos y su influencia beneficiosa sobre la productividad para la pesca en áreas cercanas o a veces situadas a considerable distancia. Hay que evitar que ambos sectores, la pesca y la llegada de ecoturistas compitan. Las zonas protegidas de arrecifes de coral han evitado su posible destrucción y permitido la recuperación de la pesca, especialmente de alevines en estas áreas, además de proveer nuevos empleos. Un proceso similar se ha llevado a cabo en humedales y otros entornos.

Por otro lado, el fomento del ecoturismo favorece la conservación de la biodiversidad.

Fuente núm. 2

Buscarán solucionar conflicto por venta de artesanías en Chichén Itzá

(Comisión Nacional para el Desarrollo de los Pueblos Indígenas
cdi.gob.mx/index.php?id_seccion=1302)

La Comisión de Asuntos Indígenas de la Cámara de Diputados servirá de enlace para buscar una solución al conflicto entre el INAH y vendedores de artesanías que ocupan las inmediaciones de la zona arqueológica de Chichén Itzá. En entrevista, el presidente de esa Comisión, Javier Manzano Salazar explicó que lo mejor para las partes es buscar puntos de acuerdo que permitan descartar el uso de la fuerza pública para resolver ese problema. El Instituto Nacional de Antropología e Historia (INAH) interpuso una serie de demandas contra los vendedores ante las constantes quejas de acoso a los turistas que visitan esa zona arqueológica.

CD2
TRACK 15

Fuente núm. 3
(Listen to the recording first. Read the text below only after completing your essay, to verify that you heard all the information correctly.)

Entrevista a dos personas sobre el medio ambiente en las Islas Galápagos

QUESTION TWO

Directions: You will now read a question that is based on information contained in Fuentes 1–3. The sources are both print and audio. First, read the print material. Next, you will hear the audio material. You should take notes on a separate piece of paper while you listen. Spend about 7 minutes reading and 3 listening. Take about 5 minutes to plan. Then you will have 40 minutes to write your essay.

In your essay you should make reference to specific information from all of the source materials. Do not simply summarize what is contained in them. Incorporate them into your essay. Use appropriate grammar and vocabulary.

¿Cuál sería la dieta más nutritiva para los jóvenes?

Fuente núm. 1
Hasta qué punto conviene ser vegetariano. La Opinión Digital
(*www.laopinion.com/salud/salud_nutrition.html*)

Realmente, la carne, como cualquier otro alimento excepto la leche materna para su descendiente en el primer período de la vida de los mamíferos, no es indispensable para la nutrición del hombre, pero es un valioso componente de gran riqueza nutritiva en las dietas de muchas personas que gozan de buena salud y no ejerce en los sujetos normales los efectos nocivos que el vegetarianismo le atribuye. Existe la creencia popular de que la alimentación vegetariana es más saludable que una que incluya carne u otros productos derivados de animales.

Lo cierto es que todo tipo de alimentación cuenta con beneficios nutritivos y puede también presentar aspectos problemáticos.

La selección de alimentos que escoge la persona es el factor que determina si una alimentación es saludable o no. Si se elige una alimentación vegetariana, es importante asegurarse de ingerir cantidades suficientes de vitamina B_{12} y calcio, especialmente durante la adolescencia.

Una alimentación vegetariana bien planeada tiende a incluir niveles menores de grasa saturada y colesterol, así como niveles más altos de fibra y elementos nutrientes derivados de las plantas que una alimentación no vegetariana.

Especialistas en nutrición del programa de Extensión Cooperativa de la Universidad de California citan diversas investigaciones que indican que una alimentación con tales características puede reducir el riesgo de desarrollar diabetes, presión arterial alta, problemas del corazón y obesidad.

Sin embargo, los beneficios mencionados pueden obtenerse también con una alimentación que incluya productos animales. Con una planificación cuidadosa y el consumo de carnes magras y productos animales con poca grasa, así como frutas y verduras, se puede llevar una alimentación con poca grasa saturada y colesterol y rica en fibra y nutrientes derivados de plantas.

Además, el consumo de productos animales facilita obtener las cantidades recomendables de calcio, zinc, hierro y vitamina B_{12}.

Fuente núm. 2
Dietas de moda. Crítica a las promesas milagrosas
(*www.enplenitud.com/nota.asp?articuloID=23*)

La estética ha dejado de ser monopolio de las mujeres. Los hombres también quieren lucir bien y no dudan en consultar para obtener un mejor estado físico. Las dietas de moda circulan con soluciones mágicas que dicen resolver el problema a la brevedad, descuidando el hecho que en muchos casos se trata de una enfermedad, la obesidad, y por lo tanto debe ser tratada con seriedad. La salud no tiene precio y tampoco es un acto de magia.

A lo largo del tiempo, los modelos van cambiando y, lo que era ideal en el Renacimiento, está lejos de ser aceptado socialmente en este siglo. Hombres y mujeres no dudan a la hora de optar por productos light y largas horas de gimnasio.

Una amplia información es la que circula sobre cómo liberarse de la pesadilla de la gordura. En general, son recetas mágicas que prometen resultados increíbles en muy corto tiempo; pero luego de varios intentos y sin conseguir el tan ansiado logro, los "dietantes" pierden las esperanzas, hasta que aparece una nueva alternativa milagrosa.

El charlatanerismo prolifera cada vez más, basándose en dietas absurdas y promesas de curación definitiva.

Es un negocio, y se basa en la falta de lectura crítica y en la credulidad popular, pero lo que ofrece es tentador y quién no intentó alguna vez las famosas dietas de la Luna, la Sopa, la Fuerza Aérea, la Disociada, etcétera.

Fuente núm. 3
(*Listen to the recording first. Read the text below only after completing your essay, to verify that you heard all the information correctly.*)

El vegetarianismo y la dieta vegetariana
(*www.terra.es/alimentacion/articulo/html/ali121.htm*)

**CD2
TRACK 16**

QUESTION THREE

Directions: You will now read a question that is based on information contained in Fuentes 1–3. The sources are both print and audio. First, read the print material. Next, you will hear the audio material. You should take notes on a separate piece of paper while you listen. Spend about 7 minutes reading and 3 listening. Take about 5 minutes to plan. Then you will have 40 minutes to write your essay.

In your essay you should make reference to specific information from all of the source materials. Do not simply summarize what is contained in them. Incorporate them into your essay. Use appropriate grammar and vocabulary.

Se dice que los autores representan su época. ¿Cómo se diferencian los autores de habla española de hoy de los de la generación anterior?

Fuente núm. 1
El fin de la sospecha. La literatura española de los últimos años demuestra un empuje esperanzador.
(*Tendencias del arte*, 17 de enero 2006. *www.tendencias21.net/El-fin-de-la-sospecha_a493.html*)

Jóvenes de los noventa: magníficos narradores

Estos escritores comparten el tiempo de sus publicaciones con jóvenes creadores que comienzan a publicar después de los fastos del 92. En esta época se genera una eclosión de magníficos narradores, de excelentes escritores con una formación universal, lectores en varios idiomas, filólogos en su mayoría, cultos y cultivados, sin anclajes ideológicos ni sociales que no sean dar cuenta del mundo en el que viven a través de la literatura, escritores, en fin, muy literarios pero, a la par, profunda y sabiamente humanos.

La penúltima generación de narradores es la que en esta década de los noventa y principios del siglo XXI están dando unos frutos más que granados, lo que hace augurar un panorama prometedor a la narrativa hispana.

Creo que la característica común de tan variada y excelente pléyade de narradores es su afán por colocar el punto de mira de sus referentes en escritores hispanos de otra tradición, más fantástica o cervantina, o bien por ampliar el marco de influencias a otras literaturas (Nabokov, Pynchon, Calvino, Celine) y hacia otras soluciones narrativas.

Todos estos autores dan muestras suficientes del empuje con que la narrativa española de los últimos años manifiesta una saludable capacidad de integración y mutua influencia entre las distintas generaciones que conviven, un ojo avizor a lo que se hace en otros países y lenguas, y una definitiva pérdida de complejos, que se suma a una decidida apuesta por la posmodernidad en su alto sentido, no en el feble y débil. Son autores que resistirían sin lugar a dudas una crítica que analice tanto los contextos como el valor intrínseco de lo literario, una crítica enmarcada en la antes mencionada "Teoría Literaria Integral."

Fuente núm. 2
Enfoque—**Escritores latinos optan por el realismo no mágico**
(*Rueters on terra.com.co/cultura/literatura/03-12-2005/nota264506.html*)

El autor colombiano Jorge Franco no es un realista mágico. Es sólo un realista. En su novela "Rosario Tijeras" escribe sobre un cadáver que se va de fiesta y una heroína criminal que besa a sus víctimas antes de volarles los sesos.

Se podría decir que los escritores colombianos, quienes están abandonando el estilo más famoso de la literatura latinoamericana, ya no necesitan del realismo mágico.

Luego de 41 años de guerra civil y los excesos del narcotráfico, la plena realidad cotidiana ya es lo suficientemente difícil de creer.

Pero la persistente hambre de lectores en Europa y Estados Unidos por obras latinoamericanas llenas de narrativas sobre curas levitantes y bebés con colas, molesta a la nueva generación de novelistas urbanos.

Un ejemplo es Efraim Medina, autor colombiano de una obra decididamente sin realismo mágico. Medina dice que su compatriota Gabriel García Márquez, ganador del premio Nobel de Literatura y cuya obra "Cien años de soledad" llevó al realismo mágico a ser conocido en todo el mundo, debería de "hacerle un favor a Colombia y donarse a un museo."

La respuesta del escritor Franco a una pregunta sobre el realismo mágico es más templada que la de Medina.

"A mí no me afectó para nada esa sombra de García Márquez," dijo a Reuters el autor, un hombre de contextura delgada y de voz suave, en el apartamento de su madre en Bogotá.

Agregó que García Márquez, de 78 años, ha sido muy bueno con él y que Medina siempre está en busca de peleas.

Pero el escritor admite su frustración y la de muchos otros novelistas latinoamericanos de su generación.

"Reconozco que cuando estamos buscando traducciones en otros idiomas, sobre todo en el primer mundo, todavía como que siente uno que quieren más realismo mágico (...) las abuelas volando y todas esas cosas raras, las mariposas amarillas."

El realismo mágico surgió en un período en que América Latina se modernizaba rápidamente. El nacionalismo y el pensamiento izquierdista le dieron nueva importancia a las tradiciones rurales que durante mucho tiempo fueron marginalizadas por una oligarquía europeizada.

Realismo urbano

Pero América Latina está cambiando y su literatura lo refleja.

"Yo siento que con el crecimiento de nuestras ciudades, Bogotá, Buenos Aires, Ciudad de México, son ciudades que tienen situaciones muy similares a muchas ciudades europeas, en su problemática, sus cuestiones sociales," dijo Franco.

"Entonces y finalmente estas ciudades son lo que nos están nutriendo a nosotros con toda la información para escribir," agregó. "Hay un lenguaje más cercano a esas ciudades pero que no tiene nada que ver con el asunto del realismo mágico," explica el autor.

Franco obtuvo éxito a pesar de su comienzo tardío en la escritura. De joven quería hacer películas, pero luego se percató de su aptitud por la ficción cuando seguía escribiendo guiones imposibles de convertir en películas durante una breve estadía en una academia de cinematografía en Londres.

"Fue un descubrimiento encontrar que a través de la palabra escrita también podía contar historias y, por suerte, creo que tenía lo único que se necesita para ser escritor y eso es ser buen lector," concluyó Franco.

Fuente núm. 3

(Listen to the recording first. Read the text below only after completing your essay, to verify that you heard all the information correctly.)

CD3 TRACK 1

Los jóvenes escritores de ahora son menos comprometidos
Por Itzíar de Francisco, Josefina Aldecoa.
(14 de enero 2006. *www.elcultural.es/HTML/20060112/Letras/LETRAS16282.asp*)

QUESTION FOUR

Directions: You will now read a question that is based on information contained in Fuentes 1–3. The sources are both print and audio. First, read the print material. Next, you will hear the audio material. You should take notes on a separate sheet of paper while you listen. Spend about 7 minutes reading and 3 listening. Take about 5 minutes to plan. Then you will have 40 minutes to write your essay.

In your essay you should make reference to specific information from all of the source materials. Do not simply summarize what is contained in them. Incorporate them into your essay. Use appropriate grammar and vocabulary.

¿Cómo muestra la cocina española su universalidad?

Fuente núm. 1
La gastronomía española
(*www.spaindreams.com/cas/gastro.htm*)

Uno de los mayores atractivos de España es sin duda el de su cocina, que es una de las mejores del mundo por la calidad y variedad de sus productos. No puede hablarse con rigor de una cocina nacional, sino de múltiples cocinas regionales influidas en cada caso por la climatología y las formas de vida autóctonas.

La cocina española se distingue por utilizar tradicionalmente en la preparación de los alimentos el aceite de oliva como grasa vegetal y la manteca de cerdo como grasa animal, así como la gran variedad de frutas y verduras que aportó la cultura árabe a la mesa y otros elementos como la patata y el tomate llegados de América.

Por otra parte, el gran desarrollo de la cocina española en los últimos lustros se debe también a la aparición de grandes profesionales que han sabido reinterpretar los platos y recetas tradicionales en consonancia con el tiempo actual, dotando a la gastronomía española de una nueva dimensión en presencia y sabores.

Fuente núm. 2
Gastronomía peruana. Historia de la cocina peruana
(*www.gastronomiaperu.com/index.php*)

La cocina peruana es considerada como una de las más variadas y ricas del mundo. Gracias a la herencia pre incaica, incaica y a la inmigración española, africana, chino-cantonesa, japonesa e italiana principalmente hasta el siglo XIX, reúne, mezcla y acriolla una gastronomía y exquisitos sabores de cuatro continentes, ofreciendo una variedad inigualable e impresionante de platos típicos de arte culinario peruano en constante evolución, imposible de enumerarlos en su totalidad. Basta mencionar que sólo en la costa peruana, hay más de dos mil sopas diferentes.

Es de conocimiento en todo el mundo que la cocina peruana ha encontrado ya un espacio dentro de las más reconocidas del mundo. Recientemente ha sido publicado en inglés, en el sitio web de Epicurious, un importante artículo sobre las bondades y la importancia de nuestra cocina. Reproducimos parte de la publicación: "Como dicen, todo lo antiguo se ha convertido en nuevo." Y en el caso del Perú, cuando decimos "viejo" nos referimos a antiguo. Uno de los ejemplos de cómo nuestros chefs están mirando hacia las raíces andinas, es el uso novedoso que se le da a la quinua, un grano que se remonta a los incas, con un ligero sabor a nuez y 3000 años de antigüedad, bien llamada "comida maravillosa," baja en carbohidratos y rica en proteínas.

Cualquier persona que haga turismo en el Perú, es inmediatamente conquistada por la riqueza culinaria local, y si es una gourmet, siempre buscará la excusa para regresar y deleitarse con algún sabor nuevo para su exigente paladar.

La cocina tradicional peruana es una fusión de la manera de cocinar de los españoles con la de los nativos peruanos. Productos básicos como la papa, maíz, maní, ají, y pescados y mariscos de nuestro mar, se remontan hasta el imperio incaico, que floreció en los Andes por miles de años. Cuando los conquistadores españoles llegaron en el siglo 16, trajeron con ellos los postres de estilo europeo y otros ingredientes como el pollo, la carne de res y frutas cítricas. Más adelante llegaron los inmigrantes africanos, italianos, chinos y japoneses que ayudaron a crear una sabrosa comida que hasta la fecha se come en los hogares y restaurantes peruanos.

Fuente núm. 3
(Listen to the recording first. Read the text below only after completing your essay, to verify that you heard all the information correctly.)

CD3 TRACK 2

Entrevista entre un turista de la ruta gastronómica española y Ramón Inique, natural de Barcelona

AFTER YOU FINISH WRITING

- *Proofread what you have written.* Many students have learned to include formulaic examples of the use of the subjunctive, but then make simple errors such as using incorrect verb forms, or using adjectives and nouns that do not agree in gender and number. These basic errors do not create a good impression.

- *When you reread what you have written, check your grammar.* Use the following items as a checklist and practice checking these points of grammar.

  - Identify the gender of nouns.
  - Identify the person and number of the subject to make sure that the verb ending agrees.
  - Make sure that the sequence of tenses is correct, i.e., if you begin in the present tense, do not randomly switch from present to past and then to any other tense unless it is appropriate.
  - Check to see that the spellings of stem changes, orthographic changes, and irregular verb forms are correct.
  - Make sure that you have not used English words unless there are no Spanish equivalents; for example, "Super Bowl," if you are talking about professional sports.
  - Make sure that you have used accents and other diacritical and punctuation marks correctly.

- The secret to good proofreading to correct mistakes is knowing the questions to ask. *Refresh your memory about the mistakes you are most likely to make and look for them when you proofread.* For example, you could ask, "What is the gender of this noun?" or "What is the correct ending for preterite verb forms?" or "Is this an irregular verb?" You may even want to make a short checklist of your weak points when you proofread.

SCRIPTS OF THE PRACTICE EXERCISES

CD2
TRACK 15

QUESTION ONE

Fuente núm. 3

Narrador:	Hoy tenemos el placer de acoger al señor Benavides y al señor Domínguez. El señor Domínguez es Presidente de Los Pescadores Artesanales de Puerto Aurora. El señor Benavides es Director de la Fundación de Conservación de las Islas Galápagos en Ecuador. Bienvenidos, señores. Estamos para hablar unos momentos de los efectos de la Ley de Régimen Especial para la Conservación y Desarrollo Sustentable de la Provincia de Galápagos, ambos para el Parque y para el pueblo que vive cerca de él.
Sr. Benavides:	Le agradezco mucho la oportunidad de hablar un poco de la actualidad del Parque Galápagos porque hoy como antes, se ve amenazado por actividades humanas en varios sectores. Como se sabe, la Ley Especial de Galápagos que el Congreso Nacional promulgó en 1999 tenía por objetivo garantizar la conservación del ecosistema. Hasta el año 1971 no se veían fauna ni flora exóticas allí, ni había tanta presura de la actividad humana en el campo y los pueblos.
Sr. Domínguez:	También para nosotros no encontramos ningunos problemas. Pudimos mantener a nuestras familias con la pesca, pero actualmente es bien difícil.
Narrador:	¿A qué se atribuye la dificultad, Sr. Domínguez?
Sr. Domínguez:	Parece que hoy, con la escasez de pez, casi no se puede mantener a la familia. Nosotros también nos encontramos en conflicto con pescaderos industriales y los pescadores atraídos para la pesca deportiva. También parece que las aguas están llenas de barcos privados de turistas. Esto no cuenta los barcos grandes con ejércitos de turistas que vienen para pasar el día.
Sr. Benavides:	Para nosotros dentro del Parque, se ven los efectos que han causado esas invasiones, ambas de pescadores y turistas. Los pescadores reclaman sus antiguos derechos, pero el hecho es que hay más demanda que surtido. Nosotros propusimos cuotas en las toneladas de peces de varias especies para aliviar la situación, pero....
Sr. Domínguez:	El hecho es que nosotros los pescadores artesanales tenemos el derecho de pescar en estas aguas porque llevamos siglos de hacerlo. Los otros no deben tener los mismos derechos.
Sr. Benavides:	No sólo es cuestión de derechos. El problema es que actualmente los pueblos cerca del Parque introducen flora y fauna y microorganismos al Parque que antes no se veían. Pero allí están. La ley

nos obliga proteger el Parque como patrimonio de la nación. También vemos el deterioro del campo a causa de la agricultura y todo el desarrollo para el ecoturismo.

Narrador: Los turistas sí llevan desarrollo económico, pero nos queda ver si ese desarrollo puede reemplazar los antiguos modos de sostenerse. Actualmente hay una gran cantidad de yates pequeños, barcos de carga, y cruceros internacionales que navegan por las islas, dejando residuos a menudo.

Sr. Domínguez: Los recursos están allí. Para los turistas, la naturaleza, para los pueblos en las islas, las huertas, para nosotros, los peces, de todo tipo, tiburón, calamar, pulpo, pepino de mar, atún, canchalagua, de todo. Las actividades pesqueras en la provincia marina son nuestro patrimonio.

Sr. Benavides: De acuerdo, pero al agotar los recursos, no tendremos nada. No hay alternativa más que el desarrollo sustentable.

Narrador: Entonces todavía le queda al gobierno regular los permisos de pesca artesanal, así como los del turismo y la actividad agrícola.

QUESTION TWO
Fuente núm. 3

CD2
TRACK 16

Recomendaciones de los teóricos del vegetarianismo

- Consumir pan integral o arroz moreno en lugar de pan blanco y arroz refinado.
- Dar una gran importancia a los frutos secos como fuente de proteína dentro de una comida.
- Favorecer el consumo de legumbres y pastas elaboradas con harina integral.
- Dentro de los productos lácteos consumir yogurt natural descremado.
- En la dieta vegetariana estricta se incluye la leche de soja en polvo.
- La única comida en la que debe aparecer regularmente una pequeña cantidad de azúcar o miel es el desayuno, ya que el organismo no puede digerirlo a otra hora.

Razones para excluir la carne
Algunas de las razones que aducen los vegetarianos para excluir la carne como producto destinado a la nutrición del ser humano son las siguientes:

- Ni la contextura física ni la dentadura del hombre corresponde a la de un animal carnívoro.
- Nuestros jugos digestivos carecen de la acidez necesaria para digerir la carne y es sólo por el hábito que el estómago se adapta a esa función. Incluso aseguran que un hombre que no haya ingerido nunca carne al hacerlo por primera vez, experimenta una especie de intoxicación semejante a la alcohólica.
- La descomposición de toda sustancia animal produce toxinas mucho más peligrosas que las procedentes de la descomposición vegetal.

CD3
TRACK 1

QUESTION THREE

Fuente núm. 3

P: Y a los jóvenes escritores españoles ¿los ve comprometidos con nuestro tiempo como ustedes lo fueron con el suyo?

R: Las circunstancias del país han cambiado profundamente. Quizás hoy no sea tan grande el compromiso social e histórico de los jóvenes escritores. La literatura ha cambiado en todos los sentidos. Cada escritor se expresa de acuerdo con la visión del mundo que le rodea y de su propia concepción de lo que quiere transmitir.

P: ¿Cómo recuerda la España con la que se encontró al volver de Londres?

R: Era regresar al mundo que había dejado. Sólo fueron unos meses de ausencia y aquí todo seguía igual políticamente.

P: ¿Qué aprendió de Martín Gaite y de Sánchez Ferlosio?

R: Yo creo que ninguno aprendía del amigo o del compañero cercano. Todos los jóvenes escritores teníamos puntos de coincidencia en la visión del mundo pero cada uno la expresábamos a nuestra manera en cuanto a la técnica y la utilización del idioma.

P: Su formación está impregnada del espíritu de la Institución Libre de Enseñanza. En estos días en los que se ha hablado tanto y se sigue hablando de reformas educativas, ¿cree que se debería recuperar ese espíritu?

R: Rotundamente sí. En lo fundamental, en el proyecto educativo serio, amplio, ambicioso, sí.

P: Lo más duro de dirigir un colegio es...

R: Tratar de hacerlo bien a cada momento.

P: ¿Qué libro deben haber leído todos sus alumnos?

R: Hay muchos. Cada uno comienza su afición a la lectura en busca de afinidades o respuestas a sus preguntas.

P: ¿Qué reformas educativas le gustaría que se llevasen a cabo?

R: Yo soy partidaria de una educación liberal, crítica, europeísta.

P: Un consejo para un joven escritor....

R: Ser fiel a sí mismo.

P: Y otro para un joven maestro....

R: Ser consciente de que en sus manos está el futuro del alumno.

P: ¿Le queda pendiente alguna asignatura con la escritura? ¿Más poesía?

R: Como casi todos los jóvenes escritores yo empecé escribiendo poesía. Creo que era la forma más espontánea de expresar lo que me pasaba por dentro. Pero encontré en la prosa mi propia forma de expresión. Creo que fue la Pardo Bazán quien dijo que "para ser una prosista hay que ser antes un mal versificador."

QUESTION FOUR
Fuente núm. 3

CD3
TRACK 2

Turista: Ya están cambiando las costumbres en cuanto a la comida, ¿verdad?

Ramón: Sin duda. La facilidad de conseguir comestibles de todas partes del mundo remite a la integración de sabores desconocidos anteriormente en la gastronomía nacional.

Turista: ¿Pero no es que le faltaban a los cocineros productos locales y especialidades de renombre?

Ramón: Claro que no. ¿Quién no ha oído de las famosas tapas de Barcelona? Hoy se encuentran en plenitud de libros de recetas. Hasta en Nueva York es de moda ir de tapas y probarse lo mejor del orgullo de la cocina española. Pero también se puede encontrarlas en Londres, en París, en Tokio, pues ... por todo el mundo.

Turista: Sí, los he visto en las librerías. Pero de las que me he probado, no tienen el mismo sabor que una tapa aquí. Puede ser que haya otro aspecto que no se puede exportar.

Ramón: Seguramente el ambiente en el que se saborea la delicia influye en cómo se la percibe. No se puede por completo imitar el aire, ni los sonidos, ni la lengua que se oye al disfrutarlas en otro lugar. También se prohíbe la exportación de algunos de los ingredientes. El jamón serrano, por ejemplo, no se permite exportar a todos los lugares done se querría tenerlo. Aun cuando se puede, la frescura se pierde en el transporte. Los ingredientes más frescos siempre resultan en los sabores más deseados.

Turista: Me ha convencido. Probaré las tapas mientras esté aquí. Pero cuando vuelva a casa, por cierto intentaré reproducir algunas de ellas. Aunque no goce de los mismos sabores, experimentaré el placer de evocar las fantásticas memorias del viaje. Podré imaginarme que estoy de vuelta. También compraré unos de estos libros de recetas para preparar tapas. Quizás trataré de inventar mis propias recetas para tapas americanas al estilo español.

PART FIVE

SPEAKING SKILLS

INTRODUCTION TO SPEAKING SKILLS

There are two parts: simulated conversation and a formal oral presentation. Both tasks together take about 20 minutes, and count for 20 percent of the score on the exam.

Interpersonal Speaking

In the interpersonal speaking skills part, you will read a script for the conversation with general instructions to follow, then you will hear an audio selection and the conversation will begin. One part will be recorded, and after each time the other person speaks, there will be 20 seconds for you to record your response to what has been said. You should follow the outline of the conversation. There will be five or six times when you will speak. This is not as hard as it sounds. It is a good opportunity for you to use expressions, exclamations, and conversational strategies to speak in a natural way.

Formal Oral Presentation

The formal oral presentation also features reading and listening comprehension. You will have five minutes to read a short selection. Then you will listen to an audio selection. As you listen you should take notes so that you can make reference to details from the selection in your presentation. After the audio is played you will have two minutes to prepare a response to a question related to the print and audio selections. After the two minutes you will have another two minutes to record your response.

The formal oral presentation may consist of making comparisons, contrasts, explanations of something, or any other topic about which you can talk for two minutes. Formal implies an academic setting, so the language to be used in this part of the exam corresponds to the fifth or sixth semester of college work. You may also be asked to narrate something that you read or heard about in the source materials. You need to be able to synthesize the information, not simply lift phrases from the source materials, and incorporate it into your speech sample. The audio source may be from any kind of broadcast source.

Suggestions

In many ways this part of the exam may seem difficult because it does require attention to source materials that you need to incorporate into your responses. In your responses you will be required to draw upon your knowledge of the Spanish-speaking world. The more you know about Spanish history, people, places, and culture, the easier it will be for you to understand the source materials, and the easier it will be for you to formulate your responses. Make every effort to read and listen to as much Spanish as you can in preparation for taking the exam. The listening practice will also improve your own pronunciation, if you try to reproduce the good pronunciation you hear.

In preparation for the simulated conversation, you need to make sure you have an adequate vocabulary. The following chapters in this book are designed to help you review vocabulary you may want to use. In addition, there are a number of expressions that are useful to remember. After the sections on grouped vocabulary, there are oral practices. Some of them involve imagining a conversation with someone about a given topic. It is very useful to imagine conversations, even if you have the opportunity to talk to Spanish-speaking persons often. Imagining conversations allows you to cover topics that you would not ordinarily discuss with other people. You want to pre-think as many topics as you can so that you have the words you need to do your best.

In preparation for the formal oral presentation, it is also useful to do the additional practices after each group of words to further commit the vocabulary to memory. There are additional multiple choice exercises to practice vocabulary. For words you do not know and consistently miss, make a list of them to use in extra practice. Focus special attention on verbs. You can work your way around nouns you do not know, but verbs are harder to get around. Make sure you have a good dictionary, and use it often.

Scoring the Interpersonal Oral Presentation (Simulated Conversation) Samples

For a complete description of the rubrics for the scoring, see page 8. Below is a description of the major levels. A good use of a variety of tenses, a good vocabulary, and the use of the subjunctive and other grammatical structures can move your score into the midrange described below.

Low: Samples that scored low were very limited in content. The speaker seemed to be confused about what to say regarding the given scripted prompts that were required in the five or six places to record. Sometimes pronunciation was poor and confusing to the listener. The comments were not appropriate for the recorded prompts that were played. The response recorded was not really related to what was said on the recording. There were frequent and long pauses and hesitations. Frequent grammatical and syntactical errors hindered intelligibility. The vocabulary was very limited. The speaker was definitely lacking enough knowledge of Spanish to be adequately understood.

Medium: Although the responses followed the script adequately, they were minimal. Vocabulary was somewhat limited, and grammatical structures sometimes interfered with comprehension. When additional information was appropriate, the speaker faltered because of inability to elaborate. The speaker often used sentence fragments or a short phrase to maintain the conversation. The sample showed generally good pronunciation and fluency, but pauses were frequent. Although there were some places where the speaker did not respond appropriately to the scripted prompts, his or her conversation was generally understandable. The speaker did communicate thoughts and ideas, although they were not well developed.

High: The speaker responded appropriately to the prompts in the script and could easily carry on a conversation by using appropriate grammar, vocabulary, and syntax. Pronunciation, fluency, and intonation were excellent. The student clearly had a superior command of the Spanish language. There may have been some minor errors, but overall intelligibility was high. The sustained level of speaking ability was excellent throughout the conversation.

Scoring the Formal Oral Presentation (Integrated Skills)

Low: The response was limited in content, because it did not contain information from the two source materials. The response was minimally related to the question asked. At times the presentation lacked organization. Delivery of the response was halting and contained pauses while the speaker tried to figure out what to say, perhaps because the speaker was trying to translate from English to Spanish during the delivery or because the speaker wanted to use a particular word and could not remember the vocabulary. At that point the speaker stopped instead of using other words to rephrase the idea. There were grammatical and syntactic errors caused by interference from English. The speaker had problems with pronunciation and intonation, and often the pronunciation was so unclear that the listener did not understand what the speaker was trying to say. The response demonstrated that the speaker had limited ability to express himself in Spanish.

Medium: Responses in this category addressed the question and established a relationship with the topic. However, sometimes the responses did not make reference to both source materials. The responses were choppy and incomplete. Delivery was halting in places. The speaker relied on phrases lifted from the source materials instead of using original language. The grammatical and syntactical structures were coherent, but there were consistent errors that revealed incomplete knowledge of the language. There was good self-correction, however. Although there were some problems with pronunciation, the speaker was understandable. Basic ability to communicate in a formal presentation was present.

High: The responses showed that the speaker had excellent pronunciation and the delivery flowed naturally. The speaker demonstrated good command of language as evidenced by word selection, grammar, and syntax. The speaker responded appropriately to the question with a well-organized and -articulated speech sample. Although there were some pauses, he or she did not indicate heavy dependence on English to communicate the ideas. Although there were some minor errors, they were random and did not indicate lapses in knowledge. Overall, the speaker sustained a high level of speaking ability.

Early Steps

Before practicing with the speaking exercises at the end of the vocabulary sections of this chapter, it would be a good idea to listen to any kind of spoken Spanish to get accustomed to listening to audio source materials. Good sources for listening include television, radio, films, Internet audio sources, and songs.

On the speaking part of the exam:

- Do not use English in your responses unless there is no Spanish equivalent for the word you want to use.
- Do not use inappropriate language, such as curse words.
- Do not leave long pauses in your response.

Remember the following points:

- Say something in the spaces provided in the scripted conversation.
- Incorporate as much grammar and variety of vocabulary as you can in the response.
- Use the time before recording to think of Spanish vocabulary to use.
- Use the time before you record to organize your thoughts.
- Remember that the whole speaking part only takes about 20 minutes. If you are anxious, it will not last long.
- The speaking part does not count as much as the reading and writing parts of the exam.
- All speakers will find the task of incorporating the source materials more difficult than simply telling a story.
- Self-correction is good.
- You know more Spanish than you think, and if you can relax, you will remember more of it.

In each chapter there are specific suggestions for practice. The *Práctica Oral* after each set of grouped vocabulary is especially useful for helping to learn new words. After the thematic vocabulary with personal questions, there are scripted conversations for you to practice simulated conversations.

General Considerations for the Oral Examination

CHAPTER 7

The following section contains word lists of vocabulary that would be useful on the examination. The words are not exactly grouped thematically, because it is difficult to remember a specific word from a whole list of vocabulary words. Instead, words that you ought to know for the listening, reading, writing, and speaking parts of the test are used in context. Included are some exercises to help you practice them. Vocabulary is never tested in this format on the exam, but this is vocabulary of the level you will find on the exam. The list is not comprehensive, but should give you an idea of the level of vocabulary you need to know. The words on the lists are generally grouped by part of speech. Remember that on the exam you will not see any prompts to help you remember vocabulary, so the more you practice using appropriate words, the more likely you are to remember them. Use the following steps to make the best use of this section.

1. Study the words on the list at the beginning of each unit. To study the words you should:
   - study groups of five words at a time,
   - cover the English with a paper or card and quiz yourself to see if you remember what the word means,
   - mark the words you do not remember within three seconds,
   - go on to another five words,
   - and, finally, go back over the whole list, focusing especially on the marked words.

After learning the words from Spanish to English, cover the Spanish and learn them from English to Spanish.

2. As you review or learn a vocabulary word, use it in a simple sentence.
3. Think of related forms of the word. Sometimes there will be a related word in parentheses to help you learn to recognize the same words in different parts of speech.
4. Think of contexts in which you would expect to use the word.
5. Draw the word in your mind and repeat the word in Spanish as you picture it.
6. Draw a picture on paper representing the word and repeat it in Spanish as you do the drawing. The picture does not have to be realistic, just something to help you remember what the word looks like in Spanish.

7. Think of other words with similar meanings, or words that you can associate with the one you are studying.

8. Finally, do the exercises that follow the lists. Remember that even though there is only one most appropriate word for each blank, seeing the other words and recalling their meaning as you do the exercises will help you to learn them.

There will be some words you may have to look up in the glossary at the end of this book, or in a dictionary. When doing the practice questions, be sure to look up words you want to use to express yourself. All the questions deal with topics you may hear on the exam, so practicing now is important. Be thorough in doing your practice exercises so that you will use as many words as possible. Remember to use complete sentences. Verbs are especially important. A command of verb tenses demonstrates competence, and the expressions, or *modismos*, make your language more fluent. In forming your responses to questions and situations, draw on your personal experience, but feel free to be a little creative. The evaluator does not know you and is only looking for a speech sample that will show how well you can speak Spanish. The more you elaborate using good vocabulary and structures, the more language you will use, and the higher your score will be.

VOCABULARY LISTS, ORAL PRACTICE, AND SITUATIONS

Características Personales

bizco	= *cross-eyed, blinking*
calvo	= *bald, hairless*
cicatriz	= *scar*
cojo	= *disabled, one-legged* (cojear = *to limp*)
discapacitado	= *disabled*
manco	= *one-armed*
minusválido	= *disabled*
sordo	= *deaf*
tuerto	= *one-eyed*
zurdo	= *left-handed*
cobarde	= *coward*
necio	= *fool*
soltero	= *bachelor*
viudo	= *widower*
apenas	= *scarcely, hardly*
por supuesto	= *of course*
por ejemplo	= *for example*
en realidad	= *really*
aguantar	= *to tolerate, to stand (someone)*
compartir	= *to share*

comportarse	= *to behave*
depender de	= *to depend on* (notice the preposition after the verb)
distraer	= *to distract*
guardar	= *to maintain, to keep*
heredar	= *to inherit*
mezclar	= *to mix* (la mezcla = *the mixture*)
molestar	= *to bother* (la molestia = *the bother*)
resultar	= *to end up, to result in* (el resultado = *result*)
soler (ue)	= *to be accustomed to, to be in the habit of*
soportar	= *to tolerate, to stand (someone)*
agotado	= *worn out, very tired* (agotar = *to wring out, to wear out*)
ajeno	= *foreign, distant*
alegre	= *happy, joyful, delighted*
amargo	= *bitter*
angustiado	= *anxious* (la angustia = *anxiety, worry*)
aplicado	= *diligent, hard-working* (aplicar = *to apply oneself*)
avariento	= *miserly* (el avaro = *miser*)
bondadoso	= *gracious, generous*
celoso	= *jealous*
codiciado	= *envy* (codiciar = *to covet*)
confiado	= *confident, trusty* (confiar = *to trust*)
confuso	= *confused* (confundir = *to confuse*)
desafortunado	= *unfortunate*
descuidado	= *sloppy, unkempt*
dichoso	= *happy, blissful*
dotado	= *talented, gifted* (dotar = *to endow with, to provide with*)
ensimismado	= *self-absorbed, egocentric, turned toward the inside*
fiel	= *loyal, faithful*
furtivo	= *sneaky, stealthy*
gracioso	= *funny, amusing, charming*
incansable	= *tireless*
indeleble	= *indelible, permanent*
indiscreto	= *indiscreet, unwise*
ingenuo	= *naïve, ingenuous*
inocuo	= *innocuous, harmless*
inquieto	= *worried, nervous, anxious* (inquetar = *to unsettle, to disquiet*)
manso	= *gentle, kind*
mezquino	= *mean, stingy, petty*
nocivo	= *noxious, harmful*
orgulloso	= *proud*
ostentoso	= *ostentatious, overdone style*
perezoso	= *lazy* (la pereza = *laziness*)
rendido	= *worn out, done in, very tired* (rendir = *to subdue, to yield*)
ruidoso	= *noisy*
sobresaliente	= *outstanding* (sobresalir = *to stand out*)

solo	= *lone, alone*
sospechoso	= *suspicious* (sospechar = *to suspect*)
tacaño	= *stingy*
terco	= *stubborn, obstinate*
tranquilo	= *calm* (tranquilizar = *to calm*)
vano	= *vain, self-aware*
zurdo	= *left-handed*

EJERCICIO A

Empareje cada palabra en la Columna A con la definición en la Columna B, escribiendo la letra de la mejor selección.

Columna A

____ 1. gracioso
____ 2. mezquino
____ 3. furtivo
____ 4. codiciado
____ 5. sospechoso
____ 6. tacaño
____ 7. fiel
____ 8. alegre
____ 9. amargo
____ 10. orgulloso
____ 11. celoso
____ 12. manso
____ 13. minusválido
____ 14. terco
____ 15. aplicada
____ 16. soportar
____ 17. heredar
____ 18. comportarse
____ 19. soler
____ 20. compartir
____ 21. por supuesto
____ 22. por ejemplo
____ 23. apenas

Columna B

a. un sabor desagradable
b. característica de una persona que no deja a un amigo en peligro
c. feliz
d. expresión para indicar algo obvio, o evidente
e. envidioso
f. sentimiento que se tiene al alcanzar una meta
g. diligente
h. encantador
i. de manera secreta, sin que nadie lo vea
j. una ilustración de lo que se quiere decir
k. suave, de manera sutil
l. discapacitado
m. actitud que no quiere admitir un error
n. un momento o algo que acaba de ocurrir, o casi no ocurre
o. desconfiado
p. recibir de sus antepasados
q. acostumbrarse
r. dividir entre varias personas
s. manera de actuar
t. que no es generoso
u. aguantar
v. malo, sin caridad ni piedad, malévolo
w. deseado

EJERCICIO B

Escoja la mejor palabra para cumplir el sentido de la oración.

El estudiante más popular de la escuela es la persona que es muy (1) por sus amigos, la que nunca revela un secreto. También, sería una persona (2) , porque siempre es bueno poder contar con ella en caso de emergencia. Los cínicos, con su actitud (3) envenenan una relación con palabras y acciones detestables, y es mejor evitarlos por completo. Nadie (4) a ese tipo sarcástico tampoco. En cuanto a los otros, (5) es el que tenga un amigo (6), porque se divierte mucho con ese tipo de amigo. Se dice que los más creativos son los (7), pero no hay prueba, aunque hay estudios que indican que el hemisferio izquierdo del cerebro domina el pensamiento de ese tipo. A veces, los (8) son los más (9) porque han experimentado discriminación en su vida y se identifican con otros (10).

___ 1. a) sensato	b) confiada	c) mezquino	d) terco
___ 2. a) ostentosa	b) descuidada	c) fiel	d) nociva
___ 3. a) ruidosa	b) amarga	c) angustiada	d) alegre
___ 4. a) hereda	b) comparte	c) mezcla	d) aguanta
___ 5. a) dotado	b) dichoso	c) manso	d) minusválido
___ 6. a) tacaño	b) gracioso	c) celoso	d) inocuo
___ 7. a) zurdos	b) cojos	c) mansos	d) rendidos
___ 8. a) discapacitados	b) calvos	c) sospechosos	d) cobardes
___ 9. a) aplicados	b) sensatos	c) perezosos	d) sordos
___10. a) ingenuos	b) vanos	c) solteros	d) desafortunados

RESPUESTAS

Ejercicio A

1. h	2. v	3. i	4. w	5. o
6. t	7. b	8. c	9. a	10. f
11. e	12. k	13. l	14. m	15. g
16. u	17. p	18. s	19. q	20. r
21. d	22. j	23. n		

Ejercicio B

1. b—confiada	6. b—gracioso
2. c—fiel	7. a—zurdos
3. b—amarga	8. a—discapacitados
4. d—aguanta	9. b—sensatos
5. b—dichoso	10. d—desafortunado

EJERCICIO C: PRÁCTICA DE LECTURA

Lea la selección para practicar el reconocimiento del vocabulario. Luego utilice las palabras en la Práctica Oral y las Situaciones.

Soy una hija entre dos otros, un hermano mayor y una hermana menor. Los tres **compartimos** muchas características personales, pero diferimos en cuanto a otros aspectos. **Por ejemplo**, soy morena, pero mi hermana menor es rubia, y mi hermano, **calvo.** Gracias a Dios, no **heredé** esa característica. **Por supuesto,** prefiero pensar que soy **confiada, bondadosa, mansa, aplicada, tranquila, incansable, alegre, fiel, encantadora** y **dichosa.** Es posible **heredar** esas características de los padres y esos adjetivos describen los míos perfectamente. Pero, **en realidad**, no hay nadie que sea ejemplo de tantas características tan **codiciadas.** Todo el mundo sufre en un momento u otro de debilidades personales, las cuales se ven manifestadas cuando tratamos con otra gente. **Por ejemplo,** cuando alguien nos **molesta, solemos** responder de manera **abrupta,** mostrando que somos **furtivos, tacaños,**

vanos, necios, distraídos, mezquinos, indiscretos, ostentosos, descuidados o **tercos.** Hay ciertas características que se esperan de ciertas personas a veces. Muchas veces los ladrones suelen ser **furtivos** y **mezquinos,** pero no son **descuidados.** Los que son **ostentosos** con lo que roban muchas veces no **gozan de** su libertad mucho tiempo. Los **avaros** son **tacaños,** o sea, poco **generosos.** Prefieren guardar todo para sí mismo. Así **resulta** muchas veces que son muy **ensimismados,** también.

Muchas veces las características personales corresponden a condiciones físicas, como con la gente **coja, manca, sorda, ciega, tuerta,** o un **soltero** o un **viudo,** cuya relación interpersonal a veces **depende de** las percepciones o las limitaciones impuestas por su **discapacidad** o **minusvalía.** A veces el aspecto sugiere la historia de una persona, como una **cicatriz** que indica algún encuentro o accidente **desafortunado** en el pasado. Es difícil **soportar** o **aguantar** las actitudes de superioridad de los más **dotados** cuando no tienen la menor simpatía por prójimos que no **comparten** sus talentos. Pero otras personas tienen características **inocuas,** porque **apenas** se notan. Siempre es mejor no **guardar sentimientos** de **amargura, celos** ni **rencor,** porque esas emociones **nocivas** resultan en la infelicidad. **En realidad,** estas características se **mezclan** en cada persona, porque no hay nadie que sea un ser humano perfecto.

Preguntas sobre la lectura

1. ¿Cómo es la narradora?
2. Compare la narradora con sus hermanos.
3. ¿Qué características personales se hereden de los padres que son buenas?
4. ¿Qué características personales no son tan buenas?
5. ¿Qué características se asocian con los ladrones?
6. ¿Cómo son los minusválidos? ¿Se heredan sus características físicas?
7. ¿Cómo es la gente muy dotada?
8. En realidad, ¿cómo es la persona típica?

EJERCICIO D: PRÁCTICA ORAL

Conteste las preguntas usando el vocabulario de esta unidad.

1. Descríbase: cómo es usted, cuáles son las características más sobresalientes de su personalidad.
2. Describa cómo querría ser si pudiera ser diferente.
3. Describa las características personales de su mejor amigo, y cuáles con las características que aprecia usted en un amigo perfecto.
4. Describa a una persona minusválida y cómo influyen sus limitaciones en cómo es.
5. ¿Cree que las características personales se aprenden o se heredan? Explique y dé ejemplos.
6. ¿Qué características heredó de su padre? ¿De su madre?
7. ¿Comparte algunas características personales con sus hermanos, si los tiene?
8. Describa a su mejor amigo.
9. Describa a una persona que no le cae bien.
10. Describa las características personales de una persona a quien usted admira.

EJERCICIO E: SITUACIONES

Discuta las situaciones usando el vocabulario de esta unidad.

1. Para una solicitud de la universidad, usted debe describirse. Escriba un ensayo en el cual se describe.
2. En una composición para una clase tiene que escribir un ensayo sobre la persona más interesante que jamás haya conocido. Descríbala en detalle, cómo es y a qué atribuye usted sus características personales. En otras palabras, explique por qué es como es en su opinión.
3. Una noche usted presenció el robo de una tienda y es el único testigo del crimen. Tiene que describir a la policía a la persona que vio, incluso todos sus atributos físicos y su actitud.
4. En su trabajo como aduanero en un aeropuerto, usted ve a todo el mundo que pasa por la aduana. Describa las características de una persona sospechosa.
5. Un filósofo español propuso que dentro de cada uno de nosotros está la persona que quisiéramos ser. Describa su ser ideal, cómo sería éste si fuera perfecto.

La Familia

los antepasados	= *ancestors*
la ascendencia	= *origin, line of ancestors*
los bisabuelos	= *great grandparents*
la costumbre	= *custom* (acostumbrarse = *to get used to, to become accustomed*)
la familia extensa	= *extended family*
la genealogista	= *genealogist*
la hazaña	= *deed, exploit, adventure*
el hogar	= *home, hearth*
la madrastra/el padrastro	= *stepmother/stepfather*
la madurez	= *maturity* (madurar = *to mature*)
el mecedor	= *rocking chair* (mecer = *to rock*)
el nene	= *baby*
la niñez	= *childhood*
la nuera/el yerno	= *daughter-in-law/son-in-law*
el orgullo	= *pride*
los padres	= *parents (mother and father together)*
los parientes	= *relatives*
el relato	= *story*
los suegros	= *in-laws (mother- and father-in-law)*
los tatarabuelos	= *great, great grandparents*
la vejez	= *old age* (envejecerse = *to grow old*)
acabar de	= *to have just (done something)*
apreciar	= *to appreciate* (el aprecio = *appreciation*)
aprovechar	= *to benefit from*

conmemorar	= *to commemorate* (la conmemoración = *memorial*)
consistir en	= *to consist of (Notice the preposition after the verb.)*
crecer	= *to grow*
criar	= *to raise*
ejercer	= *to exert influence* (ejercicio = *exercise*)
entretener	= *to entertain, to amuse* (el entretenimiento = *entertainment*)
estrechar las relaciones	= *to get closer, to bring closer* (estrecho = *close*)
hacer el papel	= *to play a role*
llevarse bien	= *to get along with each other*
realizar	= *to fulfill, to realize (in the sense of fulfill)*
regalar	= *to give a gift* (el regalo = *the gift*)
reunir	= *to get together, to unite* (la reunión = *the meeting*)
vincular	= *to tie together* (el vínculo = *the tie, link*)
a medida que	= *as (time going by), during the time that*
a menudo	= *often, frequently*
en adelante	= *forward, ahead*
predilecto	= *favorite*

EJERCICIO A

Empareje cada palabra en la Columna A con la definición en la Columna B, escribiendo la letra de la mejor selección.

Columna A

____ 1. madurez
____ 2. crecer
____ 3. hogar
____ 4. a menudo
____ 5. aprovechar
____ 6. predilecto
____ 7. vincular
____ 8. nuera
____ 9. conmemorar
___ 10. parientes
___ 11. ascendencia
___ 12. orgullo
___ 13. vejez
___ 14. suegros
___ 15. mecedor

Columna B

a. ligar, juntar con lazos figurativamente
b. estar satisfecho por haber hecho algo bueno
c. miembros de la familia extensa
d. la sabiduría acumulada por vivir muchos años
e. los últimos años de la vida
f. mueble usado por las madres para tranquilizar a los nenes
g. ponerse más viejo, envejecerse
h. los padres de la esposa o del marido
i. muchas veces
j. sacar beneficio de algo
k. favorito
l. la esposa del hijo de la familia
m. de origen
n. el lugar donde se reúne la familia, donde está el corazón
o. honrar a alguien, o recordar algo bueno que ocurrió

EJERCICIO B

Escoja la mejor palabra para cumplir el sentido de la oración.

La mayoría de los estadounidenses son de (1) europea o africana, aunque hay más y más asiáticos ahora. En el (2) , cada familia conmemora su propia herencia cultural cuando observan (3) y tradiciones que pertenecen a su país de origen. En la (4) , los parientes ejercen mucha influencia porque comparten las responsabilidades de (5) a los jóvenes. Estos (6) familiares proveen un sentido de continuidad generacional en la que cada individuo (7) la sabiduría de los otros del grupo. Promociona el (8) personal, y (9) crecen los niños, se acercan cada vez más a los papeles que ejemplifican sus propios padres. Así aprenden a vivir tranquilos con los cuñados y los (10).

En la última reunión de mi familia, mi abuelo, quien es el (11) de la familia, nos contó algunas de las historias más interesantes de los (12) más distinguidos. Nos entretenía con (13) de viajes largos, y dificultades y obstáculos que nos parecían casi insuperables ahora. Sin electricidad, televisión, computadoras, ni coches, la vida era más sencilla y la familia más unida. Entre mis (14) , había uno que vino a esta tierra en búsqueda de oportunidad hace más de cien años, y la encontró cuando conoció a su esposa futura y se casó con ella. Nadie tenía tiempo para sentarse en un (15) al jubilarse, porque la vida era bien dura.

1. a) vejez	b) historia	c) ascendencia	d) madurez
2. a) lugar	b) hogar	c) orgullo	d) papel
3. a) costumbres	b) abuelas	c) parientes	d) suegras
4. a) costumbre	b) madurez	c) genealogista	d) familia extensa
5. a) ejercer	b) estrechar	c) realizar	d) criar
6. a) parientes	b) suegros	c) vínculos	d) orgullosos
7. a) aprecia	b) aprovecha	c) realiza	d) ejerce
8. a) relato	b) sentimiento	c) orgullo	d) bienestar
9. a) en adelante	b) a medida que	c) a menudo	d) apenas
10. a) relatos	b) hogares	c) suegros	d) sueños
11. a) antepasado	b) mecedor	c) genealogista	d) nene
12. a) antepasados	b) nenes	c) mecedores	d) hogares
13. a) costumbres	b) relatos	c) mecedores	d) vínculos
14. a) suegros	b) cuñados	c) tatarabuelos	d) padrastros
15. a) vínculo	b) mecedor	c) hogar	d) papel

RESPUESTAS

Ejercicio A

1. d	2. g	3. n	4. i	5. j
6. k	7. a	8. l	9. o	10. c
11. m	12. b	13. e	14. h	15. f

Ejercicio B

1. c—ascendencia
2. b—hogar
3. a—costumbres
4. d—familia extensa
5. d—criar
6. c—vínculos
7. b—aprovecha
8. c—orgullo

9. b—a medida que
10. c—suegros
11. c—genealogista
12. a—antepasados
13. b—relatos
14. c—tatarabuelos
15. b—mecedor

EJERCICIO C: PRÁCTICA DE LECTURA

Lea la selección para practicar el reconocimiento del vocabulario. Luego utilice las palabras en la Práctica Oral y las Situaciones.

Muchas personas hoy en día se interesan en la historia familiar, enfocando en las **hazañas** de los miembros ilustres, o **conmemorando** la bondad de una **tatarabuela** o el genio de otros **antepasados.** La familia es la unidad social más importante en una cultura, porque dentro de la familia se **realizan** las tradiciones y los valores de una cultura. La familia **consiste en** varios miembros, incluyendo **abuelos, cuñados, madrastras, hermanastros, suegros,** y **los nenes,** en los cuales se ve una visión del pasado y el futuro. En el **hogar,** los jóvenes aprenden los **comportamientos** apropiados y los valores de la sociedad. El **orgullo** de la familia es importante para que cada individuo tenga un sentimiento de seguridad que refuerce la confianza personal.

A menudo la familia se **reúne** para celebrar un suceso importante en la vida de un miembro, como su cumpleaños, o un día feriado religioso. **Regalan** regalos al honrado para marcar un paso **adelante** hacia su **madurez. A medida que crecen** los jóvenes, aprenden a **apreciar** a los adultos de la familia. Las reuniones sirven para fortalecer los **vínculos** familiares entre los miembros de la familia para que cada uno **realice** su potencial. Cuando todos **comparten** sus experiencias, los jóvenes **aprovechan los recuerdos** de los viejos, y los viejos **gozan de** la vitalidad de los jóvenes. También es importante que los jóvenes sepan que los **ancianos** no están resignados al **mecedor.** Por supuesto, no todos **se llevan bien** todo el tiempo, pero si una persona se **reúne** con su familia, facilita la oportunidad para **estrechar las relaciones.**

Preguntas sobre la lectura

1. ¿En qué consiste una unidad familiar?
2. ¿Para qué sirve la familia?
3. ¿Por qué es importante estar orgulloso de su familia?
4. ¿Qué hace una familia al reunirse?
5. ¿Qué aprenden los jóvenes al asistir a las reuniones familiares?
6. ¿Cómo aprovechan los ancianos la reunión?
7. ¿Cómo se estrechan las relaciones en una familia?

EJERCICIO D: PRÁCTICA ORAL

Conteste las preguntas usando el vocabulario de esta unidad.

1. Describa a su familia, indicando las relaciones entre todos sus miembros.
2. Narre la historia de uno de sus antepasados.
3. Explique las ventajas y desventajas de ser el único hijo de la familia.
4. Describa cómo cambia la familia a medida que crecen los hijos.
5. Describa a su pariente predilecto.
6. Describa los papeles tradicionales de los hombres y las mujeres en la familia.
7. Describa cómo y por qué están cambiando los papeles tradicionales en la familia.
8. Enumere los deberes de los hijos en una familia.
9. ¿Cuáles son las responsabilidades de los padres en una familia?
10. ¿Qué le dicen sus padres de su propia niñez? ¿Cómo difiere ésta de la suya?
11. ¿Le gustaría haber vivido en la época cuando eran jóvenes sus padres?
12. ¿Cómo se resuelven los conflictos de los familiares que no se llevan bien en su familia?

EJERCICIO E: SITUACIONES

Discuta las situaciones usando el vocabulario de esta unidad.

1. Está encargado de reunir a su familia extensa. Proponga un plan para juntar a toda la familia, y actividades para cada generación.
2. Para una historia de su familia, describa algunas tradiciones que celebran ustedes durante los días feriados, ya sean religiosos o patrióticos.
3. Para escribir una composición sobre la diferencia entre su vida y la de sus padres a su edad, compare su vida durante su niñez y la de sus padres a su edad.

Recuerdos del Pasado

las afueras	= *out of doors*
la alfombra	= *carpet, rug*
la almohada	= *pillow* (almohada de plumas = *feather pillow*)
la aspiradora	= *vacuum cleaner* (aspirar = *to inhale, to aspire*)
las avispas	= *wasps*
la cadena	= *chain* (encadenar = *to chain up*)
las cenizas	= *ashes*
la colcha	= *bedspread, counterpane (of a bed)*
el colchón	= *mattress*
las cortinas	= *curtains*
el desván	= *attic*
las escaleras	= *stairs*
el eslabón	= *link (of chain)* (eslabonar = *to link, to join*)
el estante	= *bookcase, shelves*
los estornudos	= *sneezes* (estornudar = *to sneeze*)
el grifo	= *faucet, tap*

las herramientas	= *tools (for making repairs)*
las hormigas	= *ants*
el hueco	= *hole*
la llave	= *key, faucet*
la limpieza	= *cleanliness* (limpiar = *to clean*)
la mosca	= *housefly, fly*
la nube	= *cloud*
los quehaceres	= *chores*
los pedazos	= *pieces*
los peldaños	= *steps (of stairs)*
las persianas	= *blinds (at a window)*
el polvo	= *dust*
el sillón	= *armchair*
el sartén	= *frying pan*
el sótano	= *basement*
el techo	= *roof*
las tijeras	= *scissors*
el umbral	= *threshold (of a doorway)*
atender	= *to attend (to), to take care of* (not *to attend a school*)
arreglar	= *to fix, to arrange, to repair*
bordar	= *to embroider*
brotar	= *to surge forth, to come up, to spring up*
callar	= *to become quiet, to stop talking*
colocar	= *to place, to put, to locate*
coser	= *to sew*
crujir	= *to creak, to make a rustling sound*
diseñar	= *to design*
encerrar	= *to encircle, to enclose*
enchufar	= *to plug in (an electrical appliance)*
envolver	= *to wrap up, to wrap around*
fregar	= *to scrub*
gotear	= *to drip* (la gota = *drop*)
latir	= *to beat (like a heart)* (el latido = *beat*)
mantener	= *to maintain* (el mantenimiento = *maintenance*)
medir	= *to measure* (la medida = *the measure*)
mudarse	= *to move (from one house, or place, to another)*
permanecer	= *to remain*
rodear	= *to surround* (el rodeo = *round up, rodeo*)
surtir	= *to sprout, to spurt, to gush* (el surtido = *the supply*)
ubicar	= *to locate* (la ubicación = *the placement, the location*)
a tientas	= *to grope in the dark*
cabalmente	= *exactly, completely, entirely*

cautelosamente	=	*cautiously, warily*
concienzudamente	=	*conscientiously, with care*
en puntillas	=	*on tiptoes*
paulatinamente	=	*slowly, little by little, gradually*

EJERCICIO A

Empareje cada palabra en la Columna A con la definición en la Columna B, escribiendo la letra de la mejor selección.

Columna A

____ 1. umbral
____ 2. polvo
____ 3. enchufar
____ 4. diseñar
____ 5. escaleras
____ 6. almohadas
____ 7. persianas
____ 8. sótano
____ 9. hormigas
____ 10. ubicar
____ 11. arreglar
____ 12. medir
____ 13. coser
____ 14. brotar
____ 15. crujir
____ 16. envolver
____ 17. paulatinamente
____ 18. cauteloso
____ 19. techo
____ 20. estornudos

Columna B

a. surtir
b. lo que se hace con papel para preparar un regalo
c. insectos que se ven a menudo en busca de azúcar
d. usar una aguja para bordar diseños en tela, o hacer ropa
e. hacer un ruido
f. usar una regla para tomar el tamaño de algo
g. la parte de una casa por donde se entra
h. reparar
i. con cuidado
j. lo que se hace para dar electricidad a un aparato
k. materia que se encuentra si no se limpia a menudo
l. muchos peldaños forman esto
m. poco a poco
n. la parte más baja de una casa
o. dibujar, o formar un plan artístico o arquitectónico
p. pequeños colchones que se usan en una cama o en un sofá
q. localizar
r. reacción producida en alguien con alergias
s. la parte más alta de una casa y que la protege del tiempo
t. algo para una ventana, que se abre y se cierra

EJERCICIO B

Escoja la mejor palabra para cumplir el sentido de la oración.

Cuando visité a mis abuelos la última vez, mi abuelita estaba sentada en su (1) , (2) algo para su nieta Eva. Mientras lo hacía, el mueble (3) ligeramente y la abuelita murmuraba en voz baja. Al verme, me sonrió dulcemente, dirigiéndome una palabra acogedora e invitándome a acercarme. A la izquierda, entre los libros de un (4), un gato nos miraba (5) , porque tenía miedo de los visitantes a la casa. Yo no la visitaba a menudo porque vivíamos lejos. El gato (6) estiró una pata, después otra, y bostezó.

Mi abuela se levantó y me abrazó. Después de la cena, después de lavar los platos, (7) el sartén y limpiar el mostrador de la cocina, nosotras subimos las (8) al (9) donde guardaba grandes misterios. Entre otras cosas, bajo una (10) de (11), había un gran baúl. La (12) del baúl tenía una cerradura que mi abuela abrió con una (13). La (14) en el suelo, entre los restos de (15) y (16) muertas del calor del (17) por encima de nuestras cabezas. Entre (18) , ella sacó unos pendientes de oro que guardaba dentro del baúl. Me los regaló para que los tuviera para mi fiesta de quinceañera el próximo mes.

Mientras tanto, mi abuelo cuidaba el jardín para quitar la mala hierba que (19) por entre las flores y vegetales. Después, (20) las (21) del baño porque siempre (22) bien la casa. De vez en cuando lo oía (23) sus (24) eléctricas para reparar lo que estaba roto, como una silla sin respaldo firme. Siempre me encantaba visitar a mis abuelos. Mientras los acompañaba por allí y por allá, compartíamos tanto historias como (25) cotidianos y siempre quedaba con recuerdos familiares hermosos.

___	1. a) alfombra	b) mecedor	c) persiana	d) estante
___	2. a) cosiendo	b) rodeando	c) ubicando	d) brotando
___	3. a) surtía	b) se mudaba	c) conseguía	d) crujía
___	4. a) eslabón	b) hueco	c) estante	d) polvo
___	5. a) cautelosamente	b) a tientas	c) cabalmente	d) en puntillas
___	6. a) sumamente	b) paulatinamente	c) roncamente	d) a tientas
___	7. a) enchufar	b) fregar	c) encerrar	d) latir
___	8. a) cadenas	b) almohadas	c) escaleras	d) herramientas
___	9. a) sótano	b) desván	c) techo	d) estante
___	10. a) nube	b) cama	c) mosca	d) llave
___	11. a) tijeras	b) polvo	c) cortinas	d) persianas
___	12. a) cadena	b) llave	c) limpieza	d) herramienta
___	13. a) colcha	b) escalera	c) llave	d) hormiga
___	14. a) encerró	b) colocó	c) enchufó	d) alquiló
___	15. a) pedazos	b) sillones	c) moscas	d) frutas
___	16. a) quehaceres	b) persianas	c) avispas	d) huecos
___	17. a) peldaño	b) techo	c) estante	d) colchón
___	18. a) pedazos	b) eslabones	c) polvos	d) estornudos
___	19. a) rodeaba	b) callaba	c) ensuciaba	d) brotaba
___	20. a) se fijó	b) arregló	c) partió	d) ubicó
___	21. a) avispas	b) cenizas	c) llaves	d) cortinas
___	22. a) conseguía	b) permanecía	c) alquilaba	d) mantenía
___	23. a) enchufar	b) diseñar	c) envolver	d) medir
___	24. a) tijeras	b) huecos	c) quehaceres	d) herramientas
___	25. a) quehaceres	b) sillones	c) estornudos	d) peldaños

RESPUESTAS

Ejercicio A

1. g	2. k	3. j	4. o	5. l
6. p	7. t	8. n	9. c	10. q
11. h	12. f	13. d	14. a	15. e
16. b	17. m	18. i	19. s	20. r

Ejercicio B

1. b—mecedor	14. b—colocó
2. a—cosiendo	15. c—moscas
3. d—crujía	16. c—avispas
4. c—estante	17. b—techo
5. a—cautelosamente	18. d—estornudos
6. b—paulatinamente	19. d—brotaba
7. b—fregar	20. b—arregló
8. c—escaleras	21. c—llaves
9. b—desván	22. d—mantenía
10. a—nube	23. a—enchufar
11. b—polvo	24. d—herramientas
12. a—cadena	25. a—quehaceres
13. c—llave	

EJERCICIO C: PRÁCTICA DE LECTURA

Lea la selección para practicar el reconocimiento del vocabulario. Luego utilice las palabras en la Práctica Oral y las Situaciones.

Al recordar las casas de la niñez, todo depende de la perspectiva de la persona. Bien recuerdo escenas dentro de la casa de mis abuelos y en las **afueras,** por ejemplo, los álamos y otros árboles altos que la **rodeaban.** La casa de mis abuelos adonde mis abuelos **se mudaron** al **jubilarse** estaba **ubicada** cerca de un río. Recuerdo que los **peldaños** de la **escalera** al entrar en la casa me parecían tan altos que me costaba mucho trabajo subirla. Al pasar por el **umbral** se sentía la tranquilidad y se olía el pan dulce que procedía de la cocina. En la sala de estar, poco usada, había un **estante** con muchos libros **envueltos** en **polvo** por falta de un lector frecuente. No es que mi abuela no se preocupaba de la **limpieza** (recuerdo que me **tapaba** los oídos cuando **enchufaba** la **aspiradora**), sino que le faltaba el tiempo de **atender** a todos los **quehaceres domésticos** y no se sentaba a menudo en la sala formal. En sus ratos libres, **solía medir** un **pedazo** de tela para hacer **colchas** para las camas de los nietos o **bordaba** toallas o vestidos o blusas para las nietas. Todavía tengo una que me hizo. En las blusas, mi abuela **diseñaba** jardines florales que parecían **surtir** del fondo verde. Qué bonito tener un jardín del que **brotan** flores todo el año.

De noche, recuerdo la alcoba, el **colchón** viejo y las **persianas** cerradas que ocultaban la luz del sol al amanecer. Pero al cerrarlas, se levantaba una **nube** de **polvo** que producía grandes **estornudos,** como si un volcán hubiera arrojado **cenizas** en el aire del cuarto. Mi abuela, un poco ciega, no **se fijaba** en el polvo por no poder verlo. Las **cortinas** gruesas **encerraban** toda la ventana en la habitación de modo que no se veía la oscuridad de la noche del campo. Cuando llovía, las **gotas** producían un **ruido** tremendo en el **techo** metálico, que me parecía el sonido de muchos tambores. El sonido **latía** suavemente al principio, luego, **a medida** que caía con más fuerza la lluvia, parecía el chorro de un río que caía sobre el **techo** de la casa. Entonces, retrocedía **paulatinamente** el mugir de la tempestad; parecían pasos lentos de una bestia saliendo **cautelosamente** hasta cesar.

Recuerdo a mi abuelo. Pasaba el tiempo **arreglando** los aparatos de la casa. Lo recuerdo con sus **herramientas, reparando** las **llaves** que **goteaban** en el baño, o el **lavaplatos** para que mi abuelita no tuviese que **fregar** las cacerolas y ollas a mano. O bien se ocupaba de **callar** el crujido del **mecedor** de mi abuelita cuando ella cosía de noche delante del fuego. Por lo general, **mantenía** todo bien arreglado para que pudieran **permanecer** en su propio hogar el mayor tiempo posible.

Preguntas sobre la lectura

1. ¿Dónde vivían los abuelos de la narradora?
2. ¿Por qué era tan agradable entrar en la casa?
3. ¿Qué hacía la abuela en casa?
4. ¿En qué se fijaba al acostarse de noche en la alcoba?
5. Describa la alcoba.
6. ¿Qué solía hacer el abuelo?

EJERCICIO D: PRÁCTICA ORAL

Conteste las preguntas usando el vocabulario de esta unidad.

1. Describa una visita a la casa de sus abuelos cuando era niño. ¿Cómo era la casa? ¿Cómo eran los abuelos en la perspectiva de un niño?
2. Describa una tradición que tenía su familia al visitar a los abuelos.
3. Describa la casa en que vivía cuando era niño. ¿Tenía desván? ¿Qué se pone en un desván?
4. Describa las ventajas de tener un sótano en una casa. ¿Qué tendría usted en el sótano, si lo tuviera?
5. Describa su propia casa.
6. Cuando sus parientes visitan a su familia, ¿se quedan en su casa? ¿Qué cambios hacen usted y su familia para acomodar a los visitantes?
7. Describa el cuarto favorito en su casa. ¿Por qué le gusta más que otros?
8. ¿En qué se diferencia una casa en la que viven unos ancianos o personas minusválidos de una casa de familia con adolescentes? ¿Por qué hay esas diferencias?
9. Describa cómo se limpia una casa.
10. ¿Por qué es importante limpiar su cuarto de vez en cuando?
11. ¿Por qué a muchos jóvenes no les gusta mantener su habitación en orden?
12. ¿Qué preparativos se necesita hacer para la visita de parientes en su casa?

EJERCICIO E: SITUACIONES

Discuta las situaciones usando el vocabulario de esta unidad.

1. Unos tíos de otra ciudad vienen a visitar a su familia. Pero ustedes no tienen una alcoba para acomodarlos. Usted necesita dormir con su hermano o hermana mientras ellos están en su casa. Discuta los planes para compartir el cuarto por una semana.
2. Durante sus vacaciones de primavera, usted participará en un proyecto para arreglar las casa de unos ancianos que viven en el campo. Describa lo que haría para ayudarlos a mantener su casa y campo.
3. Usted tiene una empresa de limpieza para arreglar los desvanes y los sótanos de gente que se muda. Describa cómo sería un día típico en ese trabajo.

La Escuela

el ademán	= *expression, look, gesture*
el ala (f)	= *wing*
la asignatura	= *subject (in a class)*
el aula (f)	= *classroom*
la beca	= *scholarship*
la cárcel	= *jail, jail cell*
el celular	= *cell phone*
el chiste	= *joke*
la conferencia	= *lecture*
la enseñanza	= *teaching*
el gesto	= *gesture*
el grito	= *shout, cry (to shout)* (gritar = *to shout*)
el cable	= *wire*
la índole	= *nature*
la jaula	= *cage*
la lectura	= *reading*
el logro	= *achievement* (lograr = *to achieve*)
la materia	= *subject*
la mochila	= *backpack*
el móvil	= *cell phone*
el prójimo	= *fellow man, neighbor*
el sendero	= *path*
la sonrisa	= *smile* (sonreír = *to smile*)
el toque	= *touch, tap* (tocar = *to touch, to tap, to play music*)
el truco	= *trick*
la Red	= *Internet, the Web*
aburrirse	= *to get bored*
alcanzar	= *to reach, to achieve*
adelantar	= *to get ahead*
aprobar	= *to pass (a course in school)*
aprovecharse	= *to take advantage of* (provecho = *benefit*)
asistir a	= *to attend (school or a class)*
atraer	= *to attract*
atribuir	= *to attribute to*
borrar	= *to erase*
carecer	= *to lack*
constar de	= *to consist of (Notice the preposition.)*
depender de	= *to depend on (Notice the preposition.)*
desplegar	= *to spread out, to fan out*
dictar	= *to give (a lecture* = dictar una conferencia*)*

fracasar	= *to fail (anything except a subject in school)* (el fracaso = *failure*)
empujar	= *to push on, to push out*
encarcelar	= *to put in jail*
entregar	= *to turn over to, to turn in*
ingresar	= *to enter (a school, a program)*
matricular	= *to matriculate, to register in a school* (la matrícula = *enrollment*)
parecer	= *to seem*
preocuparse	= *to worry* (la preocupación = *worry, care*)
proporcionar	= *to furnish, to provide*
realizar	= *to fulfill, to realize (in the sense of to fulfill)*
rechazar	= *to reject* (el rechazo = *rejection*)
soportar	= *to tolerate, to stand*
superar	= *to overcome*
suspender	= *to fail a course, a class*
no caber duda	= *without a doubt*
de repente	= *suddenly*
llevar a cabo	= *to carry out*
tener éxito	= *to be successful*
desdeñoso	= *disdainful* (desdeñar = *to disdain*)
despojado	= *deprived of* (despojar = *to deprive of rights*)
desprovisto	= *lacking* (desproveer = *to deprive of provisions*)
eficaz	= *efficient*
imprescindible	= *essential, indispensable*
incorpóreo	= *disembodied*

EJERCICIO A

Empareje cada palabra en la Columna A con la definición en la Columna B, escribiendo la letra de la mejor selección.

Columna A

____ 1. el ala
____ 2. borrar
____ 3. la sonrisa
____ 4. el truco
____ 5. realizar
____ 6. la Red
____ 7. no caber duda
____ 8. proporcionar
____ 9. desprovisto
____ 10. el sendero
____ 11. desplegar
____ 12. la asignatura

Columna B

a. llevar a cabo
b. hilo metálico que conduce electricidad
c. abrir para revelarse, como un abanico
d. vía para caminantes
e. con seguridad, sin sospecha
f. actitud de desprecio
g. parte que usa un pájaro para volar
h. estado de no tener nada
i. no tener éxito
j. necesario
k. consistir en
l. sistema electrónico para compartir información

____ 13. imprescindible   m. proveer
____ 14. fracasar   n. serie de clases
____ 15. eficaz   o. acción ingeniosa para obtener algo
____ 16. el cable   p. faltar
____ 17. empujar   q. una expresión de placer o alegría
____ 18. constar de   r. mover con fuerza
____ 19. carecer   s. de manera hábil
____ 20. desdeñoso   t. quitar de la superficie

EJERCICIO B

Escoja la mejor palabra para cumplir el sentido de la oración.

Nunca olvidaré el (1) que me hizo mi compañero de clase cuando estaba en la escuela secundaria. Un día sonó mi (2) en una (3) de clase, la clase de historia, mi (4) menos favorita. Me avergoncé tanto que no sabía qué hacer. Como sabe todo el mundo, no se permiten los (5) durante las clases, pero se me olvidó apagar el mío en mi (6) al entrar en la escuela. El profesor estaba dictando una (7) (8) , y toda la clase miró por todas partes para averiguar de dónde procedía el sonido. El profesor dejó de hablar y (9) me miró. No hice ningún (10) ni (11) para no llamar la atención, puse la mirada más inocente posible. Pero (12) de dónde venía el sonido.

Y en ese momento, mi compañero me miró e hizo un gesto de hablar por teléfono. El profesor lo notó. Me levanté, y con una (13) tonta, traté de fingir una actitud inocente, sin éxito. Al principio, el profesor me miró de manera (14) , porque, por supuesto, el sonido distraía a toda la clase. Tenía miedo de no (15) la clase porque sabía que el profesor no soportaba a nadie que llevara esos aparatos a la clase. Veía desaparecer todos mis planes de conseguir una (16) y (17) en una universidad.

En fin, me lo quitó. El (18) de la (19) a veces nos (20) oportunidades de aprender lecciones que no están en los libros. Esa experiencia no (21) de importancia, porque cuando se lo (22) al profesor, me dijo que para (23) en la escuela es necesario recordar las reglas. No me trató con desdén, ni se enfadó conmigo. El (24) de mi compañero me aportó la oportunidad de conocer mejor a mi profesor de historia, que no era tan duro conmigo como había pensado. Supongo que todo (25) la actitud.

____ 1. a) gesto   b) truco   c) ala   d) grito
____ 2. a) cédula   b) toque   c) logro   d) móvil
____ 3. a) sala   b) lectura   c) materia   d) mochila
____ 4. a) conferencia   b) asignatura   c) índole   d) aula
____ 5. a) logros   b) ademanes   c) celulares   d) prójimos
____ 6. a) gesto   b) jaula   c) aula   d) mochila
____ 7. a) lectura   b) conferencia   c) Red   d) beca
____ 8. a) desdeñosa   b) desprovista   c) eficaz   d) aburrida
____ 9. a) de repente   b) imprescindible   c) incorpóreo   d) eficaz
____ 10. a) hilo   b) gesto   c) logro   d) sendero
____ 11. a) toque   b) ademán   c) además   d) prójimo
____ 12. a) llevaba a cabo   b) tenía éxito   c) dependía   d) no cabía duda
____ 13. a) Red   b) enseñanza   c) sonrisa   d) constaba de
____ 14. a) imprescindible   b) sospechosa   c) desprovista   d) índole
____ 15. a) aprobar   b) atraer   c) rechazar   d) fracasar

_____ 16. a) Red   b) beca   c) asignatura   d) materia

_____ 17. a) desplegarme   b) empujarme   c) realizarme   d) matricularme

_____ 18. a) logro   b) sendero   c) móvil   d) ademán

_____ 19. a) sonrisa   b) conferencia   c) enseñanza   d) lectura

_____ 20. a) parece   b) proporciona   c) soporta   d) suspende

_____ 21. a) carecía   b) superaba   c) asistía   d) dictaba

_____ 22. a) desplegué   b) realicé   c) suspendí   d) entregué

_____ 23. a) adelantar   b) borrar   c) carecer   d) desplegar

_____ 24. a) gesto   b) chiste   c) toque   d) cable

_____ 25. a) alcanza   b) lleva a cabo   c) carece   d) depende de

RESPUESTAS

Ejercicio A

1. g	2. t	3. q	4. o	5. a
6. l	7. e	8. m	9. h	10. d
11. c	12. n	13. j	14. i	15. s
16. b	17. r	18. k	19. p	20. f

Ejercicio B

1. b—truco
2. d—móvil
3. a—sala
4. b—asignatura
5. c—celulares
6. d—mochila
7. b—conferencia
8. d—aburrida
9. a—de repente
10. b—gesto
11. b—ademán
12. d—no cabía duda
13. c—sonrisa
14. b—sospechosa
15. a—aprobar
16. b—beca
17. d—matricularme
18. b—sendero
19. c—enseñanza
20. b—proporciona
21. a—carecía
22. d—entregué
23. a—adelantar
24. b—chiste
25. d—depende de

EJERCICIO C: PRÁCTICA DE LECTURA

Lea la selección para practicar el reconocimiento del vocabulario. Luego utilice las palabras en la Práctica Oral y las Situaciones.

No existe la escuela perfecta para todo el mundo. Para algunos alumnos el **chiste** de **colocar** la "j" delante de la palabra "**aula**" significa lo que es estar en la escuela todo el día—**encarcelarse** en una **jaula**. **No cabe duda** que a muchos les cuesta mucho trabajo **soportar** todas las clases y el estrés que sufren durante los años de la **escuela secundaria.** Pero para otros estudiantes, el **sendero** de la **enseñanza** les **proporciona** entrada a un mundo entero de oportunidades después de la adolescencia. Para estos, la escuela es una aventura, por la cual se extienden los horizontes y **despliegan** las **alas** mentales.

Pocos alumnos se encuentran hoy en día en **salas de clase** en las que sólo se sientan para oír a un profesor que les **dicta una conferencia. No cabe duda** de que a muchos les cuesta mucho trabajo **aguantar** las clases tradicionales, de **tomar apuntes**, repasos, exámenes y **pruebas**. **Se aburren** fácilmente, y no **disimulan** una actitud **desdeñosa** hacia los que **soportan** la **enseñanza** tradicional. Los estudiantes **obligados** a sentarse en una **sala** se sienten **despojados** de su libertad. En contraste, los proyectos **llevados a cabo** en **conjunto** ahora **parecen** ser la metodología más **corriente**.

No obstante, hay muchos que se benefician con los métodos tradicionales y **alcanzan** grandes **logros. Aprueban** sus exámenes, **salen bien** en sus **asignaturas, enfocan** bien sus **materias** y reciben **becas** al graduarse para **matricularse** en las mejores universidades. **Aprovechan** sus oportunidades y cultivan maneras útiles de estudiar y aprender de otros. **Se destacan** por poder organizar todo **eficazmente.**

Se puede atribuir esas diferencias a la tecnología y la **índole** de los estudiantes contemporáneos. Las computadoras **portátiles (celulares** o **móviles)** y la comunicación instantánea facilitan la distribución de información de manera rápida, lo cual tiene grandes consecuencias para los sistemas educativos. Al **entrar en la Red**, parece que se encuentra todo sin necesidad de salir de la casa o el cuarto. Y, en cierto modo, **tienen razón** esos alumnos modernos. Mas necesitan **acordarse de** que esa experiencia **carece** de contacto humano diario. El contacto **llevado a cabo** sin **cable** resulta en contacto virtual con una voz **incorpórea,** deshumanizada. Se pierde el calor de una **sonrisa** o la mirada directa del **prójimo** que comunica con un **ademán,** o un **gesto,** un **suspiro,** un **grito.** La educación que **consta de** la comunicación impersonal, **desprovista** del contacto humano, es una educación parcial.

Otros estudiantes optan por caminos diferentes. Se educan en casa o **ingresan** en programas especiales. Les atraen a muchos los programas de intercambio para aprender del mundo **más allá** de su propio barrio. Les **bastan** una **mochila,** un pasaporte y unos boletos. **Borran** de la memoria cualquier pensamiento de salas de clase, **empujan** las puertas y **se entregan** al mundo para aprender de él. No **rechazan** ninguna oportunidad de explorar el mundo y a veces **superan** grandes obstáculos para **realizar** su sueño de una educación práctica.

No importa la escuela a que asista un estudiante, lo **imprescindible** es actuar con el deseo de aprender. El mundo del mañana será muy diferente al de hoy. La educación debe servirle al estudiante que quiere **adelantar.** Las escuelas modernas son muy diferentes de las del pasado y el **truco** será encontrar alguna manera de aprender sin perder contacto con lo más importante, el **toque** individual y humano.

Preguntas sobre la lectura

1. Cuente el chiste de la sala de clase.
2. ¿Por qué sienten algunos alumnos que la escuela es una jaula?
3. ¿Cómo es una clase con enseñanza tradicional?
4. Describa la carrera de un estudiante típico.
5. ¿Cuál es la meta de muchos estudiantes en la escuela secundaria?
6. ¿Cómo ha cambiado la experiencia educativa para los estudiantes contemporáneos?
7. ¿Cuáles son los beneficios de la tecnología para los estudiantes?
8. ¿De qué carece la educación en una sala de clase virtual?
9. ¿Qué otra manera hay para aprender del mundo además de sentarse en una sala de clase?
10. ¿Cuál será el truco de aprender en el futuro?

EJERCICIO D: PRÁCTICA ORAL

Conteste las preguntas usando el vocabulario de esta unidad.

1. Cuente un acontecimiento interesante que le ocurrió una vez en la escuela.
2. ¿Qué estilo de enseñanza prefieren los profesores en su escuela? ¿Dictan conferencias o hacen discursos?
3. ¿Qué manera de aprender prefiere usted: conferencias, lecturas por parte propia, o seminarios? Explique por qué.
4. ¿Cómo eran sus amigos en la escuela? ¿Le hacían trucos de vez en cuando? Describa uno.
5. ¿Qué significa el ademán de levantar los hombros? ¿Tienen usted y sus amigos ciertos ademanes favoritos? Descríbalos.
6. ¿Qué obstáculos ha superado para graduarse de la escuela secundaria?
7. ¿Qué se aprende al superase obstáculos que no se aprende de otra manera?
8. ¿Qué oportunidades le proporciona una educación universitaria?
9. ¿Cómo sería su vida si no tuviera que asistir a la escuela?
10. ¿Cómo aprende usted mejor? Describa cómo estudiar para la clase de historia, por ejemplo.
11. ¿Qué metas académicas ha alcanzado este año en la escuela?
12. ¿Qué sueños espera realizar en el futuro?
13. ¿Cómo ha cambiado la tecnología la manera de aprender en su escuela?
14. Proponga un plan para aprender fuera de la escuela.
15. ¿Qué ventajas tienen los estudiantes internos en colegios que no tienen muchos estudiantes que regresan a casa cada tarde?

EJERCICIO E: SITUACIONES

Discuta las situaciones usando el vocabulario de esta unidad.

1. Sus hijos han regresado a casa un día quejándose de que las clases son aburridas. ¿Cómo respondería a sus quejas?
2. En la universidad el próximo año, usted tendrá la oportunidad de estudiar en otro país. Explique cómo sería el programa ideal para estudiar en el extranjero.
3. Todos los estudiantes en la universidad el próximo año tendrán computadoras portátiles o aparatos digitales personales. Explique el protocolo para usarlos en las clases. Además, explique las ventajas y desventajas de tenerlos por todas partes.
4. Su consejero universitario le ha llamado a su oficina para hablarle de sus dificultades académicas. Explíquele cuáles son y proponga un plan para resolverlas.
5. Como parte de un conjunto de estudiantes que deben aconsejar a la escuela secundaria sobre las maneras de mejorar la enseñanza, desarrolle un plan para realizar esos mejoramientos.

El Fútbol y el Béisbol

el aficionado	= *a fan (of a sport)*
el árbitro	= *referee*
el codo	= *elbow*
la competencia	= *match, competition*

la gallardía	=	*gracefulness*
el hastío	=	*disgust*
el hombro	=	*shoulder*
la jugada	=	*a play in a game* (jugar = *to play a game*)
la manga	=	*sleeve*
el ocaso	=	*late afternoon*
el palo	=	*bat, pole, stick*
las pestañas	=	*eyelashes* (pestañear = *to blink, to wink*)
el portero	=	*goalie* (*in soccer*), *doorman*
el silbato	=	*whistle* (*instrument*) (silbar = *to whistle*)
la sombra	=	*shadow*
el sudor	=	*sweat* (sudar = *to sweat*)
cabalmente	=	*exactly, perfectly*
detenidamente	=	*thoroughly, carefully* (detener = *to stop*)
súbitamente	=	*suddenly*
a fondo	=	*in depth, perfectly, thoroughly*
a la vez	=	*at the same time*
ni siquiera	=	*not even*
agachar	=	*to stoop down, to bow down*
agarrar	=	*to grab, to grasp at*
alabar	=	*to praise* (la alabanza = *praise*)
aletear	=	*to flap* (*wings*)
dar con	=	*to go up against, to strike against*
derretir	=	*to melt*
derrotar	=	*to defeat* (la derrota = *defeat*)
elogiar	=	*to praise, to extol* (el elogio = *eulogy, praise*)
emocionarse	=	*to get excited* (la emoción = *emotion, feeling*)
empatar	=	*to tie* (*score in a game*)
enfocar	=	*to focus on* (el enfoque = *focus*)
enloquecer	=	*to go crazy* (loco = *crazy, mad*)
entablar	=	*to initiate, to begin* (*a negotiation*) (la tabla = *board, game board*)
entrenar	=	*to train* (entrenador = *coach, trainer*)
estallar	=	*to break out* (el estallido = *crash, snap, report, as of a firearm*)
fijarse	=	*to notice, to note* (fijo = *fixed, firm, settled, permanent*)
hinchar	=	*to swell*
incorporarse	=	*to gather together, to get up*
marcar un gol	=	*to score a goal, to make a point* (*in a game*)
patear	=	*to kick, to stomp* (la pata = *foot of an animal*)
rasguñar	=	*to scratch* (el rasguño = *scratch*)
socorrer	=	*to help* (el socorro = *help*)
sonar	=	*to sound* (*to blow a whistle*) (el sonido = *sound, noise*)
tenderse	=	*to stretch out* (*on one's back*)

EJERCICIO A

Empareje cada palabra en la Columna A con la definición en la Columna B, escribiendo la letra de la mejor selección.

Columna A

____ 1. sonar
____ 2. aletear
____ 3. árbitro
____ 4. silbato
____ 5. derretir
____ 6. súbitamente
____ 7. a fondo
____ 8. elogiar
____ 9. empatar
____ 10. enfocar
____ 11. hinchar
____ 12. pestañas
____ 13. sudar
____ 14. agacharse
____ 15. portero
____ 16. sombra
____ 17. cabalmente
____ 18. emocionarse
____ 19. tenderse
____ 20. agarrar
____ 21. hombro
____ 22. alzar
____ 23. manga
____ 24. derrota
____ 25. fijarse

Columna B

a. profundamente
b. perder de manera lastimosa
c. perfectamente
d. acción que hace un pájaro para volar
e. ponerse boca arriba o abajo en el suelo o en la playa
f. la parte del cuerpo de donde viene el brazo
g. lo que hace el cuerpo al hacer ejercicio cuando hace calor
h. partes del cuerpo que rodean los ojos
i. inclinarse
j. hacer un ruido
k. levantar
l. una parte de una camisa o un abrigo
m. tomar en la mano
n. notar, poner atención en algo
o. transformar en un líquido
p. hombre que toma decisiones en una competencia
q. terminar un partido con el mismo número de goles
r. cuando una parte del cuerpo se hace más grande
s. algo producido al ocultar la luz del sol o un globo
t. un jugador que protege el gol
u. estar agitado, tener sentimientos fuertes
v. de repente
w. aparato o sonido para llamar la atención
x. alabar
y. concentrar

EJERCICIO B

Escoja la mejor palabra para cumplir el sentido de la oración.

Hacía mucho calor ese día cuando los dos equipos se encontraron en el campo al atardecer. En el ocaso las (1) oscurecían la verde hierba. Los dos equipos no perdieron tiempo en entrar en la lucha, ninguno de los jugadores ni siquiera pensaba en sus preocupaciones del día pasado. Todos (2) en el partido, el mundo y la vida reducidos a un rectángulo verde, un mantel desplegado para el juego. Cuando el primer jugador (3) la pelota, (4) la batalla. Pronto todo el campo se volvió un remolino de polvo, piernas, brazos, manos, cabezas, gritos y movimientos frenéticos. Los jugadores ya no (5) más que en la (6) y el calor. El sudor (7) por las pestañas, los cuellos y las frentes indicaba una lucha feroz. Unos (8) las mangas de otros jugadores para impedir su carrera por la pelota, los codos (9) en el aire húmedo.

(10), un jugador se cayó al suelo, gritando "¡ (11) !", y, agarrando el tobillo, (12) en la hierba y el polvo en medio del campo. Después de un momento, (13) lentamente, mientras sus compañeros corrieron para ayudarle. Cojeando, alcanzó la línea que marcaba el límite del juego. Más tarde, los aficionados (14) cada vez que marcó un gol un equipo o el otro. Después de cada gol, el portero (15) para recoger la pelota y lanzarla al aire otra vez. Los (16) sonaban los (17) para detener el partido de vez en cuando.

Cuando sonó el último silbato, un equipo había conquistado al otro, y todos los jugadores del equipo vencedor (18) al entrenador en los hombros para llevarlo del campo. Nadie había querido que (19) los dos equipos, porque todos querían llevar el trofeo a casa, (20) la (21) de los compañeros valientes. No satisface nada como un gol marcado (22) . Los que perdieron salieron murmurando su (23) , unos pobres con los tobillos (24) , los cuerpos cubiertos de rasguños, como si hubieran dado con gatos fieros. Después de toda competencia, los aficionados entablan una crítica, comentando (25) todos los juegos para alabar a sus jugadores predilectos. O, si pierden, lloran la (26) .

____ 1. a) pastillas	b) gallardías	c) sombras	d) mangas
____ 2. a) derritieron	b) derrotaron	c) agarraron	d) enfocaron
____ 3. a) pateó	b) empató	c) se tendió	d) rasgó
____ 4. a) sudó	b) estalló	c) aleteó	d) alabó
____ 5. a) entablaban	b) se fijaban	c) empataban	d) rasgaban
____ 6. a) competencia	b) conferencia	c) sombra	d) manga
____ 7. a) derrotabo	b) caía	c) demoraba	d) sudaba
____ 8. a) agarraban	b) agachaban	c) pateaban	d) derrotaban
____ 9. a) alabando	b) elogiando	c) aleteando	d) pateando
____ 10. a) Cabalmente	b) Detenidamente	c) Súbitamente	d) Lentamente
____ 11. a) Socorro	b) Hola	c) Ojo	d) A fondo
____ 12. a) se fijó	b) se tendió	c) estalló	d) rasgó
____ 13. a) hinchó	b) alabó	c) enfocó	d) se incorporó
____ 14. a) se fijaban	b) estallaban	c) se enloquecieron	d) elogiaron
____ 15. a) se pateó	b) se agachó	c) derritió	d) hinchó
____ 16. a) codos	b) hombros	c) árbitros	d) silbatos
____ 17. a) silbatos	b) hastíos	c) ocasos	d) porteros
____ 18. a) entrenaron	b) enfocaron	c) alzaron	d) se incorporaron
____ 19. a) emparejaran	b) socorrieran	c) alzaran	d) empataran
____ 20. a) fijándose	b) tendiéndose	c) incorporando	d) elogiando
____ 21. a) gallardía	b) sombra	c) competencia	d) manga
____ 22. a) detenidamente	b) sumamente	c) cabalmente	d) súbitamente
____ 23. a) socorro	b) portero	c) hastío	d) ocaso
____ 24. a) derretidos	b) sudados	c) derrotados	d) hinchados
____ 25. a) sumamente	b) súbitamente	c) ni siquiera	d) detenidamente
____ 26. a) gallardía	b) derrota	c) sombra	d) manga

RESPUESTAS

Ejercicio A

1. j	2. d	3. p	4. w	5. o
6. v	7. a	8. x	9. q	10. y
11. r	12. h	13. g	14. i	15. t
16. s	17. c	18. u	19. e	20. m
21. f	22. k	23. l	24. b	25. n

Ejercicio B

1. c—sombras
2. d—enfocaron
3. a—pateó
4. b—estalló
5. b—se fijaban
6. a—competencia
7. b—derretido
8. a—agarraban
9. c—aleteando
10. c—Súbitamente
11. a—Socorro
12. b—se tendió
13. d—se incorporó
14. c—se enloquecieron
15. b—se agachó
16. c—árbitros
17. a—silbatos
18. c—alzaron
19. d—empataran
20. d—elogiando
21. a—gallardía
22. c—cabalmente
23. c—hastío
24. d—hinchados
25. d—detenidamente
26. b—derrota

EJERCICIO C: PRÁCTICA DE LECTURA

Lea la selección para practicar el reconocimiento del vocabulario. Luego utilice las palabras en la Práctica Oral y las Situaciones.

Para muchos hispanos, pocos temas **alzan** más el interés que los deportes, especialmente el fútbol y el béisbol. No se necesitan más que un **palo** y una pelota, unos amigos, un campo abierto y un poco de sol para **disfrutar** de una tarde divertida. Luego, cuando los **aficionados** se reúnen para **elogiar** a sus **equipos** favoritos, se creería que sus héroes **deportistas** eran sus mejores amigos. Recuerdan cada **jugada** de cada **competencia,** los **goles** marcados, la velocidad con que corrían, los **daños** que sufrieron, las veces que el **portero se agachó** para **recoger** la **pelota,** las veces que un jugador **rasguñó** por casualidad a otro, cada vez que un jugador **rompió** el uniforme de otro al **agarrarle** la **manga,** cada vez que un jugador se enojó cuando perdió una oportunidad para **marcar un gol,** cada vez que la **competencia** terminó **empatada,** cada vez que sufrió una **derrota imprevista** o cada vez que un jugador **pateó** la pelota y **marcó un gol.** Y cuando la **gallardía** de unos **da con** el **disgusto** de los **derrotados, estallan** las luchas entre los **aficionados.**

En comparación con los **aficionados** del fútbol, los interesados en el béisbol se comportan con mayor **decoro,** correspondiente al modo más **apaciguado** de este juego. La **competencia** del **juego** dura menos tiempo que un partido de fútbol. Hay menos jugadores corriendo **a la vez** en el campo en el béisbol. La acción del **partido se desarrolla** más lentamente, lo cual no quiere decir que el **juego carezca** de emoción. Todos los **espectadores** se levantan cuando un jugador pega la pelota con tanta fuerza que la **lanza** fuera del parque. Todos **gritan** cuando un **árbitro** no parece ver de la misma manera que los **aficionados.** El béisbol **goza de** más popularidad en unos países que en otros, pero el fútbol se juega por todas partes del mundo hispano. **Sin embargo,** no cabe duda de que cuando **suena el silbato** para comenzar el **partido,** todos **se emocionan** por ver el espectáculo. No importa el calor, el **sudor,** las preocupaciones **cotidianas,** todos **enfocan** la acción del momento. Cuando alguien **marca un gol,** todos los **espectadores se incorporan** como si todos fueran uno.

Preguntas sobre la lectura

1. ¿Por qué son tan populares el fútbol y el béisbol entre los hispanos del mundo?
2. ¿Qué recuerdan los aficionados al hablar de sus equipos favoritos?
3. Describa la acción de un partido de fútbol.
4. ¿Qué hace el portero?
5. Describa la gallardía de los vencedores en un partido.
6. ¿Por qué estallan luchas entre los aficionados a veces?
7. ¿En qué se diferencia el béisbol del fútbol?
8. Describa el juego de béisbol.
9. ¿Para qué sirve el árbitro en un partido?
10. ¿Con qué se empieza y se termina un partido de fútbol?
11. ¿Cómo reaccionan los aficionados cuando su jugador favorito marca un gol?

EJERCICIO D: PRÁCTICA ORAL

Conteste las preguntas usando el vocabulario de esta unidad.

1. Explique la importancia de los deportes para los aficionados.
2. Describa cómo se juega el fútbol.
3. Cuente lo que pasó en el último partido que vio. ¿Quiénes jugaron? ¿Quiénes ganaron? ¿Cómo jugaron los equipos?
4. ¿Cuál deporte es más peligroso, el fútbol o el béisbol? ¿Por qué?
5. ¿Por qué es más popular el fútbol entre los hispanos que el fútbol norteamericano?
6. ¿Quiénes son los mejores jugadores de béisbol?
7. ¿A qué se debe el éxito de un buen equipo?
8. ¿Cómo se debe celebrar el triunfo de un partido?
9. ¿Por qué sueñan muchos muchachos con jugar como profesionales en un deporte?
10. ¿Cuáles son las características de un buen árbitro?
11. ¿Cuáles son las características de un jugador excelente?
12. Describa su deporte favorito.
13. ¿Por qué es importante hacer ejercicio todos los días?
14. ¿Cree que los jugadores profesionales ganan demasiado dinero? Explique su respuesta.
15. ¿Qué beneficios se obtienen de un equipo profesional en su comunidad?
16. ¿Cree que los deportistas son héroes? Explique por qué.

EJERCICIO E: SITUACIONES

Discuta las situaciones usando el vocabulario de esta unidad.

1. Su familia quiere ir a un partido de béisbol. Describa los preparativos.
2. Usted es árbitro en una competencia entre dos equipos escolares. No se llevan bien las dos escuelas, y usted necesita mantener la paz cuando un grupo de aficionados se entusiasma demasiado. Explique lo que les diría para apaciguarlos.
3. Usted es periodista para el diario de su escuela y tiene que escribir un resumen de un partido de fútbol para el campeonato regional. Describa el triunfo de un equipo.
4. Usted y sus amigos se reúnen para ver la Copa Mundial y comentan el juego de su equipo favorito. Describa los comentarios que harían sobre sus jugadores favoritos.
5. Usted es el entrenador de un equipo escolar y debe prepararlo para un partido muy importante, un campeonato. Hay un trofeo muy grande que quieren ganar. Explique lo que les diría a sus jugadores para motivarlos.

La Vida Pastoril

el álamo	= *poplar tree*
el caracol	= *snail* (caracolear = *to wheel around, to move slowly*)
la cosecha	= *harvest* (cosechar = *to harvest*)
el cubo	= *pail, bucket*
la escarcha	= *frost*
los escombros	= *rubbish*
el espantapájaros	= *scarecrow*
la higuera	= *fig tree*
la huerta	= *vegetable garden*
el huerto	= *orchard*
el ladrillo	= *brick*
el ladrón	= *thief*
el medio ambiente	= *environment*
la muñeca/el muñeco	= *doll*
la muralla	= *wall*
el muro	= *wall*
la nuez (las nueces)	= *nut*
el olmo	= *elm tree*
la orilla	= *bank of a river, or a body of water*
el pozo	= *water well*
la renta	= *income*
el roble	= *oak tree*
el sauce llorón	= *willow tree*
la semilla	= *seed* (sembrar = *to sow seeds, to plant*)
la sequía	= *drought* (secar = *to dry*)
el tamaño	= *size*

el tronco	= *tree trunk*
ancho	= *wide*
cálido	= *hot*
cuesta arriba	= *uphill*
destartalada	= *run-down, jumbled*
estancado	= *stagnant* (estancar = *to stagnate, to stand still*)
flojo	= *limp, loose, weak, floppy*
lozano	= *spirited, luxuriant, fresh, brisk*
recto	= *straight*
mediante	= *through, with the help of*
amontonar	= *to pile up* (el montón = *heap, a large pile*)
aportar	= *to cause, to bring, to contribute*
atender	= *to attend to, to pay attention to*
atreverse	= *to dare*
complacer	= *to please*
cultivar	= *to cultivate, to grow*
derribar	= *to throw down, to knock down*
derrumbar	= *to fall down*
descolgar	= *to take down* (colgar = *to hang up*)
divisar	= *to perceive indistinctly, to see at a distance*
enlatar	= *to preserve in cans or jars* (la lata = *can*)
enrojecer	= *to turn red* (rojo = *red*)
entretanto	= *meanwhile*
espantar	= *to scare* (el espanto = *the fright, scare*)
florecer	= *to flower* (la flor = *flower*)
helar	= *to freeze* (el helado = *ice cream, adj.* = *frozen*)
hundir	= *to submerge* (hondo = *deep, profound*)
hurtar	= *to steal, to rob*
jubilarse	= *to retire from a job*
largarse	= *to go or to move away* (largo = *long*)
picotear	= *to peck*
regar (ie)	= *to water, to irrigate*
reembolsar	= *to repay*
rendir	= *to yield, to give up, to render*
renunciar	= *to give up, to resign*
resucitar	= *to revive*
retirar	= *to withdraw*
sacudir	= *to shake, to jolt*
sembrar	= *to plant seeds*
tiritar	= *to shiver*
veranear	= *to spend the summer*

EJERCICIO A

Empareje cada palabra en la Columna A con la definición en la Columna B, escribiendo la letra de la mejor selección.

Columna A

____ 1. aportar
____ 2. muro
____ 3. cuesta arriba
____ 4. sembrar
____ 5. hurtar
____ 6. pozo
____ 7. jubilar
____ 8. huerta
____ 9. regar
____ 10. lozano
____ 11. cubo
____ 12. florecer
____ 13. derribar
____ 14. escombro
____ 15. destartalado
____ 16. enlatar
____ 17. espantar
____ 18. recto
____ 19. divisar
____ 20. largarse
____ 21. higuera
____ 22. muñeco
____ 23. caracol
____ 24. sequía
____ 25. escarcha

Columna B

a. ver a lo lejos
b. falta de agua
c. un animalito con sólo un pie
d. poner agua para plantas
e. proporcionar, proveer
f. conservar en latas o vasijas
g. empujar o pegar para derrumbar
h. asustar
i. un obstáculo artificial que rodea una finca o un pasto
j. una fila o línea que sigue sin doblar
k. deteriorado, desordenado
l. irse
m. agua helada producida cuando hace mucho frío
n. vivo, fresco
o. lo que hacen las plantas antes de producir frutas
p. juguete para los niños
q. lo que se hace en un jardín para tener plantas
r. lugar donde se encuentra agua
s. recipiente para llevar agua
t. una especie de jardín para vegetales
u. dejar de trabajar
v. tomar algo sin permiso
w. subir una colina
x. un árbol con una pequeña fruta redonda
y. los restos de algo

EJERCICIO B

Escoja la mejor palabra para cumplir el sentido de la oración.

Pocas personas (1) para trabajar más. Pero después de pasar la vida encarceladas en un cubículo de una oficina, muchas personas disfrutan de la vida al aire libre, cuidando su jardín. No hay nada que tranquilice más que la vista de una (2) en pleno (3), y la promesa de todo tipo de frutas y verduras frescas. Uno se (4) fácilmente del aire (5) de un edificio para respirar libremente. Recuerdo la huerta de mi abuelo con quien (6) cada año. En camino (7) por (8) la casa a lo lejos. Siempre sabíamos que al pasar la casa (9) de su vecino más cercano, estábamos por llegar. El (10) hecho de piedras marcaba los límites de su finca, y pronto veíamos los (11) rojos de su casa con la (12) al lado de la entrada.

La última vez que lo visité, había una (13) dura. Todas las mañanas ese año, salíamos de la casa bien temprano por la puerta anterior, y prosiguiendo (14), llegábamos a las filas (15) del (16). Mientras mi abuelo (17) las plantas, yo buscaba (18) entre los troncos de los árboles. Como había poca lluvia ese año, casi no los encontraba. A veces le ayudaba a llevar agua en un (19) metálico del (20) en medio del huerto. Ese año mi abuelo (21) maíz, pero lo perdió a causa del frío una noche. ¡Qué triste fue despertar esa mañana y percibir (22) por todo el campo! Pero lo sembró otra vez, y ya estaba bastante bien crecido. Puso un (23) para guardar la (24) . Con la sequía, los pájaros (25) a picotear los granos más que nunca por falta de alimento. Habrían (26) la mayor parte de la cosecha si mi abuelo no hubiera tenido cuidado. Tenía los brazos tan (27) que las mangas de la camisa parecían alas. El sombrero en la cabeza parecía de (28) , y le cubría el rostro como si fuera un (29) ocultando su cara con el ala (30) del sombrero. Cuando había buena cosecha, mi abuela (31) el producto del trabajo de mi abuelo y tenían comida para los días fríos del invierno. ¡Qué gusto disfrutar del sabor de frutas frescas en esos días tan (32) !

___ 1. a) se retiran	b) jubilan	c) siembran	d) derriban
___ 2. a) higuera	b) sequía	c) muralla	d) huerta
___ 3. a) escombro	b) cubo	c) florecimiento	d) campo
___ 4. a) larga	b) ancha	c) ansia	d) suda
___ 5. a) lozano	b) estancado	c) cercano	d) recto
___ 6. a) veraneábamos	b) saboreábamos	c) espantábamos	d) regábamos
___ 7. a) derribábamos	b) hurtábamos	c) divisábamos	d) ansiábamos
___ 8. a) escurrir	b) divisar	c) sembrar	d) jubilar
___ 9. a) lozano	b) destartalada	c) cálida	d) floja
___ 10. a) muro	b) tamaño	c) cubo	d) espantapájaros
___ 11. a) escombros	b) ladrillos	c) robles	d) troncos
___ 12. a) sequía	b) ladrillo	c) cosecha	d) higuera
___ 13. a) higuera	b) sequía	c) muñeca	d) semilla
___ 14. a) cuesta arriba	b) destartalado	c) lozanos	d) flojos
___ 15. a) cálidas	b) estancadas	c) rectas	d) sequías
___ 16. a) huerto	b) ladrón	c) caracol	d) muro
___ 17. a) hurtaba	b) regaba	c) regateaba	d) arriesgaba
___ 18. a) caracoles	b) escarchas	c) olmos	d) espantapájaros
___ 19. a) muro	b) nuez	c) cubo	d) huerto
___ 20. a) pozo	b) ladrón	c) escombro	d) muro
___ 21. a) enlató	b) sembró	c) derrumbó	d) floreció
___ 22. a) escarcha	b) sequía	c) muñeca	d) muralla
___ 23. a) olmo	b) pozo	c) roble	d) espantapájaros
___ 24. a) cosecha	b) escarcha	c) muralla	d) sequía
___ 25. a) regaban	b) derribaban	c) divisaban	d) se atrevían
___ 26. a) hurtado	b) sembrado	c) enlatado	d) regado
___ 27. a) inocuos	b) cálidos	c) flojos	d) perezosos
___ 28. a) escarcha	b) muñeca	c) semilla	d) muralla
___ 29. a) ladrón	b) cubo	c) espantapájaros	d) pozo
___ 30. a) ancha	b) lozana	c) cálida	d) nociva
___ 31. a) hurtaba	b) enlataba	c) se atrevía	d) derrumbaba
___ 32. a) rectos	b) recios	c) cálidos	d) anchos

RESPUESTAS

Ejercicio A

1. e	2. i	3. w	4. q	5. v
6. r	7. u	8. t	9. d	10. n
11. s	12. o	13. g	14. y	15. k
16. f	17. h	18. j	19. a	20. l
21. x	22. p	23. c	24. b	25. m

Ejercicio B

1. b—jubilan	17. b—regaba
2. d—huerta	18. a—caracoles
3. c—florecimiento	19. c—cubo
4. a—larga	20. a—pozo
5. b—estancado	21. b—sembró
6. a—veraneábamos	22. a—escarcha
7. d—ansiábamos	23. d—espantapájaros
8. b—divisar	24. a—cosecha
9. b—destartalada	25. d—se atrevían
10. a—muro	26. a—hurtado
11. b —ladrillos	27. c—flojos
12. d—higuera	28. b—muñeca
13. b—sequía	29. a—ladrón
14. a—cuesta arriba	30. a—ancha
15. c—rectas	31. b—enlataba
16. a—huerto	32. c—cálidos

EJERCICIO C: PRÁCTICA DE LECTURA

Lea la selección para practicar el reconocimiento del vocabulario. Luego utilice las palabras en la Práctica Oral y las Situaciones.

El cultivo de las **cosechas** de los alimentos que compramos en los supermercados **pertenecen** por lo general a las grandes **empresas** agrícolas, mas en los países menos **desarrollados** todavía hay muchas personas que **dependen de** la **cosecha** para **sobrevivir de** día **en** día y **de** año **en** año. Los hombres **descuelgan** los abrigos por la mañana y salen al campo para **sembrar** la tierra. Hay tantos tipos y tamaños de agricultura como en cualquier otra industria, de las parcelas de frijoles y maíz más humildes, hasta las plantaciones de árboles para la producción de **madera** y goma, y plantaciones de flores para exportar al mercado desde un continente a otro por avión. Mientras unos **campesinos** se esfuerzan para sacar la vida de la tierra, otros dueños de plantaciones **contratan** a muchos para **cultivar** sus campos e **invierten** miles de dólares en la producción de comestibles para el mercado mundial. Lo que no se vende de inmediato se **enlata** para vender más tarde. Los que viven en los centros urbanos muchas veces **atienden** sus **huertas** y jardines para gozar del sabor de verduras frescas y para el **bienestar** mental. **Hundiendo** las **semillas** en la tierra, uno se siente **vinculado** con ella, con **raíces** como los plantas mismas.

A causa de la gran destrucción del **medio ambiente** en muchos lugares, **ligado** con el tema de la agricultura está el del medio ambiente. Sobre todo se ve el problema de la **escasez** del agua. Cuando hay una **sequía,** todos sufren por igual. La gente que ha cortado los bosques para **leña** o para **pastos** para **ganado anhela** las **sombras** de los **álamos** y los **robles.** Todavía hay **sauces llorones** a las **orillas** de los **riachuelos,** pero estos árboles no cuentan con un bosque digno del nombre. A consecuencia, la piel se **enrojece** fácilmente con **quemaduras** por falta de **sombra. Perforando pozos** por todas partes, a veces se encuentra agua. Pero los grandes proyectos de construcción de acueductos para **regar** los campos áridos resultan a veces en más **pérdida** de agua, y la **pérdida** de capital **gastado** en el proyecto. La tierra **quemada** y **rendida** no **aporta** grandes **cosechas. Entretanto**, el desierto sigue **avanzando** por muchas partes del mundo. **Mediante** un **compromiso** entre los que **cultivan** la tierra y los que quieren conservarla, será posible **compartir** el planeta para todos.

Preguntas sobre la lectura

1. ¿Cómo se diferencia la agricultura en los países desarrollados y los menos desarrollados?
2. ¿Qué hace la gente de las ciudades para tener vegetales y flores frescos?
3. ¿Qué relación se establece entre hombre y tierra al sembrarla?
4. ¿Cómo están ligadas la agricultura y la ecología?
5. Describa lo que significa una sequía en un país.
6. ¿Cómo se puede resolver el problema de la falta de agua en una región?
7. ¿Cuál será el propósito de la cooperación entre los campesinos y los que quieren conservar el medio ambiente?

EJERCICIO D: PRÁCTICA ORAL

Conteste las preguntas usando el vocabulario de esta unidad.

1. Describa el lugar en que usted vive. ¿Es campo abierto o está en la ciudad?
2. ¿Cuál es el valor de tener una huerta?
3. Describa las ventajas de vivir en el campo.
4. ¿Cuáles serían las desventajas de vivir en el campo?
5. ¿Por qué creen muchos muchachos que es muy aburrido vivir en el campo?
6. ¿Cómo ha cambiado el cultivo de alimentos hoy en día?
7. ¿Conoce a alguien que viva en el campo? Compare su vida con la de él.
8. ¿Le gusta acampar de vez en cuando? Describa la experiencia.
9. ¿Cree que faltará la tierra para cultivar un día?
10. ¿Cómo es posible que sea más barato importar flores a los Estados Unidos de Centroamérica para vender en los supermercados que crecerlas en los Estados Unidos?

EJERCICIO E: SITUACIONES

Discuta las situaciones usando el vocabulario de esta unidad.

1. Tiene que arreglar una excursión de una clase de una escuela primaria a una finca. Explíqueles qué van a ver y la importancia del lugar.

2. Usted es el gerente de un supermercado en una ciudad. Hay un grupo de campesinos que tienen huertas de alimentos orgánicos (crecidos sin insecticidas) y quieren venderlos en su tienda. Elabore una conversación con el grupo y explique los beneficios del negocio.

3. Usted es guía en una finca histórica, en la que se presenta la vida de los antepasados que colonizaron el campo. Todo el trabajo se hace aquí de manera tradicional, usando herramientas antiguas. Explique a un grupo de muchachos cómo se hacía el trabajo en la época de antaño.

4. Usted es un activista del movimiento contra la globalización. Prepare un reportaje contra la globalización de las empresas agrícolas.

Los Viajes

la arruga	= *wrinkle* (arrugar = *to wrinkle up*)
el atavío	= *attire, dress*
el balneario	= *resort, spa*
la brisa	= *breeze*
el chubasco	= *rain shower*
los clavos	= *nails* (clavar = *to nail*)
el cohete	= *rocket*
el delantal	= *apron*
el desahogo	= *ease, relief from pain* (desahogarse = *to alleviate, to relieve*)
el desamparado	= *homeless person*
el embotellamiento	= *traffic jam*
el estacionamiento	= *parking lot, place* (estacionar = *to park a vehicle*)
el farol	= *streetlight, lamp*
el forastero	= *stranger*
los fuegos artificiales	= *fireworks*
las gafas	= *sunglasses*
la inundación	= *flood* (inundar = *to flood*)
la limosna	= *alms, charity*
el lodo	= *mud*
el lujo	= *luxury*
la madrugada	= *dawn, early rising* (madrugar = *to get up early in the morning*)
el martillo	= *hammer*
el mendigo	= *beggar*
el muelle	= *dock, pier*
el murmullo	= *murmur* (murmurar = *to murmur*)
el neumático	= *tire of a car*

el ocaso	= *sunset*
la ola	= *wave (in the ocean)*
la orilla	= *border, strip of land, like a beach*
el parador	= *inn, resting place* (parar = *to stop*)
el peatón	= *pedestrian*
el pinchazo	= *blowout (of a tire)*
el recuerdo	= *memory, souvenir* (recordar = *to remember*)
el relámpago	= *lightning* (relampaguear = *to lighten, to flash, to sparkle*)
el remolcador	= *tow truck, tug* (remolcar = *to tow*)
el semáforo	= *traffic light*
el serrucho	= *handsaw*
el suspiro	= *sigh* (suspirar = *to sigh*)
el susurro	= *whisper* (susurrar = *to whisper, to murmur, to rustle*)
la tabla	= *board (for a game, or surfing)*
la temporada	= *season*
el toldo	= *awning, tent, tarpaulin*
el trueno	= *thunder* (tronar = *to thunder*)
la tubería	= *plumbing, tubing*
descalzo	= *shoeless, barefooted* (calzar = *to shoe*)
desinflado	= *flat, deflated* (desinflar = *to deflate*)
despejado	= *clear* (despejar = *to clear, to become bright*)
mentiroso	= *liar* (mentir = *to lie*)
perspicaz	= *astute, wise*
albergar	= *to lodge* (el albergue = *lodging*)
alquilar	= *to rent* (el alquiler = *rent*)
anhelar	= *to long for* (el anhelo = *longing, strong desire*)
arrancar	= *to start (a car), to yank out, to pull out*
arrimarse	= *to come close to, to approach*
asomarse	= *to appear, as in a window*
circular	= *to go around, to move around*
demorar	= *to delay* (la demora = *delay*)
detenerse	= *to stop*
erigir	= *to erect, to put up*
escampar	= *to clear off*
embotellamiento	= *traffic jam*
frenar	= *to brake* (el freno = *brake of a car*)
olfatear	= *to smell* (el olfato = *the sense of smell*)
parar	= *to stop*
pronosticar	= *to predict, to foretell* (el pronóstico = *prediction*)
remar	= *to row (a boat)* (el remo = *oar for a rowboat*)
saltar	= *to jump* (el salto = *leap, jump*)

secuestrar	= *to kidnap* (el secuestro = *kidnapping*)
velar	= *to sail* (la vela = *sail, candle*)
zarpar	= *to sail*
a causa de	= *because of*
a pesar de que	= *in spite of*
a propósito	= *on purpose, by the way*
al menos	= *unless*
con tal que	= *unless*
de un sentido	= *one-way* (*street*)
para que	= *in order to*

EJERCICIO A

Empareje cada palabra en la Columna A con la definición en la Columna B, escribiendo la letra de la mejor selección.

Columna A

____ 1. demorar
____ 2. descalzo
____ 3. a propósito
____ 4. madrugada
____ 5. relámpago
____ 6. zarpar
____ 7. gafas
____ 8. ombligo
____ 9. martillo
____ 10. arrimar
____ 11. freno
____ 12. perspicaz
____ 13. forastero
____ 14. desahogo
____ 15. toldo
____ 16. pinchazo
____ 17. remar
____ 18. inundación
____ 19. temporada
____ 20. pronosticar
____ 21. asomarse
____ 22. embotellamiento
____ 23. mendigo
____ 24. farol
____ 25. a causa de

Columna B

a. lo que se usa para parar un automóvil
b. sagaz, astuto
c. tardar en llegar
d. sin zapatos
e. herramienta para ensartar clavos
f. acercarse a algo, colocar cerca de algo
g. un neumático desinflado
h. un extranjero
i. mover por el agua usando remos
j. velar
k. cuando el agua cubre la tierra o la superficie de algún lugar
l. la luz repentina de una tormenta, seguida por el sonido del trueno
m. expresión para explicar por qué ocurre algo
n. aparecer en una apertura, como una ventana
o. para expresar un objetivo
p. parte del cuerpo donde entró el cordón umbilical
q. parte del año para una actividad
r. una luz para alumbrar una calle de noche
s. alivio de algo
t. una persona que pide limosnas o piedad de otra gente
u. una carpa, especie de protección del sol y el tiempo
v. gran conjunto de automóviles que impide el movimiento
w. predecir algo, como el tiempo
x. objeto que se usa para proteger los ojos de la luz del sol
y. parte del día muy temprano por la mañana

EJERCICIO B

Escoja la mejor palabra para cumplir el sentido de la oración.

Durante las vacaciones del verano pasado, participé en un viaje de servicio a un país en el extranjero. Mientras mis mejores amigos se fueron rumbo a un hotel de (1) en la Florida, preparados para (2) tendidos al sol en las playas en desahogo completo, yo buscaba (3) en una iglesia en una comunidad pequeña, armado con un (4) , (5) , y un (6) , preparado para construir una casa en la comunidad. Mis amigos pasaron su tiempo en el mar, en barcos (7) , o (8) en lagos cerca del hotel. Nada les ocurrió aparte de uno que se cayó al agua cuando (9) del barco al (10) al (11) durante un chubasco y se deslizó en la superficie mojada. Miraban (12) la televisión para ver lo que diría el meteorólogo al (13) el tiempo. Afortunadamente, estaba (14) la mayoría del tiempo. De vez en cuando sufrieron por un (15) (16) todos los otros visitantes a la playa, pero lo pasaron bien por la mayor parte.

Para mi grupo, llovía a cántaros cuando llegamos. El avión, procedente de otro lugar, demoró varias horas para salir por problemas mecánicos. Pronto (17) el cielo de todas las nubes, dejándonos con (18) por todas partes. (19) un (20) para protegernos (en la (21) lluviosa nunca se sabía cuándo empezaría a llover), e iniciamos el trabajo. (22) tuviéramos bastante tiempo para concluir la obra, nos levantábamos bien temprano por la (23) y no nos deteníamos hasta después del (24) . Para llegar al sitio, manejábamos un coche destartalado, con frenos de calidad dudosa. Todas las tardes a las cuatro en punto, casi se podía (25) la lluvia y la tormenta siempre nos advertía de su llegada con un (26) y (27) , y repentinamente, se oía el rumor de gotas dando contra la vegetación hasta llover como si alguien hubiera destapado la (28) celestial. Por supuesto, todos nos mojábamos, y al regresar al santuario, nos quitábamos los zapatos e íbamos (29) mientras se secaban los zapatos. De noche, por la luz del (30) en la esquina, charlábamos del día. Trabajábamos todos los días (31) que lloviera todo el día, en cuyo caso jugábamos con los chicos del pueblo o tocábamos guitarras y cantábamos.

Cuando regresamos a casa, comparamos las vacaciones entre los amigos. Los de la playa regresaron quejándose de los (32) pidiendo limosnas en las calles, de los (33) con quienes bebían en los clubes nocturnos, y todo tipo de cosas sin importancia. Mientras tanto, yo me acordaba de las sonrisas de mis amigos nuevos, sus padres (34) y del bien que habíamos hecho (35) toda la lluvia. Me sentía muy agradecida por la experiencia y (36) pasar más tardes compartiendo el trabajo y la satisfacción con otros. Especialmente recordé la feria con que terminamos nuestra estancia allí, los (37) y los (38) y la música tan viva de la fiesta. No me quejo de nada.

___ 1. a) lujo	b) semáforo	c) serrucho	d) lodo
___ 2. a) remar	b) pararse	c) broncearse	d) anhelar
___ 3. a) gafas	b) albergue	c) clavos	d) atavíos
___ 4. a) pinchazo	b) peatón	c) deshabitados	d) martillo
___ 5. a) remolcadores	b) clavos	c) trueno	d) relámpago
___ 6. a) tubería	b) parador	c) toldo	d) serrucho
___ 7. a) veleros	b) desinflados	c) descalzos	d) mentirosos
___ 8. a) bronceando	b) erigiendo	c) saltando	d) remando
___ 9. a) se asomó	b) saltó	c) albergó	d) olfateó
___ 10. a) arrancar	b) pronosticar	c) arrimarse	d) anhelar

___ 11. a) peatón b) serrucho c) muelle d) embotel-
                            lamiento

___ 12. a) a causa de b) a pesar de c) para que d) a propósito

___ 13. a) pronosticar b) velar c) anhelar d) olfatear

___ 14. a) descalzo b) despejado c) desinflado d) perspicaz

___ 15. a) lodo b) semáforo c) ocaso d) embote-
                            llamiento

___ 16. a) a propósito b) a causa de c) para que d) a menos que

___ 17. a) escampó b) se asomó c) demoró d) saltó

___ 18. a) lujo b) martillo c) lodo d) serrucho

___ 19. a) Nos paramos b) Erigimos c) Saltamos d) Demoramos

___ 20. a) peatón b) serrucho c) toldo d) semáforo

___ 21. a) temporada b) arruga c) madrugada d) gafa

___ 22. a) A causa de b) A menos que c) A propósito d) Para que

___ 23. a) madrugada b) temporada c) muralla d) inundación

___ 24. a) martillo b) toldo c) ocaso d) mendigos

___ 25. a) saltar b) olfatear c) erigir d) broncear

___ 26. a) relámpago b) albergue c) farol d) forastero

___ 27. a) parador b) poniente c) trueno d) lujo

___ 28. a) gafa b) tubería c) madrugada d) arruga

___ 29. a) mendigos b) desinflados c) mentirosos d) descalzos

___ 30. a) semáforo b) farol c) pinchazo d) peatón

___ 31. a) a menos b) por lo menos c) no menos d) a causa de

___ 32. a) desinflados b) lujosos c) perspicaces d) desamparados

___ 33. a) despojados b) mentirosos c) despejados d) escampados

___ 34. a) mentirosos b) lujosos c) perspicaces d) desplegados

___ 35. a) a causa de b) a pesar de c) a propósito d) a menos que

___ 36. a) anhelaba b) arrimaba c) se asomaba d) albergaba

___ 37. a) inundaciones b) fuegos c) gafas d) madrugadas
             artificiales

___ 38. a) cohetes b) ombligos c) remolcadores d) desahogos

RESPUESTAS

Ejercicio A

1. c	2. d	3. o	4. y	5. l
6. j	7. x	8. p	9. e	10. f
11. a	12. b	13. h	14. s	15. u
16. g	17. i	18. k	19. q	20. w
21. n	22. v	23. t	24. r	25. m

Ejercicio B

1. a—lujo
2. c—broncearse
3. b—albergue
4. d—martillo
5. b—clavos
6. d—serrucho
7. a—veleros
8. d—remando
9. b—saltó
10. c—arrimarse
11. c—muelle
12. d—a propósito
13. a—pronosticar
14. b—despejado
15. d—embotellamiento
16. b—a causa de
17. a—escampó
18. c—lodo
19. b—Erigimos
20. c—toldo
21. a—temporada
22. d—Para que
23. a—madrugada
24. c—ocaso
25. b—olfatear
26. a—relámpago
27. c—trueno
28. b—tubería
29. d—descalzos
30. b—farol
31. a—a menos
32. d—desamparados
33. b—mentirosos
34. c—perspicaces
35. b—a pesar de
36. a—anhelaba
37. b—fuegos artificiales
38. a—cohetes

EJERCICIO C: PRÁCTICA DE LECTURA

Lea la selección para practicar el reconocimiento del vocabulario. Luego utilice las palabras en la Práctica Oral y las Situaciones.

Abundan los **embotellamientos** en cualquier lugar donde haya mucho tráfico y poco terreno, como en los **balnearios** y en los grandes centros urbanos. Los **semáforos** que aseguran el flujo del tráfico, a menudo lo impiden cuando cambian de color para permitir a los **peatones** cruzar las calles o para dejar a otros coches entrar en la calle. Por supuesto, en las calles estrechas un coche **estropeado** en medio del camino puede resultar en mucha **congestión** por todas partes. Y cuando llega el **remolcador** para quitar el vehículo del camino, a veces no cabe en la calle. Un **pinchazo** en un lugar **inoportuno,** un **semáforo** que no **funciona** bien, los **forasteros** perdidos que buscan **estacionamiento,** la multitud de turistas buscando **recuerdos** en las tiendas, todo contribuye a la congestión urbana, aun en los **balnearios** más remotos y lujosos. Aunque muchas veces se encuentran calles de **un sentido** para facilitar la **circulación** de vehículos, difícilmente se puede disfrutar del **desahogo** veraniego cuando hay que preocuparse con el tráfico todo el tiempo.

No obstante, siempre hay necesidad de descansar, de ir de vacaciones. Las mujeres **anhelan** el momento cuando pueden **colgar el delantal** y subir al coche para ir de vacaciones, no importa adonde. Al **tendernos** en la arena caliente de la playa, escuchando el **murmullo** de las **olas** en la **orilla,** el **susurro** de las hojas de las palmas y el **suspiro** de las **brisas,** perdemos nuestras preocupaciones. Para los hombres, las vacaciones ofrecen la oportunidad de **relajarse** con los amigos, nadar en las **olas**, **bucear** o **montar tablas** en las **olas.** Eso sí, no olvidemos que la luz fuerte del sol produce **daños** en la piel, como **quemaduras y arrugas** más tarde en la vida. Todas las actividades al aire libre estimulan la buena salud. Y las vacaciones nos **proporcionan** tiempo para pensar un poco y **recuperar** las fuerzas.

Preguntas sobre la lectura

1. ¿Para qué sirven los semáforos?
2. ¿Cuáles son las causas de los embotellamientos y la congestión urbana?
3. ¿A quién se llama para quitar un coche estropeado de una calle?
4. ¿Por qué se va de vacaciones?
5. ¿Cómo se pasa el tiempo en la playa?
6. ¿Qué actividades hay para hacer en la playa?
7. ¿Qué peligros hay al quedarse demasiado tiempo al sol del mediodía?

EJERCICIO D: PRÁCTICA ORAL

Conteste las preguntas usando el vocabulario de esta unidad.

1. ¿A dónde le gusta ir de vacaciones?
2. ¿Qué actividades le gusta hacer en la playa?
3. ¿Cuán distintos son los balnearios en las montañas de los de la costa?
4. ¿Por qué es importante descansar?
5. ¿Dónde pasó sus últimas vacaciones? ¿Qué hizo?
6. ¿Con quién le gusta ir de vacaciones?
7. ¿Haría un joven las mismas actividades con la familia que con sus mejores amigos en las vacaciones? Explique su respuesta.
8. ¿Cuáles son los beneficios de los viajes de servicio?
9. ¿Hizo alguna vez un viaje de servicio comunitario a una comunidad en el extranjero? Descríbalo.
10. ¿Quiénes se benefician más de los viajes de servicio comunitario, los que dan o los que reciben? Explique.
11. ¿Preferiría ir de vacaciones para visitar los museos de Europa, o para velar en el Mar Caribe? Explique su selección.
12. ¿Por qué no piensan los jóvenes en los peligros de nadar en el océano?
13. A pesar de todas las advertencias, ¿por qué entran algunas personas al océano cuando hay peligro de corrientes fuertes?
14. ¿Le gustaría ser salvavidas en la playa o en una piscina durante el verano? ¿Por qué?
15. ¿Qué tipos de recuerdos le gusta tener de sus vacaciones? ¿Qué suele coleccionar como recuerdo? ¿Por qué?

EJERCICIO E: SITUACIONES

Discuta las situaciones usando el vocabulario de esta unidad.

1. Usted está encargado de arreglar las vacaciones para su familia este año. Describa los preparativos que haría.
2. Usted es dueño de un balneario en las montañas. Prepare un anuncio para atraer clientes a su lugar. Haga lo mismo para un balneario cerca de una playa.
3. Su familia va de vacaciones en la costa de la Florida y le dice que puede invitar a un amigo. Invítelo y dígale qué tiene planeado hacer durante las vacaciones.

4. Al regresar a la escuela, la profesora de la clase de español le pide hacer un reportaje sobre sus vacaciones del verano. Reporte lo que hizo durante el verano pasado.

Los Negocios

el alambre	= *wire for fences*
el almacén	= *warehouse, storehouse*
la bancarrota	= *bankruptcy*
el bolsillo	= *pocket*
la caja	= *box*
la cartera	= *wallet, pocketbook*
el combustible	= *fuel*
el comerciante	= *merchant*
el comestible	= *food*
la compra	= *the purchase*
el costal	= *sack, gunny sack, for carrying grain, for example*
la cuenta	= *account (bank account), bill for services or merchandise*
el dependiente	= *clerk*
la deuda	= *debt* (deber = *to owe, to have to,* + *inf.*)
el dueño	= *owner*
la empresa	= *company*
el escaparate	= *window, store window case*
la fábrica	= *factory* (fabricar = *to manufacture*)
los fondos	= *funds*
las fresas	= *strawberries*
la ganancia	= *earnings*
el guacamayo	= *macaw*
la huelga	= *strike by employees or workers*
el impuesto	= *tax* (imponer = *to impose*)
la lechuga	= *lettuce*
el lobo	= *wolf*
el loro	= *parrot*
la manifestación	= *demonstration, by workers or people* (manifestar = *to show*)
el mono	= *monkey*
el patrón	= *boss, chief*
el peso	= *the weight* (pesar = *to weigh*)
la procedencia	= *of origin* (proceder = *to come from*)
el propietario	= *owner*
el presupuesto	= *budget*
el recibo	= *receipt for a purchase* (recibir = *to receive*)
el rollo	= *rolls* (*such as of currency, wire, or film*)
el sueldo	= *salary*

la tarjeta de crédito	= *credit card*
el trámite	= *transaction*
la venta	= *sale* (vender = *to sell*)
la vitrina	= *window glass*

avisar	= *to advise, to warn*
arriesgar	= *to risk* (el riesgo = *risk*)
confeccionar	= *to make, to produce*
darse cuenta	= *to realize, to become aware of, to learn*
enfermarse	= *to get sick* (enfermedad = *sickness*)
esconder	= *to hide* (el escondite = *hiding place*)
escurrirse	= *to slip away, to slide, to sneak off*
invertir	= *to invest money* (inversión = *investment*)
realizar	= *to fulfill, to realize in the sense of "to complete"*
rebajar	= *to lower prices* (la rebaja = *the reduction, rebate, discount*)
reemplazar	= *to replace*
regatear	= *to bargain over prices*
saborear	= *to taste, to savor* (el sabor = *taste, flavor*)
sobrar	= *to be left over, to have left over*
surtir	= *to supply* (el surtido = *supply*)

a la vez	= *at the same time*
al contado	= *in cash, form of payment*
al extranjero	= *abroad, in a foreign country*
al fin y al cabo	= *in the end, finally*
debido a	= *owing to*
de hecho	= *in fact*
de venta	= *for sale*
de vez en cuando	= *from time to time*
en efectivo	= *in cash, form of payment*
quizás, quizá	= *perhaps*
tal vez	= *perhaps*
todavía	= *still*

EJERCICIO A

Empareje cada palabra en la Columna A con la definición en la Columna B, escribiendo la letra de la mejor selección.

Columna A

____ 1. escaparate
____ 2. sabor
____ 3. fresa
____ 4. dueño
____ 5. costal

Columna B

a. una bolsa grande para llevar cosas como arroz
b. extranjero
c. anuncio del deseo de recibir pago por algo
d. lo que se debe a otra persona
e. acción hecha por obreros contra una empresa

___ 6. caja
___ 7. quizás
___ 8. de venta
___ 9. riesgo
___ 10. huelga
___ 11. empresa
___ 12. deuda
___ 13. a propósito
___ 14. regatear
___ 15. guacamayo
___ 16. fábrica
___ 17. surgir
___ 18. presupuesto
___ 19. ajeno
___ 20. alambre

f. cable para construir una cerca, un gallinero o un cerco para animales
g. lugar para ver desde la calle lo que se vende en una tienda
h. dinero disponible para algo
i. discutir el precio de mercancía
j. lugar para confeccionar productos
k. un pájaro tropical de colores azul, rojo, amarillo y verde
l. propietario
m. gusto al poner algo en la boca
n. objeto, generalmente cúbico, en el que se ponen cosas
o. compañía
p. una acción con cierto peligro
q. una fruta roja del verano
r. brotar
s. tal vez
t. con intención

EJERCICIO B

Escoja la mejor palabra para cumplir el sentido de la oración.

Cuando pasé por el (1) de mi tienda favorita de animales domésticos, al otro lado de la (2) vi el (3) más precioso que jamás había visto en la vida. Me miró de una manera tan (4) que no pude resistir la (5) y entré en la tienda. Al hablar con el (6) , (7) de que ese animal podría ser mío por $100 porque estaba (8) ese día. (9) un poco porque vi que tenía muchas ganas de vendérmelo. Concluimos la (10) y me dio un (11) . (12) , (13) la falta de (14) de animales exóticos el propietario estaba pensando declararse en (15) . (16) lagartos en la tienda, pero se vendían fácil-mente los pájaros tropicales, como los (17) y los (18). Me dijo que no sabía por qué tanta gente quería comprar los pájaros exóticos, porque su cuidado exigía mucho espacio. Era necesario tener una jaula grande de (19) , como un (20) , para guardar-los. Le pagué al (21) cien dólares (22) , me lo puso en un costal, y salí de la tienda muy satisfecha con la (23) . Me aseguró que si no me gustara, o si se (24) el animal, me lo (25) . El lagarto no dijo nada mientras lo llevaba a casa.

Cuando llegué a casa lo puse en su nuevo hogar en el sótano, con unos papeles, una (26) de un árbol, y alimentación y agua. Por supuesto, se (27) por debajo del papel para (28) de inmediato, (29) porque no le gustó toda la luz que le caía donde lo tenía colocado. (30) salía para beber un poco de agua. El próximo día salí otra vez para comprar una (31) más grande. No le compraba (32) especiales, le ofrecía lechuga y otras verduras. Cuando salía para comer, (33) las hojas un poco, pero nunca comió mucho. Pronto vi que no tendría que (34) nada de mi (35) en darle de comer. Todavía no me decía nada, ni para quejarse, ni para alabarme por haberlo comprado.

Al fin y al cabo, lo devolví a la tienda porque nunca me respondió cuando le dirigí la palabra. Ahora sé por qué había tantos lagartos de venta. Los lagartos no hablan mucho.

___	1. a) costal	b) fondo	c) trámite	d) escaparate
___	2. a) vitrina	b) huelga	c) venta	d) manifestación
___	3. a) hilo	b) alambre	c) lagarto	d) costal
___	4. a) lastimosa	b) cotidiana	c) liviana	d) nociva
___	5. a) gallardía	b) tentación	c) caja	d) deuda
___	6. a) presupuesto	b) lobo	c) propietario	d) sueldo
___	7. a) realicé	b) escurrí	c) eché la culpa	d) me di cuenta
___	8. a) de hecho	b) de venta	c) debido a	d) en efectivo
___	9. a) Regateamos	b) Regalamos	c) Escondimos	d) Surtimos
___	10. a) venta	b) deuda	c) bancarrota	d) caja
___	11. a) presupuesto	b) propietario	c) dueño	d) recibo
___	12. a) De venta	b) De hecho	c) Al contado	d) En efectivo
___	13. a) debido a	b) de venta	c) al contado	d) en el extranjero
___	14. a) presupuesto	b) dueño	c) impuesto	d) surtido
___	15. a) procedencia	b) bancarrota	c) fábrica	d) ganancia
___	16. a) Regateaban	b) Surtían	c) Sobraban	d) Invertían
___	17. a) dueños	b) rollos	c) guacamayos	d) fondos
___	18. a) loros	b) lobos	c) propietarios	d) impuestos
___	19. a) escaparate	b) fondo	c) alambre	d) impuesto
___	20. a) fresa	b) deuda	c) fábrica	d) gallinero
___	21. a) impuesto	b) fondo	c) dependiente	d) sueldo
___	22. a) de hecho	b) en efectivo	c) a la vez	d) debido a
___	23. a) compra	b) fresa	c) huelga	d) manifestación
___	24. a) regateara	b) realizara	c) se enfermara	d) sobrara
___	25. a) advertiría	b) reemplazaría	c) invertiría	d) arriesgaría
___	26. a) fresa	b) lechuga	c) rama	d) procedencia
___	27. a) regateó	b) invirtió	c) estalló	d) escurrió
___	28. a) surtir	b) sobrar	c) saborear	d) esconderse
___	29. a) en efectivo	b) quizás	c) aunque	d) todavía
___	30. a) Debido a	b) De vez en cuando	c) Al contado	d) En el extranjero
___	31. a) caja	b) lechuga	c) vitrina	d) procedencia
___	32. a) comestibles	b) huelgas	c) fábricas	d) cajas
___	33. a) sobraba	b) saboreaba	c) regateaba	d) surgía
___	34. a) invertir	b) escurrir	c) esconder	d) arriesgar
___	35. a) dueño	b) propietario	c) presupuesto	d) alambre

RESPUESTAS

Ejercicio A

1. g	2. m	3. q	4. l	5. a
6. n	7. s	8. c	9. p	10. e
11. o	12. d	13. t	14. i	15. k
16. j	17. r	18. h	19. b	20. f

Ejercicio B

1. d—escaparate
2. a—vitrina
3. c—lagarto
4. a—lastimosa
5. b—tentación
6. c—propietario
7. d—me di cuenta
8. b—de venta
9. a—Regateamos
10. a—venta
11. d—recibo
12. b—De hecho
13. a—debido a
14. d—surtido
15. b—bancarrota
16. c—Sobraban
17. c—guacamayos
18. a—loros
19. c— alambre
20. d—gallinero
21. c—dependiente
22. b—en efectivo
23. a—compra
24. c—enfermara
25. b—reemplazaría
26. c—rama
27. d—escurrió
28. d—esconderse
29. b—quizás
30. b—De vez en cuando
31. a—caja
32. a—comestibles
33. b—saboreaba
34. d—arriesgar
35. c—presupuesto

EJERCICIO C: PRÁCTICA DE LECTURA

Lea la selección para practicar el reconocimiento del vocabulario. Luego utilice las palabras en la Práctica Oral y las Situaciones.

El tema de la globalización de los **negocios** llama la atención en las tiendas y los mercados, donde se ve **mercancía** producida en el **extranjero** que se vende por menos de lo que nos cuesta producirla en los Estados Unidos. Pero la economía de veras es muy **compleja,** como se ve si se siguen las **huellas** de un producto de la **fábrica** al mercado. Casi todos los productos tienen una historia internacional. Los productos para el mercado doméstico en su **mayoría proceden** de otros países en desarrollo, los zapatos llegan de China, Brasil o Italia. Los **aparatos** electrónicos **provienen** de **empresas** asiáticas o coreanas, o quizás de un país escandinavo. Algunos automóviles se producen en el sur de los Estados Unidos, pero otros vienen de Asia. **De hecho**, un coche contiene partes **fabricadas** en todas partes del mundo.

No sólo la **mercancía** nos llega de países **extranjeros,** sino también algo tan **cotidiano** como la comida. Las frutas frescas nos **ofrecen** un **sabor** delicioso del sol y la tierra de donde vienen: las uvas chilenas, las **fresas** mexicanas, las naranjas brasileñas, todas nos **avisan** de su **procedencia.** Como se sabe, el petróleo viene de los países árabes o de Rusia. El café nos llega en **costales** de los países latinoamericanos. En otros **negocios,** las **imágenes radiográficas** de los médicos se leen en India, y muchas de las llamadas telefónicas que hacemos para hacer reservaciones con las líneas aéreas o pedir **mercancía** de un catálogo pasan por el aire a otros países.

Ha **cambiado** también el **modo** de pagar la **mercancía,** que ahora se hace por **tarjeta de crédito** o una transacción electrónica **bancaria.** Es posible **invertir fondos**, pagar las **cuentas, ahorrar** dinero y realizar cualquier **trámite** sin **tocar** un **billete.** El **sueldo** se paga electrónicamente en muchos lugares. El dinero **en efectivo** está desapareciendo en muchos lugares porque casi nunca se paga **al contado.** A veces, **debido al peso** del peso, se requieren **costales** para llevar la **pesada moneda** de países que sufren de inflación. Y los **rollos** de **billetes** ya no **caben** dentro de un **bolsillo** o una **cartera** normal. Los **billetes** que sí se usan **surgen** de **cajeras automáticas,** y casi nunca se ve a un **banquero** humano a menos que se tenga necesidad de **pedir** un **préstamo** del banco o de **arreglar** algo **tocante** a una **cuenta.**

Poco a poco, el **mercado virtual** está **reemplazando** el **mercado** regular. Pero en otros lugares se encuentran los mercados al **aire libre**, donde se puede todavía **regatear** con los vendedores. Especialmente en los fines de semana, se ven **mercados** o **ventas** de garaje. Sin importar el **tamaño** de la **venta**, el cliente en esos lugares busca **rebajas** y a menudo las encuentra. En cualquier plaza en un país de habla española se ve mucha libertad de comercio. La **ganancia** del comerciante en ese tipo de lugar es pura **ganancia.** Muchas veces ni se pagan los **impuestos de venta.**

Preguntas sobre la lectura

1. ¿De dónde proceden muchos productos de venta en los Estados Unidos?
2. ¿Qué tipo de trabajo se hace en otros países?
3. ¿En qué es diferente la manera de pagar las cuentas hoy en día?
4. ¿Por qué no se lleva mucha moneda en efectivo en los países con mucha inflación?
5. ¿En qué se diferencia la venta de mercancía en un mercado al aire libre de la de un almacén?
6. Describa el mercado virtual.

EJERCICIO D: PRÁCTICA ORAL

Conteste las preguntas usando el vocabulario de esta unidad.

1. Si pudiera establecer su propio negocio, ¿qué tipo tendría? Explique su selección.
2. Describa al empleado ideal.
3. Describa al propietario ideal.
4. ¿Tuvo alguna vez un empleo? Descríbalo.
5. ¿Cuáles son los negocios más importantes para una comunidad?
6. ¿Qué negocios producen la ganancia más grande?
7. ¿Qué problemas tienen los negocios que dependen de productos de otros países?
8. ¿Cree que es buena la globalización del comercio moderno? Explique su respuesta.
9. ¿Cuáles son las ventajas de tener su propio negocio? ¿Las desventajas?
10. En su comunidad, ¿hay muchos productos de otros países? Descríbalos.

EJERCICIO E: SITUACIONES

Discuta las situaciones usando el vocabulario de esta unidad.

1. Usted acaba de comprar una tienda de música. Desarrolle un plan para promocionarla.
2. Usted es propietario de una tienda y tiene una entrevista con un joven que quiere conseguir un puesto en su tienda. Elabore la conversación con él, describiéndole todo que quiere que haga.
3. Usted acaba de conseguir un trabajo de media jornada porque todavía tiene que estudiar para graduarse de la escuela. El patrón quiere que usted trabaje más de lo planeado, o de lo contrario arriesga perder el trabajo. Explíquele por qué no puede hacerlo y convénzalo que lo deje seguir trabajando.
4. Usted desea invertir su sueldo para ahorrar dinero para su educación universitaria. Desarrolle un plan para invertirlo. ¿En qué tipos de empresas invertiría su dinero? ¿Por qué?
5. El próximo año usted vivirá en un apartamento en la universidad. Explique los gastos de su presupuesto y cómo manejará su dinero.

El Trabajo y Las Carreras

el abogado	= *lawyer*
la alfarería	= *pottery, pottery making*
el anuncio	= *advertisement* (anunciar = *to announce, to advertise*)
el basurero	= *trashman* (la basura = *trash, garbage*)
el bombero	= *fireman*
la carrera	= *career, a race (of cars or horses)*
el consultorio	= *doctor's office*
la contabilidad	= *accounting* (contar = *to count, to relate a story*)
el deber	= *duty*
el derecho	= *law, right*
el empleo	= *job, work* (emplear = *to hire, to employ, to use*)
el encargado	= *in charge of, responsible for* (encargar = *to put in the care of*)
el entrevistador	= *interviewer*
la facultad	= *a school in a university, like a department*
la formación	= *preparation, background, training* (formar = *to form*)
el gerente	= *manager*
la incertidumbre	= *uncertainty* (cierto = *certain, sure*)
la informática	= *data processing*
la jornada	= *day's work*
la pereza	= *laziness, sloth* (perezoso = *lazy*)
la pesadilla	= *nightmare*
la promoción	= *advertising*
la prueba	= *test, proof* (probar = *to prove, to test, to try*)
el puesto	= *position, stall (for selling goods)*

el remordimiento	= *remorse, regret* (remorder = *to cause remorse*)
el reto	= *challenge, threat, menace*
el sacerdote	= *priest*
el solicitante	= *applicant* (solicitar = *to solicit, to ask for*)
el tripulante	= *crewmember* (la tripulación = *the crew of a plane or ship*)
la uña	= *fingernail*
la zozobra	= *anxiety*
analfabeto	= *illiterate, uneducated*
atónito	= *astonished, amazed*
capaz	= capable *(la capacidad* = capacity*)*
diestro	= *skillful, handy, clever* (adiestrar = *to train, to teach*)
desafortunadamente	= *unfortunately*
eclesiástica	= *relating to the church*
hábil	= *talented*
incómodo	= *uncomfortable*
ingenioso	= *ingenious, clever*
insólito	= *unusual, unaccustomed*
riguroso	= *demanding, rigorous* (el rigor = *rigor, difficulty*)
sólido	= *solid, massive, firm*
afrontar	= *to face, to confront*
arrojar	= *to throw*
aconsejar	= *to advise* (el consejero = *adviser, counselor*)
adelantarse	= *to get ahead* (delante de = *in front of*)
anunciar	= *to announce, to advertise* (el anuncio = *ad, announcement*)
conformar	= *to conform*
conseguir	= *to get*
contratar	= *to hire* (el contrato = *contract*)
cumplir	= *to fulfill*
desafiar	= *to challenge* (el desafío = *challenge, dare*)
despedir	= *to fire from a job, to let go (from a job)*
destrozar	= *to shatter*
ejecutar	= *to accomplish, to do a job*
ejercer	= *to perform, to exert, to practice* (el ejercico = *exercise, practice*)
entrevistar	= *to interview* (la entrevista = *interview*)
equivocarse	= *to be mistaken* (la equivocación = *mistake*)
esforzarse	= *to strive, to try* (el esfuerzo = *effort, strong attempt*)
experimentar	= *to experience*
hacerse	= *to become*
indagar	= *to investigate* (la indagación = *investigation*)

involucrar	= *to involve*
naufragar	= *to shipwreck* (el náufrago = *shipwrecked person*)
obtener	= *to get*
otorgar	= *to grant, to authorize, to consent to, to agree to*
precipitar	= *to hurry, to hasten, to rush*
promocionar	= *to promote*
reclamar	= *to demand (one's rights, for example)*
reclutar	= *to recruit*
roer	= *to gnaw, to bite*
solicitar	= *to apply for, to solicit* (el solicitante = *applicant*)
sujetar	= *to subdue*
verter	= *to spill, to shed, to empty*
vigilar	= *to watch over, to keep vigil*

EJERCICIO A

Empareje cada palabra en la Columna A con la definición en la Columna B, escribiendo la letra de la mejor selección.

Columna A

_____ 1. naufragar
_____ 2. precipitar
_____ 3. conformar
_____ 4. reclamar
_____ 5. contabilidad
_____ 6. insólito
_____ 7. pereza
_____ 8. vigilar
_____ 9. zozobra
_____ 10. promoción
_____ 11. tripulante
_____ 12. verter
_____ 13. arrojar
_____ 14. conseguir
_____ 15. promocionar
_____ 16. diestro
_____ 17. reto
_____ 18. analfabeto
_____ 19. sigiloso
_____ 20. despedir
_____ 21. indagar
_____ 22. reclutar
_____ 23. puesto
_____ 24. encargado
_____ 25. pesadilla

Columna B

a. un sueño malo
b. tirar, lanzar, echar
c. ansiedad
d. obtener
e. estimular interés en comprar
f. una persona que trabaja en un barco o un avión
g. amenaza
h. algo para generar entusiasmo
i. sin saber leer ni escribir
j. lo que pasa cuando un barco se pierde en una tempestad
k. muy capaz
l. silencioso
m. sin ánimo, sin ganas de trabajar
n. decir a un empleado que ya no trabaja en la empresa
o. investigar
p. tener la responsabilidad por algo
q. derramar
r. observar algo o a alguien
s. raro, diferente, anormal
t. un empleo, una posición
u. profesión financiera
v. concordar o estar de acuerdo
w. exigir, los derechos, por ejemplo
x. reunir personas para algo
y. apurar

EJERCICIO B

Escoja la mejor palabra para cumplir el sentido de la oración.

La primera vez que (1) un (2) después de graduarme, me sorprendió lo difícil que era. Al principio sólo sabía que no quería (3) secretaria, enfermera en un (4), ni profesora de niños de un jardín de infantes. Pero tampoco tenía la (5) para hacerme profesional como doctora, abogada, ni (6), ni contadora, ni nada. Primero (7) la (8) de las empresas que anunciaban puestos vacantes, sin encontrar nada que me gustara. Entonces me (9) con una gran multitud de empresas, donde los (10) me (11) con cuidado, y la (12) de las entrevistas casi me (13). Siempre salía (14) las (15), aunque sabía que era tan (16) como cualquier otro. Por fin, (17) un (18) de recepcionista en un hospital; era trabajo de (19) completa por unos seis meses. Después, tuve que volver a iniciar la búsqueda. Por fin encontré una posición de secretaria en una iglesia, oficio que no (20) con mucha destreza. El (21) era muy amable, pero ese trabajo de índole eclesiástica tampoco me sirvió para encontrar el sendero a una (22). Fue un trabajo sin oportunidad para (23). Gracias a Dios, no me (24) por todos los errores que hice porque no sabía ni taquigrafiar. De veras, fue un (25) producir una página sin (26) varias veces. Por supuesto, pronto (27) a ese puesto también. Se dice que al cerrar una puerta, ya se abre otra, y así fue.

Llegué a la universidad lista para entrenarme para una carrera legítima, como (28), medicina, (29), contabilidad, cualquier profesión que me (30) una vida (31). Una vez en la universidad en la (32) de Lenguas Extranjeras, me (33) para enseñar unas clases y vi que me fascinaba el proceso de aprendizaje de los estudiantes. Pronto me (34) por la senda para conseguir un título, mientras seguía enseñando todo el tiempo. La carrera me había encontrado y me hice profesora a pesar de no quererlo cuando era niña. Nunca he sentido ningún (35) por haber tomado esa decisión. La enseñanza es una carrera (36), valiosa y segura. También, siempre le satisface al profesor ver en los estudiantes la chispa de entendimiento cuando de repente comprenden algo. Ahora (37) sobre distintas carreras a mis estudiantes. La búsqueda de la carrera perfecta es rigurosa pero no tiene que ser una (38).

___	1. a) recluté	b) aconsejé	c) destrocé	d) solicité
___	2. a) puesto	b) desafío	c) reto	d) consultorio
___	3. a) hacerme	b) ejecutar	c) experimentar	d) renunciar
___	4. a) interlocutor	b) reto	c) consultorio	d) encargado
___	5. a) pereza	b) informática	c) contabilidad	d) formación
___	6. a) consultorio	b) bombero	c) derecho	d) gerente
___	7. a) indagué	b) afronté	c) desafié	d) entrevisté
___	8. a) zozobra	b) pereza	c) promoción	d) pesadilla
___	9. a) recluté	b) otorgué	c) entrevisté	d) me esforcé
___	10. a) entrevista-dores	b) entrevistas	c) consultorios	d) retos

____ 11. a) naufragaron   b) vigilaron   c) renunciaron   d) despidieron

____ 12. a) zozobra   b) pereza   c) uña   d) amenaza

____ 13. a) reclamó   b) destrozó   c) reclutó   d) experimentó

____ 14. a) solicitando   b) promocio-nando   c) royendo   d) vertiendo

____ 15. a) alfarerías   b) uvas   c) pesadillas   d) uñas

____ 16. a) hábil   b) insólito   c) analfabeta   d) atónita

____ 17. a) conseguí   b) naufragué   c) precipité   d) otorgué

____ 18. a) desafío   b) empleo   c) consultorio   d) tripulante

____ 19. a) jornada   b) propaganda   c) pesadilla   d) contabilidad

____ 20. a) solicité   b) conseguí   c) entrevisté   d) ejecuté

____ 21. a) bombero   b) sacerdote   c) reto   d) basurero

____ 22. a) informática   b) carrera   c) cartera   d) contabilidad

____ 23. a) esforzarme   b) solicitar   c) precipitar   d) adelantarme

____ 24. a) despidió   b) reclutó   c) precipitó   d) royó

____ 25. a) bombero   b) derecho   c) desafío   d) remordimiento

____ 26. a) equivocarme   b) indagar   c) involucrar   d) verter

____ 27. a) renuncié   b) despedí   c) roí   d) involucré

____ 28. a) sacerdote   b) derecho   c) empleo   d) puesto

____ 29. a) carrera   b) informática   c) pereza   d) jornada

____ 30. a) indagara   b) reclutara   c) involucrara   d) otorgara

____ 31. a) sigilosa   b) atónita   c) insólita   d) cómoda

____ 32. a) alfarería   b) pesadilla   c) Facultad   d) formación

____ 33. a) reclutaron   b) vigilaron   c) precipitaron   d) vertieron

____ 34. a) otorgué   b) indagué   c) precipité   d) vigilé

____ 35. a) reto   b) remordimiento   c) bombero   d) puesto

____ 36. a) capaz   b) incómoda   c) atónita   d) sólida

____ 37. a) precipito   b) aconsejo   c) involucro   d) vigilo

____ 38. a) jornada   b) zozobra   c) pesadilla   d) uña

RESPUESTAS

Ejercicio A

1. j   2. y   3. v   4. w   5. u
6. s   7. m   8. r   9. c   10. h
11. f   12. q   13. b   14. d   15. e
16. k   17. g   18. i   19. l   20. n
21. o   22. x   23. t   24. p   25. a

Ejercicio B

1. d—solicité	20. d—ejecuté
2. a—puesto	21. b—sacerdote
3. a—hacerme	22. b—carrera
4. c—consultorio	23. d—adelantarme
5. d—formación	24. a—despidió
6. b—bombero	25. c—desafío
7. a—indagué	26. a—equivocarme
8. c—promoción	27. a—renuncié
9. c—entrevisté	28. b—derecho
10. a—entrevistadores	29. b—informática
11. b—vigilaron	30. d—otorgara
12. a—zozobra	31. d—cómoda
13. b—destrozó	32. c—Facultad
14. c—royendo	33. a—reclutaron
15. d—uñas	34. c—precipité
16. a—hábil	35. b—remordimiento
17. a—conseguí	36. d—sólida
18. b—empleo	37. b—aconsejo
19. a—jornada	38. c—pesadilla

EJERCICIO C: PRÁCTICA DE LECTURA

Lea la selección para practicar el reconocimiento del vocabulario. Luego utilice las palabras en la Práctica Oral y las Situaciones.

Uno de los **derechos** que tiene una persona en la sociedad capitalista es el de seguir cualquier **carrera** que le guste. La selección de una carrera a veces **depende de** los intereses de la persona y otras veces corresponde a las **habilidades** de la persona. La persona **capaz por lo general** trabajará con una variedad de **empresas** durante su vida. Se puede empezar con una **formación** fuerte, **conseguir** un título y luego estudiar medicina, **derecho, ingeniería** u otro campo de especialización en la universidad. La persona **analfabeta** no tendrá las mismas oportunidades, pero sí puede establecer su propia **empresa.** Tendría que **indagar** las posibilidades, **solicitar** un préstamo del banco o un amigo, crear **promoción** para **promocionar** su negocio y manejar bien sus **recursos.** Por otra parte, las grandes **empresas reclutan** trabajadores entre los graduados de las universidades todos los años. Si una persona se dedica al arte, es un poco más difícil establecerse. La **zozobra** que resulta de la **incertidumbre** de encontrar trabajo que pague bastante a veces procede de falta de planeamiento. Si va a pasarse la vida trabajando, vale que la pase en un negocio **involucrado** en lo que más le interese.

La **entrevista** muchas veces produce gran ansiedad porque el solicitante joven no se da cuenta de sus derechos. Hay ciertos temas que no se deben preguntar. En la **entrevista** no debe figurar la religión, la edad, el sexo, la **raza,** ni la política del solicitante. Pero en realidad, **desafortunadamente** hay discriminación. Y a veces el **entrevistador** sabe que hay muchos **solicitantes** y no tiene que **contratar** a una persona que no le guste por cualquier razón.

Para que funcione una sociedad, se necesitan diversos tipos de trabajadores. Hay un **empleo** para cada uno, y bastará con **cumplir** con el **deber** para que todo salga bien y todos gocen de la buena vida. O por lo menos, esto es lo que nos dice la teoría. La **prueba** se presenta cuando el joven **afronta** la vida con todas las posibilidades **desplegadas** para escoger la **carrera** más apropiada. Si usted no sabe lo que quiere hacer, vale **probar** una variedad de asignaturas en la universidad, participar en una variedad de actividades en la comunidad, o **experimentar** el mundo de los negocios trabajando a **jornada incompleta.** Vale tener presente, también, que siempre puede cambiar de camino y seguir otra **carrera** después de **emprender** una, **con tal que** tenga los **recursos** financieros para hacerlo. A veces se **empeña** el **porvenir** al **perseguirse** un sueño. Pero más vale **esforzarse** por **realizar** el sueño que vivir con el **remordimiento** de un sueño **incumplido.** Así, al fin de su vida, no llorará por las oportunidades perdidas.

Preguntas sobre la lectura

1. ¿De qué depende la selección de una carrera?
2. ¿Qué preparativos se hacen para prepararse para una carrera?
3. ¿Qué posibilidades tienen los que no tienen una buena educación?
4. ¿Cuáles son las necesidades de una sociedad?
5. ¿Cuándo se da cuenta un joven de qué quiere hacer para ganarse la vida?
6. ¿Cómo puede aprender de las posibilidades disponibles si no sabe lo que desea hacer?
7. ¿De qué depende la posibilidad de cambiar de idea en cuanto a una carrera?
8. ¿Por qué vale la pena seguir los sueños en la vida?

EJERCICIO D: PRÁCTICA ORAL

Conteste las preguntas usando el vocabulario de esta unidad.

1. ¿Qué piensa hacer para ganarse la vida?
2. ¿Qué le gustaría hacer, si pudiera hacerse un profesional?
3. ¿Cuáles son las ventajas de hacerse profesional?
4. ¿Cómo puede contentarse con un trabajo manual?
5. ¿Qué le aconsejan sus padres o profesores que haga?
6. ¿Es más importante ganar mucho dinero o estar contento en la vida? Explique su respuesta.
7. ¿Ha participado en una entrevista una vez para un empleo? Describa su experiencia.
8. ¿Por qué se ponen tan nerviosos muchos solicitantes al entrevistarse para un empleo?
9. ¿Cree que lo que aprende en la escuela le servirá para una carrera?
10. ¿Qué se necesita aprender para tener éxito en un empleo?

EJERCICIO E: SITUACIONES

Discuta las situaciones usando el vocabulario de esta unidad.

1. Usted está encargado de contratar a un dependiente para la tienda de música. Discuta cómo sería una entrevista con un joven que solicita el empleo.

2. Usted no sabe qué carrera seguir. Imagínese una conversación con un consejero o sus padres para ayudarle a tomar una decisión. Discuta sus intereses y posibilidades.

3. Usted quiere tener un trabajo durante el verano para ver cómo sería trabajar todos los días. Imagínese el tipo de trabajo que querría hacer y la entrevista para conseguirlo.

4. Un día en su escuela hay un anuncio de una feria para promocionar varios programas preparatorios para ciertas carreras como medicina, ingeniería, derecho, informática, contabilidad y ventas para grandes empresas. Describa las oportunidades potenciales de esos trabajos.

PRACTICE FOR CONVERSATION

I. Autobiografía (Ud. y su familia)

VOCABULARIO

Sustantivos

el acontecimiento	event	*la habilidad*	talent
los adolescentes	teens	*la identidad*	identity
la característica	characteristic	*la independencia*	independence
el desarrollo	development	*la niñez*	childhood
la edad	age	*el suceso*	event

Verbos

asemejar	to resemble	*parecer*	to seem
establecer	to settle, establish		

Adjetivos

aplicado	industrious	*modesto*	modest
extrovertido	outgoing	*perezoso*	lazy
hablador	talkative	*simpático*	kind
introvertido	introspective	*tímido*	timid

Conteste Ud. a las preguntas en español en oraciones completas:
(Answer the following questions in Spanish in complete sentences for the practice of using correct verb forms.)

Autobiografía del individuo

1. Describa Ud. a sí mismo o sí misma, sus aspectos físicos y de carácter. ¿Cómo es Ud.?
2. ¿Qué talentos o habilidades especiales tiene Ud.?
3. ¿Goza Ud. de buena salud? ¿A qué atribuye Ud. su buena o mala salud?
4. ¿Qué habilidades especiales tiene Ud.?
5. ¿De qué se alegra Ud. más?
6. ¿De qué tiene Ud. más miedo?
7. ¿De qué se arrepiente Ud. más en su vida?
8. ¿Diría Ud. que es una persona religiosa? Explique.
9. Describa Ud. el acontecimiento del cual Ud. se siente más orgulloso y por qué.
10. ¿Qué piensa que dirían sus amigos de Ud.?
11. Si tuviera que escoger una palabra para describirse a sí mismo (misma), ¿cuál sería? ¿Por qué?
12. ¿A quién admira Ud. más? ¿Por qué?
13. ¿Qué le gusta hacer en su tiempo libre?
14. ¿A qué o a quién atribuye Ud. sus buenas características personales?
15. Si Ud. pudiera cambiar un aspecto de su personalidad, ¿cuál sería? ¿Por qué?
16. Si pudiera ser otra persona, ¿quién sería? ¿Por qué?
17. Si fuera millonario o millonaria, ¿cómo gastaría su dinero? Explique Ud. por qué lo gastaría de tal manera.

Su niñez

18. Cuándo era niño, o niña, ¿cómo era? ¿extrovertido, -a?, ¿introvertido, -a? ¿tímido, -a? ¿aventurero, -a? ¿curioso, -a? ¿perezoso, -a? ¿aplicado, -a? ¿simpático, -a? ¿guapo, -a? ¿dormilón, -a? ¿trabajador, -a? etc. Dé Ud. un ejemplo de esta característica.
19. ¿Ha cambiado su personalidad mucho? ¿Cómo?
20. ¿Cuál fue el acontecimiento más importante para Ud. cuando era niño o niña?
21. ¿Cuál fue el suceso más emocionante para Ud. cuando era niño o niña?
22. ¿Dónde vivían Ud. y su familia cuando era niño?
23. De todos los lugares en que Ud. haya vivido, ¿cuál le gustó más? ¿Por qué?
24. ¿Cree Ud. que el lugar en el cual Ud. creció influyó mucho en su desarrollo psicológico? Explique.
25. ¿Adónde ha viajado Ud.? ¿Qué lugar le interesó más?
26. ¿Adónde le gustaría poder viajar si pudiera viajar a cualquier lugar? ¿Por qué?
27. ¿Ha visto Ud. muchos cambios en su vida? ¿Cuáles?
28. ¿Hubo una experiencia que haya influido más que otra en su vida? Descríbala.

Sus hermanos o hermanas

29. ¿Tiene Ud. hermanos? ¿Se lleva Ud. bien con ellos? Describa Ud. en detalle, con ejemplos, cómo se lleva con ellos y por qué.
30. ¿Cuáles son algunas de las ventajas y desventajas de tener hermanos?
31. ¿Le gustaría o no ser el único hijo o la única hija de la familia?
32. ¿Cree Ud. que hay una diferencia entre lo que se espera del primer nacido de la familia y del último?
33. ¿Hay mucha diferencia entre las personalidades de los hermanos de una familia? ¿Por qué?
34. ¿Cuáles son algunas de las razones por las cuales riñen los niños de una familia?
35. ¿Cuáles son las ventajas de tener muchos familiares? ¿las desventajas?

Sus padres

36. ¿Se lleva Ud. bien con sus padres? Describa en detalle, con ejemplos, cómo son sus relaciones con sus padres.
37. ¿A quién se parece Ud. en su familia? ¿A su papá o a su mamá? ¿Cómo? ¿En qué aspectos se parece Ud. a sus padres?
38. ¿Por qué es tan difícil establecer su propia identidad para los jóvenes? Explique con ejemplos de su propia vida.
39. ¿Cómo deben los padres castigar a los hijos que les desobedecen? Dé Ud. un ejemplo.
40. ¿Por qué es difícil a veces para los padres saber a quién creer y qué pensar de lo que les dicen sus hijos?
41. ¿Qué lecciones ha Ud. aprendido de sus padres?
42. ¿Qué responsabilidades deben los chicos tener en la casa? Explique Ud. usando su propia familia como un ejemplo.
43. ¿Qué contribución pueden los chicos hacer en una familia? Explique Ud. usando su propia familia como un ejemplo.
44. ¿Siempre les dice Ud. la verdad a sus padres? ¿Por qué, ya sea sí o no?
45. ¿Es difícil para Ud. a veces admitir culpabilidad de algo o piensa Ud. que siempre tiene razón?

Tradiciones familiares

46. ¿Qué tradiciones tiene su familia?
47. ¿Cómo celebran Uds. los cumpleaños de los miembros de la familia?
48. ¿Cuál es el cumpleaños más importante para Ud. y por qué?
49. ¿Cómo celebran Ud. y su familia los días feriados como el Día de la Independencia?
50. ¿Tiene Vd. parientes que viven cerca de o en la misma ciudad? ¿Le gustaría más si vivieran cerca o lejos? ¿Por qué?

Su futuro

51. ¿Dónde querrá vivir en el futuro? ¿Cerca de su familia o no? ¿Por qué?
52. Explique cómo podría cambiar sus relaciones con sus padres en el futuro.
53. ¿Querrá casarse algún día? ¿Por qué?
54. ¿Cómo será su esposo o esposa?
54. ¿Cómo espera Ud. desarrollar sus talentos o habilidades?
55. ¿Piensa que su personalidad cambiará o no? Explique.

II. La escuela

VOCABULARIO

Sustantivos

el aula	classroom	*la materia,* *la asignatura*	subject
el bachillerato	high school diploma	*la matrícula*	registration
la beca	scholarship	*la mayoría*	the majority
la carrera	career	*el nivel*	the level
la cifra	number	*las notas,* *las calificaciones*	grades
el comité	committee	*el papel*	role
la comprensión	comprehension	*el pensamiento*	thought
la conferencia	lecture	*el período*	period
el conocimiento	knowledge	*la presión*	pressure
el curso	course (of study)	*la primaria*	elementary school
el derecho	right	*el privilegio*	privilege
la desventaja	disadvantage	*el procedimiento*	procedure
el director	principal	*la prueba*	test
la disciplina	discipline	*el puntaje*	score
la enseñanza	the teaching	*el requisito*	requirement
la especialización	major	*la sabiduría*	wisdom
el estrés	stress	*la secundaria*	high school
la facultad	faculty	*el sistema*	system
la habilidad	skill, talent	*la tarea*	work
el horario	schedule	*tiempo completo*	full time
la lectura	reading	*el título*	diploma
la licenciatura	university degree	*la ventaja*	advantage, benefit

Verbos

aburrirse	to get bored	*entrenarse*	to train
acostumbrarse	to get used to	*escoger*	to choose
aprender	to learn	*experimentar*	to experience
aprobar	to pass	*gozar de*	to enjoy
aprovecharse	to take advantage of	*graduarse*	to graduate
asistir a	to attend	*imponer*	to impose
comportarse	to behave	*influir*	to influence
conseguir	to get	*ingresar*	to enroll
consistir en	to consist of	*intentar*	to try, attempt
dedicarse	to dedicate oneself	*matricular*	to register
discutir	to discuss	*quejarse*	to complain
distraer	to distract	*realizar*	to fulfill
educar	to educate	*repasar*	to review
enseñar	to teach, show	*salir bien*	to do well
entender	to understand	*solicitar*	to apply
		suspender, reprobar	to fail

Modismos

dictar (una clase)	to give (a class) (una conferencia = a lecture)	*presentarse a*	to apply for
		presentarse al examen	to take an exam
estar cansado	to be tired	*prestar atención*	to pay attention
estudiar mucho	to study hard	*sacar (buenas)*	to get (good)
ganarse la vida	to earn a living	*notas*	grades (malas notas = bad grades)
hacer una pregunta	to ask a question		
interesarse por	to be interested in	*tener éxito*	to be successful
llamar la atención	to call one's attention to	*tomar apuntes*	to take notes

Adjetivos

aburrido	boring	extracurricular	extracurricular
agotado	worn out	infatigable	untiring
alternativo	alternative	llamativo	eye-catching
analfabeto	illiterate	ocioso	lazy, slothful
anticuado	ancient, old	optativo	elective
antipático	mean	perezoso	lazy
aplicado, trabajador	hard working	predilecto	favorite
cotidiano	daily	satisfecho	satisfied
divertido	fun	simpático	nice
emocionante	exciting	social	social
estudiantil	student	torpe	dense
estupendo	great	tranquilo	quiet
exigente	demanding		

Los edificios

1. ¿Son nuevos o viejos los edificios de su escuela? Descríbalos.
2. ¿Es muy importante tener edificios muy modernos o no? ¿Por qué?
3. Dé Ud instrucciones para llegar a su casa de su escuela.
4. Dé Ud. instrucciones a sus padres para llegar al aula en que se reúne su primera clase del día.
5. Si uno se enferma en la escuela, ¿adónde se va para recibir atención?
6. Describa Ud. la cafetería de su escuela. ¿Es adecuada o no?
7. Frecuentemente se dice que la comida en las cafeterías de las escuelas no es buena. ¿Por qué no les gusta a muchos estudiantes comer en las cafeterías?
8. ¿Qué recomienda Ud. para mejorar la oferta de comida en la cafetería?
9. ¿Cómo es su escuela? ¿Grande? ¿Pequeña? ¿Cuántos estudiantes tiene, aproximadamente? ¿Cuántos profesores? Describa Ud. su escuela en detalle.
10. ¿Cuáles son algunas ventajas de las escuelas grandes? ¿Desventajas?
11. ¿Cuáles son las ventajas de escuelas pequeñas? ¿Desventajas?
12. ¿Qué tipo de ambiente tiene una escuela con edificios viejos?
13. Si fuera Ud. arquitecto encargado de diseñar un escuela nueva, ¿cómo mejoraría Ud. el planeamiento de los edificios?
14. Si Ud. entrara en una escuela con dibujos por todas las paredes y suelos sucios, ¿qué pensaría del lugar?

Las escuelas nuevas y las viejas

15. ¿Cómo son diferentes las escuelas modernas de las de sus padres?
16. ¿Cree Ud. que las escuelas modernas son mejores que las de sus padres?
17. ¿Qué necesitaban estudiar sus padres para conseguir trabajo después de la escuela?

18. ¿Cómo ha cambiado la materia que se enseña en la escuelas modernas?
19. ¿Cuál debe ser el papel de los padres en las escuelas superiores?
20. ¿Qué conflictos hay a veces en las escuelas entre los intereses de los padres y la comunidad?
21. Hay una tendencia en ciertas comunidades de permitir que las compañías privadas manejen los negocios de las escuelas públicas. ¿Qué opina Ud. de dejar a una compañía privada que maneje una escuela?

Tipos de escuelas

22. ¿Cree Ud. que es buena idea tener escuelas distintas para los muchachos y las muchachas? ¿Por qué?
23. ¿Cuáles son las diferencias entre las escuelas públicas y las privadas?
24. ¿Cuáles son las ventajas y desventajas de las escuelas públicas?
25. ¿Cree Ud. que es mejor tener mucha diversidad de estudiantes en una escuela o es mejor un grupo más homogéneo?
26. ¿Qué se puede hacer para asegurar la diversidad de estudiantes en su escuela?
27. Si pudiera escoger a cualquier escuela a que asistir, ¿a cuál escogería? ¿Por qué?

Las clases

28. ¿Cómo son sus clases? ¿Cuántos estudiantes hay en ellas?
29. ¿Por qué se aburren muchos estudiantes en sus clases?
30. ¿Goza Ud. de mucho éxito académico en sus estudios?
31. ¿Cuál es la clase más difícil para Ud.? ¿Por qué?
32. ¿Cuál es la clase más fácil?
33. ¿Por qué son más fáciles algunas clases que otras?
34. ¿Qué puede Ud. hacer para mejorar sus notas en la escuela?
35. ¿Tienen los estudiantes de su escuela que hacer muchas tareas por la noche?
36. ¿Cuánto tiempo deben los estudiantes dedicar a los estudios cada noche?
37. Describa Ud. la mejor manera de estudiar para un examen importante.
38. ¿Qué significan las notas que los estudiantes reciben en su escuela?
39. Si un estudiante está suspendiendo una clase, ¿cree Ud. que los padres deben poder exigirle enfocar más en los estudios y quitarle algunos privilegios?
40. ¿Cree Ud. que se debe aprobar a los estudiantes que no sepan la materia en los cursos? ¿Por qué sí o no?
41. Si Ud. fuera director de una escuela y se le presentara un padre que quería que su hijo aprobara un curso sin haber hecho nada, ¿qué haría Ud.?
42. Si Ud. fuera profesor o profesora de una clase de matemáticas y un estudiante estuviese suspendiendo el curso, ¿qué le aconsejaría?
43. Comente Ud. sobre la presión para sacar buenas notas en su escuela.
44. ¿Por qué es más difícil aprender en algunas clases y no en otras?
45. ¿Qué les distrae más a los estudiantes en una clase?
46. ¿Cuáles son las ventajas de tener un código de vestimenta en la escuela?
47. ¿Por qué es importante aprender y saber leer aun cuando todo el mundo aprende tanto de las imágenes visuales ahora?
48. ¿Cree Ud. que las escuelas deben ofrecer cursos tratando problemas sociales, como el SIDA, el abuso de las drogas, etc.? Explique.
49. En muchas escuelas secundarias, menos muchachas que muchachos siguen estudios de matemáticas y ciencias. ¿Por qué?
50. ¿Cree Ud. que los muchachos reciben más atención del profesor o profesora que las muchachas? Explique por qué cree Ud. que sí o que no.

51. ¿Quiénes deben determinar los temas a estudiarse de las escuelas, los estudiantes, los padres, los profesores, o un comité comunal de educación? ¿Por qué?
52. ¿De qué se quejan más los estudiantes de su escuela?

Actividades extracurriculares

53. ¿En qué actividades extracurriculares participa Ud.?
54. ¿Son muy importantes los deportes en su escuela?
55. ¿Son demasiado importantes los deportes en su escuela? ¿Por qué piensa Ud. que sí o que no?
56. ¿Hay un programa de bellas artes en su escuela?
57. Describa Ud. la actividad extracurricular más importante de su escuela.
58. ¿Tiene su escuela muchos bailes? Descríbalos.
59. ¿Tienen un trabajo muchos de los estudiantes después de las clases?
60. ¿Qué se aprende en las actividades extracurriculares que no se aprende en las clases?

Escuela primaria

61. ¿Recuerda Ud. el día en que ingresó en la escuela primaria? Cuente lo que recuerda.
62. ¿Tiene Ud. buenas memorias del primer año de la escuela primaria? Descríbalo.
63. ¿Cómo fue la profesora del primer año?
64. ¿Quién era su mejor amigo de la escuela primaria?
65. ¿Cuál era su materia favorita en la escuela primaria? ¿Por qué?
66. ¿Cree Ud. que podría ser un maestro o maestra tan bueno como su maestra o maestro favorito?

La universidad

67. ¿Por qué quieren tantos estudiantes asistir a la universidad ahora?
68. ¿Cómo tiene que prepararse para poder matricularse en la universidad?
69. ¿Por qué es tan difícil conseguir una beca para la universidad para muchos estudiantes?
70. ¿Qué cualidades buscan las universidades en los solicitantes de becas?
71. ¿Por qué cree Ud. que la educación universitaria cuesta tanto hoy día?
72. ¿Cuál debe ser el papel de los deportes en la universidad?
73. ¿Qué es lo que le influiría más en la selección de una universidad?
74. ¿Cree Ud. que ha recibido buena preparación para los estudios universitarios? Explique.
75. Si pudiera escoger a cualquier universidad para matricularse, ¿cuál sería? ¿Por qué?
76. ¿Cree Ud. que la educación universitaria vale todo lo que cuesta hoy día? ¿Por qué?
77. ¿Defiende Ud. la libertad académica en las universidades? ¿Debe una persona tener el derecho de decir lo que se le antoje?

La tecnología y la educación

78. ¿Cuál ha sido el efecto de la tecnología en la educación?
79. ¿Cómo será la escuela del año 2010?
80. ¿Cuáles son algunas de las ventajas de usar computadoras en las aulas de las escuelas?
81. ¿Cree Ud. que se puede sustituir las computadoras por los profesores en las salas de clase? ¿Cómo?
82. ¿Cómo ha cambiado el propósito de las escuelas hoy día?
83. Describa Ud. su escuela ideal.
84. Si los estudiantes del futuro pudieran sentarse en casa y estudiar sus lecciones por medio de la tecnología moderna, con teléfono y televisión, ¿qué necesidad habría para las escuelas tal como las conocemos hoy?
85. Se dice que en el futuro no se necesitaría saber nada, sino tan sólo saber cómo y dónde buscar lo que se necesita. ¿Qué opina Ud.?
86. ¿Cuál ha sido el efecto de la televisión en la enseñanza y las maneras en que aprenden los chicos?

La facultad y administración

87. ¿Quién es su profesor predilecto? ¿Por qué?
88. Describa Ud. el mejor profesor o la mejor profesora de su carrera estudiantil.
89. ¿Qué características tienen los profesores buenos?
90. ¿Por qué hay más mujeres que enseñan que hombres?
91. ¿Le gustaría ser director de una escuela secundaria? Explique cómo podría ser buen director.
92. ¿Cuánto tiempo hace que Ud. se encontró con un profesor que no le gustó? ¿Qué hizo Ud. para resolver su problema?
93. Muchas veces en las escuelas grandes los directores parecen no enterarse bien de los asuntos cotidianos de la escuela. ¿Qué resultados tiene esta situación?

La enseñanza

94. Para poder gozar de mucho éxito en la vida ¿se necesita más una educación buena o la experiencia práctica? ¿Por qué?
95. ¿Por qué cree Ud. que la buena educación es importante?
96. ¿Cuál debe ser el propósito de las escuelas? ¿Deben tratar de enseñar valores?
97. ¿Cree Ud. que la libertad académica le da al estudiante o profesor el derecho de decir cualquier cosa?
98. ¿Se debe enseñar ideas y conceptos controvertibles en las escuelas?
99. Actualmente a muchas escuelas les faltan los fondos para desarrollar un programa adecuado y así preparar a sus estudiantes para el futuro. ¿Qué deberían esas escuelas poder hacer para mejorar sus programas y para atraer mejores profesores?

Los compañeros de clase

100. Describa Ud. a sus mejores amigos en la escuela.
101. ¿Cuál es la ventaja de tener amigos que no asisten a la misma escuela que Ud.?
102. ¿Asiste Ud. a muchas actividades de escuela con sus amigos? ¿Cuáles?
103. ¿Qué características determinan quiénes serán los estudiantes más populares en su escuela?
104. Describa Ud. el gobierno estudiantil en su escuela.
105. ¿Cree Ud. que es más importante ser inteligente o popular?
106. ¿Sería fácil o difícil acostumbrarse a las rutinas de su escuela para un nuevo estudiante? ¿Por qué?
107. Cuando por primera vez llega un nuevo estudiante a una nueva escuela, ¿qué le aconsejaría para hacer nuevas amistades?
108. ¿Cuál ha sido la experiencia más inolvidable que le haya sucedido en la escuela?
109. Ud. tiene la oportunidad de regresar a una reunión de graduados de su escuela secundaria. ¿A quién o qué le gustaría ver más? ¿Por qué?

La disciplina en las escuelas

110. ¿Por qué se rebelan tanto muchos estudiantes contra los dictámenes de la vieja generación?
111. ¿Hay problemas en su escuela con la disciplina? ¿Cómo sería posible mantener buena disciplina en la escuela sin violar los derechos personales de los estudiantes?
112. ¿Cómo se debe castigar a los estudiantes que desobedecen la autoridad de los profesores y a los directores de la escuela?
113. ¿Qué derechos deben los estudiantes tener en una escuela?

III. El ocio

Sustantivos

las amistades	friendships	*la función*	show
la atracción	attraction	*el lujo*	luxury
la aventura	adventure	*el ocio*	leisure
la banda	band	*la orquesta*	orchestra
la ciencia ficción	science fiction	*el pasatiempo*	pastime
el cine	the movies	*la película*	a film
la competencia	contest, match	*la revista*	magazine
el concierto	concert	*la sinfonía*	symphony
la entrada	ticket	*el teatro*	theater
el entretenimiento	entertainment	*el video*	video
el espectáculo	show	*el videocasete*	videocassette
la estrella	star	*la videograbadora*	video camera

Verbos

aplaudir	to clap, to applaud	*fatigarse*	to wear out
descansar	to rest	*gozar de*	to enjoy
distraerse	to amuse oneself	*oír*	to hear
divertirse	to have a good time	*regocijar*	to delight
entretener	to entertain	*reírse*	to laugh
escuchar	to listen to	*relajarse*	to relax
estrenar	to show	*tocar*	to play music

Adjetivos

aburrido	boring	*lento*	slow
atrevido	daring	*maravilloso*	marvelous
cómico	funny	*pavoroso*	frightening
diverso	diverse	*relajado*	relaxed
divertido	fun, amusing	*sorprendente*	surprising
emocionante	moving	*soso*	dull
estelar	stellar	*vivaz*	lively
juvenil	juvenile		

En general

1. ¿Qué hace Ud. para relajarse?
2. ¿Por qué es tan importante el ocio para mucha gente hoy?
3. ¿Qué tipo de entretenimiento le gusta más? ¿Por qué?
4. Si tuviera un día libre inesperado de la escuela, ¿qué haría Ud.?
5. ¿Cree Ud. que para divertirse es necesario gastar mucho dinero?
6. Describa Ud. una actividad que a Ud. le gusta hacer que no cuesta mucho dinero.
7. ¿Cuál ha sido la experiencia más divertida para Ud.?
8. ¿Cuál es la diferencia entre los entretenimientos de los niños pequeños y los adolescentes?
9. ¿Cómo cambia la manera de divertirse a medida que crece un joven?
10. Para relajarse durante las vacaciones, ¿qué hace Ud.?
11. ¿Qué tipo de actividad le gusta hacer fuera de la casa?
12. ¿Cuáles son algunas de las actividades o deportes populares en la playa?
13. ¿Cuáles son algunas de las maneras de disfrutar de las vacaciones en las montañas?
14. ¿Cómo ha cambiado la tecnología la manera en que uno se divierte hoy en día?

15. Como resultado de los avances de la tecnología muchas de las actividades son actividades solitarias. ¿Qué se pierde con este tipo de actividad? ¿Es bueno o malo?
16. Los pasatiempos solitarios resultan en cierto ensimismamiento de la persona que participa en ellos. ¿Es buena o mala esta tendencia a la soledad?
17. ¿Cuál sería la actividad más divertida que Ud. podría imaginar?
18. Si sus padres no estuvieran en casa, ¿sería buena idea tener una fiesta sin que estuvieran ellos? ¿Por qué?
19. Muchos muchachos pasan mucho tiempo hablando por teléfono para relajarse. ¿Qué discuten?
20. ¿Cree Ud. que hay una diferencia entre lo que discuten las muchachas de lo que discuten los muchachos? ¿Cuál?

Las lecturas

21. ¿Prefiere Ud. leer periódicos o revistas o mirar programas de televisión para entretenerse?
22. ¿Lee Ud. revistas de vez en cuando? ¿Qué tipo lee?
23. ¿Cree Ud. que si las revistas fueran emitidas por medios electrónicos, más gente las leería?
24. ¿Hay un protocolo que determina quién llama a quién cuando un muchacho quiere salir con una muchacha? ¿Debe una muchacha llamar a un muchacho?
25. ¿Cómo han cambiado las normas sociales para los jóvenes de hoy?
26. ¿Cuánto tiempo pasa Ud. hablando por teléfono con sus amigos?
27. Cuando una pareja sale para cenar en un restaurante elegante, ¿quién debe pagar la cuenta?

La música

28. Hay muchos tipos de conciertos: conciertos de cantantes, de grupos de rock, de orquestas filarmónicas. ¿Qué tipo le gusta? Explique.
29. ¿Qué valor tienen las lecciones de música para los jóvenes? ¿Cómo puede ser pasatiempo la música?
30. ¿Cuáles son algunos de los instrumentos de una orquesta sinfónica?
31. Describa Ud. la diferencia entre la música clásica y la música popular, de rock u otro tipo.

Las películas

32. ¿Cree Ud. que se debe tener censura de películas para los jóvenes?
33. ¿Cuál fue la película más emocionante que Ud. haya visto? Descríbala.
34. Se dice que a los jóvenes les gustan las películas de acción, aventura, o ciencia ficción más que otro tipo. ¿Cree Ud. que hay una diferencia entre el tipo de película que atrae a los varones y el que atrae a las muchachas? Explique.

35. ¿Quiénes son sus actores y actrices favoritos? ¿En qué películas se destacaron?

36. ¿Qué tipo de película prefiere Ud.? ¿Por qué?

37. Si Ud. fuera director de películas, ¿a qué actor o actriz le gustaría contratar?

38. ¿Qué tipo de película le gustaría rodar si pudiera hacer cualquier tipo? ¿Por qué?

39. ¿Lee Ud. muchas revistas o mira muchos programas que enfocan en las vidas de las estrellas del cine?

40. ¿Por qué les atraen tanto a tantas personas todos los detalles de las vidas privadas de las estrellas?

41. ¿Por qué cree Ud. que las estrellas de la pantalla son tan admiradas por las jóvenes?

42. ¿Cree Ud. que los actores y las actrices son admirados por las mismas razones? Comente por qué.

43. ¿Cómo son diferentes las películas modernas de las de hace treinta o cuarenta años atrás?

44. Si fuera actor o actriz, ¿habrá unos tipos de escenas que no haría? ¿Cuáles y por qué?

Televisión

45. Se dice que muchos programas noticieros se parecen más a programas de entretenimiento que de noticias. ¿Está Ud. de acuerdo o no? ¿Por qué?

46. ¿Qué revelan los programas de televisión de los valores de la sociedad?

47. Muchos critican que hoy hay menos diferencia entre la realidad y la fantasía en la televisión. ¿Qué opina Ud.? ¿Por qué?

48. Al mirar programas de otras culturas se nota que hay una diferencia entre el contenido y el estilo de presentar la materia visualmente. ¿Por qué?

49. ¿Qué pasará al cine como negocio cuando se pueda mirar todas las películas en la televisión en su propia casa?

50. ¿Por qué son tan divertidos los vídeos para los jóvenes hoy?

51. ¿Qué atracción tienen los programas de MTV?

52. ¿Qué se aprende mirando la televisión?

53. ¿Qué tipos de habilidades se desarrollan mirando la televisión?

54. ¿Cree Ud. que es posible utilizar la televisión mejor para educar a la población? ¿Cómo?

55. Se dice que el tipo de programa que ve un joven influye mucho sobre su personalidad. ¿Está Ud. de acuerdo o no? ¿Por qué?

56. Muchos jóvenes no miran mucho la televisión hoy en día. ¿Qué hacen en vez de mirarla?

57. ¿Cuál es la diferencia entre ver la televisión y pasar horas en la red, mirando la pantalla de su computadora?

IV. Las amistades

Sustantivos

la amistad	friendship	*la confianza*	trust

Verbos

aconsejar	to advise	*cuidarse de*	to take care of
aguantar	to tolerate	*desear*	to desire, to wish
apoyar	to support	*envidiar*	to envy
codiciar	to covet	*extrañar*	to miss
comportarse	to behave	*llevarse (bien)*	to get along with
confiar, contar con	to trust, count on	*mentir*	to lie
		odiar	to hate
crecer	to grow	*preocuparse*	to worry

Modismos

contar con	to count on	*tener celos*	to be jealous
echar de menos	to miss		

Adjetivos

afectuoso	affectionate	*manso*	gentle
bello	beautiful	*mayor*	older
cariñoso	caring	*mejor*	best
codicioso	jealous	*menor*	younger
comprensivo	understanding	*mezquino*	mean
confiable	trustworthy	*mutuo*	mutual
egoísta	self-centered	*peor*	worst
feo	ugly	*sensato*	reasonable
fiel	loyal	*simpático*	nice
íntimo	intimate, close	*sincero*	sincere
lisonjero	flattering	*vivaz*	vivacious

Sus amigos

1. Describa Ud. a su mejor amigo. ¿Cómo es?
2. ¿Qué características se destacan en un amigo bueno?
3. ¿Cree Ud. que a menudo se buscan características diferentes en las amigas que en los amigos? ¿Por qué?
4. Cuándo Ud. y su mejor amigo no están de acuerdo, ¿cómo resuelven sus problemas?
5. ¿Cuál sería la única cosa que haría su mejor amigo que Ud. no perdonaría?
6. Si pensara Ud. que su mejor amigo le mintió, ¿cómo reaccionaría?
7. Si su mejor amigo le pidiera revelar un secreto que otra persona le había dicho, ¿se lo revelaría? ¿Por qué?
8. Si su mejor amigo le pide hacer algo que no quiere hacer, ¿qué hará?
9. ¿Dónde se reúne con sus amigos? ¿Por qué han Uds. escogido ese lugar?
10. ¿Le gusta a Ud. que vengan sus amigos a su casa, o prefiere Ud. visitarlos en sus casas? ¿Por qué?
11. ¿Cómo se puede mantener la amistad con alguien si a los padres de Ud. él o ella no les gusta?

Las amistades

12. ¿Cuáles son los beneficios de tener muchos amigos?
13. ¿Es necesario tener muchos amigos para estar contento?
14. ¿Cuánto influye la ropa en las primeras impresiones?
15. ¿Por qué tienen algunas personas celos de sus amigos?
16. ¿Cómo trata Ud. a una persona a quién no puede aguantar?
17. Muchas veces entre los adolescentes hay una tendencia de buscar amistades sólo de entre los contemporáneos. ¿Qué ventajas hay de tener amigos de otras generaciones y de otras escuelas?
18. Muchas veces se ve que las personas que son buenos amigos cuando son jóvenes no lo son al llegar a su adolescencia. ¿Por qué cree Ud. que es normal cambiar los amigos al entrar en una nueva etapa de la vida?
19. Si Ud. fuera consejero o consejera de adolescentes, ¿qué consejos le daría a un joven que no tiene muchos amigos para que pueda encontrar a algún amigo nuevo?
20. ¿Cómo se puede mantener una amistad a larga distancia?

V. El trabajo

Sustantivos

la carrera	career	la huelga	strike
el comerciante	retailer	el jefe	boss
el dueño, el propietario	owner	el juez	judge
el empleo, el trabajo	work	el líder	leader
la entrevista	interview	la manifestación	demonstration
la fábrica	factory	el negocio	business
la ficha	token	el obrero	worker
el formulario	form	el sindicato	union
el gerente	manager	la solicitud	application
		el sueldo	pay
		el taller	shop

Profesiones y Vocaciones

el abogado	lawyer	el mecánico	mechanic
el alcalde	mayor	el médico, doctor	doctor
el atleta	athlete	el ministro	minister
el basurero	garbage collector	la niñera	babysitter
el bombero	firefighter	el obrero	worker
el campesino	farmer	el panadero	baker
el carnicero	butcher	el párroco	priest
el carpintero	carpenter	el periodista	journalist
el comerciante	merchant	el piloto	pilot
el concejal	council member	el plomero	plumber
la criada	maid	el policía	police officer
el director	director	el redactor	editor
la enfermera	nurse	el reportero	reporter
el fotógrafo	photographer	el sacerdote	priest
el funcionario	civil servant	la secretaria	secretary
el ingeniero	engineer	el soldado	soldier
el marinero	sailor	el trapero	rag picker

Verbos

aprovecharse	to take advantage of		*llenar*	to fill
			lograr	to achieve
avanzar	to advance		*negociar*	to negotiate
conseguir	to get		*obtener*	to obtain
contratar	to hire		*rechazar*	to reject
despedir	to fire		*rellenar*	to fill out
entrevistar	to interview		*trabajar*	to work

Modismos

ganarse la vida	earn a living

Para conseguir un trabajo

1. ¿Cómo puede una agencia de trabajos ayudar en la búsqueda de empleo?
2. ¿Dónde se puede encontrar noticias de puestos vacantes?
3. ¿Qué tipo de datos se preguntan en formularios de solicitud?
4. ¿Ha sido Ud. entrevistado alguna vez para una posición? Describa Ud. la experiencia.
5. ¿Tiene Ud. un trabajo después de las clases? Si lo tiene, descríbalo.
6. ¿Es difícil para los jóvenes conseguir trabajo? ¿Por qué?
7. ¿Qué se necesita saber para poder avanzar en el empleo?
8. ¿Cómo influye un empleo después de las clases sobre los estudios en la escuela?

Trabajos para el futuro

9. ¿Cree Ud. que una educación debe solamente prepararle para conseguir un empleo después de graduarse?
10. ¿Cuán diferentes serán los trabajos del futuro de los de hoy?
11. ¿Cree Ud. que será posible hacer todo el trabajo en computadoras en la casa en el futuro?

La entrevista

12. ¿Qué sería lo más difícil de pedir al solicitarse una posición con una compañía?
13. En una entrevista para un empleo, ¿cómo se puede preparar para tener éxito?
14. En una entrevista ¿cómo respondería si se le preguntara algo sobre un tema que por razones religiosas o personales Ud. no puede responder?
15. ¿Cómo se debe vestirse para entrevistarse?
16. Si fuera Ud. director de una empresa, ¿contrataría Ud. a una persona que no se presentara bien?

Las carreras

17. ¿Qué quería Ud. ser cuando era pequeño? ¿Por qué?
18. ¿Por qué les impresionan tanto a los niños pequeños los oficios de bombero, policía o cartero?
19. ¿Cuál es la diferencia entre una carrera y un empleo cualquiera?
20. ¿Qué carrera quiere Ud. seguir? ¿Por qué?
21. ¿Cuál debe ser la base para escoger una carrera?
22. ¿Qué carreras serán más necesarias en el futuro?
23. Si el único empleo posible fuera con una compañía el responsable de gran abuso del medio ambiente, ¿trabajaría para ella?
24. ¿Cómo se diferencian los trabajos actuales de los de hace cincuenta años?
25. ¿Cuáles son las responsabilidades de una empresa para con sus empleados? ¿Viceversa?
26. ¿Qué papel tienen los sindicatos en las industrias modernas?
27. Si trabajara con una compañía cuyos empleados se declararon en huelga, ¿les daría su apoyo o no? ¿Por qué?
28. ¿Cómo sería su jefe o gerente idóneo?
29. Si Ud. estuviera encargado de la supervisión de una oficina, ¿qué tipo de jefe sería? ¿Sería comprensivo? ¿Sería exigente?
30. Si tuviera un empleado que no hacía el trabajo bien, ¿qué haría Ud. para resolver el problema?
31. Si Ud. fuera el gerente de una empresa, ¿cómo sería su empleado ideal?
32. ¿Hay algún tipo de trabajo que rechazaría si necesitara trabajo? ¿Cuál? ¿Por qué?
33. ¿Debe el gobierno garantizar empleo para todos? Comente Ud.

VI. La salud

Sustantivos

el aliento	breath	la lengua	tongue
el antibiótico	antibiotics	la mano	hand
la aspirina	aspirin	la medicina	medicine
el bigote	beard	el médico, el doctor	doctor
la boca	mouth	la mejilla	cheek
el brazo	arm	la muñeca	wrist
el cabello	hair (head)	las nalgas	hips
la cabeza	head	la nariz	nose
las caderas	hips	los oídos	ears (inner)
el cáncer	cancer	los ojos	eyes
la cara, el rostro	face	las orejas	ears
el catarro	cold	los párpados	eyelashes
las cejas	eyebrows	las pastillas	pills
el cinturón	waist	las píldoras	pills
la columna vertebral	spine	el pecho	chest, breast
el cuello	neck	el pie	foot
el cuerpo	body	la pierna	leg
la cura	cure	el pelo	hair (body)
el curandero	healer	la receta	prescription
los dedos	fingers, toes	el régimen, la dieta	diet
los dientes	teeth	el remedio	remedy
el dolor	pain	el resfriado	cold
la enfermedad	illness	la rodilla	knees
la espalda	back	la salud	health
la fiebre	fever	el talón	heel
la frente	forehead	la temperatura	temperature
la garganta	throat	el tobillo	ankle
los hombros	shoulders	el torso	torso
el hospital	hospital	el yeso	plaster cast
la inyección	injection, shot		

Verbos

atender	to attend	*mantenerse*	to keep in
auscultar	to listen to (heart)	*mejorarse*	to get better
		morir	to die
bostezar	to yawn	*operar*	to operate
cuidar	to care for	*padecer*	to suffer
doler	to ache, hurt	*ponerse*	to become
ejercer	to exercise	*recuperar*	to recuperate
empeorar	to get worse	*respirar*	to breathe
enfermarse	to get sick	*romper*	to break
estornudar	to sneeze	*sentirse*	to feel
fallecer	to die	*sufrir*	to suffer
fracturar	to break	*toser*	to cough
lastimarse	to get hurt		

Adjetivos

consciente	conscious	*peligroso*	dangerous
eficaz	effective	*roto*	broken
grave	serious	*sano*	healthy
manso	gentle		

Modismos

guardar cama	to stay in bed

La buena salud

1. ¿Cómo se mantiene de buena salud?
2. ¿Se preocupan mucho los jóvenes hoy de la salud o no? Explique.
3. ¿Es buena idea hacer ejercicio para mantener la buena salud? ¿Por qué? ¿Qué tipo de ejercicios es mejor? ¿Qué le recomendaría a un amigo que haga para mantenerse en buena salud?
4. Se ha dicho que muchos jóvenes no se ejercitan bastante. ¿Qué condiciones o situaciones contribuyen a la falta de ejercicio entre los adolescentes?
5. Si tuviera una invitación para participar en un juego deportivo o pasar dos horas en una actividad pasiva, como leer un libro, mirar la televisión o hablar en el teléfono, ¿cuál haría? ¿Por que?

6. ¿Quiénes se preocupan más de su salud?
7. ¿Qué peligros hay para las muchachas que quieren parecerse a modelos de moda que se ven en revistas para las jóvenes de hoy?
8. ¿Qué se debe enseñar de la salud en los cursos de salud en las escuelas?
9. ¿Dónde se aprende lo que se necesita saber para mantenerse de buena salud?
10. ¿En qué consiste una comida saludable?
11. ¿Cuáles son las influencias de la dieta en la salud?
12. ¿Por qué es muy difícil cambiar los gustos de los jóvenes en cuanto a la comida?
13. ¿Por qué les gusta a tantos jóvenes comer mucho azúcar?
14. ¿Por qué no es bueno comer mucho azúcar?
15. ¿Por qué no comen bien muchos jóvenes?
16. ¿Cuáles con algunos de los cambios que se ven en las costumbres de las familias en cuanto a las comidas?
17. ¿Cree Ud. que la comida que se compra en los supermercados es saludable? Explique.
18. ¿Hay prácticas poco higiénicas en la producción de comida? Comente.
19. ¿Es buena la comida que tienen en la cafetería de su escuela? ¿Por qué sí o no?
20. ¿Le gusta probar platos nuevos? ¿Cómo reacciona, Ud. a la comida exótica?
21. ¿En qué restaurante le gusta comer más? ¿Por qué?
22. ¿Qué tipo de comida no le gusta a Ud.? ¿Por qué?
23. ¿Cree Ud. que los padres deben obligar a los niños a comer comida que no les gusta, como zanahorias?
24. ¿Le gusta cocinar? ¿Qué platos son sus especialidades?
25. ¿Quién debe tener la responsabilidad de comprar y preparar la comida en una casa? ¿Por qué?
26. ¿Cuánta relación hay entre la salud y la personalidad de una persona?
27. ¿Cuánto influyen las actitudes hacia la vida en la salud? ¿Por qué? ¿Puede dar un ejemplo?
28. ¿Qué relación hay entre la salud física y mental?

Las enfermedades

29. Cuando Ud. no se siente bien, ¿qué hace?
30. Cuando Ud. tiene un catarro, ¿qué puede hacer para curarlo?
31. ¿Qué le gusta o no le gusta de esperar en el consultorio del médico?
32. ¿Es el médico que tiene Ud. ahora el mismo que tenía cuando era niño o niña?
33. ¿Le gustaba visitar al médico cuando era niño o niña? ¿Por qué?
34. ¿Cuándo visitó Ud. al médico la última vez? ¿Por qué? Describa Ud. la visita.
35. ¿Por qué es buena idea hacer caso de lo que le dice un médico cuando no se siente bien?
36. ¿Por qué cuesta tanto hoy día recibir buena atención médica?

En el hospital

37. ¿Una vez tuvo que ir al hospital? ¿Por qué?
38. ¿Cómo son las enfermeras en el hospital?
39. Si se le rompiera la pierna, ¿qué haría?
40. ¿Le gusta visitar a los amigos cuando están en el hospital? ¿Por qué?
41. ¿Qué le llevaría Ud. a un amigo en el hospital para animarlo?

VII. La casa

Sustantivos

la acera	sidewalk	*la hierba*	grass
la alcoba	bedroom	*la madera*	wood
la arquitectura	architecture	*la mecedora*	rocking chair
el azulejo	tile	*los muebles*	furniture
el baño	bathroom	*la pared*	wall
el barrio	neighborhood	*el patio*	patio
la buhardilla	attic	*la reja*	grating
la butaca	easy chair	*la sala*	living room
la casa	house	*el sótano*	basement
el cemento	cement	*el suelo*	floor
el césped	lawn	*el techo*	roof
la choza	hut	*la vecindad*	area
la cocina	kitchen	*el vecindario*	neighborhood
el despacho	office	*el vecino*	neighbor
el desván	attic	*la ventana*	window
el diván	sofa	*la verja*	grill
el domicilio	residence	*el vestíbulo*	foyer
el dormitorio	bedroom	*el vidrio*	glass (window)
el edificio	building	*la vivienda*	housing
el estante	bookcase	*el zaguán*	entry

Verbos

construir	to construct	*hervir*	to boil
destruir	to destroy	*lavar*	to wash
fregar	to scrub	*limpiar*	to clean
freír	to fry	*regar*	to water

Adjetivos

arquitectónico	architectural	*impresionante*	impressive
elegante	elegant		

Su casa

1. ¿De qué estilo es la arquitectura de su casa?
2. ¿Cuál es su habitación favorita en casa? ¿Por qué?
3. ¿Cuánto tiempo hace que vive Ud. en su casa? ¿Cómo ha cambiado la casa durante ese tiempo?
4. ¿Comparte Ud. un dormitorio con un hermano o hermana? ¿Qué problemas habría entre hermanos que comparten un dormitorio?
5. ¿Tiene su casa un sótano? Descríbalo.
6. ¿Tiene su casa una buhardilla? ¿Qué hay en la buhardilla?
7. Cuándo era niño, ¿dónde jugaba más en su casa?
8. Cuando Ud. era niño, ¿había algunas habitaciones prohibidas? ¿Por qué?
9. A muchos adolescentes no les gusta pasar mucho tiempo en casa. ¿Dónde pasaría Ud. el tiempo en vez de su casa?
10. ¿Le gusta a Ud. el barrio en que vive? ¿Por qué? Si quisiera vivir en otro barrio, ¿dónde le gustaría vivir?
11. Si pudiera cambiar algún aspecto de su casa, ¿cuál sería?
12. ¿Cómo sería su casa ideal? Descríbala en detalle.

La vivienda

13. ¿Por qué necesitan unas personas una casa de un solo piso?
14. Describa Ud. cómo ha adornado las paredes de su casa.
15. En su barrio o vecindario, ¿son iguales arquitectónicamente todas las casas, o son diferentes? ¿Cómo?
16. ¿Cómo son semejantes o diferentes las casas de su barrio?
17. ¿Cuáles son las ventajas de una casa en la ciudad en vez del campo?
18. ¿Cuáles son algunas de las desventajas de vivir en la ciudad? ¿Cuáles son las ventajas de vivir en el campo?
19. ¿Cuáles son las desventajas de vivir en el campo?
20. ¿Qué problemas hay con ser dueño de su propia casa?
21. ¿Por qué cuesta mucho mantener una casa?
22. ¿Cuáles son algunas de las ventajas de alquilar una casa en vez de ser propietario?

La arquitectura

23. ¿Qué revelan las preferencias artísticas y la arquitectura en cuanto a la personalidad de una familia?
24. ¿Cómo influyen los colores de las paredes en las actitudes o las emociones de los habitantes de la casa?
25. ¿Por qué hay tanta diferencia entre la arquitectura de las casas de varias regiones del país?
26. ¿Cómo son diferentes los estilos arquitectónicos de las casas en otros países?
27. ¿Qué determina el material de que se construye una casa?
28. ¿Cuáles son algunos de los mejoramientos de las casas modernas?
29. Si Ud. fuera arquitecto, ¿en qué parte de la casa pondría Ud. el garaje? ¿En frente? ¿Detrás? ¿Al lado? ¿Por qué?
30. ¿Qué tipos de aparatos se necesitan en una cocina para preparar la comida?
31. En muchas casas la cocina es la habitación más usada por la familia. ¿Por qué?
32. ¿Cómo se diferencian las cocinas de las casas modernas de las viejas?
33. ¿Cómo se diferencian las casas viejas de las casas modernas? ¿Qué cuarto ha cambiado más?
34. ¿Para qué sirve un garaje además de guardar un coche o varios coches?
35. ¿Cómo se diferencian las casas de vacaciones de las casas en que se vive todo el año?

Responsabilidades caseras

36. ¿Cuáles son algunos de los aparatos que se usan para limpiar en la casa?
37. ¿De dónde vendrá todo el polvo en una casa?
38. ¿Por qué se debe limpiar la casa frecuentemente?
39. Si Ud. tuviera una persona para limpiar la casa, ¿cómo le explicaría el uso de la aspiradora o el lavaplatos?
40. ¿Tiene Ud. que cortar la hierba? ¿Deben los padres pagar a los jóvenes que hacen tal tipo de trabajo para la familia?
41. ¿Qué problemas presenta una casa en un lugar con mucha hierba y césped?
42. ¿Deben los padres pagar a sus hijos por ayudar con las tareas domésticas?
43. ¿Qué responsabilidades deben tener los chicos en casa? ¿Por qué?

VIII. Las relaciones

Sustantivos

el parentesco	lineage	*el vínculo*	tie
los parientes	relatives		

Verbos

aguantar	to tolerate	*envidiar*	to envy
aislar	to isolate	*influir*	to influence
amparar	to help	*mantener*	to maintain
apoyar	to support	*ofender*	to offend
atrever	to dare	*querer*	to love, to wish
confiar	to confide	*reaccionar*	to react
confiar en	to trust	*relacionar*	to relate
enajenar	to alienate	*socorrer*	to help

Adjetivos

amistoso	friendly	*cariñoso*	loving

Modismos

contar con	to count on	*estrechar las relaciones*	to become closer

Relaciones entre miembros de la familia

1. ¿En quién puede Ud. confiar más, un miembro de su familia o un amigo?
2. ¿Cómo se diferencian las relaciones entre amigos y miembros de una familia?
3. ¿Qué les aconsejaría a unos hermanos que se riñen todo el tiempo?
4. ¿Por qué hay adolescentes aislados de sus padres?
5. ¿Por qué tienen algunos adolescentes problemas de comunicación con sus padres?
6. ¿Cómo cambia la relación con los padres si falta el padre o la madre en la familia?
7. Actualmente muchas familias son más pequeñas que antes. ¿Cómo han cambiado las relaciones familiares entre las familias más pequeñas?
8. ¿Por qué es difícil mantener las buenas relaciones con parientes que viven lejos?
9. ¿Cree Ud. que es natural que las relaciones con algunos parientes son mejores que con otros? ¿Por qué?
10. ¿Cómo se pueden estrechar las relaciones entre su familia y sus parientes que viven lejos?

Relaciones entre amigos

11. Describa el comportamiento apropiado para mostrar respeto a un amigo.
12. ¿Cree Ud. que es fácil o difícil hacerse amigo de una persona muy diferente que Ud.? ¿Por qué?
13. ¿Cree Ud. que es inevitable que algunas personas no puedan portarse bien con otras? ¿Por qué?

Relaciones entre miembros de una comunidad

14. ¿Dónde aprende uno a relacionarse bien con otras personas?
15. ¿Por qué hay tantos problemas en las escuelas entre los distintos grupos étnicos?
16. ¿Qué recomendaría Ud. para mejorar las relaciones entre las razas en las escuelas secundarias de este país?
17. Ud. quiere ser elegido presidente de los estudiantes de su escuela y tiene que dirigirles la palabra en una asamblea. ¿Qué les sugeriría a los estudiantes que hicieran para mejorar las relaciones entre los estudiantes de su escuela?
18. Muchas personas dicen que el énfasis en clubes exclusivos para grupos étnicos subraya las diferencias entre ellos en vez de estimular la cooperación mutua. ¿Qué opina Ud.? ¿Está Ud. de acuerdo? Explique.
19. ¿Cree Ud. que es posible llevarse bien con todo el mundo o no? ¿Por qué?

IX. La ropa

Sustantivos

la blusa	blouse	*la moda*	fashion
el bolsillo	pocket	*los pantalones*	pants
la bufanda	scarf	*los pantalones cortos*	shorts
los calcetines	socks		
la camisa	shirt	*el pañuelo*	handkerchief
la camiseta, el jersey	t-shirt	*el rebozo*	shawl
		la ropa	clothes
la chaqueta	jacket	*el saco*	blazer
el cinturón	belt	*el sombrero*	hat
el estilo	style	*el traje*	suit, dress
la falda	skirt	*el vestido*	suit
la gorra	cap	*los zapatos*	shoes
la manga	sleeve		

Verbos

probarse	to try on	*vestirse*	to dress

Modismos

estar de moda	to be in style	*ir de compras*	to go shopping

Lo que lleva usted

1. ¿Qué tipo de ropa lleva en sus momentos de ocio?
2. ¿Qué tipo de ropa es apropiado para asistir a una ocasión formal? Descríbala Ud.
3. ¿Qué tipo de ropa llevaría para unas vacaciones en la playa? ¿En las montañas y esquiando?
4. Describa Ud. la ropa que lleva a la escuela durante el año escolar.
5. ¿Cree Ud. que los chicos deben usar uniformes en la escuela o no? ¿Por qué?
6. ¿Cuáles son algunas de las ventajas de tener un uniforme para la escuela?
7. ¿Qué llevaría Ud. a la escuela si pudiera llevar cualquier ropa que quisiese?
8. ¿Quién decide qué ropa debe comprar Ud. para la escuela? ¿Por qué?
9. ¿Por qué le gusta o no ir a comprar la ropa con su mamá?
10. ¿Quién debe lavar y planchar su ropa? ¿Por qué?
11. ¿Cómo debe procederse con ropa que ha dejado de usarse?
12. Cuando Ud. crece un poco, y la ropa ya no le cabe bien, ¿qué hace con ella?
13. ¿Le gusta a Ud. llevar colores vivos o no? ¿Por qué?
14. ¿Está muy de moda la ropa que lleva Ud.?

El estilo y la moda

15. ¿Cuál es la diferencia entre el estilo y la moda en cuanto a la ropa?
16. ¿Por qué cree Ud. que se cambian los estilos tanto?
17. ¿Cuál es la relación entre las estaciones y la ropa que se lleva en ellas? Descríbala.
18. Describa Ud. la diferencia entre la ropa que llevaban sus padres cuando eran jóvenes y la que Ud. lleva actualmente.
19. Se dice que es más aceptable vestirse de manera casual actualmente que hace diez o quince años. ¿Cree Ud. que sea así? ¿Por qué?
20. ¿Cree Ud. que la ropa que cuesta más es mejor que la que cuesta menos? ¿Por qué?
21. ¿Cree Ud. que se debe juzgar a otros en base de la ropa que llevan?
22. ¿Qué revela la ropa de la personalidad de la persona que la lleva?
23. ¿Qué se observa del vestido típico de los hombres de negocios? Describa Ud. la ropa de un hombre de negocios.
24. Se dice que las chicas se preocupan más de la ropa que los chicos. ¿Qué opina Ud.? Dé ejemplos para apoyar su opinión.
25. Si una amiga llevara un vestido que no le cae bien, ¿se lo diría o no? ¿Por qué?

X. La comunidad

Sustantivos

el aeropuerto	airport	el estadio	stadium
el alcalde	mayor	el ferrocarril	railroad
la aldea	village	el gobierno	government
el almacén	store, grocery store	la iglesia	church
		la manzana	city block
el apartado postal	P. O. box	la cuadra	block
el autopista	highway	el mercado	market
el ayuntamiento	town council	la parada	bus stop
el banco	bench, bank	el parque	park
el buzón	mailbox	la plaza	plaza (public square)
la caja	box		
la calle	street	el pueblo	town, people
la carretera	highway	el restaurante	restaurant
la casa de correo	post office	el supermercado	supermarket
el centro	downtown	el taller	shop
la elección	election	la tienda	store
la escuela	school	el vecindario, el barrio	neighborhood
la estación	station		

Verbos

gobernar	to govern	votar	to vote
ubicar	to situate, to locate		

Su comunidad

1. ¿Le gusta el lugar donde vive o no? ¿Por qué?
2. ¿Cómo es la ciudad en que vive Ud.? Descríbala.
3. ¿Cuánto tiempo le cuesta ir al almacén más cercano de su casa?
4. ¿Cuál es el parque más bonito de su comunidad?
5. ¿Viene el correo a su casa o tiene un apartado postal?
6. ¿Hay muchos restaurantes elegantes en su pueblo? Describa Ud. el más elegante.
7. ¿Hay muchas iglesias en su comunidad?
8. ¿Es grande el centro en su pueblo o ciudad?
9. ¿Hay una estación del ferrocarril o un aeropuerto en su comunidad? ¿Es grande o pequeño? Descríbalo.

10. ¿Qué tipos de transporte urbano tiene su comunidad? ¿Autobuses? ¿Trenes? ¿Un metro? ¿Cuáles son las ventajas de usarlos?

11. ¿Qué parte de la comunidad es su favorita? ¿Por qué?

12. ¿Tiene su comunidad muchas actividades para los jóvenes durante los veranos? ¿Cuáles son?

13. Generalmente, ¿dónde se reúnen los jóvenes en su comunidad?

14. ¿Dónde está el cine en su comunidad, en el centro o los suburbios?

15. ¿Hay algunas tradiciones especiales en su comunidad? Descríbalas Ud.

16. ¿Qué aspecto de la vida en su comunidad le gusta más?

17. ¿Hay mucha diversidad en su comunidad? ¿Es bueno tener mucha diversidad? ¿Por qué?

18. ¿Es el clima un aspecto de su comunidad que le gusta o no? ¿Por qué?

19. Si Ud. pudiera vivir en otro lugar, ¿dónde querría vivir? ¿Por qué?

20. ¿Qué le molesta más de la vida en su comunidad?

21. ¿Qué problemas hay en su comunidad? ¿Hay lugares deshabitados? ¿Hay mucho desempleo? ¿Hay muchos problemas con contaminación del aire y agua? ¿Hay mucho tráfico?

22. ¿A qué se deben estos problemas?

23. ¿Hay fábricas en su comunidad?

24. ¿Qué efecto tienen las fábricas sobre el medio ambiente de la comunidad?

25. Si una familia se mudara a su comunidad, ¿en qué barrio le recomendaría establecerse? ¿Por qué?

26. Describa el alojamiento que recomendaría a unos turistas llegados a la comunidad y por qué se los recomendaría.

27. Describa Ud. las atracciones más interesantes en su comunidad para algunos visitantes.

28. Describa Ud. las festividades del último día feriado que celebró su comunidad.

29. Cuente Ud. un acontecimiento de la historia de su comunidad que le interesaría a un visitante.

30. Si Ud. saliera de su comunidad y volviera después de cincuenta años, ¿piensa Ud. que habría cambiado? ¿Cómo?

El gobierno local

31. ¿Quién es el alcalde de su comunidad?

32. ¿Es buen alcalde o no? ¿Por qué?

33. ¿Quién es la persona más importante en su comunidad? ¿Por qué es la más importante?

34. ¿Tiene su comunidad un ayuntamiento? ¿Son elegidos los concejales?

35. ¿Qué les recomendaría a los oficiales de su comunidad para mejorar la vida allí?

36. ¿Qué cambiaría de su comunidad, si pudiera?

37. ¿Qué ventajas tienen las ciudades grandes? ¿Qué desventajas?

38. ¿Por qué les gusta a muchas personas vivir en pueblos pequeños?

39. ¿Qué diferencias hay entre las ciudades de las diferentes regiones de los Estados Unidos?

40. Describa Ud. una ciudad grande.

41. ¿Por qué le gustaría o no vivir en una ciudad grande?

Practice for the Oral Examination

(Section II, Part B)

INTERPERSONAL SPEAKING (SIMULATED CONVERSATION)

Description

The objective of the informal speaking part is to provide a sample of speech in a simulated conversation. On the page with the script, you will see a text box with a set of directions. There are two boxes, one in English and another in Spanish. Below the directions you will see two points. Letter A will give you printed information in Spanish about the context of the conversation. The information is given in both Spanish and English. Letter B is the conversation script. To begin the task, you will have 30 seconds to read the outline provided. Next you will hear a message, followed by one minute in which you can read through the outline again. After the one minute has passed, the conversation will be played without pauses. The lines that are recorded are in a shaded box and your part is in an unshaded part. In each case there is a very general description of the kind of information or response that is appropriate. After each time the other person speaks, there will be 20 seconds for you to record your response. There will be five or six places for you to participate in the conversation. At times you may be asked to initiate the conversation in response to a stimulus, such as a telephone ring.

Suggestions

Clearly, there is a wide range of expressions that would be appropriate in each conversation. The conversation cannot be so specific that there is only one correct response or answer to a question. If will be helpful to know a range of expressions that are common in conversations at different points of the talk. For example, if you are asked to give a greeting, you should have a number of them. Pick an expression that would correspond to the context. If you are to talk to a close friend, you would use *tú* in addressing him or her. If it is morning, your would say *Buenos días*, instead of *Buenas noches*. If you are to close the conversation, you can close with any number of expressions, from *Hasta luego* to a more formal kind of closing for a more formal conversation, such as *Gracias por los consejos*, or *Le agradezco mucho por su ayuda*. There will be times for you to express reactions, issue an invitation, make a suggestion, ask a question for additional information or for clarification, or make an observation about a familiar topic. Some of the expressions are short and could be used at the beginning of your response while you formulate what you are going to say. Expressions such as *¡Qué va!, ¡Ni idea!, ¡Qué lata!, ¡Qué idea!, ¡No me digas!, ¡Ni modo!, A ver, bueno pues,* are all exclamations that continue a conversation and fulfill the requirements of the conversation, while at the same time they give you time to think.

In addition to vocabulary, be sure to make a mental note of the grammar you may want to use in the conversation. There may be natural opportunities to use the subjunctive, for example. When you are asked to give a reaction, you can use the subjunctive following a verb of emotion, doubt, or an impersonal expression. When you are asked to make a recommendation, you can use the subjunctive after a verb of volition, such as *querer, recomendar, aconsejar, sugerir,* or *mandar, exigir, requerir,* or the most common one, *pedir.* The grammar you use in the informal speaking part is similar to the kind you would use in the informal writing part of the exam. You might want to quickly review some of the suggestions for grammar from page 391.

In a normal conversation, some hesitation is acceptable, but long pauses while you translate from English to Spanish are going to be obvious. To maintain a natural flow to the conversation, think ahead. When you see that a reaction is called for in the script, you can make a mental note of words to expect to either hear or use. Remember that writing out words or sentences takes time. If you start writing down things to say, you will lose too much of the 30 seconds allotted. When you look at the script before listening to the conversation, make a quick mental note of:

- where the conversation takes place
- with whom you are speaking
- what the main topic is, and
- what kind of information you need to supply in the conversation.

Standard informal and formal greetings should be so familiar to you that you do not need to spend time thinking about them. If you know how to begin and end the conversation, you can focus on the middle part when you review the script before recording your responses. The rest of the topic will be about something every teenager might have in common, so you can anticipate the topics in part, if you think through your own life experiences.

Strategies for completing the informal speaking part of the exam should include the following points:

- Read the outline carefully, especially after reading letter A with the explanation of the context of the conversation.

- Know the instructions so well that you do not have to pay much attention to them so that you can have more time to study the outline of the conversation. The extra time is useful for remembering expressions and structures you may want to use.

- Decide immediately whether to use *tú, Ud.,* or *Uds.*

- Jot down words that you might want to use on the lines in the booklet where you are to speak. For example, if the outline says that you are to thank someone, you can jot down *agradezco,* or if the script calls for you to reject an offer to do something, you could jot down *lo siento que no* (then use the subjunctive). If the outline asks for details, think ahead about words associated with the topic, such terms used in sports, at school, or at a party.

- Try to visualize the person with whom you are speaking. It is easier to talk to someone face to face than on a telephone.

- If you do not understand a sentence that you hear, pick one word that you may have understood and talk about it. Try to make it fit into the context you have been given.

- Rephrase if you get stuck with a sentence that you cannot complete because of one word you do not know.

- Use as much of the 20 seconds as you can. Do not leave long pauses because you do not elaborate. The directions in the script are very general, but you can be very specific in giving examples or narrating events in your responses.

- Correct yourself if you know you have made a mistake.

- Relax and say something. If you do not say anything there is nothing to evaluate.

Script Sample

Below is a sample of a script similar to the sort you will see on the informal speaking part, and of the steps you will follow to do this part.

> **Directions:** You will now take part in a conversation. First, you will have 30 seconds to read the script for both parts. The conversation will begin and will follow the script. When the speaker finishes, you will hear a tone and then have 20 seconds to respond. The tone will sound at the end of 20 seconds, indicating that you should end speaking and listen to the next part. You should engage in the conversation as much as possible.

1. You have 30 seconds to review the script for both parts.

   Imagine que un amigo le dejó un mensaje telefónico en su ausencia, pidiéndole llamarlo por teléfono.

   (a) Usted lo llama.
   (b) Usted escucha la voz de su amigo y habla con él.

Paco:	(El teléfono suena. Paco contesta.)
Ud.:	(Saludos.
	Explique la razón por la llamada.)
Paco:	(Le explica por qué dejó el mensaje.)
Ud.:	(Reaccione a su idea.)
Paco:	(Continuación de la conversación.)
Ud.:	(Otra vez, reaccione.
	Hágale una pregunta.)
Paco:	(Contesta a la pregunta. Hace su propia pregunta.)
Ud.:	(Conteste a la pregunta de Paco.)
Paco:	(Se pone de acuerdo.)
Ud.:	(Finalice los planes.
	Despedida.)
Paco:	(Se despide y cuelga el teléfono.)

2. Please note that, in the exam, every time it is your turn to speak, you will have 20 seconds to do so. When the speaker finishes, you will hear a tone and then have 20 seconds to respond. The tone will sound at the end of 20 seconds, indicating that you should end speaking and listen to the next part. You should engage in the conversation as much as possible.

NOTE: For the purpose of this sample only, we are providing the following dialogue script for your reference.

**CD3
TRACK 3**

(El teléfono suena.)

Paco:	**Hola.**
Ud.:	Saludos. Explique la razón por la llamada.
Paco:	**Ah, sí, gracias por llamarme. Querría invitarte a acompañarme a la escuela este fin de semana. Hay un drama buenísimo que se da, se llama *Sueño*.**
Ud.:	Reaccione a su idea.
Paco:	**Me dijeron que nuestro compañero de clase es fantástico en el drama.** **Interpreta el papel de un rey. Como recuerdas, leímos una parte de este drama en la obra *La vida es sueño* en la clase de español hace un mes. Me gustaron esos versos de "¿Qué es la vida? Una ilusión," ... etcétera.**
Ud.:	Otra vez, reaccione. Hágale una pregunta.
Paco:	**Sí. Los otros de la clase ya han ido y dicen que les gustó. ¿Te gustará ir conmigo? Te invito.**
Ud.:	Conteste a la pregunta de Paco.
Paco:	**¡Estupendo! Te encontraré enfrente del teatro a las siete.**
Ud.:	Finalice los planes. Despedida.
Paco:	**De acuerdo, amigo. Nos vemos. (Paco cuelga el teléfono.)**

3. The recording is finished. You will check to see that your voice was recorded.

Now study the model and do the practices, so that when you get to the exam the task will be familiar to you. You can easily imagine your own sample conversations with a little practice. The more you practice, the more comfortable and relaxed you will be and the better your speech sample will be.

PRACTICE EXERCISES

PRACTICE CONVERSATION ONE

CD3
TRACK 4

Ud. está de viaje. Se encuentra en una ciudad desconocida y se ha perdido en el centro, no muy lejos de su hotel. Tiene que preguntar a alguien cómo se llega al hotel. Ud. entra en una tienda para preguntar a un dependiente cómo llegar allá.

(a) Ud. entra en la tienda y se acerca al mostrador.
(b) El dependiente le saluda.

Dependiente:	(Saludos apropiados.)
Ud.:	(Responde apropiadamente.)
	(Le hace una pregunta.)
Dependiente:	(Contesta a la pregunta.)
	(Le hace una pregunta.)
Ud.:	(Responde que no tiene la dirección.)
Dependiente:	(Le pide otros nombres.)
Ud.:	(Le nombra otro lugar.)
Dependiente:	(Responde con otra pregunta.)
Ud.:	(Le da otro detalle descriptivo.)
	(Le pide la dirección.)
Dependiente:	(Le dice que lo reconoce.)
	(Le instruye cómo llegar.)
Ud.:	(Reacción apropiada.)
	(Se despide del dependiente.)
Dependiente:	(Se despide.)

PRACTICE CONVERSATION TWO

CD3
TRACK 5

Durante su último año de escuela superior, Ud. ha visitado una universidad en la cual quiere matricularse y donde habla con el guía estudiantil que le acompaña en su visita. Ud. y el guía hablan.

(a) El guía lo encuentra frente al centro estudiantil de la universidad.
(b) Ud. se acerca, le llama la atención con cortesía, se presenta, e inicia la conversación. Empiece ahora.

Ud.:	(Se presenta al guía.)
Guía:	(Le responde.)
	(Le hace una pregunta.)
Ud.:	(Le contesta.)
Guía:	(Responde con entusiasmo.)
	(Le invita a seguirle mientras habla.)
Ud.:	(Le hace una pregunta.)
Guía:	(Le responde con un hecho interesante.)
Ud.:	(Reacciona.)
	(Hace una observación.)
Guía:	(Añade algo a la historia.)
Ud.:	(Ofrece una conclusión.)

CD3
TRACK 6

PRACTICE CONVERSATION THREE

Ud. es un estudiante nuevo en una escuela. Su familia acaba de mudarse a esta nueva ciudad y Ud. tiene que cultivar un nuevo grupo de amigos en la escuela.

(a) Es el primer día de clases y se sienta cerca de una chica.
(b) Ella inicia la conversación.

Chica:	(Saluda.)
	(Le hace una pregunta.)
Ud.:	(Responde.)
Chica:	(Le hace una pregunta.)
Ud.:	(Contesta la pregunta.)
	(Le hace una pregunta.)
Chica:	(Contesta a su pregunta.)
	(Ofrece datos personales.)
	(Le hace otra pregunta.)
Ud.:	(Le responde con información personal.)
Chica:	(La invita.)
Ud.:	(Responde a la invitación.)
Chica:	(Le informa de los detalles.)
	(Le hace una pregunta.)
Ud.:	(Le informa que desea ir con ellos en el futuro, pero el viernes que viene no podrá.)
Chica:	(Termina la conversación.)

CD3
TRACK 7

PRACTICE CONVERSATION FOUR

Este verano Ud. necesita encontrar empleo para ahorrar dinero para la universidad. Tiene una entrevista con la gerenta de una compañía donde quiere obtener empleo. Imagine la conversación entre Ud. y la gerenta.

(a) Ud. entra en la oficina de recursos humanos para hablar con la gerenta de la compañía.
(b) Ud. solicita empleo en la oficina.

Gerenta:	(Le saluda.)
Ud.:	(Responde apropiadamente.)
Gerenta:	(Le hace una pregunta.)
Ud.:	(Le explica sus razones.)
Gerenta:	(Reacciona de buena manera.)
	(Le hace otra pregunta.)
Ud.:	(Le cuenta algo que ha hecho.)
	(Le expresa sus esperanzas.)
	(Le hace una pregunta.)
Gerenta:	(Le contesta.)
	(Le ofrece un puesto.)
Ud.:	(Acepta la oferta.)
Gerenta:	(Le responde.)
Ud.:	(Le da las gracias.)
	(Se despide de ella.)

PRACTICE CONVERSATION FIVE

CD3
TRACK 8

Para la próxima edición del periódico de su revista estudiantil Ud. necesita entrevistar al director de la cafetería de su escuela porque los alumnos acaban de hacer una encuesta sobre la comida en la cafetería y la falta de comida nutritiva en el menú.

    (a) Ud. se encuentra con el director en su oficina, ubicada cerca de la cafetería.

    (b) Él la saluda y empieza la conversación.

Director:	(La saluda.)
Ud.:	(Le responde apropiadamente.)
Director:	(Comentario sobre sus relaciones con los estudiantes.)
	(Le hace una pregunta.)
Ud.:	(Explica el propósito de la visita.)
	(Le hace una pregunta.)
Director:	(Contesta a la pregunta.)
Ud.:	(Le cuenta los resultados de la encuesta.)
	(Le hace otra pregunta.)
Director:	(Le hace una pregunta de respuesta.)
Ud.:	(En su respuesta comunica los deseos de los estudiantes.)
Director:	(Propone una idea.)
Ud.:	(Reacciona a la idea.)
Director:	(Responde con sus deseos.)
Ud.:	(Se despide de él.)

PRACTICE CONVERSATION SIX

CD3
TRACK 9

Ud. llama por teléfono a un amigo para pedirle consejo sobre un proyecto que ambos necesitan llevar a cabo para una clase de ciencias. Tienen que arreglar los planes para terminar con el proyecto.

    (a) Ambos tienen que preparar una presentación oral y decidir quién hará qué parte del proyecto.

    (b) Su amigo, Diego, sabe más que Ud. del tema. Conversan por teléfono. Él habla primero.

	(Suena el teléfono.)
Diego:	(Saludos.)
Ud.:	(Saludos.)
	(Le explica el tipo de ayuda que Ud. necesita.)
Diego:	(Responde.)
Ud.:	(Acepta su oferta.)
	(Propone algo que puede hacer.)
Diego:	(Está de acuerdo.)
	(Hace una pregunta.)
Ud.:	(Expresa su inquietud con las matemáticas.)
	(Responde con una sugerencia.)
Diego:	(Sugiere un plan de acción.)
Ud.:	(Se pone de acuerdo.)
	(Le hace una pregunta.)

Diego:	(Concluye los planes.)
Ud.:	(Responde.)
	(Se despide de él.)
Diego:	(Se despide.)

CD3
TRACK 10

PRACTICE CONVERSATION SEVEN

Imagine que está en el norte, en febrero, y necesita una blusa de cierto estilo para un papel en un drama en la escuela. Ud. va a comprarla. Entra en una tienda y habla con una dependienta sobre lo que necesita.

(a) En la tienda la dependienta se le acerca y la saluda.
(b) Ud. le comunica lo que necesita. Ella es muy simpática.

Dependienta:	(Se dirige a Ud.)
Ud.:	(Responde apropiadamente.)
	(Le explica lo que necesita.)
Dependienta:	(Comenta sobre su pedido.)
	(Comenta sobre la mercancía.)
	(Ofrece mostrársela.)
Ud.:	(Le agradece.)
	(Le dice lo que busca en particular.)
Dependienta:	(Le sugiere algo.)
	(Le hace una pregunta.)
Ud.:	(Contesta la pregunta.)
	(Expresa una preferencia.)
	(Le hace otra pregunta.)
Dependienta:	(Contesta.)
	(Expresa una opinión.)
Ud.:	(Responde.)
Dependienta:	(Concluye el trato.)
Ud.:	(Expresa gratitud.)
Dependienta:	(Le responde.)
	(La invita a volver.)

CD3
TRACK 11

PRACTICE CONVERSATION EIGHT

Imagine Ud. que trabaja en un restaurante. Un día un cliente entra para almorzar. Parece que es la primera vez que esta persona ha venido al restaurante.

(a) El cliente que entra es un hombre vestido de manera informal. Parece muy simpático.
(b) Ud. es el mesero que debe servirle. Ud. inicia la conversación cuando el cliente se sienta.

Ud.:	(Se dirige apropiadamente al cliente.)
	(Le hace una pregunta.)
Cliente:	(Responde.)
	(Pide más información.)
Ud.:	(Responde.)
	(Le hace otra pregunta.)

Cliente:	(Le pide información.)
Ud.:	(Nombra unos platos.)
Cliente:	(Le pide una sugerencia.)
Ud.:	(Sugiere uno de los platos que nombró recién.)
Cliente:	(Acepta su sugerencia.)
	(Le hace una pregunta.)
Ud.:	(Le nombra la selección.)
Cliente:	(Completa su selección.)
Ud.:	(Termina la conversación.)

PRACTICE CONVERSATION NINE

CD3
TRACK 12

Un día Ud. se despierta con síntomas tan malos que no puede asistir a sus clases. Tiene que llamar a la enfermera de la oficina médica de su doctor para pedir una cita.

(a) Ud. se ha enfermado. Tiene síntomas de gripe. Llama a la oficina de su doctor.

(b) La enfermera contesta. Ella empieza a hablar cuando suena el teléfono.

	(Suena el teléfono.)
Enfermera:	(Saludo apropiado.)
Ud.:	(Responde apropiadamente.)
	(Explica el motivo de su llamada.)
Enfermera:	(Le hace una pregunta.)
Ud.:	(Explica sus síntomas.)
Enfermera:	(Le hace otras preguntas.)
Ud.:	(Contesta.)
	(Hace una pregunta.)
Enfermera:	(Comenta sobre su estado.)
	(Hace una pregunta.)
Ud.:	(Explica que sí, pero con una condición.)
Enfermera:	(Responde.)
Ud.:	(Responde apropiadamente.)
	(Se despide.)
Enfermera:	(Se despide.)

PRACTICE CONVERSATION TEN

CD3
TRACK 13

Después de un partido de fútbol especialmente emocionante, Ud. y un amigo están en un restaurante, charlando del partido. Maldonado, un jugador del equipo opuesto, recibió un trofeo por ser el jugador más valioso del partido. Uds. discuten tal selección.

(a) Ambos hablan sobre la selección de Maldonado. Ud. cree que mereció haber sido seleccionado.

(b) Su amigo, Juan, piensa que no lo mereció.

Juan:	(Expresa una opinión.)
Ud.:	(Expresa una opinión contraria.)

Juan:	(Reacciona.)
Ud.:	(Defiende su opinión.)
Juan:	(Pide justificación.)
Ud.:	(Explica su razonamiento.)
Juan:	(Reacciona.)
Ud.:	(Consuela a su amigo.)
	(Hace una pregunta.)
Juan:	(Acepta por fin.)
	(Hace una pregunta.)
Ud.:	(Expresa su opinión sobre el resultado del partido.)
Juan:	(Conluye el tema.)

SCRIPTS OF THE PRACTICE CONVERSATIONS

PRACTICE CONVERSATION ONE

CD3 TRACK 4

(a) Ud. entra en la tienda y se acerca al mostrador.
(b) El dependiente le saluda.

Dependiente:	Buenas tardes, señor. ¿En qué puedo servirle?
Ud.:	(Responde apropiadamente.)
	(Le hace una pregunta.)
Dependiente:	Bueno, no estoy seguro. Me parece familiar pero en este momento no lo recuerdo exactamente. ¿Tiene Ud. la dirección?
Ud.:	(Responde que no tiene la dirección.)
Dependiente:	A ver, ¿por casualidad está cerca de un lugar bien conocido? Quizás si supiera yo otro negocio o restaurante cerca, podría reconocerlo.
Ud.:	(Le nombra otro lugar.)
Dependiente:	Tampoco reconozco ese lugar. Puede ser que sea tan nuevo que no lo conozco. Pues, ¿recuerda Ud. otro detalle, como el color del edificio, algo en las ventanas de enfrente, unas escaleras, algo distinto?
Ud.:	(Le da otro detalle descriptivo.)
	(Le pide la dirección.)
Dependiente:	Ah, sí. ¡Ese hotel! Es pequeño, pero muy bueno. Está a una distancia de dos cuadras. Doble Ud. aquí a la izquierda, siga recto hasta llegar a la próxima esquina. Está en esa bocacalle.
Ud.:	(Reacción apropiada.)
	(Se despide del dependiente.)
Dependiente:	No hay de qué.

PRACTICE CONVERSATION TWO

CD3 TRACK 5

(a) El guía lo encuentra frente al centro estudiantil de la universidad.
(b) Ud. se acerca, le llama la atención con cortesía, se presenta, e inicia la conversación. Empiece ahora.

Ud.:	(Se presenta al guía.)
Guía:	Mucho gusto, Ramón. Bienvenido a nuestra universidad. Estaba esperándote. Bueno, todos los estudiantes tienen interés en ver los dormitorios, los gimnasios, la biblioteca y la cafetería. Podríamos terminar con la cafetería y tomar un café. Dime, ¿qué deseas visitar primero?
Ud.:	(Le contesta.)
Guía:	Veo que has oído mucho sobre el programa de ciencias. Ese programa es muy bueno. Mira, ¿por qué no empezamos a caminar a la facultad de ciencias mientras te doy algunos datos sobre el programa que quizás no conozcas?
Ud.:	(Le hace una pregunta.)
Guía:	Sí, ese profesor es muy famoso, pero también muy excéntrico. Un día los estudiantes desenchufaron su computadora antes de que él entrara. Al ver que la computadora no funcionaba, el profesor se puso un gorro extraño y pretendió ser un mago. Como es un genio, ¡hizo todos los cálculos en su cabeza!
Ud.:	(Reacciona.)
	(Hace una observación.)
Guía:	Después de lucirse ante los estudiantes, el profesor les dijo que todos podían ser magos como él y lo único que necesitaban era estudiar más. Y les dio diez problemas de cálculo adicionales que debieron resolver.
Ud.:	(Ofrece una conclusión.)

PRACTICE CONVERSATION THREE

**CD3
TRACK 6**

(a) Es el primer día de clases y se sienta cerca de una chica.
(b) Ella inicia la conversación.

Chica:	Hola. Creo que no te conozco. ¿Eres estudiante nueva aquí?
Ud.:	(Responde.)
Chica:	¿De dónde viniste, Raquel?
Ud.:	(Contesta la pregunta.)
	(Le hace una pregunta.)
Chica:	Sólo llevo dos años aquí, pero los alumnos son muy comprensivos. Me hicieron sentirme muy cómoda inmediatamente. Pero tienes que aprovechar toda oportunidad para conocerlos. Si tienes algunos intereses especiales, puedes encontrar fácilmente a otros alumnos con intereses iguales ya que hay muchos clubes. ¿Qué te gusta hacer en tu tiempo libre?
Ud.:	(Le responde con información personal.)
Chica:	¡Ni me digas! También me encanta el boliche. Siempre hay mucho tiempo para charlar con los amigos mientras se juega. Mira, tenemos un equipo de boliche en la escuela. ¿Por qué no vienes con nosotros este viernes?
Ud.:	(Responde a la invitación.)

Chica:	Nos reunimos a las siete aquí en el estacionamiento para ir todos juntos. ¿Puedes?
Ud.:	(Le informa que desea ir con ellos en el futuro, pero el viernes que viene no podrá.)
Chica:	Pues, habrá otra oportunidad en el futuro. Bueno, ya ha entrado la profesora. No le gusta cuando hablamos después de empezar la clase.

CD3 TRACK 7

PRACTICE CONVERSATION FOUR

(a) Ud. entra en la oficina de recursos humanos para hablar con la gerenta de la compañía.

(b) Ud. solicita empleo en la oficina.

Gerenta:	Muy buenos días, Sr. Díaz. ¿Cómo está Ud.?
Ud.:	(Responde apropiadamente.)
Gerenta:	Le agradezco por venir a hablar con nosotros. Tenemos un grupo de empleados muy dedicados en esta oficina y estamos muy orgullosos del trabajo que hacemos. Nuestro trabajo es un poco especializado, pero sí tenemos algunos puestos de internado para verano para estudiantes especiales. ¿Con qué motivo quiere Ud. trabajar para una compañía de telecomunicaciones?
Ud.:	(Le explica sus razones.)
Gerenta:	Um, muy interesante. Su interés en los aspectos técnicos es muy importante. Pero, ¿tiene Ud. alguna experiencia con la aplicación de esa tecnología que le interesa al trabajo que hacemos nosotros?
Ud.:	(Le cuenta algo que ha hecho.)
	(Le expresa sus esperanzas.)
	(Le hace una pregunta.)
Gerenta:	Por supuesto que siempre es mejor tener experiencia antes de tener un puesto de responsabilidad, pero sé que eso es muy difícil para los jóvenes cuando están empezando sus carreras. Le podemos ofrecer un puesto en la oficina si quiere empezar la semana que viene.
Ud.:	(Acepta la oferta.)
Gerenta:	Excelente. Estoy segura que esta esperiencia nos beneficiará a los dos. No olvide llamarme si tiene otra pregunta.
Ud.:	(Le da las gracias.)
	(Se despide de ella.)

CD3 TRACK 8

PRACTICE CONVERSATION FIVE

(a) Ud. se encuentra con el director en su oficina, ubicada cerca de la cafetería.

(b) Él la saluda y empieza la conversación.

Director:	Buenos días, Margarita. ¿Qué tal?
Ud.:	(Le responde apropiadamente.)

Director:	Me alegro. Uds. no me visitan mucho. ¿A qué debo el placer de tu visita hoy?
Ud.:	(Explica el propósito de la visita.)
	(Le hace una pregunta.)
Director:	Había oído que Uds. estaban haciendo esa encuesta. Me interesa saber qué opinan los estudiantes del menú. Sabes que es un negocio muy delicado equilibrar el dinero que recibimos de los alumnos con los gastos por la comida y el mantenimiento del local.
Ud.:	(Le cuenta los resultados de la encuesta.)
	(Le hace otra pregunta.)
Director:	¿Qué proponen los estudiantes que ofrezcamos en el menú?
Ud.:	(En su respuesta comunica los deseos de los estudiantes.)
Director:	Siempre queremos satisfacer los deseos de los estudiantes. A ver si podemos formar un comité estudiantil para oír sus consejos.
Ud.:	(Reacciona a la idea.)
Director:	Entonces podemos dirigirnos al problema juntos para ofrecer algo que sea más saludable y algo con lo que no perdamos dinero. Muchas gracias por haber venido para hablar conmigo. Esperaré tu llamada para reunirnos otra vez.
Ud.:	(Se despide de él.)

PRACTICE CONVERSATION SIX

CD3 TRACK 9

(a) Ambos tienen que preparar una presentación oral y decidir quién hará qué parte del proyecto.

(b) Su amigo, Diego, sabe más que Ud. del tema. Conversan por teléfono. Él habla primero.

	(Suena el teléfono.)
Diego:	Hola, habla Diego.
Ud.:	(Saludos.)
	(Le explica el tipo de ayuda que Ud. necesita.)
Diego:	Oye, no hay problema. Está bien si esto es lo que quieres hacer. Yo puedo hacer todos los cálculos de los problemas que tenemos que resolver si esto es un problema para ti.
Ud.:	(Acepta su oferta.)
	(Propone algo que puede hacer.)
Diego:	Perfecto. Esto será más fácil para mí también. Como sabes, no me gusta hablar frente a la clase. Siempre me pone muy nervioso. ¿Cuándo quieres que te dé la materia?
Ud.:	(Expresa su inquietud con las matemáticas.)
	(Responde con una sugerencia.)
Diego:	Entonces sería buena idea juntarnos para que te explique las respuestas. ¿Por qué no nos encontramos en el Waffle House esta noche para hablar?
Ud.:	(Se pone de acuerdo.)
	(Le hace una pregunta.)

Diego:	Digamos a las diez. Esto me dará tiempo para terminar con toda la tarea.
Ud.:	(Responde.)
	(Se despide de él.)
Diego:	Hasta luego.

CD3 TRACK 10

PRACTICE CONVERSATION SEVEN

(a) En la tienda la dependienta se le acerca y la saluda.

(b) Ud. le comunica lo que necesita. Ella es muy simpática.

Dependienta:	Buenos días, señorita. ¿En qué puedo servirle hoy?
Ud.:	(Responde apropiadamente.)
	(Le explica lo que necesita.)
Dependienta:	Como ve Ud., no tenemos mucha ropa de ese tipo este mes. Cuando hace mucho frío generalmente tenemos más para la nieve que para el sol. Pero sí tengo algunos artículos en espera de las necesidades de viajeros que van a Florida. Déjeme mostrárselos.
Ud.:	(Le agradece.)
	(Le dice lo que busca en particular.)
Dependienta:	Tenemos unas blusas preciosas en colores muy bonitos que le harán juego con el color del pelo. ¿Cuál es su talla?
Ud.:	(Contesta la pregunta.)
	(Expresa una preferencia.)
	(Le hace otra pregunta.)
Dependienta:	Sí. Por supuesto. Tenemos la amarilla en un tamaño grande, si la quiere. El color amarillo le cae muy bien. ¿Quiere probársela?
Ud.:	(Responde.)
Dependienta:	Ha hecho una seleción muy buena. Estoy segura de que estará muy satisfecha.
Ud.:	(Expresa gratitud.)
Dependienta:	El placer es mío. Vuelva Ud. cuando necesite otra ropa de verano. Adiós.

CD3 TRACK 11

PRACTICE CONVERSATION EIGHT

(a) Un cliente que entra es un hombre vestido de manera informal. Parece muy simpático.

(b) Ud. es el mesero que debe servirle. Ud. inicia la conversación cuando el cliente se sienta.

Ud.:	(Se dirige apropiadamente al cliente.)
	(Le hace una pregunta.)
Cliente:	Buenas tardes. Sí, querría un vaso de agua, por favor. Me podría dar el menú?
Ud.:	(Responde.)
	(Le hace otra pregunta.)

Cliente:	Creo que estoy listo para pedir algo. Pero querría saber si Uds. tienen una especialidad de casa.
Ud.:	(Nombra unos platos.)
Cliente:	Todo me parece bueno. ¿Tiene Ud. alguna sugerencia para ayudarme a decidir?
Ud.:	(Sugiere un plato de los que nombró recién.)
Cliente:	Sí, creo que hoy tengo hambre para pollo asado. ¿Y los vegetales del día?
Ud.:	(Le nombra la selección.)
Cliente:	Bueno, tomaré los tomates y los pepinos. Gracias.
Ud.:	(Termina la conversación.)

PRACTICE CONVERSATION NINE

CD3
TRACK 12

(a) Ud. se ha enfermado. Tiene síntomas de gripe. Llama a la oficina de su doctor.

(b) La enfermera contesta. Ella empieza a hablar cuando suena el teléfono.

	(Suena el teléfono.)
Enfermera:	Buenos días. La oficina del doctor González.
Ud.:	(Responde apropiadamente.)
	(Explica el motivo de su llamada.)
Enfermera:	¿Cuáles son los síntomas que tiene Ud.?
Ud.:	(Explica sus síntomas.)
Enfermera:	Ya oigo que no se siente bien. ¿Qué temperatura tiene Ud.? ¿Qué toma para la tos?
Ud.:	(Contesta.)
	(Hace una pregunta.)
Enfermera:	Bueno, una temperatura tan alta casi siempre indica una infección. Puede ser que el doctor querrá verlo. Parece que hay posibilidad de que se mejore más rápido si lo ve pronto. Otro paciente canceló para las dos. ¿Puede venir a esa hora?
Ud.:	(Explica que sí, pero con una condición.)
Enfermera:	Dejémoslo para las dos, y si no puede, avíseme.
Ud.:	(Responde apropiadamente.)
	(Se despide.)
Enfermera:	Esperamos verlo esta tarde.

PRACTICE CONVERSATION TEN

CD3
TRACK 13

(a) Ambos hablan sobre la selección de Maldonado. Ud. cree que mereció haber sido seleccionado.

(b) Su amigo, Juan, piensa que no lo mereció.

| Juan: | No puedo creer que le dieron el trofeo del jugador más importante del partido a Maldonado. Nosotros casi lo vencimos. |
| Ud.: | (Expresa una opinión contraria.) |

Juan:	¡Ni modo! ¿En qué piensas? No jugó limpio. Los árbitros no vieron la mitad de lo que hacía él.
Ud.:	(Defiende su opinión.)
Juan:	¿Dices que lo único que cuenta es ganar? ¿No crees que hay otras cosas quizás más importantes?
Ud.:	(Explica su razonamiento.)
Juan:	Bueno, no estoy convencido. Maldonado tuvo suerte esta vez. Y no se debe confundir la suerte con el talento.
Ud.:	(Consuela a su amigo.)
	(Hace una pregunta.)
Juan:	Quizás tengas razón. Puede ser que en un día cualquiera, cada cual puede ganar. Si nosotros hubiéramos tenido una jugada más, quizás hubiéramos podido ganar. ¿No lo crees?
Ud.:	(Expresa su opinión sobre el resultado del partido.)
Juan:	Bueno, habrá otro día. Y un día alguien lo vencerá. Y lo tendrá bien merecido. Todavía me molesta que recibiera el trofeo.

FORMAL ORAL PRESENTATION

Description

The objective of the formal oral presentation is to evaluate how well you can integrate various skill areas. It consists of a question that has two prompts from the source material. One of the prompts is written, and you will have five minutes to read it. The second prompt is an audio selection that will be played for you. You should take notes as you listen, so that you can refer to specifics found in the audio source (which will only be played once). After you have read and listened to the source material, you will have two minutes to consider the way you want to answer the question. After two minutes have passed, you will begin to record your response. At the end of two minutes you will be told to stop.

The question will deal with the sort of speech sample you would provide in an academic setting, or in a formal presentation to a group of people. It will require you to tell about something that has happened, to present an opinion to persuade someone of your opinion, to present information about a topic, or to make some other kind of comment about the topic of the question.

Recommendations

Cultural topics are considerations in preparing the questions and in the intended responses. You need to pull knowledge from a wide variety of sources, including the information from both source materials, your own experience, and what you know or have learned so far about the topic. You may be expected to comment and make predictions about what is going to happen in certain instances.

The written text could come from a literary selection, or newspapers, or any other source of written language. The audio will come from any kind of broadcast source. You should be familiar with those sources from your preparation in other chapters of this book.

Both content and language count in the evaluation of this skill area. You need to be able to synthesize what you hear. Do not simply repeat words you hear in the sources. You also need to be able to retell what has happened in some cases, or describe what is going to happen. You may have to summarize arguments about a topic, or defend or agree with a point of view. Your speech sample needs to show the best vocabulary and grammar you have at your command. For a complete description of the rubrics refer to page 8.

Scoring of the speech sample takes into consideration the following points:

- pronunciation
- fluency
- vocabulary
- grammar
- organization
- inclusion of source material
- appropriate references to sources

Scoring Speech Samples

When the speech sample is rated, you should think about the rubrics for three general categories of performance.

Low: The response at this level has limited content. It may omit points from either or both of the source materials provided. It may not even be connected to the question that is asked. The delivery of the presentation is fragmented, marked by frequent pauses or moments when the student seems to be at a loss for a particular word. The response may contain words that are lifted from the printed text or spoken on the audio source, with little original language used at an appropriate level. The speaker may resort to English words, or invent words in Spanish based on English vocabulary. The Spanish may show great influence from English structures. The pronunciation may be so poor that it is difficult to recognize the Spanish words that the speaker is trying to say. Overall, the response in this category demonstrates that the speaker communicates in Spanish with significant difficulty.

Medium: This response does deal with the topic of the question. It may contain a very complete reference to either the print or the audio source. The response shows some organization and development of thought. The basic structures are correct and the vocabulary is appropriate. There is good self-correction. The student shows comprehension of the source materials, and some familiarity with the topic, at least enough to respond to the question appropriately. Pronunciation and intonation are good and do not interfere with comprehension. There are still linguistic lapses in expression. The sample may begin well but be weaker at the end, or it may not have a conclusion. Overall, the sample at this level is good.

High: The sample in this category clearly shows strong competence and proficiency in the use of Spanish. The sample answers the question, taking into account information from both source materials. The information is rephrased to fit into what the speaker wishes to say. There is a natural transition from one sentence to another, and the language shows creative ability with the words used. The speaker refers to the source materials, but at the same time is able to articulate original ideas about the topic. There may be some minor lapses in grammar or vocabulary and some pauses, but none that interrupts the flow of the sample. The speaker at this level clearly has a strong command of the language.

Suggestions

When you prepare to take this part of the exam, keep in mind the context. Some of the practices at the end of the grouped vocabulary chapter would be a good place to review some contexts. Remember that cultural material is always a component of these questions. Any way that you can relate the vocabulary to what you know about the Spanish-speaking world will be helpful in thinking about possible topics. Some suggestions for preparing for the formal oral presentation include:

- Read the question carefully.
- Take notes on the audio selection.
- Use the two minutes you have to think about what you want to say.
- Do not write out sentences to read. You will not have enough time to write out two minutes worth of presentation, and the ending will be weak.
- Write down infinitives you may want to use.
- Begin with a topic sentence; an idea you will develop in your two minutes.
- Think about how you want to close your presentation.
- Practice speaking about anything for two minutes, so you know how long two minutes are.
- Use complete sentences in your presentation.
- Do not merely quote whole sentences from the sources, use your own words.
- Do not try to translate literally what you want to say from English to Spanish.
- Practice often.
- Relax.

Sample Question

Now try some of the exercises in this book. Below is a sample of a typical question. For each practice, read the passage, then listen to the audio selection. Use your own paper to take notes. Refer to the transcripts when necessary.

Directions: Below you will see a question with two accompanying sources of information. You have five minutes to read the printed text. After five minutes, you will hear a recording. You should take notes in the space provided. After the recording has been played, you will have two minutes to plan your response to the questions. After two minutes, you will be instructed to begin your recording. At the end of two minutes you will be told to stop recording. This will be the end of the language examination.

Imagine Ud. que debe comentar en una clase sus opiniones sobre la pregunta que viene a continuación. En sus comentarios debe incluir información proveniente de los dos materiales suplementarios.

¿Cómo ha cambiado el estatus de la mujer en la sociedad?

Formal Oral Presentation
Fuente núm. 1
Sor Juana Inés de la Cruz. Mujer Moderna en el Siglo XVIII

De niña gozó de todo un mundo de letras, debido a su estancia con su abuelo materno, quien le abrió las puertas de la literatura. A la edad de nueve años, la joven Juana de Asbaje y Ramírez de Santillana, su nombre completo, ya había aprendido el latín, a causa de toda la literatura a su alcance. Su nombre recorrió todo la región, hasta llegar a oídos del Virrey de Nueva España. La invitó a la corte, y allí permaneció como dama de honor para la Virreina la Marquesa. Parece que pasó varios años disfrutando de una vida que correspondía al nivel social al que se había levantado. Pero por ser hija natural, la oportunidad de casarse le resultó remota.

Después de dos años, la joven tan encantadora y lista renunció los placeres de la corte y se dedicó a la iglesia, entrando en el convento de San Jerónimo donde cumplió el término de sus años en este mundo. Una vez internada en el convento, se dedicó a las letras, amontonando una impresionante biblioteca de unos 4.000 libros, una cantidad asombrosa en aquel entonces. Floreció intelectualmente y concentró los esfuerzos en estudiar todo un rango de asuntos, de la teología, la pintura, la ciencia, y, sobre todo, las letras. A medida que pasaban los años, su renombre aumentaba a la vez, hasta que se dio con un padre celoso de su potencia e influencia. La buena monja se empeñaba en reclamar su fidelidad a la voluntad de Dios en cuánto investigaba. Sus razonamientos no persuadieron a los obstinados clérigos. Resignada, Sor Juana no quiso continuar su carrera literaria. Se sometió, rindiendo sus pertenencias a los pobres. Murió poco después, una de las estrellas de la literatura colonial de México, sin que lo quisieran sus detractores. Unas de sus palabras más famosas se encuentran en los famosos versos de una redondilla.

> Hombres necios que acusáis
> a la mujer sin razón,
> sin ver que sois la ocasión
> de lo mismo que culpáis;
>
> . . .
>
> Bien con muchas armas fundo
> que lidia vuestra arrogancia,
> pues en promesa e instancia
> juntáis diablo, carne y mundo.

Formal Oral Presentation
Fuente núm. 2 (Audio)

Listen to the CD. A script of the recording is on page 385.

CD3
TRACK 14

EXERCISES

Practice Exercise One

Question: ¿Qué características contribuyen al llamado *color local* de un lugar?

Formal Oral Presentation
Fuente núm. 1
La Boca
(*Alojargentina.com*)

En un barrio típico de inmigrantes de los más distintos orígenes, entre los que se destacan griegos, yugoslavos, turcos e italianos, sobre todo genoveses. La calle Caminito, de apenas 100 metros de longitud, es peatonal. Es una calle tan pequeña como particular. En ella no hay puertas. Algunas ventanas, algún balcón lleno de plantas y de ropas colgadas a secar. Sus paredes pintadas de diferentes colores recuerdan a Venecia. En ellas hay todo tipo de murales, cerámicas y distintos adornos. Al principio era simplemente un ramal del ferrocarril, llena de tierra, yuyales y piedras. Al lugar se lo llamaba "la curva," la que luego se convirtió en "un caminito" que acortaba distancias. Ese fue el famoso "caminito" por el que transitaba a diario Juan de Dios Filiberto, quien luego escribió el tango que lleva su nombre. La iniciativa de ponerle ese nombre a la calle surgió nada menos que de su amigo Benito Quinquela Martín. Hoy es una calle turística, no sólo visitada por los extranjeros, sino por argentinos de todo el país, orgullosos de ese lugar tan pintoresco. El Club Atlético Boca Juniors, ubicado en Brandsen 805, es uno de los clubes de fútbol más importantes del país y fue fundado por cinco jóvenes habitantes del barrio de la Boca en 1905. El nombre de la institución fue tomado directamente del barrio, pero se le agregó la palabra "Juniors" que le daba a la denominación algo más de prestigio, contrastando con la fama de "barrio difícil" que se había ganado la Boca por aquel entonces. Su estadio de fútbol tiene capacidad para 50.000 espectadores y en su barrio social y deportivo se practican otras disciplinas deportivas.

CD3 TRACK 15

Formal Oral Presentation
Fuente núm. 2 (Audio)

Listen to the CD. A script of the recording is on pages 385–386.

Practice Exercise Two

Question: ¿Cómo se selecciona una universidad?

Formal Oral Presentation
Fuente núm. 1
Las ventajas de las universidades pequeñas

Tan importante resulta escoger sabiamente una profesión como seleccionar la institución adecuada que te preparará en tu carrera universitaria. Es conveniente obtener toda la información general y específica posible antes de tomar una decisión final.

Los siguientes ejemplos son criterios erróneos que utilizan muchos jóvenes al escoger su universidad.

Seleccionar x universidad porque está lejos del hogar, porque estarán más lejos del control de los padres. Basar su decisión en el hecho de que todos sus amigos asistirán a x universidad y no quieren estar solos en otra institución. Entender que en dicha institución cualquier estudiante puede obtener un diploma universitario sin dedicar mucho tiempo al estudio. Basar la decisión utilizando solamente la opinión de exalumnos o estudiantes matriculados en la institución.

Si te has identificado con alguno de los ejemplos anteriores, ¡cuidado!, tal vez estás en riesgo de sufrir alguna decepción. Realmente debes tomar en consideración otros criterios.

Conocer los requisitos de admisión y los documentos que debes entregar, transcripción oficial de crédito de la escuela superior, copia de los resultados del "College Board" o del SAT, entiéndase pruebas de admisión a la universidad, copia del certificado de nacimiento, pagar la cuota de admisión, cumplimentar los formularios de asistencia económica y de la oficina de admisiones.

Conocer si la institución está debidamente acreditada. La ubicación es otro aspecto a considerar. Si la misma ésta lejos de tu residencia, analizar si cuentas con el presupuesto para viajar, hospedarte o hacer arreglos con amigos y/o familiares. Hacer un análisis del costo de créditos que te permitirá saber si tus recursos económicos te permiten cubrir tus gastos educacionales.

Finalmente, conviene que visites la institución antes de tomar una decisión final y que recibas información actualizada y correcta por parte de los funcionarios oficiales de la misma. Si analizas cuidadosamente todos los aspectos relacionados con este asunto las probabilidades de disfrutar tu vida estudiantil serán mayores. Experimentarás satisfacción, motivación, empeño y seguramente el éxito esperará por ti.

Por Prof. Myriam D. Lóópez, Ponce, P.R.
www.pucpr.edu/vpaae/orientacion/aspectos_seleccionar_universidad

Formal Oral Presentation
Fuente núm. 2 (Audio)
Las ventajas de las universidades pequeñas

**CD3
TRACK 16**

¿A su hija o hijo le encantan las clases de pequeños grupos con discusiones en las que tiene prioridad la participación activa y el conocimiento directo? En ese caso, su hijo o hija debería plantearse ir a una universidad pequeña. Algunas posibles ventajas asociadas con las universidades de menor tamaño son clases de tamaño pequeño, oportunidades directas de conocimiento, especialidades diseñadas de forma individual, fuerte sistema de asesoría, y los asesores conocen muy bien a los estudiantes, gran sentido de comunidad, los catedráticos, no asistentes, enseñan la mayoría de las clases, y oportunidad de conocer bien a los profesores.

Si bien las universidades pequeñas suelen ofrecer un fuerte sentido de comunidad, el entorno también dificulta a los estudiantes salirse o entrar en grupos sociales con la misma facilidad que permite una universidad con miles de alumnos. Cuando usted y su hija o hijo visiten una pequeña universidad, hablen con estudiantes para entender cómo es la vida social y qué tipo de actividades no académicas existen.

Las pequeñas universidades son perfectas para aquellos estudiantes que se sienten bien en entornos de pequeños grupos, se sienten estimulados por altos niveles de interactuación entre profesores y alumnos, y que están interesados en desarrollar especialidades creativas, individuales enfocadas en áreas de interés específicas.

Generalmente las universidades pequeñas son capaces de cumplir con los intereses únicos de su hijo o hija y sus necesidades. Al contrario de los establecimientos más grandes, las universidades de menor tamaño alientan a los estudiantes a explorar áreas distintas a su campo de estudios.

www.collegeboard.com/padres/buscar/explorar

Practice Exercise Three

Question: ¿Hasta qué punto influye la inmigración sobre la identidad nacional de la población en movimiento?

Formal Oral Presentation
Fuente núm. 1
Ideogramas del encuentro de dos mundos. Por Luis Werner
(© University of Texas, Las Américas. Marzo/abril)

La línea que separa el universo precolombino y la América posterior a la conquista es, en el mejor de los casos, difusa. Constantemente, los historiadores de la época, interesados en el arte, la sociedad y la cultura, buscan límites e interrupciones que indiquen el momento en que se produjo el cambio de lo nativo a lo europeo, el aquí y el allá, lo que estaba antes y lo que vino después. Lo que buscan, en verdad, es una especie de mapa mental, un diagrama de las diferencias entre el Nuevo y el Viejo Mundo y de los caminos e intersecciones que conducen de uno a otro.

En este caso, los mapas no son sólo una metáfora, sino expresiones de espacio, dirección y contigüidades, tan reales como las tierras que procuran representar. Y las representaciones cartográficas coloniales, como las tierras de esa época, son los lugares físicos de encuentro entre colonizadores y colonizados, donde las versiones de la historia y la realidad de unos pueden ser borradas, superpuestas o reemplazadas por las de los otros. ¿Qué mejor, entonces, que estudiar el encuentro colonial analizando los mapas que trazaron juntos?

El 25 de mayo de 1577, el rey Felipe II de España firmó una cédula real que iba adjunta a un cuestionario de cincuenta preguntas. Juan López de Velasco, designado cosmógrafo mayor del Consejo de Indias, fue el encargado de enviar este cuestionario, en el que se pedía un detallado informe sobre todas las comunidades indígenas y españolas bajo el dominio de la corona, con la esperanza de complementar un pormenorizado proyecto cartográfico que se había ordenado para los Países Bajos y España, con elevaciones fijas, coordenadas y distancias lineales exactas.

**CD3
TRACK 17**

Formal Oral Presentation
Fuente núm. 2 (Audio)

Listen to the CD. A script of the recording is on pages 386–387.

Practice Exercise Four

Question: ¿Qué se expresa en la música popular, o sea, música relacionada con la vida cotidiana, que resulta en una música clásica de su tipo?

Formal Oral Presentation
Fuente núm. 1
El corrido
(InfoMorelos.com)

El corrido es una parte central de la música popular mexicana. Se ha convertido en una de las fuentes más eficientes para la difusión de las historias heroicas o románticas. Estas historias, frecuentemente se ubican en el ambiente de la revolución de 1910; sin embargo, ahora también se abarcan temas como el narcotráfico y la política contemporánea. Los temas más populares y difundidos son el amor engañado, la queja del débil frente al poderoso, el énfasis en actos guerreros, la habilidad especial en el manejo de las armas y el desafío después de haber sufrido alguna injusticia.

En los tiempos de la revolución, los cantantes viajeros recitaban los corridos en las calles o las plazas públicas, para comunicar novedades acerca de los acontecimientos importantes, así como lo habían hecho los trovadores de la Edad Media. La fuerte difusión de los corridos también tiene que ver con la venta de los textos impresos en papel de colores en las ferias y fiestas populares. Estas impresiones frecuentemente estaban ilustradas por el entonces totalmente desconocido artista José Guadalupe Posada.

Estas hojas servían frecuentemente para la difusión de ideas revolucionarias. Eran algo así como celdas de lo subversivo que, normalmente, fueron ignoradas por parte de la censura, ya que estas hojas se consideraban como "asuntos del populacho" sin importancia.

El musicólogo Vicente T. Mendoza opina que el primer corrido fue "Macario Romero," que data del año 1898 y surgió en el estado de Durango. El texto relata un acontecimiento del año 1810.

El corrido es recitado o cantado y tiene parte de sus raíces en la música popular española. La voz principal a veces es apoyada por un refrán cantado por un coro. El acompañamiento consiste principalmente en instrumentos de cuerda, tales como la guitarra, el violín y el guitarrón. A veces también tocan instrumentos de viento, sobre todo trompeta.

Sin embargo, frecuentemente una guitarra basta para cantar los corridos, presentando historias de infidelidad, borracheras, tragedias familiares, atrevidas aventuras y amores a un público que escucha sorprendido, admirado o indignado.

Además existen diferentes concursos para la composición y representación de corridos. Hoy en día, Chabela Vargas, Amparo Ochoa, Cuco Sánchez, Vicente Fernández y otros son los intérpretes más destacados de los corridos tradicionales, mientras que los Tigres del Norte son el representante más conocido del corrido contemporáneo.

Formal Oral Presentation
Fuente núm. 2 (Audio)

CD3
TRACK 18

Listen to the CD. A script of the recording is on page 387.

Practice Exercise Five

Question: ¿Cuál puede ser la importancia de la revolución tecnológica para la gente de Latinoamérica?

Formal Oral Presentation
Fuente núm. 1
Apocalipsis en los Andes. Por Mary Louise Pratt
(Las Américas. Julio/agosto 1999)

Para los pueblos indígenas y las sociedades tribales de todo el mundo, el fin del milenio actual parece representar efectivamente una especie de encrucijada histórica. Ya no existe un "espacio exterior" ajeno al sistema económico mundial; ya no habrá más primeros contactos o primeros encuentros; terminaron en este siglo. La gente está experimentando un proceso acelerado de penetración, ahora que la globalización ejerce presiones sobre el espacio, la ecología y los recursos con una crueldad y una agresividad cada vez mayores. Muchos pueblos indígenas y sociedades tribales se encuentran hoy día en una situación más vulnerable que hace 25 años.

Al mismo tiempo, en la revolución de las comunicaciones, estos pueblos y sociedades han encontrado nuevas formas de exigir una participación en estos procesos, de hacer valer sus demandas y aspiraciones, de incorporar sus valores y su vision del mundo en el diálogo y las negociaciones y de agruparse para tratar de defender sus intereses comunes. Por ejemplo, la Declaración de Quito de 1991 es uno de los primeros documentos producidos en este siglo por una coalición de pueblos indígenas de todo el continente. Este documento fue el resultado de una convención de dirigentes indígenas que se celebró en el contexto del Quinto Centenario en 1991. A principios de los años noventa se aprobó en Colombia una nueva Constitución en la que por primera vez se reconocían los derechos de los pueblos indígenas y en la que se garantizaba su representación en las cámaras de gobierno. En los debates que se han producido en Canadá con respecto a la soberanía, los derechos de los indígenas han desempeñado un nuevo y crucial papel que ha sido determinante en los resultados, en la medida en que el país acepta el hecho de que no habrá solución legítima a sus problemas constitucionales sin el consentimiento de la numerosa minoría indígena. Del holocausto que sufrió Guatemala en los años ochenta ha surgido una red de intelectuales mayas que persiguen un proyecto cultural y epistemológico de carácter notable y singular. El Tercer Congreso Internacional de Puebos Indígenas, celebrado en 1995, contó con la presencia de delegaciones de Australia, Nueva Zelandia, Escandinavia, Hawaii y las Américas. Bolivia eligió su primer vicepresidente indígena, quién creó espacio para expresiones culturales y políticas muy vigorosas. Y, claro está, por correo electrónico y por fax el Movimiento Zapatista de Chiapas está esparciendo por todo el mundo una crítica muy enérgica y fascinante no sólo del contexto local, sino, en forma más amplia, de todo México y del propio capitalismo mundial.

CD3
TRACK 19

Formal Oral Presentation
Fuente núm. 2 (Audio)

Listen to the CD. A script of the recording is on page 388.

SCRIPTS OF THE FORMAL ORAL PRESENTATIONS

FORMAL ORAL PRESENTATION
FUENTE NÚM. 2 (AUDIO)

**CD3
TRACK 14**

Programa *Nuestra América,*
La Habana, 16 de enero 2006

Michelle Bachelet, Nueva Presidenta de Chile

Santiago de Chile, 15 de enero. Michelle Bachelet ganó hoy las elecciones chilenas tras derrotar al derechista Sebastián Piñera, lo que la convertirá en la primera presidenta de Chile, reportó EFE.

El Ministerio del Interior chileno informó hoy de que, con el 97,71% de los votos escrutados, Bachelet obtuvo el 53,49% frente al 46,50% de Piñera.

El derrotado candidato de la derecha, Sebastián Piñera, reconoció su derrota y felicitó a su rival, a quien deseó "el mayor de los éxitos."

La victoria de Bachelet causó una explosión de alegría en su coalición, en donde el senador democratacristiano Andrés Zaldívar afirmó que la electa Presidenta gobernará para todos los chilenos, "los que votaron por ella y los que no lo hicieron."

Diversas agencias de prensa se referían en la noche de ayer a que casi medio millón de chilenos se lanzaron a las calles para vitorear a Michelle Bachelet, agitando banderas y cantando *Vuelvo*, la canción mítica del grupo local Illapu, que narra la emoción de miles de exiliados durante la dictadura militar, entre ellos la Presidenta electa.

El Gobierno de Bachelet, que tomará posesión de su cargo el 11 de marzo, será el cuarto de la coalición de centroizquierda Concertación por la Democracia desde 1990, destacó EFE.

Desigualdad: Reto para Próximo Presidente

Santiago de Chile, 15 de enero.—El próximo presidente enfrentará el desafío de altos niveles de desigualdad social y desempleo. Organismos oficiales confirman que el 20% más acaudalado de los chilenos percibe 15 veces más que el 20 más pobre, y de esa cifra de poderosos, el 1% resulta particularmente concentrador de riquezas.

Chile está ubicado entre los 15 primeros países (de 130) con peor desigualdad de ingresos a nivel mundial y según el Instituto Nacional de Estadísticas, aún 532.607 personas se mantienen analfabetas: 258.262 hombres y 274.345 mujeres. De acuerdo con el último censo, existe un 4,7% de indigentes, es decir 728.063 personas, mientras un 14,08% enfrenta el desamparo no indigente (2.179.653).

FUENTE NÚM. 2 (AUDIO)

**CD3
TRACK 15**

Gime bandoneón tu tango gris. Por Kevin Carrel Footer
(Las Américas. septiembre/octubre 2003)

El sensual romance entre Buenos Aires y el bandoneón parece salido de un tango: un inmigrante vagabundo de Sajonia, fracasado en su tierra nativa, se traslada a una nueva ciudad, se enamora de una hermosa mujer, pero ella le es infiel. Como en todo tango, él no puede olvidarla. Y así nace el lamento del bandoneón.

Para ser justos en esta historia de amor, ella tampoco lo olvida. Es verdad que si no fuera por Buenos Aires el bandoneón habría sido relegado desde hace mucho tiempo a la lista de oscuras invenciones musicales que han fracasado: un complicado instrumento con extraño sonido no habría sobrevivido mucho tiempo después de su nacimiento en la década de 1840 si no hubiera sido adoptado por Buenos Aires y su nueva música, el tango. Como tantos inmigrantes que dejaron atrás sus vidas para comenzar una nueva en esa tierra lejana, la fusión del bandoneón y la ciudad es tan indeleble que ahora es imposible concebir el bandoneón sin Buenos Aires, o Buenos Aires sin su bandoneón.

CD3 TRACK 16

FUENTE NÚM. 2 (AUDIO)

Santuarios insulares de Chiloé. Por Ricardo Carrasco Stuparich
(Las Américas. mayo/junio 2003)

La isla de Chiloé, un tenaz puesto de avanzada en el confín del continente, es el típico lugar para poner a prueba la intrepidez humana, como de hecho ha sucedido durante siglos. Sus habitantes, los chilotes, resisten el clima lluvioso y tormentoso que envuelve la isla y todo lo que hay en ella en una penetrante soledad. Ante los ojos del que recorre las praderas, lomajes y acantilados de la isla—la más grande de América del Sur después de Tierra del Fuego—hasta sus numerosas iglesias y capillas comienzan a aparecer como faros entre la bruma. No es de sorprender que durante años, innumerables marinos hayan navegado a lo largo de la costa de Chiloé, guiados por los capiteles más altos de algunas de estas iglesias. Pareciera que los hombres de fe siempre han encontrado su camino hacia Chiloé.

En esta isla y el pequeño archipiélago de aproximadamente 200 kilómetros de largo, existen alrededor de ochenta iglesias, la mayoría cobijadas en bahías y ensenadas, como para no perder de vista el encuentro entre la tierra y el mar. Casi todas fueron construidas bajo la dirección de misioneros jesuitas que viajaron y predicaron en la región en los siglos XVII y XVIII, tradición que fue continuada y enriquecida por los franciscanos en el siglo XIX. Recientemente, la UNESCO declaró Patrimonio de la Humanidad a dieciséis iglesias de Chiloé, señalando que éstas representan un ejemplo único en América Latina de la extraordinaria forma de arquitectura religiosa en madera, una vibrante fusión con materiales y artesanía indígena.

CD3 TRACK 17

FUENTE NÚM. 2 (AUDIO)

Identidad social y nacional en América Latina: ¿mito o realidad?
Por Dr. Ángel Rodríguez Kauth
(topis.com.arg)

En todo caso, la identidad de los pueblos iberoamericanos, desde el período en que Iberoamérica estaba habitada por aborígenes hasta la actualidad, solamente tiene como constante una continuidad geográfica, la que vio la luz durante el siglo XIX. Desde que se puso en marcha la gran corriente inmigratoria, proveniente de Europa hacia nuestras costas, hecho que ocurrió desde finales de aquel siglo y hasta aproximadamente 1930, la identidad de nuestros pueblos fue modificándose. Ese movimiento migratorio fue cambiando la identidad—nacional, social y cultural—de cada uno de los pueblos integrados en una Nación/Estado; de tal suerte fue aquel fenómeno, que se ha ido constituyendo una identidad nacional diferente a la existente en la época precolombina y, en estos momentos en que los aluviones inmigratorios se producen dentro del espacio geográfico de toda América—en especial entre países limítrofes—es posible hablar de una suerte de "latinoamericanización" de nuestros pueblos. Cosa ésta que fundamentalmente está afectando—por ejemplo—a los Estados Unidos de Norteamérica, merced a la "invasión" de hispanohablantes que llegan del resto del continente.

En este lugar no puede dejar de recordarse que América Latina no es un mosaico de culturas ibéricas e indígenas, también en ella han participado activamente las culturas africanas—Brasil, Cuba, Haití, etc.—las europeas centrales y orientales y, en la actualidad, las corrientes de inmigraciones asiáticas que están dejando marcada su impronta.

Obvio es que todos estos episodios de características migratorias-inmigratorias conllevan en su seno la modificación de las pautas de cualquier metodología con que se pretende estudiar la identidad de tales pueblos.

FUENTE NÚM. 2 (AUDIO)

CD3 TRACK 18

Mariachi—Al son de la musa moderna. Por Trudy Balch
(Las Américas. Mayo/junio 1999)

"¿Qué me gusta de la música de mariachi?" Es fácil: "Es lo mejor de México," declara alegremente el hombre de blanco sombrero de vaquero, una de las casi mil personas que esperan el comienzo de un reciente concierto del Mariachi Vargas de Tecalitlán, uno de los grupos más importantes de México. "Levanta el ánimo si estás triste y si estás alegre te hace sentir aun mejor." "Inclusive tomé una pastilla para no emocionarme demasiado," agrega su madre sentada a su lado.

Esta escena, que se multiplica por millones a lo largo de dos siglos o más, da una idea del aprecio que siente la gente por esta música contagiosa que hace vibrar no sólo los corazones de México sino del mundo entero. El Mariachi Vargas había vuelto de Japón poco antes del concierto, que tuvo lugar en Degollado, una población de Jalisco, en el oeste de México. En el último Encuentro Internacional del Mariachi, festival internacional que se celebra en Guadalajara todos los años en septiembre, una de las bandas que se presentó viajó desde Roma. ¿Su nombre? "Romantitlán," por supuesto.

Aunque los historiadores difieran sobre el origen de la palabra "mariachi," lo que la hace única está fuera de discusión. En primer lugar, los sones: canciones sincopadas y pegadizas cuyos versos de ocho sílabas tratan generalmente de la naturaleza y la cultura local y, desde luego, del amor. Los sones del Mariachi Vargas alternan frecuentemente compases de 6/8 y 3/4, aunque también es común el 6/8. En segundo lugar, los instrumentos: ningún mariachi moderno estaría completo sin varios violines que lleven la melodía y una sección de acompañamiento rítmico formada por guitarra, vihuela (un pequeño instrumento de cinco cuerdas parecido a una guitarra cuya barriga, llamada "joroba" por los mariachis, se asemeja al casco de un bote) y guitarrón (un tipo de vihuela grande de seis cuerdas). Tampoco pueden faltar las trompetas, cuyo sonido metálico aviva la melodía aún más. Aunque no tan común en los grupos modernos, el arpa es también un instrumento tradicional, que sirve doblemente para apoyar el ritmo y para los vivaces solos en los que los dedos parecen bailar.

**CD3
TRACK 19**

FUENTE NÚM. 2 (AUDIO)

Cibercomunidades, medios virtuales, hipertextos, portales y otras promesas de la era digital. Por Dr. José Luis Orihuela

(Encuentro Internacional Comunicación e Integración PUCE, Quito, octubre de 1999. *terra.es*)

El desafío profesional al que nos enfrentamos en el terreno de la comunicación no consiste simpletmente en "adaptarse al cambio," como si de una moda se tratase, ni tampoco se limita a utilizar con naturalidad un nuevo lenguaje. Lo que se plantea como exigencia es mucho más radical y pasa por comprender y controlar las nuevas características de los medios de la comunicación pública. De lo que se trata es de ser protagonistas, no espectadores, de la revolución tecnológica, para poder convertir en realidades las promesas de la era digital.

Señalaré a continuación una serie de convergencias y transiciones que constituyen las notas dominantes del nuevo medio:

- Internet ha provocado la disolución de las fronteras que separaban a los medios en función de su soporte y de los formatos de información.

- El teléfono (es decir las redes de telecomunicaciones) se fusiona con la radio y la televisión y emerge el pointcasting, un sistema de difusión audiovisual a la vez universal y personalizado.

- Finalmente, la comunicación pública y la autoridad editorial se han separado. El papel tradicional de los editores como filtro ... aparece hoy al menos cuestionado y desde luego compartido.

Aquí, la pregunta correcta no es cómo pueden contribuir las nuevas tecnologías de la comunicación al proceso de integración regional y a la preservación de la paz, sino qué tenemos que hacer nosotros para conseguirlo.

El poder, en la era digital, ya no es el control del espacio sino del conocimiento. Las guerras hoy se libran con armas controladas por los mismos ordenadores que se utilizan para hacer *Toy story*, *Titanic* o *La amenaza fantasma*.

Si se trata de hablar de los medios y de la paz, habrá que recordar el carácter instrumental de la tecnología y en consecuencia la urgente necesidad de educar a los usuarios.

Es de vital importancia que nos planteemos la necesidad de extender y democratizar el acceso a Internet en Hispanoamérica, de incorporar nuestros contenidos culturales y nuestra lengua a la Red.

La lengua es uno de los factores estratégicos de mayor importancia en el proyecto de unión entre América Latina y la Red.

Finalmente, los medios masivos de la región pueden impulsar iniciativas conjuntas como el intercambio de profesionales, el desarrollo de programas de prácticas para estudiantes, y la producción en conjunto de materiales (suplementos, programas o servicios de información).

PART SIX

GRAMMAR

Grammar Review

The following section is a brief review of the most commonly missed points of grammar. The items are divided according to the structural function of words. In some of the previous sections you are referred to this section so that you can understand why you have made inappropriate choices in the fill-in-the-blank sections or on the multiple choice section. You need to categorize the kinds of errors you make so that you can learn to recognize the structure. If you do not understand the overall rule, then you will spend time learning specific examples, which may or may not help you on the actual exam.

TONIC STRESS AND WRITTEN ACCENTS

In Spanish the stress (an elevation of the pitch of voice) occurs normally on the second to last syllable of a word when the word ends with any vowel (**a, e, i, o, u**), or the letters **s** or **n,** and no accent is written over the syllable. For words that end with the letters **r, j, l, or z,** the stress normally falls on the last syllable. For this reason, all infinitives have a stress on the last syllable. Any deviation from this rule is indicated by writing an accent above the stressed syllable.

When an accent is needed to stress a syllable containing a diphthong (two vowels, a strong and a weak one), or a triphthong (three vowels, one strong and two weak), the accent is written over the strong vowel in the syllable. For example, in the second person plural forms an accent is written over the **á**is and **é**is to indicate the stress on the last syllable of that verb form as in averig**uái**s and entreg**uéi**s.

At times the accent is written over a weak vowel to form two syllables out of one. For example: at**aú**d has two syllables because the two vowels are equally emphasized. Normally, in the **au** combination, the sound of the **a** dominates because it is the strong vowel.

Sometimes an accent is written over a vowel to differentiate one part of speech from another. Such is the case with the words **él** (he), and **el** (the), **si** (if), and **sí** (yes), **tú** (you) and **tu** (your), and **mí** (me), and **mi** (my), **dé** (give) and **de** (from), **sé** (be, I know) and **se** (reflexive pronoun). Accents are used to differentiate demonstrative pronouns from demonstrative adjectives, **ése,** ese, etc., as well as interrogative pronouns from relative pronouns, such as **quién** from **quien** and **cuándo** from **cuando.**

NOUNS

Gender of Nouns

Masculine

All nouns are either masculine or feminine, with the gender of the noun usually indicated by the vowel at the end of the word. Generally, nouns that end with **-o** or **-or** are masculine. Frequently on the AP exam you will find the exception to this general rule. You should learn the gender of all nouns when you learn the word. It is helpful to remember that nouns that end with **-ama, -ema,** and **-ima** are frequently masculine in spite of the fact that they end with the vowel **-a.** Common nouns that fall into this category are:

el clima	*el planeta*	*el sistema*	*el problema*
el día	*el tema*	*el lema*	*el diploma*
el mapa	*el poema*	*el monarca*	*el Papa*
el cometa	*el idioma*	*el tranvía*	*el albacea*

Usually the names of men, male animals, jobs, and titles concerning men, seas, rivers, mountains, trees, metals, languages, days, months, colors, and infinitives used as nouns are all considered masculine nouns.

Feminine

Most words that end with the vowel **-a** are feminine, along with words that end with **-ción, -dad, -ie, -umbre, -ud,** and **-sión.** For words that end in **-dor,** a masculine ending, an **-a** is added onto the **-dor** ending, thereby making the noun feminine. You should also remember that **mano** is feminine. (*La mano, las manos.*)

Some exceptions to the rule that words that end in **-ud** are feminine are the words:

el ataúd	*el césped*	*el talmud*

There are some nouns that end with the vowel **-a** that are feminine, but require the masculine singular article because the noun begins with a stressed **a** vowel. Some of these nouns are:

el agua	*el alma*	*el ama*	*el ave*
el águila	*el hada*	*el hacha*	*el haba*

When other adjectives modify these nouns, the adjectives take the feminine form:

el *agua fría*   **el** *ave negra*

In the plural forms, these nouns take feminine articles. For example:

las aguas	*las almas*	*las amas*	*las aves*
las águilas	*las hadas*	*las hachas*	*las habas*

Masculine nouns end with the letters **-o, -aje,** or with **-or,** (except for *la sor, la flor, la coliflor,* and *la labor*).

Making Nouns Plural

To make nouns plural: if the noun ends with a vowel you add **-s.** If the noun ends with a consonant (anything other than **-a, -e, -i, -o, -u**) add **-es** to the word. If the noun ends with the letter **z,** it changes to **c** before the **-es** is added to the end.

For example:

la luz, las luces.

If the noun carries a written accent on the last syllable, remove the written accent since the stress will normally fall on the second to last syllable of any word that ends in the letter **s.**

For example:

*la civiliza***ción** (with a written accent)
*las civiliza***ciones** (no written accent)

Some nouns will add a written accent when they become plural forms.
For example:

el jov*en* (no written accent)
los j*ó**venes* (with a written accent)

With a few nouns the syllable that carries the tonic stress shifts when the noun is made plural, such as: **ré***gimen*—**regí***menes*, **espé***cimen*—**especí***menes*, **cará***cter*—*caracte**res*.

If the written accent occurs on the third to last syllable, do not change it.

Compound nouns that end in a plural form, such as the word *parabrisas*, do not add an **-es** to the end. But the number of the article changes from **el** *parabrisas*, for example, to **los** *parabrisas*. Days of the week that end with **-es** also do not take **-es**, but rather take a plural article, *el jueves, los jueves*.

Nouns that end with an accented vowel also add **-es.** For example *el rubí, los rubíes*.

Remember that if the accent is not written in the correct location, no credit is given for that item in the fill-in-the-blank section of the writing part of the exam.

PRONOUNS

Pronouns are words that function in the place of nouns. There are seven kinds of pronouns. For each person and number they are:

Personal (Subject) Pronouns

These pronouns function as the subject of verbs.

	Singular	Plural
First Person	*yo*	*nosotros, nosotras*
Second Person	*tú*	*vosotros, vosotras*
Third Person	*él*	*ellos*
	ella	*ellas*
	usted	*ustedes*

(*Usted* can be abbreviated: *Ud.* or *Vd.; ustedes* as *Uds.* or *Vds.*)

These pronouns come before the verbs in declarative sentences. They normally come after the verb in questions, but sometimes are used before.

Direct Object Pronouns

These function as the object of the verb and answer the questions who or what.

	Singular	Plural
First Person	*me*	*nos*
Second Person	*te*	*os*
Third Person	**lo**	**los**
	la	**las**

In Spain the form *le* is used in place of *lo* when the noun the pronoun replaces is masculine.

Indirect Object Pronouns

These function as indirect objects of the verb and answer the questions, *to, for, from, by who* or *whom.*

First Person	*me*	*nos*
Second Person	*te*	*os*
Third Person	*le*	*les*

Reflexive Pronouns

These pronouns show that the action of the verb reflects back on the subject.

First Person	*me*	*nos*
Second Person	*te*	*os*
Third Person	*se*	*se*

Notice in all of the above three types of pronouns, that the first and second forms are the same, only the third person forms are different.

These pronouns are located in the following places:

Before:

1. conjugated verb forms,
2. negative commands.

After and attached to:

1. affirmative commands,
2. present participles (verb forms ending with **-ando** and **-iendo**),
3. infinitives.

When there are two object pronouns, the indirect object pronoun always comes before the direct object pronoun. When a reflexive pronoun and a direct object pronoun are used together, the reflexive object pronoun comes before the direct object pronoun.

When the double object pronouns are both third person (indirect object: *le* or *les*, and the direct object: *lo, la, los, las*), the indirect object is changed to *se*.

When one or two pronouns are added to an affirmative command, an accent is written over the syllable where the stress falls on the verb if the pronouns where not there.
For example:

Lea Ud. el libro. Léalo Ud. (Lea is two syllables, **e** is the stem of the verb.)
Lea Ud. el libro a su hermano. Léaselo Ud.

When one or two pronouns are added to a present participle, an accent is written over the beginning of the present participle ending.
For example:

Estoy leyendo el libro. Estoy leyéndolo.
Estoy leyendo el libro a mi hermano. Estoy leyéndoselo.
Imaginaos que estáis vistándonos cuando suena el teléfono.
Estabáis peinándoos cuando llegamos si mal no me acuerdo.

When two pronouns are added to an infinitive, an accent is written over the infinitive ending.
For example:

Voy a leer el libro a mi hermano. Voy a leérselo.

When one pronoun is added to an infinitive, no accent is written over the infinitive ending because the stress normally falls on the last syllable of infinitives since the words end with the letter **r.**
For example:

Voy a leer el libro a mi hermano. Voy a leerlo a mi hermano.
Voy a leer el libro a mi hermano. Voy a leerle el libro.

Prepositional Pronouns

These pronouns function as the object of a preposition, such as *a, de, en, por, para, sobre, sin,* and *con.* Any preposition, simple or compound, requires the use of these forms.

	Singular	Plural
First Person	*mí*	*nosotros, nosotras*
Second Person	*ti*	*vosotros, vosotras*
Third Person	*él*	*ellos*
	ella	*ellas*
	usted	*ustedes*

In the prepositional pronouns, notice that except for the first and second persons singular, these pronouns are the same forms as for the subject pronouns. In addition to the above forms, with the preposition *con* there is a special form, *conmigo, contigo,* and *consigo.*

Demonstrative Pronouns (this, that, these, those)

These forms are either masculine or feminine, depending on the gender of the nouns to which they refer.

este	*estos*	*ese*	*esos*	*aquel*	*aquellos*
esta	*estas*	*esa*	*esas*	*aquella*	*aquellas*

When the antecedent (the thing to which these pronouns refer) is a whole idea or phrase, the neuter form can be used:

esto　　　　*eso*　　　　*aquello*

Indefinite Pronouns

These forms have positive and negative forms.

algo　　　　*nada*
alguien　　*nadie*

Relative Pronouns

These pronouns function to introduce dependent clauses.

el que (la que, los que, las que)
el cual (la cual, los cuales, las cuales)
quien quienes

ADJECTIVES

Most of the problems you will find with adjectives are in recognizing the gender of some of the nouns. Usually on the exam there are no clues as to the gender of the nouns; the modifiers are indeterminate because they end in **e,** are possessive adjectives, or there are no modifiers, such as articles. Make sure when you learn nouns that you learn the gender from the beginning so you can avoid problems with agreement of adjective endings and nouns.

All adjectives agree in gender and number with the nouns they modify. This means that if a noun is feminine, singular or plural, the ending of the adjective is feminine, singular or plural.

For example:

La *mujer alt**a** lleva* **una** *chaqueta negr**a**.*
Las *mujeres alt**as** llevan* **unas** *chaquetas negr**as**.*

If the noun is masculine, singular or plural, the endings are masculine, singular or plural.

For example:

El *hombre alt**o** lleva* **un** *hermos**o** traje negr**o**.*
Los *hombres alt**os** llevan* **unos** *hermos**os** trajes negr**os**.*

If the adjective ends in an **e,** it cannot agree in gender, only in number.
For example:

El *elefante gigant**e** es muy inteligent**e**.*
Los *elefantes gigant**es** son muy inteligent**es**.*

If an adjective ends with **-or, -ón, -án,** or **-ín,** an **a** is added to form the feminine singular, and **-as** for the feminine plural.
For example:

El *nuev**o** criado es muy trabajad**or**.*
La *nuev**a** estudiante es muy trabajad**ora**.*
Las *nuev**as** estudiante son muy trabajad**oras**.*

Some adjectives are invariable; their endings do not change no matter what the gender of the noun they modify. Some of these are:

| *maya* | *azteca* | *marrón* | *rosa* | *alerta* | *hipócrita* |

In many cases the **past** participles (forms of the verb ending with **-ado** or **-ido**) can function as adjectives. In these cases, when the past participle always ends with **-o,** simply make the vowel on the end agree in gender and number with the nouns the past participles/adjectives modify. Remember that some past participles are irregular. In some cases there is a different form derived from the verb for the adjective, instead of the past participle. For example, *despertar* has as its past participle, *despertado.* But when used as an adjective, the form is *despierto.* The same is true of the following verbs:

concluir	*concluido*	*concluso*
elegir	*elegido*	*electo*
soltar	*soltado*	*suelto*
sujetar	*sujetado*	*sujeto*
bendecir	*bendecido*	*bendito*
convertir	*convertido*	*converso*
maldecir	*maldecido*	*maldito*

There are a few verbs for which the present participle can be used as an adjective:

hervir	*hirviendo*
arder	*ardiendo*

Position of Adjectives

In general, adjectives that refer to quantity come **in front** of the noun, such as numbers and definite articles.

In general, adjectives that refer to descriptive qualities or characteristics of nouns come **after** the noun.

When there are two or more descriptive adjectives that refer to the same nouns, sometimes one is placed before the nouns; otherwise, they both follow the nouns and are joined by a conjunction, **y,** or are separated by a comma.

There are some adjectives that can come before or after a noun, but whose meaning is determined by where they are placed. The following adjectives are the most common ones of this type:

Adjective	Meaning Before	Meaning After
cierto	some	sure, certain
grande	great, famous	large
mismo	same	only
nuevo	another	modern, just made
solo	only	lone
pobre	unfortunate	destitute, penniless
simple	uncomplicated	silly, stupid
viejo	former	elderly
diferentes	various	not the same
antiguo	former	antique

Some adjectives drop the final -**o** before masculine singular nouns. These adjectives are: **bueno, malo, primero, tercero, veintiuno, uno, alguno,** and **ninguno.** The adjectives **alguno** and **ninguno** add a written accent when the final -**o** is dropped: **algún, ningún.**

The adjective **grande** drops the final -**de** before masculine and feminine nouns. For example:

Una **gran** *dama*   *Un* **gran** *hombre*

The number **ciento** drops the final -**to** before any nouns, masculine or feminine. For example:

cien *años*   **cien** *noches*

The title **santo** drops the final -**to** before all masculine names except those beginning with **Do** or **To.** For example:

San Amselmo   **Santo Domingo**
San Isidro   **Santo Tomás**

Nominalization of Adjectives

Placing **lo** before an adjective means that it can be used as a noun. For example:

Lo importante (The important thing)
Los rojos (The red ones)

Possessive Adjectives

The possessive adjectives are:

mi, mis	= my		*nuestro, -a*	= our
			nuestros, -as	
tu, tus	= your		*vuestro, -a*	= your
			vuestros, -as	
su, sus	= his		*su, sus*	= their
	her			your
	its			
	your			

Possessive adjectives agree in gender and number with the objects that are possessed, not with the possessor.

For example:

El chico llevó **sus** *libros.* = The boy took his books.
(**Sus** is plural because **libros** is plural.)

Demonstrative Adjectives

The demonstrative adjectives are:

este = this (masculine)	*estos* = these (masculine)
esta = this (feminine)	*estas* = these (feminine)
esto = this (neuter)	
ese = that (masculine)	*esos* = those (masculine)
esa = that (feminine)	*esas* = those (feminine)
eso = that (neuter)	
aquel = that (masculine)	*aquellos* = those (masculine)
aquella = that (feminine)	*aquellas* = those (feminine)

The significant point of grammar to remember about demonstrative adjectives is the difference between *ese (esos, esa, esas)* and *aquel (aquellos, aquella, aquellas)*. *Ese* refers to objects or persons nearer at hand than *aquel.* This distance can be expressed in temporal or spatial dimensions. For example: *En aquellos días vivía un rey muy poderoso ...* meaning *in those long ago times there lived ...* (Distance in time is implicit since *aquellos* is used.)

The following suffix can be added to adjectives: *-ísimo*

When the suffix is added to an adjective that ends with **-co**, the spelling is changed to preserve the **k** sound of the **c.**

For example:

poco	*poquísimo*
rico	*riquísimo*

Comparatives of Inequality

To form the comparatives of adjectives and adverbs the following structures are used:
Place **más** or **menos** before the noun, adjective, or adverb; then follow it with **que.**
For example:

Este estudiante tiene **más** *libros* **que** *el otro.*

Este estudiante tiene **menos** *libros* **que** *el otro.*

Este chico es **más** *aplicado* **que** *el otro.*

Este chico es **menos** *aplicado* **que** *el otro.*

Este chico trabaja **más** *rápidamente* **que** *el otro.*

Este chico trabaja **menos** *rápidamente* **que** *el otro.*

The following adjectives have irregular forms in the comparative:

Adjective	Comparative
bueno (good)	**mejor** (better)
malo (bad)	**peor** (worse)
joven (young)	**menor** (younger)
viejo (old)	**mayor** (older)

These comparative forms cannot agree in gender with the nouns they modify, but they can be made plural.
For example:

Esta máquina es **mejor que** *la otra.*

Estas máquinas son **mejores que** *las otras.*

Esta máquina es **peor que** *la otra.*

Estas máquinas son **peores que** *las otras.*

Esta casa es **mayor que** *la otra.* (This house is older than the other one.)

Estas casas son **mayores que** *las otras.* (These houses are older than the other ones.)

The irregular forms for the adjectives **mucho** and **poco** are **más** and **menos.**
For example:

Hay **mucha** *gente en la cafetería.*

Hay **muchas** *personas en la cafetería.* (There are many people in the cafeteria.)

Hay **más** *personas en la cafetería.* (There are more people in the cafeteria.)

Hay **poca** *gente en la cafetería.* (There are few people in the cafeteria.)

Hay **pocas** *personas en la cafetería.* (There are few people in the cafeteria.)

Mayor in the comparative form means greater and **menor** means lesser.
For example:

El asunto de **mayor** *importancia es la cuestión de moralidad.* (The matter of greater importance is the question of morality.)

Es de **menor** *importancia preocuparse de este asunto.* (It is of lesser importance to worry about this matter.)

For example:

¡A ver! (Let's just see!)

When the preposition **con** comes before the infinitive, the meaning is one of concession or manner.

For example:

Con dedicar más tiempo al trabajo, lo acabarás. (With a harder effort, you will finish it or If you work a little harder, you will finish it.)

When the infinitive follows the preposition **de,** some kind of condition is indicated.

For example:

De haberlo pensado un poco más, no lo habría hecho. (If he had thought about it a little more, he would not have done it.)

Notice that in this case, the clause introduced by the preposition is part of an if-then statement, and has replaced the clause that normally contains the past subjunctive.

The preposition **por** followed by an infinitive indicates motive for an event or situation.

For example:

No le permitieron entrar por no llevar una corbata ni traje formal. (They did not let him in because he was not wearing proper attire.)

The preposition **sin** indicates a negative meaning.

For example:

El asunto todavía quedó sin resolver. (The matter is still unresolved.)

The preposition **para** indicates purpose and means *in order to.*

For example:

Lo invitó para hacerle sentirse bien acogido. (She invited him to make him feel very welcome.)

Conjugated Verb Forms

There are three conjugations: verbs that end with **-ar,** verbs that end with **-er,** and verbs that end with **-ir.** For each conjugation there are different endings indicating tenses and moods. The tenses are:

Indicative	Subjunctive
Present	Present
Present Progressive	Present Progressive
Present Perfect	Present Perfect
Imperfect	Past (Imperfect)

	Indicative		Subjunctive
	Past Progressive		Past Progressive
	Pluperfect		Past Perfect
	Preterit		
	Pluscuamperfect		
	Future		
	Future Progressive		
	Future Perfect		
	Conditional		
	Conditional Progressive		
	Conditional Perfect		

Within each of these tenses there are four different categories of verbs: (1) regular conjugations, (2) irregular conjugations, (3) stem changing conjugations, and (4) orthographic or spelling change conjugations. To conjugate verbs in all of these categories, take the infinitive ending off of the stem of the verb (the **-ar, -er, -ir** ending) and add the appropriate ending (the ending that agrees with the subject of the verb). For each kind **except** regular verbs, however, there are changes that must be made in the stem of the verb in many verbal tenses. Irregular verbs have forms that do not conform to any regular pattern and these must be memorized. Stem changing verbs can be classified so that the changes are more easily remembered. Orthographic verbs have spelling changes that occur for the letters **c, g,** and **z** when they are followed by certain vowels.

1.   REGULAR VERBS

To conjugate verbs, for the following tenses, take off the infinitive ending, (**-ar, -er,** or **-ir**) and add the following endings:

Simple Indicative Tenses

Present Indicative of **-ar** verbs		Present Indicative of **-er** verbs		Present Indicative of **-ir** verbs	
-o	-amos	-o	-emos	-o	-imos
-as	-áis	-es	-éis	-es	-ís
-a	-an	-e	-en	-e	-en

Preterit Indicative of **-ar** verbs		Preterit Indicative of **-er** verbs		Preterit Indicative of **-ir** verbs	
-é	-amos	-í	-imos	-í	**-imos**
-aste	-asteis	-iste	-isteis	-iste	-isteis
-**ó**	-aron	-ió	-ieron	-ió	-ieron

Imperfect Indicative of **-ar** verbs		Imperfect Indicative of **-er** verbs		Imperfect Indicative of **-ir** verbs	
-aba	-ábamos	-ía	-íamos	-ía	-íamos
-abas	-abais	-ías	-íais	-ías	-íais
-aba	-aban	-ía	-ían	-ía	-ían

The following endings are added to the infinitive form of all three conjugations:

Future Indicative

-é	-emos
-ás	-éis
-á	-án

Conditional Indicative

-ía	-íamos
-ías	-íais
-ía	-ían

(Notice that these endings are the same as endings for the second and third conjugation imperfect endings, except that they are only added to the end of the infinitives.)

Compound Indicative Tenses

To form the compound or perfect tenses, conjugate the verb **haber** in each of the above tenses and follow it with the past participle. The past participle is formed by removing the **-ar, -er,** or **-ir** endings and adding **-ado** for **-ar** verbs and **-ido** for **-er** and **-ir** verbs. The forms for the verb **haber** in each of the above tenses are:

Present Indicative

he	hemos
has	habeis
ha	han

Imperfect Indicative

había	habíamos
habías	habíais
había	habían

Preterit Indicative

hube	hubimos
hubiste	hubisteis
hubo	hubieron

Conditional Indicative

habría	habríamos
habrías	habríais
habría	habrían

Future Indicative

habré	habremos
habrás	habrán
habrá	habrán

There are a number of irregular past participles that are commonly found on the Advanced Placement exam. They are as follows:

abrir	**abierto**	revolver	**revuelto**
cubrir	**cubierto**	deshacer	**deshecho**
descubrir	**descubierto**	satisfacer	**satisfecho**
decir	**dicho**	bendecir	**bendicho**
hacer	**hecho**	maldecir	**maldicho**
morir	**muerto**	imponer	**impuesto**
poner	**puesto**	oponer	**opuesto**
romper	**roto**	suponer	**supuesto**

soltar	**suelto**	*sobreponer*	**sobrepuesto**
volver	**vuelto**	*componer*	**compuesto**
envolver	**envuelto**	*resolver*	**resuelto**
devolver	**devuelto**		

SIMPLE SUBJUNCTIVE

Present Subjunctive

To form the present subjunctive, notice that the endings for **-er** and **-ir** verbs are identical.

-ar		**-er** and **-ir**	
-e	*-emos*	*-a*	*-amos*
-es	*-éis*	*-as*	*-áis*
-e	*-en*	*-a*	*-an*

Past (Imperfect) Subjunctive

There are two sets of endings that can be used interchangeably, although there are some regional preferences for one or the other in some cases in the Spanish-speaking world.

-ar (Set 1)		**-er** and **-ir (Set 1)**	
-ara	*-áramos*	*-iera*	*-iéramos*
-aras	*-arais*	*-ieras*	*-ierais*
-ara	*-aran*	*-iera*	*-ieran*

-ar (Set 2)		**-er** and **-ir (Set 2)**	
-ase	*-ásemos*	*-ese*	*-ésemos*
-ases	*-aseis*	*-eses*	*-eseis*
-ase	*-asen*	*-ese*	*esen*

Compound Subjunctive Tenses

To form the present perfect or the pluperfect subjunctive, conjugate the verb **haber** in either the present or the past subjunctive with a past participle (**-ado, -ido**). (See **past participles for discussion of irregular past participles.**)

haya	*hayamos*	*hubiera o hubiese*	*hubiéramos o hubiésemos*
hayas	*hayais*	*hubieras o hubieses*	*hubieseis o hubieseis*
haya	*hayan*	*hubiera o hubiese*	*hubieran o hubiesen*

2.   IRREGULAR VERBS

There are only a dozen or so irregular verbs that you are likely to use on the exam. They are: **caber, dar, decir, estar, hacer, ir, oír, poder, poner, querer, saber, ser, tener, traer, valer, venir, ver.**

CABER

Present Indicative	
quepo	cabemos
cabes	cabéis
cabe	caben

Present Subjunctive	
quepa	quepamos
quepas	quepáis
quepa	quepan

Preterite Indicative	
cupe	cupimos
cupiste	cupisteis
cupo	cupieron

Past Subjunctive	
cupiera	cupiéramos
cupieras	cupierais
cupiera	cupieran

Imperfect Indicative	
cabía	cabíamos
cabías	cabíais
cabía	cabían

Future Indicative	
cabré	cabremos
cabrás	cabréis
cabrá	cabrán

Conditional Indicative	
cabría	cabríamos
cabrías	cabríais
cabría	cabrían

DAR

Present Indicative	
doy	damos
das	dais
da	dan

Present Subjunctive	
dé	demos
des	deis
dé	den

Preterite Indicative	
di	dimos
diste	disteis
dio	dieron

Past Subjunctive	
diera	diéramos
dieras	dierais
diera	dieran

Imperfect Indicative	
daba	dábamos
dabas	dabais
daba	daban

Future Indicative	
daré	daremos
darás	daréis
dará	darán

Conditional Indicative	
daría	daríamos
darías	daríais
daría	darían

DECIR

Present Indicative	
digo	decimos
dices	decís
dice	dicen

Present Subjunctive	
diga	digamos
digas	digáis
diga	digan

Preterite Indicative		Past Subjunctive	
dije	dijimos	dijera	dijéramos
dijiste	dijisteis	dijeras	dijerais
dijo	dijeron	dijera	dijeran

(The imperfect indicative is regular.)

Future Indicative		Conditional Indicative	
diré	diremos	diría	diríamos
dirás	diréis	dirías	diríais
dirá	dirán	diría	dirían

ESTAR

(The verb **andar** is conjugated the same as the verb **estar** in the preterite.)

Present Indicative		Present Subjunctive	
estoy	estamos	esté	estemos
estás	estáis	estés	estéis
está	están	esté	estén

Preterite Indicative		Past Subjunctive	
estuve	estuvimos	estuviera	estuviéramos
estuviste	estuvisteis	estuvieras	estuvierais
estuvo	estuvieron	estuviera	estuvieran

Imperfect Indicative	
estaba	estábamos
estabas	estabais
estaba	estabam

(The future and conditional forms of this verb are regular.)

HACER

Present Indicative		Present Subjunctive	
hago	hacemos	haga	hagamos
haces	hacéis	hagas	hagáis
hace	hacen	haga	hagan

Preterite Indicative		Past Subjunctive	
hice	hicimos	hiciera	hiciéramos
hiciste	hicisteis	hicieras	hicierais
hizo	hicieron	hiciera	hicieran

(The imperfect forms of this verb are regular.)

Future Indicative		Conditional	
haré	haremos	haría	haríamos
harás	haréis	harías	haríais
hará	harán	haría	harían

IR

Present Indicative		Present Subjunctive	
voy	*vamos*	*vaya*	*vayamos*
vas	*vais*	*vayas*	*vayáis*
va	*van*	*vaya*	*vayan*

Preterite Indicative		Past Subjunctive	
fui	*fuimos*	*fuera*	*fuéramos*
fuiste	*fuisteis*	*fueras*	*fuerais*
fue	*fueron*	*fuera*	*fueran*

Imperfect Indicative	
iba	*íbamos*
ibas	*ibais*
iba	*iban*

(The future and conditional forms of this verb are regular.)

OÍR

Present Indicative		Present Subjunctive	
oigo	*oímos*	*oiga*	*oigamos*
oyes	*oís*	*oigas*	*oigáis*
oye	*oyen*	*oiga*	*oigan*

Preterite Indicative		Past Subjunctive	
oí	*oímos*	*oyera*	*oyéramos*
oíste	*oísteis*	*oyeras*	*oyerais*
oyó	*oyeron*	*oyera*	*oyeran*

Whenever the verb ending contains an unstressed **i** in the ending after a vowel in the stem, as in the third person singular and plural of the second and third conjugation infinitives (**-ió**), the **i** is changed to **y.** This happens with the verbs **creer, poseer,** and **leer** in the preterit: **creyó, leyó.** Notice that this will not happen with verbs that end with **-ar** because there is no **i in the third person singular or plural preterit endings.**

(The imperfect, future, and conditional forms of this verb are regular.)

PODER

Present Indicative		Present Subjunctive	
puedo	*podemos*	*pueda*	*podamos*
puedes	*podéis*	*puedas*	*podáis*
puede	*pueden*	*pueda*	*puedan*

Preterite Indicative		Past Subjunctive	
pude	*pudimos*	*pudiera*	*pudiéramos*
pudiste	*pudisteis*	*pudieras*	*pudierais*
pudo	*pudieron*	*pudiera*	*pudieran*

(The imperfect forms for this verb are regular.)

Future		Conditional	
podré	*podremos*	*podría*	*podríamos*
podrás	*podréis*	*podrías*	*podríais*
podrá	*podrán*	*podría*	*podrían*

PONER

Present Indicative		Present Subjunctive	
pongo	*ponemos*	*ponga*	*pongamos*
pones	*ponéis*	*pongas*	*pongáis*
pone	*ponen*	*ponga*	*pongan*

Preterite Indicative		Past Subjunctive	
puse	*pusimos*	*pusiera*	*pusiéramos*
pusiste	*pusisteis*	*pusieras*	*pusierais*
puso	*pusieron*	*pusiera*	*pusieran*

(The imperfect forms of this verb are regular.)

Future		Conditional	
pondré	*pondremos*	*pondría*	*pondríamos*
pondrás	*pondréis*	*pondrías*	*pondríais*
pondrá	*pondrán*	*pondría*	*pondrían*

QUERER

Present Indicative		Present Subjunctive	
quiero	*queremos*	*quiera*	*queramos*
quieres	*queréis*	*quieras*	*queráis*
quiere	*quieren*	*quiera*	*quieran*

Preterite Indicative		Past Subjunctive	
quise	*quisimos*	*quisiera*	*quisiéramos*
quisiste	*quisisteis*	*quisieras*	*quisierais*
quiso	*quisieron*	*quisiera*	*quisieran*

(The imperfect forms of this verb are regular.)

Future Indicative		Conditional Indicative	
querré	*querremos*	*querría*	*querríamos*
querrás	*querréis*	*querrías*	*querríais*
querrá	*querrán*	*querría*	*querrían*

SABER

Present Indicative		Present Subjunctive	
sé	*sabemos*	*sepa*	*sepamos*
sabes	*sabéis*	*sepas*	*sepáis*
sabe	*saben*	*sepa*	*sepan*

Preterite Indicative		Past Subjunctive	
supe	*supimos*	*supiera*	*supiéramos*
supiste	*supisteis*	*supieras*	*supierais*
supo	*supieron*	*supiera*	*supieran*

(The imperfect indicative forms of this verb are regular.)

Future Indicative		Conditional Indicative	
sabré	*sabremos*	*sabría*	*sabríamos*
sabrás	*sabréis*	*sabrías*	*sabríais*
sabrá	*sabrán*	*sabría*	*sabran*

SER

Present Indicative		Present Subjunctive	
soy	*somos*	*sea*	*seamos*
eres	*sois*	*seas*	*seáis*
es	*son*	*sea*	*sean*

Preterite Indicative		Past Subjunctive	
fui	*fuimos*	*fuera*	*fuéramos*
fuiste	*fuisteis*	*fueras*	*fuerais*
fue	*fueron*	*fuera*	*fueran*

Imperfect Indicative	
era	*éramos*
eras	*erais*
era	*eran*

(The future and conditional forms of this verb are regular.)

TENER

Present Indicative		Present Subjunctive	
tengo	*tenemos*	*tenga*	*tengamos*
tienes	*tenéis*	*tengas*	*tengáis*
tiene	*tienen*	*tenga*	*tengan*

Preterite Indicative		Past Subjunctive	
tuve	*tuvimos*	*tuviera*	*tuviéramos*
tuviste	*tuvisteis*	*tuvieras*	*tuvierais*
tuvo	*tuvieron*	*tuviera*	*tuvieran*

(The imperfect forms of this verb are regular.)

Future Indicative		Conditional Subjunctive	
tendré	*tendremos*	*tendría*	*tendramos*
tendrás	*tendréis*	*tendrías*	*tendríais*
tendrá	*tendrán*	*tendría*	*tendrían*

TRAER

Present Indicative		Present Subjunctive	
traigo	*traemos*	*traiga*	*traigamos*
traes	*traéis*	*traigas*	*traigáis*
trae	*traen*	*traiga*	*traigan*

VALER

Present Indicative		Present Subjunctive	
valgo	*valemos*	*valga*	*valgamos*
vales	*valéis*	*valgas*	*valgáis*
vale	*valen*	*valga*	*valgan*

Preterite Indicative		Past Subjunctive	
valí	*valimos*	*valiera*	*valiéramos*
valiste	*valisteis*	*valieras*	*valierais*
valió	*valieron*	*valiera*	*valieran*

(The imperfect forms of this verb are regular.)

Future Indicative		Conditional Indicative	
valdré	*valdremos*	*valdría*	*valdríamos*
valdrás	*valdréis*	*valdrías*	*valdríais*
valdrá	*valdrán*	*valdría*	*valdría*

VENIR

Present Indicative		Present Subjunctive	
vengo	*venimos*	*venga*	*vengamos*
vienes	*venís*	*vengas*	*vengáis*
viene	*vienen*	*venga*	*vengan*

Preterite Indicative		Past Subjunctive	
vine	*vinimos*	*viniera*	*viniéramos*
viniste	*vinisteis*	*vinieras*	*vinierais*
vino	*vinieron*	*viniera*	*vinieran*

(The imperfect forms of this verb are regular.)

Future Indicative		Conditional Indicative	
vendré	*vendremos*	*vendría*	*vendríamos*
vendrás	*vendréis*	*vendrías*	*vendríais*
vendrá	*vendrán*	*vendría*	*vendrían*

VER

Present Indicative		Present Subjunctive	
veo	*vemos*	*vea*	*veamos*
ves	*veis*	*veas*	*veáis*
ve	*ven*	*vea*	*vean*

Preterite Indicative		Past Subjunctive	
vi	*vimos*	*viera*	*viéramos*
viste	*visteis*	*vieras*	*vierais*
vio	*vieron*	*viera*	*vieran*

Imperfect Indicative	
veía	*veíamos*
veías	*veíais*
veía	*veían*

(The future and conditional indicative forms of this verb are regular.)

3. STEM CHANGING VERBS

Verbs whose conjugated forms have a change in the stem (the radical) of the verb can be classified as follows: Class I, Class II, or Class III.

CLASS I

All of the verbs in Class I are **-ar** and **-er** infinitives. These verbs have a change **only** in the **present tense.** The change is from **e** to **ie** and **o** to **ue** in the first, second, and third persons singular and the third person plural. It does not have a change in the first and second person plural because the stress is on the ending of the verb form, not on the stem of the verb. An example of these two changes is:

Present Indicative

pensar (ie)		*volver (ue)*	
pienso	pensamos	**vue**lvo	volvemos
piensas	pensáis	**vue**lves	volvéis
piensa	**pie**nsan	**vue**lve	**vue**lven

In the subjunctive forms, all the stem changes occur exactly as they do in the indicative, in all of the same persons and numbers:

Present Subjunctive

piense	pensemos	**vue**lva	volvamos
pienses	penséis	**vue**lvas	volváis
piense	**pie**nsen	**vue**lva	**vue**lvan

These verbs are indicated in dictionaries with the letters of the change in parentheses after the infinitive. Other verbs of this Class I change are: *sentarse, empezar, encontrar, contar, costar, despertar, atravesar, recomendar, comenzar, entender, volver, envolver, devolver, revolver, perder, defender, rogar, negar, nevar, oler, soltar, mover, mostrar, demostrar, llover, jugar.*

The verb *oler* is irregular in the present because an **h** is added to the beginning of the verb:

Present Indicative		Present Subjunctive	
huelo	olemos	**h**uela	olamos
hueles	oléis	**h**uelas	oláis
huele	**h**uelen	**h**uela	**h**uelan

The verb is regular in all other tenses and forms.

CLASS II

These stem changing verbs are all third conjugation verbs (they end with **-ir**). These verbs change **e** to **ie** and **o** to **ue** in the same persons and numbers as the Class I verbs (first, second, and third persons) in the present tense, but also have a change in the preterit forms. The preterit changes are **e** to **i** and **o** to **u** in the third persons singular and plural.

Present Indicative

sentir (ie,i)		*dormir (ue,u)*	
s*ie*nto	sentimos	d*ue*rmo	dormimos
s*ie*ntes	sentís	d*ue*rmes	dormís
s*ie*nte	s*ie*nten	d*ue*rme	d*ue*rmen

Preterit Indicative

sentir (ie,i)		*dormir (ue,u)*	
sentí	sentimos	dormí	dormimos
sentiste	sentisteis	dormiste	dormisteis
s*i*ntió	s*i*ntieron	d*u*rmió	d*u*rmieron

In the present subjunctive the **e** changes to **ie** in the first, second, and third singular and the third plural forms, and changes from **e** to **i** in the first and second persons plural:

Present Subjunctive

sentir (ie,i)		*dormir (ue,u)*	
s*ie*nta	s*i*ntamos	d*ue*rma	d*u*rmamos
s*ie*ntas	s*i*ntáis	d*ue*rmas	d*u*rmáis
s*ie*nta	s*ie*ntan	d*ue*rma	d*ue*rman

In the preterit forms the change occurs in all forms in the past subjunctive:

sentir (ie,i)		*dormir (ue,u)*	
s*i*ntiera	s*i*ntiéramos	d*u*rmiera	d*u*rmiéramos
s*i*ntieras	s*i*ntierais	d*u*rmieras	d*u*rmierais
s*i*ntiera	s*i*ntieran	d*u*rmiera	d*u*rmieran

Morir is the only other Class II verb in which **o** changes to **ue.** Other verbs that are similar to the above verbs are: *divertirse* and *arrepentir.*

The present participles (**-iendo**) will have the change in the stem of the participle, from **e** to **i** and **o** to **u.** For example: *s*i*ntiendo* and *d*u*rmiendo.*

CLASS III

These stem changing verbs all end in **-ir** and change **e** to **i** in the first, second, and third persons singular, and third person plural in the present tense. The change in the preterit is from **e** to **i** in the third persons singular and plural. There are no **o** to **ue** changes.

Present Indicative   Present Subjunctive

pedir (i,i)

pido	*pedimos*	*pida*	*pidamos*
pides	*pedís*	*pidas*	*pidáis*
pide	*piden*	*pida*	*pidan*

Notice the same stem change occurs in all forms of the present subjunctive.

Preterit Indicative   Past Subjunctive

pedí	*pedimos*	*pidiera*	*pidiéramos*
pediste	*pedisteis*	*pidieras*	*pidierais*
pidió	*pidieron*	*pidiera*	*pidieran*

The same stem change occurs in all forms of the past subjunctive.

Other verbs that are conjugated like *pedir* are: *elegir, pedir (impedir, despedir), servir, vestir, reñir,* and *reír.*

The verb *reír* has the following changes in accent marks because it is a single syllable stem:

Present Indicative   Present Subjunctive

río	*reímos*	*ría*	*riamos*
ríes	*reís*	*rías*	*riáis*
ríe	*ríen*	*ría*	*rían*

Preterit Indicative   Past Subjunctive

reí	*reímos*	*rieran*	*riéramos*
reíste	*reísteis*	*rieras*	*rierais*
rió	*rieron*	*riera*	*rieran*

In the above forms notice that *reír* is a stem changing verb, so the stem contains an **i** in the third person singular and plural, and the accent falls in the normal position for the preterit **-ir** conjugations.

The present participles of Class III verbs will have the stem change of **e** to **i**: *pidiendo, riendo.*

4. ORTHOGRAPHIC VERBS

Verbs that have spelling changes because of the sequence of certain consonants, **c, g,** and **z** when followed by certain vowels, are called orthographic verbs.

The vowels **a** and **o** are hard vowels; **e** and **i** are soft vowels. When the letter **c** is followed by a hard vowel, the sound of **c** is the same as **k** in English. (*Sacar* in Spanish is pronounced as if the **c** were a **k**.) When the **c** is followed by a soft vowel the **c** has an **s** sound. (*Conocer* is pronounced as if the **c** were an **s** in the last syllable.) Therefore, wherever the initial vowel of an ending is the opposite of what is found in the infinitive, there are the following spelling changes:

1. **-car** infinitives. Change the **c** to **qu** when the ending begins with an **e** or an **i**:

Buscar

(preterit indicative, first person singular)

busqué	*buscamos*
buscaste	*buscasteis*
buscó	*buscaron*

(Notice that only the first person singular ending begins with the letter **e**, so it is the only one that changes spelling.)

Buscar

(present subjunctive, all forms)

busque	**busquemos**
busques	**busquéis**
busque	**busquen**

(Notice that all of these endings begin with the letter **e** so there is a change in the spelling. Notice also that there is no accent on the first person singular form.)

Some other common verbs that have this change are: *practicar, explicar, tocar, comunicar, ahorcar, abarcar, embarcar, arrancar, atacar, equivocar, provocar, destacar, marcar, ubicar, evocar, sacar,* and *volcar.*

2. **-cer** infinitives. Add a **z** before the **c**:

Conocer

(present indicative, first person singular only)

conozco	*conocemos*
conoces	*conocéis*
conoce	*conocen*

(Notice that all the other endings begin with the letter **e**, which is soft, so no other change is needed.)

Conocer

(present subjunctive, all forms)

conozca	*conozcamos*
conozcas	*conozcáis*
conozca	*conozcan*

(Notice that all of the endings in the subjunctive begin with a hard vowel, so all the forms change.)

Some other common verbs that have these changes are: *parecer, perecer, fallecer, crecer, nacer, merecer, establecer, padecer, obscurecer, anochecer, amanecer, acontecer, aborrecer, apetecer, aparecer, complacer, carecer, desaparecer, empobrecer, enriquecer, embrutecer, enrojecer, entristecer, envejecer, florecer, permanecer, pertenecer, torcer,* and *yacer.*

3. -ducir infinitives:

(In the present indicative, add a **z** before the **c** in the first person singular indicative.)

Traducir
(present indicative, first person singular)

tradu**z**co	traducimos
traduces	traducís
traduce	traducen

(Notice that the first person singular indicative is the only ending that begins with a hard vowel, so it is the only one that adds **z** before **c**.)

Traducir
(present subjunctive, all forms)

tradu**z**ca	tradu**z**camos
tradu**z**cas	tradu**z**cáis
tradu**z**ca	tradu**z**can

(Notice that all the endings begin with the letter **a** so all of the forms add the **z**.) In the preterit change the **c** to **j**:

Traducir
(preterit indicate, all forms)

tradu**j**e	tradu**j**imos
tradu**j**iste	tradu**j**isteis
tradu**j**o	tradu**j**eron

Traducir
(past subjunctive, all forms)

tradu**j**era	tradu**j**éramos
tradu**j**eras	tradu**j**erais
tradu**j**era	tradu**j**eran

Some other common verbs that are conjugated like *traducir* are: *producir, conducir, balbucir, lucir, deducir,* and *reducir.*

The letter **g** has two sounds depending on which letter follows it. When **g** is followed by the letter **a, o,** or **u** (as in *pagar*), it has a hard sound like the **g** in the English word *go*.

When the letter **g** is followed by the letter **e** or **i**, then the sound is soft, as in the English word, *general.*

4. -gar infinitives. Add a **u** before the endings with soft vowels:

Pagar
(first person singular in the preterit only)

pag**u**é	pagamos
pagaste	pagasteis
pagó	pagaron

(Notice that the first person is the only ending that begins with the letter **e** in the preterit, so it is the only form that changes in this tense.)

Pagar
(present subjunctive, all forms)

pag**u**e	pag**u**emos
pag**u**es	pag**u**éis
pag**u**e	pag**u**en

(Notice that all of the present subjunctive endings begin with the letter **e** so all the forms add the **u** before the ending.)

Some other common verbs that are conjugated like *pagar* are: *jugar, llegar, rogar, negar, ahogar, investigar, indagar, obligar, abrigar, castigar, interrogar, embriagar, propagar, entregar, cegar, colgar, desasosegar, entregar, fregar,* and *desplegar.*

5. **-ger** infinitives. Change the **g** to **j** before **a** and **o**:

Escoger
(present indicative, first person singular only)

esco**j**o	escogemos
escoges	escogéis
escoge	escogen

(Notice that the first person singular is the only ending that begins with a hard vowel (**a** or **o**) so it is the only form that changes in the indicative.)

Escoger
(present subjunctive, all forms)

esco**j**a	esco**j**amos
esco**j**as	esco**j**áis
esco**j**a	esco**j**an

(Notice that all forms change because the endings all begin with the letter **a**.)

6. **-gir** infinitives. Change the **g** to **j** before **a** and **o**.

Dirigir
(present indicative, first person singular only)

diri**j**o	dirigimos
diriges	dirigís
dirige	dirigen

(Notice that these forms are the same as for the **-ger** ending infinitives for all the same reasons.)

Dirigir
(present subjunctive, all forms)

diri**j**a	diri**j**amos
diri**j**as	diri**j**áis
diri**j**a	diri**j**an

(Notice that these forms are the same as for the **-ger** verbs for all the same reasons.)

Some other common verbs that are conjugated like *dirigir* are: *elegir, mugir,* and *exigir.*

7. **-guir** infinitives. Drop the **u** when the ending begins with a hard vowel:

Seguir
(present indicative, first person singular only)

si*go*	*seguimos*
sigues	*seguís*
sigue	*siguen*

(Notice that the first person singular is the only ending that begins with a hard vowel, **o**, so it is the only form with a change.)

Seguir
(present subjunctive, all forms)

*si***ga**	*si***ga***mos*
*si***gas**	*si***gá***is*
*si***ga**	*si***ga***n*

(Notice that all of the subjunctive endings begin with the letter **a**, so the **u** is dropped in all six forms.)

8. **-zar** infinitives. Change the **z** to **c** before endings that begin with soft vowels:

Empezar
(preterit indicative, first person singular only)

*empe***cé**	*empezamos*
empezaste	*empezasteis*
empezó	*empezaron*

(Notice that the first person singular is the only ending that begins with a soft vowel, **e**.)

Empezar
(present subjunctive, all forms)

*empie***ce**	*empe***ce***mos*
*empie***ces**	*empe***cé***is*
*empie***ce**	*empie***ce***n*

(Notice that these endings all begin with a soft vowel, **e**, so these forms all change to **c**.)

Some other common verbs that are conjugated like *empezar* are: *analizar, utilizar, comenzar, almorzar, rezar, gozar, avergonzar, cruzar, cazar, destrozar, sollozar, tropezar, esforzar, adelgazar, calzar,* and *reemplazar.*

9. **-uir** infinitives. Add **y** before the ending when the stem is stressed:

Construir
(present indicative, all forms)

construyo	*construimos*
construyes	*construís*
construye	*construyen*

(Notice that in the first and second persons plural, the first letter of the ending is stressed, so the forms do not add **y**.)

Construir

(present subjunctive, all forms)

*constru**y**a*	*constru**y**amos*
*constru**y**as*	*constru**y**áis*
*constru**y**a*	*constru**y**an*

(Notice that all forms change because the stem for the subjunctive is the first person singular, present indicative.)

Remember that for **-uir** ending infinitives in the preterit indicative, the unstressed **i** is changed to a **y**:

Construir

(preterit indicative)

construí	*construimos*
construiste	*construisteis*
*constru**y**ó*	*constru**y**eron*

Some other common verbs that are conjugated like *construir* are: *destruir, atribuir, influir, distribuir, sustituir, concluir, disminuir, excluir, fluir,* and *instruir.*

The following verbs have changes in the written diacritical marks because of the phonetics:

10. **-uar** infinitives. Add written accent marks when conjugated in order to retain the stress on the stem of the verb:

Present Indicative

Graduar

(first, second, and third person singular, and third plural)

*grad**ú**o*	*graduamos*
*grad**ú**as*	*graduáis*
*grad**ú**a*	*grad**ú**an*

(Notice that the stress in the first and second person plural forms is on the first letter of the ending, so the accent mark is omitted.)

Present Subjunctive

Graduar

(first, second, and third person singular, and third plural)

gradúe	*graduemos*
*grad**ú**es*	*graduéis*
*grad**ú**e*	*grad**ú**en*

(Notice that these changes are in the same persons and number as the indicative forms.)

11. **-guar** adds a dieresis over the **u** (**ü**) when the ending begins with an **e**, in order to keep the hard sound of the letter **g** that is found in the infinitive:

Preterit Indicative

Averiguar

(first person singular)

*averig**ü**é*	*averiguamos*
averiguaste	*averiguasteis*
averiguó	*averiguaron*

(Notice that only the first person singular ending begins with **e**.)

Present Subjunctive

Averiguar

averigüe	*averigüemos*
averigües	*averigüéis*
averigüe	*averigüen*

(Notice that since all of these endings begin with the letter **e**, the dieresis is written on the letter **u** to preserve the hard sound of the **g**.)

Other verbs like *averiguar* are: *santiguar* and *apaciguar*.

12. **-iar** infinitives add an accent on the stem.

Present Indicative

Enviar

envío	*enviamos*
envías	*enviáis*
envía	*envían*

(Notice that these changes occur where the stress should fall on the stem, not on the first letter of the ending.)

Present Subjunctive

Enviar

envíe	*enviemos*
envíes	*enviéis*
envíe	*envíen*

(Notice that the accent is added in the same forms as in the present indicative.)

Use of the Indicative Mood

The indicative mood is used in main clauses, simple declarative statements, or questions where no doubt, uncertainty, or contrary-to-fact information is expressed. With the indicative mood, the simple present corresponds to several different meanings in English. For example: *hablo* = I **talk,** I **am talking,** I **do talk, Do** I **talk...?** and **Am** I **talking...?** In the past there are two simple tenses: the imperfect and the preterit. The imperfect is used to describe background information about an event, to describe an action that was going on at some time in the past without regard for when it began and/or ended, an action that was going on when something else happened, habitual action, repetitive action in the past, and for telling time. The preterit tense is used to stress the fact that an event took place in a finite period of time in the past. An action expressed using the preterit is one that is completed, a definite beginning and/or ending to the action is communicated through the selection of the preterit tense. These actions are said to be narrated instead of described. The preterit is also used to relate events or actions in a series in the past. There are five verbs whose meanings are different in the preterit, based on the meaning implied from the selection of the tense. They are:

Conocer: in the preterit *conocer* means *to meet.*
in the imperfect *conocer* means *knew.*

For example:

> *Yo la conocí en la fiesta.* (I met her at the party.)
> *Yo la conocía antes de la fiesta.* (I knew her before the party.)

Querer: in the affirmative preterit *querer* means *to try.*
in the negative preterit *querer* means *to refuse.*
in the imperfect *querer* means *wished* or *wanted.*

For example:

> *Yo quise llamarte anoche.* (I tried to call you last night.)
> *No quise llamarte otra vez.* (I refused to call you again.)
> *Yo quería llamarte anoche.* (I wanted to call you last night.)

Poder: in the preterit *poder* means *managed,* with accomplished action implied.
in the imperfect *poder* means *could.*

For example:

> *El chico pudo ir a la fiesta.* (The boy managed to go to the party.)
> *El chico podía ir a la fiesta.* (The boy was able to go to the party./
>   The boy could go to the party.)

Saber: in the preterit *saber* means *found out.*
in the imperfect *saber* means *knew.*

For example:

> *Ayer supe la dirección.* (Yesterday I found out the address./
>   Yesterday I discovered the address.)
> *Ayer sabía la dirección.* (Yesterday I knew the address.)

Tener: in the preterit *tener* means *received.*
in the imperfect *tener* means *had.*

For example:

> *Ayer tuve una carta.* (Yesterday I received a letter.)
> *Ayer tenía una carta.* (Yesterday I had a letter.)

The future is used to express actions that have not yet taken place. This tense is also used to express conjecture (the probability or supposition) that something will happen. This meaning is expressed in English with phrases such as *I wonder..., What can be...?* and the like.

The conditional tense expresses the same meaning in the past. This tense is frequently expressed by one of the several meanings of the verb *would.* (In English *would* can indicate a variety of other time frames, such as past, or provisional actions.) For example, *He would go when he had the time.*

The conditional tense in Spanish is also used to communicate probability or conjecture in the past. Its meanings correspond to the future of probability, except in the past instead of the present tense.

For example:

¿Qué hora será? (What time can it be?/I wonder what time it is?)
¿Qué hora sería? (What time could it be?/I wonder what time it was?)

The compound tenses are used to refer to a time frame immediately prior to a specified point in time. For example, the present perfect refers to a period of time immediately before the present, as in: *He has done his homework.* The pluperfect and pluscuamperfect (the imperfect and the preterit of *haber* + a past participle, respectively) refer to a period of time occurring before a specified point in time in the past.

For example:

> *Había hecho la tarea cuando sus amigos llegaron.* (He had done his work when his friends arrived.)

The future perfect corresponds to a time occurring before another referenced point of time in the future, but after the present.

For example:

> *Ellos se habrán ido cuando yo llegue.* (They will have gone by the time I arrive.) (My arrival will take place in the future, and they will go after that future time when I arrive.)

The Use of the Subjunctive

The conventions for using the subjunctive are changing; they vary according to location and who is using it, so there is a lot of variety in the way the subjunctive is used. The following guidelines for using the subjunctive are generally accepted as standard, if there is such a thing in Spanish grammar outside of the *Real Academia Española* in Spain.

The subjunctive mood expresses doubt, uncertainty, hypothetical situations, contrary to fact situations, and anything not considered by the speaker to be a fact. The subjunctive mood is used in **dependent** or **subordinate** clauses and some **independent** clauses.

In **independent** clauses the subjunctive is frequently used after *quizás* or *tal vez*, which can introduce either the indicative or the subjunctive, depending on the degree of conjecture or probability the speaker wishes to communicate. After the expression *Ojalá* the present or the past subjunctive is used. Often the past subjunctive is used as a softened request, a polite way to make a request of someone, such as in *¿Quisiera usted ...?* or *¿Pudiera usted ...?* The subjunctive is used in elliptical statements, clauses that begin with *Que*. There are a variety of ways to translate these expressions.

For example:

> *¡Que se divierta esta noche!* (I hope you have a good time tonight!)
> *¡Que te vaya bien!* (May you have a good trip!)
> *¡Que duermas bien!* (Sleep tight! Get a good night's sleep!)

In subordinate clauses the subjunctive usually occurs in noun, adjective, or adverb clauses. As a rule, there is a change of subject; the subject of the verb in the main clause is different from the subject of the verb in the dependent clause. When there is no change of subject, an infinitive functions as the object of the verb.

For example:

> *Yo quiero leer el libro.* (I want to read the book.)
> *Yo quiero que tú leas el libro.* (I want you to read the book.)
> *Me alegro de estar aquí.* (I am glad to be here.)
> *Me alegro que estés aquí.* (I am glad you are here.)

In noun clauses the subjunctive is used when the verb in the main clause expresses a request, a wish, desire, approval, opposition, preference, suggestion, recommendation, advisability, necessity, obligation, or a command. Some common verbs of this type are: *querer, pedir, desear, prohibir, mandar, rogar, permitir, dejar, impedir, sugerir, recomendar, exigir, oponer, requerir, aconsejar, hacer* and *preferir*.

At times *decir* indicates volition (a request), and at other times it expresses facts. When it indicates a request, then the subjunctive is used. The other times, it is followed by the indicative.

For example:

> *Él dice que su hermano viene mañana.* (He says that his brother is coming tomorrow.)
> *Él le dice a su hermano que venga mañana.* (He tells his brother to come tomorrow.)

Notice that when the verb indicates a request, an indirect object pronoun is often used. The English translation of the sentence often uses an infinitive construction instead of the subjunctive.

After verbs that express an emotion, the subjunctive is used in the dependent clause. Some common verbs of this type are: *alegrarse de, estar contento, lamentar, molestar, parecerle extraño, sentir,* and *arrepentir.*

After verbs that express doubt or denial the subjunctive is used. Common verbs of this type are *negar, dudar, no estar seguro,* and *no estar cierto.*

For example:

> *Dudo que vengan.* (I doubt that they are coming.)
> *Niego que lo escriban.* (I deny that they are writing it.)

When the negative of the above verbs is used, however, a certainty is expressed and the indicative is used.

For example:

> *No dudo que vienen.* (I do not doubt that they are coming.)
> *No niego que lo escriben.* (I do not deny that they are writing it.)

After an impersonal expression (the verb *ser* + an adjective), the subjunctive is used. The verb *ser* can be used in any tense, but it is always in the third person singular form, meaning *it is, it was, it will be,* etc.

For example:

> *Será preciso que lean.* (It will be necessary for them to read.)
> *Puede ser que lo tengan.* (It could be that they have it.)

Often an infinitive construction can be used in place of a subordinate clause containing the subjunctive. When the infinitive is used, the verb *ser* is preceded by an indirect object pronoun that is the subject of the verb in the subordinate clause in English.

For example:

Les fue imposible asistir. (It was impossible for them to come.)

Fue imposible que asistieran. (It was impossible for them to come./It was impossible that they come.)

The only impersonal expressions that require the indicative mood are those that express a certainty, such as *es obvio, es evidente, es claro, es seguro, es verdad, es cierto,* and *no cabe duda.* (Remember that the verb *es* can be in any other tense also: *es, fue, era, será sería, ha sido, había sido, habrá sido* and *habría sido,* or even the present participle *siendo necesario.*)

For example:

Es obvio que les gusta leer. (It is obvious that they like to read.)

Fue obvio que les gustaba leer. (It was obvious that they liked to read.)

When any of the above impersonal expressions of certainty are negated, then the subjunctive is used since doubt is then implied.

For example:

No es obvio que les guste leer. (It is not obvious that they like to read.)

In adjective clauses, the subjunctive is used if the antecedent (the noun that the clause modifies) is indefinite, unknown to the speaker, uncertain, hypothetical, or nonexistent.

For example:

Buscan un apartamento que sea barato. (They are looking for an apartment that is inexpensive.)

Buscan un estudiante que pueda traducirlo. (They are looking for a student who can translate it.)

No encontraron ningún estudiante que pudiera leerlo. (They did not find any student who read it.)

No hay nadie que recuerde toda esa historia. (There is no one who remembers all of that story.)

When the antecedent is indefinite, the personal *a* is often omitted. The absence of a personal *a*, then frequently indicates the subjunctive is necessary.

For example:

Buscan un estudiante que sepa de ingeniería eléctrica. (They are looking for a student who knows electrical engineering.)

Buscan al estudiante que sabe de ingeniería eléctrica. (They are looking for the student who knows electrical engineering.)

The construction *por ... que* indicates the subjunctive. The phrase is expressed several ways in English.

For example:

> *Por rico que sea, no me casaré con él.* (No matter how rich he may be, I will not marry him.)
>
> *Me quedaré hasta la conclusión, por tarde que sea.* (I will stay until the end, however late that may be.)
>
> *Por mucho que se quejaran, los estudiantes hicieron el trabajo.* (For all the complaining they did, the students still did the work.)

In adverbial clauses the kind of conjunction determines whether the subjunctive is used or not. After the following conjunctions, the subjunctive is always used, regardless of the tenses of the verbs: *para que, con tal que, a menos que, a ser que, a fin de que, antes de que, sin que, a no ser que,* and *en caso de que.* The preposition *de* in most of the above adverbial conjunctions is normally omitted. These conjunctions, except for *antes de que,* introduce clauses of concession, proviso, or purpose.

For example:

> *El chico hizo la tarea para que pudiera ir a la fiesta.* (The boy did the chores so that he could go to the park.)
>
> *Ella dijo que vendría con tal que viniera su compañera.* (She said she would come provided that her companion came.)
>
> *Salieron sin que los viéramos.* (They left without our seeing them.)

Notice the variety of ways that the subjunctive is expressed in English, especially the last example where English uses a gerund, and Spanish uses the subjunctive.

Two adverbial conjunctions that take either the subjunctive or the indicative depending on the meaning desired by the speaker are: *de manera que* and *de modo que.* The selection depends on the kind of information that is being communicated.

For example:

> *El conferenciante habló de manera que todos los delegados lo oyeron.* (The speaker spoke so that the delegates understood him./The speaker spoke in such a way that the delegates understood him.) (Whichever the meaning, the delegates understood him.)
>
> *El conferenciante hablo de manera que todos los delegados le oyeran.* (The speaker spoke in a way that the delegates could understand him.)
> (It is unknown whether the delegates understood him or not.)

Aunque and *a pesar de que* also can take either the subjunctive or the indicative according to what the speaker wishes to communicate. The selection of the subjunctive expresses uncertainty about the facts in the mind of the speaker, and the indicative expresses the opposite meaning.

For example:

> *Aunque lloverá mañana, iremos.* (Although it will rain tomorrow, we will go.)
> (The speaker is reasonably certain it will rain.)
>
> *Aunque llueva mañana, iremos.* (Although it may rain tomorrow, we will go.)
> (The speaker makes no statement about whether it will rain or not.)

In adverbial clauses of time, the sequence of tenses is especially important. After the following adverbial conjunctions, use the subjunctive if the verbs in the independent clause are in the future (the action has not yet taken place), and the subjunctive in the subordinate clause: *en cuanto, tan pronto como, cuando, después, hasta que, mientras, una vez que.* The subjunctive is used because since these events have not taken place yet, they cannot be considered factual.

For example:

> *Pídales que se queden hasta que volvamos.* (Ask them to remain until we return.)
> *Te veremos tan pronto como llegues.* (We will see you as soon as you get here.)
> *Lo agradecerá cuando venga.* (They will thank him when he comes.)

When the action or event takes place in the past, the indicative is used. When the above sentences, for example, are expressed in the past, notice that the subjunctive is not used, since once the event has occurred, it is a fact, or is perceived as fact by the speaker.

For example:

> *Les pidió que se quedaran hasta que volvimos.* (He asked them to stay until we returned. OR We did return.)

The subjunctive is still used in the dependent noun clause after *pedir*, but after the adverbial conjunction, *hasta que*, the indicative is used.

For example:

> *Te vimos tan pronto como llegaste.* (We saw you as soon as you arrived. OR We saw you return; it is a fact.)
> *Lo agradecí cuando vino.* (I thanked him when he came. OR He came; it is a fact.)

The use of the subjunctive after *si* depends upon the tense of the verb, also, and the construction in which it occurs. After *si,* the present subjunctive is so seldom used that it is not likely to appear on the exam. (The exception would be when *si* means *cuando.*) When the present or future indicative is used, *si* is followed by the present indicative, or future.

For example:

> *Le pago si hace el trabajo.* (I pay him if he works.) (The speaker does not know if he will work or not, but when he works he gets paid.)

Compare this sentence with:

> *Le pagaré cuando trabaje.* (I will pay him when he works.) (I will pay him when he works, but he has not worked yet. I have not paid him yet.)
> *Si hará el trabajo, le pagaré.* (If he will do the work, I will pay him.)

When the sentence structure indicates an *if-then* statement, then the **past** subjunctive is used in the *if* portion of the sentence, or in both clauses. The subjunctive is used in the *if* portion of the sentence because the information expressed in that kind of clause is contrary to fact, which requires the use of the subjunctive.

For example:

> *Le pagaría si trabajara.* (I would pay him if he would work.)

(This sentence structure using the conditional, implies very strongly that he will not work. The information communicated through the use of this grammar is that it is uncertain whether he will work or not. The meaning implied is *if he would work, which he probably would not do,* meaning that his working is contrary to fact.)

In the past perfect (pluperfect and pluscuamperfect), the helping verb *haber* is conjugated in the appropriate tenses.

For example:

> *Le habría pagado si hubiera trabajado.* (I would have paid him if he had worked.)

Look at the following sequence of tenses to help fix in mind the progression from what is perceived as fact by the speaker, to hypothetical statements (*if-then* sentences.)

> *Si tengo dinero, voy a la fiesta.* (If I have money I will go to the party.)
> *Si he tenido dinero, he ido a la fiesta.* (If I have had money, I have gone to the party.)
> *Si tuviera dinero, iría a la fiesta.* (If I had the money, I would go to the party.)
> *Si hubiera tenido dinero, habría ido a la fiesta.* (If I had had money, I would have gone to the party.)

Another case where the past subjunctive is always used because it expresses contrary to fact information is after the expression *como si,* meaning *as if.* Even in English this structure uses the English equivalent of the subjunctive.

For example:

> *Les habló como si fueran niñitos.* (He spoke to them as if they were children.)
> *Les habla como si fueran niñitos.* (He speaks to them as if they were children.)
> *Les hablará como si fueran niñitos.* (He will speak to them as if they were children.)
> *Les ha hablado como si fueran niños.* (He has spoken to them as if they were children.)
> *Les había hablado como si hubieran sido niños.* (He had spoken to them as if they had been children.)

The other instance in which the subjunctive is used is in imperative sentences—commands.

A command is really a portion of a sentence in which the speaker means *I want that...* or *I order that....* For example, in the following cases, notice how the part of the sentence that is in parentheses actually expresses what is the main clause, followed by the dependent noun clause, with the subjunctive used after the verb that expresses volition.

(Yo quiero que usted) Diga la verdad. (I want that you) Tell the truth.

(Yo mando que usted) No revele el secreto. (I order that you) Do not reveal the secret.

(Yo exijo que ustedes) Lean el libro. (I require that you) Read the book.

(Yo pido que nosotros) Aceptemos su oferta. (I request that we) Accept their offer.

The one difference between the simple declarative sentence that uses the subjunctive in the dependent noun clause, and the imperative sentence is that the location of pronouns is different for imperative sentences.

For example:

Dígamelo. (Tell it to me.)

The pronouns are added to the end of the verb since it is a command form:

(Yo quiero que usted) me lo diga. (I want that you) tell it to me.

There is a command form for every person and number except the first person singular. The subjunctive is used for commands in all forms except for the second person singular and plural affirmative commands. The following shows which verb form to use for which command.

Second Person Singular, **Tú:**

Affirmative form: the third person singular **present indicative**

For example:

Entrega (tú) los papeles. (Turn in the papers.)

Negative form: the second person, singular **present subjunctive**
For example:

No entregues (tú) los papeles. (Do not turn in the papers.)

Third Person Singular, **Usted:**

Affirmative and negative forms: the third person singular, **present subjunctive**
For example:

Entregue Ud. los papeles. (Turn in the papers.)
No entregue Ud. los papeles. (Do not turn in the papers.)

First Person Plural, **Nosotros, Nosotras:**

Affirmative and negative forms: the first person plural, **present subjunctive**
For example:

Entreguemos los papeles. (Let's turn in the papers.)

When the reflexive pronoun, **nos,** is added to affirmative forms, the final *s* of the ending is dropped.
For example:

> *Sentémonos.* (Let's sit down.)

Frequently the expression *Vamos a + infinitive* is used in place of the subjunctive command form. The one exception to this rule for formation of the *nosotros* command is the verb *irse* in the affirmative, which is simply *Vámonos.* (The negative form conforms to the rule: *No nos vayamos.*)

Second Person Plural, **Vosotros, Vosotras:**

Affirmative form: the infinitive with *d* in place of *r* of the infinitive ending
For example:

> *Entregad los papeles.* (Turn in the papers.)

[When the reflexive pronoun is added to the affirmative form, the *d* is not used. Simply take off the *r* from the infinitive and add the pronoun, *os.*
For example:

> *Acostaos.* (Go to bed.)

When the infinitive is an **-ir** verb, an accent is written over the **i** of the infinitive ending when the pronoun is attached.
For example:

> *Servíos.* (Serve yourselves.)

The exception to this rule is the verb *ir*, whose second person plural form, affirmative, is **Idos.**]

Negative form: the second person plural of the **present subjunctive**
For example:
No entreguéis los papeles. (Do not turn in the papers.)

Third Person Plural, **Ustedes:**

Affirmative and negative forms: the third person, plural, **present subjunctive**
For example:

> *Entreguen Uds. los papeles.* (Turn in the papers.)
> *No entreguen Uds. los papeles.* (Do not turn in the papers.)

All of the above mentioned forms are for regular, stem changing, and spelling change verbs. There are, however, different forms for some irregular verbs.

For the second person singular irregular verbs, the affirmative and negative forms are:

Infinitive	Affirmative	Negative
decir	*di*	*no digas*
hacer	*haz*	*no hagas*
ir	*vé*	*no vayas*
poner	*pon*	*no pongas*
salir	*sal*	*no salgas*
ser	*sé*	*no seas*
tener	*ten*	*no tengas*
valer	*val*	*no valgas*
venir	*ven*	*no vengas*

For the third person singular and plural commands, the irregular forms are derived from the first person, singular, present indicative. That means that the only forms that cannot be determined from the present tense are those irregular first person singular forms that end in **-oy.** The irregular third person forms for these kinds of verbs are:

dar	*doy*	*dé usted, den ustedes*
estar	*estoy*	*esté usted, estén ustedes*
ir	*voy*	*vaya usted, vayan ustedes*
saber	*sé*	*sepa usted, sepan ustedes*
ser	*soy*	*sea usted, sean ustedes*

THE PAST PARTICIPLE

When the past participle functions verbally, the ending is invariable; it always ends in **-o.** It will always follow the verb *haber* when it functions as a part of a verbal form. When the past participle functions as an adjective, however, after the verbs *ser, estar,* or any other verb, then the ending must agree in gender and in number with the noun to which it refers.

Some verbs have irregular past participles. They are:

abrir	*abierto*
cubrir	*cubierto*
decir	*dicho*
escribir	*escrito*
hacer	*hecho*
imprimir	*impreso*
morir	*muerto*
poner	*puesto*
soler	*suelto*
ver	*visto*
volver	*vuelto*

Any of the compound forms of these verbs will take an irregular past participle form, such as *descubrir, desdecir, predecir, describir, deshacer, proponer, componer, satisfacer, devolver, envolver, revolver, prever*, etc.

Past participles also commonly function as absolutes. This use is found mainly in written language.

For example:

> *Determinada la ruta que había de seguir, salieron.* (Having decided on the route they were to follow, they left.)

In conversation the past participle can follow the verb *tener* to indicate that something is done.

For example:

> *Tengo hecha la tarea para mañana. (I have the chores for tomorrow done.)*

The Passive Voice

The structure of the passive voice is almost a formula. The agent in the true passive voice is either expressed or strongly implied. Sometimes the difference between the selection of the true passive and the substitute for the passive depends on what the speaker wishes to emphasize—either the fact that the act was done **by** someone, or some aspect of the action itself.

The structure for the true passive is:

TO BE + PAST PARTICIPLE + POR + THE AGENT

For example:

> *La tienda fue cerrada por el gerente.* (The store was closed by the manager.)

The agent is the person acting upon the subject; the agent does the action.

Notice that in Spanish the object comes before the verb. Also notice that the past participle agrees in gender and number with the noun to which it refers: **la tienda** is the antecedent for *cerra**da***.

When the agent is not emphasized, or when the subject is a nonspecific subject (often expressed as *one, they,* or *you* in English), it is possible to use the pronoun **se** and the third person singular or plural of the verb instead of the true passive construction.

For example:

> *Se cierran las tiendas a las cinco.* (The stores are closed at five o'clock. or They close the stores at five o'clock.)

Another way to express this in Spanish is with the third person plural.
For example:

> *Dicen que el español es fácil.* (They say that Spanish is easy.)
> *Se dice que el español es fácil.* (They say that Spanish is easy. OR It is said that Spanish is easy.)

This construction is not to be confused with the use of the past participle with the verb *estar*, which indicates resultant action. In this case the past participle also agrees in gender and number with the noun it modifies.

For example:

> *La tienda estaba cerrada cuando llegué y tuve que volver a casa.* (The store was closed when I arrived and I had to return home.)

Present Participles

When the present participle is used as an adverb in Spanish, it is called a *gerundio*. The term has not been used in this book to avoid any confusion about what precisely is meant by a *gerundio*, or a present participle. Remember that in English a gerund is a present participle that functions as a noun. (For example: Running is good for your health.) Remember that in Spanish the present participle, or *gerundio*, can never function as a noun. In its place an infinitive is used. (*El correr es muy saludable.*) The present participle is formed by removing the infinitive ending and adding **-ando** for **-ar** verbs and **-iendo** for **-er** and **-ir** verbs. For verbs that end in **-er** or **-ir**, the **i** changes to **y** when the unstressed **i** comes between two other vowels.

For example:

leer	*leyendo*
creer	*creyendo*
construir	*construyendo*
traer	*trayendo*
ir	*yendo*

Class II and III stem changing verbs have a change in the stem in the present participle. These verbs will change the **e** or **u** to an **i** or **u,** respectively.

For example:

dormir	*d**u**rmiendo*
morir	*m**u**riendo*
sentir	*s**i**ntiendo*
reír	*r**i**endo*
vestir	*v**i**stiendo*
pedir	*p**i**diendo*

Verbally, the only use of the present participle is as a part of the progressive forms. *Estar* followed by the present participle is the progressive form. (See below.)

When this part of speech functions verbally, the ending in invariable; it always ends in **-o.** The present participle never functions as an adjective (it can never modify a noun). Even when the present participle is used adverbially, it is invariable.

For example:

> *Estábamos jugando al fútbol ayer.* (We were playing soccer yesterday.)

In the adverbial usage, the present participle tells how something is being done. For example:

El chico salió corriendo porque ya era tarde. (The boy left running because it was already late.)

The present participle frequently follows verbs of perception, such as *oír, ver, percibir, sentirse, mirar, escuchar,* etc. In these cases the word describes more about the verb.
For example:

Oí al gato maullando fuera de la puerta cerrada. (I heard the cat mewing outside the closed door.)

The verbs *continuar* and *seguir* take the present participle normally to complete their meaning.
For example:

Los chicos siguieron cantando dulcemente. (The boys continued singing sweetly.)
Continuamos divirtiéndonos toda la noche. (We continued to have a good time all night.)

At times the present participle can also provide explanatory or parenthetical information.
For example:

Temí que mi hermano, no estando yo presente, cometiera algún disparate. (I feared that my brother, I not being present, would commit some blunder.)
Pasando ayer por el mercado, encontré a mi antigua novia. (Going through the market yesterday, I met my former girlfriend.)

Progressive Forms

The progressive forms are always expressed with *estar + the present participle.*

The verb *estar* is conjugated in any desired tense and the present participle is added. These forms are not used as much in Spanish normally as they are in English because the simple tenses in Spanish are translated into the progressive as one of the meanings. The progressive forms are used to underscore the fact that something is actually in the process of taking place.
For example:

Estoy leyendo este libro en este momento. (I am reading this book at this moment.)
Estaba leyendo cuando entraron los chicos. (He was reading when the children came in.)
Estará volando a la Florida mientras tú manejarás. (He will be flying to Florida while you will be driving.)

The one instance where the Spanish will not use the progressive form where English does is in a time expression using *hacer*. What in English is the present perfect progressive becomes a simple tense in Spanish.

For example:

> *Hace unos meses que* **estudio** *el español.* (I **have been studying** Spanish for a few months.)
>
> **Hacía** *unos meses que estudiaba el español.* (He **had been studying** Spanish for a few months.)

ADVERBS

Adverbs modify verbs, adjectives, or other adverbs. The ending **-mente** is added to the adjectives that end with **-e** or any consonant.

For example:

> *general—generalmente*
> *frecuente—frecuentemente*

When the adjective ends with **-o,** then the ending **-mente** is added to the feminine form of the adjective.

For example:

> *rápido—rápidamente*

When two adverbs are used together, the first adverb in the feminine form of the word and the ending is added to the second adverb only.

For example:

> *Los rayos solares del amanecer se abrieron paso lenta y brillantemente al este.*

Frequently adverbs are replaced by prepositional phrases.

For example:

> *generalmente*   *por lo general*
> *cuidadosamente*   *con cuidado*
> *cortésmente*   *con cortesía*

PART SEVEN

MODEL EXAMS

Model Exam 1
ANSWER SHEET

Section I

Part A

1. Ⓐ Ⓑ Ⓒ Ⓓ
2. Ⓐ Ⓑ Ⓒ Ⓓ
3. Ⓐ Ⓑ Ⓒ Ⓓ
4. Ⓐ Ⓑ Ⓒ Ⓓ
5. Ⓐ Ⓑ Ⓒ Ⓓ
6. Ⓐ Ⓑ Ⓒ Ⓓ
7. Ⓐ Ⓑ Ⓒ Ⓓ
8. Ⓐ Ⓑ Ⓒ Ⓓ

9. Ⓐ Ⓑ Ⓒ Ⓓ
10. Ⓐ Ⓑ Ⓒ Ⓓ
11. Ⓐ Ⓑ Ⓒ Ⓓ
12. Ⓐ Ⓑ Ⓒ Ⓓ
13. Ⓐ Ⓑ Ⓒ Ⓓ
14. Ⓐ Ⓑ Ⓒ Ⓓ
15. Ⓐ Ⓑ Ⓒ Ⓓ
16. Ⓐ Ⓑ Ⓒ Ⓓ

17. Ⓐ Ⓑ Ⓒ Ⓓ
18. Ⓐ Ⓑ Ⓒ Ⓓ
19. Ⓐ Ⓑ Ⓒ Ⓓ
20. Ⓐ Ⓑ Ⓒ Ⓓ
21. Ⓐ Ⓑ Ⓒ Ⓓ
22. Ⓐ Ⓑ Ⓒ Ⓓ
23. Ⓐ Ⓑ Ⓒ Ⓓ
24. Ⓐ Ⓑ Ⓒ Ⓓ

25. Ⓐ Ⓑ Ⓒ Ⓓ
26. Ⓐ Ⓑ Ⓒ Ⓓ
27. Ⓐ Ⓑ Ⓒ Ⓓ
28. Ⓐ Ⓑ Ⓒ Ⓓ
29. Ⓐ Ⓑ Ⓒ Ⓓ
30. Ⓐ Ⓑ Ⓒ Ⓓ

Part B

31. Ⓐ Ⓑ Ⓒ Ⓓ
32. Ⓐ Ⓑ Ⓒ Ⓓ
33. Ⓐ Ⓑ Ⓒ Ⓓ
34. Ⓐ Ⓑ Ⓒ Ⓓ
35. Ⓐ Ⓑ Ⓒ Ⓓ
36. Ⓐ Ⓑ Ⓒ Ⓓ

37. Ⓐ Ⓑ Ⓒ Ⓓ
38. Ⓐ Ⓑ Ⓒ Ⓓ
39. Ⓐ Ⓑ Ⓒ Ⓓ
40. Ⓐ Ⓑ Ⓒ Ⓓ
41. Ⓐ Ⓑ Ⓒ Ⓓ
42. Ⓐ Ⓑ Ⓒ Ⓓ

43. Ⓐ Ⓑ Ⓒ Ⓓ
44. Ⓐ Ⓑ Ⓒ Ⓓ
45. Ⓐ Ⓑ Ⓒ Ⓓ
46. Ⓐ Ⓑ Ⓒ Ⓓ
47. Ⓐ Ⓑ Ⓒ Ⓓ
48. Ⓐ Ⓑ Ⓒ Ⓓ

49. Ⓐ Ⓑ Ⓒ Ⓓ
50. Ⓐ Ⓑ Ⓒ Ⓓ
51. Ⓐ Ⓑ Ⓒ Ⓓ
52. Ⓐ Ⓑ Ⓒ Ⓓ
53. Ⓐ Ⓑ Ⓒ Ⓓ
54. Ⓐ Ⓑ Ⓒ Ⓓ

Model Exam 1

SPANISH LANGUAGE

SECTION I–PART A
LISTENING COMPREHENSION

TIME—APPROXIMATELY 30 MINUTES

Dialogues

Directions: Listen to the following dialogues. After each one, listen to the questions about the dialogue and select the best answer from the choices printed below. Write your answers on the answer sheet.

DIALOGUE 1

**CD3
TRACK 20**

1. (A) Quiere acompañarlo a un concierto.
   (B) Quiere ir a un espectáculo con Elena.
   (C) Quiere ir a un partido de fútbol.
   (D) Quiere visitar a su abuelo.

2. (A) No puede esperar hasta que llegue el grupo.
   (B) A él y a su amigo les encanta el grupo.
   (C) A él no le gusta tanto como le gusta a su amiga.
   (D) Los odia tanto que mentirá para escapar de la obligación.

3. (A) Juan aconseja que no le diga la verdad a Elena.
   (B) Juan le recomienda que lleve a su amiga a visitar a su abuela.
   (C) Juan sugiere que Miguel haga las dos actividades.
   (D) Juan sugiere que Miguel le diga a ella que está enfermo.

4. (A) Su amiga es buena amiga de su abuela.
   (B) Elena puede adivinar cuando Miguel le miente.
   (C) Elena es casi un miembro de la familia.
   (D) Miguel nunca le dice nada a su amiga.

5. (A) Juan propone que vayan al partido de fútbol.
   (B) Juan sugiere que le diga que tienen que ir a la biblioteca.
   (C) Juan recomienda que vayan a la biblioteca el domingo.
   (D) Juan recomienda que diga otra mentira a Elena.

GO ON TO THE NEXT PAGE.

6. (A) Miguel decide ir al partido de fútbol.
   (B) Miguel decide asistir al concierto con Elena.
   (C) Miguel decide visitar a su abuela.
   (D) Miguel decide hacer la tarea e ir a la biblioteca.

DIALOGUE 2

CD3
TRACK 21

7. (A) Rafael no está bien porque se enfermó antes de un examen.
   (B) Rafael no está bien porque no salió bien en un examen.
   (C) Rafael está deprimido porque tuvo que ir a una fiesta.
   (D) Rafael está deprimido porque pasó mucho tiempo en la biblioteca.

8. (A) Todo sucedió el fin de semana pasada.
   (B) Su desastre ocurrió el día anteayer.
   (C) Pasó ayer.
   (D) Pasó ese mismo día.

9. (A) No estudió porque Ana le invitó a una fiesta.
   (B) No estudió porque algunos amigos le invitaron a jugar.
   (C) No estudió porque quería leer revistas en la biblioteca.
   (D) No estudió porque se aburrió estudiando.

10. (A) Anita festejó a los jugadores de fútbol.
    (B) Anita festejó a su amigo Rafael.
    (C) Anita celebró la visita de un estudiante extranjero.
    (D) Anita invitó a la clase de historia a su casa.

11. (A) Su mamá lo felicitó por su buen éxito.
    (B) Su mamá se alegró de que pudiera jugar con sus amigos.
    (C) Su mamá se enfadó mucho.
    (D) Su mamá lo complació permitiéndole salir ese fin de semana.

12. (A) Una fiesta en casa de Anita.
    (B) Un partido de fútbol.
    (C) La visita de un estudiante de intercambio.
    (D) La visita de Mani, el portero famoso de Los Reyes.

Short Narratives

Directions: Now you will hear two short narratives. After each one, you will hear a series of questions. From the multiple choices given in Section I, Part A narratives, select the best answer and indicate your choice on the model exam answer sheet.

SHORT NARRATIVE 1

CD3
TRACK 22

13. (A) Algo para comer.
    (B) Un animal doméstico.
    (C) Una maleta llena de ropa.
    (D) Una gallina viva.

GO ON TO THE NEXT PAGE.

14. (A) El tonto interpretó las instrucciones de otra manera.
    (B) El tonto se había comido toda la gallina.
    (C) El tonto estaba dormido en el gallinero.
    (D) El tonto había matado la gallina.

15. (A) El tonto estaba muy orgulloso de su gallinero.
    (B) El tonto quería probar que las gallinas tenían una pata.
    (C) El cura quería ver cómo dormían las gallinas.
    (D) El tonto quería mostrarle al cura donde dormía.

16. (A) El muchacho sabía cuidar bien de la maleta.
    (B) El muchacho sabía que las gallinas tenían una pata.
    (C) El muchacho sabía racionalizar lo que había hecho.
    (D) El muchacho tenía buena imaginación.

SHORT NARRATIVE 2

**CD3
TRACK 23**

17. (A) El que habla es profesor de música.
    (B) El que habla es crítico de música clásica.
    (C) El que habla es estudiante de un músico famoso.
    (D) El que habla es músico profesional.

18. (A) Tocaban de manera muy apasionada.
    (B) Tocaban de manera muy restringida.
    (C) Tocaban que si fueran moribundos.
    (D) Tocaban con gran libertad de movimiento.

19. (A) Después de practicar mucho tiempo decidió que no le gustó la vieja
        manera.
    (B) Decidió seguir las sugerencias de su maestro.
    (C) Siempre practicaba de la manera más natural para sí mismo.
    (D) Nunca tocaba de otra manera.

20. (A) Descubrió una técnica que le permitió mover la mano más.
    (B) Descubrió una técnica con la cual pudo tocar más notas sin mover la
        mano.
    (C) Supo que tocaba mejor con los brazos pegados a los costados.
    (D) Supo que era posible escandalizar a su profesor de música.

21. (A) Acabó adoptando la forma de su estudiante.
    (B) Acabó despidiéndose de su estudiantes.
    (C) Acabó pretendiendo que la gustaba lo que hizo su estudiante.
    (D) Se escandalizó por lo que hacía su estudiante.

GO ON TO THE NEXT PAGE.

Model Exam 1

Longer Selections

Directions: Now you will hear two selections of longer duration. After each one you should press pause in your player, read the multiple-choice answers given in Section I, Part A longer selections, and indicate your response on the model exam answer sheet. Since the questions are printed in the book along with the multiple-choice answers, you will not hear the questions on the disk. Allow three minutes to answer each question. When you have finished marking your answers, press play to listen to the second selection.

CD3 TRACK 24

LONGER SELECTION 1

22. ¿Qué suceso cuenta este narrador?
    (A) Narra lo que pasa en un día cualquiera de escuela.
    (B) Narra lo que pasó el día de solicitar entrada en la escuela.
    (C) Narra el día de un examen muy difícil.
    (D) Narra la visita de los padres a la escuela.

23. ¿Cómo se sentían los niños?
    (A) Nerviosos.
    (B) Alegres.
    (C) Deprimidos.
    (D) Seguros de sí mismos.

24. ¿Por qué se preocupaban algunos estudiantes?
    (A) No saben mucho de matemáticas.
    (B) No tuvieron tiempo para hacer el problema.
    (C) Los padres estaban muy preocupados.
    (D) Los estudiantes más listos no querían ayudar a sus compañeros.

25. ¿Cómo era el maestro?
    (A) Parecía un animal.
    (B) Tenía buenos sentimentos.
    (C) Era tiránico y cruel.
    (D) Era tonto.

CD3 TRACK 25

LONGER SELECTION 2

26. ¿A quién se dirige este experto del protocolo internacional?
    (A) Se dirige a los presidentes de naciones.
    (B) Se dirige a las señoras que invitan a personas distinguidas a su casa.
    (C) Se dirige a cualquier persona que reciba una invitación al Palacio Real.
    (D) Se dirige tanto a las personas con invitados regulares como los con invitados reales.

27. ¿Cuál es el propósito de tener un protocolo?
    (A) Para que todos los invitados al Palacio Real se comporten cortésmente.
    (B) Para que todos se entiendan cuando hay reuniones en casas privadas.
    (C) Para que cualquier persona se sienta bien cuando acepta invitaciones.
    (D) Para que nadie se sienta olvidado ni infeliz en la cena.

28. ¿Dónde debe sentarse a una pareja o un matrimonio?
    (A) Siempre se coloca al hombre cerca de una señora o señorita guapa.
    (B) Siempre hay que colocar a la señora al lado de otra para que puedan conversar.
    (C) Siempre hay que darles la oportunidad de hablar con otros.
    (D) Siempre es buena idea juntarlos para evitar disputas después de la cena.

29. ¿Por qué no se sientan las mujeres en las puntas de la mesa?
    (A) Es más fácil emparejar este sitio, y por eso no se pone a una señora allí.
    (B) Es un sitio muy peligroso, con toda la gente que pasa, por eso no es apropiado.
    (C) Es más fácil entablar conversación con otra persona que esté al lado.
    (D) Es mala suerte colocarlas en ese sitio, por eso no se hace.

30. ¿Qué remedio hay cuando un invitado no puede venir, dejándolo con doce?
    (A) Se puede matar a uno de los invitados.
    (B) Siempre se puede evitar el número trece por nunca invitar a catorce.
    (C) Se puede invitar a otro amigo íntimo al último momento.
    (D) Se puede llamar a uno y cancelar la invitación.

End of Part A.
You may check your answers on the questions about the
Longer Selections or you may go on to Part B.

SECTION 1–PART B
READING COMPREHENSION

TIME—APPROXIMATELY 40 MINUTES

> **Directions:** Read the following passages. After each passage there are a number of questions or incomplete statements for you to answer, based on the information provided in the reading selection. Choose the response that best answers the question or completes the sentence.

SELECTION 1

Me callé entonces, y durante un tiempo que no pude medir, pero que pudo ser muy largo, no cambiábamos una palabra. Yo fumaba; él levantaba de rato en rato los ojos a la pared,—al exterior, a la lluvia, como si esperara

Línea oír algo tras aquel sordo tronar que inundaba la selva. Y para mí, ganado por
(5) el vaho de excesiva humedad que llegaba de afuera, persistía el enigma de aquella mirada y de aquella nariz abierta al olor de los árboles mojados.

—¿Usted ha visto un dinosaurio?

Esto acababa de preguntármelo él, sin más ni más.

Lo miré fijamente; él hacía lo mismo conmigo.

(10) —Jamás. ¿Usted lo ha visto?

—Sí.

No se le movía una pestaña mientras me miraba.

—¿Aquí?

—Aquí. Ya ha muerto ... Anduvimos juntos tres meses.

(15) *¡Anduvimos juntos!* Me explicaba ahora bien la luz ultra histórica de sus ojos.

—Era un nothosaurio... Pero yo no fui hasta su horizonte; él bajó hasta nuestra edad... Hace seis meses. Ahora... ahora tengo más dudas que usted sobre todo esto. Pero cuando lo hallé a la orilla del Paraná, al crepúsculo,
(20) no tuve duda alguna de que yo desde ese instante quedaba fuera de las leyes biológicas. Durante tres meses fue mi compañero nocturno. Cuando nuestra fraternidad era más honda, era las noches de lluvia. Cuando la lluvia llegaba por fin y se desplomaba, nos levantábamos y caminábamos horas y horas y horas sin parar. Mi vida de día proseguía su curso normal aquí
(25) mismo, en esta casa. Vivía maquinalmente de día, y sólo despertaba al anochecer. No sé qué tiempo duró esto. Sólo sé que una noche grité, y no conocí el grito que salía de mi garganta. Y que no tenía ropa, y sí pelo en todo el cuerpo. En una palabra, había regresado a las eras pasadas por obra y gracia de mi propio deseo. Por eso, lo busqué una noche y cuando lo
(30) encontré, el odio de diez millones de años de vida atemorizada cayó sobre la cabeza del monstruo. Ambos murieron esa noche.

GO ON TO THE NEXT PAGE.

31. ¿Dónde parece haber ocurrido este acontecimiento?
   (A) En esa misma casa.
   (B) En la selva más remota.
   (C) Cerca del Paraná.
   (D) En las afueras de una ciudad.

32. ¿Qué contó el hombre al narrador?
   (A) Contó su regreso a una época prehistórica.
   (B) Relató la muerte de dos dinosaurios.
   (C) Narró un encuentro con un salvaje.
   (D) Contó una extraña amistad con un monstruo prehistórico.

33. ¿Cómo cambió la vida del hombre?
   (A) Se volvió loco porque dudaba que pudiera existir un dinosaurio.
   (B) Lentamente se convirtió en contemporáneo del monstruo.
   (C) Se hizo un salvaje porque quería tanto al dinosaurio.
   (D) Poco a poco el hombre perdió contacto con la vida cotidiana.

34. ¿De qué se dio cuenta una noche el hombre?
   (A) Supo que el monstruo iba a devorarlo.
   (B) Reconoció que el monstruo era una alucinación.
   (C) Se dio cuenta de que había contradicho las leyes biológicas.
   (D) Reconoció el salvaje dentro de sí mismo.

35. ¿De qué tenía miedo el hombre?
   (A) Temía perderse por completo en su locura.
   (B) Temía que se matara a sí mismo.
   (C) Temía que el salvaje lo matara.
   (D) Temía que el narrador lo matara.

36. ¿En la línea 31, qué se refiere la palabra *ambos* en la oración: *Ambos murieron esa noche*?
   (A) Se refiere al hombre y al monstruo.
   (B) Se refiere al dinosaurio y al hombre.
   (C) Se refiere al odio y al temor del hombre.
   (D) Se refiere a la causa y al efecto de su trastorno.

37. ¿Qué actitud parece tener el hombre del suceso al contarlo al narrador?
   (A) Lo narró como si fuera la historia más natural del mundo.
   (B) Admitía sus propias dudas con respeto a la veracidad del suceso.
   (C) Admitió que ahora no creía que hubiera pasado como lo recordó.
   (D) No quería admitir la verdad porque revelaría su locura.

38. ¿Cómo se relaciona la lluvia con lo que contaba el hombre?
   (A) La lluvia representa el regreso a la época prehistórica.
   (B) Al llover se borraban las líneas que definen la época prehistórica y la moderna.
   (C) La lluvia es una alusión a los mitos de la creación del universo.
   (D) La lluvia no tiene nada que ver con lo que contaba el hombre.

GO ON TO THE NEXT PAGE.

SELECTION 2

        ¡Esto sí que es una gran venta! Ahora, visitar a familiares y amigos le cuesta hasta un 35 por ciento menos de nuestras tarifas ya rebajadas. Aero-
Línea naves quiere celebrar con usted su nuevo y cómodo servicio a Mérida, México, y a Tegucigalpa, Honduras, vía Houston, ¡con tarifas super-
(5) especiales! Y para celebrar en grande, se han rebajado las tarifas a todas las ciudades que sirve en Latinoamérica. Pero apúrese, porque debe comprar sus boletos de ida y vuelta, mínimo 7 días antes de viajar, y sólo tiene hasta el 8 de febrero para comprarlos. La nueva y comodísima terminal interna-cional de Aeronaves en el aeropuerto hace más fácil que nunca viajar a Lati-
(10) noamérica, incluyendo los trámites de aduana e inmigración. Además, cada vez que viaja con Aeronaves, gana millaje con nuestro programa Número Uno, una de las maneras más rápidas de ganar viajes gratis. ¡Inscríbase y comience a ganar! Para detalles y reservaciones, llame a su agente de viajes.

        Estas tarifas están basadas en la compra de boletos de ida y vuelta, los que
(15) deben adquirirse no más tarde del 8 de febrero, o sea una semana en ade-lante. Los boletos deben comprarse un mínimo de 7 días antes de viajar. La máxima estadía es de 60 días y todos los viajes deben terminar el 23 de marzo del año actual, o antes. No se permite viajar del 27 de marzo al 2 de abril. Es mandatorio pasar la noche de un sábado en el viaje. El importe de
(20) los boletos no es reembolsable. Hay un cargo de US$75 si se hacen deter-minados cambios en las reservaciones. Solicite los detalles. Las tarifas pue-den no estar disponibles en todos los vuelos y los asientos son limitados. Ningún otro descuento es aplicable. El cargo por seguridad de US$10 y el impuesto de embarque de los EEUU de US$6 por persona a Centroamé-
(25) rica, no están incluidos. El cargo por seguridad de US$6 y el impuesto de embarque de EEUU de US$6 a México, tampoco están incluidos. Estas tarifas son para viajes que se originan en Tejas. El servicio a Guayaquil comenzará el 6 de febrero. Estas tarifas están sujetas a la aprobación del gobierno y pueden cambiar sin previo aviso.

39. ¿Qué tipo de materia representa este trozo?
    (A) Es un anuncio de un periódico.
    (B) Es un contrato entre una línea aérea y el que compra un boleto.
    (C) Es un aviso de nuevas condiciones en la compra de boletos.
    (D) Es de un folleto de turismo de una agencia de viajes.

40. ¿Qué oferta se anuncia en esta selección?
    (A) Se anuncian maneras de conseguir viajes gratis con su nuevo programa Número Uno.
    (B) Se anuncian problemas con los trámites de aduana e inmigración.
    (C) Se ofrecen unas reducciones de tarifas.
    (D) Se anuncian las restricciones en viajes internacionales.

41. ¿Con qué motivo se promueve esta oferta?
    (A) Se celebran el año de la familia.
    (B) Se celebran es establecimiento del programa Número Uno.
    (C) Se celebran su nuevo servicio del nuevo aeropuerto.
    (D) Se celebran sus nuevas tarifas rebajadas.

GO ON TO THE NEXT PAGE.

42. Una persona puede aprovechar esta oferta con tal que:
    (A) Compre el boleto ocho días en anticipación del viaje.
    (B) No compre un boleto sencillo.
    (C) Permanezca la noche de sábado en la destinación.
    (D) Todas estas respuestas.

43. Si una persona quiere viajar a Tegucigalpa, Honduras, ¿cuánto le costaría extra?
    (A) No le costará extra.
    (B) Le costará $10 más.
    (C) Le costará $16 más.
    (D) Le costará $6 más.

44. Si por alguna razón una persona no puede usar el boleto, ¿qué recurso tiene?
    (A) Se puede recibir un reembolso por el precio del boleto.
    (B) Con tal que pague cierta cantidad se puede cambiarlo.
    (C) Se puede usarlo para recibir un descuento en otro boleto.
    (D) El boleto cuenta para millaje en el programa Número Uno.

45. ¿En qué consiste el texto del segundo párrafo?
    (A) Es una enumeración de destinaciones del servicio.
    (B) Contradice lo que ofrecen en el primer párrafo.
    (C) Es un anuncio de condiciones y limitaciones.
    (D) Rechaza responsabilidad de cumplir todos los términos de la oferta.

SELECTION 3

"Ninguno diga quién es, que sus obras lo dirán." Este proloquio es tan antiguo como cierto; todo el mundo está convencido de su infalibilidad; y así ¿qué tengo yo que ponderar mis malos procederes cuando con referirlos
Línea se ponderan? Lo que apeteciera, hijos míos, sería que no leyerais mi vida
(5) como quien lee una novela, sino que pararais la consideración más allá de la cáscara de los hechos, advirtiendo los tristes resultados de la holgazanería, inutilidad, inconstancia y demás vicios que me afectaron; haciendo análisis de los extraviados sucesos de mi vida, indagando sus causas, temiendo sus consecuencias y desechando los errores vulgares que veis adoptados por
(10) mí y por otros; empapándoos en las sólidas máximas de la sana y cristiana moral que os presentan a la vista mis reflexiones, y en una palabra, desearía que penetrarais en todas sus partes la substancia de la obra; que os divirtierais con lo ridículo; que conocierais el error y el abuso para no imitar el uno ni abrazar el otro, y que donde hallarais algún hecho virtuoso os enamora-
(15) rais de su dulce fuerza y procurarais imitarlo. Esto es deciros, hijos míos, que deseara que de la lectura de mi vida sacarais tres frutos, dos principales y uno accesorio: amor a la virtud, aborrecimiento al vicio y diversión. Ése es mi deseo, y por esto, más que por otra cosa, me tomo la molestia de escribiros mis más escondidos crímenes y defectos; si no lo consiguiera, moriré
(20) al menos con el consuelo de que mis intenciones son laudables. Basta de digresiones, que está el papel caro.

GO ON TO THE NEXT PAGE.

46. ¿A quién o quiénes se dirige este escritor?
    (A) Al lector casual.
    (B) A sus hijos.
    (C) A sus padres.
    (D) A sus críticos.

47. ¿Qué ha escrito?
    (A) Un papel caro.
    (B) Una novela de los hechos malos de su vida.
    (C) Un libro sobre proverbios útiles.
    (D) Sus reflexiones de su vida.

48. ¿Con qué motivo ha escrito?
    (A) Se arrepiente de haber malgastado su vida.
    (B) Quiere confesar sus crímenes.
    (C) Quiere entretener al lector.
    (D) Quiere analizarse.

49. ¿Qué tipo era este escritor?
    (A) Parece ser moralista.
    (B) Parece ser perezoso.
    (C) Parece ser mezquino.
    (D) Parece ser agradable.

50. ¿Qué puede el lector sacar de la lectura?
    (A) Puede aprender a imitarlo en todas sus obras.
    (B) Puede entender que las obras hablan por sí mismas.
    (C) Puede aprender a analizar lo que lee.
    (D) Puede aprender de las equivocaciones de otros.

51. ¿Qué puede esperar el lector de lo que ha escrito?
    (A) Lo que escribe será divertido.
    (B) Lo que escribe consistirá en todos sus secretos más íntimos.
    (C) Lo que escribe revelará un hombre deprimido.
    (D) Escribirá de lo bueno y lo malo de su vida.

52. ¿Qué espera el autor?
    (A) Que el lector se entretenga.
    (B) Que el lector no lo juzgue.
    (C) Que el lector aprenda proverbios.
    (D) Que el lector sea mejor que él.

53. ¿Cuál es la actitud que demuestra?
    (A) Optimista.
    (B) Pesimista.
    (C) Realista.
    (D) Tiene ilusiones.

GO ON TO THE NEXT PAGE.

54. ¿Qué otro proverbio expresa la misma idea que *Ninguno diga quién es, que sus obras lo dirán?*
    (A) Cada loco con su tema.
    (B) Dime con quién andas, y te diré quién eres.
    (C) Quien se acuesta con perros, se levanta con pulgas.
    (D) El que mucho habla, mucho yerra.

End of Section I

SPANISH LANGUAGE
SECTION II–PART A
FREE RESPONSE (WRITING)

(On the actual Spanish Language Exam, this free-response section is in a separate sealed booklet.)

Paragraph Completion With Root Words

TIME—APPROXIMATELY 7 MINUTES

Directions: Read the following passage, then on the numbered lines to the right, write the form of the word in parentheses needed to complete the passage. More than one word may be necessary to complete the meaning; for example, a compound verb form or a reflexive pronoun may be required. In order to receive any credit, the words must be spelled correctly and the appropriate accent, dieresis, or tilde must be written in the proper places. Be sure to write the word on the proper line, even if no changes are necessary to make it fit grammatically or logically.

Cuentan que un hombre sabio plantó en su jardín un árbol sabiendo que sólo daría fruta ___(1)___ tres décadas. Este hecho llegó a oídos del rey, quién le mandó llamar y le dijo, — ___(2)___ muy optimista si esperas vivir hasta que este árbol ___(3)___ fruto.

El sabio le respondió, —Quizás no pueda gozar de este fruto, pero mis sucesores se beneficiarán como yo me ___(4)___ del trabajo de mis predecesores.

Pero después de treinta años, el árbol sí ___(5)___ dos frutas. El sabio fue al palacio del rey para donárselas. El monarca, agradecido, le recompensó con dos monedas de oro.

Un campesino, enterado de que el rey ___(6)___ al sabio, llenó una canasta con frutas de su huerta y ___(7)___ en el palacio ___(8)___ la misma recompensa. — ___(9)___ Merced, dijo, —permitidme donaros estas frutas de mi huerta.

El rey despidió al campesino diciendo—Echad fuera a los que actúan por imitación sin comprender que sólo se ___(10)___ la originalidad.

1. _____
   (pasado)
2. _____
   (Ser)
3. _____
   (dar)
4. _____
   (beneficiar)
5. _____
   (producir)
6. _____
   (pagar)
7. _____
   (presentarse)
8. _____
   (exigir)
9. _____
   (Vuestra)
10. _____
   (apremiar)

GO ON TO THE NEXT PAGE.

Paragraph Completion Without Root Words

TIME—APPROXIMATELY 8 MINUTES

> **Directions:** In the following selections, first read through each selection. Then write a word on the numbered line that corresponds to the numbered blank in the text. Write only ONE word that completes the meaning of the sentence. No credit will be given for words that are not spelled correctly or words that lack correct accent marks. You have 8 minutes to complete this part of the exam.

Noticia sobre las escuelas en Nuevo México
(*El Vocero Hispano*—17 de enero 2006. *http://www.elvoceromi.com/news*)

____(1)____ lugar a dudas, la inclemencia de la temporada de huracanes fue nuevamente la noticia más importante en el sur de la Florida. No sólo ____(2)____ la cifra récord de 26 tormentas tropicales formadas de junio a noviembre, ____(3)____ por la fuerza y el impacto directo que ____(4)____ de estos fenómenos tuvieron en el sur de los Estados Unidos.

Noticias sobre la longevidad en Cuba
El Vocero Hispano—17 de enero de 2006

Según el galeno, el reto más importante que debe enfrentar la sociedad cubana en el presente siglo es la longevidad satisfactoria y ____(5)____ ello se trabaja en aras de extender la expectativa de vida ____(6)____ nacer a más ____(7)____ 80 años, cifra que ahora sólo poseen Suecia y Japón.

Resaltó que en la Isla se trabaja en la reserva de años de vida ____(8)____ ganar, que en su mayoría está en las personas mayores de 60 años y precisó que el 60 por ciento de la esperanza de vida actualmente puede estar en personas con seis décadas o ____(9)____ . Esta nación insular del Caribe posee más ____(10)____ dos mil personas que superan la centuria y más de medio millón que sobrepasan los 80 años.

1. _____
2. _____
3. _____
4. _____
5. _____
6. _____
7. _____
8. _____
9. _____
10. _____

GO ON TO THE NEXT PAGE.

Informal Writing
TIME—APPROXIMATELY 10 MINUTES

Directions: Below you will see instructions for a writing sample that responds to the topic described. Be sure to include the information mentioned in your response. You will have 10 minutes to write your message in the space provided.

Ud. ha pedido una carta de recomendación a un profesor para enviarla con su solicitud de ingreso a una universidad. Escríbale una carta mencionando los siguientes puntos:

- Salúdelo de manera apropiada.
- Mencione lo que recuerda más de su clase.
- Mencione sus esperanzas para el futuro.
- Despídase apropiadamente.

_____
_____
_____
_____
_____
_____
_____
_____
_____
_____
_____
_____
_____
_____
_____
_____
_____
_____
_____
_____
_____
_____

GO ON TO THE NEXT PAGE.

Formal Writing (Integrated Skills)

TIME—55 MINUTES

> **Directions:** You will now read a question that is based on information contained in Sources 1–4. The sources are both print and audio. First, read the printed material. Next, you will hear the audio material. You should take notes on the spaces provided in the test booklet while you listen. Take about 7 minutes to read and about 3 minutes to listen to the audio. Take 5 minutes to plan. Then, you will have 40 minutes to write your essay.
>
> In your essay you should make reference to specific information from all the source materials. Do not simply summarize what is contained in them. Incorporate them into your essay. Use appropriate grammar and vocabulary.

Los inmigrantes aportan muchos beneficios culturales a los países adonde van. ¿En qué sentido están cambiando las vidas culturales de los anfitriones?

Fuente núm. 1
Movimientos humanos e inmigración
(Fórum, Barcelona 2004. *www.barcelona2004.org/esp/contenidos/dialogos/*)

El Congreso Mundial MHI trata los movimientos humanos y la inmigración desde una triple perspectiva: intercultural, interdisciplinaria e intersectorial.

Los actores de las migraciones se han convertido en los protagonistas de los cambios sociales en este cambio de siglo. Han cambiado los motivos que los mueven de un lugar a otro. Las trayectorias de la migración definen itinerarios nuevos, cambiantes y reversibles, pero sobre todo proyectan la imagen del migrante como una persona que constituye un proyecto personal. La movilidad de las personas genera además redes que tejen las comunidades transnacionales en el mundo, nuevos proyectos vitales e imancipadores (para las mujeres, para los jóvenes, para las comunidades políticas...). Todavía quedan por resolver desplazamientos humanos que son consecuencia de las guerras y las desigualdades. Y al mismo tiempo, es necesario tener muy en cuenta que detrás de cada proyecto migratorio se esconde una gran riqueza humana, social y política.

La inmigración en estados plurinacionales nos obliga a revisar de qué manera se construyen las identidades. Desde el punto de vista de las identidades nacionales que todavía no han encontrado un sitio en un estado, los cambios sociales relativos a la identidad (inmigración, comunidades transnacionales, gestión de corrientes, etc.) fuerzan una nueva definición de los mismos referentes de identidad nacional sin renunciar al anhelo de cohesión social y de creación de vínculos culturales comunitarios.

GO ON TO THE NEXT PAGE.

Fuente núm. 2
Vale la pena mirar el experimento migratorio de España. Por Marcela Sánchez
(*washingtonpost.com*, jueves, 13 de octubre, 2005)

El gobierno español estima que gracias a la amnistía, trabajadores previamente ilegales aumentarán las contribuciones al fondo de seguridad social este año en un 3 por ciento. Aunque es una cifra todavía modesta, se espera que las contribuciones aumenten. Por otra parte, en balance, los inmigrantes—en su mayoría jóvenes y con pocas personas a su cargo—representan menos demandas al sistema de seguridad pública, según Walter Actis, un especialista en inmigración de la organización de investigación social con sede en Madrid, Colectivo Ioé. Según cifras oficiales, casi un 80 por ciento de los que ya han sido legalizados están entre los 16 y los 39 años de edad.

El programa ya está dando un importante vistazo a una fuerza laboral que hasta ahora se había desempeñado lejos del alcance gubernamental. Funcionarios españoles están descubriendo, por ejemplo, que inmigrantes ilegales ganan mejores salarios de lo que pensaban. En vez de contribuir $990 dólares anualmente a la seguridad social, están contribuyendo $1.300 dólares en promedio.

Esto claramente proveerá cierto incentivo para que los trabajadores regresen a sus países de origen, pero no será suficiente si las oportunidades siguen siendo muy inferiores a las de Europa. No hay duda que mejores niveles de vida en América Latina son el camino seguro para reducir el flujo de inmigrantes ilegales y es por eso que algunos consideran la legalización un importante factor de desarrollo.

Una vez que los inmigrantes puedan ir y volver libremente, ganar más, ahorrar más e invertir más, los propios inmigrantes ayudarán a preparar a sus países para su retorno. Enrique Iglesias, secretario general de la Cumbre Iberoamericana y una de las voces mas respetadas acá y en Washington sobre América Latina, dijo en una entrevista que los inmigrantes podrían convertirse en "puentes" para el desarrollo de la región, mucho más allá de lo que ya hacen a través de sus multimillonarias remesas. Pero para que eso suceda, agregó, "no se puede aceptar que los inmigrantes permanezcan fuera del circuito" como ciudadanos de tercera clase.

Fuente núm. 3
Relaciones culturales entre Alemania y la Argentina
(*embajada-alemana.org.ar/culturas/main_becas1.htm*)

La opinión pública de la Argentina se muestra receptiva y con un sentido fraternal frente a Alemania, lo cual también se da a la inversa.

Nuestra cooperación en el ámbito de la política cultural con la Argentina está sustentada en el Convenio Bilateral de Cultura celebrado en 1973. La última reunión (4ta.) de la Comisión Mixta Argentino-Alemana de Cultura se llevó a cabo en Bonn, en abril de 1997.

La actualidad cultural alemana estuvo representada en Buenos Aires durante 1999 y 2000 en máximo nivel por los conciertos de la Orquesta Filarmónica de Berlín dirigida por Claudio Abbado, funciones del Ballet de Hamburgo con John Neumeier y presentaciones de la Big Band de la radio NDR. Todas ellas recibieron la absoluta máxima calificación de los medios locales. Gracias al Instituto Goethe, en particular, también se

GO ON TO THE NEXT PAGE.

mostraron facetas del arte alemán y de la cultura alemana contemporáneos así como expresiones artísticas que analizan la historia alemana más moderna y más reciente: "Murx", representada por la *Berliner Volksbühne* con puesta en escena de Christoph Marthaler, la exposición de Baselitz, talleres musicales sobre György Ligeti y sus alumnos, ciclos de conferencias sobre temas de "Identidad", "Tiempo" y "Conceptos modernos de cultura" (Ulrich Beck, Catherine David, Andreas Huyssen, Jürgen Safranski, entre otros).

La representación de la cultura alemana en la Argentina no sólo finalizó a fines de 1999 con una semana de cine en Buenos Aires, donde se exhibieron largometrajes actuales y con la presencia de la realizadora Doris Dörrie, sino que se vio coronada con la visita de Franz Beckenbauer en febrero de 2000 en el marco de una campaña de promoción para la candidatura de Alemania como organizador del Campeonato Mundial de Fútbol de 2006, un hecho destacado de la cooperación deportiva entre ambos países.

A la inversa, en los últimos años se desarrolló en Alemania, particularmente en Berlín, un gran interés no sólo por el tango argentino, sino también por el teatro argentino moderno. Durante 1999 se invitaron a cuatro producciones teatrales de Buenos Aires a participar en el festival *Theater der Welt* en Berlín. Durante el año 2000 fueron tres producciones de la capital argentina que causaron sensación en el teatro Hebbel de Berlín. La estrella argentina del ballet, Julio Bocca, triunfó con su compañía en la EXPO de Hannover y la Orquesta Bandoneón de la ciudad de Tandil, Provincia de Buenos Aires, presentó la clásica cultura argentina del tango en diversas actuaciones en Sajonia.

Fuente núm. 4 (Audio)

Listen to the CD.

**CD4
TRACK 1**

GO ON TO THE NEXT PAGE.

SECTION II–PART B
FREE RESPONSE (SPEAKING)

CD4
TRACK 2

Informal Speaking (Simulated Conversation)

TIME—APPROXIMATELY 5 MINUTES

Directions: You will now take part in a conversation. First, you will have 30 seconds to read the script for both parts. The conversation will begin and will follow the script. When one speaker finishes, you will hear a tone and then have 20 seconds to respond. The tone will sound at the end of 20 seconds, indicating that you should end speaking and listen to the next part. You should engage in the conversation as much as possible.

Su amiga le llama y le dice que sus padres acaban de darle permiso para invitar a Ud. para que la acompañe en un viaje a Florida durante las vacaciones escolares de primavera. Discuten los planes.

(a) Su amiga se llama Eva. Le llama para darle las noticias.
(b) Ud. colabora en los planes.

	(Suena el teléfono.)
Eva:	(Saludos.)
	(La da las noticias.)
Ud.:	(Reacciona.)
	(Pide detalles.)
Eva:	(Le dice adonde van.)
Ud.:	(Expresa emoción.)
	(Hace una pregunta.)
Eva:	(Explica sus esperanzas.)
Ud.:	(Se pone de acuerdo con ella.)
	(Agrega un deseo propio.)
Eva:	(Explica por qué no se puede.)
Ud.:	(Expresa un sentimiento apropiado.)
Eva:	(Ofrece otra actividad alternativa.)
Ud.:	(La acepta.)
Eva:	(Concluye la conversación, despidiéndose.)
Ud.:	(Se despide.)
	(Cuelga el teléfono.)

GO ON TO THE NEXT PAGE.

Formal Oral Presentation

TIME—APPROXIMATELY 5 MINUTES

> **Directions:** Below you will see a question with two accompanying sources of information. You have 5 minutes to read the printed text. After 5 minutes, you will hear a recording. You should take notes in the space provided. After the recording has been played, you will have 2 minutes to plan your response to the questions. After 2 minutes, you will be instructed to begin your recording. At the end of 2 minutes you will be told to stop recording. This will be the end of the language examination.

Imagínese que tiene que presentar un reportaje sobre el siguiente tema. En su presentación incluya la información contenida en los dos materiales suplementarios.

Se ha comentado mucho la importancia de conservar las tradiciones folklóricas de la gente. En una presentación de unos dos minutos, diga Ud. por qué es importante saber aún más sobre tradiciones antiguas.

Fuente núm. 1
La destrucción de la agricultura incaica. Por Antonio Elio Brailovsky y Dina Foguelman
(*www.holistica2000.com.ar/ecocolumna226.htm*)

El imperio incaico fue un espectacular ejemplo de eficiencia en el manejo de la tierra y en el respeto al equilibrio ecológico de la región. Ningún sistema posterior consiguió alimentar a tanta población sin degradar los recursos naturales. Los incas basaron su civilización en una relación armónica con su ambiente natural, integrado por los frágiles ecosistemas andinos, y desarrollaron complejos y delicados mecanismos tecnológicos y sociales que les permitieron lograr una sólida base económica sin deterioros ecológicos.

Se pueden ver aún las terrazas de cultivo, construidas como largos y angostos peldaños en los faldeos de las montañas, sostenidos por piedras que retenían la tierra fértil. Las terrazas cumplían la función de distribuir regularmente la humedad. Allí el agua de lluvia iba filtrándose lentamente desde los niveles superiores a los inferiores, utilizándose plenamente la escasa cantidad de líquido disponible. En las áreas más lluviosas y en las de mayor pendiente, las terrazas permitían evitar la erosión, al impedir que el escurrimiento superficial del agua de lluvia arrastrara las partículas del suelo. También facilitaron el aprovechamiento de los diversos pisos ecológicos.

El suelo de las terrazas se mezclaba con guano, el excremento de aves marinas acumulado en las islas y costas. Este recurso era cuidadosamente administrado, porque de él dependía en buena medida la alimentación de la población: para extraerlo, cada aldea tenía asignada una parte de isla o costa, marcada con mojones de piedra que no era permitido alterar. "Había tanta vigilancia en guardar aquellas aves, que al tiempo de la cría a nadie era lícito entrar en las islas, so pena de la vida, porque no las asombrasen y echasen de sus nidos. Tampoco era lícito matarlas en ningún tiempo, so la misma pena," dice el Inca Garcilaso de la Vega.

GO ON TO THE NEXT PAGE.

Había muy poco suelo que fuera naturalmente apto para el cultivo y había que construirlo metro a metro. Su explotación no hubiera sido posible sin riego, porque la mayor parte de la zona andina es árida o semiárida. Había que ir a buscar el agua a las nacientes de los arroyos y encauzarla mediante una red de canales. Se describen algunos principales, de muchos kilómetros de largo y hasta cuatro metros de diámetro, pero aun para una pequeña superficie aterrazada se consideraba que valía la pena hacer un canal de gran longitud. Para eso, se hacía un surco a lo largo de las montañas y se lo cubría con grandes losas de piedra unidas con tierra para que el ganado no lo destruyese. A veces, al cruzar un valle, era necesario sostener el canal sobre columnas para que el nivel del agua no perdiese altura, construyéndose acueductos similares a los romanos.

**CD4
TRACK 3**

Fuente núm. 2 (Audio)

Listen to the CD.

End of Model Exam 1

Answer Key
MODEL EXAM 1

Section I

Part A

1. C	9. D	17. D	25. B
2. C	10. C	18. B	26. D
3. A	11. C	19. C	27. D
4. C	12. B	20. B	28. C
5. D	13. A	21. A	29. C
6. B	14. A	22. C	30. C
7. B	15. B	23. A	
8. C	16. C	24. A	

Part B

31. C	37. C	43. C	49. D
32. A	38. B	44. B	50. D
33. D	39. A	45. C	51. D
34. D	40. C	46. A	52. A
35. A	41. C	47. D	53. C
36. D	42. D	48. A	54. B

Section II

Paragraph completion with root words

1. *pasadas*
2. *Eres*
3. *dé*
4. *he beneficiado, beneficié*
5. *produjo*
6. *había pagado, pagó*
7. *se presentó*
8. *exigiendo*
9. *Vuestra*
10. *apremia*

Paragraph completion without root words

1. *Sin*
2. *por*
3. *sino*
4. *algunos, unos*
5. *para*
6. *al*
7. *de*
8. *por*
9. *más*
10. *de*

Model Exam 2
ANSWER SHEET

Section I

Part A

1. Ⓐ Ⓑ Ⓒ Ⓓ
2. Ⓐ Ⓑ Ⓒ Ⓓ
3. Ⓐ Ⓑ Ⓒ Ⓓ
4. Ⓐ Ⓑ Ⓒ Ⓓ
5. Ⓐ Ⓑ Ⓒ Ⓓ
6. Ⓐ Ⓑ Ⓒ Ⓓ
7. Ⓐ Ⓑ Ⓒ Ⓓ
8. Ⓐ Ⓑ Ⓒ Ⓓ

9. Ⓐ Ⓑ Ⓒ Ⓓ
10. Ⓐ Ⓑ Ⓒ Ⓓ
11. Ⓐ Ⓑ Ⓒ Ⓓ
12. Ⓐ Ⓑ Ⓒ Ⓓ
13. Ⓐ Ⓑ Ⓒ Ⓓ
14. Ⓐ Ⓑ Ⓒ Ⓓ
15. Ⓐ Ⓑ Ⓒ Ⓓ
16. Ⓐ Ⓑ Ⓒ Ⓓ

17. Ⓐ Ⓑ Ⓒ Ⓓ
18. Ⓐ Ⓑ Ⓒ Ⓓ
19. Ⓐ Ⓑ Ⓒ Ⓓ
20. Ⓐ Ⓑ Ⓒ Ⓓ
21. Ⓐ Ⓑ Ⓒ Ⓓ
22. Ⓐ Ⓑ Ⓒ Ⓓ
23. Ⓐ Ⓑ Ⓒ Ⓓ
24. Ⓐ Ⓑ Ⓒ Ⓓ

25. Ⓐ Ⓑ Ⓒ Ⓓ
26. Ⓐ Ⓑ Ⓒ Ⓓ
27. Ⓐ Ⓑ Ⓒ Ⓓ
28. Ⓐ Ⓑ Ⓒ Ⓓ
29. Ⓐ Ⓑ Ⓒ Ⓓ
30. Ⓐ Ⓑ Ⓒ Ⓓ

Part B

31. Ⓐ Ⓑ Ⓒ Ⓓ
32. Ⓐ Ⓑ Ⓒ Ⓓ
33. Ⓐ Ⓑ Ⓒ Ⓓ
34. Ⓐ Ⓑ Ⓒ Ⓓ
35. Ⓐ Ⓑ Ⓒ Ⓓ
36. Ⓐ Ⓑ Ⓒ Ⓓ

37. Ⓐ Ⓑ Ⓒ Ⓓ
38. Ⓐ Ⓑ Ⓒ Ⓓ
39. Ⓐ Ⓑ Ⓒ Ⓓ
40. Ⓐ Ⓑ Ⓒ Ⓓ
41. Ⓐ Ⓑ Ⓒ Ⓓ
42. Ⓐ Ⓑ Ⓒ Ⓓ

43. Ⓐ Ⓑ Ⓒ Ⓓ
44. Ⓐ Ⓑ Ⓒ Ⓓ
45. Ⓐ Ⓑ Ⓒ Ⓓ
46. Ⓐ Ⓑ Ⓒ Ⓓ
47. Ⓐ Ⓑ Ⓒ Ⓓ
48. Ⓐ Ⓑ Ⓒ Ⓓ

49. Ⓐ Ⓑ Ⓒ Ⓓ
50. Ⓐ Ⓑ Ⓒ Ⓓ
51. Ⓐ Ⓑ Ⓒ Ⓓ
52. Ⓐ Ⓑ Ⓒ Ⓓ
53. Ⓐ Ⓑ Ⓒ Ⓓ
54. Ⓐ Ⓑ Ⓒ Ⓓ

Model Exam 2

SPANISH LANGUAGE
SECTION I–PART A
LISTENING COMPREHENSION

TIME—APPROXIMATELY 30 MINUTES

Dialogues

Directions: Listen to the following dialogues. After each one, listen to the questions about the dialogue and select the best answer from the choices printed below. Write your answers on the answer sheet.

DIALOGUE 1

CD4
TRACK 4

1. (A) Quería discutir los problemas que tiene con sus padres.
   (B) Sus padres le dijeron que lo visitara.
   (C) Tiene que consultar con él sobre una beca para la universidad.
   (D) Desea considerer su futuro estudiantil.

2. (A) Que asistiera a una universidad local.
   (B) Que los acompañara a una universidad pequeña.
   (C) Que consultara con el Señor Gómez acerca de la selección.
   (D) Que escogiera una universidad preferida por ellos.

3. (A) en ingles
   (B) en historia
   (C) en química
   (D) en matemáticas

4. (A) Le faltaba tener éxito en ciencias.
   (B) A ninguno de sus profesores le gustaba.
   (C) Por falta de interés no estudiaba idiomas.
   (D) No pidió ayuda de sus profesores cuando le hacía falta comprensión.

GO ON TO THE NEXT PAGE.

5. (A) Le sugiere tener más comunicación con sus profesores.
   (B) Le recomienda abandoner el curso de inglés.
   (C) Lo manda a discutir sus problemas con sus padres.
   (D) Le dice que estudie bien los folletos universitarios.

6. (A) una universidad pequeña en una ciudad cercana
   (B) una universidad grande en una universidad cercana
   (C) una universidad pequeña en una ciudad lejana
   (D) una universidad grande en una ciudad lejana

7. (A) mezquino
   (B) considerado
   (C) consciente
   (D) astuto

**CD4
TRACK 5**

DIALOGUE 2

8. (A) Luisa le pidió llamarla.
   (B) Celia le dijo a Luisa que la llame.
   (C) Elena le dijo que la llame.
   (D) Celia le pidió comunicar algunas noticias.

9. (A) Otras chicas chismean de ella.
   (B) No sabe dónde están sus amigas.
   (C) Necesita consejos de sus amigas.
   (D) No tiene amigas en quienes confiar.

10. (A) en una oficina
    (B) en una biblioteca
    (C) en una tienda de libros
    (D) en una tienda de refrescos

11. (A) Hace mucho frío donde trabaja.
    (B) A veces ella se queda sola de noche allí.
    (C) Hay vagabundos que se pasean por el lugar.
    (D) La policía nunca acude cuando ella los necesita.

12. (A) Un borracho la estorbó.
    (B) Un hombre la amenazó por teléfono.
    (C) Un dependiente peligroso entró.
    (D) Rodrigo la molestó.

13. (A) su prudencia
    (B) su perspicacia
    (C) su industria
    (D) su indolencia

GO ON TO THE NEXT PAGE.

Model Exam 2

Short Narratives

> **Directions:** You will hear a series of short narratives. After each one, listen to the questions about the narratives and select the best answer from the choices on your screen.

Short Narrative 1

CD4
TRACK 6

14. (A) en una noche lluviosa
    (B) en una noche fría
    (C) en un día con viento
    (D) en un día soleado

15. (A) personajes mitológicos
    (B) líderes de países modernos
    (C) santos patrones de niños cubanos
    (D) personajes religiosos que traían regalos

16. (A) sobre todo, cosas lujosas
    (B) sobre todo, zapatos y medias
    (C) sobre todo, cosas prácticas
    (D) sobre todo, juguetes

17. (A) Como no eran sus padres, no sabían qué les gustaría a los niños.
    (B) Faltaban lugares donde comprar regalos.
    (C) Les resultaba más fácil regalarles cosas para la escuela que darles juguetes.
    (D) Sabían que a los niños no les gustaban más los juguetes porque habían crecido.

18. (A) Payasos que la habían divertido.
    (B) Zapatos que le hizo Mauricia.
    (C) Días feriados sin sus padres.
    (D) Un año de Navidad en el Oriente.

19. (A) suntuosos
    (B) grandiosos
    (C) antiguos
    (D) incómodos

SHORT NARRATIVE 2

CD4
TRACK 7

20. (A) una isla
    (B) una orilla
    (C) una leyenda
    (D) una montaña

21. (A) los chilotes
    (B) los hijos
    (C) la naturaleza
    (D) el patrimonio de la humanidad

GO ON TO THE NEXT PAGE.

22. (A) superficiales
    (B) cautelosos
    (C) tacaños
    (D) afables

23. (A) una experiencia cultural y visual
    (B) un suceso económico
    (C) un acontecimiento gastronómico
    (D) un descubrimiento arqueológico

24. (A) La naturaleza se contrasta con lo comercial.
    (B) Los chilotes quieren asemejarse con los extranjeros.
    (C) La gastronomía se manifiesta en las costumbres.
    (D) El pasado conservado se liga con el presente vital.

25. (A) un crucero marítimo
    (B) un balneario
    (C) una tienda de antiguedades
    (D) un asilo de ancianos

Longer Narratives

> **Directions:** You will hear a series of longer narratives. After each one, listen to the questions about the narratives and select the best answer from the choices in your book.

LONGER NARRATIVE 1

CD4 TRACK 8

26. (A) la historia de una tribu mexicana
    (B) la procedencia de los maya quiché
    (C) la conversión de los indígenas al cristianismo
    (D) la conquista de los indígenas por los españoles

27. (A) de materia vegetal
    (B) de la tierra del altiplano
    (C) de los dioses gemelos de la muerte
    (D) del aliento de Hunahpú y Xbalanqué

28. (A) Apareció en lengua quiché.
    (B) Fue una traducción al español.
    (C) Tomó la antigua forma pictórica.
    (D) Combinó ambas lenguas a la vez.

29. (A) En la universidad de Guatemala.
    (B) En una universidad estadounidense.
    (C) En Francia, donde un abad francés lo dejó.
    (D) En España, donde un padre dominicano lo depositó.

30. (A) Significa el petate sobre el cual se sentaban los reyes indígenas.
    (B) Significa los orígenes de los linajes indígenas.
    (C) Significa la autoridad de los gobernantes de las tribus.
    (D) Significa la narrativa de la creación del mundo.

LONGER NARRATIVE 2

**CD4
TRACK 9**

31. (A) Para vender muchos tomates.
    (B) Para protestar contra el gobierno.
    (C) Para entretener a la población valenciana.
    (D) Para honrar la tradición de 50 mil años de historia.

32. (A) Un joven se enfadó con un vendedor de tomates.
    (B) Un gigante de un desfile atacó a un espectador.
    (C) Algunas personas se vieron envueltas en un disturbio.
    (D) Una persona le quitó el disfraz a otra en una pelea.

33. (A) El Ayuntamiento no quiso permitir una repetición.
    (B) El gobierno distribuyó tomates para mejorar la fiesta.
    (C) Los vendedores trajeron más y más tomates para dárselos al público.
    (D) El público observó la prohibición del Ayuntamiento contra la fiesta.

34. (A) Sólo se permiten tomates.
    (B) Se organizaron más juegos.
    (C) La gente lleva palos para defenderse.
    (D) Se usa jabón para limpiar los palos con jamón.

End of Part A.
You may check your answers on the questions about the
Longer Selections or you may go on to Part B.

Model Exam 2

SECTION 1–PART B
READING COMPREHENSION

TIME—APPROXIMATELY 40 MINUTES

> **Directions:** Read the following passages. After each passage there are a number of questions or incomplete statements for you to answer, based on the information provided in the reading selection. Choose the response that best answers the question or completes the sentence

SELECTION 1

Salió no más el 10—un 4 y un 6—cuando ya nadie lo creía. A mí que me importaba, hacía rato que me habían dejado seco. Pero hubo un murmullo feo entre los jugadores acodados a la mesa de billar y los mirones que forma-
Línea ban rueda. Renato Flores palideció y se pasó el pañuelo a cuadros por la
(5) frente húmeda. Después juntó con pesado movimiento los billetes de la apuesta, los alisó uno a uno, y doblándolos en cuatro, a lo largo, los fue metiendo entre los dedos de la mano izquierda, donde quedaron como otra mano rugosa y sucia entrelazada perpendicularmente a la suya. Con estudiada lentitud puso los dados en el cubilete y empezó a sacudirlos. Un doble
(10) pliegue vertical le partía el entrecejo oscuro. Parecía barajar un problema que se le hacía cada vez más difícil. Por fin se encogió de hombros.

—Lo que quieran... —dijo.

Ya nadie se acordaba del tachito de la coima. Jiménez, el del negocio, presenciaba desde lejos sin animarse a recordarlo. Jesús Pereyra se levantó y
(15) echó sobre la mesa, sin contarlo, un montón de plata.

—La suerte es la suerte—dijo con una lucecita asesina en la mirada—. Habrá que irse a dormir.

Yo soy hombre tranquilo, en cuanto oí aquello, gané el rincón más cercano a la puerta. Pero Flores bajó la vista y se hizo el desentendido.

(20) —Hay que saber perder—dijo Zúñiga sentenciosamente, poniendo un billetito de cinco en la mesa. Y añadió con retintín—: Total venimos a divertirnos.

—¡Siete pases seguidos! —comentó, admirado, uno de los de afuera.

Flores lo midió de arriba a abajo.

(25) —¡Vos, siempre rezando!—dijo con desprecio.

GO ON TO THE NEXT PAGE.

35. ¿Cuál era la profesión de los personajes?

   (A) banqueros
   (B) tahures
   (C) impíos
   (D) reos

36. ¿Qué hacían todos los hombres?

   (A) Contaban dinero.
   (B) Jugaban a las cartas.
   (C) Resolvían problemas.
   (D) Buscaban la suerte en los dados.

37. ¿Qué hacía el narrador?

   (A) Participaba en el juego.
   (B) Aconsejaba a Renato Flores.
   (C) Sólo observaba lo que pasaba.
   (D) Participaba en engañar a otros.

38. ¿Qué actitud revelaba la cara de Renato Flores?

   (A) cólera
   (B) codicia
   (C) zozobra
   (D) tensión

39. ¿Por qué se haría Renato Flores el desentendido?

   (A) Se divertía mucho.
   (B) Era un hombre religioso.
   (C) Temía que hubiese violencia.
   (D) Estaba distraído por el calor del lugar.

40. ¿Qué significaba los números seguidos?

   (A) Que Flores tenía mucha suerte.
   (B) Que sufrió un percance inesperado.
   (C) Que hacía trampa de alguna manera.
   (D) Que le salían los números impares a menudo.

41. ¿Quién parece tener más suerte?

   (A) Zúñiga.
   (B) Jiménez.
   (C) Renato Flores.
   (D) Jesús Pereryra.

GO ON TO THE NEXT PAGE.

SELECCIÓN 2

Línea
(5)

El origen de la fiesta de las Fallas se sitúa en los últimos años del siglo XV, cuando los carpinteros de la ciudad, en vísperas de la fiesta de su patrón San José, quemaban frente a sus talleres, en las calles y plazas públicas, los trastos inservibles junto con los artilugios de madera que empleaban para elevar los candiles que les iluminaban mientras trabajaban en los meses de invierno.

(10)

En la actualidad, son más de 350 las fallas que se queman en la ciudad de Valencia la noche del 19 de marzo, durante la tradicional cremà. Estos impresionantes monumentos de cartón piedra que invaden las calles tras la plantà, el 15 de Marzo, compiten en ingenio y belleza, desde unas estructuras piramidales que garantizan una perfecta caída y posterior conversión en cenizas, satirizando sobre los últimos acontecimientos de la vida política, social y cultural.

(15)

(20)

Las fallas van tomando poco a poco la ciudad transformándola en un auténtico espectáculo que cobra más fuerza a medida que se acerca su fin. Quien visite Valencia durante los días previos a la llamarada final se verá irremediablemente envuelto por la fiesta. Tendrá ocasión de pasearse entre las fallas que se instalan en cada esquina mientras escucha la música de las bandas o come chocolate con buñuelos; sentir que los cimientos retumban todos los días a las 14,00 horas, con la mascletà que se dispara desde la plaza del Ayuntamiento; ver una corrida de toros; asistir a la ofrenda a la Virgen de los Desamparados, el 17 y el 18 de marzo, que convierte la fachada de la Basílica en un auténtico tapiz de flores y la plaza de la Virgen en un jardín; o disfrutar de la magia de los castillos de fuegos artificiales que llegan a su punto culminante la noche del 18 de marzo, nit del foc.

(25) www.pueblos-espana.org/comunidad+valenciana/valencia/valencia/

42. ¿Cuál fue el origen de las fallas?

(A) La gente quería honrar su santo patrón, San José.
(B) Los habitantes antiguos iluminaban candiles en los meses de invierno
(C) Unos carpinteros quemaron sus desperdicios y otros objetos en público.
(D) Alguna gente hizo candelas para iluminar sus talleres de noche.

43. Actualmente, ¿cómo se hacen las fallas?

(A) Se hacen de cartón.
(B) Los carpinteros las hacen de madera.
(C) Los valencianos las producen con piedras.
(D) Los artesanos las construyen de artilugios.

44. ¿Dónde se sitúan las fallas?

(A) en la plaza del Ayuntamiento
(B) en los jardines
(C) en la Basílica
(D) en las esquinas

GO ON TO THE NEXT PAGE.

45. ¿Con qué motivo se construyen las fallas?

   (A) Muestran la dedicación religiosa.
   (B) Conmemoran figuras sacadas de la historia.
   (C) Se burlan cómicamente de personas actuales.
   (D) Satirizan las grandes figuras religiosas de hoy y del pasado.

46. ¿Qué es la mascletà?

   (A) Fuegos artificiales diurnos.
   (B) Una corrida de toros.
   (C) Fuegos artificiales nocturnos.
   (D) Un desfile de carrozas.

47. ¿Qué pasa durante la última noche?

   (A) Toda la gente asiste a la iglesia.
   (B) Todo el mundo se divierte presenciando las explosiones.
   (C) La Virgen aparece vestida de flores delante de la Basílica.
   (D) Hay obras de magia en los castillos.

SELECTION 3

Era la 'cenicienta' del torneo colombiano, eterno colero; los rivales lo miraban con desdén; del General Santander, su estadio, decían que era el más grande del mundo porque nunca se llenaba y si sólo dos veces bajó a
Línea segunda división es porque apenas a partir de 1992 se implantó el descenso
(5) en el país.

Hoy el Cúcuta Deportivo es el campeón defensor del fútbol colombiano, está entre los mejores ocho clubes del continente después de golear al Toluca y fue el primero de los 16 equipos de la Copa Mustang en conseguir su clasificación a los cuadrangulares semifinales.

(10) Pero tras ocho años en la B, serios problemas económicos y con el estadio incompleto y destartalado, apareció en el panorama Ramiro Suárez Corzo. Una de las banderas de su campaña a la Alcaldía de Cúcuta fue salvar al club y lo primero que hizo cuando asumió en 2004 fue liderar la compra del equipo pese al deseo de Pachón por mantenerlo. Al final el negocio
(15) se hizo por 1.200 millones de pesos.

La inyección de capital no se hizo esperar y sólo un año después se logró el ascenso. Pero las aspiraciones iban más allá de cambiar los viajes en bus de la B por el de aviones en la A, y para reaparecer en primera se buscó a Jorge Luis Pinto como entrenador. Una reunión de tres minutos fue sufi-
(20) ciente para llegar a un acuerdo y Pinto, apenado, le dijo a Suárez que alargaran la reunión para que no pensaran que no era seria.

GO ON TO THE NEXT PAGE.

La gestión del hoy seleccionador nacional tuvo éxito inmediato. En el primer semestre de 2006 clasificó a los cuadrangulares semifinales y sólo tres puntos separaron al equipo de disputar la final. En el segundo intento *(25)* se logró el campeonato, que significó el fruto recogido tras tanto sufrimiento. La transformación de la institución incluía también un nuevo escudo que al comienzo fue resistido. Hasta el obispo de la ciudad afirmó que en su diseño se veían cachos y garras como de demonio.

La clave del Cúcuta no es un secreto. El club tiene el apoyo de todos, *(30)* desde el Alcalde hasta el último habitante del departamento, lo que ha permitido que su patrimonio haya ascendido a 4.000 millones. Con una nómina de jugadores desahuciados por otros equipos, el plantel sabe que más que nombres, tiene hombres.

http://www.semana.com/wf_InfoArticulo

48. ¿Qué tipo de deporte se jugaba en el General Santander?

 (A) tenis
 (B) fútbol
 (C) fútbol americano
 (D) carreras de automóviles

49. ¿Por qué se llamaba al club la 'cenicienta' del continente?

 (A) Jugaba en un estadio arruinado.
 (B) Perdía continuamente y casi nunca podía progresar.
 (C) Había muchos aficionados que los apoyaban.
 (D) Tras unos cambios estratégicos, el club empezó a tener suerte.

50. Entre 1992 y 2004, ¿qué sucedió para el club?

 (A) El estadio se derrumbó.
 (B) Se adoptó una bandera nueva.
 (C) Se invirtió en nuevo liderazgo.
 (D) Se cambiaron los buses por aviones.

51. Para 2006, ¿qué pasó con el club?

 (A) Gozó de más éxito.
 (B) Perdió su nuevo escudo.
 (C) Recibió la bendición de la iglesia.
 (D) Sufrió una pérdida en el campeonato ese año.

52. ¿Cuál sería la clave del triunfo?

 (A) Hay un nuevo patrimonio.
 (B) Ahora se obtiene mucha más plata.
 (C) Hay respaldo de la municipalidad y el pueblo.
 (D) Hay mayor confianza gracias al nuevo estadio.

End of Model Section 1

SPANISH LANGUAGE
SECTION II–PART A
FREE RESPONSE (WRITING)

(On the actual Spanish Language Examination, this free response section is in a separate sealed booklet.)

Paragraph Completion With Root Words

TIME—APPROXIMATELY 7 MINUTES

> **Directions:** Read the following passage, then on the numbered lines to the right, write the form of the word in parenthesis needed to complete the passage. More than one word may be necessary to complete the meaning: for example, a compound verb form or a reflexive pronoun may be required. In order to receive any credit, the words must be spelled correctly and the appropriate accent, dieresis, or tilde must be written in the proper place. Be sure to write the word on the proper line, even if no changes are necessary to make it fit grammatically or logically.

__(1)__ piloto venezolana Milka Duno, se convertirá en la primera corredora de Latinoamérica en participar en las famosas 500 millas de Indianápolis este año.

Será también la primera vez que en la formación de largada de esta histórica carrera __(2)__ __(3)__ tres mujeres.

Duno __(4)__ que superar algunos contratiempos para lograr su pasaporte a la difícil competencia, quizás el más grave, un choque a 300 kilómetros por hora del que salió __(5)__ pero supuso un __(6)__ trabajo del equipo para recuperar la máquina.

En una entrevista dijo que ya se va a hablar de las mujeres como participantes y competidoras en sí y no únicamente como una novedad. Dijo: "Es verdad, al final somos pilotos también".

¿Y cómo es eso? Estar __(7)__ vuelta tras vuelta durante dos horas... __(8)__ que son 500 millas. Ella dijo: "Tienes que tener tu mente y los cinco sentidos sólo en eso. Pasar únicamente

1. _____
   (El)
2. _____
   (estar)
3. _____
   (ubicado)
4. _____
   (tener)
5. _____
   (ileso)
6. _____
   (grande)
7. _____
   (girar)
8. _____
   (recordar)

GO ON TO THE NEXT PAGE.

por un lado de la pista en cada curva _(9)_ la línea, en particular en esta pista con mucha concentración".

_(10)_ con desgaste mental y físico porque se requiere tanto de ti en ese tiempo: corres a altas velocidades, estás pasando autos, el riesgo mismo por la alta velocidad, la concentración para tomar cada curva de manera perfecta... es mucha tensión".

9. _____
   (seguir)

10. _____
    (terminar)

news.bbc.co.uk/hi/spanish/deportes/newsid
Jueves, 24 de mayo de 2007—16:31 GMT

Paragraph Completion Without Root Words

TIME—APPROXIMATELY 8 MINUTES

Directions: In the following selections, first read through each selection. Then write a word on the numbered line that corresponds to the numbered blank in the text. Write only ONE word that completes the meaning of the sentence. No credit will be given for words that are not spelled correctly or words that lack correct accent marks. You have 8 minutes to complete this part of the exam.

Chichén Itzá

La decadencia de Chichén Itzá se relaciona con el surgimiento de mayapán _(1)_ nuevo centro de poder en Yucatán. En Chichen Itzá, en el siglo XVI, el Castillo y el Cenote Sagrado aún funcionaban como escenarios de grandes procesiones que consultaban su oráculo; _(2)_ embargo, los grandes edificios ya no recibían mantenimiento. No _(3)_, un pueblo cercano del linaje de los cupules, rechazó un primer intento hispano _(4)_ establecer su capital colonial en las ruinas, aprovechando el inmenso valor simbólico que esto hubiera tenido _(5)_ la conquista.

1. _____
2. _____
3. _____
4. _____
5. _____

Tomado de la miniguía editada por el INAH.
Texto: Doctor Peter Schmidt
www.cnca.gob.mx/cnca/inah/zonarq/chichen.html

GO ON TO THE NEXT PAGE.

Sonidos de animales

Recientemente, su página web _(6)_ ha mejorado y cuenta con un buscador que permite localizar el sonido de voces de animales según su especie, clase, orden y familia, o una sección con enlaces a otros archivos similares.

Además del FonoZoo, otra institución que ofrece sonidos de animales es el Ministerio de Educación y Ciencia. En este caso, dispone de un banco de sonidos gratuitos pensados para usos educativos, _(7)_ los que hay más _(8)_ 300 de animales, en formatos midi, wav y mp3.

_(9)_ su parte, la Fundación BBVA y SEO/BirdLife editaban el año pasado un CD diseñado como un juego interactivo que reproduce el sonido de los cantos de _(10)_ de 100 especies de aves comunes. La obra contiene también un conjunto de itinerarios virtuales multimedia que permiten introducirse en 66 tipos de hábitat diferentes.

Alex Fernández Muerza
21 de mayo de 2007
www.consumer.es/web/es/medio_ambiente/naturaleza/

6. _____
7. _____
8. _____
9. _____
10. _____

GO ON TO THE NEXT PAGE.

Informal Writing

TIME—APPROXIMATELY 10 MINUTES

Directions: Below you will see instructions for a writing sample that responds to the topic described. Be sure to include the information mentioned in your response. You will have 10 minutes to write your message in the space provided.

Acabas de recibir una oferta de empleo de verano con un club de deportes. Escribe un mensaje a un amigo pidiéndole consejos en cuanto al trabajo.

_____

_____

_____

_____

_____

_____

_____

_____

_____

_____

_____

_____

_____

_____

_____

_____

_____

_____

_____

_____

_____

_____

_____

_____

_____

GO ON TO THE NEXT PAGE.

Formal Writing (Integrated Skills)

TIME—APPROXIMATELY 55 MINUTES

Directions: You will now read a question that is based on information contained in Sources 1–3. The sources are both print and audio. First, read the printed material. You will have 7 minutes to read the first two sources. Next, you will hear the audio material. You should take notes in the spaces provided in the test booklet while you listen. You should take 5 minutes to plan your essay. Then you will have 40 minutes to write your essay.

In your essay you should make reference to specific information from all the source materials. Do not simply summarize what is contained in them. Incorporate information or ideas from the sources into your essay. Use appropriate grammar and vocabulary.

¿Hasta qué punto se relaciona el éxito y la felicidad en la vida con el nivel de educación que se alcanza?

Fuente número 1
¿Cuál es el valor de una buena educación?

Está suficientemente demostrado que los beneficios de la educación para las personas y la sociedad son tanto mayores cuanto mejor es la calidad de la educación. Por ejemplo, los mejores resultados escolares—tal como se miden por las puntuaciones conseguidas por los alumnos en las pruebas de aprovechamiento escolar—guardan una estrecha relación con la obtención de ingresos más elevados en el mercado de trabajo. Por consiguiente, las diferencias en la calidad de la educación parecen indicar diferencias de productividad entre los trabajadores. Además, en el caso de los trabajadores de los países en desarrollo, las repercusiones de la calidad de la educación en los salarios parecen ser mayores que en el caso de los trabajadores de sociedades más industrializadas. Algunos trabajos de investigación empíricos han demostrado que una educación de calidad mejora el potencial económico nacional. Una vez más, la calidad de la mano de obra—medida también por las puntuaciones obtenidas en las pruebas—parece ser un importante factor determinante del desarrollo económico y, por lo tanto, de la capacidad de los gobiernos para disminuir la pobreza.

La calidad de la educación influye de todas esas maneras en el ritmo de enriquecimiento de las sociedades, en el grado en que los individuos pueden mejorar su eficacia, productividad e ingresos personales, y en los medios por los que la sociedad puede llegar a ser más equitativa y menos vulnerable a las enfermedades y carencias en materia de salud. Por consiguiente, la calidad de la educación influye considerablemente en las perspectivas de realización de todo un amplio conjunto de objetivos personales y metas del desarrollo.

EFA - Global Monitoring Report 2003/04
http//p-URL_ID=36portal.unesco.org/education/es/e

GO ON TO THE NEXT PAGE.

Fuente número 2
La educación del futuro: la descentralización del aprendizaje

Eleonora Badilla Saxe, M.Ed.
Educación y Desarrollo Comunitario

Los primeros intentos de descentralización del aprendizaje los hemos dado al cambiar nuestra visión de un docente poseedor y distribuidor de información a un maestro "baquiano" que guía a los estudiantes en una construcción conjunta de conocimientos. La introducción de tecnologías de la información y la comunicación TCI, así como el desarrollo conceptual de la informática educativa en los contextos escolares han permitido descentralizar aún más los procesos educativos en la medida que permiten desde la comunicación con estudiantes en otras aulas, en otros lugares del país o del mundo, el acceso a información "en línea" y el aprendizaje en sitios educativos virtuales, hasta el desarrollo de proyectos colaborativos entre participantes que en la mayoría de los casos no se conocen.

Sin embargo, los retos que impone nuestra realidad nacional, regional y mundial, con la cantidad abrumadora de conocimiento que se genera constantemente y los enormes cambios que se suceden vertiginosamente en prácticamente todas las áreas del quehacer humano, exigen que sobre todo se derriben los muros de aulas y los centros educativos, de manera que docentes, estudiantes de todas las edades, y miembros de la sociedad (desde agricultores, amas de casa, técnicos y profesionales), aprendan en contacto directo con la Era de la Geoinformación.

Un ejemplo de esta descentralización del aprendizaje la constituye el programa Pequeñas Comunidades Inteligentes LINCOS de la Fundación Costa Rica para el Desarrollo Sostenible que se ha llevado a comunidades rurales en Costa Rica y República Dominicana.

**CD4
TRACK 10**

Fuente número 3 (Audio)
Reportaje audio

GO ON TO THE NEXT PAGE.

SECTION II–PART B
FREE RESPONSE (SPEAKING)

Informal Speaking (Simulated Conversation)
TIME—APPROXIMATELY 20 MINUTES

**CD4
TRACK 11**

Directions: You will now take part in a conversation. First, you will have 30 seconds to read the script for both parts. Then, you will listen to a message, after which you will have one minute to read the script again. When you have had one minute to read the script again, the conversation will begin and will follow the script. When one speaker finishes you will hear a tone and then have 20 seconds to respond. The tone will sound at the end of 20 seconds, indicating that you should end speaking and listen to the next part. You should engage in the conversation as much as possible.

(a) Imagina que has oído un anuncio clasificado de un empleo para el verano que viene. Escucha el anuncio. (Responderás al anuncio.)
(You will hear a classified ad on the recording. You will respond to the ad.)

(b) La conversación
(The words in parenthesis indicate what you will hear on the recording.)

(La empleada:	Te saluda)
Tú:	La saludas.
	Le haces una pregunta
(La empleada:	Te contesta. Te da más datos. Te hace una pregunta.)
Tú:	Contesta a la pregunta.
(La empleada:	Continúa la conversación. Te hace otra pregunta.)
Tú:	Respondes a la pregunta. Ofreces más detalles.
(La empleada:	Te dice más. Te ofrece una posición.)
Tú:	Aceptas la oferta. Le explicas una condición.
(La empleada:	Continúa la conversación. Te hace una pregunta.)
Tú:	Le respondes. Le das las gracias.
(La empleada:	Finaliza el trato. Se despide.)

GO ON TO THE NEXT PAGE.

Model Exam 2

Formal Oral Presentation

TIME—APPROXIMATELY 10 MINUTES

> **Directions:** The following question is based on two sources, one printed and one audio selection. First you will have five minutes to read the printed articles. Then you will hear an audio selection. You should take notes while you listen. Next, you will have 2 minutes to prepare your formal oral presentation. When you hear the tone, begin your recording. Stop when you hear the tone at the end of 2 minutes.

Discute la importancia de las vacaciones para el individuo y para la economía mundial.

Fuente número 1
¿Vacaciones en extinción?
Peter Bate
http://www.iadb.org/idbamerica/archive/stories/1998/esp/c798h1.htm

Había una vez futuristas que imaginaban un mundo en que los rigores del trabajo cederían paso al ocio. Pero hasta ahora los efectos combinados de la globalización, la liberalización económica y el progreso tecnológico sugieren que el tiempo libre es cada vez más escaso, una tendencia ciertamente perturbadora para la industria turística.

Hay 18 países de América, Europa y Asia que en 1996 contribuyeron el 73 por ciento del gasto mundial en turismo. Sus estadísticas indican que el tiempo disponible para hacer turismo disminuirá en el futuro. Las presentes tendencias globales están creando condiciones de feroz competencia: los gobiernos se afanan por mejorar sus economías, las empresas se esfuerzan por aumentar la productividad y los trabajadores anteponen la estabilidad laboral a aumentar las vacaciones pagas.

Es muy improbable que los japoneses, famosos por no tomar ni siquiera breves vacaciones, aspiren a más tiempo libre mientras su economía esté en recesión. En Estados Unidos es costumbre que los incrementos en productividad se traduzcan sólo en aumentos salariales. Hasta en Europa, donde tradicionalmente han sido norma las generosas vacaciones pagas, algunos líderes políticos han comenzado a objetar la abundancia de ocio.

El turismo además compite con actividades de recreación como los espectáculos, los deportes o los pasatiempos que no requieren viajar. Estudios indican que hoy en día los consumidores no quieren pasar mucho tiempo alejados de otros intereses, como sus jardines o sus animales domésticos, mucho menos de sus empleos. Poniendo buena cara al mal tiempo, los participantes en la reunión afirmaron que avizoran un futuro en que la gente podría tener menos tiempo para el ocio, pero lo aprovecharán con más frecuencia.

CD4
TRACK 12

Fuente número 2 (Audio)
Listen to the CD.

Answer Key
MODEL EXAM 2

Section I

Part A

1. D	10. C	19. C	28. D
2. D	11. B	20. A	29. B
3. C	12. A	21. C	30. C
4. D	13. D	22. D	31. C
5. A	14. D	23. A	32. C
6. A	15. D	24. D	33. A
7. C	16. C	25. B	34. B
8. A	17. D	26. B	
9. C	18. C	27. A	

Part B

35. B	40. C	45. C	50. C
36. D	41. C	46. A	51. A
37. C	42. C	47. B	52. C
38. D	43. A	48. B	
39. C	44. D	49. B	

Section II

Paragraph with root words

1. La
2. estén
3. ubicadas
4. tuvo
5. ilesa
6. gran
7. girando
8. recuerde, recordemos
9. siguiendo
10. Terminas

Paragraph without root words

1. como
2. sin
3. obstante
4. por
5. para
6. se
7. entre
8. de
9. Por
10. más

PART EIGHT

APPENDICES

Audioscripts for Model Exams

MODEL EXAM 1 SCRIPTS
Section I—Part A
Listening Comprehension

DIALOGUE 1

NAR 1:   ¡Hola, Juan! Hombre, hace mucho tiempo que no te veo. ¿Qué haces?

NAR 2:   ¡Miguel! ¡Hola! Estaba pensando en ti justamente ayer. Vi en la tele que el equipo boliviano vendrá la semana que viene para jugar una exhibición en el estadio. Sé que te interesas mucho en el fútbol. ¿Quieres ir conmigo?

NAR 1:   Sí, sí, lo vi también. Me gustaría acompañarte, pero es que prometí a Elena llevarla a un concierto de los Zafios Ingleses que dan un espectáculo ese mismo día. Qué lástima, ¿verdad? Ojalá que pudiera ir al partido porque ese grupo de músicos es malísimo, pero a ella le encanta. ¿Qué puedo hacer?

NAR 2:   Pues, déjame pensarlo un poco. Acaso pueda pensar en algo para liberarte. ¿No puedes decirle que tu abuela está enferma y tienes que visitarla esa noche?

NAR 1:   Ojalá que fuera tan fácil. No, es que ella está bien enterada de lo que pasa con mi familia. Pues, otra vez, podemos ir a un partido.

NAR 2:   No nos rindamos de inmediato, podemos pensar en algo. ¿No tenemos un reportaje para el lunes? Puedes decirle que te hace falta preparar algunas investigaciones en la biblioteca. Así es—tienes que pasar todo el día ese sábado en la biblioteca.

NAR 1:   Sé que tienes buenas intenciones, Miguel. Pero es que di la palabra. Ésa con los bolivianos no sería la última oportunidad. Habrá otras. Gracias por tu ayuda. Tal vez la próxima vez.

Preguntas

Número 1.   ¿Qué quiere Juan hacer con su amigo?

Número 2.   ¿Qué piensa Miguel de los Zafios Ingleses?

Número 3.   ¿Qué le recomienda Juan que haga su amigo?

Número 4.   ¿Por qué piensa Miguel que no lo creería su amiga?

Número 5.   ¿Qué otra idea tiene Juan?

Número 6.   ¿Qué decisión toma Miguel al fin de la conversación?

**CD3
TRACK 21**

DIALOGUE 2

NAR 1:   ¡Hola, Rafael! ¿Qué hay de nuevo?

NAR 2:   No mucho. Ando un poco deprimido, de veras.

NAR 1:   Pues, ¿por qué? ¿No me dijiste ayer por la mañana que todo te iba bien? Ah, ya recuerdo. También me dijiste que había un examen en la clase de historia el primer período. ¿Verdad? Debe tener algo que ver con ese examen.

NAR 2:   Pues, quizás. Pero por la tarde anteayer cuando me senté para estudiar, empecé a pensar en las revistas que había en la biblioteca. Y luego, pensé en las fotos de Mani, el portero del Equipo Real. Y luego, antes de darme cuenta de lo que hacía, salí de la biblioteca. Me encontré con Roberto y algunos de los otros y nos reunimos en el parque para jugar al fútbol.

NAR 1:   Bueno, Rafael, todavía tuviste tiempo para estudiar esa noche.

NAR 2:   Sí, pero Anita me había invitado a su casa esa noche para un baile con un grupo de sus amigas. Ella quería acoger al estudiante peruano que está en la escuela de intercambio. Fue una fiesta magnífica. No me fue posible salir hasta tarde.

NAR 1:   No me digas. La primera clase es de historia y no tuviste tiempo para estudiar.

NAR 2:   Ya lo ves. Estoy seguro de que lo suspendí. Y cuando volví a casa ayer, mi mamá me interrogó. Cuando supo lo que me pasó, me regañó. Ahora no puedo salir este fin de semana.

NAR 1:   ¡Hombre! Es una lástima porque tenemos esa competencia con Los Reyes de San Miguel Allende este sábado por la tarde.

NAR 2:   Sí, pues, no hay remedio. Mi mamá está decidida.

Preguntas

Número 7.   ¿Qué le pasa a Rafael?

Número 8.   ¿Cuándo sucedió el desastre para Rafael?

Número 9.   ¿Por qué no estudió Rafael?

Número 10.   ¿A quién festejó Anita en su fiesta?

Número 11.   ¿Cómo reaccionó la mamá de Rafael?

Número 12.   ¿Qué perderá Rafael ese fin de semana?

SHORT NARRATIVE 1

Un día iba pasando un cura por un pueblo y llegó a una casa donde había un muchacho algo tonto. El cura le dio una maleta, en la cual tenía una gallina cocinada, para que se la cuide.

A la noche, el tonto abrió la maleta y le comió una pata a la gallina. El cura fue después y vio que faltaba una pata; entonces le dijo al muchacho:

—¿Me has comido la pata de la gallina?

—¡No! ¡la gallina tiene una sola pata!

—No puede ser.

—Vamos al gallinero, y va a ver que las gallinas tienen una sola pata.

Llegan al gallinero y las gallinas estaban dormidas, paradas en una pata, y con la otra pata escondida bajo el ala. El cura las vio, y entonces gritó, espantándolas:

—¡Shíííu!

Entonces las gallinas despertaron, se asustaron y soltaron la pata escondida, y el cura dijo:

—¿Has visto que tienen dos patas?

Y el tonto le contestó:

—Si usted le hubiera hecho ¡shíííu! a su gallina, ésta hubiera soltado la pata también.

Preguntas

Número 13.   ¿Qué dejó el cura con el muchacho?

Número 14.   Cuando el cura volvió, ¿qué descubrió?

Número 15.   ¿Por qué le mostró el mozo el gallinero al cura?

Número 16.   ¿Por qué no era muy tonto el muchacho?

SHORT NARRATIVE 2

Principalmente creo que he simplificado la técnica del violoncelo, lo he hecho más natural,—dijo Pablo Casals.—He dado mayor libertad a los brazos. Antiguamente los violoncelistas tocaban adoptando una postura muy artificial y completamente agarrados, quedando entumecidos. Tenían la costumbre de mantener los codos pegados a los costados. Yo no podría hacer tal cosa. Nunca me preocupé demasiado de mí mismo. Así, pues, practiqué una natural utilización de los brazos. Y lo mismo con las manos al manejar los dedos. Los violoncelistas acostumbraban a mover continuamente las manos. Yo abrí la mano, dándole más alcance; ahora puedo tocar cuatro notas sin tener que mover la mano mientras que antes sólo podía tocar tres. Mi profesor estaba, desde luego, escandalizado viéndome actuar con tal postura, pues no tenía yo más que trece años cuando ya había empezado a desarrollar mi propia técnica, pero terminó por aceptarla cuando vio los resultados que yo obtenía con ella.

Preguntas

Número 17.   ¿Quién habla en esta selección?

Número 18.   ¿Cómo tocaban los violoncelistas cuando el narrador empezó su carrera?

Número 19.   ¿Cómo hizo su descubrimiento?

Número 20.   ¿Qué descubrimiento hizo?

Número 21.   A fin de cuentas, ¿cómo reaccionó su profesor?

LONGER SELECTION 1

Estamos aquí ya en los exámenes. Por las calles del rededor de la escuela no se oye hablar de otra cosa a chicos, padres y madres, hasta a las ayas: exámenes, calificaciones, temas, suspensión, mediano, bueno, notable, sobresaliente: todos repiten las mismas palabras. Ayer mañana tocó el examen de Composición, hoy el de Aritmética. Era conmovedor ver a todos los padres conduciendo a sus hijos a la escuela, dándoles los últimos consejos por la calle, y a muchas madres que los llevaba hastan las bancas para mirar si había tinta en el tintero, probar si la pluma escribía bien, y se volvían todavía desde la puerta para decir: —¡Animo! ¡Valor! ¡Cuidado!—Nuestro maestro examinador era Coato, aquel de las barbazas negras que grita como un león, y que jamás castiga. Se veían caras de muchachos blancas como el papel. Cuando el maestro rompió el sobre del oficio del Ayuntamiento mandando el problema que debía servir para tema de examen, no se oía ni una mosca. Dictó el problema en alta voz, mirando ya a uno, ya a otro, con miradas severas: pero se comprendía que si hubiera podido dictar al mismo tiempo la solución para que todos hubiesen sido aprobados, lo habría hecho de buena gana. Después de una hora de trabajo, muchos empezaron a desesperarse, porque el problema era difícil. Uno lloraba. Y muchos no tienen culpa de no saber, ¡pobres chicos! pues no han tenido mucho tiempo para estudiar, y los han descuidado los padres. ¡Pero había una providencia! Había que ver el trabajo que se daba Deroso para ayudar a todos, para hacer pasar de mano en mano una cifra y una operación, sin que lo descubriesen, interesado por unos y por otros, como si fuese nuestro propio maestro. También Garrón, que está fuerte en Aritmética, ayudaba al que podía, hasta Nobis, que, encontrándose apurado, se había vuelto cortés. Estardo estuvo más de una hora inmóvil, sin pestañear, sobre el problema, con los puños en las sienes y los codos en la banca, y después hizo todo en cinco minutos. El maestro daba vueltas por entre los bancos diciendo: —¡Calma! ¡Calma! ¡No hay que precipitarse!—Y cuando veía a alguno descorazonado, para darle ánimo y hacerle reír, abría la boca, imitando al león, como si fuese a tragárselo. Hacia las once, mirando al través de las persianas, vi muchos padres impacientes que se paseaban. Poco antes de las doce llegó mi padre, y alzó los ojos a la ventana donde yo caía; ¡pobre padre mío! A las doce en punto todos habíamos concluido. Era de ver la salida. Todos venían al encuentro de nosotros, preguntándonos, hojeando los cuadernos, confrontando los trabajos.—¡Cuántas operaciones! ¿Cuál es el total? ¿Y la substracción? ¿Y la respuesta? ¿Y la coma de los decimales?—Mi padre me arrancó de las manos el borrador, miró y dijo:—¡Está bien! —

LONGER SELECTION 2

NAR 1:   Tenemos el placer de hablar con José Antonio de Urbina, diplomático profesional y experto en protocolo en la Corte española, quien ha escrito un libro que se titula *El arte de invitar*. Buenos días.

NAR 2:   Buenos días. El gusto es mío.

NAR 1:   ¿Hay un protocolo español distinto del protocolo austríaco, alemán, belga o inglés? ¿O hay un protocolo internacional?

NAR 2: Hay un protocolo internacional, que es en realidad europeo, ¿verdad? El español, que siempre tuvo gran prestigio, pues, es el mismo. Lo que pasa es que luego en cada país hay matices que son consecuencia de su cultura, de su identidad, etcétera. Pero la esencia es el protocolo europeo.

NAR 1: Este libro, ¿lo ha escrito Ud. para que lo conozcan y se lo sepan de memoria los presidentes de comunidades autónomas, los políticos, o para que nosotros, los ciudadanos de a pie, lo leamos, así, curioseemos en ese gran mundo y sus problemas?

NAR 2: Pues, no. El objetivo es que sea útil para todos, para todos. Curiosamente, cuando estaba escribiendo al principio, pues me di cuenta de que tanto personaje importante—reyes, presidentes—esto le va a asustar al lector de a pie, y por eso ya la segunda mitad la dedico más al lector común. Pero digo lo que es verdad, que, en esencia, el banquete de estos de gala en el Palacio Real y la mesa a la cual, por ejemplo, una señora, unos señores, reúnen unos amigos, en esencia, es lo mismo.

NAR 1: ¿Y cuál es, digamos, la base, la médula de esa esencia, para que aprendamos, por lo menos, lo fundamental?

NAR 2: Pues, la médula es, sencillamente, que la gente esté confortable, que se sienta en su casa. Por supuesto, si hay que comer, que la comida sea buena, ¿verdad? Pero lo esencial es que se encuentren cómodos, porque si no están cómodos, ¿para qué sirve el invitar?

NAR 1: Pero vamos a ver, vamos a ver. Eh, lo de chico, chica, chico, chica, señora, señora... ¿Eso es correcto, no?

NAR 2: Sí, sí, sí, claro.

NAR 1: Eso hay que hacerlo así.

NAR 2: Eso hay que hacerlo.

NAR 1: Parejas o matrimonios juntos, nunca.

NAR 2: Claro, hay que dejarles a los pobres que descansen un poco, y para eso se separan.

NAR 1: ¿Es cierto que hay que hablar en un plato con el de la derecha y en otro con el de la izquierda?

NAR 2: No. Eso depende, porque a lo mejor uno quiere hablar con la de la izquierda, que es una señora, a lo mejor está deseando porque además de que es muy simpática es muy guapa y resulta que ella está hablando con el otro.

NAR 1: Y qué, qué violento, ¿verdad? cuando queda uno descolocado en medio de dos personas que están hablando con otros y no con, con uno. Queda uno solo ahí, es incómodo.

NAR 2: Sí, sí, pasa, pasa. Entonces uno está esperando un poco al quite, es como la caza, ¿verdad? Ya está. Entonces, le dice uno cualquier cosa, entabla conversación, y a veces pasa que uno está demasiado con el de la derecha o la de la izquierda, y entonces es el otro el que se encuentra, ¿eh?

NAR 1: El que se pica.

NAR 2: Sí.

NAR 1: Así que hay que sentarse hombre, mujer, hombre, mujer, nunca las parejas juntas... Eh, dice usted en el libro que las señoras nunca deben estar en las puntas de la mesa.

NAR 2: Claro, es una elemental, diría yo, cortesía hacia la mujer, ¿verdad? Las puntas es un poco el último sitio. No hay que dejar los últimos sitios con señoras.

NAR 1:   Sí. En una casa, tal vez esta noche muchos de nuestros oyentes vayan a reunirse con ocho o nueve amigos. Eh, para que se sienten diez personas o doce, ¿hay algún truquillo especial o alguna alerta que quiera usted hacer para que no se caiga en determinado...?

NAR 2:   Sí, bueno, hay que tener mucho cuidado con el número trece.

NAR 1:   Ah, no. ¿Trece, no?

NAR 2:   Nunca.

NAR 1:   Porque si son trece, ¿qué hacemos? ¿Matamos a uno o invitamos a otro?

NAR 2:   Nunca. No, por una razón. La gente es mucho más supersticiosa de lo que creemos. No lo dice, por supuesto.

NAR 1:   Ah, ¿pero cuenta a ver si hay trece?

NAR 2:   Pero, como el número trece es mala suerte, pues trece nunca. Y entonces, ¿qué haces? Catorce. Pero si se te descuelga un invitado en el último momento quedas en trece. Y claro, pues, ahí está el cuidado. El truco es, le llamas a un íntimo amigo: —*Mira, me pasa esto. ¿Quieres venirte a casa porque es que hemos quedado en trece...? —Y por supuesto va, claro.*

Section II–Part A
Formal Writing

**CD4
TRACK 1**

Fuente núm. 4
(Listen to the recording first. Read the text below only after completing your essay, to verify that you heard all the information correctly.)

El Museo del Barrio celebra 30 años de excelencia promoviendo el arte latino en los Estados Unidos. Por Tania Saiz-Sousa
(*elmuseo.org/30annprs.html*)

Fundado en 1976, El Museo del Barrio ha tenido un gran impacto en la vida cultural de la ciudad de Nueva York, y es ahora una parada principal en la acreditada Milla de los Museos en Manhattan.

"Estamos orgullosos de las raíces puerto-rriqueñas de El Museo del Barrio, y también hemos extendido nuestra misión para así abarcar a las diversas comunidades latinas que hoy residen en la ciudad de Nueva York," comentó Susana Torruella Leval, directora ejecutiva. "Nuestro trigésimo aniversario marca un momento clave en nuestra historia. Estamos muy entusiasmados con los nuevos diálogos multiculturales y con las oportunidades para preservar y presentar la herencia cultural de los nuevos miembros de nuestra comunidad. También, aumentaremos el ámbito de nuestra colección permanente y exposiciones, y presentaremos nuevos programas educativos para la comunidad, grupos escolares y público asistente a nivel nacional e internacional," agregó Leval.

El aumento considerable en términos de las exposiciones, los programas educativos y número de visitantes—los cuales se han multiplicado en un 500% en los últimos cinco años—preparan a El Museo para los retos del nuevo milenio, y para alcanzar sus planes a corto y largo plazo. Estos planes incluyen la apertura del Teatro Heckscher en el verano del 2000, una joya arquitectónica de los años veinte con murales espectaculares y capacidad para 600 personas, el cual se encuentra localizado en el edificio que ocupa el Museo; la expansión de su tienda de souvenirs Imanosí, en la actualidad un lugar muy importante para impulsar las obras de los artistas latinos a nivel local y nacional; y la creación de ¡Las Américas Cafés!, un lugar de reunión informal donde se servirán cafés, refrescos y bocadillos caribeños y latinoamericanos.

Section II—Part B
Informal Speaking

CD4
TRACK 2

Su amiga le llama y le dice que sus padres acaban de darle permiso para invitar a Ud. para que la acompañe en un viaje a Florida durante las vacaciones escolares de primavera. Discuten los planes.

    (a) Su amiga se llama Eva. Le llama para darle las noticias.
    (b) Ud. colabora en los planes.

	(Suena el teléfono.)
Eva:	Hola, ¿te cuento? ¡Mis papás me dieron permiso para invitarte a acompañarnos a Florida! Iremos cuando lleguen las vacaciones de primavera, ¿qué te parece?
Ud.:	(Reacciona.)
	(Pide detalles.)
Eva:	Vamos a ir a Disney World y después seguramente iremos a nadar y a pescar en el océano.
Ud.:	(Expresa emoción.)
	(Hace una pregunta.)
Eva:	¡Ay sí! Espero que nos dejen manejar el coche y así podamos salir con todos los amigos de allá.
Ud.:	(Se pone de acuerdo con ella.)
	(Agrega un deseo propio.)
Eva:	No, no creo que podamos andar a caballo, porque el rancho de mi tío está en el norte del estado y eso está muy lejos.
Ud.:	(Expresa un sentimiento apropiado.)
Eva:	¡Pero sí podemos ir a bailar todas las noches! Los papás se acuestan temprano, pero sé que nos permitirán salir hasta las 11.
Ud.:	(La acepta.)
Eva:	Bueno, me voy de compras. Qué buenas noticias, ¿no? Adiós, te llamo mañana.
Ud.:	(Se despide.)
	(Cuelga el teléfono.)

Formal Oral Presentation

CD4
TRACK 3

Fuente núm. 2 (Audio)
El uso del suelo en América Latina
(*www.eurosur.org/medio_ambiente*)

Análisis más detallados revelan que una tendencia importante de la agricultura latinoamericana ha sido la conversión de cultivos tradicionales como frijol y maíz a "nuevos" cultivos como oleaginosas, en particular soya y sorgo. Se calcula que de la tierra incorporada al cultivo entre 1970 y 1980 cerca de 62% fue para oleaginosas, específicamente soya, y que otro 24% se destinó a trigo, arroz y sorgo. Entre 1978 y

1983 el área destinada al cultivo de soya aumentó en dos millones de hectáreas. El aumento de los cultivos de exportación ha ido asociado con la reducción del uso de la tierra para cultivos tradicionales como el frijol negro en Brasil o el maíz en México.

Se observa también una clara relación entre deforestación y aumento de pastizales para ganadería: entre 1974 y 1983 la producción ganadera en América Latina aumentó 28%. De las tierras de los Andes orientales colombianos incorporadas entre 1960 y 1980 sólo 16% fueron para cultivos, mientras que 54% se dedicaron a la producción ganadera y 31% no fueron utilizadas del todo. Más de la mitad de los nuevos ranchos ganaderos son propiedades de más de 500 hectáreas.

Desde la perspectiva espacial, no cabe duda de que las actividades agropecuarias son las que tienen mayor incidencia sobre el medio ambiente dadas sus extensiones y, por lo tanto, el espacio afectado, la magnitud de las explotaciones y el hecho que América Latina es fundamentalmente una región centrada en la agricultura.

Los impactos que causan las modificaciones del suelo por la intervención humana se han ido magnificando con la creciente mecanización, la aplicación de agroquímicos, en particular fertilizantes sintéticos, plaguicidas, herbicidas y fungicidas, así como el uso de variedades genéticas mejoradas de elevado rendimiento, el aumento del riego, etcétera.

Algunas estimaciones señalan que la superficie cultivable de América Latina podría ampliarse hasta alcanzar entre 27% y 32% del total; sin embargo, esta ampliación de tierras cultivables se haría a costos crecientes. Hay que distinguir entre la incorporación propiamente dicha de nuevas tierras y la recuperación de tierras degradadas. Por ejemplo, se calcula que la incorporación de tierras en áreas desérticas costaría alrededor de 20.000 dólares por hectárea; pero la recuperación de terrazas y bancales abandonados en las zonas andinas altas de Perú y Bolivia sería del orden de los 2.000 dólares por hectárea, y un costo similar tendría la recuperación de tierras salinizadas en las áreas costeras regadas del Perú.

MODEL EXAM 2 SCRIPTS
Section I–Part A
Listening Comprehension
Dialogues

**CD4
TRACK 4**

DIALOGUE 1

Un consejero y un estudiante hablan de sus alternativas.

Sr. Gómez:	Pasa, Raúl. Me alegra verte aquí esta mañana. Hace tiempo que no te veo y tenemos mucho que discutir, ¿verdad? ¿Ya has visto los materiales que te di sobre las universidades que deseas considerar para el año que viene?
Raúl:	Hola, Sr. Gómez. Sí. Muchas gracias por mandármelos. Mis padres también están interesados en verlos. Estaban contentos de oír que yo vendría a verlo esta mañana. Pero yo todavía no he tomado una decisión respecto a cual universidad planeo ingresar. Mis padres me recomendaron que solicite ingreso en por lo menos diez universidades diferentes.

Sr. Gómez:	Pues, para eso estoy, para ayudarte a aclarar la situación. Con el éxito que has gozado hasta este punto, me parece posible que tengas una gran selección. Todo depende de lo que quieras.
Raúl:	No estoy seguro. Algunos amigos me han recomendado que los acompañe a las escuelas que ya han elegido, pero éstas están muy lejos y son muy enormes, y eso me inquieta un poco.
Sr. Gómez:	Vale. Entonce, lo más útil sería pensar en tus intereses. De lo que veo en el trasunto, parece que el año pasado tuviste las notas más altas en química y las más bajas en historia. Por lo general, esto refleja un mayor interés en las ciencias y una falta del mismo en historia, o bien, que te gustaba más un profesor que otro. ¿Verdad?
Raúl:	Las lenguas siempre me han costado mucho, especialmente el inglés. En general, escribir es para mí algo muy difícil de hacer y no tengo ninguna habilidad en ese campo. Y creo que al profe yo no le gustaba tampoco.
Sr. Gómez:	Lo dudo. ¿Por qué crees eso?
Raúl:	Todo el año me regañó mucho, especialmente cuando tardaba en entregarle mis composiciones. Siempre hice mis tareas y leí todas las lecturas que nos dio y tomé buenos apuntes, pero siempre salí mal en los exámenes. Nunca alcancé más de setenta en ninguno de ellos.
Sr. Gómez:	¿Fuiste alguna vez a verlo para discutir el problema?
Raúl:	No, pero el año entrante seguramente lo haré.
Sr. Gómez:	Sería buena idea. Esto me sugiere que quizás sería mejor buscar una universidad que tenga clases más pequeñas, lo cual te permitiría hablar más a menudo con tus profesores.
Raúl:	Puede ser. Eso también le gustaría a mis padres, porque ellos se preocupan mucho al saber que siempre suelo tardar en enfocarme en las materias. Bueno, ahora me doy cuenta que hemos hablado de todo menos de estudiar…
Sr. Gómez:	Todavía te queda un año aquí para esforzarte en los estudios y remediar las notas. Mira esos folletos sobre universidades y hablaremos de nuevo el lunes.
Raúl:	Se lo agradezco mucho. Y lo veo el lunes.

Preguntas:

Número 1.　¿Con qué motivo visitó Raúl al Señor Gómez?

Número 2.　¿Qué querían los amigos de Raúl?

Número 3.　¿En qué campo sobresale Raúl?

Número 4.　¿Qué problemas académicos sufrió Raúl durante el año?

Número 5.　¿Qué propone el Señor Gómez para remediar la situación?

Número 6.　Al fin de la conversación, ¿qué tipo de universidad seleccionará Raúl?

Número 7.　A fin de cuentas, ¿qué tipo de alumno es Raúl?

CD4
TRACK 5

DIALOGUE 2

Dos muchachas discuten un problema de una amiga mutua.

Rosa: Ana, Luisa acaba de mandarme un mensaje, pidiéndome llamarte. Dice que va a reunirse con Elena dentro de una hora porque tiene un problema y quiere que todas nosotras le ayudemos.

Ana: ¡De veras! Esta mañana me enteré que tenía un problema. Me dejó un mensaje en el celular. Y después me llamó Celia.

Rosa: ¿Te dio más datos?

Ana: Sólo me dijo que Elena mencionó que tenía que ver con su empleo en la librería.

Rosa: Sí. Me dijo que sucedió algo anoche que la molestó mucho. A mí siempre me ha preocupado que ella deba quedarse para cerrar la librería. Mira que a esas horas ella está con todo el dinero recaudado del día y con muy poca gente en la tienda. Nunca se sabe qué persona peligrosa anda suelta a esas horas.

Ana: Ella me contó de una noche en que hacía un frío terrible y entró un hombre ebrio para calentarse. Elena no sabía qué hacer para echarlo de la tienda. Aunque le tenía lástima por su lastimoso estado, no podía soportar su olor ni los gritos que largaba a todos los clientes. Gracias a Dios, pudo llamar a la policía.

Rosa: Ahora lo recuerdo. Pero, ¿cuál será su problema esta vez? Quizás tenga que ver con el otro dependiente de la tienda. Se tienen antipatía mutua. Él se llama Rodrigo. Según Elena, es un escándalo que él se lo pase sin hacer nada y que hable por celular todo el tiempo mientras ella debe arreglar la mercancía y mantener todo en orden.

Ana: He oído que es un perezoso. No es justo que ella haga todo el trabajo y él gane tanto como ella.

Rosa: Pero es pariente del propietario. No hay remedio, has que aguantar a los que tienen vínculos familiares.

Ana: Verdad. Pues, sabremos cuando nos reunamos más tarde. ¿Quieres que pase por tu casa para llevarte?

Rosa: Sí, gracias. Por el camino te contaré algunos disparates que cuenta Rodrigo.

Preguntas:

Número 8. ¿Por qué llamó Rosa a Ana?

Número 9. ¿Qué problema tiene Elena?

Número 10. ¿Dónde trabaja Elena?

Número 11. ¿Por qué se preocupa Rosa por el trabajo de Elena?

Número 12. ¿Por qué Elena llamó a la policía una noche?

Número 13. ¿En qué característica personal de Rodrigo se fija Elena?

SHORT NARRATIVE 1

Recuerdo de unos días feriados de unos chicos.

CD4
TRACK 6

El Día de Reyes por la mañana la abuela nos entregó los regalos. Libros, un par de estilográficas, jerseys y cosas así. Se acabó para siempre la alegría de los juguetes— empezaban a ser un problema, según decían ellas, los regalos. (Mauricia ponía mi zapato en el hueco de la chimenea. Como no me bastaba, tejió una media enorme, de lanas sueltas, que resultaba, *"de tanto colores como la túnica de José."* Y todos los regalos que enviaba mi padre se convertían allí en el regalo de los Reyes Magos de Oriente. Días antes, si veía nubes alargadas, preguntaba: "Mauri, dime, ¿es aquel el camino de Oriente?" Un año me trajeron un payaso tan grande como yo, y lo abracé. Pero, ¿para qué recordarlo?)

Cogimos los regalos de la abuela, y la besamos. Tía Emilia me dio un frasco de perfume francés que tenía sin abrir. "Ya eres una mujer," dijo. Y también me besó. (Todos se besaban mucho por aquellos días.)

Cargados con nuestros libros, Borja y yo fuimos a la sala de estudio. Nos instalamos en las butacas, uno frente al otro, junto al balcón. El sol se sentía cálido, a través del cristal. Una mosca tardía zumbaba torpemente de un lado a otro.

Borja se derrumbó en la butaca. Era muy grande y tapizada de cuero, con algún rasguño que otro, oscurecida en muchos puntos. Pasó una pierna sobre uno de los brazos, balanceádola.

Mis libros no valían gran cosa. Los había elegido tía Emilia.

Preguntas:

Número 14.   ¿Cuándo ocurre la descripción?

Número 15.   ¿Quiénes eran los Reyes Magos?

Número 16.   ¿Qué cosas dieron los parientes a los niños?

Número 17.   ¿Por qué decían la abuela y tía Emilia que los regalos empezaban a ser un problema?

Número 18.   ¿Qué recordaba la narradora en la selección?

Número 19.   ¿Cómo eran los muebles en la sala de estudio?

SHORT NARRATIVE 2

Una promoción de Chiloé, Chile

CD4
TRACK 7

La esencia de Chiloé se queda en la "orilla." Una orilla que muchas veces permanece oculta y que reserva sus secretos a quiénes intentan ver un poco más allá. Más allá de la mágica isla, más allá de los mitos y leyendas, Chiloé emerge con contenido. Despuntan sus iglesias Patrimonio de la Humanidad. Deslumbran sus bellezas naturales y atractivos turísticos que asoman por dondequiera. Sorprenden sus isleños que todavía transitan sus paisajes arraigados a una "cultura viva," pero en constane transición. Desde este rincón austral, desde este "mundo perdido," te invitamos a conocer el verdadero Chiloé. No aquel que aparece en las postales. No aquel que se pega en las retinas por tanto mensaje cliché repetido durante vacaciones. Como hijos de esta tierra, te ofrecemos nuestra experiencia para descubrir aquello que realmente nos hace únicos e irrepetibles. Esta es una invitación a recorrer con nuevos ojos la diversidad cultural de los chilotes. Su calidez. Su adaptación a las transformaciones y cambios que ya comienzan a sentirse. Este es un viaje al influjo de las grandezas y las pobrezas que el chilote de antes y el de ahora refleja en sus construcciones culturales, y en su relación con el ambiente natural. Belleza escénica. Diversidad de entornos y colores. Riqueza patrimonial. Este es un recorrido a través de lo profundo de la vida isleña. Un cruce de mundos que todavía sigue vivo en medio de traucos, pincoyas y caleuches.

Preguntas:

Número 20.   ¿Qué es Chiloé?

Número 21.   ¿A qué se refiere *aquello que realmente nos hace únicos e irrepetibles?*

Número 22.   ¿Cómo se describe a los habitantes del lugar?

Número 23.   ¿En qué consiste un recorrido por Chiloé?

Número 24.   ¿En qué consiste el cruce de mundos?

Número 25.   ¿Qué tipo de negocio se hallaría en Chiloé?

**CD4
TRACK 8**

LONGER NARRATIVE 1

El *Popol Vuh*

El Popol Vuh presenta una versión mitológica de la creación del mundo, seguida por un relato de las aventuras de los dioses gemelos, Hunahpú y Xbalanqué, en tiempos primordiales, anteriores a la creación del ser humano. Los triunfos de los héroes en contra de las fuerzas primordiales y los dioses de la muerte dan lugar a la creación del hombre a partir del maíz. La segunda parte del texto se concentra en los orígenes de los linajes gobernantes del reino quiché, su migración hacia el altiplano de Guatemala, su conquista del territorio, el establecimiento de su ciudad principal y la historia de sus reyes hasta la conquista española.

El texto original del siglo XVI se ha perdido. Se sabe que estaba escrito en idioma quiché, pero utilizando el alfabeto español. Al principio y al final del libro, los autores mencionaron que lo escribían porque ya no era posible ver un libro llamado *Popol Vuh*, que existía antiguamente. Se ha especulado mucho sobre la naturaleza de este libro, que debió existir antes de la conquista española. Es probable que haya sido un manuscrito pictórico similar a los códices postclásicos que se conocen en el centro de México.

El texto más antiguo que se conserva del *Popol Vuh* es una transcripción del texto quiché hecha a principios del siglo XVIII por el fraile dominico Francisco Ximénez, que también hizo la primera traducción conocida al español. Ximénez presentó en doble columna el texto quiché junto a la versión española, y lo tituló "Empiezan las Historias del Origen de los Indios de esta Provincia de Guatemala." Este manuscrito se encuentra en la colección Ayer de la Biblioteca Newberry de la ciudad de Chicago. Fue extraído de la biblioteca de la Universidad Nacional de Guatemala por el abate francés Charles Etienne Brasseur de Bourbourg, quien lo publicó por primera vez en forma completa en 1861. Desde entonces, se han realizado numerosas ediciones y traducciones.

La palabra popol vuh significa literalmente "libro de la estera." Entre los pueblos mesoamericanos, las esteras o petates eran símbolos de la autoridad y el poder de los reyes. Eran utilizadas como asientos para los gobernantes, cortesanos de alto rango y cabezas de linajes. Por esta razón, el título del libro se ha traducido como "Libro del Consejo."

Número 26.   ¿Qué narraba el *Popol* Vuh?

Número 27.   ¿De qué materia se crearon los hombres?

Número 28.   ¿Cómo era el primer texto impreso después de la conquista española?

Número 29.   ¿Dónde se conserva una copia del primer libro impreso en español y quiché?

Número 30.   ¿Qué significa que el *Popol Vuh* sea el "Libro del Consejo"?

LONGER NARRATIVE 2
La Tomatina: fiesta del tomate en España

CD4
TRACK 9

El pueblo español de Buñol, tiene una larga historia que se remonta a más de 50 mil años. Sin embargo, en la actualidad es conocido por una fiesta que se festeja desde hace sólo 60: la Tomatina. Es uno de los días más célebres del calendario valenciano, en el que se lleva a cabo la lucha vegetal más grande del mundo con 30 mil personas y 200 toneladas de tomate. Si pensabas que tal cosa era imposible, entérate en esta nota.

Buñol es una ciudad en el centro de Valencia y ha sido testigo fiel de la historia española. Ocupada por romanos, árabes, moros y franceses, las influencias extranjeras son apreciables en muchos de los edificios, pero también en pequeñas cosas de la vida diaria. Como toda fiesta de pueblo, cada habitante contará su propia versión de los hechos. Nosotros elegimos contarles una de las versiones de cómo empezó la Tomatina; la menos increíble, pero la que más se acerca a la verdad.

Corría el año 1945 y se estaba celebrando en el centro de la ciudad un desfile de "Gigantes y Cabezudos." Parece que en esa época todos se peleaban por participar y disfrazarse. Según cuentan, un joven que quería ser parte del desfile, golpeó a uno de los que estaban disfrazados, tirándolo al suelo. Este hombre, totalmente indignado, comenzó a golpear a todo el mundo, iniciando una verdadera batalla campal. De pronto, a alguien se le ocurrió utilizar las verduras de un puesto de hortalizas cercano como munición y todos lo imitaron, abriendo los cajones de tomate que estaban en exhibición.

Como siempre, el orden público se hizo presente y se multó a los revoltosos. Fue tan memorable el episodio que al año siguiente se congregaron en la plaza con una gran cantidad de cajones de tomates. Todo el pueblo participó de la ya conocida "Tomatina," a pesar de la desaprobación del gobierno que año tras año, prohibía la batalla vegetal.

Las actividades más comunes son, en primer lugar, las carreras de sacos, o carreras de embolsados. En ellas unas cuantas personas introducen la parte inferior de su cuerpo en sacos de tela e intentan llegar a la meta, saltando. Otro juego tradicional son las "cucañas," que se celebran en España en casi todas las fiestas populares. Para las cucañas es necesario el tronco de un árbol o un palo pulido. En la cima del palo se cuelga un trofeo, en este caso un jamón, y luego se enjabona toda la superficie de madera. El ganador es aquella persona que pueda subir el palo enjabonado y tomar el trofeo.

Número 31.   ¿Por qué se celebra La Tomatina?

Número 32.   ¿Cómo se originó la celebración?

Número 33.   ¿Qué reacción provocó el acontecimiento original?

Número 34.   Hoy en día, ¿cómo se ha mejorado la fiesta?

CD4
TRACK 10

Section II–Part A
Formal Writing (Integrated skills)

Fuente número 3
Reportaje audio
Listen to the following audio selection

(Vida moderna en Hispanoamérica)

—¿Por qué no estudiaste en la universidad?

—Yo no ingresé a la universidad porque no pude aprobar el examen de admisión, los varios años que di el examen.

—A la persona que no va a la universidad, ¿qué caminos le quedan?

—Bueno, el que no ingresa a la universidad tiene que ponerse a trabajar de todas maneras, para contribuir al sostenimiento de la casa. Uno se ve obligado a trabajar porque la familia no lo considera productivo y porque la familia necesita el dinero... y porque uno también necesita el dinero para obligaciones sociales, salir con alguna chica, salir con los muchachos, y eso no puede hacerse si no se tiene más que un terno. Pero un muchacho de clase media no puede, sin avergonzar a la familia, no puede conseguir un trabajo de obrero. Entonces tiene que buscar trabajo de un empleado de cualquier forma, digamos un banco...

—O de oficinista...

—Exacto. Quizás en la administración pública, trabajar en un ministerio, quizás.

—Pero un muchacho de las masas puede trabajar en una fábrica o un taller, o puede tratar de establecer un comercio pequeño, quizás una tienda, puede ser chofer de ómnibus. Y lo interesante es que algunas actitudes no han cambiado. No están basadas solamente en lo económico de la persona, sino en lo que la persona hace para obtener dicho dinero. Yo por mi cuenta, cuando estaba en la secundaria, me había puesto a aprender electrónica. Las personas que se dedican a la reparación de aparatos electrónicos en el Perú son considerados obreros. Mi familia se opuso vehementemente a que yo tuviera nada que ver con la electrónica, arreglando televisores, lo cual es una profesión obrera, y lo cual a mi familia nunca le pareció bien, aunque fuera al doble de sueldo de un empleado de algún ministerio. El hecho de que un empleado de ministerio es un empleado y el señor que repara televisores es un obrero es mucho más importante que su sueldo, socialmente. A mi familia todavía no le gusta mucho que yo esté trabajando de supervisor de electricistas. Aún siempre me preguntan, "¿Y? ¿Todavía estás trabajando en lo mismo?"

Section II–Part B
Informal Speaking

CD4
TRACK 11

Se anuncia un puesto vacante este verano para un guardavidas en la piscina munici-pal en el Parque Central de la ciudad. El ayuntamiento prefiere contratar a una persona que sea responsable, y que tenga prueba de habilidad para el trabajo. Se necesita llevarse bien con la gente y mostrar el mando con menores de edad.

La conversación

La empleada: (20-second pause)	Buenos días, señor.¿En qué puedo servirle?
La empleada:	Qué bueno que esté para el empleo de guardavidas. Es buen trabajo para un joven porque puede pasar el tiempo al aire libre, gozando del sol. ¿Lleva Ud. experi-encia con ese tipo de trabajo? ¿O puede demostrarnos que está calificado para el puesto?
(20-second pause) La empleada:	Siempre vale tener tanta experiencia. Pero sabe Ud. que siempre hay muchos niños que acuden a la frescura del agua a medida que se calienta el tiempo. Muchas veces no están acostumbrados a hacer caso a nadie. Puede ser difícil mantener el ojo en todos a la vez. ¿Tiene expe-riencia con el cuidado de los niños en alguna capacidad?
(20-second pause) La empleada:	Qué bueno. Al satisfacer estos requisitos del empleo, creo que sólo necesita Ud. rellenarme este formulario. Las horas serán de las nueve de la mañana a las seis de la tarde, todos los días durante junio, julio y agosto.. Puede empezar el lunes.
(20-second pause) La empleada:	Creo que podremos acomodarlo y darle unos dos días para acompañar a sus padres. Muchas gracias por venir. Que lo pase bien y si hay algún problema, no deje de llamarme.
(20-second pause) La empleada:	Dicho y hecho. Bienvenido y espero que se divierta un poco también.

FORMAL ORAL PRESENTATION

Fuente número 2

La necesidad del descanso es vital, pero tampoco se trata de pasar todas las vacaciones acostado durmiendo, sino que el ideal implica la suspensión temporal de una actividad para ser reemplazada por otra. Es decir, sustituir las tareas que hacemos en forma cotidiana por iniciativas que nos produzcan placer, agrado, relajo y satisfacción.

Agostini enfatiza en que, "lo más importante es que las actividades que se escojan sean motivadas para la persona que está de vacaciones." En palabras simples, la idea es hacer todo aquello que uno a lo largo del año quiere realizar pero que por falta de tiempo no hace. Leer un buen libro, pasear, dormir sin poner el despertador, hacer deporte, cocina, ordenar, juntarse con los amigos, vitrinear, caminar, ir al cine, ver televisión, jugar cartas, etc.

Las opciones de vacaciones pueden ser muy diversas y dependen de las posibilidades que se tengan. Sin embargo, se deben cuidar los siguientes factores: dormir lo suficiente (es la mejor manera de reponerse), alimentarse de manera equilibrada (ojalá cuatro veces al día), tratar de cambiar de entorno, hacer alguna actividad física y permitirse el ocio sin cargo de conciencia por no estar haciendo algo "productivo."

"Las alternativas para reposar y pasarlo bien son muy personales, por ello lo más importante es respetar los propios intereses y gustos que nos dejan una sensación de relajo y placer," destaca el profesional.

Spanish-English Dictionary

A

abajo under, underneath, below, down

  para abajo downward

abandonar to leave, to forsake, to give up, to abandon

abarcar to include, to embrace, to take in

abastecer to supply, to purvey

abatir to throw down, to overthrow

abdicar to abdicate, to leave

la **abeja** bee

ablandarse (el corazón) to soften, to mellow, to relent

abogado lawyer

abolir to abolish

abonar to subscribe to, to pay

abrazar to hug, to embrace

el **abrazo** hug, embrace

abreviar to abbreviate

abrigado sheltered, protected, clothed warmly

el **abrigo** coat, overcoat

  el abrigo de piel fur coat

abrir to open

abrochar to button up, to button down, to buckle up

abrumar to crush, to overwhelm, to oppress

absorber to absorb, to soak up

abuelo, -a grandfather, grandmother

aburrirse to get bored, to become bored

acá y allá here and there

acabar(se) to finish

  acabar con to end with

  acabar de to have just + inf.

acalorado, -a hot, heated

acaramelado, -a caramel covered

acaso perhaps, maybe, by chance

  por si acaso just in case

acatar to respect, to heed

acceder to agree, to consent

el **accidente** accident

la **acción** action

accionar to work, to act

las **acciones** stocks

el **aceite** oil

la **aceituna** olive

acentuar(se) to accentuate

aceptar to accept

la **acequia** irrigation ditch

la **acera** sidewalk, pavement

acercarse to approach, to go near

el **acero** steel

acertar (ie) to ascertain, to be right, to guess

aclarar to clarify

acoger to welcome, to make welcome

acomodado comfortable

acomodar to accommodate

acompañar to accompany

aconsejar to advise

acontecer to happen, to occur, to take place

el **acontecimiento** event, happening

acordarse de to remember

acorralar to enclose, to corner

acostarse to go to bed

acostumbrar to be accustomed to

la **actitud** attitude

la **actividad** activity

la **actuación** action, conduct

actual present, modern

la **actualidad** present time

  en la actualidad at the present moment

actuar to act, to behave

acudir to come

  acudir a to come to, to aid, to heed

el **acuerdo** agreement, understanding

  de acuerdo con, a in accordance with

  de mutuo acuerdo in mutual agreement

  estar de acuerdo con to be in agreement with

  ponerse de acuerdo to bring to an agreement

el **acumulador** battery (car)

acusar to accuse

el **adagio** adage

adaptar to adapt

adelantar to move forward, to progress

¡adelante! Go on! Come in!

  en adelante from now on, henceforth, in the future

adelgazar(se) to get thin, to slim down

además moreover, in addition

  además de besides

adentro inside

adiestrar to train, to instruct, to guide

el **adiós** goodbye

la **adivinanza** riddle, prediction

adivinar to guess, to divine

el **adivino** magician, fortune-teller, sage

admirar to admire

adoctrinar to indoctrinate

adornarse to adorn oneself

el **adorno** ornament, adornment

adosar to lean, to attach

adquirir to acquire

el **advenedizo** upstart

el **advenimiento** coming, arrival, advent

advertencia warning, piece of advice

advertir to advise, to warn

el **afán** hard work, industry, zeal

afectar to affect

el **afecto** affection, fondness

afianzar to guarantee, to strengthen, to reinforce

el **aficionado** amateur

afirmar to affirm

afrontarse to confront, to face up to

las **afueras** outskirts, outside, out-of-doors, suburbs

agacharse to lean over, to bend down, to duck

agarrar to grasp, to seize

agasajar to treat kindly, to regale

el **agente publicitario** publicity agent

agitar to shake, to wave, to excite, to rouse

agitarse to get excited

agobiar to burden

agonizar to agonize

agotarse to become exhausted

agraciado pretty, attractive, graceful

agradable agreeable

agradar to please

agradecer to thank

agregar to add

agrícola farming, agricultural

agruparse to form a group, to crowd together

el **agua** water

hacerse agua la boca to make one's mouth water

el **aguacate** avocado

aguantar to put up with, to stand, to tolerate, to bear

aguardar to wait for, to await

agudo sharp

el **águila** eagle

la **aguja** needle

el **agujero** hole

aguzar to sharpen

ahí there

de ahí from there

el **ahijado** godchild, adopted child

ahogar to drown

ahorcar to hang

ahorrar(se) to save

airoso ventilated, windy, graceful, elegant

aislar to isolate

el **ajedrez** chess

ajeno other people's

el **ajo** garlic

el **ajonjolí** sesame

ajustar to adjust

el **ala** wing

alabar to praise

la **alabanza** praise

el **alambrado** wire netting, wire fencing

el **álamo** poplar tree

alargar to lengthen, to prolong

el **alarido** howl, yell, shriek

el **alba** dawn

albergar to lodge, to stay

el **alboroto** uproar, disturbance

la **alcachofa** artichoke

el **alcalde** mayor

el **alcance** reach

al alcance de within reach of

tener al alcance to have within reach

la **alcancía** money box, piggy bank

alcanzar to reach, to achieve

alcanzar la felicidad to find happiness

la **alcoba** bedroom

la **aldea** village, town

alegrar to allege, to claim

alegrarse to be happy

la **alegría** happiness

alejado, -a faraway

el **alejamiento** estrangement, removal, absence

alejar(se) de to back away from, distance oneself from

el **alemán** German

alentar to encourage, to inspire

el **alero** eaves (house), fender (of a car)

la **alfarería** pottery, ceramic

el **alfil** bishop (chess)

la **algazara** uproar

algunas cuantas some, few

la **alhaja** jewel, gem, piece of jewelry

la **alhambrada** wire fencing, wire netting

el **aliento** breath

alimentar(se) to nourish

el **alimento** food

aliviar to relieve, to ease, to alleviate

el **alma** soul

el **almacén** department store, shop, warehouse

la **almendra** almond

el **almíbar** syrup (not medicine)

la **almohada** pillow

el **almuerzo** lunch

alojar to house, to lodge, to stay a night

el **alpinismo** mountain climbing

alquilar to rent

el **alquiler** rent

alrededor de around, about, encircling

los **alrededores** the outskirts, the out-of-doors

el **altavoz** speaker

alto high, tall, stop

la **altura** height

aludir to allude

el **alumbrado** light

alumbrar to light, to enlighten

alusivo allusive, referring to

el **alza** rise

el **alzamiento** lifting, raising

alzar to raise, to lift

allá there

  el más allá the beyond

  más allá farther on, beyond

el **ama de casa** housewife

amable pleasant, agreeable

el **amaestrador** tamer

amanecer to get daylight

la **amapola** poppy (flower)

amar to love

amargo bitter

el **amargor**, la **amargura** bitterness

amarillo yellow

amarrar to tie up, to make fast, to moor

la **amatista** amethyst

ambicionar to aspire, to strive for, to seek

ambiental environmental

el **ambiente** environment

  el **medio ambiente** natural environment

ambos both

la **amenaza** threat

amenazar to threaten

la **ametralladora** machine gun

amigable friendly

la **amistad** friendship

amontonarse to add up, to amass

amortizar to amortize, to pay off

amparar to help, to aid

ampliar to enlarge

amplio wide, large

la **ampolleta** hourglass, electric bulb

el **analfabetismo** illiteracy

analizar to analyze

ancho wide

el **anciano** old man

anclar to moor, to anchor

andar to walk

  andar angustiado to worry, to stew about

el **anfiteatro** amphitheater

el **ángulo** angle

la **angustia** anxiety

anhelante yearning, longing

anhelar to long for, to pine for, to yearn for

el **anillo** ring

animar to animate, to encourage

  animarse a to take heart, to regain courage

el **ánimo** spirit, will, heart

el **anochecer** to become night

el **ansia** anxiety, worry

ansioso anxious

anteayer day before yesterday

el **antepasado** ancestor

anterior before, anterior

anticuado antiquated

antiguo old, ancient

antojar(se) to fancy, to feel like

anular to repeal, to revoke, to invalidate

anunciar to announce

el **anuncio** ad, news, announcement

añadir to add to, to increase

el **añil** indigo

el **año** year

  año tras año year after year

antaño long ago

apaciguar to pacify

apagado put out, extinguished

apagar to put out, to turn off

el **aparato** machine

aparecer to appear, to turn up

apartar(se) to depart from, to forsake, to go away a distance

aparte de aside from

apático apathetic, listless

el **apellido** father's name, family name

apenas scarcely

la **apertura** opening, hole

apetecer to appeal to, to look tasty

aplastar to smash

aplaudir to applaud

aplicar(se) to apply oneself

apodar to nickname

apoderarse de to seize, to take power

apolillado moth-eaten

apoltronado idle, lazy

aporrear to hit, to give a beating

la **aportación** contribution

aportar to contribute, to provide

apoyar to support

el **apoyo** support

apreciar(se) to appreciate

aprender to learn

el **aprendiz** apprentice

el **aprendizaje** apprenticeship

aprestarse a to get ready, to make up

apresurar to hurry

apretar to squeeze, to clasp, to bring together

el **apretón** squeeze, difficulty

aprisionar to imprison

aprobar to approve, to pass (a course, a bill)

el **aprovechamiento** benefit, gain, betterment

aprovechar(se) to take advantage of

aproximarse to get close, to go up to, to near

apuntar to aim, to sharpen, to point

apurar(se) to be in a hurry, to hurry

el **apuro** hurry, difficulty

el **árbol** tree

arcano arcane, secret

el **archivo** archive, library

arder to burn

  ardiente burning

el **arecife** reef

la **arena** sand

el **argumento** plot

el **armario** cupboard, wardrobe

la **armonía** harmony

el **arquitecto** architect

la **arquitectura** architecture

la **artesanía** craft, craftwork

el **artículo de fondo** lead article, editorial

arrancar to tear off, to pluck out, to start up

arrastrar to drag, to trail, to pull, to haul

arrebatar to snatch away

arreglar to arrange, to fix

el **arrendamiento** lease

arrepentir(se) to repent, to be sorry

arriba above

arriesgar to risk

arrimar to bring close, to dock

arrodillar(se) to kneel, to kneel down

arrojar to throw, to toss

el **arrozal** rice field

el **ascenso** ascent, raise

asegurar to assure, to insure, to ensure

asemejar to resemble, to seem like

asequible available, obtainable

asesinar to assassinate, to murder, to kill

asiduo industrious, hard working

el **asiento** seat

  asiento delantero back seat (in a car)

  asiento trasero front seat (in a car)

  asiento de ventanilla window seat (on an airplane)

la **asignatura** course

asimilarse to assimilate, to become one of a group

la **asistencia** attendance

asistir to attend (school)

asomar(se) to show up, to appear at

asombroso surprising

asqueroso awful, vile, nasty

asustar to surprise, to scare

atacar to attack

atar to tie, to tie up

atemorizar to terrify

atender to attend to (patients, business)

atenerse to abide, to stick to, to hold

el **aterrizaje** landing (of an airplane)

el **aterrizaje forzoso** emergency landing

aterrizar to land

el **atleta** athelete

la **atmósfera** atmosphere, environment

atónito astonished, amazed

atormentar to torment

el **atraco** mugging, attack

atraer to attract

atrancar to bar, to block, to clog up

atrapar to catch

atrás behind

atrasar to get behind, to retard

atravesar to cross

atrever(se) to dare, to venture

  atrevimiento daring, boldness

atribuir to attribute to, to ascribe

atropellar to run over

el **auge** peak

aumentar to augment, to increase

aun even

  aun cuando even when

aún still, yet

aunque even though

auscultar to auscultate

la **ausencia** absence

el **auxilio** help

  pedir auxilio to ask for help

avanzar to advance

avergonzar to be ashamed, to shame

averiguar to verify, to check

el **avión** airplane

avisar to advise, to warn, to inform

el **aviso** notice, warning

la **ayuda** help

ayudar to help

el **ayuntamiento** city hall

la **azafata** stewardess

el **azar** chance, accident

azotar to whip, to beat

la **azotea** flat roof, terrace roof

azteca Aztec

el **azúcar** sugar

B

el **bachillerato** diploma

bailar to dance

el **baile** dance

bajar to take down, to come down

  bajar de to take, come down from

bajo short, low

el **baloncesto** basketball

balbucear to stutter, to stammer, to babble

bancario bank *(adj.)*

  giro bancario bank draft

el **banco** bank, park bench

la **bandera** flag

el **banquero** banker

bañar(se) to bathe

la **bañera** bathtub

el **baño** bathroom

barato cheap, inexpensive

la **barbilla** chin

el **barco** ship

  por barco by ship

la **barra** bar, rod, lever, ingot

barrer to sweep

el **barril** barrel

el **barrio** neighborhood, suburb

la **base** base, basis, foundation

basta con suffice with, enough with

bastar to be enough, to suffice

la **basura** trash, garbage

el **batidor** mixer

batir to beat

el **baúl** trunk, chest

bautizar to baptize

el **bautizo** baptism

la **baza** trick (in cards)

la **bebida** drink

la **beca** scholarship

el **bejuco** liana, rattan, reed, vine

Belén Bethlehem

bélico warlike

la **belleza** beauty

el **beneficio** benefit

besar to kiss

la **biblioteca** library

el **bibliotecario** librarian

la **bicicleta** bicycle

los **bienes** goods

  los **bienes muebles** personal property

el **bienestar** well-being

la **bienvenida** welcome

  dar la bienvenida to welcome

  ¡Bienvenido! Welcome!

la **blusa** blouse

la **boca** mouth

  boca abajo face down

  boca arriba face up

el **bocadillo** snack, bite

la **bocina** horn (mechanical)

la **boda** wedding

la **bola** ball

el **boletín de noticias** news bulletin, announcement

el **boleto** ticket

  boleto de ida y vuelta round trip ticket

el **boliche** bowling, small grocery shop

la **bolsa** bag, purse, pocket

el **bolsillo** pocket

la **bomba** bomb

el **bombero** fireman

el **bombín** bowler (hat), derby (hat), bicycle pump

los **bombones** bon bons

bordar to embroider

el **borde** side (of the road), edge

el **borracho** drunk, intoxicated person

el **borrador** eraser

borrar to erase

la **borrasca** storm, squall, flurry

bostezar to yawn

las **botas** boots

el **bote** boat

la **botella** bottle

el **botín** loot, booty

el **botiquín** medicine chest

el **botones** buttons, bellhop

el **brazo** arm

el **bribón** rascal, rogue

brincar to jump

brindar to toast (one's health)

el **brindis** toast

la **brisa** breeze

el **broche** brooch, pin

la **broma** joke

broncear(se) to tan, to get a suntan

brotar to sprout, to bud, to spring up

la **bruma** mist, fog

bruñir to polish, to burnish

bucear to dive

la **buhardilla** attic

el **búho** owl

la **bulla** uproar, noise

el **bulto postal** package

burlarse de to laugh at, to make fun of

el **burócrata** civil servant

buscar to search for, to look for

la **búsqueda** search

C

caber to fit

  no cabe duda there is no doubt

la **cabeza** head

la **cabina de teléfono** telephone booth

el **cabo** cape (land), corporal

  al fin y al cabo at last, finally

el **cacto** cactus

cada each

la **cadena** chain

caer(se) to fall (down)

la **cafetera** coffeepot

la **caja** box

el **cajero** teller (in a bank)

la **cal** lime (mineral)

calabaza gourd

calado soaked

el **calamar** squid

la **calavera** skull

los **calcetines** socks

calmar(se) to calm down, to be quiet

calvo bald

calzar to put on shoes

los **calzoncillos** underpants

la **calle** street

callejero in, of the street

la **cama** bed

la **cámara** chamber

la **Cámara de Diputados** chamber of deputies

el **camarero** waiter

cambiar to change

el **cambio** change

  casa de cambio de moneda foreign money exchange

la **camilla** stretcher, small bed

caminar to walk

la **camisa** shirt

la **campana** bell

el **campesino** farmer

el **campo** countryside, field

el **canal** channel, tunnel

la **canasta** basket

la **cancha** court (for sports), playing field

la **canción** song

la **cantidad** quantity

canoso white-haired, gray-haired

cansarse to get tired

el **cansancio** weariness, fatigue

el, la **cantante** singer

la **caña** cane, reed, rattan

la **caoba** mahogany

capacitado talented, able, capable

el **capital** capital, capital sum

la **capital** capital city

el **capitalista** capitalist

el **capó** hood (of a car)

el **capricho** whim

la **cara** face

  la **cara de pocos amigos** long-faced (irritated)

el **caracol** snail, sea shell

la **cárcel** jail, cell

carecer to be lacking, to need

el **cargador** loader

el **cariño** affection, love

cariñoso affectionate, loving

el **carnaval** carnival

la **carne** meat
  carne de res beef
  carne de ternera veal
  carne de cerdo pork
el **carnet** card
  carnet de identidad identification card
la **carnicería** butcher shop
el **carnicero** butcher
caro expensive
la **carrera** career, race
la **carretera** highway, interstate, road
la **carroza** float (in a parade)
la **carta** letter (mail)
el **cartel** poster
la **cartera** wallet
el **cartero** mailman
la **casa** house
  casa de coreos post office
casado married
casar(se) to marry, to get married
la **cascada** cascade, waterfall
la **cáscara** shell (of eggs, nuts), husk, peel (of fruit)
el **casco** helmet
casero pertaining to a household
casi almost
castigar to punish
la **casualidad** chance, occasion
  por casualidad by chance
la **catarata** cataract, waterfall
el **catarro** cold (illness)
el **catedrático** tenured professor, endowed chair
el **caucho** rubber
caudal wealth, volume, flow
la **causa** cause
  a causa de because of
cautelosamente cautiously, warily
cavilar to wonder
la **cebolla** onion
ceder to transfer to, to give up
las **cejas** eyebrows
celoso jealous
el **cementerio** cemetery
cenar to dine
la **censura** censorship

el **centro** downtown, center
  centro comercial commercial center
ceñir to encircle, to surround
cepillar(se) to brush
el **cepillo** brush
  cepillo de dientes toothbrush
cerca near
la **cercanía** neighborhood
el **cerdo** pig
el **cerebro** brain
cesar to stop, to cease
la **ciencia** science
  ciencia ficción science fiction
el **científico** scientist
cierto sure, certain
la **cifra** figure (numerical)
la **cigarra** cicada, cricket
el **cilindro** cylinder
el **cine** movie theater, movies
la **cinta** tape, ribbon
la **cinturón** waist, belt
la **cifra** figure, number
el **círculo** circle
circular to circulate, to go around, to run
la **cita** appointment, date
la **ciudad** city
el **ciudadano** citizen
las **claras** egg whites
claro clear
  ¡Claro que sí! Certainly! Clearly! Surely!
clavar to nail
la **clave** key
el **clavo** nail
el **cliente** client
el **club** club, association
la **cobardía** cowardice
cobrar to charge, to cost
la **cocina** kitchen
cocinar to cook
el **coche** car
  coche-cama sleeping car (on a train)
  coche-comedor dining car (on a train)
codiciar to covet
el **codo** elbow

el **cojín** cushion
la **col** cabbage
la **cola** tail
  hacer cola to wait in line
la **colcha** bedspread
el **colchón** mattress
el **colega** colleague
colgar to hang up
el **colibrí** hummingbird
colocar to place
colorado colored, reddish
la **comadre** kinswoman, friend (female)
la **comarca** region, area
el **comedor** dining room, cafe
el **comentarista** commentator
comenzar to start, to begin
comercial commercial
la **cometa** bite
cometer to commit
cómico comical, funny
la **comida** food, meal
como like, as
  ¿cómo? what? how?
  ¡cómo! how!
la **cómoda** wardrobe, dresser
cómodo comfortable
el **compañero** companion, friend
  compañero de cuarto roommate
la **compañía** company
compartir to share
el **compatriota** countryman
la **competencia** competition, race, contest
comportar(se) to behave
el **comprador** buyer
comprar to buy, to purchase
  ir de compras to go shopping
comprometerse to compromise, to promise
  comprometerse a to promise to
la **computadora** (Latin America) computer
comulgar to share, to partake of communion
la **comunidad** community
con with

con tal (de) que provided that

concebir to conceive, to think of

conceder to concede, to give in

concretar to express explicitly

el **concurso** race, competition

conducir to drive, to lead to

el **conductor** driver, leader

el **conejo** rabbit

    conejo de Pascua Easter rabbit

confiar to entrust, to trust

conformarse to agree to, to comply, to put up with

confortable comfortable

la **confusión** confusion

congelar to freeze

la **congestión** congestion, cold (illness)

la **conjetura** conjecture

conjugar to conjugate

conjurar to conjure, to evoke

conmemorar commemorate

conocer to know (people), to meet

conseguir to obtain, to get

el **consejo** advice

consentir to agree, to consent

conservador conservative

conservar to preserve

conspirar to conspire

la **constitución** constitution

construir to build, to construct

consultar to consult

el **consultorio** doctor's office, waiting room

el **consumo** consumption, use

contado cash

    al contado in cash

el **contador** bookkeeper, accountant

la **contaminación ambiental** environmental pollution

contaminar to contaminate

contagiar to transmit a disease

contar to count, to tell

contemplar to contemplate

contestar to answer, to respond

continuo continuous

    a continuación below, following, immediately after

el **contrabajo** double bass (instrument)

el **contrabando** smuggled goods, contraband

el/la **contrabandista** smuggler

contratar to hire

contravenir to infringe

contribuir to contribute

convenir to agree upon, to arrange

convertir to convert

    convertirse en to change into

la **convivencia** coexistence

la **convocatoria** examination session

la **copa** drink, small glass

copiar to copy

copioso abundant, plentiful, copious

el **corazón** heart

la **corbata** necktie

la **cordillera** mountain range

el **coro** choir

coronar to crown

el **corredor** runner

corregir to correct

el **correo** mail

    oficina de correos post office

    correo aéreo air mail

    correo ordinario regular mail, surface mail

    correo certificado registered mail

correr to run

correr las cortinas to close the curtains

correr las olas to surf

la **correspondencia** mail, correspondence

corresponder to correspond

corriente running

la **corriente** current

cortar to cut

cortés courteous

la **cortesía** courtesy

corto short

la **cosedora** seamstress

coser to sew

la **costa** coast

costar to cost

las **costillas** ribs

costoso costly, dear, expensive

la **costumbre** custom

cotidiano daily, everyday

crecer to grow, to grow up

el **crédito de vivienda (la hipoteca)** mortgage

la **creencia** belief

creer to believe

criar to raise

el **crimen** crime, criminal

el **cristal** glass, windowpane

el **crucero** crossing, cruise

crujir to creak

cruzar to cross

el **cruce de camino** intersection

cuadra city block

cuadro painting

    a cuadros plaid

cual(es) which

    ¿cuál(es)? which one(s)?

cualquier whichever

cuando when

    ¿cuándo? when?

¿cuánto? how many, how much

el **cuarto** room

el **cuello** neck

la **cuenta** bill

    a fin de cuentas all things considered

    cuenta corriente checking account

    cuenta de ahorros savings account

    darse cuenta de to realize

el **cuento** story

el **cuero** leather

el **cuerpo** body

cuesta arriba uphill

cuestionar to question

cuidar(se) de to take care of

cuidado care

culpable guilty

el **cumpleaños**   birthday

cumplir   to fulfill

  cumplir ... años   to be ... years old

la **cuota**   quota

el **cupón**   coupon, ticket

curso   course, subject; course, direction flow

CH

el **chaleco**   vest

la **chamarra**   jacket

chamuscar   to singe, to char, to burn

la **chaqueta**   jacket

la **charla**   chat, talk

charlar   to chat

chequear   to check on

chillar   to scream, to shriek

el **chisme**   gossip

la **chispa**   spark, glimmer of fire

chisporrotear   to sizzle, to crackle

el **chiste**   joke

chocar   to hit against, to crash

el **chofer**   driver

el **chorizo**   sausage

chupar   to suck

D

dactilar   dactyl, referring to a finger

los **dados**   dice

dañar(se)   to injure, to harm

los **daños**   harm, dangers

dar   to give

  dar fin a   to finish

  dar a luz   to give birth

  dar la bienvenida   to welcome

  dar una clase   to give a class

  dar una paliza   to give a beating

  dar una película   to show a movie

  dar una vuelta   to turn around

  darse cita con   to meet with

  darse cuenta de   to realize

  dárselo a   to give to

el **dátil**   date (fruit)

de   of, from, by

  ¿de dónde?   from where

deber   ought to, to owe

débil   weak, frail

el **decano**   dean

decidir   decide

  decidirse a   to decide to

decir   to say, to tell

  querer decir   to mean, to want to say

  es decir   that is to say

la **declaración**   statement

dedicar   to dedicate

  dedicarse a   to dedicate oneself to

el **dedo**   finger, toe

deducir   to deduct

defectuoso   defective

defender   to defend

dejar   to leave, to let, to stop

  dejar de   to stop

  dejárselo a   to permit, to let

delante de   in front of

deleitar   to delight, to please

el **deleite**   delight, pleasure

el **delfín**   dolphin

delirar   hallucinate

el **delito**   crime

la **demanda**   demand, request

demás   the rest

  lo, los demás   the rest, the others

demonios   devils

  ¿dónde demonios?   where in the devil?

demorar   to delay

  la **demora**   delay, layover

demostrar   to demonstrate, to show how

el/la **dentista**   dentist

el/la **dependiente**   clerk

deplorar   to deplore

el **deporte**   sport

el, la **deportista**   sportsman, sportswoman

deportivo   sport, sporty, sporting

deprimir   to depress

derecho   right

  a la derecha   to the right

  derechos de aduana   duty (customs tax)

derramar   to spill

derribar   to knock down, to overthrow

derrocar   to bring down, to pull down

la **derrota**   defeat

derrumbar   to tumble down

el **desacuerdo**   disagreement

desafiar   to defy

desahogar   to comfort

desamparado   helpless, sad

desanimar   to depress, to discourage

desarrollar   to develop

desasosegar   to unsettle, disturb

el **desasosiego**   uneasiness, anxiety, restlessness

desatinar   to exasperate, to bewilder

desayunar(se)   to have breakfast

el **desayuno**   breakfast

descalzo   barefooted

descansar   to rest, to relax

el **descanso**   rest, break

descender   to descend, to come down from

descifrar   to read, to decode

descolgar   to take down

descompuesto   broken

descongelar   to defrost

describir   to describe

el **descuento**   discount

descuidar   to neglect

desde   from, since

desdeñar   to disdain, to scorn

desdibujar   to blur, to get blurred

desdichado   unhappy, unfortunate

desdoblar   to unfold

desear   to wish, to want

  es de desear   to be hoped

desechable   disposable

desembolsar   to pay out

desempeñar to carry out, to fulfill, to play a role

el **desempleo** unemployment

el **deseo** wish

el **desfile** parade

desgraciadamente unfortunately

deshabitado uninhabited

deshilar to unravel, to fray

el **desierto** desert

desilusionar to disillusion, to deceive

desinflado flat

la **deslealtad** loyalty

deslizar to slip

desmayarse to faint

el **desmayo** fainting

desnudar to undress

la **desnutrición** malnutrition

desobedecer disobey

el **despacho** office, den

la **despedida** goodbye

despedir to fire

despedirse to say goodbye

despegar to take off

el **despegue** take-off (an airplane)

despejar to clear off

la **despenalización** legalization

despeñar to hurl, to throw

despertar to awaken

despertarse to wake up

desplegar to spread out, to fan out, to unfurl

desplomar to topple over, to collapse

desprender to turn off

desproveer to deprive

destacar to stand out

destapar to uncover, to uncork

desteñido discolored

el **destinatario** addressee

el **destornillador** screwdriver

destrozar to destroy

destruir to destroy

el **desván** attic

desvelarse to stay awake

la **desventaja** disadvantage

desvestir(se) to undress, to get rid of

el **detalle** detail

detenerse to stop

determinado certain, determined

detrás de behind

devolver to give back, to return

el **día** day

el **diablo** devil

el **diagnóstico** diagnosis

el **diario** newspaper

diariamente daily

dibujar to draw

el **dibujo** drawing

dibujos animados comic strip

la **dictadura** dictatorship

dictar to dictate, to give

dictar una conferencia to give a lecture

el **diente** tooth

difícil difficult

difundir to diffuse, to divulge

dilatar to expand

el **dilema** dilemma

diligencia diligence, speed, dispatch

diminuto small

el **diputado** deputy, representative

la **dirección** address

dirigir(se) to go toward, to direct toward

la **discoteca** discotheque

discriminado discriminated

la **disculpa** excuse, apology, plea

el **discurso** speech, discussion

el **diseño** design

el **disfraz** mask, disguise

disfrazar to mask, to cover up

disfrutar to enjoy

disimular to hide, to conceal

disminuir to diminish, to lessen

disparar to shoot, to fire a weapon

dispersar to disperse, to spread out

disponer to make available

la **disponibilidad** availability

disponible available, disposable

la **disposición** arrangement, provision, disposal

dispuesto a available for

la **disputa** dispute, argument

distinto different

distrito district

la **diversión** diversion, entertainment

divertido funny, enjoyable

divertirse to have fun, to enjoy

divisar to see, to glance, to make out

divorciado divorced

el **divorcio** divorce

divulgar to divulge, to reveal

doblar to fold over, to turn

doble double

habitación doble double room

la **docena** dozen

la **doctrina** doctrine

el **documental** documentary

doler to hurt, to ache

el **dolor** ache, pain

doloroso painful

el **domicilio** house

el **dominó** dominoes

la **doncella a caballo** horseback girl

donde where

¿dónde? where?

¿adónde? to where?

dorado golden

dormir to sleep

dormirse to go to sleep

el **dormitorio** bedroom

la **droga** drug

la **ducha** shower

ducharse to take a shower

el **dueño** owner

el **dulce** sweet

los **dulces** candy

durar to last

E

echar to throw, to toss
  echar al buzón to mail
la **edad** age
el **educador** educator, teacher
el **efectivo** cash
el **efecto** effect
efectuar to effect, to perform, to carry out
eficaz efficient, effective
egresar to leave, to exit, to graduate
el **eje** axis, axle
ejecutar to execute, to accomplish
el **ejecutivo** executive
el **ejemplo** example
el **ejercicio** exercise
el **ejército** army
elaborar to elaborate, to embellish, to work out
elegir to elect
elogiar to praise
embarazada pregnant
embarcar to set out, to set sail, to get on board
el **embotellamiento** bottleneck, traffic jam
la **emoción** emotion
empapar(se) to soak, to get wet
empeñarse en to commit, to begin, to get involved
empezar to begin, to start
el **empleado** employee
el **empleo** work, job
emprender to begin
la **empresa** company
empujar to push
el **enamorado** lover
enamorarse de to fall in love with
encadenar to chain, to shackle, to link up
encajar to join, to insert, to fit
encantado delighted
encantar to delight, to enchant
encarar to face

el **encarcelamiento** jail, imprisonment
el **encargado** one responsible for
encargar to take charge of, to be responsible for
encariñarse con to become fond of
encarnar to embody
encender to turn on, to light
encerrar to enclose
encima de over, on top of
encinta pregnant
encomendar to entrust
encontrar to find, to meet up with
el **encuentro** meeting
la **encuesta** survey
endosar to endorse
enfadado angry
enfadar(se) to get angry
enfermar(se) to get sick
la **enfermedad** illness, sickness
la **enfermera** nurse
el **enfermo** sick man, patient
enfocar to focus
el **enfoque** focus
enfrentarse to confront
enfriar to chill
engañar to deceive, to cheat
engordar(se) to get fat
engrasar to grease
engreído conceited
engrudar to paste (papers)
enlatar to can, to preserve
enlazar to tie together
enloquecer to go crazy
enojarse to get angry
enriquecer to get rich
ensayar to test, to try out
la **enseñanza** instruction, learning
enseñar to learn, to show
  enseñar a to teach to
el **ensimismamiento** pensiveness, absorption
ensordecedor deafening
ensuciar to get dirty
entablar to begin, to start
entender to understand
enterarse de to learn about

enterrar to bury
entibiar to warm
entonar to intone, to chant
entornar to leave ajar
entrañable dear, beloved
las **entrañas** entrails, insides
entrar (en) to enter
entre between, among
entregar to hand in
entrenarse to train, to practice
entretejer to weave
entretenido entertaining
el **entretenimiento** entertainment
la **entrevista** interview
entusiasmado enthusiastic
enumerar to list, to ennumerate
envasar to can, to preserve
enviar to send
envolver to wrap up
envuelto wrapped, enclosed
enyesado plastered
  estar enyesado in a plaster cast
la **época** age, epoch
equilibrio equilibrium, balance
el **equipaje** equipment, luggage
el **equipo** team
equivocado mistaken
equivocar(se) to mistake
erguir to raise, to lift up
erigir to erect, to build
erizar to bristle
errar to wander, to make mistakes
la **escala** scale, stopover
la **escalera** stairs
escampar to clear up (weather)
escandalizar to scandalize
escapar to escape
el **escaparate** store window
escaso scarce
la **escena** scene
el **escenario** setting
la **escenificación** planning, setting, staging
la **esclavitud** slavery

la **escoba** broom
escoger to choose
los **escombros** rubble
esconder to hide
escribir to write
el **escritor** writer
escudriñar to scrutinize, to look over
esforzarse to make an effort
eslabonar to link together, to connect
la **espada** sword
la **espalda** back
espantoso frightful, scary
los **espárragos** asparagus
la **especialización** specialty
el **espectáculo** show, performance
el **espejo** mirror
la **espera** wait
espesar to thicken
las **espinacas** spinach
el **espíritu** spirit
el **esposo** husband
el **esqueleto** skeleton
la **esquina** corner
establecer to establish
la **estación** season, station
la **estadística** statistic
el **estado** state
   estado civil civil state
estallar to break out, to explode
la **estancia** estate, large landholding
el **estaño** tin
estar to be
   estar dispuesto a to be willing
   estar en onda to be in style
   estar por to be for
estatal of the state
el **este** east
estirar to stretch
el **estómago** stomach
estorbar to bother, to trouble
estornudar to sneeze
la **estrategia** strategy
estrechar to bring together, to make close
estrecho narrow

la **estrella** star
estrellarse to crash
estremecer to shake
estrenar to show (for the first time)
el **estreno** opening night of a show
estricto strict
estropear to damage, to spoil, to ruin
el **estruendo** roar, din
el **estudiante** student
estudiantil student *(adj.)*
estupendo great, fantastic, stupendous
la **etapa** stage
la **etiqueta** label
europeo European
evitar to avoid
el **examen** exam, test
examinar(se) to examine
la **exigencia** need, requirement
exigir to require
el **éxito** success
expender to spend, to circulate
la **experiencia** experience
experimentar to experience, to experiment
explicar to explain
exponer to talk about, to present
extender to extend, to lengthen
extinguir to extinguish
extrañar to miss, to seem strange
extraño strange, odd

F

la **fábrica** factory
fabricar to manufacture, to make
la **fábula** fable
fácil easy
la **facilidad** talent, ability
la **factura** bill, invoice
facturar el equipaje to check baggage, to bill, to invoice

la **facultad** faculty
la **faena** chore, duty
la **falda** skirt, lap
faltar to be lacking, to need
fallar to fail, to give way
fallecer to fail, to die
familiar familiar, familial
el **farmacéutico** druggist
la **farmacia** pharmacy, drugstore
fastidiado tired, worn out, bored
el **fastidio** weariness
fastidiar to wear out, to run ragged
fatigar to get tired
la **fecha** date (time)
felicitar to congratulate
   ¡Felicitaciones! Congratulations!
   ¡Feliz cumpleaños! Happy Birthday!
la **feria** carnival, fair
el **feriado** holiday
el **ferrocarril** railroad
festejar to celebrate
la **festividad** festivity
la **fibra** fiber
la **ficha** token, index card, filing card
el **fichero** file, filing cabinet, record
la **fiebre** fever
la **fiesta** party
figurar(se) to imagine
fijar(se) to notice, to take note of
filmar to film
la **filosofía** philosophy
el **filósofo** philosopher
el **fin** end
   a fines de at the end
   por fin at last
   fin de año end of the year
   fin de semana weekend
financiero financial
la **firma** signature
la **flecha** arrow
flojo slack, loose, weak
la **flor** flower
florecer to flower

fluir to flow
folklórico folk *(adj.)*
los **fondos** funds
la **forma** shape, form
   en forma in shape, in form
la **fórmula** formula
el **formulario** form (for an application)
fortalecer to fortify
la **foto** photo
fracasar to fail
fracturar(se) to fracture, to crack
la **franja** strip, band
franquear to stamp
el **franqueo** postage
la **franqueza** frankness, candor
   con franqueza openly
el **frasco** bottle, vial
la **frazada** blanket
la **frecuencia** frequency
   con frecuencia frequently
el **fregadero** kitchen sink
fregar to rub, to scrub
frenar to brake, to stop
el **freno** brake (on a car)
la **frente** front, forehead
fresco fresh
el **frigorífico** refrigerator
los **frijoles** beans
frotar to rub, to stir
la **fruición** fulfillment, completion
la **frutería** fruitstand
el **fuego** fire
los **fuegos artificiales** fireworks
fuera outside, out-of-doors
fuerte strong
fuerza laboral labor force
fulgir to shine
fumar to smoke
la **función** show, role, function
funcionar to work (a machine), to run (a machine)
el **funcionario** bureaucrat
la **funda** pillowcase
fundar to found, to set up, to establish

fundir to melt, to blend, to found
furioso angry
furtivo furtive, sneaky, sly
fusilar to shoot
el **fútbol** soccer

G

el **gabinete** closet, office, cupboard
gallardo elegant, brave
el **gallo** rooster
la **gana** desire, will
   tener gana de to feel like, to desire
la **ganadería** ranching
el **ganadero** cattle rancher
el **ganado** cattle
las **ganancias** earnings, winnings
ganar to win, to earn
la **ganga** bargain, deal
el **garaje** garage
garantizar to guarantee
la **garganta** throat
la **gasa** gauze
la **gaseosa** carbonated beverage
la **gasolina** gasoline, gas
gastado spent, wasted
gastar to spend, to waste
el **gato** cat
   a gatas on all fours
el **gemelo** twin
el **general** general
   por lo general in general
el **gerente** agent, manager
el **gimnasio** gymnasium
la **gira** tour, trip
girar to spin, to revolve
   girar un cheque to write a check
el **girasol** sunflower
el **globo** balloon, globe
el **gobernador** governor
gobernar to govern
el **golpe** hit, strike
   golpe de estado military takeover
golpear to hit, to strike
el **gorro** cap, hat

la **gota** drop
gotear to drip
gozar de to enjoy
grabar to tape
gracias thanks
gracioso delightful, graceful
graduarse to graduate
el **grafista** graphic artist
el **granjero** rancher
la **grasa** grease, fat
gratis free
gratuito free
la **gravedad** severity, gravity
la **grieta** crack, aperture
el **grillo** cricket
la **gripe** cold (illness)
gritar to shout, to yell
el **grito** shout, yell, scream
gruñir to snarl, to grumble
los **guantes** gloves
el **guardarropa** closet
la **guardería infantil** childcare, nursery
la **guerra** war
el, la **guía** guide
   la **guía telefónica** telephone book
guiñar to wink
el **guión** script
la **guitarra** guitar
gustar to be pleasing to
el **gusto** pleasure, enjoyment
   mucho gusto en conocerle very nice to meet you

H

haber to have (auxiliary verb only)
las **habas** beans
las **habichuelas** beans
hábil able, talented
la **habilidad** talent, skill
la **habitación** room
   habitación doble room for two
   habitación sencilla single room
habitar to live
hablar to speak, to talk
   ¡ni hablar! you don't say!

hacer to do, to make
   hacerse to become
el **hada** fairy
halar to pull
hallar to find, to discover
el **hallazgo** discovery
el **hambre** hunger
   tener hambre to be hungry
harto fed up with, full
   estar harto to be fed up with, to be full
hasta que until
   hasta pronto see you soon
hay there is, there are
   no hay de qué you are welcome
   hay que one must, it is necessary
la **hazaña** exploit, deed
hechizar to entrance, to charm, to cast a spell
el **hecho** fact
   de hecho in fact
el **helado** iced, ice cream
helar to freeze
el **hielo** ice
heredar to inherit
herido injured, hurt
herir to wound, to hurt
hervir to boil
el/la **hermano, -a** brother/sister
la **herramienta** tool
la **hierba** grass
el **hierro** iron
el **hígado** liver
el/la **hijo, -a** son/daughter
   hijo de vecino neighbor child
el **hilo** thread, fiber, strand
el **himno** hymn, anthem
hinchar to swell, to swell up
la **hipoteca** mortgage on a house
hispánico hispanic
hispano hispanic
las **historietas** comics
el **hito** milestone
el **hogar** home
la **hoja** leaf, sheet of paper
la **hojalata** tinplate

hojear to leaf through (pages)
el **hombre** man
el **hombro** shoulder
los **hongos** mushrooms
la **hora** time, hour
   ¿qué hora es? what time is it?
   ya es hora it is time
   es hora de it is time to
el **horario** schedule
la **hormiga** ant
hormiguear to swarm, to teem
hornear to bake
el **horno** oven
hospedar to lodge, to stay
hospitalizar to hospitalize
hubo there was, there were
el **hueco** hole, cavity, hollow
la **huelga** strike, work action (labor union)
la **huella** track
el **hueso** bone
el **huésped** guest
el **huevo** egg
huir to flee
humillado humilliated
hundir to sink, to submerge, to collapse
el **huracán** hurricane
hurtar to steal, to cheat, to rob

I

ida going, departure
   ida y vuelta round trip
el **idioma** language
el **ídolo** idol
ignorar to be unaware of, to ignore
igual equal
la **igualdad** equality, evenness
la **imagen** image
imaginar(se) to imagine
el **imperio** empire
el **impermeable** raincoat
imponer to impose
importar to matter, to import
   importarle a uno to matter to oneself
el **importe** value, cost, total

impresionar to impress, to move
impreso printed (*past participle of* imprimir)
el **impreso** printed form
el **impuesto** tax
inca Inca
incauto unwary, gullible
el **incendio** fire
inclinarse to be inclined, to lean toward
inconsciente unconscious, unaware, thoughtless
inconstante fickle, changeable, variable
el **inconveniente** inconvenience
incorporarse to sit up in bed
inculcar to instill, to teach
incurrir to incur
indagar to investigate
la **indagación** investigation
el **indígena** native, indigenous
indignarse to get angry
el **individuo** individual (*n. and adj.*)
indudable undoubtedly
ineludible inescapable
inesperado unexpected
inferir to infer
infestar to infest
el **informe** report
la **informática** data processing
infundir to inspire, to instill
la **ingeniería** engineering
el **ingeniero** engineer
ingresar to enter, to go in, to enroll
los **ingresos** income
iniciar to initiate, to start
inmediato immediately
   de inmediato immediately
inmigrar to immigrate
inolvidable unforgetable
inoportuno untimely, unfortunate
la **inquietud** anxiety, restlessness
inscribirse to register, to enroll
insensato foolish, senseless

insolente insolent, disrespectful

insólito unusual, unaccustomed

el **insomnio** insomnia

inspirar to inspire

el **instituto** institute

el **instrumento** instrument

integrar to join

íntegro whole, entire, complete

intentar to attempt, to try

intercalar to insert

intercambiar to exchange

interesarse en to be interested in

el **interés** interest

  tasa de interés rate of interest

el **interlocutor** interviewer

internar to enroll, to board, to admit

interponer to put between, to interject

el **intérprete** player, performer

interpretar el papel de to act a part

interrogar to ask, to interrogate

interrumpir to interrupt

intervenir to intervene

introducir to introduce, to stick in

la **inundación** flood

inundar to flood

invertir to invest

involuntario involuntary, reflex

la **inyección** injection, shot

  poner una inyección to give an injection

ir to go

  ir de compras to go shopping

  irse to go away

irritarse to get annoyed

la **isla** island

el **itinerario** itinerary

izquierdo left

  a la izquierda to the left

J

el **jabón** soap

jactarse to brag, to boast

jadear to pant, to breathe hard

el **jamón** ham

el **jarabe** syrup (medicine)

el **jardín** garden

el **jardinero** gardener

la **jaula** cage

el **jefe** boss, chief, leader

la **jornada** day's work, day's journey

  media jornada part-time work

  jornada completa full-time work

la **joya** jewel

la **joyería** jewelry store

jubilarse to retire

judío Jew, Jewish

el **juego** game

el **juez** judge

el **jugador** player

jugar to play

el **juguete** toy

jurar to swear

justificar to justify

justo just, exact, correct, equitable

la **juventud** youth

juzgar to judge

L

el **labio** lip

labrar to carve, to chisel, to farm, to till

lacerar to slash, to scar, to cut

el **ladrón** thief, robber

el **lago** lake

lamentar to lament, to be sorry

lamer to lick

la **lámpara** lamp

la **lana** wool

lanzar (se) to throw, to send up

el **lápiz** pencil

largar (se) to let go, to release

largo long

  a lo largo lengthwise, throughout

  a largo plazo in installments

  larga distancia long distance

la **lástima** pity

lastimar to hurt

la **lata** can (tin can)

el **latido** beat (of heart)

el **lavabo** washbasin

la **lavadora** washing machine

el **lavaplatos** dishwasher

lavar to wash

  lavarse to wash oneself

el **lecho** bed

la **lechuga** lettuce

la **lechuza** owl

la **lectura** reading

la **lengua** language, tongue

  sacar la lengua stick out one's tongue

el **lenguaje** language

lentamente slowly

las **letras** letters (of the alphabet)

el **letrero** sign (on a store, on a wall)

levantar to raise

  levantarse to get up

la **ley** law

la **leyenda** legend

la **liana** vine

liberar to free

la **libertad de expresión** freedom of expression

la **libra** pound

libre free

la **libreta (talonario) de cheques** checkbook

la **licenciatura** degree (educational degree)

la **licuadora** blender

licuar to liquify, to melt

el **líder** leader

la **liebre** hare

la **liga** league

ligar to tie, to bind together

ligeramente lightly

ligero light

el **límite** limit
el **limón** lemon
la **limosna** alms, charity
el **limpiaparabrisas** windshield wiper
limpio clean
la **línea** line
liso smooth, flat, plain
lisonjero flattering, pleasing
la **lista** list
  lista de espera waiting list
  pasar lista to call roll
listo ready, clever, witty
  estar listo to be ready
liviano light, slight
loco crazy
el **lodo** mud
lograr to achieve, to attain
la **lombriz** worm
el **loro** parrot
la **lotería** lottery
lozano lush, luxurious; self-assured
lucir to shine, to appear
luchar to fight
luego then
el **lugar** place, site
el **lujo** luxury
el **lustrabotas** shoeshine boy
lustrar to shine, to polish
el **luto** mourning
la **luz** light

LL

la **llama** flame
la **llamada** call
  llamada equivocada wrong number
llamar to call
  llamarse to call oneself, to be named
el **llano** plain, prairie
la **llanta** inner tube (on a car). Mexico: tire
la **llanura** plains
la **llave** key
la **llegada** arrival
llegar to arrive
llenar to fill

llevar to carry, take
  llevarse bien to get along with
llover to rain
la **llovizna** drizzle
la **lluvia** rain

M

la **madera** wood
la **madre** mother
la **madrugada** dawn
madrugar to get up at the crack of dawn
maduro ripe, mature
la **maestría** mastery, teaching profession
el **mago** magician
el **mal** evil
mal(-o,-a) bad
  mal aliento bad breath
maldecir to curse
la **maleta** suitcase, bag
el **maletín** briefcase
maltratar to mistreat
el **mamífero** mammal
manchar to stain, to spot
mandar to order, to command
el **mando** order, command
mandón bossy, pushy
manejar to drive, to manage
la **manga** sleeve, cuff
el **manglar** mangrove swamp
manifestar to demonstrate, to declare
una **manisfestación** a demonstration
la **mano** hand
la **manta** blanket, spread, cape
mantener to maintain, to keep up
  mantenerse en forma to stay in shape
el **mantenimiento** maintenance
la **manzana** apple, city block
el **mañana** future
  la **mañana** morning
el **mapa** map
maquillar(se) makeup (cosmetics)

la **máquina** machine
la **máquina de afeitar** electric razor
la **máquina de escribir** typewriter
el **maratón** marathon, race
la **maravilla** wonder, marvel
maravillar(se) to wonder
la **marca** brand name, trade name
marcar to mark, to dial
marcharse to go away, to set in motion
marear to get seasick
el **mareo** dizziness, seasickness
los **mariachis** Mexican musicians
la **marioneta** marionette
los **mariscos** shellfish
el **martillo** hammer
la **masa** mass, dough
masticar to chew
la **materia** matter, subject matter, material
  materia prima raw material
la **maternidad** maternity, motherhood
matinal morning
la **matrícula** registration
el **matrimonio** matrimony, married couple
maya Maya
mayor greater, older
la **mayoría** the majority, the greatest part
la **mayúscula** upper case, capital letters
el **mecánico** mechanical
la **mecedora** rocking chair
el **medicamento** medication, drug, medicine
el **médico** doctor
la **medida** measure
  a medida que at the same time as
medio en broma half in jest
los **medios** means, methods
  medios de comunicación means of communication
medir to measure
la **mejilla** cheek

mejor better

  a lo mejor perhaps, maybe

mejorar to get better

el **mendigo** beggar

menester necessary

menor younger

menor de edad underage

el **mensaje** message

mensual monthly

menudo small

  a menudo often

mero mere, simple

la **mercadería** merchandise, commodity, goods

el **mercado** market

la **mercancía** goods, merchandise

mero mere, simple

el **mes** month

la **mesa** table

el **mestizo** half-caste, mixed breed (half Indian, half Spanish)

la **meta** goal, objective

el **miedo** fear

  tener miedo to be afraid

la **miel** honey

mientras (que) while

la **miga** crumb

mimado spoiled

la **mina** mine

el **mineral** mineral

la **minería** mining

minero miner

la **minifalda** miniskirt

mirar to look at

la **misa** mass (church service)

  misa de gallo midnight mass

el **misionero** missionary

la **mitad** half

el **mito** myth

la **mochila** backpack, bookbag, knapsack

la **moda** fashion, trend

  estar de moda to be in fashion

  estar pasado de moda out of date, dated

el **modelo** model

modificar to modify

la **mofeta** skunk

mojar(se) to get wet

moler to grind, to mill

molestar to bother

la **moneda** coin, money, currency

el **monje** monk

el **mono** monkey

la **montaña** mountain

montar to ride

  montar a caballo to ride a horse

  montar en bicicleta to ride a bicycle

  montar en moto to ride a motorcycle

la **moraleja** moral (of a story)

moreno dark-skinned, dark-haired

mortificar to mortify, to embarrass

mosquitero mosquito net

mosquito mosquito

el **mostrador** counter (in a store), showcase

mostrar to show

la **moto(cicleta)** motorcycle

moverse to move

la **muchedumbre** multitude

mudar to change

mudarse to move (change residence)

el **mueble** piece of furniture

los **muebles** furniture

la **muela** molar, tooth

el **muelle** dock, pier

la **muerte** death

el **muerto** dead man

la **mujer** woman

la **muleta** crutch

la **multa** fine

el **mundo** world

la **muñeca** doll, wrist

el **muñeco** puppet, doll

la **música** music

el **músculo** muscle

N

el **Nacimiento** Nativity

el **nacimiento** birth

nada nothing

  de nada you are welcome

nadie no one, nobody

las **nalgas** buttocks

la **naranja** orange

el **narcotraficante** drug dealer

el **narcotráfico** drug traffic

la **nariz** nose

narrar to tell, to narrate

la **natación** swimming

natal by birth, natal

  ciudad natal native city, city of origin

naufragar to shipwreck

el **náufrago** shipwrecked person

la **náusea** nausea

la **nave** ship

navegar to navigate, to sail

la **Navidad** Christmas

el **necio** fool

nefasto ill-fated, dreadful

negar to deny

negociar to negotiate

los **negocios** business

  hombre/mujer de negocios businessman, businesswoman

el **negro** African American, black

nevar to snow

la **nevera** refrigerator

el **neumático** tire (in a car)

ni ... ni neither ... nor

el **nieto** grandson

la **nieve** snow

ningún (-o, -una) none, no one *(adj.)*

no más (México) no more, nothing more

nocivo noxious, harmful

la **noche** night

nocturno evening, nightly

el **norte** north

la **nota** grade, note

la **noticia** news

la **novena** novena (prayer)

el/la **novio, -a** boy/girlfriend

nuevo new

la **nuez** nut

el **número** number

O

obligar to force, to require

obligatorio obligatory, imperative

el **obrero** worker

obtener to get

el **ocaso** sunset

el **océano** ocean

ocultar to hide, to cover up

la **ocupación** job, occupation

ocupado busy

odiar to hate

el **oeste** west

la **oferta** offering, offer

la **oficina** office

el **oficio** vocation, calling, duty, job

ofrecer to offer

el **oído** ear (inner)

ojear to eye, to stare at

el **ojo** eye

la **ola** wave

oler to smell

olfatear to sniff, to smell

el **olor** smell

olvidar to forget

la **olla** pot, cooking vessel, ceramic pot

opinar to think, to have an opinion

opresivo oppressive

optativo choice, alternative

óptico optical

el **orden** order (general)

la **orden** command, order (specific)

el **ordenador** (Spain) computer

la **oreja** ear (external)

el **orgullo** pride

orgulloso proud

la **orilla** shore, bank (of a river)

oscilar to waver, to fluctuate

oscurecer to get dark

el **oso** bear

las **ostras** oysters

otorgar to grant, to authorize, to give

P

el **paciente** patient

padecer to suffer from

pagar to pay

el **pago** pay, wages

el **país** country

el **pájaro** bird

la **palabra** word

la **paliza** thrashing

la **paloma** dove

la **palomita de maíz** popcorn

palpar to touch

la **pampa** region of Argentina

el **pan** bread

    pan de molde soft, thin-crusted bread

la **panadería** bakery

el **panadero** baker

los **pantalones** pants

la **pantalla** screen

la **pantorrilla** calf (of a leg)

el **pañuelo** handkerchief

la **papa, patata** potato

Papá Noel Santa Claus

el **papel** paper, role (in a play)

    papel de Navidad Christmas wrapping paper

    papel higiénico toilet paper

el **paquete** package

el **par** pair

para for, in order to

    ¿para qué? what for?

la **parada** stop (bus)

el **paraguas** umbrella

parar(se) to stop

parecer to seem

    parecerse to resemble, to seem like

la **pared** wall

la **pareja** pair, couple

el **pariente** relative, kin

el **paro** work stoppage, unemployment

parpardear to blink

partidario fan, partisan of

el **partido** party (political); match, game (sport)

el **párrafo** paragraph

el **pasaje** passage

el **pasajero** passenger

pasar to pass, to happen

    pasar lista to call roll

    pasar de moda to go out of style

    pasar por to come/go by

la **Pascua** Easter

pasearse to stroll, to walk

el **paso** step, pace

la **pasta** paste

    pasta dentífrica toothpaste

el **pastel** dessert, pie

la **pastelería** bakery shop

la **pastilla** pill

    pastilla para dormir sleeping pill

el **pastor** shepherd, pastor

la **pata** foot (animals)

la **patente** license

las **patillas** sideburns

el **patinador** skater

la **patria** native land, fatherland

el **patrocinador** sponsor

paulatinamente slowly, little by little

el **pavo** turkey

el **payaso** clown

la **paz** peace

el **peatón** pedestrian

pecar to sin, to err

el **pecho** chest, breast

pedir to ask for, to order

    pedir prestado to borrow

pegar to hit, to strike (a blow)

peinar(se) to comb

pelar to peel

el **peldaño** step (of a stair)

pelear to fight

la **película** film, movie

el **peligro** danger

el **pelo** hair

la **pelota** ball

la **peluquería** barbershop

la **pena** pain, bother

    valer la pena to be worthwhile

    pena de muerte death penalty

el **pendiente** earring, pendant

penetrante penetrating

el **pensamiento** thought

pensar to think

  pensar de to think about, have an opinon

  pensar en to think about, to ponder

  pensar + inf. to intend

peor worse

el **pepino** cucumber

la **pera** pear

el **percance** misfortune

la **percusión** percussion

perder to lose

  perder el vuelo to miss a flight

  perderse to get lost

las **pérdidas** losses

perdurable eternal, everlasting

perdurar to last

la **peregrinación** pilgrimage

el **perfume** perfume

el **periódico** newspaper

el **periodista** reporter (newspaper)

el **periodismo** journalism

el **perjuicio** prejudice, damage

la **permanencia** permanence, stay

permeable permeable

el **permiso** permission

pero but

perseguir to follow, to pursue

el **personaje** character (in a book)

personal personal

perspicuo clear, intelligible

las **pertenencias** possessions

perturbar disturb

pesar to weigh

  a pesar de in spite of

la **pescadería** fishing

el **pescado** fish (out of water)

pescar to fish

el **peso** weight

la **pestaña** eyelash

la **pestilencia** pestilence, plague

la **picadura** sting, bite (of an insect)

picar to bite, to peck at, to pierce

el **pie** foot

  a pie on foot

  de pie standing

la **piedra** rock, stone

la **piel** skin, fur

la **pierna** leg

la **pieza** piece, room

la **píldora** pill

el **piloto** pilot, driver (of a motorcycle)

la **piratería aérea** air piracy

la **piscina** swimming pool

el **piso** floor

la **pista** track

  pista de aterrizaje landing strip

la **placa** license plate

el **placer** pleasure

la **plancha** iron

  a la plancha grilled

planchar to iron

planear to plan

plano flat, even, level

la **planta** plant

la **planta baja** ground floor

plantear to set forth, to expound, to state

la **plata** silver

el **plátano** plantain

platicar to chat, to talk

el **plato** dish

la **playa** beach

la **plaza** public square, marketplace, room

el **plazo** period of time

  comprar a plazos buy in installments

el **pleito** lawsuit, case

pleno full

la **pluma** fountain pen

la **población** population

la **pobreza** poverty

poco few, little

  por poco que if ... at all

  por mucho que however much ...

podar to prune, to trim

poder to be able

podrido rotten

el **policía** police, policeman

la **mujer policía** policewoman

el **político** politician

la **póliza** policy (insurance)

el **polvo** dust, powder

el **pollo** chicken, chick

poner to put

  poner atención to pay attention

  poner una inyección to give a shot

  poner la mesa to set the table

  ponerse to become

  ponerse en cola to get in line

el **poniente** west

popular popular

el **póquer** poker

por by, through, on behalf of, for

  por fin finally

  por lo menos at least

  por poco barely

  ¿por qué? why?

  por supuesto of course

los **pormenores** details

los **posadas** bullfighting, guesthouse

la **posesión** posesion

posponer, postergar to postpone

el **postulante** candidate

postular to postulate, to request

potente powerful, strong

preceder to precede

el **precio** price

precisar to specify

predecir to foretell, to forecast

la **predilección** preference

preferir to prefer

pregonar to shout, to proclaim

la **pregunta** question

  hacer preguntas to ask questions

preguntar to ask, to question

el **prejuicio racial** racial prejudice

premiar to award
la **prenda** pledge, security
 prenda interior underwear
la **prensa** press
preocupar to worry
la **preparación** preparation, training
preparar(se) to get ready
las **preparativos** preparations
presenciar to witness
presentar to present
 presentarse al examen to take an exam
 me gustaría presentarle(te) a ... I would like to present to you...
el **presentimiento** foreboding
presentir to have a premonition
preservar to protect, to preserve
la **presión** pressure
 presión alta high pressure
el **préstamo** loan
prestar to lend
 prestar atención to pay attention
el **presupuesto** budget
prevenir to prevent
prever to foresee
primer (-o, -a) first
el **primo** cousin
el **principio** beginning
 a principios de at the beginning of
la **prisa** rush, hurry
 tener prisa to be in a hurry
probar to try, to test
la **procedencia** origin, source
procedente de coming from
el **procedimiento** method, procedure, proceeding
el **proceso** process
el **producto** product
el **proeza** exploit
el **profesor** teacher, professor
el **programador** computer programmer
el **promedio** middle, average
prometer promise
la **promoción** promotion

pronosticar to foretell
el **pronóstico** prediction, forecast, omen
pronto soon
 tan pronto como as soon as
la **propaganda** propaganda
la **propaganda comercial** ads, commercials
propagar to propagate, to generate
la **propina** tip, gratuity
propio own, proper
 propiamente dicho strictly speaking
proponer to propose, to suggest
proporcionar to furnish, to provide
el **propósito** purpose
 a propósito by the way
proteger to protect
proveer to provide
la **provisión** provision
provocar to provoke
proyectar to project
el **proyecto** project
la **prueba** test, trial (run)
el **psicólogo** psychologist
la **publicidad** publicity
pudrir to rot
la **puerta** door
el **puesto** position
 el puesto de periódicos newsstand
pulir to polish
el **pulmón** lung
pulular to swarm, to infest
pulverizar to smash, to pulverize
la **puntería** aim, marksmanship
el **punto** point
 punto de vista point of view
 a puntillas on tiptoe

Q

que that, than
¿qué? what?
 ¿por qué? why?

¿qué tal? how are you?
¡qué lata! what a mess!
¡qué lástima! what a pity!
¡qué lío! what a mess!
¡qué tontería! what foolishness!
quebrar to break
quedar to stay, to remain
 quedarse con to be left with
el **quehacer** chore, small task
quejarse to complain
quemar to burn
querer to wish, to want, to love
 querer decir to mean to say
querido dear, beloved
el **queso** cheese
la **quiebra** bankruptcy
quien who, whom
¿quién? who? whom?
la **química** chemistry, chemical
la **quinceañera** girl celebrating her fifteenth birthday
quisiera I would like...
quitar(se) to take off
quizá, quizás perhaps

R

el **racimo** bouquet
la **ración** serving
la/el **radio** radio (set)
la **ráfaga** gust, burst
la **raíz** root
la **rama** branch
el **ramo** bouquet, bunch
la **rana** frog
el **rascacielos** skyscraper
rascar to scratch
rasgar to tear
rasguear to strum (a guitar)
raspar to scrape
el **rastro** trail
la **rata** rat
el **rato** while, time, period
la **raya** line
 a rayas striped (design)
el **rayo** ray, lightning
 rayos equis x-rays
la **rayuela** hopscotch

la **raza** race (of people), ethnic group

la **razón** reason

realizar to fulfill, to accomplish

realmente really, actually, truly

la **rebaja** discount

en rebaja on sale

rebajar to lower the price, to discount

el **rebozo** shawl

el **recado** message

la **recámara** chamber, dressing room

la **receta** prescription, recipe

recetar to prescribe

rechazar to reject, to refuse

recibir to receive

reciclado recycled

reclamar to demand, to petition

reclutar to recruit, to round up, to conscript

recobrar to recover

recoger to collect, to pick up

recoger la mesa to clear the table

recompensar to reward, to pay

recordar to remember

recorrer to go around, to tour

el **rector** director

el **recuerdo** memory, token, souvenir

recuperar to recuperate, to get back

la **Red** net, network

redactar to edit

reembolsar to repay

reemplazar to replace

referirse a to refer to

reflejar reflect

el **refrán** refrain, saying

el **refugio** refuge

refutar to dispute, to refute

regalar to give as a gift

el **regalo** gift

regañar to quarrel

regar to water

regatear to bargain, to haggle

el **régimen militar** military regime

regir to govern

registrar to register, to record, to search (in an investigation)

el **reglón** ruler (measuring stick)

regocijar to delight, to cheer, to amuse

rehusar to decline, to refuse

relajar to relax

el **relámpago** lightning

releer reread

el **reloj** clock, watch (timepiece)

el **remedio** remedy

no tener más remedio there is no other way

el **remitente** sender

remitir to send

remontarse to go back to, to date from

rendido exhausted

la **rendija** crack, rip

rendir to exhaust, to tire out

rendirse to surrender

renunciar to renounce, to turn one's back on

reñir to quarrel

el **reo** convicted criminal

reparar to repair

repartir to deliver

repasar to review

repentinamente suddenly

de repente suddenly

repetir to repeat

repicar las campanas to ring the bells

reprimir to repress

reponer to replace

el **reportaje** report

representar to represent, to play a role

reprobar to condemn

repugnar to repel

requerir to request, to require

el **requisito** requirement

la **resaca** undertow, undercurrent, hangover

resaltar to project, to stand out

resbalar to slip

rescatar to rescue

el **resfriado,** el **resfrío** cold (illness)

coger un resfriado to catch a cold

resolver to solve

respaldar to back, to endorse

respirar to breathe

resplandecer to shine, to gleam

la **respuesta** answer

restar to subtract

el **resultado** result

resultar to end in, to result in

resumir to summarize

retirar to remove, to draw back, to leave

el **retraso** setback

retratar to portray

retumbar to resound, to thunder

reunir to get together, to unite, to join

la **reunión** meeting

revelar reveal

el **revendedor** reseller

reventar to burst, to give way

revisar to revise

la **revista** magazine

revolver to revolve, to stir

los **Reyes Magos** the Wise Men

rezar to pray

el **riesgo** risk

rifar to raffle

riguroso rigorous, severe

el **rincón** corner

el **riñón** kidney

el **río** river

el **ritmo** rhythm

robar to rob

el **robo** theft

rociar to sprinkle

el **rocío** dew

rodar to film, to roll

rodear to surround

la **rodilla** knee

roer to nibble, to gnaw

rogar to beg

la **romería** pilgrimage

romper to break
la ropa clothes, clothing
el ropero closet, wardrobe
rozar to rub against, to graze
la rueda wheel
el ruido noise
el ruiseñor nightingale
rumbo a toward, in the direction of
la ruta route

S

la sábana sheet
saber to know
el sabor taste
saborear to taste
sacar to take out
  sacar notas to get grades
sacudir to shake, to tremble
la sala room, living room
  sala de espera waiting room
salado salty
el salario salary
la salida exit
salir leave
salivar to salivate, to drool
salobre brackish, salty
el salón room, salon
  salón de actos assembly hall
salpicar to splatter
saltar to jump
el salto jump
la salud health
saludar to greet
el salvavidas life preserver, lifeguard
salvar to save
salvo except
la sandalia sandal
la sandía watermelon
la sangre blood
el santo saint
saquear to loot, to rob, to steal
la sartén frying pan
la secadora clothes dryer
secar to dry
la sed thirst
  tener sed to be thirsty

la seda silk
la sede headquarters
seguir to follow, to keep on
segundo second
la seguridad safety, security
seguro sure
  estar seguro to be sure
el seguro insurance
seleccionar to choose
el sello stamp
la selva forest, jungle
el semáforo traffic light
la Semana Santa Holy Week
sembrar to sow
la semilla seed
sencillo simple, plain, one-way ticket or token
  habitación sencilla single room
el sendero path
sentarse to sit down
el sentimiento feeling
sentir to feel, to regret
  sentirse mal/bien to feel bad/good
la sequía drought
la señal the sign
  señales del tránsito traffic signs
la serpiente snake
el servicio service
servir to serve
sigilosamente quietly
el siglo century
siguiente following
silbar to whistle
la silla chair, seat
la silla de ruedas wheelchair
el sillón large chair
silvicultura forestry
sin without
  sin cesar without end
  sin embargo nevertheless
el sindicato union
la sinfonía symphony
sino rather
el síntoma symptom
la soberanía sovereignty
sobornar to bribe
sobrar to have left over, to have more than enough

el sobre envelope
sobre about, on top of
sobregirar to overdraw an account
sobrepasar to exceed
sobresaltar to startle, to scare
el sobreviviente survivor
el, la socialista socialist
el socio associate, partner
socorro help
  pedir socorro to call for help
el soldado soldier
soler to be accustomed
el solicitante applicant
solicitar un empleo apply for a job
la solicitud application
sollozar to sob, to weep
sólo only, just
solo lone, alone
el soltero bachelor
someter to put down, to subdue
sonar to ring, to sound
sonreír to smile
soñar to dream
  soñar con to dream about
soplado a mano hand-blown
soplar to blow
soportar to tolerate, to stand
sordo deaf
sorprender to surprise
la sorpresa surprise
sortear to draw in a lottery, to draw lots
sosegar to calm, to quiet down
sospechoso suspicious
subir to go up
subir a to climb
subrayar to underline, to emphasize
el subsidio subsidy, grant, aid
la subvención subsidy, grant
suceder to happen, to take place
el suceso event, happening
sucio dirty
sucumbir to succumb, to submit

la **sucursal** branch

el **sudor** sweat

la **suegra** mother-in-law

el **sueldo** salary, pay

suele ser it usually is

el **suelo** floor

el **sueño** dream

la **suerte** luck

sufrir to suffer

sugerir to suggest

sumamente extremely, highly

sumar to add (math)

suministrar to supply, to provide, to furnish

superar to overcome, to exceed

suponer to suppose

supuesto supposed

   por supuesto of course

el **sur** south

el **surtido** supply, stock

suspender to fail (a course)

suspirar to sigh

sustituir to substitute

T

el **tablón de anuncios** bulletin board

tacaño miserly, stingy, cheap

el **tacón** heel (of a shoe)

tal such

   ¿qué tal? how are you?

tallado carved

tallar to carve

el **taller** shop, place of business

el **tallo** stem

el **tamaño** size

tampoco neither

el **tanque de gasolina** gas tank

tanto so much, as much

   estar al tanto to be up on

   por lo tanto therefore

   tanto ... como as much ... as

las **tapas** snacks, appetizers

la **taquilla** ticket window

tardar en to be late in ..., to delay

la **tarea** homework, work, chore

la **tarifa** fare

la **tarjeta** card

   tarjeta de crédito credit card

   tarjeta postal postcard

la **tasa de interés** interest rate

la **taza** cup

el **teatro** theater

la **tecnología** technology

tejer to weave

tejido weaving

la **tela** cloth

la **televisión** television

la **telenovela** soap opera

el **televidente** television viewer

el **televisor** television set

el **telón** curtain

el **temor** fear

la **tempestad** storm

la **temporada** season (of sports, weather, events)

tenderse to stretch out

tener to have

   tener lugar to take place

teñir to tint

terminar to end

el **término** end, term

la **ternera** calf (animal)

la **ternura** tenderness, care, love

la **tertulia** gathering, get-together

la **terraza** terrace

el **terremoto** earthquake

el **terreno** land, piece of land

el **tesoro** treasure

el **testigo** witness

el **testigo ocular** eyewitness

tibio tepid, lukewarm

el **tiburón** shark

el **tiempo** time, weather

tieso rigid, stiff

las **tijeras** scissors

la **tina** bathtub

el **tinte** dye, coloring agent

tinto colored

   vino tinto red wine

el/la **tío, -a** uncle/aunt

la **tira** strip

   tira cómica comic strip

la **tirada** throw

tirar to throw, to toss

titular to title

el **título** title

la **toalla** towel

el **tobillo** ankle

tocar to knock, to touch, to play an instrument

todo all, everything

   ante todo before everything else

   sobre todo above all

tomar to take, to have

   tomar apuntes to take notes

   tomar asiento to take a seat

la **tontería** foolishness

   ¡qué tontería! what stupidity!

el **topacio** topaz

el **torbellino** whirlwind, tornado

torcer to twist, to wring

la **tormenta** storm, tempest

la **torta** cake

la **tortilla** tortilla

   tortilla española Spanish tortilla

la **tortuga** turtle

la **tos** cough

toser to cough

la **tostadora** toaster

el **trabajador** worker

tragar to swallow

el **traje** suit

el **trámite** procedure

la **trampa** trap, trick

tranquilo calm, tranquil

transitar to travel

el **tránsito** traffic, passage

transmitir transmit

transmutar to transmute, to change radically

el **transporte** transportation

el **trapo** rag, piece of cloth

transtrocar to change, to transform

tratar to try, to be about

   tratar con to deal with

   tratar de to try, to attempt

la **travesura** mischief
el **tren** train
el **trigo** wheat
el **tripulante** crew
trotar to jog
el **trueno** thunder
el **tuerto** one-eyed, blind in one eye
la **tumba** tomb, grave
tutear to speak using "tú" verb forms

U

último last
único only, singular
  único hijo only son
uniforme uniform
el **universitario** university student
la **uña** fingernail
la **urraca** crow
útil useful
la **uva** grape

V

la **vaca** cow
vaciar to empty
vacilar to hesitate, to waiver
vagar to wander
la **vajilla de plata** silverware
el **valor** worth
el **valle** valley
el **vaquero** cowboy
los **vaqueros** jeans
la **variedad** variety
el **varón** male
el **vaso** glass (for drinking)
el **vecino** neighbor
el **vehículo** vehicle

velar to stay awake
la **velocidad** speed
velozmente rapidly
la **vena** vein
el **vencimiento** due
  fecha de vencimiento due date (for payment)
venir to come
la **venta** sale
la **ventaja** advantage
la **ventanilla** window (for selling)
el **verano** summer
la **verbena** carnival, fair
verde green
la **verdulería** market for vegetables
la **verdura** greens, vegetables
verificar to verify, authenticate
vespertino evening (*adj.*)
el **vestido** dress
la **vestimenta** clothing, garments
vestirse to get dressed
la **vez** time (in a series)
  otra vez again
  a veces at times
el **viaje** trip
el **viajero** traveler
la **vida** life
la **videocasetera** videorecorder
el **vidrio** glass
el **viento** wind
el **Viernes Santo** Good Friday
vigilar to watch over, to guard
el **villancico** Christmas carol
villanos lowly, common
el **vínculo** tie, bond
el **vino** wine

la **viña** vineyard
virar to veer, to turn, to curve
la **vista** view
  por lo visto apparently
la **viuda** widow
la **vivienda** housing
el **voceador** announcer (shouter, yeller)
vociferar to yell, to scream, to shout
el **volante** steering wheel
volcar to knock over
voltear to swing around, to sling, to turn
la **voluntad** will, volition
volver to return
  volver en sí to come to, to come around
  volverse to become, to go (crazy)
el **voto** vote
la **voz** voice
  voz en cuello shouting
el **vuelo** flight
la **vuelta** return, a spin around
el **vuelto** change (money)

Z

el **zafiro** sapphire
zambullir to plunge, to dip
la **zanahoria** carrot
el **zancudo** mosquito, gnat
el **zapato** shoe
zarpar to sail
la **zona** zone
la **zona postal** zip code
zozobra anxiety
zumbar to buzz
el **zumo** juice

Bibliography

Part Two, Chapter Two (Short Narratives)
Group One
> Narrative One. Mikes, George: *Los Norteamericanos en su Salsa*. Translator, Juan G. de Luaces. Buenos Aires: Editorial Borocaba, 1953, p. 123.
>
> Narrative Two. "Vuelven las Mujeres Toreras," *Mundo Hispánico*, Año XXVII, No. 320, noviembre 1974, p. 36.

Group Two
> Narrative One. "José Guadalupe Posada," *Américas*, diciembre 1965, pp. 28–35.*
>
> Narrative Two. Kelemen, Pal: "El Arte del Tejido," *Américas*, enero 1967, p. 2.*

Group Three
> Narrative One. Regato, J.A. del: "Rebelde sin Odios: Jose Martí," *Américas*, febrero 1967, pp. 29–30.*
>
> Narrative Two. Bareiro Saguier, Rubén: "El Guaraní: Certificado de Patria del Paraguayo," *Américas*, abril 1964, p. 7.*

Group Four
> Narrative One. Goff, Charles W.: "Las Huesas de Machu Picchu" (abridged), *Américas*, septiembre 1966, pp. 9–18.*
>
> Narrative Two. Zuleta Alvarez, Enrique: "1967: Año de Ruben Darío. Poeta de América" (abridged), *Américas*, marzo 1967, pp. 10–18.*

Group Five
> Narrative One. Ward, Catherine: "La Epopeya del Gaucho," *Américas*, diciembre 1965, p. 8.*
>
> Narrative Two. Stirling, Marion W.: "Los Olmecas" (abridged), *Américas*, diciembre 1969–enero 1970, pp. 3–10.*

Group Six
> Narrative One. Macaya, Margarita O. de: "CIM" (abridged), *Américas*, septiembre 1966, pp. 37–41.*
>
> Narrative Two. Zendegui, Guillermo de: "Cuando la Florida Era Española," *Américas*, octubre 1974, pp. 25–33.*

Group Seven
> Narrative One. Johnson, Beverly Edna: "Popol Vuh," *Américas*, octubre 1974, pp. 8–10.*
>
> Narrative Two. Zalamea, Luís: "La Quinta de Bolívar," *Américas*, enero 1966, p. 21.*

Group Eight
Narrative One. Cowes, Roberto A.: "El Hallazgo de Cocle," *Américas*, 1966, p. 19.*
Narrative Two. Nicolle, Edgar A.: "Café al Instante," *Américas*, febrero 1975, p. 26.*

Group Nine
Narrative One. Stoetzer, Carlos: "Alejandro von Humboldt," *Américas*, agosto 1972, p. S-19.*
Narrative Two. Gussinyer Alfonso, José: "Salvamiento Arqueológico" (abridged), *Américas*, abril 1971, pp. 15–19.*

Part Two, Chapter Three (Longer Listening Selections)
Narrativa número 1: *Puerta del Sol*, enero 1990, p. 4. Edited by Roger L. Ott. Nashville: Champs-Elysées, Inc.
Narrativa número 2: *Puerta del Sol*, mayo 1990, p. 2. Edited by Roger L. Ott. Nashville: Champs-Elysées, Inc.
Narrativa número 3: *Puerta del Sol*, febrero 1991, p. 5. Edited by Roger L. Ott. Nashville: Champs-Elysées, Inc.
Narrativa número 4: *Puerta del Sol*, diciembre 1989, p.1. Edited by Roger L. Ott. Nashville: Champs-Elysées, Inc.
Narrativa número 5: *Puerta del Sol*, abril 1991, p. 4. Edited by Roger L. Ott. Nashville: Champs-Elysées, Inc.
Entrevista número 1: *Puerta del Sol*, abril 1991, p. 4. Edited by Roger L. Ott. Nashville: Champs-Elysées, Inc.
Entrevista número 2: *Puerta del Sol*, enero 1991, p. 4. Edited by Roger L. Ott. Nashville: Champs-Elysées, Inc.
Entrevista número 3: *Puerta del Sol*, enero 1991, p. 5. Edited by Roger L. Ott. Nashville: Champs-Elysées, Inc.
Entrevista número 4: *Puerta del Sol*, marzo 1990, p. 5. Edited by Roger L. Ott. Nashville: Champs-Elysées, Inc.
Entrevista número 5: *Puerta del Sol*, febrero 1990, p. 5. Edited by Roger L. Ott. Nashville: Champs-Elysées, Inc.
Entrevista número 6: *Puerta del Sol*, marzo 1991, p. 5. Edited by Roger L. Ott. Nashville: Champs-Elysées, Inc.

Part Three, Chapter Four (Vocabulary and Grammatical Structures)
Selección 1. González, Fernando: "Soda Stereo," *El Nuevo Herald*, Miami, 8 de marzo de 1996, p. 11D.
Selección 2. Niurka, Norma: "El Ballet Nacional de España," *El Nuevo Herald*, Miami, viernes 8, 1996, p. 9D.
Selección 3. Waters, Gaby, and Round, Graham: *Crimen en el Vuelo Nocturno*, E. G. Anaya, Madrid, 1986. p. 22.
Selección 4. Haney, Daniel Q.: "El Estrés," *El Nuevo Herald*, Miami, 28 de enero de 1996, p. 9A.
Selección 5. "Manuel Pellegrini Fue Confirmado en la UC," *La Época Internet*, 16 de mayo de 1996, http://www.reuna.cl.

Selección 6.　　　Hervas, Mercedes: "El Propuesto *V-Chip*," *El Periódico*, Barcelona, 19 de diciembre de 1995, p. 61.

Selecicón 7.　　　Alvarez Bravo, Armando: "La Vida Seria de Luis Rodríguez", *El Nuevo Herald*, Miami, 28 de enero de 1996, pp. 1–2E.

Selección 8.　　　Rojas, Manuel: "Hijo de Ladrón," Zig-Zag, Santiago, Chile, 1964, pp. 101–102.

Selección 9.　　　Díaz-Plaja, Fernando: "El Español y los Siete Pecados Capitales," Alianza Editorial, Madrid, 1986, pp. 95–96.

Selección 10.　　　Rojas, Manuel: "Hijo de Ladrón," Zig-Zag, Santiago, Chile, 1964, p. 103.

Selección 11.　　　Búfalo, Enzo del: "Estado, Sociedad y Pobreza en América Latina,"*Reforma y Democracia*, Centro Latinoamericano de Administración para el Desarrollo, N°5, Caracas, Venezuela, enero de 1996, pp. 9–10.

Selección 12.　　　Marías, Julián: "Tercera: ¿Excesiva Originalidad?," ABC, http://www.abc.es, 16 de mayo de 1996.

Part Three, Chapter Six (Reading Strategies)

Selection One.　　　Díaz-Plaja, Fernando: *El Español y los Siete Pecados Capitales*. Madrid: Editorial Alianza, 1986, p. 302.

Selection Two.　　　Paz, Octavio: *Libertad bajo la Palabra*. México: Fondo de Cultura Económica, 1960, p. 159.

Selection Three.　　　Rulfo, Juan: "¡Diles que no me Maten!" in *El Llano en Llamas*. México: Fondo de Cultura Económica, 1953, p. 91.

Selection Four.　　　Reproducido con autorización de ABC de Madrid, domingo 31 de mayo de 1992, p. 81.

Setting and/or Origin

Selection One.　　　Cortázar, Julio: "Reunión" in *Todos los Fuegos el Fuego*. Editorial Sudamericana, 1975, p. 67.

Selection Two.　　　Reproducido con autorización de ABC de Madrid, domingo 31 de mayo de 1992, p. 121.

Selection Three.　　　Matute, Ana María: *Primera Memoria*. Barcelona: Ediciones Destino, 1960, p. 81.

Time

Passage One.　　　Reproducido con autorización de ABC de Madrid, domingo 31 de mayo de 1992, p. 100.

Character, Object Definition and Identification

Passage One.　　　Matute, Ana María: "La Consciencia" in *Historias de Artamila*. Barcelona: Ediciones Destino, 1961, p. 120.

Passage Two.　　　Reproducido con autorización de ABC de Madrid, domingo 31 de mayo de 1992, p. 100.

Purpose and Reason

Passage One.　　　Cortázar, Julio: "La Isla a Mediodía" in *Todos los Fuegos el Fuego*. Editorial Sudamericana, 1975, p. 118.

Passage Two.　　　Fuentes, Carlos: "Chac Mool" in *Los Días Enmascarados*. México: Fondo de Cultura Económica, 1954, p. 16.

Interpretation

> Passage One. "Prefectura Naval Argentina," *Información Argentina*, agosto 1973, p. 27.
>
> Passage Two. Matute, Ana María: "El Arbol de Oro" in *Historias de Artamila.* Barcelona, Ediciones Destino, 1961, p. 157.

Parallel Structures

> Passage One. Unamuno, Miguel de: "Verdad y Vida" in *Mi Religión y Otros Ensayos.* Madrid: Espasa-Calpe, p. 16. Reprinted by courtesy of the Heirs of Miguel de Unamuno.
>
> Passage Two. Rulfo, Juan. "¡Diles que no me Maten!" in *El Llano en Llamas.* México: Fondo de Cultura Económico, 1953, p. 83.

Tone or Attitude

> Passage One. Mikes, George: *Los Norteamericanos en su Salsa.* Buenos Aires: Editorial Borocaba, 1953, p. 51.
>
> Passage Two. Arreola, Juan José: "En Verdad os Digo" in *Confabulario.* México: Joaquín Mortíz, 1971, p. 19.

Intended Reader

> Passage One. Ott, Ernst: *Supérese Pensando.* Bilbao: Ediciones Mensajero, 1987, página preliminar.

Part Three, Chapter Six (Practice Reading Comprehension Passages)

Primer Grupo

> Selección Uno. Amicis, Edmundo de: *Corazón (Diario de un Niño).* Buenos Aires, publisher unknown, n.d., p. 62.
>
> Selección Dos. Matute, Ana María: *Primera Memoria.* Barcelona: Editorial Destino, 1960, p. 200.
>
> Selección Tres. *El País*, domingo 9 de junio de 1991, p. 45.
>
> Selección Cuatro. Díaz-Plaja, Fernando: El Español y los siete Pecados Capitales. Madrid: Editorial Alianza, 1986, pp. 126–127.

Segundo Grupo

> Selección Uno. Delgado, Jaime: "Siqueiros," *Mundo Hispano*, febrero 1974, p. 52.
>
> Selección Dos. *El Informador Hispano*, Ft. Worth, TX, 7 de enero de 1993, p. 27.
>
> Selección Tres. Denevi, Marcos: *Rosaura a las Diez.* New York: Scribner's, 1964, p. 92.
>
> Selección Cuatro. *El Periódico U.S.A.*, McAllen, TX, 14 de abril de 1993, p. 1.

Tercer Grupo

> Selección Uno. Tome Bona, Javier María, *Mundo Hispánico*, diciembre 1973, p. 50.
>
> Selección Dos. LACSA ticket.
>
> Selección Tres. Letter from the Junta de Castilla y León (author's private correspondence).
>
> Selección Cuatro. Unamuno, Miguel de: *Tres Novelas Ejemplares y Un Prólogo.* Madrid: Espasa-Calpe. Reprinted by courtesy of the Heirs of Miguel de Unamuno.

Cuarto Grupo

Selección Uno.   Fuentes, Carlos: *Tiempo Mexicano*. México: Joaquín
Mortíz, 1973, pp. 82–83.

Selección Dos.   *Cambio 16*, 19 de marzo de 1984, p. 642. Reprinted with
permission of *Cambio 16*.

Selección Tres.   Alsasr, Collin, McCormick: "Tres Balsas en el Pacífico,"
Mundo Hispánico, agosto 1973, p. 40.

Selección Cuatro.   Arreola, Juan: "Baltasar Gerard" in *Confabulario*. México:
Joaquín Mortíz, 1971, p. 75.

Quinto Grupo

Selección Uno.   Menasche, Marcelo: *Y Van Dos...* Buenos Aires: Editorial
Samet, 1931, p. 100.

Selección Dos.   Menasche, Marcelo: *Y Van Dos...* Buenos Aires: Editorial
Samet, 1931, p. 62.

Selección Tres.   Ingenieros, José: *La Simulación en la Lucha por la Vida*.
Buenos Aires: Editorial Tor, 1955, p. 164.

Selección Cuatro.   Lindemann, Hans A.: *Pláticas Filosóficas,* Zig-Zag,
Santiago, 1940, pp. 147–148.

Part Four, Chapter Seven (Free-response Grammatical Structures)

Group One.   Linares, Luis G. de: "Tiempo Presente," *Semana,* 1 de
junio de 1992, p. 19.

Group Two.   Matute, Ana María: *Primera Memoria*. Barcelona:
Ediciones Destino, 1960, p. 14.

Group Three.   *Semana,* 24 de junio de 1992, p. 98.

Group Four.   *Semana,* 24 de junio de 1992, p. 78.

Group Five.   1993 Olympics advertisement.

Group Six.   *Semana,* 1 de junio de 1992, p. 27.

Group Seven.   *El País. Semanal,* domingo 9 de junio de 1991, p. 123.

Group Eight.   *El País. Semanal,* 6 de septiembre de 1991, p. 56.

Group Nine.   *El País. Semanal,* domingo 9 de junio de 1991, p. 25.

Group Ten.   Montero, Rosa, *El País. Semanal,* domingo 9 de junio de
1991, p. 8.

Group Eleven.   *El País,* domingo 9 de junio de 1991, p. 128.

Group Twelve.   Mikes, George: *Otras Personalidades que he conocido*.
Buenos Aires, Ediciones Peuser, 1946, p. 95.

Group Thirteen.   Castellano, Rosario: *Los Convidados de Agosto*. México:
Ediciones Era, 1975, p. 158.

Group Fourteen.   Gómez-Quintero, Ela: *Al Día en los Negocios* (adaptation).
New York: McGraw-Hill, Inc., 1984, p. 285. Reproduced
with permission of McGraw-Hill, Inc.

Group Fifteen.   Valdés, Carlos, *Diario Las Americas,* Miami, sábado 6 de
noviembre 1993, p. 2B.

Group Sixteen.   Hamill, Pete: "Bilingue...Monolingue," *Más,* Vol. 1, No.
1, otoño 1989, p. 62.

Group Seventeen.   Russell, Bertrand: *Ensayos Impopulares*. México: Editorial
Hermes, 1952, p. 179.

Group Eighteen.   Russell, Bertrand: *Ensayos Impopulares*. México: Editorial
Hermes, 1952, p. 45.

Group Nineteen.   Amicis, Edmundo de: *Corazón (Diario de un Niño)*.
Buenos Aires: Publisher unknown, n.d., p. 63.

Group Twenty.   Amicis, Edmundo de: *Corazón (Diario de un Niño)*.
Buenos Aires: Publisher unknown, n.d., p. 28.

Part Seven, Model Exam 1

Listening Comprehension

Short Narrative One.   Soldao, Juan: "El Cura y el Muchacho Tonto" in *Cuentos Folklóricos de Argentina*. Buenos Aires: Editorial Universitaria de Buenos Aires, 1962, p. 122.

Short Narrative Two.   "Pablo Casals," *Mundo Hispánico*, No. 309, diciembre 1973, p. 12.

Longer Selection One.   Amicis, Edmundo de: *Corazón (Diario de un Niño)*. Buenos Aires: Publisher unknown, n.d., p. 296.

Longer Selection Two.   *Puerta del Sol*, octubre 1990, p. 3.

Reading (Vocabulary and Grammatical Structures in Context)

Ejercicio 1:   "Una demora sin sentido," *La nación*, edición electrónica, San José, Costa Rica, 10 de mayo de 1996.

Ejercicio 2:   Walsh, Rodolfo: "Cuento para tahures," *Cuentos argentinos de misterio*, E. Dale Carter, Jr and Joe Bas eds. Appleton-Century-Crofts, New York, 1968, p. 35.

Ejercicio 3:   Author's personal file.

Reading Comprehension

Selection Number One.   Quiroga, Horacio: "El Sueño" in *El Salvaje*. Buenos Aires: Hemisferio, 1953, p. 9.

Selection Number Two.   *La Voz de Houston*, adapted from an advertisement for Continental.

Selection Number Three.   Lizardi, Fernández de: "El Periquillo Sarmiento" in Hespelt: *An Anthology of Spanish American Literature*, New York: Appleton-Century-Crofts, 1946, p. 148.

Writing (Section II, Part A)

Alarcón, Pedro Antonio de: *El Escándalo,* Mexico: Editorial Novaro, 1958, p. 85.

NOTES

NOTES

NOTES

College-bound students can rely on Barron's for the best in SAT Subject test preparation...

Every Barron's SAT Subject test preparation manual contains a diagnostic test and model SAT Subject tests with answers and explanations. Model tests are similar to the actual SAT Subject tests in length, format, and degree of difficulty. Manuals also present extensive subject review sections, study tips, and general information on the SAT Subject test. Manuals for foreign language tests, priced slightly higher than the others, come with audiocassettes or CDs that present listening comprehension test sections and additional practice material. All books are paperback.

Success on Advanced Placement Tests Starts with Help from Barron's

Each May, thousands of college-bound students take one or more Advanced Placement Exams to earn college credits—and for many years, they've looked to Barron's, the leader in Advanced Placement test preparation. You can get Barron's user-friendly manuals for 20 different AP subjects. Most with optional CD-ROMs. Every Barron's AP manual gives you—

- Diagnostic tests
- Extensive subject review
- Full-length model AP exams
- Study help and test-taking advice

Model exams are designed to reflect the actual AP exams in question types, subject matter, length, and degree of difficulty. All questions come with answers and explanations. All books are paperback.

AP: Art History, w/optional CD-ROM
Book: ISBN 978-0-7641-3737-2, 448 pp.
Book w/CD-ROM: ISBN 978-0-7641-9463-4

AP: Biology, 2nd Ed., w/optional CD-ROM
Book: ISBN 978-0-7641-3677-1, 496 pp.
Book w/CD-ROM: ISBN 978-0-7641-9327-9

AP: Biology Flash Cards
ISBN 978-0-7641-7868-7, 504 cards

AP: Calculus, 9th Ed., w/optional CD-ROM
Book: ISBN 978-0-7641-3679-5, 672 pp.
Book w/CD-ROM: ISBN 978-0-7641-9328-6

AP: Calculus Flash Cards
ISBN 978-0-7641-9421-4, 300 cards

AP: Chemistry, 4th Ed., w/optional CD-ROM
Book: ISBN 978-0-7641-3685-6, 688 pp.
Book w/CD-ROM: ISBN 978-0-7641-9329-3

AP: Chemistry Flash Cards
ISBN 978-0-7641-6116-2, 500 cards

AP: Computer Science Levels A and AB, 4th Ed., w/optional CD-ROM
Book: ISBN 978-0-7641-3709-9, 736 pp.
Book w/CD-ROM: ISBN 978-0-7641-9350-7

AP: English Language and Composition, 2nd Ed., w/optional CD-ROM
Book: ISBN 978-0-7641-3690-0, 224 pp.
Book w/CD-ROM: ISBN 978-0-7641-9330-9

AP: English Literature and Composition, 2nd Ed., w/optional CD-ROM
Book: ISBN 978-0-7641-3682-5, 416 pp.
Book w/CD-ROM: ISBN 978-0-7641-9331-6

AP: Environmental Science, 2nd Ed.
ISBN 978-0-7641-3643-6, 688 pp.

AP: European History, 4th Ed., w/optional CD-ROM
Book: ISBN 978-0-7641-3680-1, 336 pp.
Book w/CD-ROM: ISBN 978-0-7641-9332-3

AP: French w/Audio CDs, 3rd Ed., w/optional CD-ROM
Book w/3 audio CDs: ISBN 978-0-7641-9337-8, 464 pp.
Book w/3 audio CDs and CD-ROM:
ISBN 978-0-7641-9336-1

AP: Human Geography, 2nd Ed.
ISBN 978-0-7641-3817-1, 336 pp.

AP: Italian Language and Culture, w/Audio CDs, 2nd Ed.
ISBN 978-0-7641-9368-2, 448 pp.

AP: Micro/Macro Economics, 2nd Ed.
ISBN 978-0-7641-3361-9, 312 pp.

AP: Physics B, 4th Ed., w/optional CD-ROM
Book: ISBN 978-0-7641-3706-8, 476 pp.
Book w/CD-ROM: ISBN 978-0-7641-9351-4

AP: Physics C, 2nd Ed.
ISBN 978-0-7641-3710-5, 768 pp.

AP: Psychology, 3rd Ed., w/optional CD-ROM
Book: ISBN 978-0-7641-3665-8, 320 pp.
Book w/CD-ROM: ISBN 978-0-7641-9324-8, 320 pp.

AP: Spanish w/Audio CDs, 6th Ed., and w/optional CD-ROM
Book w/3 audio CDs: ISBN 978-0-7641-9406-1, 448 pp.
Book w/3 audio CDs and CD-ROM:
ISBN 978-0-7641-9405-4

AP: Statistics, 4th Ed., w/optional CD-ROM
Book: ISBN 978-0-7641-3683-2, 560 pp.
Book w/CD-ROM: ISBN 978-0-7641-9333-0

AP: Statistics Flash Cards
ISBN 978-0-7641-9410-8, 500 cards

AP: U.S. Government and Politics, 8th Ed., w/optional CD-ROM
Book: ISBN 978-0-7641-3820-1, 510 pp.
Book w/CD-ROM: ISBN 978-0-7641-9404-7

AP: U.S. History Flash Cards
ISBN 978-0-7641-7837-5
Boxed set of 500 3" x 5" cards

AP: United States History, 8th Ed., w/optional CD-ROM
Book: ISBN 978-0-7641-3684-9, 496 pp.
Book w/CD-ROM: ISBN 978-0-7641-9334-7

AP: World History, 8th Ed., w/optional CD-ROM
Book: ISBN 978-0-7641-3822-5, 512 pp.
Book w/CD-ROM: ISBN 978-0-7641-9403-0

AP: World History Flash Cards
ISBN 978-0-7641-7906-8, 400 cards

Barron's Educational Series, Inc.
250 Wireless Blvd.
Hauppauge, NY 11788
Call toll-free: 1-800-645-3476
Order by fax: 1-631-434-3217

In Canada:
Georgetown Book Warehouse
34 Armstrong Ave.
Georgetown, Ontario L7G 4R9
Canadian orders: 1-800-247-7160
Order by fax: 1-800-887-1594

Please visit **www.barronseduc.com** to
view current prices and to order books

(#93) R12/07